Ring

Privatrecht

für Wirtschaftswissenschaftler

von
Prof. Dr. Gerhard Ring,
Jana Siebeck
und
Steffen Woitz

Oldenbourg Verlag München

Bibliografische Information der Deutschen Nationalbibliothek

Die Deutsche Nationalbibliothek verzeichnet diese Publikation in der Deutschen Nationalbibliografie; detaillierte bibliografische Daten sind im Internet über <http://dnb.d-nb.de> abrufbar.

© 2010 Oldenbourg Wissenschaftsverlag GmbH
Rosenheimer Straße 145, D-81671 München
Telefon: (089) 45051-0
oldenbourg.de

Das Werk einschließlich aller Abbildungen ist urheberrechtlich geschützt. Jede Verwertung außerhalb der Grenzen des Urheberrechtsgesetzes ist ohne Zustimmung des Verlages unzulässig und strafbar. Das gilt insbesondere für Vervielfältigungen, Übersetzungen, Mikroverfilmungen und die Einspeicherung und Bearbeitung in elektronischen Systemen.

Lektorat: Wirtschafts- und Sozialwissenschaften, wiso@oldenbourg.de
Herstellung: Anna Grosser
Coverentwurf: Kochan & Partner, München
Gedruckt auf säure- und chlorfreiem Papier
Gesamtherstellung: Druckhaus „Thomas Müntzer" GmbH, Bad Langensalza

ISBN 978-3-486-58661-9

Vorwort

Das vorliegende Buch richtet sich in erster Linie an Studenten der Wirtschaftswissenschaften (BWL, VWL, Wirtschaftsingenieurwesen etc.), die im Rahmen ihres Studiums Privatrecht hören und eine Prüfung in diesem Fach absolvieren müssen. Es ist aber zugleich für alle, die sich überblicksartig Basiswissen im Privatrecht aneignen oder ein solches auffrischen wollen, als Lektüre geeignet.

Dem Leser sollen alle für diese Zwecke relevanten Kenntnisse aus den Bereichen Allgemeiner Teil des BGB, Allgemeines und Besonderes Schuldrecht sowie – in Grundzügen – Sachenrecht vermittelt werden. Auf Ausführungen zum Familien- und Erbrecht wurde mangels Bezugs zum wirtschaftswissenschaftlichen Studium verzichtet. Das notwendige materielle Grundwissen wird – soweit durchführbar und sinnvoll – anhand einer anspruchsorientierten Struktur dargestellt, um ein problemorientiertes Lernen zu ermöglichen. Nach einem einleitenden Überblick zum Privatrecht und der Erläuterung des Allgemeinen Teils des BGB werden die weiteren Aspekte des Privatrechts in der Reihenfolge besprochen, in der sie auch in einer gutachterlich zu lösenden Klausur zu behandeln sind. Abschließend wird näher auf die Methodik der Fallbearbeitung eingegangen.

Das Lehrbuch ist wegen seiner breiten Aufstellung bei den konkreten Ausführungen so knapp wie möglich gehalten. Auf vertiefende Rechtsprechungs- und Literaturhinweise und die detaillierte Darstellung von dogmatischen Hintergründen und Streitständen wurde weitgehend verzichtet. Die relevanten Problemstellungen werden aufgezeigt und so behandelt, dass ein Student der Wirtschaftswissenschaften damit den Prüfungsanforderungen gewachsen sein sollte. Gliederung und Übersichten sind so gestaltet, dass sich daraus Prüfungsschemata für bestimmte Vorschriften und Anspruchsgrundlagen entnehmen lassen. Anhand kurzer Beispiele wird versucht, das theoretisch Vermittelte zu veranschaulichen.

Bei der Lektüre dieses Lehrbuchs ist es unbedingt erforderlich, den einschlägigen Gesetzestext nachzuschlagen und durchzulesen. Erst dadurch erschließen sich Feinheiten und lässt sich die Logik erkennen, die hinter einer bestimmten Prüfungsreihenfolge steht.

Wir, die Autoren, haben in das Werk unsere mehrjährige Erfahrung als Lehrende auf dem Gebiet des Privatrechts an einer wirtschaftswissenschaftlichen Fakultät einfließen lassen und versucht, auch schwierige Themen anschaulich darzustellen und auf typische Fehlerquellen aufmerksam zu machen. Für Rückmeldungen, ob uns dies gelungen ist, sowie für Kritik und Anregungen sonstiger Art sind wir unseren Lesern sehr dankbar.

Freiberg im April 2009

Inhalt

1	**Einleitung und Überblick**	1
1.1	Einordnung des Privatrechts im Rechtssystem	1
1.2	Systematik des Privatrechts	2
1.3	Struktur des BGB	3
1.4	Trennungs- und Abstraktionsprinzip	4
2	**Die Willenserklärung**	7
2.1	Abgrenzung	7
2.1.1	Der Realakt	7
2.1.2	Die geschäftsähnliche Handlung	8
2.1.3	Das Gefälligkeitsverhältnis	8
2.2	Der Tatbestand der Willenserklärung	9
2.2.1	Objektiver Tatbestand	10
2.2.2	Exkurs: Das kaufmännische Bestätigungsschreiben	10
2.2.3	Subjektiver Tatbestand	12
	Der Handlungswille	*13*
	Das Erklärungsbewusstsein	*13*
	Der Geschäftswille	*14*
2.3	Das Wirksamwerden von Willenserklärungen	14
2.3.1	Wirksame Abgabe der Willenserklärung	15
	Nichtempfangsbedürftige Willenserklärungen	*15*
	Empfangsbedürftige Willenserklärungen	*15*
2.3.2	Wirksamer Zugang der Willenserklärung	16
	Unter Abwesenden	*16*
	Unter Anwesenden	*17*
2.3.3	Verhinderung des Zugangs	18
2.3.4	Sonderfälle	18
2.4	Auslegung von Willenserklärungen	20
3	**Vertragsschluss**	23
3.1	Angebot	23

3.2	Annahme	24
3.2.1	Annahme unter Anwesenden	25
3.2.2	Annahme unter Abwesenden	25
3.2.3	Annahmefrist	25
3.2.4	Verspätete oder abändernde Annahme	25
3.2.5	Annahme unter Verzicht auf den Zugang	26
3.2.6	Tod und Geschäftsunfähigkeit des Antragenden	27
3.2.7	Exkurs: Der Abschluss eines Vertrags durch sozialtypisches Verhalten	27

4 Geschäftsfähigkeit 29

4.1	Die Geschäftsunfähigkeit	29
4.2	Die beschränkte Geschäftsfähigkeit	31
4.2.1	Minderjährigkeit	31
4.2.2	Die rechtliche Vor- und Nachteilhaftigkeit	31
4.2.3	Einseitige Rechtsgeschäfte des Minderjährigen	33
4.2.4	Vertragsabschluss des Minderjährigen ohne Einwilligung des gesetzlichen Vertreters	33
4.2.5	Widerrufsrecht des anderen Teils	34
4.2.6	Besonderheiten	34
4.2.7	Taschengeldparagraph (§ 110)	35
4.2.8	Teilgeschäftsfähigkeit des Minderjährigen	35
	Geschäftsmündigkeit (§ 112)	*35*
	Arbeitsmündigkeit (§ 113)	*35*
4.2.9	Besondere Haftungsbedingungen des Minderjährigen	36
4.2.10	Die Empfangszuständigkeit	37
4.3	Exkurs: Die Betreuung	37

5 Stellvertretung 39

5.1	Zulässigkeit der Stellvertretung	40
5.2	Eigene Willenserklärung des Vertreters	40
5.3	Handeln im fremdem Namen (Offenkundigkeitsprinzip)	41
5.4	Vertretungsmacht	42
5.4.1	Rechtsgeschäftliche Vertretungsmacht (Vollmacht)	42
	Erteilung und Umfang der Vollmacht	*42*
	Arten der Vollmacht	*43*
	Gesetzlicher Umfang der Vertretungsmacht:	*44*
	a) Prokura	*44*
	b) Handlungsvollmacht	*44*
	c) Ermächtigung der Ladenangestellten	*45*
	Erlöschen der Vollmacht	*45*

5.4.2	Rechtsscheinvollmachten	46
	§§ 170 ff.	*46*
	a) Grundsätzliche Wirkungsdauer der Vollmacht	46
	b) Wirkungsdauer bei Kundgebung	46
	c) Vollmachtsurkunde	46
	d) Wirksamkeitsdauer bei Kenntnis und fahrlässiger Unkenntnis	47
	Duldungsvollmacht	*47*
	Anscheinsvollmacht	*47*
5.4.3	Gesetzliche Vertretungsmacht	48
5.5	Organschaftliche Vertretung	48
5.6	Folgen einer wirksamen Stellvertretung	50
5.7	Missbrauch der Vertretungsmacht (Handeln ohne Vertretungsmacht)	51
5.7.1	Vertragsschluss durch den Vertreter ohne Vertretungsmacht	52
5.7.2	Vornahme eines einseitigen Rechtsgeschäfts	52
5.7.3	Die Haftung des Vertreters ohne Vertretungsmacht	53
6	**Formvorschriften**	**55**
6.1	Gesetzliche Formvorschriften	56
6.1.1	Schriftform	56
6.1.2	Elektronische Form	57
6.1.3	Textform	57
6.1.4	Notarielle Beurkundung	57
6.1.5	Öffentliche Beglaubigung	58
6.1.6	Gerichtlicher Vergleich	58
6.2	Rechtliche Konsequenzen eines Verstoßes gegen eine gesetzliche Formvorschrift	58
6.2.1	Sonderregelungen	58
6.2.2	Heilung des Formverstoßes	58
6.2.3	Absehen von der Formnichtigkeit wegen § 242	59
6.3	Gewillkürte Form	59
7	**Nichtige Rechtsgeschäfte**	**61**
7.1	Verstoß gegen ein gesetzliches Verbot	61
7.2	Veräußerungsverbote	62
7.2.1	Gesetzliche Veräußerungsverbote	63
7.2.2	Behördliche Veräußerungsverbote	63
7.2.3	Rechtsgeschäftliche Verfügungsverbote	63
7.3	Verstoß gegen die guten Sitten	63
7.3.1	Die Generalklausel des § 138 Abs. 1	63
7.3.2	Der Wuchertatbestand	65

8	**Bewusste Willensmängel**	**67**
8.1	Der geheime Vorbehalt (§ 116)	67
8.2	Das Scheingeschäft (§ 117 - Simulation)	67
8.3	Das Scherzgeschäft (§ 118)	68
9	**Anfechtung (unbewusste Willensmängel)**	**69**
9.1	Anfechtbarkeit	69
9.2	Anfechtungsgründe	70
9.2.1	Inhaltsirrtum (§ 119 Abs. 1 1. Alt.)	71
9.2.2	Erklärungsirrtum (§ 119 Abs. 1 2. Alt.)	72
9.2.3	Eigenschaftsirrtum (§ 119 Abs. 2)	72
	Eigenschaften	*73*
	Eigenschaften einer Sache	*73*
	Eigenschaften einer Person	*73*
	Verkehrswesentlichkeit	*73*
9.2.4	Übermittlungsirrtum (§ 120)	74
9.2.5	Arglistige Täuschung (§ 123)	75
9.2.6	Widerrechtliche Drohung	76
9.3	Anfechtungserklärung	76
9.4	Anfechtungsfrist	77
9.5	Rechtsfolgen der Anfechtung	78
9.5.1	Ex tunc-Nichtigkeit des Rechtsgeschäfts nach § 142	78
9.5.2	Ersatz des Vertrauensschadens nach § 122	79
9.6	Besonderheit: Der beiderseitige Irrtum	80
9.7	Verhältnis des Anfechtungs- zum Gewährleistungsrecht (Konkurrenzverhältnis)	80
10	**Vertragsschluss unter Einbeziehung von Allgemeinen Geschäftsbedingungen (AGB)**	**83**
10.1	Begriff der AGB	83
10.2	Anwendungsbereich der §§ 305 ff.	84
10.3	Einbeziehung allgemeiner Geschäftsbedingungen in den Vertrag	85
10.4	Inhaltskontrolle	87
10.4.1	Klauselverbote ohne Wertungsmöglichkeit	87
10.4.2	Klauselverbote mit Wertungsmöglichkeit	91
10.4.3	Generalklausel	92
10.5	Rechtsfolgen einer Nichteinbeziehung von AGB bzw. einer unwirksamen Klausel	92
11	**Das Widerrufs- bzw. Rückgaberecht des Verbrauchers**	**93**
11.1	Haustürgeschäfte	95

11.2	Fernabsatzverträge	96
11.3	Verträge im elektronischen Geschäftsverkehr	98
12	**Primäranspruch untergegangen**	**99**
12.1	Begriff des Schuldverhältnisses	99
12.2	Untergangsgründe	99
12.2.1	Erfüllung und Erfüllungssurrogate	99
	Erfüllung	*99*
	Leistung an Erfüllungs statt und erfüllungshalber	*100*
	Hinterlegung	*101*
	Aufrechnung	*101*
	a) Aufrechnungslage	*101*
	1. Gegenseitigkeit der Forderungen	*101*
	2. Gleichartigkeit der Forderungen	*101*
	3. Durchsetzbarkeit der Gegenforderung	*102*
	4. Erfüllbarkeit der Hauptforderung	*102*
	b) Kein Ausschluss der Aufrechnung	*102*
	c) Wirksame Aufrechnungserklärung	*102*
12.2.2	Leistungsstörung	103
	Unmöglichkeit	*103*
	a) Echte Unmöglichkeit (§ 275 Abs. 1)	*103*
	b) Faktische/praktische Unmöglichkeit	*105*
	c) Persönliche Unmöglichkeit	*106*
	d) Unmöglichkeit bei der Gattungsschuld	*106*
	e) Rechtsfolgen der Unmöglichkeit	*107*
	f) Untergang des Anspruchs auf die Gegenleistung	*108*
	Schuldnerverzug	*109*
	a) Voraussetzungen des Schuldnerverzugs	*109*
	b) Rechtsfolgen des Schuldnerverzugs	*110*
	c) Exkurs: Gläubigerverzug	*111*
	1. Voraussetzungen des Gläubigerverzugs	*112*
	2. Rechtsfolgen des Gläubigerverzugs	*113*
	Störung der Geschäftsgrundlage	*113*
	a) Voraussetzungen der Störung der Geschäftsgrundlage	*113*
	1. Regelungslücke	*114*
	2. Erhebliche Störung der Geschäftsgrundlage	*114*
	b) Rechtsfolgen der Störung der Geschäftsgrundlage	*115*
12.3	Beendigungsgründe	115
12.3.1	Rücktritt	115
	Voraussetzungen des Rücktritts	*115*
	a) Vorliegen eines vertraglichen oder gesetzlichen Rücktrittsrechts	*116*
	1. Vertragliches Rücktrittsrecht	*116*
	2. Gesetzliches Rücktrittsrecht	*116*

	b)	Rücktrittserklärung	*117*
	Rechtsfolgen des Rücktritts		*117*
	a)	Befreiungswirkung	*117*
	b)	Rückgewähransprüche	*117*
	c)	Wertersatz	*118*
	d)	Nutzungsersatz	*119*
	e)	Verwendungsersatz	*120*
	f)	Sonstige Rechtsfolgen	*120*
12.3.2	Kündigung		121
	Voraussetzungen der Kündigung		*121*
	a)	Bestehen eines Kündigungsrechts	*121*
	b)	Kein Ausschluss der Kündigung	*122*
	c)	Kündigungserklärung	*122*
	Rechtsfolgen der Kündigung		*123*
12.3.3	Widerrufs- und Rückgaberecht		123
	Widerrufsrecht		*123*
	a)	Voraussetzungen des Widerrufs	*124*
		1. Vorliegen eines Widerrufsrechts	*124*
		2. Form- und fristgerechte Ausübung des Widerrufsrechts	*124*
		3. Kein Erlöschen des Widerrufsrechts	*125*
	b)	Rechtsfolgen des Widerrufs	*125*
	Rückgaberecht		*126*
	Verbundene Verträge		*127*
12.3.4	Weitere Beendigungsmöglichkeiten		127

13 Primäranspruch durchsetzbar 129

13.1	Zurückbehaltungsrechte		129
13.1.1	Zurückbehaltungsrecht aus § 273		129
	Voraussetzungen des Zurückbehaltungsrechts aus § 273		*129*
	a)	Gegenseitigkeit der Ansprüche	*130*
	b)	Fälligkeit des Gegenanspruchs	*130*
	c)	Konnexität von Anspruch und Gegenanspruch	*130*
	d)	Kein Ausschluss des Zurückbehaltungsrechts	*130*
	Rechtsfolgen des Zurückbehaltungsrechts aus § 273		*131*
13.1.2	Zurückbehaltungsrecht aus § 320		131
	Voraussetzungen des Zurückbehaltungsrechts aus § 320		*131*
	a)	Gegenseitigkeitsverhältnis	*131*
	b)	Fälligkeit des Gegenanspruchs	*132*
	c)	Eigene Vertragstreue des Schuldners	*132*
	Rechtsfolgen des Zurückbehaltungsrechts aus § 320		*133*
13.2	Unzulässige Rechtsausübung gemäß § 242		133
13.2.1	Fallgruppen der unzulässigen Rechtsausübung		133
13.2.2	Rechtsfolgen der unzulässigen Rechtsausübung		134

13.3	Verjährung	135
13.3.1	Abgrenzung	135
13.3.2	Anwendungsbereich	135
13.3.3	Vollendung der Verjährung	136
	Verjährungsfrist	*136*
	Verjährungsbeginn und Höchstfristen	*136*
	Hemmung und Neubeginn der Verjährung	*136*
14	**Sekundäransprüche**	**139**
14.1	Grundprinzipien	139
14.1.1	Pflichtverletzung	139
14.1.2	Notwendigkeit einer Fristsetzung	140
14.1.3	Vertretenmüssen/Verschulden der Pflichtverletzung	140
	Begriff des Vertretenmüssens/Verschuldens	*140*
	a) *Verschuldensfähigkeit*	*140*
	b) *Vorsatz*	*141*
	Zurechnung fremden Verschuldens	*141*
	a) *Handeln eines Erfüllungsgehilfen oder gesetzlichen Vertreters*	*142*
	1. *Erfüllungsgehilfe*	*142*
	2. *Gesetzlicher Vertreter*	*142*
	b) *Handeln in Erfüllung einer Verbindlichkeit des Schuldners*	*143*
	c) *Verschulden der Hilfsperson*	*143*
	Modifizierungen des Haftungsmaßstabes	*143*
	a) *Gesetzliche Bestimmungen*	*143*
	b) *Vertragliche Modifizierungen*	*144*
	c) *Modifizierungen aufgrund des sonstigen Inhalts des Schuldverhältnisses*	*144*
14.1.4	Umfassende Schadensersatzregelung	145
14.1.5	Rücktrittsrecht unabhängig von einem Verschulden	145
14.1.6	Schadensersatz und Rücktritt	145
14.1.7	Art, Inhalt und Umfang von Schadensersatzansprüchen	146
	Schadensbegriff	*146*
	Schadensermittlung	*146*
	Art und Inhalt des Schadensersatzes	*147*
	a) *Grundsatz der Naturalrestitution*	*147*
	b) *Geldentschädigung*	*148*
	c) *Geldentschädigung für immaterielle Schäden*	*149*
	Umfang des Schadensersatzes	*149*
	Erscheinungsformen	*149*
	a) *Integritätsinteresse*	*150*
	b) *Erfüllungsinteresse*	*150*
	c) *Vertrauensinteresse*	*150*

14.2	Vertragliche Sekundäransprüche	151
14.2.1	Schadensersatz neben der Leistung	151
	Verzugsschaden	*151*
	Schlechtleistung	*153*
	Verletzung einer Nebenpflicht	*154*
14.2.2	Schadensersatz statt der Leistung	156
	Abgrenzung vom Schadensersatz neben der Leistung	*156*
	Unmöglichkeit	*157*
	Nichtleistung	*158*
	Schlechtleistung	*159*
	Verletzung einer Nebenpflicht	*160*
14.2.3	Aufwendungsersatz anstelle des Schadensersatzes statt der Leistung	160
	Voraussetzungen des Anspruchs aus § 284	*161*
	Rechtsfolgen des Anspruchs aus § 284	*161*
14.2.4	Herausgabe von Surrogaten	161
	Voraussetzungen des Anspruchs aus § 285	*161*
	Rechtsfolgen des Anspruchs aus § 285	*162*
14.2.5	Rücktritt	162
14.2.6	Exkurs: Positive Vertragsverletzung (pVV)	163
14.2.7	Untergang und Durchsetzbarkeit der Sekundäransprüche	163
15	**Der Kaufvertrag**	**165**
15.1	Hauptleistungspflichten	165
15.2	Wirksames Zustandekommen des Kaufvertrags	165
15.3	Leistungsstörungen beim Kaufvertrag	168
15.3.1	Unmöglichkeit	168
15.3.2	Schuldnerverzug	169
15.3.3	Schlechtleistung	169
	Mangelhaftigkeit	*170*
15.4	Gewährleistungsrecht	170
15.4.1	Sachmängel	171
	Die Beschaffenheitsvereinbarung	*171*
	Gewöhnliche Verwendung und übliche Beschaffenheit	*171*
	a) Subjektiver Fehlerbegriff	*172*
	b) Subjektiv-objektiver Fehlerbegriff	*172*
	Öffentliche Aussagen	*172*
	Fehler im Zusammenhang mit der Montage	*173*
	Manko- und Aliudlieferung	*173*
	Zugesicherte Eigenschaften	*174*
	Pauschaler Haftungsausschluss	*174*
15.4.2	Rechtsmängel	174

15.4.3	Rechte des Käufers bei Mängeln	175
	Nacherfüllung	*176*
	Rücktritt vom Vertrag und Kaufpreisminderung	*179*
	Anspruch auf Schadensersatz oder Ersatz vergeblicher Aufwendungen	*183*
	Ausschluss der Rechte des Käufers	*185*
	a) *Kenntnis des Käufers (§ 442)*	*185*
	b) *Haftungsausschlüsse (§ 444)*	*185*
	c) *Haftungsbegrenzung bei öffentlichen Versteigerungen (§ 445)*	*186*
15.4.4	Verjährung der Mängelansprüche	186
	Verjährungsfristen	*186*
	Sonderfall: Arglist des Verkäufers	*187*
	Unwirksamkeit des Rücktritts (und des Minderungsrechts)	*187*
	Vereinbarungen über die Verjährungsfrist	*187*
15.5	Beschaffenheits- und Haltbarkeitsgarantie	188
15.6	Gefahrtragung	189
15.6.1	Grundsatz	189
15.6.2	Gefahrübergang beim Versendungskauf	189
15.7	Anwendungsbereich der allgemeinen Vorschriften über den Kaufvertrag	190
15.8	Konkurrenzen	190
15.9	Besondere Arten des Kaufs	191
15.9.1	Kauf auf Probe	191
15.9.2	Wiederkauf	191
15.9.3	Vorkauf	192
15.10	Verbrauchsgüterkauf	193
15.10.1	Persönlicher Anwendungsbereich	194
	Verbraucher	*194*
	Unternehmer	*194*
15.10.2	Sachlicher Anwendungsbereich	194
15.10.3	Einzelfragen des Verbrauchsgüterkaufs	195
	Kein Nutzungsersatz im Rahmen der Nacherfüllung	*195*
	Verbrauchsgüterversendungskauf	*195*
	Haftungsbegrenzung bei öffentlichen Versteigerungen	*196*
	Abweichende Vereinbarungen	*196*
	a) *Unwirksamkeit individualvertraglicher Haftungsausschlüsse*	*196*
	b) *Vereinbarungen über die Verjährung von Mängelansprüchen*	*198*
	Beweislastumkehr	*198*
	Sonderbestimmungen für Garantien	*199*
15.10.4	Rückgriff des Unternehmers gegen seine Lieferanten	200
	Erleichterung der Geltendmachung von Gewährleistungsansprüchen	*201*
	Verschuldensunabhängiger Aufwendungsersatzanspruch	*201*
	Beweislastumkehr beim Händlerregress	*202*
	Unwirksamkeit bestimmter Vereinbarungen zum Nachteil des Unternehmers	*202*

		Weitererstreckung des Rückgriffsanspruchs auf die gesamte Lieferkette	202
		Anwendbarkeit des § 377 HGB auf den Händlerregress	203
		Verjährung von Rückgriffsansprüchen	203

16 Der Werkvertrag 205

16.1	Das werkvertragliche Gewährleistungsrecht	205
16.1.1	Sach- und Rechtsmangel	205
16.1.2	Rechte des Bestellers bei Mängeln	206
	Nacherfüllung	*207*
	Selbstvornahme und Ersatz der erforderlichen Aufwendungen	*209*
	Rücktritt vom Vertrag	*210*
	Minderung der Werklohnvergütung	*211*
	Schadensersatzanspruch	*212*
	Ersatz vergeblicher Aufwendungen	*213*
	Ausschluss der Gewährleistungsrechte	*213*
16.1.3	Verjährung der Mängelansprüche	214
16.1.4	Problemstellung: Mangelschaden - naher und entfernter Mangelfolgeschaden	216
16.2	Vergütungsregelung des § 632	216
16.3	Werklieferungsvertrag	216

17 Culpa in contrahendo (c. i. c.) 219

17.1	Anwendbarkeit der c. i. c.	219
17.2	Vorvertragliches Schuldverhältnis i. S. v. § 311 Abs. 2	220
17.3	Nebenpflichtverletzung i. S. v. § 241 Abs. 2	221
17.4	Vertretenmüssen	221
17.5	Kausaler Schaden	222

18 Beteiligung Dritter an Schuldverhältnissen 223

18.1	Vertrag zugunsten Dritter	223
18.2	Vertrag mit Schutzwirkung zugunsten Dritter	224
18.2.1	Schuldverhältnis	225
18.2.2	Voraussetzungen des VSD	225
	Leistungsnähe des Dritten	*225*
	Gläubigernähe des Dritten	*225*
	Erkennbarkeit für den Schuldner	*226*
	Schutzwürdiges Einbeziehungsinteresse des Dritten	*226*
18.2.3	Übrige Voraussetzungen des § 280 Abs. 1	226
18.2.4	Rechtsfolge	226
18.3	Drittschadensliquidation	227
18.3.1	Anspruchsinhaber ohne Schaden	227

18.3.2	Geschädigter ohne Anspruch	227
18.3.3	Zufällige Schadensverlagerung	228
	Gefahrtragungsregeln	*228*
	Obhut für fremde Sachen	*229*
	Mittelbare Stellvertretung	*229*
18.3.4	Rechtsfolge	229
18.4	**Abtretung**	230
18.4.1	Abtretungsvertrag	230
18.4.2	Bestand der Forderung	231
18.4.3	Bestimmtheit der Forderung	231
18.4.4	Übertragbarkeit der Forderung	231
18.4.5	Rechtsfolgen der Abtretung	232
	Übergang der Forderung	*232*
	Nebenfolgen (insbesondere Schuldnerschutz)	*232*
19	**Geschäftsführung ohne Auftrag**	**235**
19.1	**Berechtigte GoA**	236
19.1.1	Voraussetzungen	236
	Besorgung eines fremden Geschäfts	*236*
	a) *Geschäftsbesorgung*	*236*
	b) *Fremdheit des Geschäfts*	*236*
	1. *Objektiv fremdes Geschäft*	*237*
	2. *Auch fremdes Geschäft*	*237*
	3. *Subjektiv fremdes Geschäft*	*237*
	Fremdgeschäftsführungswille	*237*
	a) *Objektiv fremdes Geschäft*	*237*
	b) *Auch fremdes Geschäft*	*238*
	c) *Subjektiv fremdes Geschäft*	*238*
	Ohne Auftrag oder sonstige Berechtigung	*238*
	Fallgruppe der berechtigten GoA	*238*
	a) *Übernahme entspricht dem Interesse und Willen des Geschäftsherrn*	*239*
	b) *Im öffentlichen Interesse liegende Erfüllung einer Pflicht*	*239*
	c) *Genehmigung*	*240*
19.1.2	Rechtsfolgen	240
	Ansprüche des Geschäftsführers	*240*
	Ansprüche des Geschäftsherrn	*240*
	Konkurrenzen	*241*
19.2	**Unberechtigte GoA**	242
19.2.1	Voraussetzungen	242
19.2.2	Rechtsfolgen	242
	Ansprüche des Geschäftsführers	*242*
	Ansprüche des Geschäftsherrn	*242*
	Konkurrenzen	*243*

19.3	Irrtümliche Eigengeschäftsführung	243
19.3.1	Voraussetzungen	243
19.3.2	Rechtsfolgen	243
19.4	Angemaßte Eigengeschäftsführung	244
19.4.1	Voraussetzungen	244
19.4.2	Rechtsfolgen	244
20	**Dingliche Ansprüche**	**245**
20.1	Besitz	246
20.1.1	Begriff	246
20.1.2	Arten des Besitzes	246
20.1.3	Besitzerwerb und -verlust	247
	Erwerb und Verlust des unmittelbaren Besitzes	*247*
	Erwerb und Verlust des mittelbaren Besitzes	*247*
20.1.4	Besitzschutzrechte	248
	Selbsthilferechte	*248*
	Possessorische Besitzschutzansprüche	*248*
	Petitorische Besitzschutzansprüche	*249*
20.2	Eigentumserwerb	249
20.2.1	Erwerb von Mobiliareigentum	250
	Rechtsgeschäftlicher Eigentumserwerb vom Berechtigten	*250*
	a) Einigung	*251*
	b) Übergabe oder Übergabesurrogat	*251*
	c) Einigsein im Übergabezeitpunkt	*252*
	d) Berechtigung des Veräußerers	*252*
	Rechtsgeschäftlicher Eigentumserwerb vom Nichtberechtigten	*253*
	a) Einigung	*253*
	b) Übergabe oder Übergabesurrogat	*253*
	c) Einigsein im Übergabezeitpunkt	*254*
	d) Gutgläubigkeit des Erwerbers	*254*
	e) Kein Abhandenkommen der Sache	*254*
	Eigentumserwerb kraft Gesetzes	*255*
	a) Verbindung, Vermischung, Verarbeitung	*255*
	b) Erwerb des Eigentums an Schuldurkunden	*257*
	c) Erwerb von Erzeugnissen und sonstigen Bestandteilen	*258*
20.2.2	Erwerb von Immobiliareigentum	258
	Rechtsgeschäftlicher Eigentumserwerb vom Berechtigten	*259*
	a) Auflassung	*259*
	b) Grundbucheintragung	*259*
	c) Einigsein im Eintragungszeitpunkt	*260*
	d) Berechtigung des Veräußerers	*260*
	Rechtsgeschäftlicher Eigentumserwerb vom Nichtberechtigten	*260*
	a) Unrichtigkeit des Grundbuchs	*261*

	b)	Legitimation des Veräußerers durch das Grundbuch	261
	c)	Keine Eintragung eines Widerspruchs	261
	d)	Gutgläubigkeit des Erwerbers	261

20.3	Anwartschaftsrechte auf den Eigentumserwerb	262
20.3.1	Eigentumsvorbehaltskauf	262
	Grundlegendes	*262*
	Verlängerter Eigentumsvorbehalt	*263*
	Zusammentreffen von verlängertem Eigentumsvorbehalt und Globalzession	*264*
20.3.2	Sicherungsübereignung	264
20.3.3	Eintragung einer Vormerkung	265
20.4	Eigentümer-Besitzer-Verhältnis	265
20.4.1	Herausgabeanspruch	266
	Eigentum des Anspruchstellers	*266*
	Besitz des Anspruchsgegners	*266*
	Kein Recht des Besitzers zum Besitz	*267*
	Rechtsfolge	*267*
20.4.2	Nebenansprüche	268
20.4.3	Beseitigungs- und Unterlassungsanspruch	268
	Eigentumsbeeinträchtigung	*268*
	Störereigenschaft des Anspruchsgegners	*269*
	Rechtswidrigkeit der Beeinträchtigung	*269*
	Rechtsfolge	*269*
20.5	Beschränkte dingliche Rechte	270
20.5.1	Pfandrecht	270
20.5.2	Hypothek und Grundschuld	271
21	**Bereicherungsrechtliche Ansprüche**	**273**
21.1	Systematik der Bereicherungsansprüche	273
21.2	Leistungskondiktion	274
21.2.1	§ 812 Abs. 1 S. 1 Alt. 1 – Leistung ohne Rechtsgrund	274
	Etwas erlangt	*274*
	Durch Leistung	*275*
	Ohne Rechtsgrund	*276*
	Ausschlussgründe	*277*
	a) *§ 814*	*277*
	b) *§ 817 S. 2 analog*	*277*
21.2.2	§ 812 Abs. 1 S. 2 Alt. 1 – Wegfall des Rechtsgrundes	277
	Wegfall des Rechtsgrundes	*278*
	Ausschluss	*278*
21.2.3	§ 812 Abs. 1 S. 2 Alt. 2 – Zweckverfehlung	278
	Nichteintritt des bezweckten Erfolges	*278*
	Ausschluss	*279*

21.2.4	§ 813 Abs. 1 S. 1 – dauernde Einrede	279
	Dauernde Einrede	*279*
	Ausschluss	*280*
21.2.5	§ 817 S. 1 – Gesetzes- oder Sittenverstoß der Annahme	280
	Verstoß der Annahme gegen ein gesetzliches Verbot oder die guten Sitten	*281*
	Kenntnis des Annehmenden vom Gesetzes-/Sittenverstoß	*281*
	Ausschluss	*281*
21.3	Nichtleistungskondiktion	282
21.3.1	§ 812 Abs. 1 S. 1 Alt. 2 – Erlangung in sonstiger Weise	282
	Etwas erlangt	*282*
	In sonstiger Weise	*282*
	a) Eingriffskondiktion	*282*
	b) Verwendungskondiktion	*283*
	c) Rückgriffskondiktion	*283*
	Auf Kosten des Anspruchstellers	*283*
	Ohne Rechtsgrund	*283*
	Subsidiarität	*284*
21.3.2	§ 816 Abs. 1 S. 1 – entgeltliche Verfügung eines Nichtberechtigten	285
	Verfügung	*285*
	Nichtberechtigter	*285*
	Wirksamkeit der Verfügung	*285*
	Entgeltlichkeit der Verfügung	*286*
	Anspruchsinhaber, -gegner und -gegenstand	*286*
21.3.3	§ 816 Abs. 1 S. 2 – unentgeltliche Verfügung eines Nichtberechtigten	286
	Unentgeltlichkeit der Verfügung	*287*
	Anspruchsinhaber, -gegner und -gegenstand	*287*
21.3.4	§ 816 Abs. 2 – Leistung an einen Nichtberechtigten	287
	Leistung	*288*
	An einen Nichtberechtigten	*288*
	Wirksamkeit der Leistung	*288*
	Anspruchsinhaber, -gegner und -gegenstand	*289*
21.3.5	§ 822 – unentgeltliche Zuwendung an einen Dritten	289
21.4	Art und Umfang des Bereicherungsanspruchs	290
21.4.1	Herausgabe des Erlangten	290
21.4.2	Gezogene Nutzungen und Surrogate	290
21.4.3	Wertersatz	290
21.4.4	Einwand der Entreicherung	291
	Bestimmung der Entreicherung	*291*
	Berücksichtigung der Gegenleistung bei gegenseitigen Verträgen	*291*
21.4.5	Verschärfte Haftung	292
22	**Deliktische Ansprüche**	**295**
22.1	Grundsätzliche Prüfung deliktischer Anspruchsgrundlagen	295

22.1.1	Tatbestand	296
22.1.2	Rechtswidrigkeit	296
22.1.3	Verschulden	297
	Deliktsfähigkeit	*297*
	Vorsatz oder Fahrlässigkeit	*297*
	Billigkeitshaftung	*298*
22.1.4	Schaden	298
	Ersatzfähiger Schaden	*298*
	Kausalität	*299*
22.1.5	Mitverschulden des Geschädigten	299
22.2	§ 823 Abs. 1 – deliktische Generalklausel	299
22.2.1	Rechtsgutverletzung	300
	Leben	*300*
	Körper und Gesundheit	*300*
	Freiheit	*300*
	Eigentum	*300*
	Sonstige Rechte	*301*
	a) Recht am eingerichteten und ausgeübten Gewerbebetrieb	*302*
	b) Allgemeines Persönlichkeitsrecht	*303*
22.2.2	Verletzungshandlung	304
22.2.3	Haftungsbegründende Kausalität	304
	Äquivalente Kausalität	*305*
	Objektive Zurechnung	*305*
22.2.4	Rechtswidrigkeit	305
22.2.5	Verschulden	306
22.2.6	Schaden	306
22.2.7	Haftungsausfüllende Kausalität	306
22.2.8	Mitverschulden	306
22.3	§ 823 Abs. 2 – Schutzgesetzverletzung	306
22.3.1	Schutzgesetz	307
22.3.2	Verstoß	307
22.3.3	Rechtswidrigkeit	307
22.3.4	Verschulden	308
22.3.5	Kausaler Schaden	308
22.3.6	Haftungsausfüllende Kausalität	308
22.4	§ 831 Abs. 1 – Haftung für den Verrichtungsgehilfen	308
22.4.1	Verrichtungsgehilfe	309
22.4.2	Widerrechtliche Schadenszufügung	309
22.4.3	In Ausführung der Verrichtung	310
22.4.4	Keine Exkulpation	310
22.4.5	Schaden und haftungsausfüllende Kausalität	311
22.4.6	Exkurs: Abgrenzung von § 831 Abs. 1 und § 278	311
22.5	§ 826 – Vorsätzliche sittenwidrige Schädigung	312

22.5.1	Zufügung eines Schadens	312
22.5.2	Sittenwidrigkeit	312
22.5.3	Vorsatz	313
22.5.4	Rechtsfolge	313
22.6	Verkehrspflichtverletzung	313
22.7	Produkthaftung	314
22.7.1	Produkthaftung nach ProdHaftG	314
22.7.2	Produzentenhaftung nach BGB	315
22.8	Deliktischer Beseitigungs- und Unterlassungsanspruch	316
22.9	Übersicht über weitere deliktische Anspruchsgrundlagen	317
23	**Methodik der Fallbearbeitung**	**319**
23.1	Erfassen des Sachverhaltes	319
23.2	Entwicklung der Falllösung	320
23.2.1	Auffinden der Ansprüche und Anspruchsgrundlagen	320
	WER?	*321*
	Von WEM?	*321*
	WAS?	*321*
	WORAUS?	*322*
23.2.2	Ordnen der Anspruchsgrundlagen	323
	Reihenfolge der Prüfung der Rechtsverhältnisse	*323*
	Reihenfolge der Prüfung innerhalb eines konkreten Rechtsverhältnisses	*324*
23.2.3	Anfertigung einer Lösungsskizze	325
	Grundsätzliches	*325*
	Prüfung einer einzelnen Anspruchsgrundlage	*326*
	Feststellung des Endergebnisses	*327*
23.3	Formulierung des Gutachtens	328
23.3.1	Gutachtenstil	328
23.3.2	Subsumtionstechnik	328
	Obersatz	*329*
	Subsumtion im engeren Sinne	*329*
	Ergebnis	*330*
23.3.3	Schwerpunktsetzung	330
23.3.4	Sprachliche Gestaltung	330

1 Einleitung und Überblick

Bevor mit der Darstellung der einzelnen Themengebiete begonnen wird, soll hier zunächst ein Überblick über das Privatrecht, insbesondere seine systematische Einordnung sowie die Struktur des Bürgerlichen Gesetzbuches (BGB) gegeben werden.

1.1 Einordnung des Privatrechts im Rechtssystem

Das Recht wird üblicherweise eingeteilt in die drei Bereiche **Privatrecht, öffentliches Recht und Strafrecht**. Dabei regelt das **Privatrecht** (auch Zivilrecht genannt) die Rechtsbeziehungen der Bürger untereinander basierend auf dem Gedanken der Gleichordnung, d. h. der Betrachtung aller Agierenden als grundsätzlich auf gleicher Ebene stehend. **Wesentliches Grundprinzip** des Privatrechts ist die **Privatautonomie**, wonach jedermann seine Rechtsbeziehungen frei gestalten, also selbst darüber entscheiden kann, ob, mit wem, zu welchem Zeitpunkt und mit welchem Inhalt er Verträge schließt oder andere rechtliche Beziehungen eingeht. Dies bedeutet, dass eine Person einer anderen normalerweise nicht ohne oder gar gegen ihren Willen ein Rechtsverhältnis aufzwingen kann, weshalb das Hauptgestaltungsmittel im Privatrecht der Abschluss von Verträgen und sonstigen Vereinbarungen ist. Die Privatautonomie erfährt verschiedene Begrenzungen, vor allem dort, wo es an einer wirklichen Gleichordnung fehlt und einer der Beteiligten schutzbedürftig erscheint (z. B. bei einer Monopolstellung hinsichtlich lebenswichtiger Güter) oder wo der Inhalt einer Vereinbarung mit dem durch die Rechtsordnung gesetzten Rahmen nicht vereinbar ist (z. B. Vertrag über einen Auftragsmord).

Das **öffentliche Recht** hat dagegen das Verhältnis der Bürger zum Staat zum Gegenstand, welches häufig durch eine übergeordnete Position des Staates gekennzeichnet ist (z. B. Verkehrsschilder werden aufgestellt und sind verbindlich, ohne dass die Bürger zustimmen müssten). Auch der Staat kann natürlich privatrechtlich handeln. Beschafft zum Beispiel eine Behörde Büromaterialien, so handelt es sich um einen normalen, dem Privatrecht zuzuordnenden Kaufvertrag. Im **Strafrecht** schließlich geht es um die Verhängung von Strafen für bestimmte Arten rechtlich missbilligten Verhaltens.

Das **Europarecht** als solches ist primär dem öffentlichen Recht zuzuordnen, jedoch wurden und werden durch die Europäische Union vor allem im Bereich des Verbraucherschutzes zahlreiche Richtlinien erlassen, die dann durch entsprechende Vorschriften im BGB (z. B. die §§ 305 ff. zu Allgemeinen Geschäftsbedingungen oder die §§ 474 ff. zum Verbrauchsgüterkauf) oder in anderen privatrechtlichen Gesetzen in deutsches Recht umgesetzt werden.

Dabei handelt es sich um „normale" privatrechtliche Normen, mit der Besonderheit, dass sie im Lichte des Europarechts zu interpretieren sind und bezüglich der Vereinbarkeit mit diesem der Rechtsprechung des Europäischen Gerichtshofes (EuGH) unterliegen.

Eine weitere typische Einteilung ist diejenige in so genanntes **materielles Recht und Verfahrensrecht**, die für alle drei oben genannten Bereiche des Rechts gilt. Das materielle Recht bestimmt, welches in einem konkreten Fall die rechtliche Situation bezogen auf das jeweilige Rechtsgebiet ist.

Beispiel: Ist A durch im Restaurant des B serviertes verdorbenes Essen erkrankt, so bestimmt das Privatrecht, welche Rechte – wie z. B. einen Schadensersatzanspruch – deshalb A gegen B hat. Das Strafrecht legt fest, ob eine Straftat – hier fahrlässige Körperverletzung – vorliegt und welche Strafe verhängt werden kann. Das öffentliche Recht trifft z. B. eine Aussage darüber, ob dem B seine Gaststättenerlaubnis zu entziehen ist.

Im Verfahrensrecht geht es darum, wie die materiellrechtliche Rechtslage in der Praxis durchgesetzt werden kann. Es regelt also vor allem, welches Gericht oder welche andere Institution (z. B. eine Behörde) zuständig ist und wie das Verfahren abläuft.

Beispiel: Beim obigen Sachverhalt würde also das Zivilprozessrecht regeln, vor welchem Gericht A seinen Schadensersatzanspruch gegen B geltend machen kann und wie der Prozess durchgeführt wird. Das Strafprozessrecht bestimmt, wie das Strafverfahren durchzuführen ist, das zu einer Verurteilung des B zu einer Strafe wegen fahrlässiger Körperverletzung führen kann. Das Verwaltungsverfahrensrecht stellt Regeln für das Verfahren auf, welches die Behörde einzuhalten hat, wenn sie B die Gaststättenerlaubnis entziehen möchte.

1.2   Systematik des Privatrechts

Das Privatrecht lässt sich wiederum in verschiedene **Teilbereiche** untergliedern. An zentraler Stelle steht dabei das **allgemeine Privatrecht**, welches die grundlegenden Regeln für alle Arten privatrechtlicher Rechtsbeziehungen aufstellt. Geregelt ist es primär im BGB. Neben dem allgemeinen Privatrecht existieren verschiedene privatrechtliche **Sondergebiete** wie das Handelsrecht, das Gesellschaftsrecht oder das Arbeitsrecht, für die zwar grundsätzlich auch das BGB gilt, wo dessen Regelungen jedoch ergänzt oder verdrängt werden durch die jeweiligen Spezialgesetze (wie z. B. das Handelsgesetzbuch für das Handelsrecht; das Handelsgesetzbuch, das GmbH-Gesetz, das Aktiengesetz u. a. für das Gesellschaftsrecht; das Kündigungsschutzgesetz, das Bundesurlaubsgesetz und zahlreiche andere Gesetze für das Arbeitsrecht).

Häufig wird der **Begriff des Wirtschaftsprivatrechts** verwendet, um die wirtschaftsrelevanten Teile des Privatrechts zu kennzeichnen. Dabei handelt es sich jedoch nicht um ein klar abgegrenztes Rechtsgebiet, sondern um einen Querschnitt verschiedener Bereiche des Privatrechts, dessen Grenzen unterschiedlich gezogen werden. Typischerweise werden zum Wirtschaftsprivatrecht das allgemeine Privatrecht, abgesehen von Familien- und Erbrecht, das

Handels- und Gesellschaftsrecht sowie das Wettbewerbsrecht und das Recht des geistigen Eigentums (Patentrecht, Markenrecht etc.) gezählt.

Das vorliegende Buch beschränkt sich auf die Darstellung der wirtschaftsrelevanten Teile des allgemeinen Privatrechts.

1.3 Struktur des BGB

Das bereits seit dem Jahre 1900 geltende BGB ist das wesentliche Hilfsmittel bei der Beschäftigung mit privatrechtlichen Fragestellungen. Da es mit seinen nahezu 2400 Paragraphen sehr umfangreich ist, wird die Orientierung durch einen Überblick über seine Systematik wesentlich erleichtert. In den Textausgaben zum BGB wird dem eigentlichen Gesetzestext üblicherweise eine Inhaltsübersicht vorangestellt, die bei der Suche nach Vorschriften zu einem bestimmten Thema nützlich sein kann.

Das BGB besteht aus **fünf Teilen**, genannt **Bücher**, die jeweils folgenden Gegenstand haben:

- Buch 1: Allgemeiner Teil (§§ 1-240)
- Buch 2: Recht der Schuldverhältnisse (§§ 241-853)
- Buch 3: Sachenrecht (§§ 854-1296)
- Buch 4: Familienrecht (§§ 1297-1921)
- Buch 5: Erbrecht (§§ 1922-2385)

Das **erste Buch**, der **Allgemeine Teil des BGB**, enthält generelle Vorschriften, die für alle Arten von Rechtsverhältnissen gelten. Diese Bestimmungen werden gewissermaßen vor die Klammer gezogen und müssen auch bei Beschäftigung mit zum Beispiel schuld- oder sachenrechtlichen Materien beachtet werden. Zu den wesentlichen Regelungsgegenständen des Allgemeinen Teils gehören der Abschluss von Rechtsgeschäften, die Geschäftsfähigkeit, die Stellvertretung, die Anfechtung sowie die Verjährung.

Im **zweiten Buch** ist dem Titel entsprechend das **Recht der Schuldverhältnisse** (häufig kurz Schuldrecht genannt) geregelt, also die Eingehung von Rechtsbeziehungen (insbesondere Verträgen), durch welche eine Person gegenüber einer anderen bestimmte Pflichten übernimmt. Auch das Schuldrecht untergliedert sich wiederum in einen allgemeinen Teil (§§ 241-432), der für alle Schuldverhältnisse gilt, und einen besonderen Teil (§§ 433-853), der für bestimmte Schuldverhältnisse (z. B. Kaufverträge, Werkverträge, Mietverträge, Darlehensverträge) Spezialvorschriften aufstellt. Im allgemeinen Teil finden sich beispielsweise Regelungen zu Schadensersatz und Rücktritt bei Verletzung von Pflichten aus Schuldverhältnissen, zum Erlöschen von Schuldverhältnissen und zur Übertragung von Forderungen (Abtretung).

Das dem **Sachenrecht** gewidmete **dritte Buch** des BGB regelt die Rechtsverhältnisse zwischen Personen und Sachen, soweit dies nicht nur dem Schuldrecht zuzuordnende vertragliche Rechte gegenüber einer bestimmten Person (relative Rechte) sind, sondern gegenüber jedermann wirkende Rechtspositionen (absolute Rechte). Zum Sachenrecht gehören vor allem Besitz und Eigentum, aber auch auf einen Teilaspekt beschränkte Rechte an Sachen (und teilweise Rechten) wie das Pfandrecht oder die Hypothek.

Familien- und Erbrecht sind für Wirtschaftswissenschaftler nicht von zentralem Interesse und werden daher hier nicht näher dargestellt.

1.4 Trennungs- und Abstraktionsprinzip

Das BGB differenziert zwischen Verpflichtungsgeschäft (obligatorischer oder schuldrechtlicher Vertrag) und dinglichem Verfügungs- bzw. Erfüllungsgeschäft, wobei es sich um zwei voneinander getrennte Rechtsgeschäfte mit eigenständigen Willenserklärungen handelt (**Trennungsprinzip** = Aufspaltung des Erwerbsgeschäfts in zwei getrennte rechtsgeschäftliche Vorgänge). Dies gilt auch für den Fall, dass Verpflichtungsgeschäft und dingliche Einigung nach § 929 S. 1 nach dem äußeren Erscheinungsbild des Erwerbsvorgangs – wie bspw. beim **Handkauf** zusammenfallen.

Beispiel: Im schuldrechtlichen Verpflichtungsgeschäft verpflichtet sich der Verkäufer nach § 433 Abs. 1 S. 1 lediglich, dem Käufer die Sache zu übergeben (d. h. ihm unmittelbaren Besitz i. S. v. tatsächlicher Sachherrschaft am körperlichen Gegenstand [§ 90] zu verschaffen [§ 854]) und das Eigentum an der Sache (§ 903) zu verschaffen, wohingegen der Käufer im Rahmen des Austauschverhältnisses (Kaufvertrag als gegenseitiger Vertrag i. S. des § 320) verpflichtet ist, dem Verkäufer nach § 433 Abs. 2 den Kaufpreis zu bezahlen. D. h. der Kaufvertrag als Verpflichtungsgeschäft verändert noch nicht die dingliche Rechtslage, führt also noch nicht zum Eigentumserwerb des Erwerbers (Käufers), sondern begründet lediglich einen entsprechenden schuldrechtlichen Anspruch gegen den Vertragspartner i. S. v. § 194, ihm das Eigentum (nach § 929 S. 1) zu verschaffen.

Erst im Rahmen des dinglichen Verfügungs- bzw. Erfüllungsgeschäfts erfolgt die Rechtsänderung, nämlich die Verschaffung des Eigentums an der Sache nach § 929 S. 1 als getrenntes Rechtsgeschäft durch Einigung und Übergabe (vgl. den Wortlaut des § 929 S. 1: „beide darüber einig sein, dass das Eigentum übergehen soll" = vertragliche Einigung über den Eigentumsübergang [„Willst du von mir das Eigentum an diesem Gegenstand erwerben?" – „Ja, ich möchte von dir das Eigentum an diesem Gegenstand erwerben."]).

Das schuldrechtliche Verpflichtungsgeschäft (z. B. der Kaufvertrag nach § 433 als Rechtsgrund [causa]) ist in seiner rechtlichen Wirksamkeit vom dinglichen Verfügungsgeschäft, nämlich

- § 929 S. 1 (Einigung und Übergabe bei beweglichen Sachen [Mobilien]),

1.4 Trennungs- und Abstraktionsprinzip

- §§ 873, 925 (Auflassung [= besondere Form der Einigung bei gleichzeitiger Anwesenheit von Veräußerer und Erwerber vor der zuständigen Stelle] und Grundbucheintragung bei unbeweglichen Sachen [Immobilien]) oder

- § 398 (bloße Einigung bei Forderungen und Rechten [vgl. § 413]),

(sowohl in den tatbestandlichen Voraussetzungen als auch in den Rechtsfolgen) **unabhängig** und umgekehrt (was in der Praxis zu einer starken Verlässlichkeit des Rechtserwerbs führt). D. h., liegen die Voraussetzungen eines Rechtserwerbs im Rahmen des dinglichen Verfügungsgeschäfts vor, tritt die dingliche Rechtsänderung auch ohne Wirksamkeit des schuldrechtlichen Verpflichtungsgeschäfts ein. Mängel des Verpflichtungsgeschäfts haben keine unmittelbare Auswirkung auf das Erfüllungsgeschäft (d. h. das dingliche Verfügungsgeschäft). Der Wegfall des Verpflichtungsgeschäfts schlägt aufgrund der Abstraktion nicht unmittelbar auf den Rechtserwerb (d. h. die sachenrechtliche Zuordnung der Vermögenswerte) durch.

Beispiel: Kauft der 15jährige K bei V ohne Zustimmung seiner Eltern eine Stereoanlage auf Raten und übereignet V ihm daraufhin das Gerät sofort, ist der Kaufvertrag (§ 433) als **Verpflichtungsgeschäft unwirksam**, da der beschränkt Geschäftsfähige (§§ 106, 2) K bei einem solchen für ihn rechtlich nachteilhaften Geschäft gemäß §§ 107, 108 grundsätzlich der Zustimmung seiner Eltern als seine gesetzlichen Vertreter (§§ 1626, 1629) bedarf. Die davon zu trennende Eigentumsübertragung (§ 929 S. 1) an der Stereoanlage von V an K ist als **Verfügungsgeschäft** hingegen **wirksam**, denn die dafür notwendige Einigung konnte K nach § 107 ohne Zustimmung seiner Eltern wirksam vornehmen, da der Eigentumserwerb für ihn lediglich rechtlich vorteilhaft war.

Eine Korrektur erfolgt allein über das Bereicherungsrecht nach § 812 Abs. 1 S. 1 Alt. 1 (**Leistungskondiktion**): Wer etwas durch die Leistung eines anderen „ohne rechtlichen Grund" (Rechtsgrund [causa] des dinglichen Eigentumserwerbs ist das zugrunde liegende schuldrechtliche Verpflichtungsgeschäft) erlangt hat, ist zur Herausgabe verpflichtet (**Rückübereignungsverpflichtung**).

Beispiel: Im obigen Beispiel ist K dem V nach § 812 Abs. 1 S. 1 Alt. 1 zur Herausgabe der Stereoanlage verpflichtet, obwohl K wirksam Eigentum daran erworben hat (§ 929 S. 1), da er Eigentum und Besitz an dem Gerät durch die Leistung des V infolge des unwirksamen Kaufvertrags (§ 433) ohne rechtlichen Grund erlangt hat.

Beachte: Anfechtbar (nach den §§ 119 ff.) ist sowohl eine Willenserklärung (Angebot oder Annahme) im Rahmen des schuldrechtlichen Verpflichtungsgeschäfts (bspw. eines Kaufvertrags nach § 433) als auch eine Willenserklärung (Angebot oder Annahme) im Rahmen des dinglichen Verfügungsgeschäfts (z. B. im Rahmen der dinglichen Einigung nach § 929 S. 1). Jedoch zeitigt eine Anfechtung des Verpflichtungsgeschäfts aufgrund des **Abstraktionsprinzips** keine unmittelbaren Auswirkungen auf das Verfügungsgeschäft (mithin auf die erfolgte Rechtsänderung). Es ist deshalb die Frage zu stellen, welches Rechtsgeschäft durch einen Fehler „infiziert" ist. Bei selten bestehender **Fehleridentität** ist ggf. sowohl das Verpflichtungs- als auch das Verfügungsgeschäft anfechtbar (bspw. im Falle eines Identitätsirrtums). Das Reichsgericht (RGZ 66, 385, 390) vertrat die Ansicht, dass ein für das schuldrechtliche Verpflichtungsgeschäft als Grundgeschäft beachtlicher Irrtum auch das dingliche Verfügungsgeschäft mit erfasst, wenn beide (bspw. bei zeitlichem Zusammenhang) als einheitlicher Willensakt erscheinen, was jedoch als unzulässige Durchbrechung des Abstraktionsprinzips zu qualifizieren ist.

Beachte zudem: § 123 (Anfechtung wegen arglistiger Täuschung oder widerrechtlicher Drohung) führt zur Fehleridentität mit der Folge, dass sowohl das Verpflichtungs- als auch das Verfügungsgeschäft anfechtbar sind (Durchbrechung des Abstraktionsprinzips, die gerechtfertigt ist, da in diesen Fällen ein erheblicher Eingriff in die freie Willensentschließung vorliegt).

2 Die Willenserklärung

Unter einer Willenserklärung ist eine private Willensäußerung zu verstehen, die auf das Herbeiführen einer Rechtsfolge gerichtet ist.

2.1 Abgrenzung

Das Rechtsinstitut der Willenserklärung bedarf einer Abgrenzung zu

- Realakten,
- geschäftsähnlichen Handlungen und
- Gefälligkeitsverhältnissen.

2.1.1 Der Realakt

Der Realakt äußert sich als **rein tatsächlicher Vorgang** (ohne Äußerung eines rechtsgeschäftlichen Willens), an den das Gesetz eine bestimmte Rechtsfolge knüpft.

Beispiele:

- Übergabe (= Besitzwechsel i. S. § 854 – **beachte aber**: Eine Übereignung beweglicher Sachen nach § 929 S. 1 [rechtsgeschäftlicher Eigentumserwerb] setzt hingegen sowohl eine dingliche Einigung [Rechtsgeschäft: Angebot und Annahme] als auch die Übergabe als Realakt voraus),
- Verarbeitung (§ 950),
- Fund (§ 965).

Beachte: Einige Realakte setzen gleichwohl ein Willensmoment voraus: z. B. die Begründung des Besitzes nach § 854 einen Besitzerwerbswillen. Dieses Willensmoment ist aber als „natürlicher Wille" (und nicht als rechtsgeschäftlicher Rechtsfolgewillen) zu verstehen i. S. einer gewissen Einsichtsfähigkeit (nicht jedoch voller Geschäftsfähigkeit i. S. der §§ 104 ff.).

2.1.2 Die geschäftsähnliche Handlung

Im Unterschied zur Willenserklärung tritt bei der geschäftsähnlichen Handlung (bspw. eine Mahnung - § 286) die **Rechtsfolge** (bspw. der Eintritt des Verzugs) unabhängig vom Willen des Handelnden allein **aufgrund der Vorgabe einer gesetzlichen Regelung** ein, wobei sie jedoch durch ein willentliches (d. h. auf die Herbeiführung eines bestimmten Erfolgs gerichtetes) Verhalten (z. B. die Mahnung) ausgelöst wird.

Beispiele:
- Aufforderung zur Erklärung über die Genehmigung (§ 108 Abs. 2 bzw. § 177 Abs. 2),
- Mitteilung einer Bevollmächtigung (§ 171),
- Mahnung (§ 286),
- Fristsetzung nach § 323 Abs. 1,
- Anzeige einer Forderungsabtretung (§ 409).

Auf **rechtsgeschäftsähnliche Handlungen**, die keine eigenständige gesetzliche Regelung erfahren haben, werden die rechtsgeschäftlichen Vorschriften **analog** angewendet (bspw. die §§ 104 ff., §§ 116 ff. [einschließlich der Irrtumsanfechtung bei Willensmängeln - §§ 118 ff.] bzw. §§ 164 ff.).

2.1.3 Das Gefälligkeitsverhältnis

Gefälligkeiten im gesellschaftlich-sozialen Bereich (bei denen i. d. R. keine Gegenleistung geschuldet wird) sind problematisch im Hinblick auf den **Rechtsbindungswillen** (da eine wirksame Willenserklärung dadurch gekennzeichnet ist, dass ihr aus der Sicht des Erklärungsempfängers ein Rechtsbindungswille zugrunde liegt). Fehlt ein solcher, will der Erklärende also erkennbar keine Rechtsfolge herbeiführen, liegt keine **Willenserklärung** vor. Ein Rechtsbindungswille ist aber (ohne Rücksicht auf die innere Willensrichtung des Erklärenden) bereits dann anzunehmen, wenn der Erklärungsempfänger im konkret in Rede stehenden Einzelfall nach Treu und Glauben und unter Berücksichtigung der Verkehrssitte (§ 157) auf einen entsprechenden Willen des Erklärenden schließen darf (näher BGH NJW 1974, 1706; BGHZ 21, 102).

Reine Gefälligkeitsverhältnisse (auch Gefälligkeitsfahrten, nicht jedoch Fahrgemeinschaften sind dadurch gekennzeichnet, dass der Erklärende weder eine Leistungsverpflichtung begründen noch besondere Sorgfaltspflichten beachten will (mithin ohne Rechtsbindungswillen handelt). Ob ein reines Gefälligkeitsverhältnis oder eine vertragliche Bindung der Parteien gewollt ist, muss durch Auslegung aller Umstände des konkret in Rede stehenden Einzelfalles beurteilt werden, wobei eine bloße Unentgeltlichkeit noch nicht den Rechtsbindungswillen auszuschließen vermag, da das BGB auch echte, bloß einseitig verpflichtende Verträge anerkennt (sog. **Gefälligkeitsverträge** i. S. unentgeltlicher Verträge [d. h. ohne Gegenleistung des Vertragspartners]), bspw. die Schenkung (§§ 516 ff.), die Leihe (§§ 598 ff.), den

Auftrag (§§ 662 ff.) oder die Verwahrung (§§ 688 ff.), die i. d. R. durch zweierlei gekennzeichnet sind:

- Milderung des Haftungsmaßstabs zugunsten des Verpflichteten (Reduktion auf Vorsatz und grobe Fahrlässigkeit bzw. auf Sorgfalt in eigenen Angelegenheiten, vgl. § 521, § 599 bzw. § 690),
- erleichterte Möglichkeit des Verpflichteten, sich von seiner Leistungsverpflichtung wieder zu lösen (vgl. § 530, § 604 Abs. 3, § 671 Abs. 1, § 696).

Ein Rechtsbindungswille (und damit eine vertragliche Bindung) kann indiziell beim Vorliegen bestimmter Umstände angenommen werden:

- Art, Grund und Zweck der Gefälligkeit sowie Interessenlage der Parteien,
- wirtschaftliche und rechtliche Bedeutung der Gefälligkeit,
- Wert einer anvertrauten Sache.

Reine Gefälligkeiten können (mangels jeglicher vertraglicher Verpflichtung) allein deliktsrechtliche Ansprüche (§§ 823 ff.) auslösen.

Beachte: Obgleich eine Gefälligkeit (ohne umfassenden Rechtsbindungswillen) vorliegt, kann ggf. aufgrund besonderer Umstände ein objektiver Beobachter nach den Umständen des konkret in Rede stehenden Einzelfalles aber auf einen „beschränkten Rechtsbindungswillen des Erklärenden" schließen. Dann steht u. U. ein (zumindest) **Sorgfaltspflichten auslösendes Gefälligkeitsverhältnis** in Rede. Ein solcher beschränkter Rechtsbindungswille lässt zwar keine Verpflichtung zur Leistung entstehen, die der Erklärungsempfänger einklagen könnte. Er kann aber eine vertragsähnliche Rechtsbeziehung begründen, die die Verpflichtung beinhaltet, die Gefälligkeit sorgfältig zu erbringen (i. S. einer freiwilligen Übernahme von Sorgfaltspflichten) und im Falle einer schuldhaften Verletzung dieser Sorgfaltsverpflichtung Schadensersatzansprüchen ausgesetzt zu sein (Schadensersatzansprüche wegen Verschuldens bei Vertragsschluss [c. i. c.] wegen Verletzung einer vertragsähnlichen Sorgfaltspflicht gemäß §§ 280 Abs. 1, 241 Abs. 1 i. V. m. § 311 Abs. 2 Nr. 3 – ggf. neben deliktischen Schadensersatzansprüchen).

2.2 Der Tatbestand der Willenserklärung

Die Willenserklärung - als **private, auf die Herbeiführung einer Rechtswirkung gerichtete Willensäußerung** (die von Realakten und geschäftsähnlichen Handlungen abzugrenzen ist) – umfasst einen **objektiven** (äußeren) und einen **subjektiven** (inneren) Tatbestand.

2.2.1 Objektiver Tatbestand

Der Erklärende muss seinen **Willen** (unabhängig von der Form der Verlautbarung, bspw. mündlich, schriftlich) **nach außen hin kundgeben** (i. S. eines tatsächlichen Erklärungsaktes – äußerer Erklärungstatbestand [Erklärungshandlung]). Dies muss nicht ausdrücklich geschehen. Ein schlüssiges (konkludentes) Verhalten reicht aus, sofern dieses für einen vernünftigen Erklärungsempfänger (d. h. einen objektiven Dritten) einen Rückschluss auf die Äußerung eines bestimmten rechtsgeschäftlichen Willens zulässt. Fehlt es am objektiven Tatbestand, liegt keine Willenserklärung vor.

Beachte:

- **Schweigen** i. S. einer bewussten Nichtäußerung kommt grundsätzlich nicht der Charakter einer Willenserklärung (Erklärungshandlung) zu: Wer schweigt, erklärt nichts (vgl. auch § 241 a Abs. 1: im Falle der Lieferung einer unbestellten Ware durch einen Unternehmer [§ 14] an einen Verbraucher [§ 13] kommt durch das Schweigen des Verbrauchers kein Vertrag zustande. Zudem verliert der Unternehmer alle gesetzlichen Ansprüche auf Rückgabe [§ 985 – trotz seines fortbestehenden Eigentums, vertragliche Rückgabeansprüche bestehen nicht] und auf Schadensersatz [Ausnahmen: § 241 a Abs. 2 und 3]);

- Ausnahmen (**Schweigen als rechtserhebliche Willensbetätigung**):
  - Fiktion einer Willenserklärung in gesetzlich geregelten Fällen. Das Gesetz misst dem Schweigen in den folgenden Fällen einen Erklärungswert zu:
    - § 416 Abs. 1 S. 2, § 516 Abs. 2 S. 2, § 455 S. 2: Fiktion der Abgabe eine Willenserklärung,
    - § 108 Abs. 2 S. 2, § 177 Abs. 2: Verweigerung der Abgabe einer Willenserklärung,
    - zudem (begrenzt auf das Handelsrecht): § 362 HGB – Schweigen eines Kaufmanns,
  - Vereinbarung (auch stillschweigend möglich, wenn zwischen den Parteien rechtsgeschäftliche Beziehungen bestehen) zwischen den Parteien, dass dem Schweigen eine bestimmte rechtliche Bedeutung zukommen soll;

§ 151 ist **kein** Fall einer fingierten Willenserklärung. Die Norm hat eine nach außen erkennbare Annahmehandlung zur Voraussetzung, entbehrlich ist lediglich der Zugang der Annahmeerklärung beim Erklärungsgegner (Vertragsannahme nach § 151 als nichtempfangsbedürftige Willenserklärung).

2.2.2 Exkurs: Das kaufmännische Bestätigungsschreiben

Die schriftliche Bestätigung von Vertragsabschlüssen zwecks Fixierung des genauen Vertragsinhalts (um Irrtümer und Missverständnisse auszuschließen und zur Beweissicherung) ist im Handelsverkehr zwischen Kaufleuten üblich. Ein **deklaratorisches Bestätigungsschreiben** kann aufgrund Handelsbrauchs (§ 346 HGB), sofern es von den vorangegangenen Vertragsverhandlungen abweicht, unter folgenden Voraussetzungen **konstitutive Wirkung** erlangen, wenn dem Schreiben nicht unverzüglich (entsprechend § 121 Abs. 1 S. 1) widersprochen wird (rechtserzeugende Wirkung des Schweigens im kaufmännischen Geschäftsverkehr:

- (mündliche, telefonische, fernschriftliche) Verhandlungen zwischen den Parteien (bzw. für diese tätig gewordene Hilfspersonen), die (tatsächlich oder vermeintlich) zu einem Vertragsschluss i. S. der §§ 145 ff. geführt haben,
- Bestätigungsschreiben, das im unmittelbaren Anschluss an die Vertragsverhandlungen (= kurzer zeitlicher Abstand) abgesendet worden ist, wird der Vertragsschluss konstatiert und der wesentliche Vertragsinhalt wiedergegeben (wenngleich der Inhalt – im Rahmen des vom Empfänger zu erwartenden – auch Richtigstellungen bzw. Ergänzungen erfahren kann),
- Absender ist Kaufmann (i. S. §§ 1 ff. HGB) bzw. eine Person, die in ähnlicher Weise wie ein Kaufmann am Geschäftsleben teilnimmt und daher erwarten kann, dass der Empfänger ihm gegenüber in kaufmännischer Sitte verfahren wird,
- Redlichkeit des Absenders, d. h. er kann und darf nach den Umständen auch davon ausgehen, dass der von ihm bestätigte Vertragsinhalt so einvernehmlich vereinbart worden ist
  - **Ausnahme:** arglistige Unterstellung eines Vertragsabschlusses bzw. Änderungen in Durchsetzung von Eigeninteressen,
  - weicht die Bestätigung bewusst vom Vereinbarten ab (z. B. bei Richtigstellungen und Ergänzungen) ist darauf abzustellen, ob der Absender vernünftigerweise mit einem Einverständnis des Empfängers rechnen konnte oder nicht (objektives Kriterium),
  - hat ein Vertreter bewusst unrichtig bestätigt, ist dessen Kenntnis entsprechend § 166 dem Absender zuzurechnen,
- Empfänger ist Kaufmann (i. S. §§ 1 ff. HGB) bzw. führt als Unternehmen einen Betrieb, der in größerem Umfang am Geschäftsleben teilnimmt,
- Zugang des Schreibens beim Empfänger (entsprechend § 130 Abs. 1 S. 1 – Kenntnisnahme ist nicht erforderlich),
- Schweigen des Empfängers =
  - Empfänger hat dem abweichenden Bestätigungsschreiben nicht unverzüglich (§ 121 Abs. 1 S. 1) widersprochen (Überlegungsfrist beurteilt sich nach den Umständen des konkret in Rede stehenden Einzelfalls, i. d. R. ein bis drei Tage),
  - „kreuzende Bestätigungsschreiben" machen einen Widerspruch entbehrlich,

- Rechtsfolge:
  - zwischen den Beteiligten gilt (kraft zu beachtenden Handelsbrauchs - § 346 HGB) ein Vertrag mit dem Inhalt des Bestätigungsschreibens als geschlossen (auch hinsichtlich der abgeänderten oder ergänzten Bestimmungen) = rechtsbegründende Wirkung des Schweigens auf ein kaufmännisches Bestätigungsschreiben,
  - Vermutungswirkung, dass das Bestätigungsschreiben sowohl den Vertragsschluss als auch den Vertragsinhalt zutreffend und vollständig wiedergibt (etwas anderes gilt nur für Abweichungen, mit deren Billigung der Absender vernünftigerweise nicht rechnen darf),
  - zulässig bleiben Einwendungen entsprechend § 105, §§ 106 ff., § 134, § 138 bzw. § 142 Abs. 1,
  - eine Anfechtung wegen Irrtums über die rechtliche Tragweite des Schweigens ist ausgeschlossen (BGHZ 11, 1, 5), ebenso bei schuldhaftem Irrtum über den Inhalt des Bestätigungsschreibens (z. B. weil der Empfänger das Schreiben nicht/nicht ordentlich gelesen hat – BGH NJW 1972, 45),
  - **Beweislast:** Der Absender trägt die Beweislast für den Zugang des Bestätigungsschreibens, der Empfänger für einen rechtzeitigen Widerspruch bzw. ein Abweichen vom Vereinbarten, mit dessen Billigung durch ihn der Absender vernünftigerweise nicht rechnen konnte.

Beachte: Im kaufmännischen Verkehr spielt es hinsichtlich der Rechtswirkungen des kaufmännischen Bestätigungsschreibens keine Rolle, ob der Empfänger durch sein Schweigen zustimmen wollte oder nicht. Ein fehlender Geschäfts- bzw. Erklärungswille des Schweigens ist unerheblich.

Abgrenzung des kaufmännischen Bestätigungsschreibens zur **Auftragsbestätigung**: Letztere bestätigt nicht einen tatsächlich oder vorgeblich erfolgten Vertragsabschluss, sondern nimmt einen Antrag überhaupt erst an (Auftragsannahme). Eine modifizierte Auftragsbestätigung (d. h. eine solche mit Änderungen des Antrags) gilt nach § 150 Abs. 2 als neuer Antrag, der grundsätzlich nicht durch ein Schweigen des Empfängers angenommen wird.

Beachte: Auch die bloße Aufforderung, ein Angebot abzugeben (**invitatio ad offerendum** – z. B. Werbeanzeigen, Kataloge bzw. Schaufensterauslagen), ist keine Willenserklärung (mithin kein Angebot), da der Erklärende dadurch erkennbar keine rechtliche Bindung eingehen möchte. Ob eine invitatio ad offerendum oder ein bindendes Angebot (mithin eine Willenserklärung) vorliegt, ist durch Auslegung (§§ 133, 157) zu ermitteln.

2.2.3 Subjektiver Tatbestand

Der subjektive Tatbestand einer idealtypischen Willenserklärung setzt sich zusammen aus dem

- Handlungswillen,

- Erklärungsbewusstsein und dem
- Geschäftswillen.

Eine Willenserklärung setzt voraus, dass zumindest der Handlungswille und (mit gewissen Einschränkungen auch) das Erklärungsbewusstsein vorliegen. Ein fehlender Geschäftswille ist unbeachtlich. Ermangelt es einer wirksamen Willenserklärung an Merkmalen des subjektiven Tatbestands, ist sie ggf. nach § 119 Abs. 1 anfechtbar.

Der Handlungswille
Der **objektive Tatbestand** einer Willenserklärung, d. h. die Erklärung – muss **bewusst** (willensgesteuert) **verwirklicht** werden, womit unbewussten Verhaltensweisen (im Schlaf, reflexhaft bzw. unter Hypnose) ein Handlungswille fehlt. Dies gilt gleichermaßen bei unmittelbarem körperlichen Zwang (vis absoluta, wohingegen unter vis compulsiva eine wirksame Willenserklärung [bewusste Verwirklichung des objektiven Tatbestands einer Willenserklärung] zustande kommt, die aber nach § 123 Abs. 1 wegen Drohung anfechtbar ist).

Das Erklärungsbewusstsein
Der Handelnde hat Erklärungsbewusstsein, wenn er **weiß**, dass er **durch sein Verhalten etwas rechtlich Erhebliches erklärt** (d. h. seiner Erklärung eine irgendwie geartete rechtliche Bedeutung zukommt) und er damit eine rechtliche Bindung eingeht (**Rechtsbindungswille**). Hingegen setzt das Erklärungsbewusstsein keinen auf ein „bestimmtes" Rechtsgeschäft gerichteten Willen (d. h. einen Geschäftswillen) voraus.

Eine wirksame Willenserklärung liegt stets dann vor, wenn der Handelnde weiß, dass sein Verhalten in einem bestimmten gesellschaftlichen Kontext als rechtsgeschäftliche Erklärung qualifiziert wird.

Problematisch sind aber Konstellationen, in denen einerseits der Handelnde zwar keine rechtserhebliche Erklärung abgeben möchte, andererseits aber potentielle Erklärungsgegner auf die Wirksamkeit des vom Handelnden verwirklichten objektiven Tatbestands einer Willenserklärung vertrauen und der Handelnde selbst, bei Anstrengung seiner Verstandeskräfte dies auch hätte wissen können (Fallbeispiel: Handheben beim Trierer Weinversteigerungsfall). Dabei tritt ein Interessengegensatz zwischen dem Handelnden (der nichts erklären wollte) und seinem Gegenüber (der auf die Wirksamkeit einer für ihn erkennbaren objektiven Erklärungshandlung vertraut) auf. Die Rechtsprechung bejaht in entsprechenden Fällen dann eine wirksame Willenserklärung (BGHZ 109, 171, 177; BGH NJW 1995, 953), wenn

- der Erklärende bei Anwendung der im Verkehr erforderlichen (d. h. der ihm zumutbaren und gebotenen) Sorgfalt hätte erkennen und vermeiden können, dass sein Verhalten (d. h. der objektive Erklärungstatbestand) nach Treu und Glauben sowie der Verkehrssitte (§ 242) vom Erklärungsempfänger als Willenserklärung qualifiziert wird (d. h. entsprechend aufgefasst werden durfte – **Schaffung eines Vertrauenstatbestands** infolge einer Verantwortlichkeit für das Fehlen des Erklärungsbewusstseins i. S. einer Verpflichtung, für den Rechtsverkehr missverständliche Erklärungen in die Welt zu setzen) **und**

- der Empfänger das Verhalten des Erklärenden tatsächlich als Willenserklärung qualifiziert hat und das fehlende Erklärungsbewusstsein des Handelnden nicht kennt (Vertrauenstatbestand mit korrespondierender Schutzwürdigkeit des Erklärungsempfängers).

Liegt in entsprechenden Fällen eine (zunächst) wirksame Willenserklärung vor, kann diese aber entsprechend § 119 Abs. 1 (als Fall eines Inhaltsirrtums – der Erklärende wollte diese ihm zuzurechnende Erklärung mit rechtlich erheblichem Charakter eigentlich nicht abgeben) rückwirkend (§ 142 Abs. 1) wieder beseitigt werden, wobei dem Erklärungsgegner aber dessen Vertrauensschaden nach § 122 zu ersetzen ist.

Der Geschäftswille
Der Erklärende handelt mit Geschäftswillen, wenn sein **Wille auf eine bestimmte Rechtsfolge gerichtet** ist (Absicht ein bestimmtes Geschäft abzuschließen).

Der Geschäftswille ist **nicht notwendiger Bestandteil einer wirksamen Willenserklärung**. Eine Willenserklärung, der der Geschäftswille ermangelt, ist aber nach § 119 Abs. 1 anfechtbar, wobei dann allerdings der Erklärungsgegner ggf. nach § 122 Ersatz seines Vertrauensschadens verlangen kann.

Der **Haftungsmaßstab** ist sowohl bei reinen Gefälligkeiten als auch bei Sorgfaltspflichten auslösenden Gefälligkeitsverhältnissen umstritten (da auch bei unentgeltlichen Verträgen [mit Ausnahme des Auftrags] eine Haftungsreduktion erfolgt). Während in der Literatur eine analoge Anwendung der Haftungsprivilegien bei unentgeltlichen Verträgen (d. h. §§ 521, 599, 690 analog) vertreten wird, lehnt die Rechtsprechung dies ab (BGH NJW 1992, 2474, 2475). Die Rechtsprechung verneint auch die Möglichkeit eines stillschweigend vereinbarten Haftungsausschlusses. Damit bleibt es bei reinen Gefälligkeiten und Sorgfaltspflichten auslösenden Gefälligkeitsverhältnissen beim Allgemeinem Haftungsmaßstab: Der zum Schadensersatz Verpflichtete hat Vorsatz und jede Art der Fahrlässigkeit (d. h. auch leichteste Fahrlässigkeit) zu vertreten. Dies wird damit begründet, dass der Betroffene ja gerade keine rechtliche Verpflichtung hat treffen wollen. Die h. M. ist nicht unproblematisch, da es bei einer (tatsächlich getroffenen) vertraglichen Verpflichtung (anstelle der bloßen Gefälligkeit) zu einer Privilegierung gekommen wäre.

2.3 Das Wirksamwerden von Willenserklärungen

Das Wirksamwerden einer Willenserklärung setzt deren

- **wirksame Abgabe** (=willentliche Entäußerung)
- sowie regelmäßig (bei empfangsbedürftigen Willenserklärungen auch) deren **wirksamen Zugang** (beim Empfänger) voraus.

2.3.1 Wirksame Abgabe der Willenserklärung

Es ist zwischen empfangsbedürftigen und nichtempfangsbedürftigen Willenserklärungen zu unterscheiden.

Nichtempfangsbedürftige Willenserklärungen

Nichtempfangsbedürftige Willenserklärungen sind bereits dann **abgegeben und wirksam**, wenn der **Wille in nach Außen erkennbarer Weise** endgültig **geäußert** worden ist. Die Kenntnisnahme durch einen anderen ist für die Wirksamkeit nicht erforderlich.

Beispiele:

- Bestätigung (§ 144),
- Auslobung (§ 657), *публичное обещание вознаграждения*
- Eigentumsaufgabe (Dereliktion - § 959),
- Annahme einer Erbschaft (§ 1943),
- Errichtung eines Testaments (§ 2247).

Empfangsbedürftige Willenserklärungen

Die empfangsbedürftige Willenserklärung ist hingegen erst **wirksam**, wenn der **Erklärende die Erklärung abgegeben** hat und sie **dem Empfänger zugegangen** ist.

Eine empfangsbedürftige Willenserklärung (geregelt in den §§ 130 ff.) muss **willentlich** in Richtung auf den Empfänger in Bewegung gesetzt werden (d. h. aus dem Machtbereich des Erklärenden entlassen werden – ansonsten handelt es sich um eine sog. **abhanden gekommene Willenserklärung**, die ungewollt [bspw. die Putzfrau, die einen auf dem Schreibtisch liegenden Vertragsentwurf ohne entsprechende Anweisung abschickt] in den Verkehr gebracht wird). Die unwillentlich abgegebene Willenserklärung kann der „Erklärende" anfechten. Sofern er das Abhandenkommen der Willenserklärung zu vertreten hat, **haftet der „Erklärende"** (weil er den Rechtsschein einer wirksamen Willenserklärung gesetzt hat) nach h. M. analog § 122 (nach a. A. aus Verschulden bei Vertragsschluss [c. i. c.] gemäß §§ 280 Abs. 1, 241 Abs. 2, 311 Abs. 2 Nr. 1) auf Ersatz des dem Erklärungsempfänger entstandenen Schadens, den dieser erleidet, weil er auf die Gültigkeit der Erklärung vertraut hat (Ersatz des Vertrauensschadens).

Maßgeblicher Zeitpunkt für die Wirksamkeit der Abgabe der Willenserklärung (z.B. für eine notwendige Kenntnis oder ein Kennenmüssen bestimmter Umstände) ist der **Moment der Abgabe** der Willenserklärung. Auf die Wirksamkeit der Willenserklärung hat es nach § 130 Abs. 2 keinen Einfluss, wenn der Erklärende nach der Abgabe stirbt, geschäftsunfähig (§ 104) wird oder wenn erst nach diesem Zeitpunkt Willensmängel beim Erklärenden auftreten.

2.3.2 √ Wirksamer Zugang der Willenserklärung

√ **Unter Abwesenden**
Gemäß § 130 Abs. 1 S. 1 wird eine gegenüber einem anderen abzugebende Willenserklärung (**empfangsbedürftige Willenserklärung**), die in dessen **Abwesenheit** abgegeben wird, in dem Zeitpunkt **wirksam**, in dem sie dem **Empfänger zugeht** (besonders bedeutsam im Falle fristgebundener Erklärungen [bspw. Kündigungserklärungen]).

Zugang ist dann anzunehmen, wenn die (i. d. R. verkörperte – zumindest von einem Medium [z. B. auf dem Anrufbeantworter oder der Voicemail] gespeicherte) Willenserklärung (bspw. der Brief oder Das Fax) **dergestalt in den** sachlichen oder persönlichen **Herrschafts- (Macht-) bereich des Empfängers gelangt ist** (z. B. Einwurf in den Briefkasten, Einlage ins Postfach, mündliche Telefonnachricht auf den Anrufbeantworter [entgegen § 147 Abs. 1 S. 2], Faxausdruck, Zwischenspeicherung einer [abruffähigen] Mail auf dem Rechner des Dienstanbieters [i. S. eines elektronischen Postfachs, E-Mail-Account – nicht erst zum Zeitpunkt des Herunterladens auf den eigenen Rechner], wohingegen ein Einschreibebrief [bei Benachrichtigungshinweis des Empfängers im Briefkasten während dessen Abwesenheit] bis zur Abholung im Herrschaftsbereich der Post verbleibt; BGHZ 137, 205, 208.), **dass dieser unter normalen (gewöhnlichen) Umständen die Möglichkeit erlangt hat, von ihrem Inhalt Kenntnis zu nehmen** (d. h., mit einer Kenntnisnahme zu rechnen ist: Kenntnisnahmemöglichkeit – im geschäftlichen Verkehr zu den üblichen Öffnungszeiten; BGHZ 67, 271, 275.) .

Dies gilt gleichermaßen im Falle einer urlaubs-, krankheits- oder haftbedingten Abwesenheit des (privaten) Empfängers (BAG NJW 1993, 1093), die der Absender nicht kennt.

Es ist **nicht erforderlich, dass** der **Empfänger** von der Willenserklärung **tatsächlich Kenntnis** nimmt (vgl. auch § 312 e Abs. 1 S. 2 für Bestellungen und Bestätigungen).

Im Hinblick auf die **Möglichkeit der Kenntnisnahme** ist auf die Verkehrsauffassung abzustellen (z. B. beim Briefeinwurf: während der Geschäftszeit bzw. dem Zeitpunkt, in dem mit einer Leerung des Briefkastens zu rechnen ist).

Formbedürftige Erklärungen müssen formgerecht zugehen (BGHZ 130, 71).

Wird aber tatsächlich von der Willenserklärung Kenntnis genommen (d. h. vor der Kenntnisnahmemöglichkeit – z. B. ein Geschäftsbriefkasten wird ausnahmsweise bereits am Sonntag geleert), ist die **tatsächliche Kenntnisnahme** entscheidend.

Eine Willenserklärung ist auch durch Aushändigung einer verkörperten Erklärung oder durch mündliche Weitergabe der Erklärung durch und/oder an eine Mittelsperson (z. B. einen Erklärungs-/Empfangsboten oder Erklärungs-/Empfangsvertreter) in den **persönlichen Machtbereich** des Empfängers gelangt.

Empfangsbote ist jeder zur Entgegennahme rechtsgeschäftlicher Erklärungen geeignete und bereite sowie nach der Organisation des Empfängers bestimmte Person, die als ermächtigt angesehen werden kann, eine Willenserklärung entgegenzunehmen (bspw. erwachsene Fami-

2.3 Das Wirksamwerden von Willenserklärungen

lien- oder Hausgemeinschaftsmitglieder, sofern es sich um Kinder handelt, ist auf deren Alter bzw. Zuverlässigkeit abzustellen). Handelt es sich um einen untauglichen Empfangsboten oder Empfangsvertreter (hat der Erklärende also eine untaugliche Mittelsperson ausgewählt), wird dieser wie ein Erklärungsbote des Erklärenden behandelt, d. h., der Erklärende muss sich ein entsprechendes Fehlverhalten des Boten zurechnen lassen. Die Willenserklärung ist in diesem Fall erst zugegangen, wenn der Erklärungsbote sie an den Empfänger weitergeleitet hat.

Ist eine Willenserklärung in den persönlichen Herrschaftsbereich des Empfängers gelangt, so geht sie ihm in dem Zeitpunkt zu, in dem nach dem regelmäßigen Verlauf der Dinge mit einer Weitergabe durch den (tauglichen) Empfangsboten und deren Kenntnisnahme gerechnet werden kann.

Die **Risikoverteilung bei einer Zwischenschaltung von Mittelspersonen** gestaltet sich also wie folgt:

- **Erklärungsboten** (d. h. Hilfspersonen auf der Seite des **Erklärenden** zwecks Weiterleitung seiner Willenserklärung) sind dem Herrschaftsbereich des Erklärenden zu zurechnen mit der Folge, dass er auch das Risiko einer unterbliebenen oder falsch übermittelten Erklärung trägt;

- **Empfangsvertreter** (§ 164 Abs. 3): Eine Willenserklärung ist dem **Empfänger** (d. h. dem Vertretenen) mit Zugang beim Vertreter zugegangen, ohne dass es auf die tatsächliche Weitergabe ankommt.

Unter Anwesenden
Erklärungen unter Anwesenden sind folgende:

- Erklärung gegenüber einem körperlich anwesenden Empfänger:
    - **Schriftliche** (verkörperte) Erklärung: **wirksamer Zugang mit Aushändigung** der verkörperten Erklärung,
    - **Mündliche** (nicht verkörperte) **Erklärung**: **wirksamer Zugang mit akustisch** (nicht sachlich) **richtigem Verständnis** bzw. wenn der Erklärende bei Beachtung der im Verkehr erforderlichen Sorgfalt vernünftigerweise davon ausgehen durfte, dass sie vom Empfänger richtig verstanden wird (Vernehmungstheorie – Probleme bei Schwerhörigkeit oder mangelnden Sprachkenntnissen gehen zu Lasten des Erklärenden),

- Mündliche Erklärung gegenüber einem Empfangsvertreter (§ 164 Abs. 3),
- Fernmündliche Erklärungen (§ 157 Abs. 1 S. 2),

2.3.3 Verhinderung des Zugangs

Im Falle einer **Annahmeverweigerung**, d. h., einer Verhinderung (Vereitelung) des Zugangs der Willenserklärung durch den Erklärungsempfänger in zurechenbarer Weise (mithin durch Umstände, die in seiner Sphäre liegen) ist zu differenzieren, ob diese in

- **berechtigter** Weise (z. B. bei nicht ausreichend frankiertem Brief, für den Nachporto entrichtet werden soll) erfolgte. **Folge: Nicht-Zugang der Willenserklärung**, da das Hindernis in der Sphäre des Erklärenden liegt;

- **unberechtigter** Weise erfolgte, obgleich der Empfänger mit dem Zugang der Willenserklärung rechnen musste. **Folge:**
  - **Fiktion des Zugangs** nach
    - den Grundsätzen von Treu und Glauben (§ 242, d. h., dem Empfänger ist es verwehrt, sich auf den fehlenden/verspäteten Zugang zu berufen; BGHZ 137, 205, 209.) oder
    - dem Rechtsgedanken des § 162 Abs. 1.
    - a. A. Naturalrestitution, weil Schadensersatzverpflichtung neben Nebenpflichtverletzung - §§ 280 Abs. 1, 241 Abs. 2, 249 bzw. §§ 311 a Abs. 2, 280 Abs. 1, 241 Abs. 2, 249 – Willenserklärung ist dem Empfänger zu dem Zeitpunkt zugegangen, in dem er sie hätte entgegennehmen können - erfolgt ist.

Im Falle **fehlerhafter** (defekter) oder **fehlender Empfangsvorrichtungen** (Briefkasten, Postfach, Telefon, Telefax, E-Mail-Anschluss – wodurch der Ausdruck oder die Speicherung der Willenserklärung verhindert wird) reicht für einen wirksamen Zugang nicht der erste (vergebliche) Zustellungsversuch aus. Der Erklärende muss alles unternehmen, um die Willenserklärung in den Machtbereich des Empfängers gelangen zu lassen. Schafft er dies (wenn auch verspätet), wird nach Treu und Glauben (§ 242) ein rechtzeitiger Zugang fingiert.

Urlaubsabwesenheit bzw. krankheitsbedingte Abwesenheit des Empfängers stellen (bei Unkenntnis des Erklärenden von diesen Umständen) **keine Zugangshindernisse** dar: Die Willenserklärung ist zugegangen, da sie dergestalt in den räumlichen Machtbereich des Empfängers gelangt ist, dass dieser unter normalen Umständen von ihr hätte Kenntnis nehmen können. Kaufleute haben Vorkehrungen in ihrer Abwesenheit zu treffen, dass ihnen gegenüber abzugebende Erklärungen sie auch erreichen.

2.3.4 Sonderfälle

- Nach § 130 Abs. 3 finden die Vorschriften über das Wirksamwerden der Willenserklärung gegenüber Abwesenden auch dann Anwendung, wenn die Willenserklärung einer **Behörde** gegenüber abzugeben ist.
- Wird die Willenserklärung einem **Geschäftsunfähigen** (§ 104) gegenüber abgegeben, so wird sie nach § 131 Abs. 1 nicht wirksam, bevor sie dem gesetzlichen Vertreter zugeht.

2.3 Das Wirksamwerden von Willenserklärungen

Das Gleiche gilt nach § 131 Abs. 2, wenn die Willenserklärung einer in der Geschäftsfähigkeit beschränkten Person (§§ 106, 2) abgegeben wird. Bringt die Erklärung jedoch der in der **Geschäftsfähigkeit beschränkten Person** lediglich einen „rechtlichen Vorteil" oder hat der gesetzliche Vertreter seine Einwilligung (= vorherige Zustimmung – § 183) erteilt, so wird die Erklärung in dem Zeitpunkt wirksam, in welchem sie ihr zugeht (vgl. auch § 1903 Abs. 1 S. 2 für den Betreuten).

- Eine Willenserklärung **gilt** nach § 132 Abs. 1 auch dann als zugegangen (**Zugangsfiktion**), wenn sie durch Vermittlung eines Gerichtsvollziehers (nach Maßgabe der §§ 191 i. V. m. 178 ff., 193 Abs. 1 S. 2 ZPO – auch möglich als **Ersatzzustellung** nach § 181 ZPO, bei der die Willenserklärung nicht in den Empfangsbereich gelangt) zugestellt worden ist. Befindet sich der Erklärende über die Person desjenigen, welchem gegenüber die Erklärung abzugeben ist, in einer nicht auf Fahrlässigkeit beruhenden Unkenntnis oder ist der Aufenthalt dieser Person unbekannt, so kann die Zustellung nach § 132 Abs. 2 S. 1 nach den für die Zustellung einer Ladung geltenden Vorschriften (§§ 186 bis 188 ZPO) erfolgen.

- **Beachte:**
  - Nach § 130 Abs. 1 S. 2 wird der Zugang einer Willenserklärung gegenüber Abwesenden nicht wirksam, wenn dem Erklärungsempfänger vorher oder gleichzeitig ein **Widerruf** (als Wirksamkeitshindernis) zugeht (der – im Unterschied zu Gestaltungsrechten [z. B. Anfechtung oder Kündigung] voraussetzungslos ist und daher nicht begründet werden muss). Der Widerruf ist eine empfangsbedürftige Willenserklärung und grundsätzlich formfrei (es sei denn, rechtsgeschäftlich ist gewillkürte Schriftform angeordnet).

  - Da die Wirksamkeit einer Willenserklärung durch den Tod des Erklärenden unbeeinflusst bleibt (vgl. § 130 Abs. 2), steht das Widerrufsrecht des § 130 Abs. 1 S. 2 für diesen Fall dem/den Erben zu (§ 1922).

  - **Sonderfälle eines Widerrufs** finden sich in § 109, § 168, § 178, § 183, § 530, § 658, § 671 Abs. 1 bzw. § 790.

  - § 355 Abs. 1 statuiert ein Widerrufsrecht bei **Verbraucherverträgen** (i. S. eines gesetzlichen Rücktrittsrechts): Ist einem Verbraucher (§ 13) durch Gesetz ein Widerrufsrecht nach § 355 eingeräumt, so ist er an seine auf den Abschluss des Vertrags gerichtete Willenserklärung nicht mehr gebunden, wenn er sie fristgerecht widerrufen hat. Der Widerruf muss keine Begründung enthalten und ist in Textform (§ 126 b) oder durch Rücksendung der Sache innerhalb von zwei Wochen gegenüber dem Unternehmer (§ 14) zu erklären. Der bereits geschlossene und zunächst voll wirksame Vertrag wird durch einen fristgemäßen Widerruf in ein Rückgewährschuldverhältnis umgewandelt mit der Rechtsfolge des § 357, der grundsätzlich auf das Rücktrittsrecht (§§ 346 ff. – mit Besonderheiten) verweist.

2.4 Auslegung von Willenserklärungen

Bei der Auslegung von Willenserklärungen und Verträgen geht es um die Ermittlung des Sinns mehrdeutiger Gedankenäußerungen. Nach § 133 ist bei der Auslegung einer (auslegungsbedürftigen und auslegungsfähigen) Willenserklärung der wirkliche (tatsächliche) Wille des Erklärenden zu erforschen, um dessen privatautonomer Entscheidung gerecht zu werden – sog. **natürliche Auslegung** (Erforschung des subjektiven Willens) – und nicht am buchstäblichen Sinn des Ausdrucks zu haften (Verbot einer reinen Buchstabeninterpretation). Dabei sind auch außerhalb der Erklärung liegende Umstände zu berücksichtigen. Die allein auf den Erklärenden abstellende **subjektive Interpretation** ist jedoch nur dort gerechtfertigt, wo es auf ein schutzwürdiges Interesse (Vertrauen) Dritter nicht ankommt. Es ist somit zwischen empfangsbedürftigen und nicht empfangsbedürftigen Willenserklärungen zu unterscheiden. Erstere bedürfen einer Auslegung unter Berücksichtigung aller Umstände, die für den Erklärungsempfänger erkennbar sind (**Berücksichtigung des Empfängerhorizonts**). Dies ergibt sich aus § 157, wonach Verträge so auszulegen sind, wie Treu und Glauben (§ 242) mit Rücksicht auf die Verkehrssitte es erfordern. Das hat zur Folge, dass nicht der wirklich erklärte Wille des Erklärenden, sondern der erklärte Wille, wie er sich aus der Sicht eines vernünftigen Erklärungsempfängers darstellt (sog. **verobjektivierter Empfängerhorizont** (Wie durfte dieser in der konkreten Situation die ihm gegenüber abgegebene Erklärung vernünftigerweise verstehen?) maßgeblich ist (normative bzw. wertende Interpretation).

Prüfungsschritte:

- Liegt überhaupt eine **Willenserklärung** vor (Tatbestand der Willenserklärung)?
- **Ermittlung des Inhalts** der Willenserklärung (orientiert am Wortlaut – unter Zugrundelegung des allgemeinen Sprachgebrauchs – sowie äußerer Umstände)
- wenn der Willenserklärung die notwendige Klarheit und Eindeutigkeit fehlt, dann **Auslegung** anhand aller im Einzelfall zu berücksichtigenden Umstände (z.B. Ort, Zeit, Begleitumstände, Verkehrssitte, vgl. § 157)

Das Gesetz statuiert darüber hinaus einige **gesetzliche Auslegungsregeln** (bspw. in § 449 Abs. 1 zum Rechtsinstitut „Eigentumsvorbehalt").

Der Grundsatz „**falsa demonstratio non nocet**", der besagt, dass eine falsche Bezeichnung unschädlich ist, gilt für den Fall, dass zwischen beiden Parteien eines Vertrags zwar tatsächlich eine Willensübereinstimmung besteht, das Erklärte jedoch objektiv eine andere Bedeutung hat – z.B. im Haakjoringsköd-Fall (RGZ 99, 147): Käufer bestellt bei Verkäufer Haakjoringsköd (= Haifischfleisch), wobei beide meinen, Haakjoringsköd sei Walfischfleisch. Hier schadet die Falschbezeichnung des Vertragsgegenstandes nicht, da trotz dieser ein übereinstimmender Wille gegeben ist. Die falsa-demonstratio-Regel gelangt hingegen nicht zur Anwendung, wenn der Inhalt des Rechtsgeschäfts auch für Dritte relevant ist (bspw. im Gesellschaftsvertrag, wo im Interesse des Verkehrsschutzes eine objektiv-normative, d.h. am Wortlaut orientierte Auslegung notwendig ist).

2.4 Auslegung von Willenserklärungen

Ist ein Rechtsgeschäft **lückenhaft**, weil die Parteien bei Vertragsschluss nicht alle Punkte ihrer vertraglichen Beziehung bedacht und einvernehmlich geregelt haben, kommt eine **ergänzende Vertragsauslegung** in Betracht. Die nicht geregelten Aspekte werden unter Berücksichtigung des Vertragszwecks ausgefüllt: Wie hätten die Parteien die noch offenen Lücken in ihrem Vertrag geregelt, wenn diese bei Vertragsschluss bedacht worden wären?

Kann trotz Auslegung **kein Konsens** (d.h. keine Willensübereinstimmung) der Parteien über die wesentlichen Bestandteile des Vertrags (sog. essentialia negotii) festgestellt werden, ist **Dissens** gegeben – entweder ein

- **offener Einigungsmangel** (§ 154 Abs. 1 S. 1): Solange sich die Parteien nicht über alle Punkte eines Vertrags geeinigt haben, über die nach der Erklärung auch nur einer Partei eine Vereinbarung getroffen werden soll, ist im Zweifel der Vertrag nicht geschlossen. Oder ein

- **versteckter Einigungsmangel** (§ 155): Haben sich die Parteien bei einem Vertrag, den sie als geschlossen ansehen, über einen Punkt, über den eine Vereinbarung getroffen werden sollte, in Wirklichkeit nicht geeinigt, so gilt das Vereinbarte, sofern anzunehmen ist, dass der Vertrag auch ohne eine Bestimmung über diesen Punkt geschlossen sein würde.

3 Vertragsschluss

Der Abschluss eines Vertrags (als zwei- oder mehrseitiges Rechtsgeschäft) vollzieht sich durch Angebot und Annahme (§§ 145 ff.), setzt also mindestens zwei sich deckende (korrespondierende) Willenserklärungen voraus. Die daraus resultierende Bindungswirkung beruht auf dem inhaltlich übereinstimmenden Willen der Vertragsparteien (die durch deren wirksame Willenserklärungen zum Ausdruck kommt).

3.1 Angebot

Das Angebot auf Vertragsabschluss (= Antrag, Offerte) als einseitig empfangsbedürftige Willenserklärung wird durch Zugang beim Adressaten wirksam, wenn deren notwendige Bestandteile vorhanden sind. Wer einem anderen die Schließung eines Vertrags anträgt (= der Antragende), ist nach § 145 an seinen Antrag gebunden (**Bindungswirkung des Angebots**), es sei denn, dass er die Gebundenheit [längstens bis zur Annahme durch die andere Vertragspartei] ausgeschlossen hat [sog. **Ausschlussklausel**, die entweder die Bedeutung einer bloßen invitatio ad offerendum hat oder einen Widerrufsvorbehalt statuiert, der es dem Antragenden gestattet, sein Angebot auch noch nach dem in § 130 Abs. 1 S. 2 genannten Zeitpunkt zu widerrufen – z. B. „Angebot freibleibend" bzw. „ohne Obligo" – was durch Auslegung nach den §§ 133, 157 zu ermitteln ist]. Gemäß § 130 Abs. 1 S. 2 ist das Angebot nur bis zum Zugang beim Empfänger (vorher oder gleichzeitig) widerruflich. Entscheidend für die Bejahung eines verbindlichen Angebots ist, dass der Empfänger die fragliche Erklärung nach Treu und Glauben mit Rücksicht auf die Verkehrssitte (§ 242) als bindend ansehen darf.

Beachte: Bei der sog. **invitatio ad offerendum** (Aufforderung, Angebote abzugeben – z. B. Preisauszeichnungen, Werbeanzeigen, Speisekarte, Angebote auf der Website etc., auch im SB-Markt unterbreitet erst der Kunde ein Angebot, wenn er die ausgesuchte Ware an der Kasse zur Zahlung vorlegt) fehlt der subjektive Tatbestand einer Willenserklärung (d. h. der Bindungswille des Erklärenden). Sie stellt deshalb **kein Angebot** dar. Der Kunde unterbreitet vielmehr das Angebot. Der Geschäftsinhaber will in diesen Fällen selbst entscheiden, ob er das Angebot des Kunden annimmt oder nicht.

Das Angebot muss **inhaltlich** so ausgestaltet sein, dass der Adressat (ggf. nach Auslegung, §§ 133, 157) es durch ein bloßes „Ja" annehmen kann (**hinreichende Bestimmtheit** des Angebots). Es muss (nach Maßgabe des intendierten Vertrags) die **wesentlichen Vertragsbestandteile** (essentialia negotii) enthalten (die zumindest im Wege der Auslegung ermittelbar sind [vgl. aber auch die Auslegungsregeln in § 612 Abs. 2 bzw. § 632], d. h. bspw. beim Kaufvertrag: wer sind die Vertragsparteien, was ist der Vertragsgegenstand, was ist der Kaufpreis?).

Ein Vertragsangebot an eine unbestimmte Zahl potentieller (noch nicht individualisierbarer) Vertragspartner reicht aus (offerta ad incertas personas – bspw. ein Angebot mittels Aufstellen eines Warenverkaufsautomaten, wobei das Angebot unter einer dreifachen Bedingung [§ 158] steht: ordnungsgemäße Zahlung durch den Kunden, ausreichender Warenvorrat und technische Funktionsfähigkeit des Automaten).

Beachte:

- Bei einer **Versteigerung** kommt der Vertrag nach § 156 erst mit dem Zuschlag zustande (d. h. der Aufruf des Versteigerers ist bloße invitatio ad offerendum, die Kunden geben Gebote [= Angebote] ab). Ein Gebot erlischt, wenn ein höheres Gebot abgegeben oder die Versteigerung ohne Erteilung des Zuschlags geschlossen wird.

- Das **Zusenden unbestellter Waren** ist als Angebot des Versenders zu qualifizieren. Der Kaufvertrag kommt aber nur aufgrund einer ausdrücklichen (oder schlüssigen [d. h., **nicht** durch Schweigen]) Annahmeerklärung des Kunden zustande – vgl. zudem § 241 a.

Das Angebot **erlischt** gemäß § 146 (d. h., es ist rechtlich nicht mehr existent), wenn der Adressat das Angebot **ablehnt** (§ 146 1. Alt. – Ablehnung als nicht form- aber empfangsbedürftige Willenserklärung) bzw. wenn er es gegenüber den Antragenden **nicht** gemäß §§ 147 bis 149 **rechtzeitig annimmt** (§ 146 2. Alt.). Auch das **Schweigen** auf einen Antrag führt grundsätzlich zum Erlöschen des Antrags (es sei denn, Schweigen kommt ausnahmsweise die Bedeutung einer Annahme zu, vgl. § 516 Abs. 2 S. 2 bzw. § 362 Abs. 1 HGB).

3.2 Annahme

Auf der Grundlage der Vertragsfreiheit in Gestalt der **Abschlussfreiheit** steht es dem Adressaten eines Angebots grundsätzlich (Ausnahmen bestehen nur für den Fall eines sog. Kontrahierungszwangs, bspw. im Falle von Monopolbetrieben [z. B. § 22 Personenbeförderungsgesetz bzw. § 6 Energiewirtschaftsgesetz] bzw. im Fall eines Monopolmissbrauchs bei vorsätzlicher sittenwidriger Schädigung [§§ 826, 249 – Rechtsfolge ist Naturalrestitution, d. h. die Wiederherstellung des Zustandes, der ohne das schädigende Ereignis bestünde, mithin Vertragsabschluss durch Annahme]) frei, ob er ein ihm unterbreitetes Angebot annehmen möchte oder nicht. Auch aus einem **Vorvertrag** kann sich die Verpflichtung zum Abschluss eines Hauptvertrags (mit einem bestimmten Inhalt) ergeben.

Die Annahme ist einseitige empfangsbedürftige (vgl. aber § 151 Abs. 1, wonach ausnahmsweise der **Zugang** der Annahmeerklärung entbehrlich ist) Willenserklärung, die nur innerhalb eines bestimmten Zeitrahmens erfolgen kann. Sie ist Ausdruck uneingeschränkter Zustimmung zum Angebot (ansonsten: § 150 Abs. 2).

Beachte: Von der Annahme abzugrenzen ist eine bloße Empfangsbestätigung des Angebots durch den Adressaten (bspw. im Internethandel – vgl. die entsprechende Verpflichtung nach § 312 e Abs. 1 Nr. 3, Abs. 2).

3.2.1 Annahme unter Anwesenden

Der einem Anwesenden gemachte Antrag kann nach § 147 Abs. 1 nur **sofort** (d. h. ohne jedes Zögern, so schnell wie objektiv möglich der Empfänger Inhalt und Folgen des Antrags erfassen kann) angenommen werden (ansonsten erlischt er) – was auch für einen mittels Fernsprecher (oder einer sonstigen technischen Einrichtung von Person zu Person [davon wird **nicht** das Internet erfasst wegen fehlender unmittelbarer Präsenz des Adressaten]) gemachten Antrag gilt.

3.2.2 Annahme unter Abwesenden

Der einem Abwesenden gemachte Antrag kann gemäß § 147 Abs. 2 nur bis zu dem Zeitpunkt angenommen werden, in welchem der Antragende den Eingang der Antwort unter regelmäßigen Umständen (d. h. nach der Verkehrssitte und unter objektiven Gesichtspunkten) erwarten darf (eine Zeitspanne, die sich aus drei Zeitperioden zusammensetzt, nämlich jener zwischen der Abgabe und dem Zugang des Angebots, einer angemessenen Zeit des Adressaten, dass Angebot zu überdenken [wobei jedoch keine allgemeinen Überlegungs- und Bearbeitungsfristen bestehen] und der notwendigen Zeit für die Abgabe und den Zugang der Annahme). I. d. R. wird der Annehmende sich desselben (oder eines schnelleren) Mediums zur Übermittlung der Annahme bedienen müssen wie der Antragende.

3.2.3 Annahmefrist

Der Antragende kann nach § 148 einseitig der anderen Partei eine Annahmefrist bestimmen (**gewillkürte Frist**), für deren Berechnung die §§ 186 ff. gelten – ist ein Datum bestimmt, endet die Frist im Zweifel um 0:00 Uhr (vgl. § 193) des genannten Tages.

Beachte aber: Nach § 308 Nr. 1 sind überlange Annahmefristen in Allgemeinen Geschäftsbedingungen unwirksam.

3.2.4 Verspätete oder abändernde Annahme

Die verspätete Annahme eines Antrags durch den Antragsgegner gilt (= gesetzliche Fiktion) nach § 150 Abs. 1 als neuer Antrag (des bisherigen Antragsgegners gegenüber dem ursprünglichen Antragenden der von letzterem angenommen werden kann, wodurch der Vertrag zustande kommt).

Beachte: Ist eine dem Antragenden verspätet zugegangene Annahmeerklärung dergestalt abgesendet worden, dass sie bei regelmäßiger Beförderung ihm rechtzeitig zugegangen sein würde (d. h. hat der Annehmende die Verzugsumstände nicht zu vertreten), und musste der Antragende dies erkennen, so hat er die Verspätung dem Annehmenden unverzüglich nach dem Empfang der Erklärung anzuzeigen (sofern es nicht schon vorher geschehen ist). Verzögert er die Absendung der Anzeige, so gilt (= gesetzliche Fiktion) die Annahme als nicht verspätet.

Eine Annahme unter Erweiterungen, Einschränkungen oder sonstigen Änderungen (d. h. eine solche, die mit dem Angebot inhaltlich nicht übereinstimmt), gilt (= gesetzliche Fiktion) gemäß § 150 Abs. 2 als Ablehnung (des ursprünglichen Antrags) verbunden mit einem neuen Antrag (sofern sie hinreichend bestimmt ist – **modifizierte Annahme als neues Angebot**).

Umstritten ist, ob in solchen Fällen ein **Schweigen** des Empfängers (d. h. des ursprünglich Antragenden) als Annahme qualifiziert werden kann. Wer dies bejaht, belastet den ursprünglich Antragenden (über § 149 hinaus) mit der Obliegenheit, auf eine verspätete Annahme zu reagieren. Nach a. A. soll § 242 (Treu und Glauben) zur Anwendung gelangen: Die Berufung auf einen verspäteten Zugang kann im Einzelfall treuwidrig sein.

Beachte: Ist eine dem Antragenden verspätet **zugegangene Annahmeerklärung** dergestalt abgesendet worden, dass sie bei regelmäßiger Beförderung ihm rechtzeitig zugegangen sein würde und musste der Antragende dies erkennen (z. B. aufgrund des Poststempels), so hat er die Verspätung dem Annehmenden nach § 149 S. 1 unverzüglich (= ohne schuldhaftes Zögern, vgl. § 121 Abs. 1 S. 1) nach dem Empfang der Erklärung anzuzeigen, sofern es nicht schon vorher geschehen ist. Verzögert er die Absendung der Anzeige, so gilt (= gesetzliche Fiktion) die Annahme nach § 149 S. 2 als nicht verspätet.

3.2.5 Annahme unter Verzicht auf den Zugang

Ein Vertrag kommt durch die Annahme des Antrags nach § 151 S. 1 zustande, auch ohne da6ss die Annahme „dem Antragenden gegenüber" erklärt zu werden braucht (d. h. unter Verzicht [Entbehrlichkeit] auf den Zugang der [eigentlich empfangsbedürftigen] Annahme beim Antragenden [**Verzicht auf die Übermittlung**, nicht aber auf die Annahme als solche]), wenn eine solche Erklärung

- nach der Verkehrssitte nicht zu erwarten ist (1. Alt.) oder
- der Antragende auf sie (ausdrücklich oder konkludent) verzichtet hat (2. Alt.),

wodurch die Annahme ausnahmsweise zu einer nichtempfangsbedürftigen Willenserklärung wird, die schon mit der Abgabe (ohne das Zugangserfordernis wirksam ist). In entsprechenden Fällen hat der Vertragsschluss also einen entsprechend nach außen erkennbar geäußerten Willen des Annehmenden zur Voraussetzung. Dieser braucht nur nicht für den Antragenden erkennbar zu sein. D. h.: Darf ein objektiv unbeteiligter Dritter unter Berücksichtigung der

Gesamtumstände das Verhalten des Annehmenden als Betätigung des Annahmewillens qualifizieren?

Der Zeitpunkt, in welchem der Antrag erlischt (= § 146), bestimmt sich gemäß § 151 S. 2 nach dem aus dem Antrag oder den Umständen zu entnehmenden Willen des Antragenden.

3.2.6 Tod und Geschäftsunfähigkeit des Antragenden

Das Zustandekommen eines Vertrags wird nach der Auslegungsregel des § 153 nicht dadurch gehindert, dass der Antragende vor der Annahme stirbt oder geschäftsunfähig wird (womit das Angebot also annahmefähig bleibt) – es sei denn, dass ein anderer, entgegenstehender Wille des Antragenden (ausdrücklich geäußert oder als hypothetischer durch Auslegung zu ermittelnder Wille) anzunehmen ist (sollte letzteres der Fall sein, hat der Adressat des Angebots nach § 122 ggf. analog einen Anspruch auf Ersatz seines Vertrauensschadens).

§ 153 ist Komplementärnorm zu § 130 Abs. 2, wonach es auf die Wirksamkeit einer Willenserklärung ohne Einfluss ist, wenn der Erklärende nach der Abgabe stirbt oder geschäftsunfähig wird.

3.2.7 Exkurs: Der Abschluss eines Vertrags durch sozialtypisches Verhalten

Die alte Lehre vom faktischen Vertrag ist überholt, da sozialtypische Verhaltensweisen, z. B.

- Benutzung eines öffentlichen Verkehrsmittels bzw.
- Benutzung eines gebührenpflichtigen Parkplatzes (vgl. BGHZ 21, 319),
- Annahme von Versorgungsleistungen

problemlos als Abgabe einer (konkludenten) Willenserklärung durch den Nutzer qualifiziert werden kann (dessen ggf. geheimer Vorbehalt [keinen Vertrag abschließen zu wollen] nach § 116 unbeachtlich ist).

Macht der Nutzer hingegen ausdrücklich deutlich, keinen Vertrag schließen zu wollen, ist dies nach § 242 als Verstoß gegen Treu und Glauben unbeachtlich. Dem Minderjährigenschutz ist in allen Fällen ein Vorrang einzuräumen (d. h., es kommt zu keiner vertraglichen Verpflichtung von Minderjährigen, ein solcher ist ggf. aber nach § 812 Abs. 1 S. 1 nach Bereicherungsrecht zur Herausgabe des Erlangtem verpflichtet – vgl. aber § 818 Abs. 3 [Entreicherung]; zu einer möglicherweise verschärften Haftung des Minderjährigen nach §§ 818 Abs. 4, 819).

4 Geschäftsfähigkeit

Unter **Geschäftsfähigkeit** ist die Fähigkeit einer natürlichen Person zu verstehen, in voll wirksamer Weise privatautonom selbständig durch die Abgabe und Entgegennahme von Willenserklärungen Rechtsgeschäfte zu begründen und zu gestalten.

Von der Geschäftsfähigkeit ist zu unterscheiden: Die

- Rechtsfähigkeit (d. h. die Fähigkeit, selbständig Träger von Rechten und Pflichten zu sein, vgl. § 1, wonach die Rechtsfähigkeit mit der Vollendung der Geburt beginnt),
- Deliktsfähigkeit (§§ 827 f.),
- Testierfähigkeit (§ 2229 Abs. 1),
- Ehemündigkeit (§§ 1303 f.).

Es ist nach der Urteilsfähigkeit und Einsichtsfähigkeit einer Person zwischen (voller) Geschäftsfähigkeit (Volljährigkeit, § 2), beschränkter Geschäftsfähigkeit (Minderjährige) und Geschäftsunfähigkeit (Kinder und Personen, die an einer dauerhaften krankhaften Störung der Geistestätigkeit leiden) zu unterscheiden, wobei die Rechtsordnung dem nicht voll Geschäftsfähigen einen absoluten Schutz i. S. eines Vorrangs vor dem Vertrauensschutz des Geschäftsverkehrs einräumt.

4.1 Die Geschäftsunfähigkeit

(Absolut) geschäftsunfähig ist nach § 104 (unabhängig davon, ob dies für den Erklärungsempfänger erkennbar ist oder nicht)

- wer nicht das 7. Lebensjahr vollendet hat (Nr. 1 – **Kinder**) oder
- wer sich in einem die freie Willensbestimmung ausschließenden Zustand krankhafter Störung der Geistestätigkeit befindet (d. h., wer nicht imstande ist, seinen Willen frei und unbeeinflusst von einer vorliegenden Geistesstörung zu bilden und nach zutreffend gewonnenen Einsichten zu handeln), sofern nicht der Zustand seiner Natur nach ein vorübergehender (mit der Folge, dass eine Person ggf. in lichten Momenten geschäftsfähig ist und voll wirksam Willenserklärungen abgeben kann) ist (Nr. 2 – **dauerhafte krankhafte Störung der Geistestätigkeit**).

Eine nur vorübergehende Störung der Geistestätigkeit (bspw. im Vollrausch) lässt die grundsätzliche Geschäftsfähigkeit unberührt (vgl. aber § 105 Abs. 2 für die Dauer dieses Zustandes).

Die Willenserklärung eines Geschäftsunfähigen (d. h. eine solche die dieser abgibt) ist gemäß § 105 Abs. 1 **nichtig**. Wird eine Willenserklärung gegenüber einem Geschäftsunfähigen abgegeben, so wird sie nach § 131 Abs. 1 nicht wirksam, bevor sie dem gesetzlichen Vertreter (§§ 1626 ff. – Eltern, §§ 1793 ff. – Vormund, §§ 1896 ff. – Betreuer) zugeht.

Da auch Geschäftsunfähige Partei eines Rechtsgeschäfts sein können, handeln für sie ihre **gesetzlichen Vertreter** nach Maßgabe von § 164 Abs. 1, d. h.

- die grundsätzlich gemeinschaftlich handelnden Eltern (§§ 1626 Abs. 1 S. 1, 1629), ggf. unter Beteiligung des Familiengerichts (§ 1643 Abs. 1);
- die Mutter (sofern die Eltern nicht verheiratet sind), § 1626 a Abs. 2;
- ein Ergänzungspfleger (§ 1909 Abs. 1 S. 1), wenn die Eltern im Interesse des Minderjährigenschutzes von der Vertretung gänzlich ausgeschlossen sind (§§ 1629 Abs. 2 S. 1, 1795); bzw.
- ein Vormund (§ 1773).

Nichtig ist auch eine Willenserklärung, die im Zustand der Bewusstlosigkeit (i. S. einer alkohol- bzw. drogenbedingten Bewusstseinsstörung – nicht hingegen beim vollständigen Fehlen des Bewusstseins, da dann bereits der Tatbestand der Willenserklärung [fehlender Handlungswille] zu verneinen wäre) oder vorübergehenden Störung der Geistestätigkeit abgegeben wird (§ 105 Abs. 2, wobei die grundsätzlich bestehende Geschäftsfähigkeit ansonsten dadurch nicht berührt wird).

Tätigt ein volljähriger Geschäftsunfähiger ein Geschäft des täglichen Lebens (besser: ein alltägliches Geschäft), das mit geringwertigen Mitteln bewirkt werden kann (**geringwertige Bargeschäfte des täglichen Lebens**), so gilt (= gesetzliche Fiktion) der von ihm geschlossene Vertrag nach § 105 a S. 1 in Ansehung von Leistung und (soweit vereinbart) Gegenleistung **als wirksam**, sobald Leistung und Gegenleistung bewirkt sind. Damit wird der Rechtsgrund (causa) i. S. § 812 Abs. 1 S. 1 Alt. 1 geschaffen – eine Rückabwicklung des Geschäfts findet nicht statt. Dies gilt **nicht** bei einer erheblichen Gefahr für die Person oder das Vermögen des Geschäftsunfähigen (§ 105 a S. 2).

Beachte: Eine relative Geschäftsunfähigkeit für besonders schwierige Rechtsgeschäfte wird abgelehnt, eine partielle Geschäftsunfähigkeit (bei ansonsten fortbestehender uneingeschränkter Geschäftsfähigkeit) hingegen (für einen bestimmten Lebenssachverhalt) bejaht (bspw. Querulantenwahn im Falle eines Nachbarrechtsstreits).

4.2 Die beschränkte Geschäftsfähigkeit

4.2.1 Minderjährigkeit

Ein Minderjähriger, der das 7. Lebensjahr vollendet hat (aber noch nicht volljährig ist - § 2), ist gemäß § 106 im Interesse eines Minderjährigenschutzes nach Maßgabe der §§ 107 bis 113 in der Geschäftsfähigkeit beschränkt. Der Schutz des beschränkt Geschäftsfähigen genießt vor dem Vertrauensschutz des Rechtsverkehrs einen absoluten Vorrang.

4.2.2 Die rechtliche Vor- und Nachteilhaftigkeit

Der Minderjährige bedarf zu einer Willenserklärung, durch die er nicht lediglich einen „rechtlichen Vorteil" erlangt, nach § 107 der **Einwilligung** (= vorherige Zustimmung, § 183) seines gesetzlichen Vertreters (d. h. der Eltern, §§ 1626, 1629 – die ggf. [für Rechtsgeschäfte, die auch der gesetzliche Vertreter nur mit Zustimmung des Familiengerichts vornehmen kann] der gerichtlichen Genehmigung nach den §§ 1643, 1821 f. bedürfen).

Die Erteilung der Einwilligung steht im **Ermessen** des gesetzlichen Vertreters. Doch kann im Falle einer Gefährdung des Kindeswohls das Familiengericht bei einer Weigerung des gesetzlichen Vertreters die Einwilligung ersetzen (vgl. § 1666 Abs. 3).

In Betracht kommt sowohl eine **Einzeleinwilligung** (zu einem bestimmten Rechtsgeschäft) als auch eine Generaleinwilligung (deren Reichweite im Wege einer am Minderjährigenschutz orientierten engen Auslegung zu ermitteln ist) – **nicht** jedoch eine unbeschränkte Generaleinwilligung (die über die Vorgaben der §§ 112 f. hinausgeht), die wegen eines damit einher gehenden Statuswechsels des Minderjährigen für unzulässig erachtet wurde.

Nach § 183 S. 1 ist die Einwilligung bis zur Vornahme des Rechtsgeschäfts widerruflich. Der Widerruf kann sowohl dem Minderjährigen als auch dem Dritten gegenüber erklärt werden (so § 183 S. 2). Ist die Einwilligung Letzterem gegenüber erklärt worden, gelten für den Widerruf die §§ 170 bis 173 analog.

Fehlt die Einwilligung, ist die Willenserklärung nicht unwirksam – vielmehr ist die Wirksamkeit des vom Minderjährigen getätigten Rechtsgeschäfts in einem Schwebezustand („Schwebend unwirksam").

Eine Willenserklärung, die **gegenüber** einer in der Geschäftsfähigkeit beschränkten Person abzugeben ist, wird nach § 131 Abs. 1 S. 1 nicht wirksam, bevor sie dem gesetzlichen Vertreter zugeht. Bringt die Erklärung jedoch der in der Geschäftsfähigkeit beschränkten Person „lediglich einen rechtlichen Vorteil" (oder hat der gesetzliche Vertreter seine Einwilligung erteilt), so wird die Erklärung in dem Zeitpunkt wirksam, in dem sie dem Minderjährigen zugeht (§ 131 Abs. 2 S. 2).

Lediglich rechtlich vorteilhaft (ohne Rücksicht auf einen ggf. mit dem Geschäft einhergehenden wirtschaftlichen Vorteil) ist (womit dem Minderjährigenschutz ohne vorherige Zustimmung der Eltern genügt wird) alles, was im Hinblick auf die Rechtsfolgen eines Geschäfts die Rechtsstellung des Minderjährigen verbessert (d. h. ihn rechtlich nicht verpflichtet [unabhängig davon, ob es sich um eine Haupt- oder Nebenpflicht bspw. die Rückgabepflicht des Entleihers nach § 604 handelt] und auch sein Vermögen nicht belastet). Umgekehrt gewendet: Jede rechtliche Verpflichtung (d. h. jedes den Minderjährigen zu einer Gegenleistung verpflichtende Geschäft) begründet für den Minderjährigen einen Nachteil und ist somit zustimmungsbedürftig.

Lediglich rechtlich vorteilhaft für den Minderjährigen sind damit i. d. R. **Verfügungen** (= Rechtsgeschäfte, die auf eine Übertragung, inhaltliche Änderung, Belastung oder Aufhebung eines Rechts zielen), wenn sie auf einen Rechtserwerb durch den Minderjährigen gerichtet sind (bspw. folgende Verfügungsgeschäfte: § 929 - Erwerb des Eigentums an beweglichen Sachen bzw. §§ 873, 925 - Erwerb des Eigentums an unbeweglichen Sachen), selbst wenn das erworbene Recht dinglich belastet ist (bspw. ein Grundstück mit einer Hypothek, § 1113, weil der Minderjährige nur mit dem erworbenen Recht, nicht aber mit seinem gesamten Vermögen haftet, vgl. § 1147) und öffentliche Lasten (z. B. Steuern [BGH NJW 2005, 415], Abgaben oder Gebühren) unterworfen ist. (**Beachte:** Sind mit dem Rechtserwerb hingegen zivilrechtliche Folgen i. S. einer persönlichen Verpflichtung des Minderjährigen verknüpft wie bspw. der Eintritt in ein bestehenden Mietvertrag nach § 566, lässt dies die lediglich rechtliche Vorteilhaftigkeit entfallen).

Der Minderjährigenschutz verbietet ein grundsätzlich zustimmungsfreies Rechtsgeschäft dann, wenn der Minderjährige mit seinem sonstigen Vermögen eine persönliche Verpflichtung eingeht. Dies ist bei der Grundsteuer (anders als bei der Hypothek oder Grundschuld) zwar auch so, doch stellten entsprechende Pflichten (so BGH NJW 2005, 415, 418) ein typischerweise nur ganz unerhebliches Gefahrenpotential dar – womit die „rechtliche Vorteilhaftigkeit" wegen der geringen wirtschaftlichen Belastung zu bejahen sei.

Beachte: Von der grundsätzlich rechtlichen Vorteilhaftigkeit von Verfügungen zu trennen ist die Frage der **Erfüllungswirkung** nach § 362 Abs. 1.

Lediglich „rechtlich vorteilhaft" ist grundsätzlich (ausnahmsweise gilt dann etwas anderes, wenn die Annahme mit einer persönlichen Verpflichtung des Beschenkten verbunden ist, vgl. § 525) auch die Annahme einer **Schenkung** (Schenkungsvertrag als einseitig [= nur den Schenker] verpflichtender Vertrag) durch den Minderjährigen. Etwas anderes gilt dann, wenn bei der Schenkung eines Gegenstandes das Eigentum Rechtspflichten nach sich zieht (BGHZ 78, 28 – Schenkung einer Eigentumswohnung mit dem rechtlichen Nachteil, dass der Minderjährige in die Wohnungseigentümergemeinschaft eintreten muss, wodurch er nach den §§ 10 ff. WEG haftet).

Rechtlich nachteilhaft sind hingegen

- alle gegenseitig verpflichtenden Verträge (bspw. § 433, § 535, § 611 bzw. § 631) sowie
- Verfügungen, die auf einen Rechtsverlust gehen und
- unentgeltlicher Erwerb eines vermieteten/verpachteten Grundstücks (wegen des Eintritts des Minderjährigen in den Miet-/Pachtvertrag, §§ 566, 561 Abs. 2 S. 1).

Beachte: Obgleich gesetzlich nicht geregelt, bedürfen im Rahmen einer teleologischen Extension (Ausweitung des Anwendungsbereichs der Norm nach Sinn und Zweck) auch **rechtlich neutrale Geschäfte** (= solche, die den Minderjährigen weder einen rechtlichen Vorteil noch einen Nachteil bringen) keiner Zustimmung des gesetzlichen Vertreters, sofern die vermögensrechtlichen Interessen des Minderjährigen davon nicht berührt werden – bspw.

- Verfügungen über eine fremde Sache durch den Minderjährigen (z. B. bei Übereignung einer fremden Sache)
- Bestimmung einer Leistung durch den Minderjährigen nach § 317
- Auftreten des Minderjährigen als Vertreter eines anderen (vgl. § 165, da allein der Geschäftsherr durch die Vertretung nach § 164 Abs. 1 berechtigt und verpflichtet wird; vgl. zudem § 179 Abs. 3 S. 2).

Beachte zudem: Ein Minderjähriger ist nach Vollendung des 16. Lebensjahres testierfähig und kann ein öffentliches Testament zur Niederschrift des Notars errichten (§§ 2269 Abs. 1 und 2, 2232 Nr. 1, 2233, **nicht** jedoch ein privatschriftliches Testament [§ 2247 Abs. 4]).

4.2.3 Einseitige Rechtsgeschäfte des Minderjährigen

Ein einseitiges Rechtsgeschäft (bspw. eine Kündigung), das der Minderjährige ohne die erforderliche Einwilligung (= vorherige Zustimmung, § 183) des gesetzlichen Vertreters vornimmt, ist nach § 111 S. 1 (im Interesse der Rechtssicherheit für den Adressaten des einseitigen Rechtsgeschäfts zwecks Vermeidung eines Schwebezustandes) **unwirksam**, mithin nicht (nachträglich) genehmigungsfähig (es sei denn, das Geschäft ist für den Minderjährigen lediglich rechtlich vorteilhaft, bspw. eine Mahnung). Nimmt der Minderjährige mit Einwilligung (des gesetzlichen Vertreters) ein solches Rechtsgeschäft einem anderen gegenüber vor, so ist das Rechtsgeschäft gemäß § 111 S. 2 unwirksam, wenn der Minderjährige die Einwilligung nicht in schriftlicher Form vorlegt und der andere das Rechtsgeschäft aus diesem Grund unverzüglich (= ohne schuldhaftes Zögern, vgl. die Legaldefinition in § 121 Abs. 1 S. 1) zurückweist. Die Zurückweisung ist nach § 111 S. 3 ausgeschlossen, wenn der gesetzliche Vertreter den anderen von der Einwilligung in Kenntnis gesetzt hat.

4.2.4 Vertragsabschluss des Minderjährigen ohne Einwilligung des gesetzlichen Vertreters

Schließt der Minderjährige einen Vertrag ohne die erforderliche Einwilligung (= vorherige Zustimmung i. S. einer einseitigen, empfangsbedürftigen Willenserklärung, die bis zur Vornahme des Rechtsgeschäfts widerruflich ist [§ 183, die nach § 182 sowohl dem Minderjährigen als auch dem Geschäftspartner gegenüber erklärbar ist]) des gesetzlichen Vertreters (d. h. der Eltern, §§ 1626, 1629, die auch eigenständig den Umfang der Einwilligung bestimmen [wobei auch ein Generalkonsens hinsichtlich einer größeren Zahl zunächst nicht individualisierbarer Geschäfte möglich ist]), so hängt die Wirksamkeit des Vertrags – der zunächst **schwebend unwirksam** ist – nach § 108 Abs. 1 von der Genehmigung (= nachträgliche Zustimmung, § 184 Abs. 1 – die grundsätzlich Rückwirkung entfaltet) des gesetzlichen Vertreters ab (und ggf. einer zusätzlichen familiengerichtlichen Genehmigung nach § 1643 bedarf, sofern dies für das in Rede stehende Rechtsgeschäft erforderlich ist). Die nach § 182 Abs. 2 nicht formbedürftige Genehmigung kann sowohl gegenüber dem beschränkt Geschäftsfähigen als auch gegenüber dem Dritten erklärt werden (so § 182 Abs. 1).

Fordert der andere Teil (d. h. der Geschäftsgegner) den gesetzlichen Vertreter zur Erklärung über die Genehmigung auf, so kann die Erklärung nach § 108 Abs. 2 S. 1 1. HS nur ihm gegenüber erfolgen. Eine vor der Aufforderung dem Minderjährigen gegenüber erklärte Genehmigung oder Verweigerung der Genehmigung wird gemäß § 108 Abs. 2 S. 1 2. HS unwirksam. Die Genehmigung kann nach § 108 Abs. 2 S. 2 nur bis zum Ablauf von zwei Wochen nach dem Empfang der Aufforderung erklärt werden – wird sie nicht erklärt, so gilt (gesetzliche Fiktion) sie als verweigert (§ 108 Abs. 2 S. 2, Verweigerung der Genehmigung durch Fristablauf). Die Willenserklärung ist also (wie im Falle einer ausdrücklichen Verweigerung durch den gesetzlichen Vertreter) von Anfang an (ex tunc) nichtig. Ist der Minderjährige unbeschränkt geschäftsfähig geworden (= Vollendung des 18. Lebensjahres, § 2), so tritt nach § 108 Abs. 3 seine Genehmigung an die Stelle der Genehmigung des gesetzlichen Vertreters: Er kann den Vertrag selbst genehmigen.

4.2.5 Widerrufsrecht des anderen Teils

Bis zur Genehmigung des Vertrags ist der andere Teil (d. h. der Geschäftsgegner), um der Ungewissheit des schwebend unwirksamen Vertrags zu begegnen und die eigene Dispositionsfähigkeit wieder zu erlangen, zum **Widerruf** berechtigt, der auch gegenüber dem Minderjährigen erklärt werden kann (§ 109 Abs. 1). Hat der andere Teil die Minderjährigkeit gekannt, so kann er nach § 109 Abs. 2 nur widerrufen, wenn der Minderjährige der Wahrheit zuwider die Einwilligung des gesetzlichen Vertreters behauptet hat. Der Widerruf ist jedoch auch in diesem Fall ausgeschlossen, wenn ihm das Fehlen der Einwilligung beim Vertragsabschluss bekannt war.

4.2.6 Besonderheiten

Bei besonders wichtigen Rechtsgeschäften reicht noch nicht einmal die Zustimmung des gesetzlichen Vertreters zur Wirksamkeit eines vom Minderjährigen vorgenommenen Rechtsgeschäfts aus. Vielmehr ist eine zusätzliche vormundschaftsgerichtliche Genehmigung des Rechtsgeschäfts erforderlich, vgl. § 1643 i. V. m. §§ 1822, 1823.

Nach § 1628 Abs. 2 S. 1 i. V. m. § 1795 ist der gesetzliche Vertreter sogar gänzlich von einer Vertretung des Minderjährigen in den dort genannten Fällen ausgeschlossen.

4.2.7 Taschengeldparagraph (§ 110)

Ein vom Minderjährigen ohne (ausdrückliche) Zustimmung des gesetzlichen Vertreters geschlossener (Verpflichtungs-, Nichtverfügungs-) Vertrag gilt (gesetzliche Fiktion) nach § 110 (als besonderer Anwendungsfall des § 107 i. S. einer konkludenten Einwilligung in einem Sonderfall) als von Anfang an wirksam, wenn der Minderjährige die vertragsmäßige Leistung mit Mitteln bewirkt, die ihn zu diesem Zweck oder zu freier Verfügung (zweckbestimmt überlassene Mittel) von dem gesetzlichen Vertreter oder mit dessen Zustimmung von einem Dritten überlassen worden sind (was als konkludente Einwilligung des gesetzlichen Vertreters [Einverständnis der Eltern] in das Verpflichtungsgeschäft durch Überlassung der Mittel qualifiziert werden kann).

Surrogatgeschäfte sind nach § 110 nur dann wirksam, wenn sie auch gleich mit den überlassenen Mitteln durch den Minderjährigen hätten getätigt werden können.

Beachte: Das Tatbestandsmerkmal „bewirkt" verlangt eine wirksame und vollständige vertragsgemäße Leistung (Erfüllung i. S. § 362) des Vertrags durch den Minderjährigen (weshalb Kreditgeschäfte von § 110 nicht erfasst werden – wenn auch mit der letzten Ratenzahlung der Vertrag ohne eine zwischenzeitliche Genehmigung des gesetzlichen Vertreters durch die Bewirkung der geschuldeten Leistung rückwirkend seinem ganzen Inhalt nach wirksam wird).

4.2.8 Teilgeschäftsfähigkeit des Minderjährigen

Geschäftsmündigkeit (§ 112)
Ermächtigt der gesetzliche Vertreter mit Genehmigung des Vormundschaftsgerichts den Minderjährigen zum selbständigen Betrieb eines Erwerbsgeschäfts, so ist der Minderjährige nach § 112 Abs. 1 S. 1 für solche Rechtsgeschäfte (aber nur für diese – ansonsten verbleibt er im Status der beschränkten Geschäftsfähigkeit) unbeschränkt geschäftsfähig, welche der Geschäftsbetrieb mit sich bringt. Ausgenommen sind Rechtsgeschäfte, zu denen der Vertreter nach den §§ 1643 i. V. m. 1821 f. der Genehmigung des Vormundschaftsgerichts bedarf (so § 112 Abs. 1 S. 2).

Die Ermächtigung kann gemäß § 112 Abs. 2 vom Vertreter nur mit Genehmigung des Vormundschaftsgerichts wieder zurückgenommen werden.

Arbeitsmündigkeit (§ 113)
Ermächtigt der gesetzliche Vertreter den Minderjährigen, in Dienst oder in Arbeit zu treten, so ist der Minderjährige nach § 113 Abs. 1 für solche Rechtsgeschäfte unbeschränkt geschäftsfähig, welche die Eingehung (d. h. das Aushandeln und den Abschluss) oder Aufhebung (z. B. durch Aufhebungsvertrag oder Kündigung) eines Dienst- oder Arbeitsverhältnisses (**nicht** Berufsausbildungsverträge und andere Ausbildungsverträge, bei denen die Ausbildung und nicht eine Arbeits- oder Dienstleistung im Mittelpunkt steht – bei denen aber eine Generaleinwilligung des gesetzlichen Vertreters nach § 107 möglich ist) der gestatteten

Art oder die Erfüllung der sich aus einem solchen Verhältnis ergebenden Verpflichtungen gegenüber Dritten betreffen (bspw. auch die Eröffnung eines Giro-[Gehalts−] Kontos, der Abschluss eines Mietvertrags am Arbeitsort, der Kauf von Berufskleidung oder ein Gewerkschaftsbeitritt). Ausgenommen sind Verträge, zu denen der Vertreter der Genehmigung des Vormundschaftsgerichts bedarf.

Gegenüber dem Arbeitgeber ist der Minderjährige dann auch zur **Verfügung über das Arbeitsentgelt** befugt – nicht jedoch gegenüber Dritten, weshalb hier ggf. § 110 eingreifen kann (sofern der gesetzliche Vertreter dem Minderjährigen das Entgelt "„zur freien Verfügung" überlassen hat).

Die Ermächtigung durch den gesetzlichen Vertreter als formlose, einseitige und empfangsbedürftige Willenserklärung kann von diesem gemäß § 113 Abs. 2 zurückgenommen oder eingeschränkt werden.

Ist der gesetzliche Vertreter ein Vormund, so kann die Ermächtigung, wenn sie von ihm verweigert wird, auf Antrag des Minderjährigen nach § 113 Abs. 3 durch das Vormundschaftsgericht ersetzt werden. Das Vormundschaftsgericht hat die Ermächtigung zu ersetzen, wenn sie im Interesse des Mündels liegt.

Die für einen einzelnen Fall erteilte Ermächtigung gilt (gesetzliche Fiktion) gemäß § 113 Abs. 4 im Zweifel als allgemeine Ermächtigung zur Eingehung von Verhältnissen derselben Art.

4.2.9 Besondere Haftungsbedingungen des Minderjährigen

Im Bereicherungsrecht ist der gutgläubige Bereicherungsschuldner nach § 818 Abs. 3 dann weder zur Herausgabe noch zum Wertersatz verpflichtet, wenn er nicht mehr bereichert ist (= **Entreicherung**). Eine verschärfte Haftung bei Kenntnis statuiert § 819 Abs. 1: Kennt der Empfänger den Mangel des rechtlichen Grundes beim Empfang oder erfährt er ihn später, so bleibt er zur Herausgabe verpflichtet (zudem trifft ihn die verschärfte Haftung nach § 819 Abs. 1 i. V. m. § 818 Abs. 4, § 292, § 987 bzw. § 989). Auf wessen Kenntnis kommt es nun in diesem Zusammenhang an – auf jene des Minderjährigen (analog §§ 827 ff.) oder auf die des gesetzlichen Vertreters (analog §§ 106 ff.)?

Die h. M. differenziert zwischen der **Leistungskondiktion** (§ 812 Abs. 1 S. 1 Alt. 1 – „wer etwas durch die Leistung eines anderen ohne rechtlichen Grund erlangt hat, ist zur Herausgabe verpflichtet") und der **Eingriffskondiktion** (§ 812 Abs. 1 S. 1 Alt. 2 – „wer etwas in sonstiger Weise ohne rechtlichen Grund erlangt hat, ist zur Herausgabe verpflichtet"):

- Leistungskondiktion: §§ 106 ff. analog (Kenntnis des gesetzlichen Vertreters – arg.: Es geht i. d. R. um die Rückabwicklung von Verträgen),

- Eingriffskondiktion: §§ 827 ff. analog (Kenntnis des Minderjährigen – arg.: Deliktsähnlichkeit der Eingriffskondiktion).

Im Falle einer unerlaubten Handlung (§§ 823 ff.) ist der Minderjährige schadensersatzpflichtig, wenn er deliktsfähig (§ 828 Abs. 2 S. 1) ist, mithin wenn er bei der Begehung der schädigenden Handlung die zur Erkenntnis der Verantwortlichkeit erforderliche Einsicht hatte.

Nach § 1629 a Abs. 1 (**Beschränkung der Minderjährigenhaftung** infolge einer Vorgabe des BVerfG [E 72, 155], wonach es mit dem allgemeinen Persönlichkeitsrecht des Minderjährigen unvereinbar sei, wenn er durch ein Verhalten seiner Eltern um die Möglichkeit gebracht wird, sein weiteres Leben ohne unzumutbare Belastung zu gestalten) beschränkt sich die Haftung für Verbindlichkeiten, die die Eltern im Rahmen ihrer gesetzlichen Vertretungsmacht oder sonstige vertretungsberechtigte Personen im Rahmen ihrer Vertretungsmacht durch Rechtsgeschäft oder eine sonstige Handlung mit Wirkung für das Kind begründet haben oder die aufgrund eines während der Minderjährigkeit erfolgten Erwerbs von Todes wegen entstanden sind, auf den **Bestand** des bei Eintritt der Volljährigkeit vorhandenen Vermögens des Kindes: Beginn bei Null. Dasselbe gilt für Verbindlichkeiten aus Rechtsgeschäften, die der Minderjährige gemäß §§ 107, 108 oder 111 mit Zustimmung seiner Eltern vorgenommen hat oder für Verbindlichkeiten aus Rechtsgeschäften, zu denen die Eltern die Genehmigung des Vormundschaftsgerichts erhalten haben. Beruft sich der volljährig Gewordene auf die Beschränkung der Haftung (Einrede), so finden die für die Haftung des Erben geltenden Vorschriften der §§ 1990, 1991 entsprechende Anwendung.

§ 1929 a Abs. 1 gilt **nicht** für Verbindlichkeiten aus dem selbständigen Betrieb eines Erwerbsgeschäfts, soweit der Minderjährige hierzu nach § 112 ermächtigt war, und für Verbindlichkeiten aus Rechtsgeschäften, die allein der Befriedigung seiner persönlichen Bedürfnisse dienten (= alle Rechtsgeschäfte, die für die in Rede stehende Altersstufe nicht ungewöhnlich sind), so § 1929 a Abs. 2.

4.2.10 Die Empfangszuständigkeit

Nach § 362 Abs. 1 erlischt ein Schuldverhältnis, wenn die geschuldete Leistung an den Gläubiger bewirkt wird. Wenn der Minderjährige eine Leistung als Erfüllung (= Realakt) entgegennimmt, erleidet er einen rechtlichen Nachteil: Er ist zur Entgegennahme der Leistung nicht berechtigt, ihm fehlt die Empfangszuständigkeit. D. h., zwar kann der Minderjährige den Leistungsgegenstand wirksam erlangen – das Verfügungsgeschäft ist wirksam (§ 929 S. 1, §§ 873, 925, § 398 – „lediglich rechtliche Vorteilhaftigkeit"). Da jedoch keine Erfüllungswirkung eintritt, kann der Leistende das Geleistete nach § 812 Abs. 1 S. 2 Alt. 2 vom Minderjährigen herausverlangen: Die Herausgabeverpflichtung besteht auch dann, wenn der mit einer Leistung nach dem Inhalt des Rechtsgeschäfts bezweckte Erfolg nicht eintritt.

4.3   Exkurs: Die Betreuung

Kann ein Volljähriger aufgrund einer psychischen Krankheit oder einer körperlichen, geistigen oder seelischen Behinderung seine Angelegenheiten ganz oder teilweise nicht besorgen, so bestellt das Vormundschaftsgericht auf seinen Antrag oder von Amts wegen für ihn einen Betreuer (§ 1896 Abs. 1 S. 1). Ein Betreuer darf nach § 1896 Abs. 2 S. 1 nur für Aufgabenkreise bestellt werden, in denen die Betreuung „erforderlich" ist (bspw. für Vermögensangelegenheiten). Die Betreuung ist gemäß § 1896 Abs. 2 S. 2 nicht erforderlich, soweit die Angelegenheiten des Volljährigen durch einen Bevollmächtigten ebenso gut wie durch einen Betreuer besorgt werden können (Subsidiarität der Betreuung zwecks Stärkung des Selbstbestimmungsrechts der betroffenen Person).

Ist ein Betreuer bestellt, vertritt der Betreuer nach § 1902 in seinem Aufgabenkreis den Betreuten gerichtlich und außergerichtlich (= Betreuer als gesetzlicher Vertreter des Betreuten) – wenn dies auch auf die Geschäftsfähigkeit des Betreuten keine Auswirkungen zeitigt: Der Betreute bleibt geschäftsfähig, es sei denn, er befindet sich in einer die freie Willensbestimmung ausschließenden Zustand krankhafter Störung der Geistestätigkeit (§ 104 Nr. 2 mit der Rechtsfolge nach § 105 – vgl. dann aber ggf. § 105 a). Dies kann zur wirksamen Vornahme paralleler Rechtsgeschäfte führen (schuldrechtlich kann es zum Abschluss zweier wirksamer Verträge kommen, sofern verfügt wird, gilt der Prioritätsgrundsatz).

Soweit dies zur Abwendung einer erheblichen Gefahr für die Person oder das Vermögen des Betreuten erforderlich ist, ordnet das Vormundschaftsgericht an, dass der Betreute zu einer Willenserklärung, die den Aufgabenkreis des Betreuers betrifft, dessen Einwilligung bedarf (**Einwilligungsvorbehalt** - § 1903 Abs. 1). Dann gelten die §§ 108 bis 113, 131 Abs. 2 und 210 entsprechend.

Ein Einwilligungsvorbehalt kann sich nach § 1903 Abs. 2 nicht erstrecken auf Willenserklärungen, die auf Eingehung einer Ehe oder Begründung einer Lebenspartnerschaft gerichtet sind, auf Verfügungen von Todeswegen und auf Willenserklärungen, zu denen ein beschränkt Geschäftsfähiger nach den Vorschriften des Familien- und Erbrechts nicht der Zustimmung seines gesetzlichen Vertreters bedarf.

Ist ein Einwilligungsvorbehalt angeordnet, so bedarf der Betreute dennoch nicht der Einwilligung seines Betreuers, wenn die Willenserklärung ihm „lediglich einen rechtlichen Vorteil" bringt, so § 1903 Abs. 3. Soweit das Gericht nichts anderes anordnet, gilt dies auch, wenn die Willenserklärung eine geringfügige Angelegenheit des täglichen Lebens betrifft.

5 Stellvertretung

Der Erklärende als natürliche Person muss nicht selbst handeln. Er kann sich durch einen Dritten (Repräsentanten) vertreten lassen. Ist die natürliche Person geschäftsunfähig (§ 104) oder beschränkt geschäftsfähig (§§ 106, 2), muss sie sich durch den gesetzlichen Vertreter bzw. einen Betreuer vertreten lassen. Der juristischen Person fehlt es sogar an einer Handlungsfähigkeit. Sie handelt allein durch ihre Organe (mithin natürliche Personen).

Daher eröffnen die §§ 164 ff. die Möglichkeit einer Wahrnehmung der Interessen des Vertretenen (d. h. des Geschäftsherrn) durch einen Dritten (Vertreter).

Nach § 164 Abs. 1 wirkt eine Willenserklärung, die jemand innerhalb der ihm zustehenden Vertretungsmacht im Namen des Vertretenen abgibt (mithin im Rahmen eines rechtsgeschäftlichen Handelns), unmittelbar für und gegen den Vertretenen (Fall der sog. **aktiven Stellvertretung**). Die Vorschriften der §§ 164 ff. finden gemäß § 164 Abs. 3 entsprechende Anwendung, wenn eine gegenüber einem anderen abzugebende Willenserklärung dessen Vertreter gegenüber erfolgt (Fall der sog. **passiven Stellvertretung**). Es ist zwischen rechtsgeschäftlich erteilter (= **gewillkürter Vertretung**) und **gesetzlicher Vertretungsmacht** zu unterscheiden. Letztere resultiert unmittelbar aus dem Gesetz selbst, z. B. aus § 1629 Abs. 1 (gesetzliche Vertretungsmacht der Eltern). Auch die organschaftliche Vertretungsmacht des Organwalters (d. h. eines Vorstands oder Geschäftsführers) für eine juristische Person beruht auf einer gesetzlichen Regelung, bspw. auf

- § 26 Abs. 2 für den Vorstand eines Vereins;
- § 35 GmbHG für den Geschäftsführer einer GmbH bzw.
- § 78 AktG für den Vorstand einer Aktiengesellschaft.

Beachte: Die §§ 164 ff. erfassen nur rechtsgeschäftliches Handeln und zwar sowohl beim Abschluss

- des schuldrechtlichen Verpflichtungsgeschäfts als auch im Rahmen
- der dinglichen Einigung (beim dinglichen Verfügungsgeschäft).

Hinsichtlich des Realakts „Übergabe" nach § 929 S. 1 gewinnt die Figur des Besitzdieners (§ 855) an Bedeutung. Zudem besteht die Möglichkeit eines Besitzmittlungsverhältnisses (§ 868).

Eine wirksame Stellvertretung hat folgende **Voraussetzungen**:

- Zulässigkeit der Stellvertretung
- eigene Willenserklärung des Vertreters
- Handeln im fremden Namen
- Vertretungsmacht.

5.1 Zulässigkeit der Stellvertretung

Willenserklärungen können durch Vertreter abgegeben oder empfangen werden (vgl. § 164 Abs. 1 und 2), ebenso rechtsgeschäftsähnliche Handlungen (nach §§ 164 ff. analog). Hingegen ist bei der Vornahme höchstpersönlicher Rechtsgeschäfte (bspw. der Eheschließung [§ 1311 – keine Handschuhehe] bzw. der Testamentserrichtung [§ 2064]) Vertretung ausgeschlossen.

5.2 Eigene Willenserklärung des Vertreters

Der Vertreter muss eine eigene Willenserklärung abgeben, wodurch er sich vom Boten unterscheidet, der als Sprachrohr (Transporteur) eine fremde Willenserklärung seines Geschäftsherrn lediglich weiterleitet („his masters voice"). Um die Vertreter- von der der Botenstellung abzugrenzen, ist auf das äußere Erscheinungsbild des Auftretens der Hilfsperson abzustellen. Wie stellt sich dieses aus der objektiven Sicht des Erklärungsempfängers dar? Formuliert die Hilfsperson selbständig, lässt dies auf eine gewisse Entscheidungsfreiheit des Erklärenden (mithin auf Stellvertretung) schließen (auch wenn er tatsächlich „Vertreter mit gebundener Marschroute" ist). Botenschaft ist dem hingegen dann anzunehmen, wenn die Äußerung als fremde und inhaltlich fixierte Erklärung erscheint (z. B. „Ich soll ... erwerben.").

Botenmacht und Vertretung unterscheiden sich in folgenden beiden Punkten voneinander:

- Der Vertreter muss mindestens beschränkt geschäftsfähig (§§ 106, 2) sein (§ 165). Der Bote kann auch geschäftsunfähig (§ 104) sein, da er lediglich eine fremde Willenserklärung übermittelt.

- Bei unbewusster Falschübermittlung durch den Erklärungsboten kann der Geschäftsherr **seine** Willenserklärung nach § 120 (Botenirrung) anfechten (bzw. wenn er sich selbst nach Maßgabe des § 119 im Hinblick auf **seine** durch den Boten transportierte Willenserklärung geirrt hat). Im Falle der Vertretung kann der Geschäftsherr die gemäß § 164 Abs. 1 S. 1 für und gegen ihn wirkende Willenserklärung des Vertreters („eigene" Willenserklärung des Vertreters) nur anfechten, wenn der Vertreter sich geirrt hat (vgl. § 166 Abs. 1). Es kommt hier hinsichtlich der Kenntnis oder des Kennenmüssens bestimmter Tatsachen und Umstände allein auf die Person des Vertreters an.

Beachte: Geriert sich ein Bote nach dem äußeren Erscheinungsbild weisungswidrig als Vertreter, handelt er als Vertreter ohne Vertretungsmacht (§§ 177 ff.), im umgekehrten Fall (Vertreter geriert sich als Bote unter Überschreitung seiner Vertretungsmacht) gelangen die §§ 177 ff. analog zur Anwendung.

5.3 Handeln im fremdem Namen (Offenkundigkeitsprinzip)

Der Vertreter muss die Erklärung im fremdem Namen abgeben, d h. für den Erklärungsgegner erkennbar zum Ausdruck bringen, dass er nicht für sich selbst handelt (d. h. die Rechtsfolgen des Geschäfts ihn also nicht selbst treffen sollen), sondern den von ihm Vertretenen: Die Wirkung für und gegen den Vertretenen muss offenkundig sein (**Offenkundigkeitsprinzip**), wobei es nach § 164 Abs. 1 S. 2 keinen Unterschied macht, ob die Erklärung ausdrücklich im Namen des Vertretenen erfolgt (= der Vertreter zeichnet z. B. „i. V." oder „p. p. a.") oder ob die Umstände ergeben, dass sie in dessen Namen erfolgen soll (bspw. bei sog. unternehmensbezogenen Geschäften, die nach dem Willen der Vertragsparteien im Zweifel für und gegen den Unternehmensinhaber wirken sollen).

Beachte: Tritt der Wille, in fremdem Namen zu handeln, allerdings nicht erkennbar hervor (Missachtung der Offenkundigkeit), so kommt nach § 164 Abs. 2 der Mangel des Willens, im eigenen Namen zu handeln, nicht in Betracht, d h. es liegt ein sog. **Eigengeschäft** des Erklärenden vor. Dieser kann seine Willenserklärung nicht mit der Begründung anfechten, er habe die Erklärung für einen anderen abgeben wollen.

Es bestehen verschiedene **Durchbrechungen des Offenkundigkeitsprinzips** für Fallkonstellationen, in denen der Geschäftspartner kein schutzwürdiges Interesse an der Person des Erklärenden (d. h. an einer Offenlegung) hat, in denen also – auch ohne Aufdeckung der Vertreterstellung – der Vertrag unmittelbar mit dem Vertretenen zustande kommt: **Verdecktes Geschäft, für den, den es angeht** = Fälle, in denen der Geschäftspartner an der Person seines Vertragspartners kein Interesse hat (z. B. beim dinglichen Rechtserwerb bei Bargeschäften des täglichen Lebens). Anders ist der Fall des „offenen Geschäfts, für den, den es angeht" zu beurteilen. Hier tritt der Handelnde erkennbar für einen Dritten auf, dessen Identität er jedoch nicht aufdeckt. Hat in einer solchen Konstellation der Geschäftspartner ein berechtigtes Interesse an der Offenlegung des Dritten, offenbart der Handelnde den Namen aber nicht, haftet er nach § 179 analog selbst.

Beachte: Handeln unter fremdem Namen ist dadurch gekennzeichnet, dass der Erklärende einen fremden Namen als eigenen verwendet, d. h. er gibt sich als eine andere Person aus. Wirkt hier die Willenserklärung für und gegen den Erklärenden oder für und gegen den wahren Namensträger? Entscheidend ist, ob beim konkreten Geschäft für den Geschäftspartner (dessen Schutz das Offenkundigkeitsprinzip bezweckt) der Name als solcher oder aber die handelnde Person im Vordergrund stand:

- Steht die handelnde Person im Vordergrund (**Fall einer bloßen Namenstäuschung**), kommt der Vertrag mit den Handelnden zustande (es kam zu keiner falschen Identitätstäuschung).

- Steht der Name als solcher im Vordergrund, wollte der Geschäftspartner also mit dem (ihn bspw. als solvent bekannten) Namensträger kontrahieren, ist es zu einer Identitätstäuschung gekommen. Mangels Vertretungsmacht ist das Rechtsgeschäft nicht mit dem Namensträger zustande gekommen. Es gelten die §§ 177 ff. analog. Der Namensträger kann also das Geschäft nachträglich genehmigen (§ 184 Abs. 1) und damit an sich ziehen, womit es für und gegen ihn wirkt. Tut er das nicht, haftet der unter fremdem Namen Handelnde als Vertreter ohne Vertretungsmacht analog § 179.

5.4 Vertretungsmacht

Es ist grundsätzlich zwischen rechtsgeschäftlicher (gewillkürter) und gesetzlicher Vertretungsmacht zu unterscheiden. Daneben existieren als eine Unterart der rechtsgeschäftlichen Vertretungsmacht die so genannten Rechtsscheinvollmachten.

5.4.1 Rechtsgeschäftliche Vertretungsmacht (Vollmacht)

Erteilung und Umfang der Vollmacht
Die rechtsgeschäftlich erteilte Vertretungsmacht (Vollmacht, vgl. die Legaldefinition in § 166 Abs. 2) wird im Wege einer Bevollmächtigung durch einseitige, empfangsbedürftige Willenserklärung (die keiner Annahmeerklärung bedarf) erklärt. Drei Erteilungsformen sind möglich:

- **Innenvollmacht** = Erteilung der Vollmacht gegenüber dem zu Bevollmächtigenden (Vertreter): § 167 Abs. 1 1. Alt. (vgl. auch § 171 Abs. 1 – Fall einer nach außen kundgetanen Innenvollmacht),

- **Außenvollmacht** = Erteilung der Vollmacht gegenüber dem Dritten (d. h. dem künftigen Geschäftspartner): § 167 Abs. 1 2. Alt.,

- **öffentliche Bekanntmachung** (als nicht ausdrücklich geregelter Unterfall der Außenvollmacht).

Die Erklärung (Vollmachtserteilung) bedarf nach § 167 Abs. 2 nicht der **Form**, welche für das Rechtsgeschäft bestimmt ist, auf das sich die Vollmacht bezieht: grundsätzlich formlos gültige Vollmacht (womit auch eine konkludente Vollmachtserteilung, bspw. im Kontext mit der Erteilung eines Auftrags [§ 662] möglich ist). Eine Formbedürftigkeit der Vollmacht kann sich im Falle einer ausdrücklichen gesetzlichen Anordnung ergeben (z. B. nach § 2 Abs. 2 GmbHG. Vgl. zudem die Möglichkeit, eine formlos erteilte Vollmacht in bestimmter Form nachweisen zu müssen [bspw. die Prozessvollmacht nach § 80 ZPO bzw. im Rahmen der freiwilligen Gerichtsbarkeit die Regelung des § 29 GBO).

Beachte: § 167 Abs. 2 gelangt zudem dann nicht zur Anwendung, wenn eine formfreie Vollmachtserteilung im Hinblick auf ein selbst formpflichtiges Vertretergeschäft zu einer Umgehung des Formzwecks führen würde (z. B. Fälle einer unwiderruflichen Vollmacht zum Kauf/Verkauf eines Grundstücks [formbedürftig nach § 311 b Abs. 1 S. 1] – teleologische Reduktion des § 167 Abs. 2). Ermangelt die Bevollmächtigung der damit notwendigen Form, gelangen die §§ 177 ff. zur Anwendung.

Von der Vollmacht ist das dieser **zugrunde liegende Rechtsverhältnis (Grundverhältnis** als Innenverhältnis, z. B. ein Arbeitsvertrag [§ 611], ein Auftrag [§ 662] bzw. ein Geschäftsbesorgungsvertrag [§ 675]) zu unterscheiden. Bevollmächtigung (als selbständiges Rechtsgeschäft) und Grundverhältnis sind durch das Trennungs- und Abstraktionsprinzip gekennzeichnet – mithin sind beide grundsätzlich voneinander rechtlich unabhängig mit der Folge, dass auch bei nichtigem Grundgeschäft eine wirksam erteilte Vollmacht Bestand hat (sog. **isolierte Vollmacht**).

Beachte aber: § 168 S. 1, wonach sich das Erlöschen der Vollmacht nach dem ihrer Erteilung zugrunde liegenden Rechtsverhältnis bestimmt, vgl. bspw.

- beim Auftrag (§ 671) durch Widerruf oder Kündigung,
- beim Dienstvertrag (§ 611) durch Fristablauf (§ 620) oder durch Kündigung (§ 626).

Daher besteht auch die Möglichkeit einer **postmortalen Vollmacht**: Da mit dem Tod des Auftraggebers der Auftrag im Zweifel nicht erlischt (vgl. § 672 S. 1), handelt der Beauftragte beim Tod des Auftraggebers mit Wirkung für und gegen die Erben des Auftraggebers (§ 1922), die aber – sofern sie von der postmortalen Vollmacht Kenntnis haben – widerrufen können, und zwar entweder den

- Auftrag (§ 671 Abs. 1 mit der Folge des § 168 S. 1) oder die
- Vollmacht (§ 168 S. 2).

Beachte: In der Rechtsbeziehung Geschäftsherr (= Vollmachtgeber) und Hilfsperson (= Vertreter) ist zwischen dem Innenverhältnis (Grundverhältnis) und dem davon abstrakt zu unterscheidenden Außenverhältnis (Vertretung) zu unterscheiden.

Arten der Vollmacht
Folgende Formen der Vollmacht können unterschieden werden:

- **Spezialvollmacht** = Vollmacht für ein einzelnes und bestimmtes Geschäft,
- **Gattungsvollmacht** = Vollmacht für eine bestimmte Art von Rechtsgeschäften bzw. solche in einem bestimmten Tätigkeitsbereich,
- **Generalvollmacht** = Vollmacht zur Vornahme aller Rechtsgeschäfte,

- **Untervollmacht** = der Hauptvertreter kann sich selbst eines Untervertreters (der im Namen des Vertretenen handelt) bedienen und diesem Untervollmacht erteilen, sofern dies die ihm selbst erteilte Vollmacht (Hauptvollmacht) gestattet (d. h. keine persönliche Vertretung verlangt): Die vom Untervertreter abgegebene Willenserklärung wirkt nach § 164 Abs. 1 S. 1 für und gegen den Vertretenen (ohne dass der Untervertreter die Untervertretung offen legen müsste).

Gesetzlicher Umfang der Vertretungsmacht:
Das Gesetz gibt bei folgenden handelsrechtlichen Vollmachten den Umfang der Vertretungsmacht vor:

- Prokura,
- Handlungsvollmacht,
- Ermächtigung des Ladenangestellten.

a) Prokura
Die Prokura ermächtigt nach § 49 Abs. 1 zu allen Arten von gerichtlichen und außergerichtlichen Geschäften und Rechtshandlungen, die der Betrieb eines Handelsgewerbes mit sich bringt. Allerdings ist der Prokurist zur Veräußerung und Belastung von Grundstücken nur berechtigt, wenn ihm diese Befugnis besonders erteilt worden ist (§ 49 Abs. 2 HGB). Eine Beschränkung des Umfangs der Prokura ist gemäß § 50 Abs. 1 HGB Dritten gegenüber unwirksam (im Innenverhältnis hingegen ist sie durchaus möglich – wenn dagegen verstoßen wird, macht sich der Prokurist aus dem der Prokuraerteilung zugrunde liegenden Rechtsverhältnis, dem Anstellungsvertrag, schadensersatzpflichtig: §§ 611, 280 Abs. 1, 241 Abs. 2).

b) Handlungsvollmacht
Ist jemand Handlungsvollmacht erteilt worden (= Ermächtigung, ohne Prokuraerteilung, zum Betrieb eines Handelsgewerbes oder zur Vornahme einer bestimmten zu einem Handelsgewerbe gehörenden Art von Geschäften oder zur Vornahme einzelner zu einem Handelsgewerbe gehöriger Geschäfte), so erstreckt sich die Vollmacht nach § 54 Abs. 1 HGB auf alle Geschäfte und Rechtshandlungen, die der Betrieb eines derartigen Handelsgewerbes oder die Vornahme derartiger Geschäfte gewöhnlich mit sich bringt. Zur Veräußerung oder Belastung von Grundstücken, zur Eingehung von Wechselverbindlichkeiten, zur Aufnahme von Darlehen oder zur Prozessführung ist der Handlungsbevollmächtigte aber nur ermächtigt, wenn ihm eine solche Befugnis besonders erteilt worden ist (§ 54 Abs. 2). Sonstige Beschränkungen einer Handlungsvollmacht braucht ein Dritter nach § 54 Abs. 3 HGB nur dann gegen sich gelten zu lassen, wenn er sie kannte oder kennen musste. Die Vorschriften des § 54 HGB finden auch Anwendung auf Handlungsbevollmächtigte, die Handelsvertreter sind oder die als Handlungsgehilfen damit betraut sind, außerhalb des Betriebes des Geschäftsherrn Geschäfte in dessen Namen abzuschließen (vgl. § 55 HGB – Abschlussvollmacht).

c) Ermächtigung der Ladenangestellten

Wer in einem Laden oder in einem offenen Warenlager angestellt ist, gilt nach § 56 HGB als ermächtigt zu Verkäufen und Empfangnahmen, die in einem derartigen Laden oder Warenlager gewöhnlich geschehen.

Erlöschen der Vollmacht

Wenn die Vollmacht erlischt, verliert der Vertreter das Recht, den Geschäftsherrn zu vertreten. Handelt er dennoch, agiert er als Vertreter ohne Vertretungsmacht (sog. falsus procurator - §§ 177 ff.).

Als **Erlöschensgründe** kommen folgende in Betracht:

- befristete Vollmacht: durch Zeitablauf (§ 163),

- bedingte Vollmacht: durch Eintritt der Bedingung (§ 158 Abs. 2),

- Der Vertreter wird geschäftsunfähig (arg.: § 165),

- § 168 S. 1: Vertreter verzichtet einseitig auf die Vollmacht,

- § 168 S. 2: Das Erlöschen der Vollmacht bestimmt sich nach dem ihrer Erteilung zugrunde liegenden Rechtsverhältnis,

- Die Vollmacht ist aber auch bei Fortbestehen des (zugrunde liegenden) Rechtsverhältnisses nach § 168 S. 3 i. V. m. § 167 Abs. 1, wonach auf den Widerruf die Regelungen über die Erteilung der Vollmacht entsprechende Anwendung finden, (jederzeit) durch einseitige, empfangsbedürftige Willenserklärung des Geschäftsherrn gegenüber dem Vertreter bzw. gegenüber dem Geschäftspartner mit Wirkung für die Zukunft (ex nunc) widerruflich (sofern sich nicht aus dem Grundverhältnis ein anderes ergibt, d. h. ein Widerruf der Vollmacht vertraglich ausgeschlossen ist, wobei jedoch auch eine unwiderrufliche Vollmacht aus „wichtigem Grund" widerruflich ist). Bei der Generalvollmacht und der isolierten Vollmacht besteht keine vertragliche Möglichkeit, das Widerrufsrecht auszuschließen. Dabei kann eine ursprünglich als Innenvollmacht erteilte Vollmacht aber auch gegenüber dem Geschäftspartner und eine Außenvollmacht gegenüber dem Vertreter (ohne dass der gute Glaube des Vertragspartners nach den §§ 170 ff. einen Schutz erfährt) widerrufen werden.

- Nach den §§ 119 ff. ist eine Vollmachtserteilung (als Willenserklärung) auch anfechtbar, was in zwei Fällen Bedeutung erlangt:

    - Fall einer unwiderruflichen Vollmacht (die anfechtbar bleibt),

    - Fall, dass der Vertreter bereits tätig geworden ist (da der Widerruf nur ex nunc, die Anfechtung aber ex tunc [§ 142 Abs. 1] wirkt). Folge (der auch für diesen Fall – Vertretergeschäft wurde bereits getätigt – für zulässig erachteten Anfechtung) ist, dass der Vertreter nachträglich mit der Anfechtung der Vollmacht durch den Geschäftsherrn (sehr umstritten ist, gegenüber wem die Anfechtung zu erfolgen hat – nach wohl h. A. ist dabei nicht zwischen Innenvollmacht [Anfechtung gegenüber dem Vertreter] und Außenvollmacht [Anfechtung gegenüber dem Geschäftspartner] zu differenzieren, vielmehr soll analog § 143 Abs. 4 immer und allein gegenüber dem Geschäftspartner anzufechten sein) seine Vertretungsmacht verliert. Folge der Anfechtung ist, dass der Vertragspartner gegen den anfechtenden Geschäftsherrn (als Vollmachtgeber) einen Anspruch nach § 122 auf Ersatz seines Vertrauensschadens hat. hat.

5.4.2 Rechtsscheinvollmachten

Bei den Rechtsscheinvollmachten sind drei Arten zu unterscheiden: die Rechtsscheinvollmacht nach den §§ 170 bis 173, die Duldungs- und die Anscheinsvollmacht.

§§ 170 ff.
Die §§ 170 bis 173 gewähren dem Geschäftspartner einen Vertrauensschutz in den Bestand der Vollmacht.

a) Grundsätzliche Wirkungsdauer der Vollmacht
Wird eine Vollmacht durch Erklärung gegenüber einem Dritten erteilt (Vollmachtserteilung bei Außenvollmacht – Schaffung eines Rechtsscheintatbestandes), so bleibt sie diesem gegenüber nach § 170 solange in Kraft (bspw. bei nur gegenüber dem Vertreter erfolgtem Widerruf, §§ 168 S. 3, 167 Abs. 1), bis auch dem Dritten gegenüber das Erlöschen vom Vollmachtgeber angezeigt worden ist (Wirkungsdauer der Vollmacht).

b) Wirkungsdauer bei Kundgebung
Hat jemand durch besondere Mitteilung an einen Dritten oder durch öffentliche Bekanntmachung kundgegeben, dass er (d. h. der Geschäftsherr) einen anderen bevollmächtigt habe (= Schaffung eines Rechtsscheintatbestandes), so ist der Vertreter nach § 171 Abs. 1 aufgrund der Kundgebung im ersten Fall dem Dritten gegenüber, im letzteren Fall jedem Dritten gegenüber zur Vertretung befugt. Die Vertretungsmacht bleibt nach § 171 Abs. 2 (solange) bestehen, bis die Kundgebung in derselben Weise, wie sie erfolgt ist, widerrufen wird.

c) Vollmachtsurkunde
Der besonderen Mitteilung über eine Bevollmächtigung durch den Vollmachtgeber steht es gleich, wenn dieser nach § 172 Abs. 1 dem Vertreter eine Vollmachtsurkunde ausgehändigt hat und der Vertreter sie dem Dritten (tatsächlich) vorlegt (= Schaffung eines Rechtsscheintatbestandes). Die Vertretungsmacht bleibt bestehen, bis die Vollmachtsurkunde nach § 172 Abs. 2 dem Vollmachtgeber zurückgeben (wozu der Bevollmächtigte nach § 175 nach dem Erlöschen der Vollmacht verpflichtet ist) oder für kraftlos erklärt wird (zur Kraftloserklärung einer Vollmachtsurkunde vgl. näher § 176).

5.4 Vertretungsmacht

d) Wirksamkeitsdauer bei Kenntnis und fahrlässiger Unkenntnis

Die Regelungen über die Wirksamkeitsdauer der Vollmacht (§ 170), Wirksamkeitsdauer der Vollmacht bei Kundgebung (§ 171 Abs. 2) und Wirksamkeitsdauer der Vollmacht bei Vollmachtsurkunde (§ 172 Abs. 2) finden keine Anwendung, wenn der Dritte das Erlöschen der Vertretungsmacht bei der Vornahme des Rechtsgeschäfts kennt oder kennen muss.

Beachte: Obgleich die Kundgabe nach den §§ 171 f. Wissenserklärung (und nicht Willenserklärung) ist, soll der Rechtsschein durch Anfechtung der Kundgabe nach den §§ 119 ff. analog statthaft sein.

Beachte zudem: Die §§ 170 bis 173 sollen entsprechend auch auf Fälle anwendbar sein, in denen die Vollmacht von Anfang an nicht oder nicht wirksam erteilt worden ist, gleichwohl aber ein vergleichbarer Rechtsschein entstanden ist.

Duldungsvollmacht

Die Rechtsprechung hat **zwei weitere Fälle einer gesetzlich nicht geregelten Rechtsscheinvollmacht** anerkannt: die Duldungs- und die Anscheinsvollmacht.

Tatbestand: Bei der Duldungsvollmacht kennt der geschäftsfähige Geschäftsherr das Handeln eines tatsächlich nichtberechtigten „Vertreters" (d. h. Letzterem wurde weder ausdrücklich noch konkludent Vertretungsmacht erteilt), ohne (obgleich ihm dies tatsächlich möglich gewesen wäre) dagegen einzuschreiten (Verschuldenstatbestand) und unterbindet dieses nicht (zurechenbar veranlasster Rechtsscheinstatbestand seitens des Vertretenen, wobei ein einmaliges Gewährenlassen des „Vertreters" ausreicht. Dann kann und darf sich der Geschäftspartner (aufgrund dieser Duldung) nach Treu und Glauben (§ 242) von einer bestehenden Vertretungsmacht ausgehen (Gutgläubigkeit des Geschäftspartners = dieser hat weder positive Kenntnis noch fahrlässige Unkenntnis von der fehlenden Vertretungsmacht). Der gesetzte Rechtsschein war für das rechtsgeschäftliche Handeln des Geschäftspartners kausal (Kausalitätserfordernis).

Rechtsfolge: Der Geschäftsherr muss sich so behandeln lassen, wie wenn er dem „Vertreter" wirksam Vollmacht erteilt hätte. Eine Anfechtung der Duldungsvollmacht durch den Geschäftsherrn kommt nicht in Betracht, da weder eine Willenserklärung noch eine geschäftsähnliche Handlung in Rede steht.

Anscheinsvollmacht

Tatbestand: Der geschäftsfähige Geschäftsherr kennt zwar das Auftreten des nichtberechtigten „Vertreters" (d. h. diesem wurde weder ausdrücklich noch konkludent Vertretungsmacht erteilt) nicht, hätte es aber bei pflichtgemäßer Sorgfalt erkennen (und verhindern) können (zurechenbar veranlasster Rechtsscheintatbestand seitens des Vertretenen). Der Geschäftspartner durfte nach Treu und Glauben (§ 242) annehmen, dass der Geschäftsherr aufgrund seines Verhaltens (Dauer und Häufigkeit) das Auftreten des „Vertreters" kennt, duldet und billigt (Gutgläubigkeit des Geschäftspartners = dieser hat weder positive Kenntnis noch fahrlässige Unkenntnis von der fehlenden Vertretungsmacht). Der gesetzte Rechtsschein war für das rechtsgeschäftliche Handeln des Geschäftspartners kausal (Kausalitätserfordernis).

Rechtsfolge: Der Geschäftsherr muss sich so behandeln lassen, wie wenn er dem „Vertreter" wirksam Vollmacht erteilt hätte. Eine Anfechtung der Anscheinsvollmacht durch den Geschäftsherrn kommt nicht in Betracht, da weder eine Willenserklärung noch eine geschäftsähnliche Handlung in Rede steht.

5.4.3 Gesetzliche Vertretungsmacht

Nicht voll geschäftsfähige Personen werden von ihrem gesetzlichen Vertreter im rechtsgeschäftlichen Verkehr vertreten:

- Die Eltern vertreten kraft Gesetzes das minderjährige Kind (§ 1629 Abs. 1 – die elterliche Sorge umfasst die Vertretung des Kindes; die Eltern vertreten das Kind gemeinschaftlich; ist eine Willenserklärung gegenüber dem Kind abzugeben, so genügt die Abgabe gegenüber einem Elternteil).
- Der Ergänzungspfleger (§ 1909) vertritt kraft Gesetzes Personen, die unter elterlicher Sorge oder Vormundschaft stehen in Angelegenheiten, an deren Besorgung die Eltern oder der Vormund verhindert sind.
- Der Abwesenheitspfleger (§ 1911) vertritt kraft Gesetzes einen abwesenden Volljährigen, dessen Aufenthalt unbekannt ist in Vermögensangelegenheiten, soweit er der Fürsorge bedarf.
- Der Nachlasspfleger (§§ 1960 ff.) vertritt kraft Gesetzes zwecks Sicherung den Nachlass (bis zur Annahme der Erbschaft durch den/die Erben).
- Der Vormund vertritt nach Bestellung durch das Vormundschaftsgericht (§§ 1789 ff.) das Mündel (§ 1793).
- Der Betreuer vertritt nach Bestellung durch das Vormundschaftsgericht (§ 1897) den Betreuten (§ 1902).

Die gesetzliche Vertretungsmacht der Eltern umfasst nach § 1626 Abs. 1 S. 2 die Sorge für die Person des Kindes (**Personensorge**) und das Vermögen des Kindes (**Vermögenssorge**).

5.5 Organschaftliche Vertretung

Juristische Personen, denen die Rechtsordnung (wie natürlichen Personen, vgl. § 1) im Zuge einer juristischen Fiktion eine eigene Rechtsfähigkeit beimisst und die damit verselbständigte eigenständige Träger von Rechten und Pflichten sind, sind in geschäftlichen Verkehr selbst nicht handlungsfähig. Vielmehr handeln sie durch ihre Organe (d. h. natürliche Personen als Organwalter), deren Willenserklärung – soweit organschaftliche Vertretungsmacht besteht – für und gegen die juristische Person selbst wirkt.

5.5 Organschaftliche Vertretung

Juristische Personen lassen sich unterscheiden in solche

- des Privatrechts, mithin
    - Aktiengesellschaften (AG),
    - Kommanditgesellschaften auf Aktien (KGaA),
    - Gesellschaften mit beschränkter Haftung (GmbH),
    - eingetragene Genossenschaften (e.G.),
    - Stiftungen (§§ 80 bis 86),
    - eingetragenen Vereine (e.V. - §§ 55 ff.) sowie solche
- des öffentlichen Rechts, nämlich
    - Anstalten (bspw. öffentlich-rechtliche Rundfunkanstalten),
    - Körperschaften (z. B. die Gebietskörperschaften [Bund, Bundesländer und Gemeinden] oder die Universitäten) bzw.
    - Stiftungen des öffentlichen Rechts.

Der organschaftliche Vertretungsmacht der Organwalter ist geregelt in

- § 78 Abs. 1 AktG, wonach der Vorstand die AG gerichtlich und außergerichtlich vertritt.
- § 35 Abs. 1 GmbHG, wonach die GmbH durch die Geschäftsführer gerichtlich und außergerichtlich vertreten wird.
- § 26 Abs. 2 S. 1, wonach der Vorstand den Verein gerichtlich und außergerichtlich vertritt und die Stellung eines gesetzlichen Vertreters hat.

Für die Abgabe von Willenserklärungen (**Aktivvertretung**) ist i. d. R. (d. h. vorbehaltlich einer anderweitigen Satzungsbestimmung) **Gesamtvertretung** der organschaftlichen Vertreter angeordnet (vgl. § 78 Abs. 2 S. 1 AktG, § 35 Abs. 2 S. 2 GmbHG, §§ 26, 28 Abs. 1), zur Annahme von Willenserklärungen (**Passivvertretung**) ist jeder organschaftliche Vertreter allein berechtigt (vgl. § 78 Abs. 2 S. 2 AktG, § 35 Abs. 2 S. 3 GmbHG, § 28 Abs. 2).

Der **Umfang** der organschaftlichen Vertretungsmacht bestimmt sich

- primär nach Gesetzesrecht und
- sekundär nach der Satzung der juristischen Person.

Jedoch ist allein beim eingetragenen Verein die organschaftliche Vertretungsmacht im Außenverhältnis beschränkbar (vgl. § 26 Abs. 2 S. 2), wohingegen nach § 82 Abs. 1 AktG bzw. § 37 Abs. 2 GmbHG eine Beschränkung der (Außen-) Vertretungsbefugnis des Vorstands bzw. des Geschäftsführers (= gegen dritte Personen hat Beschränkung der Vertretungsbefugnis keine rechtliche Wirkung) nicht möglich ist.

Die organschaftliche Vertretungsmacht ist **widerruflich**, vgl.

- § 38 Abs. 1 GmbHG (jederzeitige Widerrufsmöglichkeit),
- § 27 Abs. 2 S. 1 (grundsätzlich jederzeitige Widerrufsmöglichkeit),
- § 84 Abs. 3 S. 1 AktG (Widerruf bei Vorliegen eines „wichtigen Grundes").

5.6 Folgen einer wirksamen Stellvertretung

Eine Willenserklärung, die jemand innerhalb der ihm zustehenden Vertretungsmacht im Namen des Vertretenen abgibt – d. h.

- eigene Willenserklärung,
- im fremden Namen (Offenkundigkeitsprinzip) sowie
- Vertretungsmacht –

wirkt nach § 164 Abs. 1 S. 1 für und gegen den Vertretenen. Der Geschäftsherr (= Vertretene) wird berechtigt und verpflichtet, wie wenn er die Willenserklärung selbst abgegeben hätte. Der Vertreter wird hingegen **nicht** berechtigt und verpflichtet. Er ist nicht Vertragspartei.

Allein der Vertretene kann daher (bei wirksamer Stellvertretung) die ihn bindende Willenserklärung auch anfechten, selbst wenn die Willensmängel in der Person des die Willenserklärung abgebenden Vertreters begründet sind: Soweit die rechtlichen Folgen einer Willenserklärung nämlich durch Willensmängel (vgl. §§ 116 bis 123) oder durch die Kenntnis oder das Kennenmüssen gewisser Umstände (z. B. Gutgläubigkeit nach §§ 932 ff., 892) beeinflusst werden, kommt nach § 166 Abs. 1 nicht die Person des Vertretenen, sondern die des Vertreters in Betracht. Der Vertretene kann also die ihn zunächst bindende Willenserklärung (die der Vertreter abgegeben hat) unter Zugrundelegung von Willensmängeln, denen der Vertreter unterlegen ist (d. h. eines Irrtums des Vertreters), anfechten.

Aber: Hat im Fall einer Vollmacht (d. h. einer durch Rechtsgeschäft erteilten Vertretungsmacht) der Vertreter nach **bestimmten Weisungen** des Vollmachtgebers gehandelt (i. S. einer bloßen Veranlassung des Geschäfts durch den Geschäftsherrn), so kann sich dieser (d. h. der Vertretene) in Ansehung solcher Umstände, die er selbst kannte (Kenntnis), nach § 166 Abs. 2 (der einem Missbrauch der Vertretungsmacht durch einen bösgläubigen Vollmachtgeber vorbeugen will) nicht auf die Unkenntnis des Vertreters berufen. Dasselbe gilt von Umständen, die der Vollmachtgeber kennen musste (Kennenmüssen), sofern das Kennenmüssen der Kenntnis gleichsteht.

§ 166 Abs. 2 gilt analog gleichermaßen für **Willensmängel**.

Wie dargelegt, treffen bei wirksamer Stellvertretung allein den Geschäftsherrn (d. h. den Vertretenen) die Rechtsfolgen des Vertreterhandelns – im Falle einer Pflichtverletzung durch den Vertreter muss er sich dessen Verhalten als sein Erfüllungsgehilfe nach § 278 zurechnen lassen.

Beachte: Allein in Ausnahmefällen kommt bei wirksamer Stellvertretung auch eine persönliche Haftung des Vertreters – neben jener des Vertretenen – aus Verschulden bei Vertragsschluss (culpa in contrahendo) nach §§ 311 Abs. 3, 280 Abs. 1, 241 Abs. 2 in Betracht: Ein Schuldverhältnis mit Pflichten nach § 241 Abs. 2 kann nämlich auch zu Personen entstehen, die (wie der Vertreter) nicht selbst Vertragspartei werden sollen. Ein solches Schuldverhältnis entsteht insbesondere dann, wenn der Dritte (d. h. der Vertreter) über das normale Maß hinaus in **besonderem Maße** (persönlich) **Vertrauen für sich in Anspruch nimmt** (und der Vertragspartner des Geschäftsherrn in diesem Vertrauen enttäuscht wird) und dadurch die Vertragsverhandlungen oder den Vertragsschluss erheblich beeinflusst (vgl. BGHZ 56, 81, 84: persönliche Sachkunde/Zuverlässigkeit, die ein Kfz-Verkäufer oder Anlageberater für sich in Anspruch nimmt). Ein weiterer – von der Rechtsprechung anerkannter Fall (vgl. BGHZ 126, 181, 183) – einer möglichen Eigenhaftung des Vertreters betrifft die Konstellation, dass der Vertreter die Vertragsverhandlungen im **eigenen wirtschaftlichen Interesse** geführt hat, mithin wie in eigener Sache tätig geworden ist (wobei ein bloß mittelbares wirtschaftliches Interesse, bspw. die Erlangung einer Provision, dafür nicht ausreicht).

5.7 Missbrauch der Vertretungsmacht (Handeln ohne Vertretungsmacht)

Ein Missbrauch der Vertretungsmacht ist anzunehmen, wenn der Vertreter die Grenzen des rechtlichen Könnens infolge der Vertretungsmacht (aufgrund Gesetz, Satzung oder Vollmachtserteilung) im Außenverhältnis überschreitet: Der Vertreter handelt im fremden Namen

- ohne Vertretungsmacht oder er
- überschreitet den Rahmen der ihm eingeräumten Vertretungsmacht.

Für diesen Fall wird der Vertretene nach § 164 Abs. 1 S. 1 nicht berechtigt und verpflichtet. Es gelten die Regelungen über die Haftung des Vertreters ohne Vertretungsmacht nach den §§ 177 ff..

Beachte: Überschreitet der Vertreter hingegen die Grenzen des aus dem Innenverhältnis (d. h. dem der Vertretung zugrunde liegenden Vertrags z .B. Arbeits- oder Dienstvertrag, Auftrag oder Geschäftsbesorgungsvertrag) resultierenden Dürfens, hält er sich aber im Rahmen der ihm eingeräumten Vertretungsmacht, kommt es zu einer wirksamen Vertretung: Der Geschäftsherr wird nach § 164 Abs. 1 S. 1 durch das Vertreterhandeln wirksam berechtigt und verpflichtet. Der Vertreter macht sich im Innenverhältnis bei einer schuldhaften Pflichtverletzung allerdings nach § 280 Abs. 1 schadensersatzpflichtig.

Beachte zudem: Erkennt der Geschäftsgegner den Missbrauch der Vertretungsmacht durch den Vertreter, ist sein Vertrauen auf den Bestand der Vertretungsmacht in folgenden Fällen nicht schutzwürdig, weshalb das Vertreterhandeln unwirksam ist (**fehlender Vertrauensschutz**):

- Fall der **Kollusion** = einverständliches Zusammenwirken zwischen Verletzer und Geschäftspartner zwecks Schädigung des Vertretenen (Rechtsfolge: Nichtigkeit nach § 138 Abs. 1).

- Fall, dass der Geschäftspartner den Missbrauch der Vertretungsmacht positiv kennt (**nicht** bloßes Kennenmüssen = fahrlässige Unkenntnis) bzw. der Missbrauch evident ist (Rechtsfolge: der Vertretene kann gegen eine Inanspruchnahme durch den Vertragspartner die **Einrede der unzulässigen Rechtsausübung** nach § 242 geltend machen – es gelten dann die §§ 177 ff.).

Beim Handeln eines Vertreters ohne Vertretungsmacht ist zu unterscheiden, ob dieser einen Vertrag oder ein einseitiges Rechtsgeschäft vornimmt.

5.7.1 Vertragsschluss durch den Vertreter ohne Vertretungsmacht

Schließt jemand ohne Vertretungsmacht im Namen eines anderen (= Vertreter ohne Vertretungsmacht) einen Vertrag, so hängt die Wirksamkeit des Vertrags nach § 177 Abs. 1 für und gegen den Vertretenen von dessen Genehmigung (= nachträgliche Zustimmung nach § 184 Abs. 1) ab. Bis zur Genehmigung (die formfrei [vgl. § 182 Abs. 2], mithin auch schlüssig erteilt werden kann, mit der Folge, dass sie nicht der für das Vertretergeschäft vorgesehenen Form bedarf) ist der Vertrag **schwebend unwirksam** (Schwebezustand). Die nachträgliche Zustimmung (Genehmigung) des Vertreters, die grundsätzlich (**beachte** aber § 177 Abs. 2 S. 1, wonach, wenn der andere Teil den Vertretenen zur Erklärung über die Genehmigung auffordert, die Erklärung nur ihm gegenüber erfolgen kann und eine vor der Aufforderung dem Vertreter gegenüber erklärte Genehmigung oder Verweigerung der Genehmigung unwirksam wird) wirkt auf den Zeitpunkt der Vornahme des Rechtsgeschäfts zurück (§ 184 Abs. 1). Im Falle einer Aufforderung kann die Genehmigung nur bis zum Ablauf von zwei Wochen nach dem Empfang der Aufforderung erklärt werden (§ 177 Abs. 2 S. 2) – wird sie nicht erklärt, so gilt sie (Fiktion) als verweigert. Folge ist, dass der Vertrag endgültig unwirksam ist.

Bis zur Genehmigung des Vertrags (§ 184 Abs. 1) durch den Vertreter ist der andere Teil (d. h. der Vertragspartner) nach § 178 S. 1 zum **Widerruf** (mit der Folge, dass die schwebende Unwirksamkeit durch eine endgültige Unwirksamkeit abgelöst wird) berechtigt, es sei denn, dass er den Mangel der Vertretungsmacht beim Abschluss des Vertrags gekannt hat. Der Widerruf kann nach § 177 S. 2 auch dem Vertreter gegenüber erklärt werden.

Verweigert der Vertretene die Genehmigung, ist der Vertrag gleichermaßen endgültig unwirksam.

5.7.2 Vornahme eines einseitigen Rechtsgeschäfts

Bei einem einseitigen Rechtsgeschäft (bspw. einer Kündigung) ist Vertretung ohne Vertretungsmacht nach § 180 S. 1 grundsätzlich **unzulässig** – d. h., wird ein solches gleichwohl von einem Vertreter ohne Vertretungsmacht vorgenommen, ist es (ohne die Möglichkeit einer nachträglichen Genehmigung), da im Interesse des Geschäftspartners ein Schwebezustand vermieden werden soll, **nichtig**.

Hat jedoch derjenige, welchem gegenüber ein einseitiges Rechtsgeschäft vorzunehmen war (d. h. im Falle einer einseitigen empfangsbedürftigen Erklärung), die vom Vertreter behauptete Vertretungsmacht bei der Vornahme des Rechtsgeschäfts nicht beanstandet oder ist er damit einverstanden gewesen, dass der Vertreter ohne Vertretungsmacht handelte, so finden nach § 180 S. 2 die Vorschriften über Verträge (d. h. die §§ 177 ff.) entsprechende Anwendung.

Die §§ 177 ff. gelten nach § 180 S. 3 gleichermaßen entsprechend, wenn ein einseitiges Rechtsgeschäft gegenüber einem Vertreter ohne Vertretungsmacht (Fall der Passivvertretung, d. h. der Empfänger einer Willenserklärung ist Vertreter ohne Vertretungsmacht) mit dessen Einverständnis vorgenommen wird.

5.7.3 Die Haftung des Vertreters ohne Vertretungsmacht

Hat der Vertretene im Falle einer Vertretung ohne Vertretungsmacht die Genehmigung verweigert (oder gilt die Genehmigung nach § 177 Abs. 2 S. 2 2. Hs. als verweigert), wird der bis dato schwebend unwirksame Vertrag endgültig unwirksam. In der Folge ist der „Vertreter" (sofern er nicht seine Vertretungsmacht nachweist) – wenn er bei Vertragsschluss den Mangel der Vertretungsmacht **kennt** – dem Vertragspartner gegenüber nach dessen Wahl gemäß § 179 Abs. 1

- zur Erfüllung (d. h. der „Vertreter" wird zwar nicht Vertragspartner, es entsteht aber ein gesetzliches Schuldverhältnis mit dem Inhalt des endgültig unwirksamen Vertrags, wobei der „Vertreter" dann auch die Gegenleistung beanspruchen kann [bzw. Gewährleistungsansprüche erlangt oder Leistungsrechte geltend machen kann]) oder
- zum Schadensersatz (Ersatz des positiven Interesse [d. h. des Erfüllungsschadens]: Der andere Teil ist so zu stellen, wie er stünde, wenn ordnungsgemäß erfüllt worden wäre – Fall einer verschuldensunabhängigen Garantiehaftung, die auf Geldersatz geht)

verpflichtet.

Hat der Vertreter den Mangel der Vertretungsmacht **nicht gekannt**, so ist er nach § 179 Abs. 2 nur zum Ersatz desjenigen Schadens verpflichtet, den der andere Teil dadurch erleidet, dass er auf die Vertretungsmacht vertraut (Ersatz des negativen Interesses [d. h. des Vertrauensschadens]), jedoch nicht über den Betrag des Interesse hinaus, welches der andere Teil an der Wirksamkeit des Vertrags hat (Begrenzung durch das positive Interesse [Erfüllungsinteresse]).

Der Vertreter haftet gemäß § 179 Abs. 3 S. 1 (wegen fehlender Schutzwürdigkeit des Geschäftsgegners) **nicht** (nach § 179 Abs. 1 oder 2), wenn der andere Teil den Mangel der Vertretungsmacht kannte oder kennen musste (d. h. fahrlässigerweise nicht kannte).

Der Vertreter ohne Vertretungsmacht haftet nach § 179 Abs. 3 S. 2 im Minderjährigenschutzinteresse auch dann nicht, wenn er in der Geschäftsfähigkeit beschränkt war (= § 106), es sei denn, dass er mit Zustimmung seines gesetzlichen Vertreters (= § 182) gehandelt hat.

Beachte: Eine Vertreterhaftung ist auch ausgeschlossen, wenn der andere Teil von seinem Widerrufsrecht nach § 178 Gebrauch gemacht hat und damit eine Genehmigung durch den Vertretenen nach § 177 unmöglich gemacht hat.

Weisungen des Geschäftsherrn im Innenverhältnis können

- die Vollmacht begrenzen (handelt der Vertreter dem entgegen, ist er falsus procurator nach den §§ 177 ff.) oder eine
- bloße Verpflichtung zur Beachtung im Innenverhältnis begründen (bei einer Zuwiderhandlung macht sich der Verletzer im Grundverhältnis schadensersatzpflichtig: §§ 611, 280 Abs. 1, 241 Abs. 2)

darstellen, was im Auslegungswege (§§ 133, 157) festzustellen ist.

6 Formvorschriften

Die Privatautonomie gestattet den grundsätzlich formfreien Abschluss von Rechtsgeschäften, es sei denn, ausnahmsweise wird eine bestimmte Form durch

- Gesetz (**gesetzliche Form**), nämlich (in folgender Hierarchie),
    - Textform (§ 126 b,
    - Elektronische Form (§ 126 a),
    - Schriftform (§ 126),
- Öffentliche Beglaubigung (§ 129),
- Notarielle Beurkundung (§ 128) und
- Gerichtlicher Vergleich (§ 127 a)

oder

- vertragliche Vereinbarung (**gewillkürte Form**)

angeordnet.

Die Formvorgaben verfolgen bestimmte **Zielsetzungen**:

- **Beweis- und Dokumentationsfunktion** im Interesse der Rechtssicherheit zwecks Beweisbarkeit des Erklärungsinhalts (insbesondere bei gewillkürter Form; vgl. aber auch § 550 [Mietvertrag mit einer längeren Laufzeit als einem Jahr bedarf der Schriftform, § 126 – bei einem Verstoß tritt aber, entgegen § 125, nicht Nichtigkeit des Vertrags ein, sondern der Mietvertrag gilt für unbestimmte Zeit geschlossen]),
- **Warnfunktion** (Übereilungsschutz, vgl. § 311 b Abs. 1 [Grundstückskauf-/verkaufsvertrag], § 311 b Abs. 3 [Vertrag über die Veräußerung des gesamten Vermögens], § 492 Abs. 1 S. 1 [Verbraucherdarlehensvertrag], § 518 Abs. 1 [Schenkungsversprechen], § 766 [Bürgschaftsversprechen] bzw. §§ 780 f. [Schuldversprechen und Schuldanerkenntnis]),
- **Aufklärungs- und Beratungsfunktion** (bspw. bei notarieller Beurkundung [§ 17 BeurkG] – vgl. § 311 b Abs. 1 [Grundstückskauf-/verkaufsvertrag], § 518 Abs. 1 [Schenkungsversprechen] § 925 [Auflassung], § 2232 [öffentliches Testament]),

- **Kontrollfunktion** (bspw. durch Beurkundung oder Beglaubigung – vgl. § 925 [Auflassung], § 29 GBO [Erklärungen im Rahmen der freiwilligen Gerichtsbarkeit im Grundbucheintragungsverfahren]; zudem §§ 1310, 1311 [Eheschließung]).

6.1 Gesetzliche Formvorschriften

6.1.1 Schriftform

Ist durch Gesetz schriftliche Form vorgeschrieben, so muss nach § 126 Abs. 1 die Urkunde (d. h. der schriftlich fixierte Text) vom Aussteller eigenhändig (d. h. handschriftlich [Originalunterschrift] – zulässigerweise auch durch einen Stellvertreter [§ 164 Abs. 1]) durch (individualisierbare) Namensunterschrift (der Abschluss-, Identitäts- und Echtheitsfunktion zukommt – nicht durch eine Namensabkürzung oder Paraphe) oder mittels notariell beglaubigten Handzeichens unterzeichnet werden (bzw. durch eine elektronische Signatur, vgl. § 126 a).

Beachte: Eine Bürgschaftserklärung, übermittelt per Telefax (fotomechanische Reproduktion der Unterschrift), erfüllt durch die Voraussetzungen der §§ 766 S. 1, 126 Abs. 1 mangels eigenhändiger (handschriftlicher) Unterschrift (BGHZ 121, 224, 228 f.). Hingegen soll die Inanspruchnahme einer Schreibhilfe (sofern die Unterschriftsleistung vom Willen des Erklärenden abhängig bleibt) ausreichen (BGH NJW 1981, 1900). Eine Blankounterschrift reicht aus (auch bei abredewidrigem Ausfüllen des Blanketts im Nachhinein).

Bei einem **Vertrag** muss die Unterzeichnung der Parteien gemäß § 126 Abs. 2 auf derselben Urkunde erfolgen (wenngleich der BGH ZMR 2004, 804, 805 nunmehr – im Unterschied noch zu RGZ 105, 60 – einen Vertragsschluss durch Briefwechsel für das gesetzliche Schriftformerfordernis ausreichen lässt) werden über den Vertrag mehrere gleich lautende Urkunden aufgenommen, so genügt es, wenn jede Partei die für die andere Partei bestimmte Urkunde unterzeichnet.

Es gibt eine **Hierarchie** (i. S. eines abgestuften Systems) innerhalb der gesetzlichen Formvorschriften: Die schriftliche Form kann nach § 126 Abs. 3 durch die elektronische Form (§ 126 a) ersetzt werden, wenn sich nicht aus dem Gesetz ein anderes ergibt.

Die schriftliche Form wird durch die notarielle Beurkundung (§ 128) als strengere Form ersetzt (so § 126 Abs. 4). Letztere kann wiederum durch einen gerichtlich protokollierten Vergleich (§ 127 a) ersetzt werden.

Beachte: Nach § 2247 Abs. 1 kann der Erblasser ein Testament durch eine eigenhändig geschriebene und unterschriebene Erklärung errichten (**eigenhändiges Testament** – Erfordernis einer **Gesamtschriftform**).

6.1.2 Elektronische Form

Soll die gesetzlich vorgeschriebene schriftliche Form (= § 126) durch die elektronische Form ersetzt werden (und hat der Empfänger zumindest schlüssig sein Einverständnis mit einer elektronischen Übermittlung rechtsgeschäftlicher Erklärungen verlautbart – bspw. durch die Eingabe einer E-Mail-Adresse), so muss der Aussteller der Erklärung nach § 126 a Abs. 1 der Erklärung seinen Namen beifügen und (da technisch eine eigenhändige Unterschrift nicht möglich ist) das elektronische Dokument mit einer **qualifizierten elektronischen Signatur** nach dem Signaturgesetz vom 16.05.2001 i. V. m. der Signaturverordnung versehen (daneben bestimmt § 2 SigG auch noch die einfache und die fortgeschrittene elektronische Signatur). Bei einem Vertrag müssen die Parteien jeweils ein gleich lautendes Dokument in der vorbezeichneten Weise elektronisch signieren, so § 126 a Abs. 2.

6.1.3 Textform

Ist durch Gesetz Textform vorgeschrieben (vgl. bspw. nach § 554 Abs. 3 S. 1, § 556 a Abs. 2, § 556 b Abs. 2, § 560 Abs. 1 und 4 bzw. im Zusammenhang mit der Erfüllung verbraucherschutzrechtlicher Informationspflichten, vgl. § 312 c Abs. 2, § 355 Abs. 1 S. 2), so muss die Erklärung nach § 126 b in einer Urkunde oder auf andere zur dauerhaften Wiedergabe in Schriftzeichen geeignete Weise (bspw. auch elektronische Dokumente, die per E-Mail, CD-ROM, Diskette übermittelt werden, lesbar gemacht und ausgedruckt werden können) abgegeben, die Person des Erklärenden genannt und der Abschluss der Erklärung durch Nachbildung der Namensunterschrift (durch bloße Namenswiedergabe in Druckbuchstaben) oder anderer Weise (z. B. durch den Hinweis „Ende des Dokuments") erkennbar gemacht werden. Da eine Unterschrift nicht erforderlich ist, erfüllt diese Formvorschrift auch nicht eine Warn-, Beweis- oder Identifikationsfunktion.

6.1.4 Notarielle Beurkundung

Ist durch Gesetz notarielle Beurkundung eines Vertrags (als strengste Form) vorgeschrieben (bspw. in den §§ 311 b Abs. 1 und 3 bzw. 518 Abs. 1 S. 1), so genügt es nach § 128, wenn zunächst der Antrag und sodann die Annahme des Antrags von einem Notar (den nach § 17 BeurkG Prüfungs- und Belehrungspflichten treffen) beurkundet wird (sukzessive Beurkundung ist also bei Verträgen statthaft). Die notarielle Beurkundung selbst vollzieht sich nach Maßgabe von §§ 8 ff., 36 BeurkG.

Für die **Annahme bei notarieller Beurkundung** bestimmt § 152 Folgendes: Wird ein Vertrag notariell beurkundet, ohne dass beide Teile gleichzeitig anwesend sind, so kommt der Vertrag mit der nach § 128 erfolgten Beurkundung der Annahme zustande, wenn nicht ein anderes bestimmt ist. Die Vorschrift des § 151 S. 2 findet Anwendung mit der Folge, dass der Zeitpunkt, in welchem der Antrag erlischt, sich nach dem aus dem Antrag oder den Umständen zu entnehmenden Willen des Antragenden bestimmt.

Beachte: Die notarielle Beurkundung ist von der **notariellen Beglaubigung** (vgl. §§ 39 f. BeurkG) zu unterscheiden. Letztere ist eine Form der öffentlichen Beglaubigung.

Beachte zudem: § 925 setzt für die notarielle Beurkundung der Auflassung zudem die gleichzeitige Anwesenheit der Parteien voraus.

6.1.5 Öffentliche Beglaubigung

Ist durch Gesetz für eine Erklärung öffentliche Beglaubigung vorgeschrieben, so muss die Erklärung nach § 129 Abs. 1 S. 1 schriftlich abgefasst und die Unterschrift des Erklärenden von einem Notar beglaubigt werden. Nach § 40 BeurkG bestätigt der Notar durch seinen Beglaubigungsvermerk nur die Identität des Unterzeichnenden (Warnfunktion und Schutz gegen Unterschriftsfälschung). Wird die Erklärung von dem Aussteller mittels Handzeichen unterzeichnet, so ist die im § 126 Abs. 1 vorgeschriebene Beglaubigung des Handzeichens erforderlich und genügend (§ 129 Abs. 1 S. 2).

Die öffentliche Beglaubigung wird nach § 129 Abs. 2 durch die notarielle Beurkundung (= § 128) der Erklärung ersetzt.

6.1.6 Gerichtlicher Vergleich

Die notarielle Beurkundung (= § 128) wird bei einem gerichtlichen Vergleich nach § 127 a durch die Aufnahme der Erklärungen in ein nach den Vorschriften der ZPO errichtetes Protokoll ersetzt.

6.2 Rechtliche Konsequenzen eines Verstoßes gegen eine gesetzliche Formvorschrift

Ein Rechtsgeschäft, welches der durch Gesetz vorgeschriebenen Form ermangelt, ist nach § 125 S. 1 grundsätzlich **nichtig**. Die Rückabwicklung der auf der Grundlage des formnichtigen Rechtsgeschäfts ausgetauschten Leistungen erfolgt nach Maßgabe von § 812 Abs. 1 S. 1 Alt. 1 (Leistungskondiktion). Davon gibt es einige Ausnahmen:

6.2.1 Sonderregelungen

Anstelle der Rechtsfolge Nichtigkeit ordnet § 550 S. 1 hinsichtlich eines Mietvertrags, der für eine längere Zeit als ein Jahr und nicht in schriftlicher Form geschlossen wurden ist, an, dass dieser als auf unbestimmte Zeit geschlossen gilt.

6.2.2 Heilung des Formverstoßes

Ein nach § 125 S. 1 formnichtiges Rechtsgeschäft kann in einigen besonders gesetzlich geregelten Fällen durch Erfüllung der vertraglichen Verpflichtung (wodurch der Zweck, der mit der durch das Verpflichtungsgeschäft intendierten Form erreicht wird) vollumfänglich (d. h. seinem ganzen Inhalt nach) mit **ex nunc-Wirkung** wirksam werden (Heilung des Formmangels):

- § 311 b Abs. 1 S. 2 – Ein ohne Beachtung dieser Form geschlossener Vertrag wird seinem ganzen Inhalt nach gültig, wenn die Auflassung und die Eintragung in das Grundbuch (gemäß §§ 873, 925) erfolgen.
- § 518 Abs. 2 – Der Mangel der Form wird durch die Bewirkung der versprochenen Leistung geheilt.
- § 766 S. 3 – Soweit der Bürge die Hauptverbindlichkeit erfüllt, wird der Mangel der Form geheilt.

Etwas anderes gilt dann, wenn das Gesetz (z. B. in § 494 Abs. 2 – Verbraucherdarlehensvertrag) eine Modifizierung des Inhalts ausdrücklich anordnet.

6.2.3 Absehen von der Formnichtigkeit wegen § 242

Die Rechtsprechung sieht in einigen wenigen Ausnahmefällen von der Rechtsfolge Formnichtigkeit nach § 125 S. 1 unter Berufung auf den Grundsatz von Treu und Glauben nach § 242 ab, wenn die Anwendung von § 125 S. 1 zu einem **schlechthin unerträglichen Ergebnis** führen würde:

- Eine Vertragspartei hat die andere arglistig (oder sonst treuwidriger Weise) über die Nicht-Formbedürftigkeit eines Rechtsgeschäfts getäuscht: Dem Getäuschten soll trotz des Formmangels ein Erfüllungsanspruch eingeräumt werden.
- Der Formmangel beruht auf fahrlässiger Unkenntnis (bzw. die Beachtung der Form ist versehentlich [= unbewusst] unterblieben) – die Rechtsfolge Formnichtigkeit würde jedoch zu einem schlechten unerträglichen Ergebnis (z. B. einer Existenzvernichtung der Gegenpartei) führen.

In den genannten Konstellationen kann **Erfüllung** des eigentlich formnichtigen Vertrags gefordert werden.

Ist ein Vertrag formnichtig, ohne dass die genannten Voraussetzungen erfüllt sind, kann im Falle einer Verletzung der Aufklärungspflicht der Verpflichtete sich nach den §§ 280 Abs. 1, 241 Abs. 2, 311 Abs. 2 wegen **Verschuldens bei Vertragsschluss** schadensersatzpflichtig gemacht haben.

6.3 Gewillkürte Form

Die Vertragsparteien können auch auf privatautonomer Grundlage für ein von ihnen vorzunehmendes Rechtsgeschäft – durch Schriftformklausel - eine bestimmte Form (in aller Regel

„Schriftform") rechtsgeschäftlich vereinbaren (gewillkürte Form, vertraglich vereinbarter Formzwang).

Beachte: § 309 Nr. 13 verbietet lediglich in Allgemeinen Geschäftsbedingungen eine Bestimmung, durch die Anzeigen oder Erklärungen, die dem Verwender oder einem Dritten gegenüber abzugeben sind, an eine strengere Form als die Schriftform gebunden werden.

Nach § 127 Abs. 1 gelten die Vorschriften des § 126, des § 126 a bzw. des § 126 b im Zweifel auch für die **durch Rechtsgeschäft bestimmte Form**.

Zur Wahrung der durch Rechtsgeschäft bestimmten **schriftlichen Form** (= § 126) genügt aber nach § 127 Abs. 2 (soweit nicht ein anderer Wille anzunehmen ist) die telekommunikative Übermittlung (z. B. Telefax) und bei einem Vertrag der Briefwechsel. Wird eine solche Form gewählt, so kann nachträglich eine dem § 126 entsprechende Beurkundung verlangt werden.

Zur Wahrung der durch Rechtsgeschäft bestimmten **elektronischen Form** (= § 126 a) genügt nach § 127 Abs. 3 (soweit nicht ein anderer Wille anzunehmen ist) auch eine andere als die in § 126 a bestimmte elektronische Signatur und bei einem Vertrag der Austausch von Angebots- und Annahmeerklärung, die jeweils mit einer elektronischen Signatur versehen sind. Wird eine solche Form gewählt, so kann nachträglich eine dem § 126 a entsprechende elektronische Signatur oder (wenn diese einer der Parteien nicht möglich ist) eine dem § 126 entsprechende Beurkundung verlangt werden.

Als **Rechtsfolge** eines Formverstoßes bei gewillkürter Form bestimmt § 125 S. 2 als Auslegungsregel, dass ein Mangel der durch Rechtsgeschäft bestimmten Form „im Zweifel" (d. h. im Regelfall) gleichfalls **Nichtigkeit** zur Folge hat.

Beachte aber § 154 Abs. 2: Ist eine Beurkundung des beabsichtigten Vertrags verabredet wurden, so ist im Zweifel der Vertrag **nicht** geschlossen (d. h. nicht nichtig), bis die Beurkundung erfolgt ist.

Eine Vereinbarung über die Form kann von den Parteien jederzeit wieder (ausdrücklich oder auch konkludent) aufgehoben werden – sie ist nicht automatisch selber formpflichtig.

7 Nichtige Rechtsgeschäfte

7.1 Verstoß gegen ein gesetzliches Verbot

In Beschränkung der Privatautonomie (Inhaltsfreiheit) bestimmt § 134, dass ein Rechtsgeschäft, das gegen ein Gesetz verstößt, (im Interesse einer Ganzheitlichkeit der Rechtsordnung) **nichtig** ist, wenn sich nicht aus dem Gesetz ein anderes ergibt.

Als **Gesetz** ist jede Rechtsnorm zu verstehen (vgl. Art. 2 EGBGB), d. h. jedes Gesetz im materiellen Sinne (= formelles Gesetz, Rechtsverordnung oder Satzung). Ein durch Auslegung §§ 133, 157) zu ermittelndes **Verbotsgesetz** ist ein solches, das den Abschluss, die Vornahme oder den Inhalt eines Rechtsgeschäfts (ohne die Nichtigkeit desselben selbst anzuordnen, aber ggf. mit strafrechtlichen oder öffentlich-rechtlichen Folgen behaftet) verbietet. D. h., eine grundsätzlich mögliche rechtsgeschäftliche Vereinbarung ist wegen ihres Inhalts oder der Umstände ihres Zustandekommens untersagt. Verbotsgesetze, die lediglich **relative** (d. h. die äußeren Umstände [Art und Weise, Zeit oder Ort] der Anbahnung oder der Durchführung des Rechtsgeschäfts berührende) **Verbote** (bspw. Vorgaben über den Ladenschluss oder die Notwendigkeit gewerblicher Erlaubnisse [bloße Ordnungsvorschriften]) statuieren, führen **nicht** die Nichtigkeit eines dagegen verstoßenden Rechtsgeschäfts nach sich.

Statuiert das Verbotsgesetz hingegen ein **absolutes** (d. h. ein den Vertragsinhalt betreffendes [bspw. Verstöße gegen das Jugendarbeitsschutzgesetz oder das Schwarzarbeitsbekämpfungsgesetz]) **Verbot**, führt dies i. d. R. die Nichtigkeit des Rechtsgeschäfts herbei, wenn der Verstoß von beiden Vertragsparteien begangen wird (da für die Rechtsordnung in diesem Fall das Rechtsgeschäft gänzlich unakzeptabel sein wird). Ist Adressat eines entsprechenden Verbots hingegen nur eine Partei, muss geprüft werden, ob nicht ausnahmsweise die Wirksamkeit des Rechtsgeschäfts im Interesse der anderen (redlichen) Partei Bestand haben muss.

Fall: Arbeitsleistung eines Schwarzarbeiters (BGHZ 111, 308, 311 ff.)

1. Ein Anspruch auf Entgeltzahlung nach § 631 besteht nach § 134 i. V. m. SchwArbG wegen der Nichtigkeit des Vertrags (beiderseitige Kenntnis des Verstoßes) **nicht**

2. Ein Anspruch des Schwarzarbeiters gegen den ihn Beschäftigenden nach § 812 Abs. 1 S. 1 Alt. 1 auf Entgeltzahlung (Leistungskondiktion – wer [= Beschäftigender] durch die Leistung [= jede bewusste und zweckgerichtete Mehrung fremden

Vermögens] eines anderen [= des Schwarzarbeiters] etwas [die vermögenswerte Arbeitsleistung, vgl. § 818 Abs. 2 – Wertersatz] erlangt hat, ist zur Herausgabe verpflichtet) scheitert (nach Ansicht des BGH [E 111, 308] **nicht** an § 817 S. 2 (wonach die Rückforderung ausgeschlossen ist, wenn dem Leistenden gleichermaßen ein Verstoß gegen ein gesetzliches Verbot zur Last fällt), da ansonsten dem Beschäftigenden ein ungerechtfertigter Vorteil verbliebe, der ihm nach Treu und Glauben (§ 242) nicht verbleiben darf.

Fall: Praxisverkauf mit Patientenakten unter Verstoß gegen die Verschwiegenheitspflicht (§ 203 StGB – BGH NJW 1996, 2087).

Fall: Schwarzgeldabrede (§ 266 a StGB schützt als Verbotsgesetz die Interessen der Solidargemeinschaft an einer Sicherstellung des Sozialversicherungsabkommens). Die Schwarzgeldabrede führt jedoch nicht zur Nichtigkeit des Arbeitsvertrags, sondern nur zur Nichtigkeit der Abrede selbst. Ob der Arbeitsvertrag in Gänze nichtig ist, beurteilt sich dann nach § 139.

Trotz des **Abstraktionsprinzips** kann außer dem nach § 134 nichtigen schuldrechtlichen Verpflichtungsgeschäft ausnahmsweise auch das dingliche Verfügungsgeschäft (Erfüllungsgeschäft) von der Nichtigkeit erfasst werden, wenn bspw. die Zielsetzung des Verbotsgesetzes dahingeht, „auch" die korrespondierende Vermögensverschiebung zu verhindern, bspw. im Falle eines Verstoßes gegen § 29 Abs. 1 Nr. 1 des Betäubungsmittelgesetzes (Rauschgifthandel), der Bestechung (…) oder der Hehlerei (§ 259 StGB).

Beachte: Auch die Abtretung (§ 398) von Honorarforderungen von Angehörigen freier Berufe, die einer strafrechtlichen Geheimhaltungsverpflichtung unterliegen (nach § 203 Abs. 1 Nr. 1 oder 3 StGB) ist nichtig (arg.: Zur Geltendmachung der Forderung ist ggf. die Weitergabe von Patienten- oder Mandantenunterlagen notwendig).

Auch **Umgehungsgeschäfte** (d. h. solche, die eigentlich für sich betrachtet nicht gegen ein gesetzliches Verbot verstoßen, mit denen aber die vom Verbotsgesetz verfolgte gesetzgeberische Zielsetzung auf eine nicht unmittelbar von der Verbotsnorm erfassten Weise erreicht werden soll, was im Auslegungswege zu ermitteln ist) sind **nichtig** (vgl. die ausdrücklich normierten Umgehungsverbote für verbraucherschützende Vorschriften nach § 312 f S. 2 bzw. § 506 S. 2).

Bereits aus dem **objektiven Verstoß** resultiert der Widerspruch zur Rechtsordnung mit der Folge, dass es auf eine Kenntnis der Parteien von der Gesetzeswidrigkeit grundsätzlich nicht ankommt.

7.2 Veräußerungsverbote

Es ist zwischen gesetzlichen, behördlichen und rechtsgeschäftlichen Veräußerungsverboten zu unterscheiden.

7.2.1 Gesetzliche Veräußerungsverbote

Verstößt die Verfügung über einen Gegenstand gegen ein gesetzliches Veräußerungsverbot (die das BGB allerdings nicht statuiert), das nur den Schutz bestimmter Personen bezweckt, so ist sie nach § 135 Abs. 1 S. 1 nur dieser Person gegenüber unwirksam. Die damit parallel einhergehende Verletzung einer Verbotsnorm i. S. § 134 erfährt für diesen Spezialfall also eine modifizierte Rechtsfolge. Der rechtsgeschäftlichen Verfügung steht nach § 135 Abs. 1 S. 2 eine Verfügung gleich, die im Wege der Zwangsvollstreckung oder der Arrestvollziehung erfolgt. Die Vorschriften zugunsten derjenigen, welche Rechte von einem Nichtberechtigten herleiten (§§ 932 ff., §§ 892 ff., § 1138, § 1155), finden gemäß § 135 Abs. 2 entsprechende Anwendung (Schutz des guten Glaubens hinsichtlich des Nichtbestehens eines Veräußerungsverbots).

Beachte: Absolute (d. h. gegenüber jedermann wirkende) Veräußerungs- oder Verfügungsverbote (bspw. § 292 StPO) unterfallen nicht den §§ 135 f. (wohl aber § 134).

7.2.2 Behördliche Veräußerungsverbote

Ein Veräußerungsverbot, das von einem Gericht oder von einer anderen Behörde innerhalb ihrer Zuständigkeit erlassen wird (bspw. eine einstweilige Verfügung nach §§ 935, 938), steht nach § 136 einem gesetzlichen Veräußerungsverbot der im § 135 bezeichneten Art gleich.

Beachte: Beschränkungen der Verfügungsmacht (bspw. §§ 1365 ff., §§ 1643 ff., §§ 1804 ff., § 2211) unterfallen weder § 134 noch den §§ 135 f..

7.2.3 Rechtsgeschäftliche Verfügungsverbote

Die Befugnis zur Verfügung über ein veräußerliches Recht kann nach § 137 S. 1 (im Außenverhältnis zu Dritten) **nicht** durch Rechtsgeschäft ausgeschlossen oder beschränkt werden. Eine Ausnahme besteht für Forderungen (§ 399 2. Hs. – vertragliches Abtretungsverbot, vgl. zudem § 354 a HGB). Die Wirksamkeit einer Verpflichtung (im schuldrechtlichen Innenverhältnis) über ein solches Recht nicht zu verfügen, wird nach § 137 S. 2 durch diese Vorschrift aber nicht berührt.

7.3 Verstoß gegen die guten Sitten

7.3.1 Die Generalklausel des § 138 Abs. 1

Ein Rechtsgeschäft, das gegen die „guten Sitten" verstößt, ist nach § 138 Abs. 1 **nichtig**.

Der unbestimmte (und damit von der Rechtsprechung auszulegende) und wandelbare Rechtsbegriff der „guten Sitten" (der nach der Lehre von der mittelbaren Drittwirkung der Grundrechte zugleich auch Einfallstor für eine Berücksichtigung der Grundrechte im Zivilrechtsverkehr, d. h. auf der Ebene der Gleichordnung zwischen Privaten, ist) wird (wenig hilfreich) in ständiger Rechtsprechung als das „Anstandsgefühl aller billig und gerecht Denkenden" definiert. Maßgeblicher Zeitpunkt für die Beurteilung einer Sittenwidrigkeit ist die Vornahme des Rechtsgeschäfts. Unter Berücksichtigung (Gesamtwürdigung) aller objektiven (Inhalt) und subjektiven Umstände (Motive, Zielsetzungen) des konkret in Rede stehenden Rechtsgeschäfts (d. h. der jeweils herrschenden gesellschaftspolitischen und ethischen Wertmaßstäbe) ist die Rechtsprechung zu einer **Fallgruppenbildung** sittenwidriger rechtsgeschäftlicher Verhaltensweisen übergegangen:

- Knebelungsverträge

  Ein sittenwidriger Knebelungsvertrag wird angenommen, wenn die persönliche oder wirtschaftliche Bewegungsfreiheit einer Vertragspartei ganz oder wesentlich eingeschränkt wird, z. B. Bierbezugsverträge zwischen Brauerei und Gastwirt von mehr als 20 Jahren oder Bürgschaftsverträge mit geschäftsunerfahrenen Personen bzw. nahen Angehörigen (familiäre Bindung) ohne nennenswertes Einkommen.

- Gläubigergefährdung und Kredittäuschung (bspw. im Falle einer Kollision zwischen Globalzession und verlängertem Eigentumsvorbehalt, bei der sich ein Kreditinstitut übermäßig sichert, womit für andere Gläubiger kaum noch Haftungsmasse verbleibt).

- Sittenwidrige Ausnutzung einer Macht- oder Monopolstellung

- Einwirkung auf den Vertragspartner durch das Angebot besonderer Anreize zum Zwecke der Verleitung zum Vertragsbruch

Beachte: Infolge des Gesetzes zur Regelung der Rechtsverhältnisse der Prostituierten (ProstG) werden Verträge zwischen Prostituierten und ihren Kunden als zivilrechtlich **wirksam** qualifiziert. Sind sexuelle Handlungen gegen ein vorher vereinbartes Entgelt vorgenommen worden, so begründet diese Vereinbarung nach § 1 S. 1 ProstG eine rechtswirksame Forderung. Das Gleiche gilt, wenn sich eine Person (insbesondere im Rahmen eines Beschäftigungsverhältnisses) für die Erbringung derartiger Handlungen gegen ein vorher vereinbartes Entgelt für eine bestimmte Zeitdauer bereit hält (§ 1 S. 2 ProstG). Gegen eine Forderung nach § 1 S. 1 ProstG kann nur die vollständige, gegen eine Forderung nach § 1 S. 2 ProstG auch die teilweise Nichterfüllung (soweit sie die Vereinbarte Zeitdauer betrifft) eingewendet werden (so § 2 S. 2 ProstG). Nach § 2 S. 3 ProstG sind mit Ausnahme des Erfüllungseinwandes (§ 362) und der Einrede der Verjährung (§ 214 Abs. 1) weitere Einwendungen und Einreden ausgeschlossen. Nach dem RegE zum ProstG soll der wirksam geschlossene Vertrag aber nur einseitig verpflichtend sein, d. h. dem Kunden keinen klagbaren Anspruch gegen die Prostituierte gewähren (d. h. keine Rechtspflicht zur Vornahme sexueller Handlungen begründen). Ein solcher Anspruch wäre zudem nach § 888 Abs. 3 ZPO auch im Wege der Zwangsvollstreckung nicht durchsetzbar.

Vor dem Hintergrund der gesetzgeberischen Intention des ProstG, der Prostituierten einen klagbaren Zahlungsanspruch gegen den Kunden einzuräumen, dürften aus

- Kontaktanzeigen von Prostituierten in der Presse bzw.
- Telefonsex-Werbeanzeigen,
- dem Verdikt der Sittenwidrigkeit (§ 138 Abs. 1) entzogen sein.

Auch das sog. **Geliebtentestament** (eines verheirateten Erblassers) dürfte nicht mehr (so aber noch BGHZ 52, 17) als Verstoß gegen die „guten Sitten" zu qualifizieren sein.

Beachte: Ein **Leihmuttervertrag** wurde ursprünglich als Verstoß gegen § 138 Abs. 1 angesehen (OLG Hamm, JZ 1986, 441) - § 13 Adoptionsvermittlungsgesetz erklärt seit 1989 entsprechende Verträge für nichtig (gesetzliches Verbot i. S. § 134).

In **subjektiver Hinsicht** ist für § 138 Abs. 1 ein Bewusstsein der Sittenwidrigkeit **nicht** erforderlich. Allerdings müssen die Parteien in Kenntnis der Umstände gehandelt haben, aus denen sich die Sittenwidrigkeit ergibt. Bei Verträgen muss grundsätzlich ein Verstoß gegen die „guten Sitten" durch beide Vertragspartner vorliegen.

Sittenwidrige Rechtsgeschäfte sind von **Anfang an nichtig**. Eine Umdeutung nach § 140 in ein zulässiges Rechtsgeschäft ist ausgeschlossen. Nach § 817 S. 2 ist bei einem Verstoß gegen die „guten Sitten" die Rückforderung einer Leistung ausgeschlossen, wenn den Leistenden gleichermaßen ein solcher Verstoß zur Last fällt (Fall **beidseitiger Sittenwidrigkeit** – es sei denn, dass die Leistung in der Eingehung einer Verbindlichkeit bestand).

Der Tatbestand der arglistigen Täuschung (§ 123) und der Sittenwidrigkeit (§ 138 Abs. 1) können aufeinander treffen, wobei dann der Anfechtung ein Vorrang (§ 123 als lex specialis gegenüber § 138 Abs. 1) einzuräumen ist.

Grundsätzlich erfasst die Nichtigkeitsfolge des § 138 Abs. 1 aufgrund des Trennungs- und Abstraktionsprinzips allein das schuldrechtliche Verpflichtungsgeschäft (Grundgeschäft) und **nicht** auch das (wertneutrale) dingliche Verfügungsgeschäft (Erfüllungsgeschäft). Etwas anderes wird im Kreditsicherungsrecht im Interesse eines Schutzes Dritter (zusätzlicher Gläubiger des Sicherungsgebers = Schuldner) angenommen (Sittenwidrigkeit sowohl der Sicherungsabrede als Grundgeschäft als auch des dinglichen Rechtsgeschäfts – bspw. der Sicherungsabtretung oder -übereignung).

7.3.2 Der Wuchertatbestand

Nichtig ist nach § 138 Abs. 2 insbesondere ein Rechtsgeschäft, durch das jemand unter Ausbeutung der (wirtschaftlichen, gesundheitlichen o. ä.) Zwangslage, der Unerfahrenheit, des Mangels an Urteilsvermögens oder der erheblichen Willensschwäche eines anderen (subjektive Komponente) sich oder einem Dritten für eine Leistung Vermögensvorteile versprechen oder gewähren lässt (Notwendigkeit eines **Austauschvertrages**), die in einem auffälligen Missverhältnis zu der Leistung (i. S. des objektiven Werts der auszutauschenden Leistungen bei Vertragsschluss, bspw. wenn der geforderte Zins bei einem Kreditvertrag den marktüblichen Zins um mehr als 100 % übersteigt [BGHZ 110, 340]) stehen (Wucher als Sonderfall eines sittenwidrigen Rechtsgeschäfts).

§ 134 i. V. m. § 291 StGB geht § 138 Abs. 2 vor.

Anders als nach § 138 Abs. 1 erfasst der Wuchertatbestand nach § 138 Abs. 2 auch das Verfügungsgeschäft des Bewucherten (arg.: Wortlaut „oder gewähren lässt"), wohingegen das Erfüllungsgeschäft des Wucherers wirksam bleibt (wobei der Rückforderungsanspruch nach § 812 Abs. 1 S. 1 Alt. 1 bzw. § 817 S. 1 aber i. d. R. nach § 817 S. 2 ausgeschlossen ist).

Beispiel: Wucherisches Darlehen (§ 488). Bei Wirksamkeit der Übereignung des Geldbetrags nach § 929 S. 1 ist die Rückforderung des Darlehens nach § 812 Abs. 1 S. 1 Alt. 1, § 817 S. 2 ausgeschlossen. Dem Bewucherten verbleibt das Darlehen bis zum vereinbarten Rückzahlungszeitpunkt, ohne dass er dafür Zinsen entrichten müsste (BGH NJW 1995, 1152; BGHZ 99, 333).

8 Bewusste Willensmängel

Ein Willensmangel liegt vor, wenn Erklärung (das tatsächlich Erklärte) und wahrer Wille (das vom Erklärenden Gewollte, so wie es durch Auslegung [§§ 133, 157] ermittelt werden kann) nicht übereinstimmen (auseinander fallen). Dabei ist zu unterscheiden zwischen

- **bewussten Willensmängeln** (bewusstes Abweichen von Gewolltem und Erklärtem – §§ 116 bis 118 – ggf. Nichtigkeit der Willenserklärung) und

- **unbewussten Willensmängeln** (§§ 119 und 124 – Wirksamkeit der abgegebenen Willenserklärung, aber Möglichkeit einer Vernichtung durch Anfechtung als Gestaltungsrecht).

8.1 Der geheime Vorbehalt (§ 116)

Eine Willenserklärung ist nach § 116 S. 1 nicht deshalb nichtig, weil sich der Erklärende insgeheim (vorsätzlich) vorbehält, das Erklärte nicht zu wollen (sog. **einseitiger** [geheimer i. S. verheimlichter] **Vorbehalt** – Unbeachtlichkeit einer Mentalreservation, vgl. jedoch § 118 [„**guter Scherz**": Nichtigkeit aufgrund des Glaubens des Erklärenden, der Mangel der Ernstlichkeit werde nicht erkannt – dann kommt es zu einer Verpflichtung zum Ersatz des Vertrauensschadens nach § 122]). **Folge** dieses „**schlechten Scherzes**": Wirksamkeit der Willenserklärung. Erfasst wird auch der „böse Scherz", d. h. der Fall, dass der Erklärende davon ausgeht, der Adressat werde auf die nicht ernst gemeinte Erklärung hereinfallen.

Die Erklärung ist aber dann nichtig, wenn sie einem anderen gegenüber abzugeben ist und dieser den Vorbehalt positiv kennt (Unkenntnis infolge Fahrlässigkeit reicht nicht aus), so § 116 S. 2. Es fehlt hier an einer Schutzwürdigkeit des Erklärungsgegners.

8.2 Das Scheingeschäft (§ 117 - Simulation)

Wird eine Willenserklärung, die einem anderen gegenüber abzugeben ist, mit dessen Einverständnis nur zum Schein abgegeben (i. S. eines beidseitigen Einverständnisses, dass das Geschäft rechtlich wirkungslos bleiben soll), so ist sie nichtig (§ 117 Abs. 1). Bei der Scheinerklärung ist allein der äußere Schein einer Erklärung gegeben, obgleich die damit verbundene Rechtsfolge nicht eintreten soll (**simulierte Erklärung**).

Wird durch ein Scheingeschäft ein anderes Rechtsgeschäft verdeckt (verstecktes, in Wahrheit wirklich gewolltes Geschäft [dissimuliertes Geschäft]), so finden nach § 117 Abs. 2 die für das verdeckte Rechtsgeschäft geltenden Vorschriften Anwendung. Damit wird dem wahren Willen der Parteien Rechnung getragen (Vorrang der Geltung des übereinstimmend Gewollten). Das verdeckte Rechtsgeschäft wird als wirksam behandelt, sofern seine spezifischen Voraussetzungen erfüllt sind.

Beachte: Eigentlich fehlt es schon am Tatbestand einer Willenserklärung (arg.: Erklärungsempfänger kennt fehlenden Rechtsbindungswillen – wegen der Täuschungsabsicht des Scheingeschäfts gegenüber Dritten ordnet § 117 Abs. 1 gleichwohl allgemeine Nichtigkeit an).

8.3   Das Scherzgeschäft (§ 118)

Eine nicht ernstlich gemeinte Willenserklärung, die in der (subjektiven) Erwartung abgegeben wird, der Mangel der Ernstlichkeit werde (vom Erklärungsempfänger) nicht verkannt werden (**Scherzerklärung** – sog. guter Scherz), ist nach § 118 (unabhängig davon, ob die Nichternstlichkeit für den Adressaten oder objektiv erkennbar ist) **nichtig**.

Gemäß § 122 Abs. 1 steht dem Erklärungsempfänger ggf. ein Anspruch auf Ersatz seines Vertrauensschadens zu.

Beachte:

- Geht der Erklärende davon aus, der Adressat werde den Mangel der Ernstlichkeit nicht erkennen, liegt der Tatbestand des § 116 vor.
- § 118 (mit der Rechtsfolge der Nichtigkeit) findet auch auf das **misslungene Scheingeschäft** (= Adressat übersieht den Scheincharakter der Erklärung, womit das Einverständnis nach § 117 Abs. 1 fehlt) Anwendung.

9 Anfechtung (unbewusste Willensmängel)

Bei einem unbewussten Willensmangel muss sich der Erklärende die wirksame Willenserklärung so zurechnen lassen, wie sie der Adressat von seinem objektiven Empfängerhorizont (unter Berücksichtigung einer sog. notwendigen Auslegung – § 133) verstehen dürfte. Er hat allerdings – bei **Vorliegen** eines von der Rechtsordnung zur Anfechtung **berechtigenden Irrtumsgrundes** – unter **Beachtung der Ausschlussfrist** des § 121 die Möglichkeit, seine einmal abgegebene Erklärung nach den §§ 119 ff. durch Ausübung seines Anfechtungs- als Gestaltungsrechts nachträglich mit rückwirkender Kraft (ex tunc-Wirkung) wieder zu vernichten (vgl. § 142 Abs. 1, wonach der Vertrag durch Anfechtung nichtig sein kann), womit er sich ggf. eines Anspruchs des Erklärungsgegners auf Ersatz seines Vertrauensschadens gemäß § 122 ausgesetzt sieht. Damit schaffen die §§ 119 ff. die Möglichkeit, dass der Erklärende bei einer Diskrepanz von Wille und Erklärung nicht mehr gegen seinen wirklichen Geschäftswillen an die fehlerhafte (so von ihm nicht gewollte) Erklärung gebunden bleibt.

Beachte: Jeder Anfechtung hat eine Auslegung (§§ 133, 157) voranzugehen.

Das Anfechtungsrecht zielt nur auf eine Beseitigung der Irrtumsfolge, nicht auf eine Besserstellung des Anfechtenden, als dieser bei einem Vollzug des Rechtsgeschäfts ohne Irrtum stünde.

Eine Anfechtung hat folgende **Voraussetzungen**:

- Anfechtbarkeit
- Anfechtungsgrund
- Anfechtungserklärung
- Einhaltung der Anfechtungsfrist.

9.1 Anfechtbarkeit

Anfechtbar sind (empfangsbedürftige wie nichtempfangsbedürftige, ausdrückliche wie konkludente) **Willenserklärungen** (auch Schweigen, soweit ihm Erklärungswirkung zukommt –

allerdings ist ein Irrtum über die rechtliche Bedeutung des Schweigens irrelevant) und **geschäftsähnliche Handlungen** (nicht jedoch Realakte) – auch nichtige Rechtsgeschäfte.

Sonderregelungen der Anfechtung im Erb- und Familienrecht verdrängen die Anfechtung nach den §§ 119 ff. (vgl. §§ 1313 ff. [Eheaufhebung]; §§ 1600, 1600 c [Vaterschaftsanerkennung]; §§ 1949, 1954 ff. [Erbschaftsannahme]; §§ 2078, 2080 ff. [Anfechtung letztwilliger Verfügungen]).

Besonderheiten bestehen auch im Personengesellschaftsrecht und im Arbeitsrecht: Eine in Vollzug gesetzte Personengesellschaft (vgl. auch § 723: Kündigung aus „wichtigem Grund") oder ein in Vollzug gesetzter Arbeitsvertrag kann nur mit Wirkung für die Zukunft (ex nunc-Wirkung, vergleichbar einer Kündigung) angefochten werden.

Weitere Besonderheiten bestehen bei einem Aufeinandertreffen von Sachmängelgewährleistungsrecht und Irrtumsanfechtung: Die §§ 119 ff. sind in solchen Konstellationen nur in eingeschränktem Maße anwendbar.

Die Anfechtung ist nach § 144 Abs. 1 (**Bestätigung des anfechtbaren Rechtsgeschäfts**) ausgeschlossen, wenn das anfechtbare Rechtsgeschäft von dem Anfechtungsberechtigten bestätigt wird (i. S. eines Verzichts auf das Anfechtungsrecht in Kenntnis einer Anfechtungsmöglichkeit), wobei die Bestätigung als einseitige, nichtempfangsbedürftige Willenserklärung (die damit also sowohl gegenüber dem Anfechtungsgegner als auch gegenüber Dritten erklärt werden kann) nicht der für das Rechtsgeschäft bestimmten Form bedarf (Formfreiheit [ggf. ist die Bestätigung also auch durch schlüssiges Verhalten möglich], so § 144 Abs. 2).

9.2 Anfechtungsgründe

Es ist zwischen einer Anfechtung **wegen Irrtums** (einem unbewussten Auseinanderfallen von subjektivem Willen und kausal damit einhergehender objektiver Erklärung) und einer solchen **wegen arglistiger Täuschung bzw. widerrechtlicher Drohung** (Fälle einer unzulässigen Beeinträchtigung der Willensbildung des Erklärenden) zu unterscheiden.

Die Anfechtungsgründe im Falle eines Irrtums beruhen auf der Überlegung, dass zwischen dem Interesse des Erklärenden, von seiner fehlerhaft abgegebenen Willenserklärung wieder rückwirkend entbunden zu werden, und dem Vertrauensschutz des Erklärungsgegners am Bestand der Erklärung, ein angemessener Ausgleich herbeizuführen ist. Eine Willenserklärung ist nur anfechtbar, wenn einer der gesetzlich ausdrücklich normierten Anfechtungsgründe in § 119 bzw. § 120 vorliegt:

- Inhaltsirrtum (§ 119 Abs. 1 1. Alt.),
- Erklärungsirrtum (§ 119 Abs. 1 2. Alt.),
- Eigenschaftsirrtum (§ 119 Abs. 2 – als Fall eines rechtlich ausnahmsweise beachtlichen Motivirrtums),

9.2 Anfechtungsgründe

- Übermittlungsirrtum (§ 120).

Es ist unerheblich, ob der Irrtum verschuldet bzw. vom Erklärungsgegner veranlasst wurde oder für diesen erkennbar war.

Nach § 123 kann zum Schutz der Willensfreiheit ein durch arglistige Täuschung oder widerrechtliche Drohung veranlasste Willenserklärung (die – wie im Falle des Irrtums – zunächst wirksam ist) mit ex tunc-Wirkung (§ 142 Abs. 1) angefochten werden.

Beachte: Im Falle **fehlenden Erklärungsbewusstseins** kann – bei gleichwohl anzunehmender Bindung des Erklärenden an seine Erklärung – die Willenserklärung **analog § 119 Abs. 1** angefochten werden.

Eine Irrtumsanfechtung kommt nur in Betracht, wenn

- die Erklärung kausal auf dem Irrtum beruht (**Kausalitätserfordernis**) und
- der Irrtum wesentlich für den Willen zum Vertragsschluss gewesen ist (**Wesentlichkeitserfordernis**).

9.2.1 Inhaltsirrtum (§ 119 Abs. 1 1. Alt.)

Wer bei der Abgabe einer Willenserklärung über deren Inhalt im Irrtum war (**Irrtum über die Bedeutung oder Tragweite der abgegebenen Erklärung**), kann die Erklärung anfechten, wenn anzunehmen ist, dass er sie bei Kenntnis der Sachlage und bei verständiger Würdigung des Falles nicht abgegeben haben würde: Der Erklärende weiß was er sagt, er weiß aber nicht, was er damit zum Ausdruck bringt (z. B. der Fall des **Verlautbarungsirrtums** = Irrtum über den objektiven Sinn eines vom Erklärenden verwendeten Erklärungsmittels [bspw. eines Fremdworts, eines fachsprachlichen Begriffs bzw. von Gewichts- und Maßeinheiten] i. S. einer Fehleinschätzung der Bedeutung der Erklärung für einen objektiven Erklärungsempfänger).

Als weitere Beispielsfälle des Inhaltsirrtums gelten der

- **Identitätsirrtum** (error in persona, error in objecto) = Irrtum über die Erklärung selbst (falsche Vorstellung des Erklärenden über die Identität des Geschäftsgegenstandes [Sache] oder des Geschäftspartners [Person].) **Problem:** Abgrenzung zum Eigenschaftsirrtum nach § 119 Abs. 2, bei dem im Unterschied zum Identitätsirrtum der Geschäftsgegenstand/Geschäftspartner körperlich zutreffend ausgewählt ist, aber bestimmte ihnen zugeschriebene Eigenschaften fehlen.
- **Irrtum über die Geschäftsart** (error in negotio) = Erklärender will ganz anderen Vertragstyp herbeiführen, als er objektiv erklärt (Irrtum über das wirklich gewollte Geschäft = das objektiv Erklärte und der wahre Wille des Erklärenden hinsichtlich des Geschäftstyps stimmen nicht überein).
- **Rechtsfolgenirrtum** = ausnahmsweise beachtlicher Inhaltsirrtum, wenn der Erklärende ausdrücklich eine bestimmte Rechtsfolge herbeiführen möchte (i. S. einer unmittelbar

erklärten Rechtsfolge = Rechtsfolge ist **in der Willenserklärung** selbst **enthalten**), aber in Verkennung der rechtlichen Bedeutung eine andere Rechtswirkung eintritt. Tritt die Rechtsfolge hingegen **kraft Gesetzes** ein (unabhängig vom Willen des Erklärenden als nicht gewollte/erkannte Nebenfolge) scheidet eine Anfechtung wegen Inhaltsirrtums aus (= unbeachtlicher Rechtsfolgenirrtum). Dies gilt bspw. auch bei einem Irrtum über die Folgen eines Schweigens (aufgrund Handelsbrauchs) bei einem kaufmännischen Bestätigungsschreiben.

Beachte: Beim **Kalkulationsirrtum** ist dem Erklärenden im Vorfeld der Benennung einer Geldsumme ein Berechnungsfehler unterlaufen. Es ist zwischen einem unbeachtlichen verdeckten (internen) und einem ggf. beachtlichen (als Inhaltsirrtum zu qualifizierenden) offenen (externen) Kalkulationsirrtum zu unterscheiden.

- **Verdeckter Kalkulationsirrtum** = Der Erklärende teilt dem Erklärungsempfänger nur das Berechnungsergebnis (nicht aber seine eigentliche Berechnungsgrundlage) mit, d. h., er erklärt genau das, was er erklären will (Wille und Erklärung stimmen überein – unbeachtlicher Motivirrtum [irrelevanter Irrtum über den Beweggrund, Irrtum bei der Willensbildung], selbst dann, wenn der Erklärungsempfänger den Kalkulationsirrtum positiv kennt).

- **Offener Kalkulationsirrtum** (dem Erklärungsempfänger wird die Kalkulation [bzw. deren Grundlagen] mitgeteilt, bzw. sie ist diesem bekannt): Die Rechtsprechung (RGZ 62, 266, 268) bejaht einen Irrtumsinhalt, wohingegen die h. M. in der Literatur einen Irrtum ablehnt (arg.: Übereinstimmung von Wille und Erklärung) und dem Problem durch Auslegung begegnen will, ggf. (bei gemeinsamen Irrtum als Geschäftsgrundlage) nach § 313 (Störung/Wegfall der Geschäftsgrundlage), bei innerer Widersprüchlichkeit (Perplexität) soll die Erklärung nach Ansicht der Literatur nichtig sein.

9.2.2 Erklärungsirrtum (§ 119 Abs. 1 2. Alt.)

Wer bei Abgabe einer Willenserklärung (der Erklärungshandlung) eine Erklärung dieses Inhalts überhaupt nicht abgeben wollte (**Irrtum über die Erklärungshandlung** – die Äußerung weicht von dem ab, was der Erklärende eigentlich erklären will [z. B. Verschreiben, Vergreifen, Versprechen]), kann die Erklärung anfechten, wenn anzunehmen ist, dass er sie bei Kenntnis der Sachlage und bei verständiger Würdigung des Falles nicht abgegeben haben würde.

9.2.3 Eigenschaftsirrtum (§ 119 Abs. 2)

Als Irrtum über den Inhalt der Erklärung (mithin als Inhaltsirrtum i. S. § 119 Abs. 1 1. Alt.) gilt nach § 119 Abs. 2 auch der Irrtum über solche Eigenschaften der Person oder der Sache, die im Verkehr als wesentlich angesehen werden.

Beim Eigenschaftsirrtum stimmen Wille und Erklärung überein, dem Erklärenden ist **bei** der **Willensbildung** aber ein **Fehler** unterlaufen. Damit handelt es sich beim Eigenschaftsirrtum nach § 119 Abs. 2 um einen ausnahmsweise beachtlichen Fall eines Motivirrtums, weil der Erklärende über eine „verkehrswesentliche Eigenschaft einer Person oder Sache" irrt (da normalerweise der Grundsatz gilt, dass die Gründe für die Vornahme eines Rechtsgeschäfts allein in die Risikosphäre des Erklärenden fallen, womit Motivationen i. d. R. unbeachtlich sind).

Eigenschaften
Unter einer Eigenschaft (einer Person oder Sache) sind alle gegenwärtigen wertbildenden Faktoren tatsächlicher oder rechtlicher Art zu verstehen, die in der Person oder der Sache selbst angelegt sind und sich durch eine gewisse Beständigkeit auszeichnen – **nicht** jedoch das Ergebnis der Wertbildung selbst.

Eigenschaften einer Sache
Neben körperlichen Gegenständen (§ 90) unterfallen dem eigenständigen Sachbegriff des § 119 Abs. 2 auch Rechte (bspw. Forderungen).

Eigenschaften einer Sache sind sowohl

- Merkmale, die sich auf ihre **natürliche Beschaffenheit** beziehen als auch

- **tatsächliche und rechtliche Verhältnisse** sowie **Beziehungen der Sache zur Umwelt**, die der Sache auf gewisse Dauer anhaften und daher nach der Verkehrsanschauung für ihre Wertschätzung und Brauchbarkeit von Bedeutung sind (sog. **wertbildende Faktoren**).

Zu den wertbildenden Faktoren zählen bspw. die Größe, Lage und Bebaubarkeit eines Grundstücks oder das Baujahr und die gefahrenen Kilometer eines Gebrauchtfahrzeugs (mithin Alter und Ausstattung der Kaufsache), **nicht** jedoch der Sachwert (Preis), da dieser aus den Eigenschaften erst resultiert. Umstritten ist, ob das Eigentum als Eigenschaft einer Sache anzusehen ist.

Eigenschaften einer Person
Als Eigenschaften einer Person (i. d. R. des Vertragspartners – bspw. des Arbeitnehmers oder Darlehensnehmers) gelten bspw. Alter, berufliche Qualifikationen, Sachkunde, Zuverlässigkeit, (dauerhafte) Krankheiten, (einschlägige) Vorstrafen, Zahlungsfähigkeit oder Kreditwürdigkeit.

Beachte: Da die Schwangerschaft nur ein vorübergehender Zustand ist, stellt sie keine Eigenschaft einer Person dar.

Verkehrswesentlichkeit
Eine Eigenschaft ist „verkehrswesentlich", wenn sie aufgrund (ausdrücklicher oder konkludenter) Vereinbarung Vertragsinhalt geworden ist (**verkehrswesentliche Eigenschaft** – BGHZ 88, 240, 246). Wurde eine entsprechende Vereinbarung nicht ausdrücklich getroffen, kommt es maßgeblich darauf an, ob nach der Verkehrsauffassung bei einem Geschäft der in

Rede stehenden Art üblicherweise Wert auf diese Eigenschaft gelegt wird (analog § 434 Abs. 1 S. 2: Zu den verkehrswesentlichen Eigenschaften zählen stillschweigend auch die zur vereinbarten oder gewöhnlichen Verwendung eines Gegenstands erforderlichen Merkmale): **Ist die Eigenschaft für das konkret in Rede stehende Geschäft bedeutsam?**

9.2.4 Übermittlungsirrtum (§ 120)

Eine Willenserklärung, welche durch die zur Übermittlung verwendete Person oder Einrichtung unrichtig übermittelt worden ist, kann nach § 120 unter der gleichen Voraussetzung angefochten werden, wie nach § 119 eine irrtümlich abgegebene Willenserklärung (Anfechtbarkeit wegen falscher Übermittlung). Der Erklärende kann also seine **Erklärung**, wenn diese von der zur Übermittlung verwendeten Person (einem Erklärungsboten, der keine eigene, sondern eine fremde Willenserklärung, nämlich jene des hinter ihm stehenden Geschäftsherrn weitergeleitet hat) oder Einrichtung (z. B. der Deutschen Post AG) **unbewusst falsch übermittelt** worden ist, anfechten. Die Botenirrung betrifft den Fall, dass der Wille des Erklärenden (des Geschäftsherrn) und das (durch den Erklärungsbote übermittelte) Erklärte nicht übereinstimmen (Fall des Erklärungsirrtums [§ 119 Abs. 1 2. Alt.], Irrtum in der Erklärungshandlung [Fehler unterläuft dem Erklärungsboten, der eine fremde Willenserklärung, nämlich jene des Geschäftsherrn „transportiert"] – d. h., der Bote verspricht sich oder irrt in sonstiger Weise).

§ 120 findet auf drei Konstellationen **keine** Anwendung:

- Bei Stellvertretung (§§ 164 ff.): Nach § 166 Abs. 1 kommt es – soweit die rechtlichen Folgen einer Willenserklärung durch Willensmängel beeinflusst wurden – nicht auf die Person des Vertretenen (des Geschäftsherrn), sondern des Vertreters an, so dass (da eine Willenserklärung, die der Vertreter innerhalb der ihm zustehenden Vertretungsmacht im Namen des Vertretenen abgibt, nach § 164 Abs. 1 S. 1 für und gegen den Vertretenen wirkt) der Vertretene die für und gegen ihn wirksame Willenserklärung des Vertreters unter der Voraussetzung anfechten kann, dass der Vertreter sich selbst nach Maßgabe des § 119 geirrt hat.

- Bei bewusst falscher Übermittlung durch den Erklärungsboten: Dabei handelt es sich um den Fall eines Boten ohne Botenmacht und es gelangen die §§ 177 ff. analog zur Anwendung. Der „Geschäftsherr" kann analog § 177 genehmigen. Wenn er dies nicht tut, haftet der Bote analog § 179. Beachte: Eine Haftung des „Geschäftsherrn" kann sich allenfalls aus einem Verschulden bei Vertragsschluss (culpa in contrahendo) gemäß §§ 311 Abs. 2, 280 Abs. 1, 241 Abs. 2 ergeben.

- Bei verfälschter Weitergabe der Willenserklärung durch einen Empfangsboten (wobei hier der Geschäftsherr des Empfangsboten das Risiko der Verfälschung trägt).

9.2.5 Arglistige Täuschung (§ 123)

Wer zur Abgabe einer Willenserklärung durch arglistige Täuschung bestimmt worden ist, kann nach § 123 Abs. 1 1. Alt. die Erklärung anfechten.

Als **Täuschungshandlung** kommt jedes (auf eine Tatsache oder auf objektiv nachprüfbare Umstände gerichtetes, nicht auf bloßen Werturteilen beruhendes) Verhalten in Betracht, das bei einem anderen bewusst eine falsche Vorstellung hervorruft, verstärkt oder unterhält (wobei ein bloß motivationsbedingter Irrtum ausreicht) durch

- das (ausdrückliche bzw. ein konkludentes) **Vorspiegeln falscher Tatsachen** (positives **Tun**) bzw.
- das pflichtwidrige **Unterdrücken wahrer Tatsachen** (**Unterlassen**, sofern hinsichtlich der verschwiegenen Tatsachen nach den Umständen des konkret in Rede stehenden Einzelfalls und der Grundsätze von Treu und Glauben [§ 242] eine Aufklärungspflicht besteht, was nicht allgemein, sondern nur bei Tatsachen anzunehmen ist, die für die Willensbildung des Vertragspartners von ausschlaggebender Bedeutung sind).

Beachte: Zulässige Fragen des Vertragspartners (bspw. im Rahmen eines Einstellungsgesprächs im Arbeitsrecht) müssen richtig und vollständig beantwortet werden, im Falle unzulässiger Fragen (z. B. nach dem Bestehen einer Schwangerschaft – vgl. § 9 MuSchG) besteht ein „Recht zur Lüge" (ohne dass der Arbeitnehmer Gefahr laufen muss, sich einer Anfechtung nach § 123 Abs. 1 auszusetzen), da die Täuschung „widerrechtlich" sein muss (arg.: Jede arglistige Täuschung ist widerrechtlich).

Arglist setzt (zumindest bedingten) **Vorsatz** voraus und ist Element der Täuschung (auch Behauptungen falscher Tatsachen in bewusster Unkenntnis [„ins Blaue hinein"] erfüllen das Arglisterfordernis). Erforderlich ist keine Schädigungsabsicht des Täuschenden, wohl aber dessen Vorstellung, dass der Erklärungsgegner durch die Täuschung zur Abgabe der Willenserklärung bestimmt wird oder bestimmt werden kann. Zwischen Täuschungshandlung und Abgabe der Willenserklärung muss ein **Kausalzusammenhang** bestehen (Ursächlichkeit).

Hat ein **Dritter** (der am Vertrag nicht selbst beteiligt ist) die Täuschung verübt, so ist nach § 123 Abs. 2 S. 1 eine Erklärung, die einem anderen gegenüber abzugeben war (empfangsbedürftige Willenserklärung), nur dann (gegenüber dem Erklärenden) anfechtbar, wenn dieser die Täuschung kannte oder kennen musste (fahrlässigerweise nicht kannte, § 276 Abs. 2): Zurechnung der Täuschung eines Dritten (der im Lager des Vertragspartners steht).

Dritter ist (um die Anfechtungsmöglichkeit nicht zu erschweren) nur der nicht, der im Lager des Erklärungsempfängers steht und am Vertragsschluss mitwirkt (bspw. Stellvertreter und Vertrauenspersonen, deren Verhalten [Täuschung] dem Erklärenden [auch ohne Kenntnis/fahrlässige Unkenntnis] zuzurechnen ist). Soweit ein anderer als derjenige, welchem gegenüber die Erklärung abzugeben war, aus der Erklärung unmittelbar ein Recht erworben hat (bspw. nach den §§ 328 ff. im Rahmen eines Vertrags zugunsten Dritter), kann die Erklärung (auch) ihm gegenüber nach § 123 Abs. 2 S. 2 angefochten werden, wenn er die Täuschung kannte oder kennen musste.

Beachte: § 123 Abs. 2 spricht nur von Erklärungen, die einem anderen gegenüber abzugeben sind (einer empfangsbedürftigen Willenserklärung). Damit sind nichtempfangsbedürftige Willenserklärungen immer anfechtbar ohne Rücksicht darauf, von wem die Täuschung ausgegangen ist.

9.2.6 Widerrechtliche Drohung

Wer zur Abgabe einer Willenserklärung widerrechtlich durch Drohung bestimmt worden ist, kann nach § 123 Abs. 1 2. Alt. die Erklärung anfechten.

Unter **Drohung** i. S. eines psychologischen Zwangs (vis compulsiva – nicht physischer Zwang [vis absoluta], der mangels Handlungswillens bereits den Tatbestand einer Willenserklärung nicht zur Entstehung gelangen lässt) ist das **Inaussichtstellen eines Übels** (eines jeden Nachteils, bspw. auch die Androhung einer Strafanzeige) zu verstehen (entscheidend ist dabei die Perspektive des Bedrohten), auf dessen Eintritt der Drohende vorgibt, Einfluss zu haben.

Die **Widerrechtlichkeit** (Rechtswidrigkeit) der Drohung kann sich auf

- das angedrohte Verhalten (das in Aussicht gestellte Übel – **Widerrechtlichkeit des Mittels**),
- den mit der erzwungenen Erklärung erstrebten Zweck (**Widerrechtlichkeit des Zwecks**, dessen Nichtigkeit sich zugleich auch aus § 134 bzw. § 138 ergeben kann) bzw.
- die Mittel-Zweck-Relation (verwerfliche Verknüpfung des Mittels mit dem Zweck)

beziehen.

Weiterhin muss die Drohung für die Abgabe der Willenserklärung (aus der Perspektive des Bedrohten) ursächlich gewesen sein (**Kausalität**).

Obgleich eine Schädigungsabsicht des Drohenden nicht erforderlich ist, muss er mit dem Willen gehandelt haben, den Bedrohten durch die Drohung zur Abgabe einer Willenserklärung zu bewegen.

9.3 Anfechtungserklärung

Die Anfechtung erfolgt nach § 143 Abs. 1 durch **einseitige, formfreie und empfangsbedürftige** (vgl. § 130 Abs. 1) **Erklärung** gegenüber dem Anfechtungsgegner (**Anfechtungserklärung**). Die Erklärung muss nicht ausdrücklich als „Anfechtung" bezeichnet werden, aber klar erkennbar machen (ggf. auch konkludent), dass die Erklärung des Anfechtungsberechtigten von Anfang an als nichtig angesehen werden soll. Es muss eindeutig ein **Anfechtungswille** zum Ausdruck gebracht werden (oder durch Auslegung ermittelbar sein). Auch eine ausdrückliche Benennung des Anfechtungsgrundes ist nicht erforderlich, sofern sich dieser aus den angeführten Tatsachen ableiten lässt (oder allgemein bekannt ist).

Beachte: Die Anfechtungserklärung ist als Ausübung eines **Gestaltungsrechts** sowohl bedingungsfeindlich als auch unwiderruflich.

Zur Anfechtung berechtigt ist derjenige, der die anfechtbare Willenserklärung abgegeben hat (oder für den sie durch einen Vertreter [§ 164 Abs. 1] abgegeben worden ist).

Anfechtungsgegner ist bei einem Vertrag der andere Teil (§ 143 Abs. 2).

Bei einem einseitigen Rechtsgeschäft, das einem anderen gegenüber vorzunehmen war, ist nach § 143 Abs. 3 der andere – als sachlich Beteiligter – der Anfechtungsgegner. Das Gleiche gilt bei einem Rechtsgeschäft, das einem anderen oder einer Behörde gegenüber vorzunehmen war. Auch dann, wenn das Rechtsgeschäft der Behörde gegenüber vorgenommen worden ist, ist der sachlich Beteiligte der Anfechtungsgegner.

Bei einem einseitigen Rechtsgeschäft anderer Art ist nach § 143 Abs. 4 Anfechtungsgegner jeder, der aufgrund des Rechtsgeschäfts unmittelbar einen rechtlichen Vorteil erlangt hat.

9.4 Anfechtungsfrist

Im Hinblick auf die aus Gründen der Rechtssicherheit notwendige **Anfechtungsfrist** (als Ausschlussfrist, womit nach Ablauf der Frist das Anfechtungs- als Gestaltungsrecht erlischt) gilt Folgendes:

- Die Anfechtung muss im Falle der **Irrtumsanfechtung** (§§ 119 und 120) nach der Legaldefinition des § 121 Abs. 1 **unverzüglich**, d. h., **ohne schuldhaftes Zögern** erfolgen (einschließlich einer gehörigen Überlegungsfrist), nach dem der Anfechtungsberechtigte von dem Anfechtungsgrund (positive) Kenntnis (fahrlässige Unkenntnis reicht nicht aus) erlangt hat. Die einem Abwesenden gegenüber erfolgte Anfechtung gilt (= gesetzliche Fiktion – Rechtzeitigkeit des Zugangs [keine Fiktion des Zugangs selbst] da es sich bei der Anfechtungserklärung eigentlich um eine empfangsbedürftige Willenserklärung handelt, der Anfechtende also eigentlich das Übermittlungsrisiko trägt) als rechtzeitig erfolgt, wenn die Anfechtungserklärung unverzüglich abgesendet worden ist. Die Anfechtung ist gemäß § 121 Abs. 2 ausgeschlossen, wenn seit der Abgabe der Willenserklärung zehn Jahre verstrichen sind.

- Die Anfechtung einer wegen **arglistiger Täuschung** oder **widerrechtlicher Drohung** (§ 123) anfechtbaren Willenserklärung kann nach § 124 Abs. 1 nur **binnen Jahresfrist** erfolgen. Die Frist beginnt wegen der erhöhten Schutzbedürftigkeit des Anfechtungsberechtigten gemäß § 124 Abs. 2 im Fall der arglistigen Täuschung mit dem Zeitpunkt, in welchem der Anfechtungsberechtigte die Täuschung entdeckt hat, im Fall der Drohung mit dem Zeitpunkt, in welchem die Zwangslage aufhört – wobei auf den Lauf der Frist die für die Verjährung geltenden Vorschriften der §§ 206, 210 und 211 entsprechende

Anwendung finden. Die Anfechtung ist nach § 124 Abs. 3 ausgeschlossen, wenn seit der Abgabe der Willenserklärung zehn Jahre verstrichen sind.

9.5 Rechtsfolgen der Anfechtung

9.5.1 Ex tunc-Nichtigkeit des Rechtsgeschäfts nach § 142

Eine innerhalb der Ausschlussfrist des § 121 wirksam erfolgte Anfechtung führt dazu, dass das bis zum Zeitpunkt der Anfechtung wirksame Rechtsgeschäft gemäß § 142 Abs. 1 als von Anfang an nichtig (**ex tunc-Nichtigkeit**) anzusehen ist (i. S. einer rückwirkenden Beseitigung). Eine Bestätigung (§ 144) schließt die Anfechtung aus.

Ausnahmen gelten für in Vollzug gesetzte Dauerschuldverhältnisse (bspw. Arbeits- und Personalgesellschaftsverträge), deren Rückabwicklung über die §§ 812 Abs. 1 S. 1 Alt. 1, 818 Schwierigkeiten bereiten würde. Hier bewirkt die Anfechtung lediglich eine Beseitigung des Rechtsgeschäfts für die Zukunft (**ex nunc**), entfaltet also dieselbe Wirkung wie eine Kündigung.

Die Nichtigkeit erfasst grundsätzlich nur das angefochtene Rechtsgeschäft selbst (wegen des Abstraktionsprinzips bei bloßer Anfechtung des schuldrechtlichen Verpflichtungsgeschäfts nicht zugleich auch das dingliche Verfügungsgeschäft – es sei denn, dass im Falle einer „Fehleridentität" auch das Verfügungsgeschäft an einem Willensmangel leidet, bspw. in den Fällen des § 123). Da das Verpflichtungsgeschäft jedoch den Rechtsgrund (die causa) für die Rechtsänderung darstellt, kann nach § 812 Abs. 1 S. 1 Alt. 1 (Leistungskondiktion) das dergestalt „ohne rechtlichen Grund" Geleistete herausverlangt werden (es sei denn, zwischenzeitlich ist eine Entreicherung nach § 818 Abs. 3 eingetreten):

- Rückübereignung einer Mobilie nach § 929 S. 1,

- Rückauflassung und Grundbucheintragung des Grundstücks nach §§ 873, 925,

- Rückabtretung (durch bloße Einigung) einer Forderung (§ 398).

Wird hingegen das Verfügungsgeschäft (§ 929, §§ 873, 925, § 398) angefochten (**Anfechtbarkeit des Verfügungsgeschäfts** - präziser: Die Willenserklärung des Erklärenden im Hinblick auf die [dingliche] Einigung), ist der (zwischenzeitlich vollzogene) Rechtserwerb ex tunc unwirksam (§ 142 Abs. 1) mit der Folge, dass der Verfügende Eigentümer der Mobilie oder Immobilie geblieben ist.

Er kann dann aufgrund seiner Eigentümerstellung bei Mobilien/Immobilien nach § 985 Herausgabe „seiner" Sache (i. S. § 90 nur körperliche Gegenstände, nicht Forderungen) verlangen: Der Eigentümer kann von dem Besitzer die Herausgabe der Sache verlangen. Allerdings könnte dem Besitzer (dem Erwerber als Inhaber der tatsächlichen Sachherrschaft nach § 854) gemäß § 986 – aus dem (aufgrund des Abstraktionsprinzips) weiterhin gültigen Verpflichtungsgeschäft – ein „Recht zum Besitz" zustehen: Der Besitzer kann nach § 986 Abs. 1 S. 1

die Herausgabe der Sache verweigern, wenn er dem Eigentümer gegenüber (aufgrund des schuldrechtlichen Verpflichtungsgeschäfts) zum Besitz berechtigt ist.

Beachte: Hat der Erwerber vor der Anfechtung über seine (vermeintlich ihm gehörende) Sache (Mobilie oder Immobilie) weiterverfügt, sie bspw. einem Dritten weiterveräußert (nach § 929 S. 1 bzw. §§ 873, 925), ist er infolge der ex tunc-Wirkung der Anfechtung nachträglich zum Nichtberechtigten geworden. Ein von ihm Erwerbender kann daher nur nach Maßgabe der Vorschriften über einen gutgläubigen Erwerb Eigentum erlangt haben:

- §§ 932 ff. (für Mobilien) bzw.
- § 892 (für Immobilien).

Im Hinblick auf den gutgläubigen Erwerb des Dritten ist jedoch **nicht** auf den guten Glauben des Erwerbers hinsichtlich der Berechtigung des Veräußerers im Zeitpunkt der Rechtsübertragung abzustellen (denn zu diesem Zeitpunkt war der Verfügende ja Berechtigter). Vielmehr bestimmt § 142 Abs. 2, dass, wer die Anfechtbarkeit kannte oder kennen musste, so behandelt wird, wie wenn er die Nichtigkeit des Rechtsgeschäfts gekannt hätte oder hätte kennen müssen. Dies bedeutet, dass im Hinblick auf die Gutgläubigkeit des Erwerbers nach den §§ 932 ff. respektive § 892 auf die Kenntnis bzw. fahrlässige Unkenntnis der Anfechtbarkeit (mithin der Umstände, aus denen eine Anfechtbarkeit resultieren kann) abzustellen ist.

Beachte: § 142 Abs. 2 erlangt auch bei der Anfechtung von Verfügungsgeschäften Bedeutung im Hinblick auf die §§ 819 Abs. 1, 818 Abs. 4 insoweit (nicht auch die positive Kenntnis vom Mangel des rechtlichen Grundes sondern) die Kenntnis bzw. fahrlässige Unkenntnis der Anfechtbarkeit maßgeblich ist.

9.5.2 Ersatz des Vertrauensschadens nach § 122

Ist eine Willenserklärung nach § 118 nichtig oder aufgrund der §§ 119, 120 [**nicht** nach § 123] angefochten, so hat der Erklärende gemäß § 122 Abs. 1, wenn die Erklärung einem anderen gegenüber abzugeben war (Fall einer empfangsbedürftigen Willenserklärung) diesem, anderenfalls jedem Dritten, **verschuldensunabhängig** den Schaden zu ersetzen, den der andere oder der Dritte dadurch erleidet, dass er auf die Gültigkeit der Erklärung vertraut (Ersatz des sog. negativen Interesses [Vertrauensschadens]: Der Erklärungsgegner ist so zu stellen, wie er stünde, wenn er nicht auf die Gültigkeit der Erklärung vertraut hätte (Ersatz der im Vertrauen auf die Gültigkeit des Geschäfts vorgenommenen Aufwendungen), d. h., er niemals etwas vom Geschäft gehört hätte (nutzlos aufgewandte Kosten und Nachteile aus einem ggf. initiierten Folgegeschäft), jedoch nicht über den Betrag des Interesses hinaus, welches der andere oder der Dritte an der Gültigkeit der Erklärung hat (Deckelung des Anspruchs auf Ersatz des Vertrauensschadens durch das positive Interesse [den Erfüllungsschaden], das sich danach bemisst, wie der Erklärungsgegner bei Erfüllung [= Wirksamkeit der Willenserklärung] stünde). § 122 gewährt damit Schadensersatz für das enttäuschte schutzwürdige Vertrauen des Anfechtungsgegners in die Wirksamkeit der Willenserklärung. Er soll aber nicht besser stehen, als er bei Erfüllung des Vertrags stünde.

Die Schadensersatzpflicht tritt nach § 122 Abs. 2 **nicht** ein, wenn der Berechtigte den Grund (der Nichtigkeit nach § 118) bzw. der Anfechtbarkeit (positiv) kannte oder infolge von Fahrlässigkeit nicht kannte (= Legaldefinition von „kennen müsste"), da es hier an einer Schutzwürdigkeit des Erklärungsempfängers fehlt. Bei einer (schuldlosen) Mitverursachung des Irrtums durch den Erklärungsempfänger (womit der Tatbestand des § 122 Abs. 2 ausscheidet) kommt ggf. eine Reduktion bzw. ein Wegfall des Schadensersatzanspruchs analog § 254 in Betracht.

9.6 Besonderheit: Der beiderseitige Irrtum

Der gesetzlich nicht geregelte beiderseitige Irrtum ist dadurch gekennzeichnet, dass beide Vertragsparteien gemeinsam über einen für sie wesentlichen Umstand irren.

Nun wäre es aber unbillig, demjenigen, der zuerst anficht, mit der Schadensersatzpflicht nach § 122 zu belasten (arg.: Keiner der Vertragsparteien ist wegen seines enttäuschten Vertrauens auf die Gültigkeit des Vertrags schutzwürdiger als der andere).

Hilft eine ergänzende Vertragsauslegung (§ 157) nicht weiter, kann ggf. auf § 313 (Wegfall oder Störung der Geschäftsgrundlage – primär auf Vertragsanpassung gerichtet, nur im Ausnahmefall Vertragsauflösung durch Rücktritt nach § 313 Abs. 2) zurückgegriffen werden.

Beachte: Bei einem gemeinsamen Sachverhaltsirrtum, der nicht der Risikosphäre nur einer Partei zuzurechnen ist, geht § 313 Abs. 2 einer Irrtumsanfechtung vor.

9.7 Verhältnis des Anfechtungs- zum Gewährleistungsrecht (Konkurrenzverhältnis)

Neben dem Kauf- (§§ 434 ff.) oder Werkvertragsgewährleistungsrecht (§§ 634 ff.) bzw. Mietvertragsgewährleistungsrecht ist mangels Kollision uneingeschränkt eine Anfechtung wegen

- Inhaltsirrtums (§ 119 Abs. 1 1. Alt.) bzw.

- Erklärungsirrtums (§ 119 Abs. 1 2. Alt.)

statthaft.

Soweit eine Sach- oder Rechtsmangelhaftung nach den §§ 434 ff. bzw. §§ 634 ff. in Betracht kommt (Überschneidung von Anfechtungs- und Gewährleistungsrecht), ist jedoch eine **Anfechtung wegen Eigenschaftsirrtums** nach § 119 Abs. 2 **ausgeschlossen**. Die §§ 434 ff. gehen als lex specialis vor. Begründung:

9.7 Verhältnis des Anfechtungs- zum Gewährleistungsrecht (Konkurrenzverhältnis)

- Der Gesetzgeber hat sich in § 438 Abs. 1 Nr. 3 bzw. § 634 a Abs. 1 Nr. 1 grundsätzlich für eine kurze Frist (von zwei Jahren) zur Geltendmachung der Gewährleistungsansprüche nach § 437 bzw. § 634 entschieden (zum Fristbeginn vgl. § 438 Abs. 2 bzw. § 634 a Abs. 2, die bei einer parallelen Zulassung des Anfechtungsrecht nach § 119 Abs. 2 unterlaufen würde). Vgl. zur Anfechtungsfrist § 121, Fristbeginn ist die Kenntnis des Erklärenden vom Irrtum.

- § 442 lässt die Geltendmachung von Mängelgewährleistungsrechten nur sehr beschränkt zu, wenn der Käufer den Mangel bei Vertragsschluss infolge grober Fahrlässigkeit nicht kannte – wohingegen im Anfechtungsrecht eine Parallelvorschrift fehlt.

Da das **Kaufgewährleistungsrecht** jedoch erst **ab Gefahrübergang** (§ 446) zur Anwendung gelangt (vgl. Wortlaut des § 434 Abs. 1 S. 1: „wenn sie bei Gefahrübergang"), kann ein Vertrag **vor Gefahrübergang nach § 119 Abs. 2 angefochten** werden.

Neben § 123 ist auch eine Anfechtung nach § 119 möglich (Wahlrecht – **beachte jedoch:** Eine Anfechtung nach § 123 ist vorteilhafter, da sie keine Schadensersatzpflicht nach § 122 zur Folge hat und innerhalb einer längeren Frist geltend gemacht werden kann [§ 124]).

§ 123 ist auch **neben** den Vorschriften des Kaufgewährleistungsrechts (§§ 434 ff.) anwendbar. Nach erfolgter Anfechtung (mit der Folge der Nichtigkeit – § 142 Abs. 1) scheiden die §§ 434 ff. jedoch aus (da das Gewährleistungsrecht einen wirksamen Vertrag zur Voraussetzung hat).

Neben § 123 haben auch folgende deliktische Schadensersatzansprüche

- § 823 Abs. 2 i. V. m. § 263 StGB bzw.
- § 826 (vorsätzliche sittenwidrige Schädigung) und der
- Schadensersatzanspruch aus Verschulden bei Vertragsschluss (culpa in contrahendo – §§ 311 Abs. 2, 280 Abs. 1, 241 Abs. 2)

Bestand, wobei § 124 (Anfechtungsfrist) für die Geltendmachung der Schadensersatzansprüche **nicht** gilt.

10 Vertragsschluss unter Einbeziehung von Allgemeinen Geschäftsbedingungen (AGB)

In der Praxis kommt es oft nicht zu einem individuellen Aushandeln der Vertragsbedingungen durch die Vertragsparteien, sondern eine der Parteien möchte dem Vertragsinhalt ihre Bedingungen (vorformulierte Klauseln) zugrunde legen. In weiten Rechtsbereichen (z. B. dem Bank- [AGB der Banken und Sparkassen] und Versicherungswesen [Allgemeine Versicherungsbedingungen – AVB] bzw. im Baugewerbe [VOB]) haben die entsprechenden Klauselwerke bereits weitgehend das dispositive Recht des BGB verdrängt und bilden eigenständige Regelwerke, die dem Vertragspartner nach der Devise „take it or leave it" nur die Möglichkeit eröffnen, die Bedingungen zu akzeptieren oder von einem Vertragsschluss Abstand zu nehmen. Die Missbrauchsgefahren aufgrund der strukturell ungleichen Verhandlungsposition im Falle einer Verwendung von AGB sollen die Regelungen über die Gestaltung rechtsgeschäftlicher Schuldverhältnisse durch AGB (insbesondere im Hinblick auf die Einbeziehung von AGB in den Vertrag sowie der Inhaltskontrolle) begegnen. Nach der Schuldrechtsreform finden sich die Regelungen des alten AGB-Gesetzes in den §§ 305 bis 310 wieder (sowie im Unterlassungsklagengesetz [UKlaG]). Der Schutz der Vertragsparteien (nicht nur des Verbrauchers) nach den §§ 305 ff. zielt in zwei Richtungen:

- Wurden die AGB überhaupt wirksam in den Vertrag einbezogen und damit dessen Bestandteil (§§ 305 bis 305 c)?

- Ist eine konkret in Rede stehende Klausel wirksam (§§ 307 bis 309– Inhaltskontrolle)?

10.1 Begriff der AGB

Unter einer Allgemeinen Geschäftsbedingung versteht das Gesetz (§ 305 Abs. 1 S. 1) alle

- für eine Vielzahl von Verträgen (= mindestens 3-fache Verwendungsabsicht, auch wenn sie tatsächlich nur einmal zur Anwendung gelangen) – **beachte** aber auch § 310 Abs. 3 Nr. 2, wonach bei Verträgen zwischen einem Unternehmer und einem Verbraucher (d. h. bei Verbraucherverträgen) § 305 c Abs. 2 und die §§ 306 und 307 bis 309 auf vorformulierte Vertragsbedingungen auch dann Anwendung finden, wenn diese nur zur einmaligen Verwendung bestimmt sind und somit der Verbraucher auf ihren Inhalt keinen Einfluss nehmen konnte

- (inhaltlich gleichartige, aber nicht unbedingt vom Verwender selbst [bspw. auch aus einem Musterformularbuch entnommene oder von einem Dritten]) vorformulierte (d. h. nicht individuell ausgehandelte – vgl. § 305 Abs. 1 S. 3: AGB liegen **nicht** vor, soweit die Vertragsbedingungen zwischen den Vertragsparteien im einzelnen ausgehandelt sind) Vertragsbedingungen (= alle Regelungen, die den Inhalt des abzuschließenden Rechtsgeschäfts näher bestimmen, einschließlich Leistungsbeschreibungen und Preisangaben [die beiden zuletzt genannten unterliegen jedoch keiner Inhaltskontrolle, vgl. § 307 Abs. 3])

- die eine Vertragspartei (= der Verwender) der anderen Vertragspartei bei Abschluss eines Vertrags (d. h. nicht später, bspw. bei der Rechnungslegung) stellt (einseitige Stellung von AGB – wobei im Falle von Verträgen zwischen einem Unternehmer und einem Verbraucher [Verbraucherverträgen] gemäß § 310 Abs. 3 Nr. 1 Allgemeine Geschäftsbedingungen als vom Unternehmer gestellt gelten [i. S. einer gesetzlichen Fiktion], es sei denn, dass sie vom Verwender in den Vertrag eingeführt wurden).

Allgemeine Geschäftsbedingungen liegen nach der Klarstellung in § 305 Abs. 1 S. 3 allerdings nicht vor, wenn die Vertragsbedingungen zwischen den Vertragsparteien im Einzelnen ausgehandelt sind, was auch dann anzunehmen ist, wenn der Verwender die in seinen AGB enthaltenen Bestimmungen ernsthaft zur Disposition stellt und seinem Vertragspartner Gestaltungsfreiheit zur Wahrung eigener Interessen i. S. einer tatsächlichen Möglichkeit, die AGB noch inhaltlich zu gestalten, einräumt.

Gleichgültig ist, ob die Bestimmungen einen äußerlich gesonderten Bestandteil des Vertrags bilden oder in die Vertragsurkunde selbst aufgenommen werden (Formularvertrag), welchen Umfang sie haben, in welcher Schriftart sie verfasst sind und welche Form der Vertrag hat (§ 305 Abs. 1 S. 2).

10.2 Anwendungsbereich der §§ 305 ff.

Der sachliche Anwendungsbereich bestimmt § 310 Abs. 2 und 4:

- Die §§ 308 und 309 finden keine Anwendung auf Verträge der Elektrizitäts-, Gas-, Fernwärme- und Wasserversorgungsunternehmen über die Versorgung von Sonderabnehmern mit elektrischer Energie, Gas, Fernwärme und Wasser aus dem Versorgungsnetz, soweit die Versorgungsbedingungen nicht zum Nachteil der Abnehmer von Verordnungen über Allgemeine Bedingungen für die Versorgung von Tarifkunden mit elektrischer Energie, Gas, Fernwärme und Wasser abweichen – was entsprechend für Verträge über die Entsorgung von Abwassergeld (so § 310 Abs. 2) gilt.

- Die §§ 305 ff. finden gemäß § 310 Abs. 4 S. 1 keine Anwendung bei Verträgen auf dem Gebiet des Erb-, Familien- und Gesellschaftsrechts sowie auf Tarifverträge, Betriebs-

und Dienstvereinbarungen. Bei der Anwendung auf Arbeitsverträge sind nach § 310 Abs. 4 S. 2 die im Arbeitsrecht geltenden Besonderheiten angemessen zu berücksichtigen, § 305 Abs. 2 und 3 ist nicht anzuwenden. Tarifverträge, Betriebs- sowie Dienstvereinbarungen stehen Rechtsverordnungen gemäß § 307 Abs. 3 gleich (§ 310 Abs. 4 S. 3).

Dem **persönlichen Anwendungsbereich** der §§ 305 ff. unterfallen sowohl Verbraucher (i. S. § 13) als auch Unternehmer (i. S. § 14). Jedoch findet nach § 310 Abs. 1 S. 1 die Regelungen des § 305 Abs. 2 und 3 und die §§ 308 und 309 keine Anwendung auf AGB, die gegenüber einem Unternehmer, einer juristischen Person des öffentlichen Rechts oder einem öffentlich-rechtlichen Sondervermögens verwendet werden. § 307 Abs. 1 und 2 findet in den Fällen des § 310 Abs. 1 S. 1 aber auch insoweit Anwendung, als dies zur Unwirksamkeit von in den §§ 308 und 309 genannten Vertragsbestimmungen führt, wobei die auch im Handelsverkehr geltenden Gewohnheiten und Gebräuche angemessen Rücksicht zu nehmen ist (so § 310 Abs. 1 S. 2).

10.3 Einbeziehung allgemeiner Geschäftsbedingungen in den Vertrag

Allgemeine Geschäftsbedingungen werden nach § 305 Abs. 2 (über die allgemeinen Voraussetzungen einer Vertragseinbeziehung nach den §§ 145 ff. hinausgehend) nur dann Bestandteil eines Vertrags, wenn der Verwender **bei Vertragsschluss**

- die andere Vertragspartei ausdrücklich (oder [wenn ein ausdrücklicher Hinweis wegen der Art des Vertragsschlusses nur unter unverhältnismäßigen Schwierigkeiten möglich ist – bspw. bei Massegeschäften des täglichen Lebens bzw. bei automatisierten Vertragsabschlüssen] durch sichtbaren Aushang am Ort des Vertragsschlusses) – mündlich oder schriftlich auf der Vertragsurkunde (vgl. auch § 312 e Abs. 1 Nr. 4 für Verträge im elektronischen Geschäftsverkehr) – auf sie hinweist (Nr. 1 – **ausdrücklicher Hinweis** [erfolgt der Hinweis nach Vertragsschluss, stellt dies lediglich einen Antrag auf Abänderung des zunächst ohne AGB-Einbeziehung geschlossenen Vertrages]) und (kumulativ)

- der anderen Vertragspartei (d. h. dem Kunden) die Möglichkeit verschafft, in zumutbarer Weise (die auch eine für den Verwender erkennbare körperliche Behinderung der anderen Vertragspartei angemessen berücksichtigt) von ihrem Inhalt Kenntnis zu nehmen (Nr. 2 – **Möglichkeit einer zumutbaren Kenntnisnahme vom Inhalt** in der Vertragssprache [Lesbarkeit und Verständlichkeit für einen Durchschnittskunden]),

und (kumulativ), wenn die andere Vertragspartei mit ihrer Geltung einverstanden ist (= **rechtsgeschäftliche Einigung** [Konsens]).

Beachte: § 305 Abs. 2 findet nach § 310 Abs. 1 S. 1 **keine** Anwendung auf AGB, die gegenüber einem Unternehmer, einer juristischen Person des öffentlichen Rechts oder einem öffentlich-rechtlichen Sondervermögen verwendet werden – es gelten dann allein die §§ 145 ff..

Beachte zudem: § 305 a ermöglicht darüber hinaus in Sonderfällen eine Einbeziehung: auch ohne Einhaltung der in § 305 Abs. 2 Nr. 1 und 2 bezeichneten Erfordernisse werden einbezogen, wenn die andere Vertragspartei mit ihrer Geltung **einverstanden** (d. h. im Falle eines Konsenses) ist,

- die mit Genehmigung der zuständigen Verkehrsbehörde oder aufgrund von internationalen Übereinkommen erlassenen Tarife und Ausführungsbestimmungen der Eisenbahnen und die nach Maßgabe des Personenbeförderungsgesetzes genehmigten Beförderungsbedingungen der Straßenbahnen, Obusse und Kraftfahrzeuge im Linienverkehr in den Beförderungsvertrag (Nr. 1);

- die im Amtsblatt der Bundesnetzagentur für Elektrizität, Gas, Telekommunikation, Post und Eisenbahnen veröffentlichten und in den Geschäftsstellen des Verwenders bereitgehaltenen AGB (Nr. 2)

    - in Beförderungsverträge, die außerhalb von Geschäftsräumen durch den Einwurf von Postsendungen in Briefkästen abgeschlossen werden (Nr. 2 a),

    - in Verträge über Telekommunikations-, Informations- und andere Dienstleistungen, die unmittelbar durch Einsatz von Fernkommunikationsmitteln und während der Erbringung einer Telekommunikationsleistung in einem Mal erbracht werden, wenn die AGB der anderen Vertragspartei nur unter unverhältnismäßigen Schwierigkeiten vor dem Vertragsschluss zugänglich gemacht werden können (Nr. 2 b).

Bestimmungen in AGB, die nach den Umständen, insbesondere nach dem äußeren Erscheinungsbild des Vertrags, so ungewöhnlich sind, dass der Vertragspartner des Verwenders mit ihnen nicht zurechnen braucht, werden nach § 305 c Abs. 1 (Überraschende Klauseln) **nicht** Vertragsbestandteil. Erfasst von dieser Regelung werden sowohl inhaltlich überraschende (die auch gegen § 307 – Transparenzgebot – verstoßen können) als auch nach der äußeren Gestaltung überraschende Klauseln.

Sind AGB ganz oder teilweise (nach § 305 Abs. 2 bzw. § 305 c Abs. 1) nicht Vertragsbestandteil geworden (oder unwirksam), so bleibt gemäß § 306 Abs. 1 der Vertrag im Übrigen wirksam. Soweit Bestimmungen nicht Vertragsbestandteil geworden oder unwirksam sind, richtet sich der Inhalt des Vertrags dann nach § 306 Abs. 2 nach den (dispositiven) gesetzlichen Bestimmungen. Der Vertrag ist ausnahmsweise nur dann in Gänze unwirksam (Gesamtnichtigkeit), wenn das Festhalten an ihm (auch unter Berücksichtigung des an die Stelle der unwirksamen Vertragsklauseln getretenen dispositiven Gesetzesrechts nach § 306 Abs. 2) eine unzumutbare Härte für eine Vertragspartei darstellen würde (so § 306 Abs. 3).

10.4 Inhaltskontrolle

Neben den allgemeinen für Verträge geltenden Auslegungsregeln der §§ 133, 157 ist § 305 c Abs. 2 zu beachten. Danach gehen Zweifel bei der **Auslegung** vom AGB zu Lasten des Verwenders.

Den **Vorrang von Individualabreden** statuiert § 305 b: Individuelle Vertragsabreden haben Vorrang vor Allgemeinen Geschäftsbedingungen.

Die Inhaltskontrolle von gemäß § 305 Abs. 2 bzw. § 305 a wirksam in einen Vertrag einbezogenen AGB vollzieht sich nach einer **abgestuften Prüfungsreihenfolge**:

- § 309 (Klauselverbote ohne Wertungsmöglichkeit, d. h. ohne richterliche Angemessenheitskontrolle im Einzelfall),
- § 308 (Klauselverbote mit Wertungsmöglichkeit, d. h. mit einer richterlichen Angemessenheitskontrolle im Einzelfall),
- § 307 (Generalklausel).

Beachte: § 309, § 308 und § 307 Abs. 1 und 2 finden allerdings nur auf Bestimmungen in AGB Anwendung, durch die von Rechtsvorschriften abweichende oder diese ergänzende Regelungen vereinbart werden (so § 307 Abs. 3 S. 1), womit sowohl

- Klauseln, die wörtlich oder sinngemäß nur den Gesetzestext übernehmen, als auch
- Klauseln ohne rechtlichen Gehalt (bloße Leistungsbeschreibungen)

einer richterlichen Inhaltskontrolle entzogen sind.

Beachte weiterhin: Nach § 310 Abs. 1 S. 1 finden die §§ 308 und 309 keine Anwendung auf AGB, die gegenüber einem Unternehmer (i. S. § 14), einer juristischen Person des öffentlichen Rechts oder einem öffentlich-rechtlichen Sondervermögen verwendet werden. Entsprechende Klauseln sind dann allein anhand der Generalklausel des § 307 zu überprüfen: Nach § 310 Abs. 1 S. 2 1. HS. findet § 307 Abs. 1 und 2 in entsprechenden Fällen jedoch auch insoweit Anwendung, als dies zur Unwirksamkeit von in den §§ 308 und 309 genannten Vertragsbestimmungen führt. D. h., die Wertungen der §§ 308 und 309 können über § 307 Abs. 1 auch bei Unternehmern Indizwirkung für die „Unangemessenheit" einer in Rede stehenden Vertragsbestimmung haben.

10.4.1 Klauselverbote ohne Wertungsmöglichkeit

Auch soweit eine Abweichung von den gesetzlichen Vorschriften zulässig ist, ist in AGB nach § 309 **unwirksam**:

- eine Bestimmung, welche die Erhöhung des Entgelts für Waren oder Leistungen vorsieht, die innerhalb von 4 Monaten nach Vertragsschluss geliefert oder erbracht werden sollen; dies gilt nicht bei Waren oder Leistungen, die im Rahmen von Dauerschuldverhältnissen geliefert oder erbracht werden (Nr. 1 – **kurzfristige Preiserhöhungen**);

- eine Bestimmung, durch die das Leistungsverweigerungsrecht, das dem Vertragspartner des Verwenders nach § 320 zusteht, ausgeschlossen oder eingeschränkt wird, oder ein dem Vertragspartner des Verwenders zustehendes Zurückbehaltungsrecht, soweit es auf dem selben Vertragsverhältnis beruht, ausgeschlossen oder eingeschränkt, insbesondere von der Anerkennung von Mängeln durch den Verwender abhängig gemacht wird (Nr. 2 – **Leistungsverweigerungsrechte**);

- eine Bestimmung, durch die dem Vertragspartner des Verwenders die Befugnis genommen wird, mit einer unbestrittenen oder rechtskräftig festgestellten Forderung aufzurechnen (Nr. 3 – **Aufrechnungsverbot**);

- eine Bestimmung, durch die der Verwender von der gesetzlichen Obliegenheit freigestellt wird, den anderen Vertragsteil zu mahnen oder ihm eine Frist für die Leistung oder Nichterfüllung zu setzen (Nr. 4 – **Mahnung und Fristsetzung**);

- die Vereinbarung eines pauschalierten Anspruchs des Verwenders auf Schadensersatz oder Ersatz einer Wertminderung, wenn die Pauschale den in den geregelten Fällen nach den gewöhnlichen Lauf der Dinge zu erwartenden Schaden oder die gewöhnlich eintretende Wertminderung übersteigt oder dem anderen Vertragsteil nicht ausdrücklich der Nachweis gestattet wird, ein Schaden oder eine Wertminderung sei überhaupt nicht entstanden oder wesentlich niedriger als die Pauschale (Nr. 5 – **Pauschalierung von Schadensersatzansprüchen**);

- eine Bestimmung, durch die dem Verwender für den Fall der Nichtabnahme oder verspäteten Abnahme der Leistung, des Zahlungsverzugs oder für den Fall, dass der andere Vertragsteil sich vom Vertrag löst, Zahlung einer Vertragsstrafe versprochen wird (Nr. 6 – **Vertragsstrafe**);

- **Haftungsausschluss bei Verletzung von Leben, Körper, Gesundheit und bei groben Verschulden** (Nr. 7)

    - ein Ausschluss oder eine Begrenzung der Haftung für Schäden aus der Verletzung des Lebens, des Körpers oder der Gesundheit, die auf einer fahrlässigen Pflichtverletzung des Verwenders oder einer vorsätzlichen oder fahrlässigen Pflichtverletzung eines gesetzlichen Vertreters oder Erfüllungsgehilfen des Verwenders beruhen (Nr. 7 a – **Verletzung von Leben, Körper, Gesundheit**);

    - ein Ausschluss oder ein Begrenzung der Haftung für sonstige Schäden, die auf einer grob fahrlässigen Pflichtverletzung des Verwenders oder auf einer vorsätzlichen oder grob fahrlässigen Pflichtverletzung eines gesetzlichen Vertreters oder Erfüllungsgehilfen des Verwenders beruhen (Nr. 7 b – **grobes Verschulden**).

- Die Nr. 7 a und b gelten **nicht** für Haftungsbeschränkungen in den nach Maßgabe des Personenbeförderungsgesetzes genehmigten Beförderungsbedingungen und Tarifvorschriften für Straßenbahnen, Obusse und Kraftfahrzeuge im Linienverkehr, soweit sie

10.4 Inhaltskontrolle

nicht zum Nachteil des Fahrgasts von der Verordnung über die Allgemeinen Beförderungsbedingungen für den Straßenbahn- und Obusverkehr sowie den Linienverkehr mit Kraftfahrzeugen vom 27.02.1970 abweichen. Nr. 7 b gilt auch nicht für Haftungsbeschränkungen für staatlich genehmigte Lotterie- und Ausspielverträge.

- sonstige Haftungsausschlüsse bei Pflichtverletzung (Nr. 8)

  - eine Bestimmung, die bei einer vom Verwender zu vertretenden, nicht in einem Mangel der Kaufsache oder des Werkes bestehenden Pflichtverletzung das Recht des anderen Vertragsteils, sich vom Vertrag zu lösen, ausschließt oder einschränkt (was nicht für die in Nr. 7 bezeichneten Beförderungsbedingungen und Tarifvorschriften unter den dort genannten Voraussetzungen gilt) – **Ausschluss des Rechts, sich vom Vertrag zu lösen** (Nr. 8 a);

  - eine Bestimmung, durch die bei Verträgen über Lieferungen neu hergestellter Sachen und über Werkleistungen (**Mängel** – Nr. 8 b)

    - die Ansprüche gegen den Verwender wegen eines Mangels insgesamt oder bezüglich einzelner Teile ausgeschlossen, auf die Einräumung von Ansprüchen gegen Dritten beschränkt oder von der vorherigen gerichtlichen Inanspruchnahme Dritter abhängig gemacht werden (**Ausschluss und Verweisung auf Dritte** – Nr. 8 b) aa);

    - die Ansprüche gegen den Verwender insgesamt oder bezüglich einzelner Teile auf ein Recht auf Nacherfüllung beschränkt werden, sofern dem anderen Vertragsteil nicht ausdrücklich das Recht vorbehalten wird, bei Fehlschlagen der Nacherfüllung zu mindern, oder wenn nicht eine Bauleistung Gegenstand der Mängelhaftung ist, nach seiner Wahl vom Vertrag zurückzutreten (**Beschränkung auf Nacherfüllung** – Nr. 8 b) bb);

    - die Verpflichtung des Verwenders ausgeschlossen oder beschränkt wird, die zum Zwecke der Nacherfüllung erforderlichen Aufwendungen, insbesondere Transport-, Wege-, Arbeits- und Materialkosten, zu tragen (**Aufwendungen bei Nacherfüllung** – Nr. 8 b) cc);

    - der Verwender die Nacherfüllung von der vorherigen Zahlung des vollständigen Entgelts oder eines unter Berücksichtigung des Mangels unverhältnismäßig hohen Teils des Entgelts abhängig macht (**Vorenthalten der Nacherfüllung** – Nr. 8 b) dd);

    - der Verwender dem anderen Vertragsteil für die Anzeige nicht offensichtlicher Mängel eine Ausschlussfrist setzt, die kürzer ist als die nach Nr. 8 b) ff) zulässige Frist (**Ausschlussfrist für Mängelanzeige** – Nr. 8 b) ee);

    - die Verjährung von Ansprüchen gegen den Verwender wegen eines Mangels in den Fällen des § 438 Abs. 1 Nr. 2 und des § 634 a Abs. 1 Nr. 2 erleichtert oder in den sonstigen Fällen eine weniger als ein Jahr betragende Verjährungsfrist ab dem gesetzlichen Verjährungsbeginn erreicht wird; dies gilt nicht für Verträge, in die Teil B der Verdingungsordnung für Bauleistungen (VOB) insgesamt einbezogen ist (**Erleichterung der Verjährung** – Nr. 8 b) ff).

- bei einem Vertragsverhältnis, das die regelmäßige Lieferung von Waren oder die regelmäßige Erbringung von Dienst- oder Werkleistungen durch den Verwender zum Gegenstand hat

    - eine den anderen Vertragsteil länger als zwei Jahre bindende Laufzeit des Vertrags (Nr. 9 a),

        - eine den anderen Vertragsteil bindende stillschweigende Verlängerung des Vertragsverhältnisses um jeweils mehr als ein Jahr (Nr. 9 b) oder

        - zu Lasten des anderen Vertragsteils eine längere Kündigungsfrist als drei Monate vor Ablauf der zunächst vorgesehenen oder stillschweigend verlängerten Vertragsdauer (Nr. 9 c);

        - dies gilt nicht für Verträge über die Lieferung als zusammengehörig verkaufter Sachen, für Versicherungsverträge sowie für Verträge zwischen den Inhabern urheberrechtlicher Rechte und Ansprüche und Verwertungsgesellschaften i. S. des Gesetzes über die Wahrnehmung von Urheberrechten und verwandten Schutzrechten (**Laufzeit bei Dauerschuldverhältnissen** – Nr. 9).

- eine Bestimmung, wonach bei Kauf-, Dienst- oder Werkverträgen ein Dritter anstelle des Verwenders in die sich aus dem Vertrag ergebenden Rechte und Pflichten eintritt oder eintreten kann, es sei denn, in der Bestimmung wird der Dritte namentlich bezeichnet oder dem anderen Vertragsteil das Recht eingeräumt, sich vom Vertrag zu lösen (**Wechsel des Vertragspartners** – Nr. 10).

- eine Bestimmung, durch die Verwender einem Vertreter, der den Vertrag für den anderen Vertragsteil abschließt, ohne hierauf gerichtete ausdrückliche und gesonderte Erklärung eine eigene Haftung oder Einstandspflicht oder in Falle vollmachtloser Vertreter eine über § 179 hinausgehende Haftung auferlegt (**Haftung des Abschlussvertreters** – Nr. 11).

- eine Bestimmung, durch die der Verwender die Beweislast zum Nachteil des anderen Vertragsteils ändert, insbesondere indem er diesem die Beweislast für Umstände auferlegt, die im Verantwortungsbereich des Verwenders liegen (Nr. 12 a), oder den anderen Vertragsteil bestimmte Tatsachen bestätigen müsst (Nr. 12 b). Nr. 12 b) gilt nicht für Empfangsbekenntnisse, die gesondert unterschrieben oder mit einer gesonderten qualifizierten elektronischen Signatur versehen sind (**Beweislast** – Nr. 12).

- eine Bestimmung, durch die Anzeigen oder Erklärungen, die den Verwender oder einen Dritten gegenüber abzugeben sind, an eine strengere Form als die Schriftform oder an besondere Zugangserfordernisse gebunden werden (**Form von Anzeigen und Erklärungen** – Nr. 13).

10.4.2 Klauselverbote mit Wertungsmöglichkeit

In Allgemeinen Geschäftsbedingungen ist nach § 308 insbesondere unwirksam

- eine Bestimmung, durch die sich der Verwender unangemessen lange oder nicht hinreichend bestimmte Fristen für die Annahme oder Ablehnung eines Angebots oder die Erbringung einer Leistung vorbehält; ausgenommen hiervon ist der Vorbehalt, erst nach Ablauf der Widerrufs- oder Rückgabefrist nach § 355 Abs. 1 und 2 und § 356 zu leisten (**Annahme- und Leistungsfrist** – Nr. 1);

- eine Bestimmung, durch die sich der Verwender für die von ihm zu bewirkende Leistung abweichend von Rechtsvorschriften eine unangemessen lange und nicht hinreichend bestimmte Nachfrist vorbehält (Nachfrist – Nr. 2);

- die Vereinbarung eines Rechts des Verwenders, sich ohne sachlich gerechtfertigten und im Vertrag angegebenen Grund von seiner Leistungspflicht zu lösen; dies gilt nicht für Dauerschuldverhältnisse (**Rücktrittsvorbehalt** – Nr. 3);

- die Vereinbarung eines Rechts des Verwenders, die versprochene Leistung zu ändern oder von ihr abzuweichen, wenn nicht die Vereinbarung der Änderung oder Abweichung unter Berücksichtigung der Interessen des Verwenders für den anderen Vertragsteil zumutbar ist (**Änderungsvorbehalt** – Nr. 4);

- eine Bestimmung, wonach eine Erklärung des Vertragspartners des Verwenders bei Vornahme oder Unterlassung einer bestimmten Handlung als von ihm abgegeben oder nicht abgegeben gilt, es sei denn, dass den Vertragspartner eine angemessene Frist zur Abgabe einer ausdrücklichen Erklärung eingeräumt ist und der Verwender sich verpflichtet, den Vertragspartner bei Beginn der Frist auf die vorgesehene Bedeutung seines Verhaltens besonders hinzuweisen; dies gilt nicht für Verträge, in die Teil B der Verdingungsordnung für Bauleistungen (VOB) insgesamt einbezogen ist (**fingierte Erklärungen** – Nr. 5);

- eine Bestimmung, die vorsieht, dass ein Erklärung des Verwenders von besonderer Bedeutung dem anderen Vertragsteil als zugegangen gilt (**Fiktion des Zugangs** – Nr. 6);

- eine Bestimmung, nach der der Verwender für den Fall, dass eine Vertragspartei vom Vertrag zurücktritt oder kündigt, eine unangemessen hohe Vergütung für die Nutzung oder den Gebrauch einer Sache oder eines Rechts oder für erbrachte Leistungen oder einen unangemessen hohen Ersatz von Aufwendungen verlangen kann (**Abwicklung von Verträgen** – Nr. 7);

- die nach Nr. 3 zulässige Vereinbarung eines Vorbehalts des Verwenders, sich von der Verpflichtung zur Erfüllung des Vertrags bei Nichtverfügbarkeit der Leistung zu lösen, wenn sich der Verwender nicht verpflichtet, den Vertragspartner unverzüglich über die Nichtverfügbarkeit zu informieren und Gegenleistungen des Vertragspartners unverzüglich zu erstatten (**Nichtverfügbarkeit der Leistung** – Nr. 8).

10.4.3 Generalklausel

Bedingungen im AGB sind nach § 307 Abs. 1 S. 1 unwirksam, wenn sie den Vertragspartner des Verwenders entgegen den Geboten von Treu und Glauben (§ 242) „unangemessen benachteiligen". Eine **unangemessene Benachteiligung** kann sich auch daraus ergeben, dass die Bestimmung nicht klar und verständlich ist (§ 307 Abs. 1 S. 2 – **Transparenzgebot**).

Eine „unangemessene Benachteiligung" ist nach § 307 Abs. 2 im Zweifel anzunehmen (Regelvermutung), wenn eine Bestimmung

- mit wesentlichen Grundgedanken der gesetzlichen Regelung (d. h. dem gesetzlichen Leitbild [fehlt ein solches, bspw. bei atypischen Verträgen, ist eine Interessenbewertung vorzunehmen] von der abgewichen wird) nicht zu vereinbaren ist (Nr. 1 – was i. d. R. dann anzunehmen ist, wenn der Verwender mit den AGB allein eigene Interessen durchsetzt, ohne berechtigte Belange seines Vertragspartners zu berücksichtigen), oder

- wesentliche Rechte und Pflichten, die sich aus der Natur des Vertrags ergeben, so einschränkt, dass die Erreichung des Vertragszwecks gefährdet wird (Nr. 2).

Beachte: Nach § 310 Abs. 3 Nr. 3 sind bei der Beurteilung einer „unangemessenen Benachteiligung" nach § 307 Abs. 1 und 2 im Falle von Verträgen zwischen einem Unternehmer i. S. § 14 und einem Verbraucher i. S. § 13 (**Verbraucherverträgen**) auch die den Vertragsschluss begleitenden Umstände zu berücksichtigen.

10.5 Rechtsfolgen einer Nichteinbeziehung von AGB bzw. einer unwirksamen Klausel

Die Sonderregelung des § 306 Abs. 1 verdrängt § 139 (Teilnichtigkeit, wonach, wenn ein Teil des Rechtsgeschäfts nichtig ist, das ganze Rechtsgeschäft nichtig ist, wenn nicht anzunehmen ist, dass es auch ohne den nichtigen Teil vorgenommen sein würde): Sind AGB ganz oder teilweise nicht Vertragsbestandteil geworden, so bleibt der Vertrag im Übrigen wirksam (grundsätzliche Wirksamkeit des Restvertrags). Soweit Bestimmungen nicht Vertragsbestandteil geworden oder unwirksam sind, richtet sich dann der Inhalt des Vertrags gemäß § 306 Abs. 2 nach den gesetzlichen Vorschriften (Lückenschließung durch das dispositive Gesetzesrecht). Fehlen gesetzliche Regelungen, erfolgt eine **ergänzende Vertragsauslegung** – was hätten die Vertragsparteien bei Kenntnis der Unwirksamkeit einer Klausel an deren Stelle vereinbart?

Beachte: Eine **geltungserhaltende Reduktion** unwirksamer AGB-Klausel (= eine teilweise, d. h. gerade noch den rechtlichen Anforderungen der §§ 307 ff. entsprechende Aufrechterhaltung einer an sich unwirksamen Klausel) ist **unzulässig**.

Der Vertrag ist (nur dann) unwirksam, wenn das Festhalten an ihm auch unter Berücksichtigung der nach § 306 Abs. 2 vorgesehenen Änderung (d. h. der Geltung des dispositiven Gesetzesrechts) eine „unzumutbare Härte" für eine Vertragspartei darstellen würde.

11 Das Widerrufs- bzw. Rückgaberecht des Verbrauchers

§ 355 Abs. 1 eröffnet dem Verbraucher (i. S. v. § 13) aufgrund seiner (situationsbedingten) Schutzbedürftigkeit ein **Widerrufsrecht** im Hinblick auf eine einmal von ihm abgegebene (und damit durch den Zugang beim Empfänger eigentlich unwiderruflich bindend gewordene) Willenserklärung: Wird einem Verbraucher durch Gesetz ein Widerrufsrecht nach dieser Vorschrift eingeräumt, d. h. nach

- § 312 Abs. 1 S. 1 (bei Haustürgeschäften),
- § 312 d Abs. 1 S. 1 (bei Fernabsatzverträgen),
- § 485 Abs. 1 (bei Teilzeit-Wohnrechteverträgen),
- § 495 Abs. 1 (bei Verbraucherdarlehensverträgen),
- § 499 Abs. 1 (bei Finanzierungshilfen),
- § 505 Abs. 1 S. 1 (bei Ratenlieferungsverträgen) bzw. nach
- § 4 Abs. 1 S. 1 FernUSG (bei Fernunterrichtsverträgen),

so ist er an seine auf den Abschluss des Vertrags gerichtete Willenserklärung nicht mehr gebunden, wenn er sie fristgerecht widerrufen hat. Der Widerruf muss keine Begründung enthalten und ist in Textform (§ 126 b) oder durch Rücksendung der Sache innerhalb von zwei Wochen gegenüber dem Unternehmer (i. S. v. § 14) zu erklären. Zur Fristwahrung genügt die rechtzeitige Absendung.

Der eherne Grundsatz, wonach geschlossene Verträge einzuhalten sind (pacta sunt servanda) erfährt durch das verbraucherrechtliche Widerrufsrecht nach § 355 eine erhebliche Einschränkung.

Verbraucher ist nach § 13 jede natürliche Person, die ein Rechtsgeschäft zu einem Zweck abschließt, der weder ihrer gewerblichen noch ihrer selbständigen beruflichen Tätigkeit zugerechnet werden kann.

Unternehmer ist nach § 14 Abs. 1 eine natürliche oder juristische Person oder eine rechtsfähige Personengesellschaft (i. S. v. § 14 Abs. 2, mithin eine Personengesellschaft, die mit der Fähigkeit ausgestattet ist, Rechte zu erwerben und Verbindlichkeiten einzugehen), die bei

Abschluss eines Rechtsgeschäfts in Ausübung ihrer gewerblichen oder selbständigen beruflichen Tätigkeit handelt.

Die Frist zum Widerruf bei Verbraucherverträgen beginnt nach § 355 Abs. 2 mit dem Zeitpunkt, zu welchem dem Verbraucher eine deutlich gestaltete Belehrung über sein Widerrufsrecht, die ihm entsprechend den Erfordernissen des eingesetzten Kommunikationsmittels seine Rechte deutlich macht, in Textform (§ 126 b) mitgeteilt worden ist, die auch Namen und Anschrift desjenigen, gegenüber dem der Widerruf zu erklären ist, und einen Hinweis auf den Fristbeginn und die fehlende Notwendigkeit einer Begründung, die die Form des Widerrufs (in Textform oder durch Rücksendung der Sache) innerhalb von zwei Wochen enthält. Wird die Belehrung nach Vertragsschluss mitgeteilt, beträgt die Frist einen Monat. Ist der Vertrag schriftlich abzuschließen, so beginnt die Frist nicht zu laufen, bevor dem Verbraucher auch eine Vertragsurkunde, der schriftliche Antrag des Verbrauchers oder einer Abschrift der Vertragsurkunde oder des Antrags zur Verfügung gestellt werden. Ist der Fristbeginn streitig, so trifft die Beweislast den Unternehmer.

Das Widerrufsrecht erlischt nach § 355 Abs. 3 spätestens sechs Monate nach Vertragsschluss. Bei der Lieferung von Waren beginnt die Frist nicht vor dem Tag ihres Eingangs beim Empfänger. Das Widerrufsrecht erlischt nicht, wenn der Verbraucher nicht ordnungsgemäß über sein Widerrufsrecht belehrt worden ist, bei Fernabsatzverträgen über Finanzdienstleistungen auch nicht, wenn der Unternehmer seine Mitteilungspflichten gemäß § 312 c Abs. 2 Nr. 1 nicht ordnungsgemäß erfüllt hat.

§ 355 eröffnet dem Verbraucher die Möglichkeit eines Rücktritts vom Vertrag, der in ein Rückgewährschuldverhältnis umgewandelt wird (§ 347 Abs. 1 S. 1 i. V. m. §§ 346 ff. – Rückgewähr der empfangenen Leistungen Zug-um-Zug). Dabei gelten gegenüber dem gesetzlichen Rücktrittsrecht nach den §§ 346 ff. Besonderheiten nach Maßgabe von § 357 Abs. 1 S. 2, Abs. 2 und 3.

Beachte: Das Widerrufsrecht nach § 355 kann gemäß **§ 356**, soweit dies ausdrücklich durch Gesetz zugelassen ist, vgl.

- § 312 Abs. 1 S. 2 (beim Haustürgeschäft),
- § 312 d Abs. 1 S. 2 (beim Fernabsatzvertrag) und
- § 503 Abs. 1 (bei Teilzahlungsgeschäften),

beim Vertragsschluss aufgrund eines Verkaufsprospekts im Vertrag durch ein uneingeschränktes **Rückgaberecht** ersetzt werden. Voraussetzung ist, dass

- im Verkaufsprospekt eine deutlich gestaltete Belehrung über das Rückgaberecht enthalten ist,
- der Verbraucher den Verkaufsprospekt in Abwesenheit des Unternehmers eingehend zur Kenntnis nehmen konnte und
- dem Verbraucher das Rückgaberecht in Textform (§ 126 b) eingeräumt wird.

Das Rückgaberecht kann innerhalb der Widerrufsfrist, die jedoch nicht vor Erhalt der Sache beginnt und nur durch Rücksendung der Sache oder, wenn die Sache nicht als Paket versandt werden kann, durch Rücknahmeverlangen ausgeübt werden.

11.1 Haustürgeschäfte

Bei einem Vertrag zwischen einem Unternehmer (§ 14) und einem Verbraucher (§ 13), der eine entgeltliche Leistung zum Gegenstand hat (entgeltlicher Vertrag i. S. aller gegenseitigen Austauschverträge [auch ein Bürgschaftsversprechen als einseitig verpflichtendes Rechtsgeschäft – so EuGH NJW 1998, 1295]) und zu dessen Abschluss der Verbraucher (situationsbedingt [i. S. einer Überrumpelungs- oder Überraschungssituation – Haustürgeschäfte als aggressive Direktmarketingform] – d. h. besondere Umstände der Vertragsanbahnung)

- durch mündliche Verhandlungen an seinem Arbeitsplatz oder im Bereich einer (auch jener eines dritten Verbrauchers, bspw. im Rahmen einer Tupperparty) Privatwohnung (Nr. 1),

- anlässlich eines vom Unternehmer und von einem Dritten (zumindest auch im Interesse des Unternehmers) durchgeführten Freizeitveranstaltung (Nr. 2 – bspw. einer Kaffeefahrt [ausreichend ist, wenn das Freizeiterlebnis der Veranstaltung dominiert – dann reicht es aus, wenn zwischen der Willenserklärung des Verbrauchers und der Veranstaltung ein räumlicher, zeitlicher oder sachlicher Bezug besteht]) oder

- im Anschluss an ein überraschendes Ansprechen in Verkehrsmitteln oder im Bereich öffentlich zugänglicher Verkehrsflächen (Nr. 3)

bestimmt worden ist (= Legaldefinition **Haustürgeschäft**), steht dem Verbraucher nach § 312 Abs. 1 S. 1 ein **Widerrufsrecht** gemäß § 355 zu. Der Verbraucher kann anstelle des Widerrufsrechts nach § 312 Abs. 1 S. 2 ein **Rückgaberecht** nach § 356 eingeräumt werden, wenn zwischen dem Verbraucher und dem Unternehmer im Zusammenhang mit diesem oder einem späteren Geschäft auch eine ständige Verbindung aufrechterhalten werden soll.

Das Widerrufs-(und Rückgabe-) recht ist (wegen Nicht-Schutzwürdigkeit des Verbrauchers in den entsprechenden Konstellationen) nach § 312 Abs. 3 **ausgeschlossen** bei Versicherungsverträgen (die der besonderen Schutzvorschrift des § 8 Abs. 5 VVG unterfallen) oder wenn

- im Falle der Vertragsanbahnung am Arbeitsplatz oder in der Privatwohnung (§ 312 Abs. 1 S. 1 Nr. 1) die mündlichen Verhandlungen, auf denen der Abschluss des Vertrags beruht, auf vorhergehender Bestellung (Initiative) des Verbrauchers geführt worden sind (Nr. 1),

- die Leistung bei Abschluss der Verhandlungen sofort erbracht und bezahlt wird und das Entgelt 40,- € nicht übersteigt (Nr. 2 – vollzogenes Kleingeschäft) oder

- die Willenserklärung des Verbrauchers von einem Notar beurkundet worden ist (Nr. 3).

11.2 Fernabsatzverträge

Fernabsatzverträge sind nach § 312 b Abs. 1 Verträge über die Lieferung von Waren oder über die Erbringung von Dienstleistungen (einschließlich Bilanzdienstleistungen), die zwischen einem Unternehmer i. S. v. § 14 und einem Verbraucher i. S. v. § 13 unter ausschließlicher Verwendung von Fernkommunikationsmitteln abgeschlossen werden – es sei denn, dass der Vertragsschluss nicht im Rahmen eines für den Fernabsatz organisierten Vertriebs- oder Dienstleistungssystems erfolgt. **Finanzdienstleistungen** sind Bankdienstleistungen sowie Dienstleistungen im Zusammenhang mit einer Kreditgewährung, Versicherung, Altersversorgung von Einzelpersonen, Geldanlage oder Zahlung.

Fernkommunikationsmittel sind nach § 312 Abs. 2 alte wie neue Kommunikationsmittel, die zur Anbahnung oder zum Abschluss eines Vertrags zwischen einem Verbraucher und einem Unternehmer ohne gleichzeitige körperliche Anwesenheit der Vertragsparteien eingesetzt werden können (insbesondere Briefe, Kataloge, Telefonanrufe, Telekopien, E-Mails sowie Rundfunk, Tele- und Mediendienste). Anbieter und Verbraucher begegnen sich also nicht mehr physisch, weshalb der Kunde die Ware keiner Prüfung unterziehen kann. Daraus resultieren umfassende Informationspflichten des Anbieters (vgl. § 312 c i. V. m. § 1 BGB-InfoVO) und ein Widerrufsrecht des Verbrauchers (vgl. § 312 d Abs. 1 S. 1).

Die Vorschriften über Fernabsatzverträge finden nach § 312 b Abs. 3 **keine Anwendung** auf Verträge

- über Fernunterricht (nach § 1 des Fernunterrichtsschutzgesetzes),

- über die Teilzeitnutzung von Wohngebäuden (vgl. § 481),

- über Versicherungen sowie deren Vermittlung,

- über die Veräußerung von Grundstücken und grundstücksgleichen Rechten, die Begründung, Veräußerung und Aufhebung von dinglichen Rechten an Grundstücken und grundstücksgleichen Rechten sowie über die Errichtung von Bauwerken,

- über die Lieferung von Lebensmitteln, Getränken oder sonstigen Haushaltsgegenständen des täglichen Bedarfs, die am Wohnsitz, am Aufenthaltsort oder am Arbeitsplatz eines Verbrauchers von Unternehmers im Rahmen häufiger und regelmäßiger Fahrten geliefert werden,

- über die Erbringung von Dienstleistungen in den Bereichen Unterbringung, Beförderung, Lieferung von Speisen und Getränken sowie Freizeitgestaltung, wenn sich der Unternehmer bei Vertragsschluss verpflichtet die Dienstleistungen zu einem bestimmten Zeitpunkt oder innerhalb eines genau angegebenen Zeitraums zu erbringen,

- die geschlossen werden unter Verwendung von Warenautomaten oder automatisierten Geschäftsräumen oder mit Betreibern von Telekommunikationsmitteln aufgrund der Benutzung von öffentlichen Fernsprechern, soweit sie deren Benutzung zum Gegenstand haben.

11.2 Fernabsatzverträge

Weitergehende Vorschriften zum Schutz des Verbrauchers bleiben nach § 312 b Abs. 5 unberührt.

Nach § 312 c Abs. 1 S. 1 (Informationspflichten des Anbieters als Mittel des Verbraucherschutzes) hat der Unternehmer dem Verbraucher rechtzeitig vor Abgabe von dessen Vertragserklärung in einer dem eingesetzten Fernkommunikationsmittel entsprechenden Weise klar und verständlich und in der Angabe des geschäftlichen Zwecks die Informationen zur Verfügung zu stellen, für die dies in § 1 Abs. 1 BGB-InfoVO (**vorvertragliche Informationspflichten**) bestimmt ist. Der Unternehmer hat bei von ihm veranlassten Telefongesprächen (sofern diese ausnahmsweise wettbewerbsrechtlich zulässig sein sollten, vgl. § 7 Abs. 2 Nr. 2 UWG [Unzumutbare wettbewerbsrechtliche Belästigung]) seine Identität und den geschäftlichen Zweck des Kontakts bereits zu Beginn eines jeden Gesprächs ausdrücklich offen zu legen.

Der Unternehmer hat dem Verbraucher nach § 312 c Abs. 2 zudem die Vertragsbestimmungen einschließlich der Allgemeinen Geschäftsbedingungen sowie die in § 1 Abs. 4 BGB-InfoVO bestimmten Informationen (**nachvertragliche Informationspflichten**) in dem dort bestimmten Umfang und der dort bestimmten Art und Weise in Textform (§ 126 b) mitzuteilen, und zwar

- bei Finanzdienstleistungen rechtzeitig vor Abgabe von dessen Vertragserklärung;
- bei sonstigen Dienstleistungen und bei der Lieferung von Waren alsbald, spätestens bis zur vollständigen Erfüllung des Vertrags, bei Waren spätestens bis zur Lieferung an den Verbraucher.

Beachte: Während eine Nichterfüllung der nachvertraglichen Informationspflichten (§ 312 c Abs. 2 i. V. m. § 1 Abs. 4 BGB-InfoVO) dem Lauf der Widerrufsfrist hemmt (vgl. § 312 d Abs. 2), zieht eine Nichterfüllung der vorvertraglichen Informationspflichten (§ 312 c Abs. 1 i. V. m. § 1 Abs. 1 BGB-InfoVO) allenfalls einen Anspruch auf Verschulden bei Vertragsschluss (culpa in contrahendo) nach sich (ggf. stellt eine permanente Nichterfüllung der vorvertraglichen Pflichten einen Verstoß gegen § 4 Nr. 11 UWG dar.

Weitergehende Einschränkungen bei der Verwendung von Fernkommunikationsmitteln und weitergehende Informationspflichten aufgrund anderer Vorschriften bleiben gemäß § 312 c Abs. 4 unberührt.

Dem Verbraucher steht bei einem Fernabsatzvertrag nach § 312 d Abs. 1 S. 1 ein **Widerrufsrecht** nach § 355 zu. Anstelle des Widerrufsrechts kann dem Verbraucher bei Verträgen über die Lieferung von Waren ein **Rückgaberecht** nach § 356 eingeräumt werden (so § 312 d Abs. 1 S. 2). Besonderheiten im Hinblick auf das Widerrufs- und Rückgaberecht bei Fernabsatzverträgen regeln § 312 d Abs. 2 bis 6.

11.3 Verträge im elektronischen Geschäftsverkehr

Bedient sich ein Unternehmer zum Zwecke des Abschlusses eines Vertrags über die Lieferung von Waren oder über die Erbringung von Dienstleistungen eines Tele- oder Mediendienstes (= Legaldefinition des **Vertrags im elektronischen Geschäftsverkehr**), hat er gemäß § 312 e Abs. 1 dem Kunden

- angemessene, wirksame und zugängliche technische Mittel zur Verfügung zu stellen, mit deren Hilfe der Kunde Eingabefehler vor Abgabe seiner Bestellung erkennen und berichtigen kann,
- die in § 3 BGB-InfoVO bestimmten Informationen (Kundeninformationspflichten des Unternehmers bei Verträgen im elektronischen Geschäftsverkehr) rechtzeitig vor Abgabe von dessen Bestellung klar und verständlich mitzuteilen,
- den Zugang von dessen Bestellung unverzüglich auf elektronischem Wege zu bestätigen und
- die Möglichkeit zu verschaffen, die Vertragsbestimmungen einschließlich der Allgemeinen Geschäftsbedingungen bei Vertragsschluss abzurufen und wiedergabefähiger Form zu speichern.

Bestellung und Empfangsbestätigung im vorgenannten Sinne gelten (= gesetzliche Fiktion) als zugegangen, wenn die Parteien für die sie bestimmt sind, sie unter gewöhnlichen Umständen abrufen können.

Beachte:

- § 312 e ist enger als § 312 b – jeder Vertrag im elektronischen Geschäftsverkehr ist Fernabsatzvertrag (unter Verwendung eines modernen Fernkommunikationsmittels i. S. v. § 312 b Abs. 2), aber nicht umgekehrt
- § 312 e erfasst sowohl Verträge zwischen einem Unternehmer und einem Verbraucher (b2c-Verträge) als auch solche zwischen einem Unternehmer und einem Unternehmer (b2b-Verträge). Die Norm spricht insoweit vom „Kunden".
- § 312 e normiert keine Sanktion bei Verstößen gegen die dort normierten Pflichten. Ggf. kommt aber ein Schadensersatzanspruch aus Verschulden bei Vertragsschluss (culpa in contrahendo) gemäß §§ 280 Abs. 1, 311 Abs. 2, 241 Abs. 2 in Betracht.
- Ein eigenständiges Widerrufsrecht normiert § 312 e nicht. Ist der Vertrag im elektronischen Geschäftsverkehr aber zugleich Fernabsatzvertrag i. S. v. § 312 b, resultiert ein Widerrufsrecht aus § 312 d Abs. 1 S. 1.

Weitergehende Informationspflichten aufgrund anderer Vorschriften bleiben nach § 312 e Abs. 3 unberührt. Steht dem Kunden ein Widerrufsrecht gemäß § 355 zu (weil der Vertrag im elektronischen Geschäftsverkehr zugleich Fernabsatzvertrag i. S. v. § 312 b Abs. 1 ist), beginnt die Widerrufsfrist (abweichend von § 355 Abs. 2 S. 1) nicht vor Erfüllung der in § 312 e Abs. 1 geregelten Pflichten.

12 Primäranspruch untergegangen

12.1 Begriff des Schuldverhältnisses

Untergangs- bzw. Beendigungsgründe können sich entweder lediglich auf das Schuldverhältnis im engeren oder aber auch auf das Schuldverhältnis im weiteren Sinne auswirken.

Das Schuldverhältnis im engeren Sinne meint die rechtliche Forderungsbeziehung zwischen dem Gläubiger eines einzelnen Anspruchs (§ 194 Abs. 1) und dem zur Leistung (Tun oder Unterlassen) verpflichteten Schuldner (§ 241 Abs. 1). Demgegenüber erfasst das Schuldverhältnis im weiteren Sinne ein gesamtes Rechtsverhältnis, aus dem sich regelmäßig diverse einzelne Rechte (Forderungen) und Pflichten oder Gestaltungsrechte (Anfechtungs-, Rücktritts- oder Kündigungsrechte) ergeben.

Beispiel: Der Kaufvertrag stellt ein Schuldverhältnis im weiteren Sinne dar, während der Kaufpreiszahlungsanspruch gemäß § 433 Abs. 2 ein Schuldverhältnis im engeren Sinne ist.

Der Untergang des einzelnen Anspruchs bzw. die Beendigung des gesamten Rechtsverhältnisses führt dazu, dass das jeweils betroffene Schuldverhältnis seine rechtlichen Wirkungen verliert.

12.2 Untergangsgründe

Untergangs- bzw. Erlöschungsgründe wirken sich auf den **einzelnen Anspruch** aus.

12.2.1 Erfüllung und Erfüllungssurrogate

Die Befriedigung des Leistungsinteresses des Gläubigers führt zum Untergang des fraglichen Anspruchs.

Erfüllung
§ 362 Abs. 1 stellt klar, dass das Schuldverhältnis erlischt, wenn die geschuldete Leistung an den Gläubiger bewirkt wird. Als „Bewirken" der Leistung ist nicht schon die Leistungshand-

lung als solche, sondern erst das Eintreten des **Leistungserfolgs** zu verstehen. Nur in den Fällen, in denen ein Unterlassen oder eine nicht erfolgsbezogene Tätigkeit geschuldet wird, genügt die Vornahme der Leistungshandlung.

Die Rechtsnatur der Erfüllung ist umstritten. Überwiegend wird jedoch die Theorie der realen Leistungsbewirkung vertreten, wonach die Erfüllung als **realer Tilgungsakt** und nicht als Rechtsgeschäft anzusehen ist. Diese Theorie unterliegt aber Einschränkungen. So fehlt Gläubigern, denen die Verfügungsmacht über die Forderung entzogen ist (bspw. nach § 80 InsO), Geschäftsunfähigen und beschränkt Geschäftsfähigen die so genannte **Empfangszuständigkeit**. Nach h. M. kann ein beschränkt Geschäftsfähiger zwar Eigentum an einer geleisteten Sache erwerben, da dies lediglich rechtlich vorteilhaft i. S. v. § 107 ist, wegen fehlender Empfangszuständigkeit erlischt die Forderung durch Erfüllung jedoch nur bei Zustimmung des gesetzlichen Vertreters oder wenn der Leistungsgegenstand an diesen gelangt (Trennung zwischen Erfüllung und Eigentumserwerb).

Die Leistung kann **durch den Schuldner** oder, wenn der Schuldner nicht in Person zu leisten hat (§ 267 Abs. 1), **durch einen Dritten** bewirkt werden. Dabei muss der Wille des Dritten, die fremde Schuld zu erfüllen, für den Gläubiger erkennbar sein.

Die Leistung **an einen Dritten** (Nichtgläubiger) kann ebenfalls schuldbefreiende Wirkung haben, insbesondere dann, wenn der Dritte vom Gläubiger zur Empfangnahme ermächtigt worden ist oder der Gläubiger diese nachträglich genehmigt (§§ 362 Abs. 2, 185).

Beachte: Grundsätzlich aber gilt, dass die Leistung des Schuldners an einen – gutgläubig für empfangsberechtigt gehaltenen – Nichtberechtigten keine Erfüllungswirkung hat. Nur ausnahmsweise wird der gute Glaube des Schuldners an die Empfangsberechtigung geschützt (bspw. nach den §§ 370, 407, 408, 409).

Leistung an Erfüllungs statt und erfüllungshalber
Nach § 364 kann die **Bewirkung einer anderen als der geschuldeten Leistung** zum Erlöschen des Schuldverhältnisses führen (Erfüllungssurrogate). Zu unterscheiden sind die **Leistung an Erfüllungs statt** und die **Leistung erfüllungshalber**.

Gemäß § 364 Abs. 1 erlischt die Forderung sofort, wenn die (vom Schuldner oder einem Dritten) **an Erfüllungs statt** angebotene Leistung als solche vom Gläubiger angenommen wird.

Übernimmt der Schuldner hingegen zum Zwecke der Befriedigung des Gläubigers eine neue Verbindlichkeit, so ist nach der **Auslegungsregel** des § 364 Abs. 2 **grundsätzlich** von einer **Leistung erfüllungshalber** auszugehen. Dabei tritt die neue Verbindlichkeit neben die – weiter bestehende – alte. Letztere wird gestundet, solange der Gläubiger Befriedigung aus der neuen Verbindlichkeit erlangen kann. Erst bei erfolgreicher Befriedigung des Gläubigers aus der neuen erlischt auch die alte Verbindlichkeit.

Beispiel: Zahlung mit Wechsel oder Scheck erfolgt erfüllungshalber i. S. v. § 364 Abs. 2.

Hinterlegung

Die §§ 372 ff. regeln, dass der leistungswillige Schuldner die geschuldete Sache unter bestimmten Voraussetzungen (hinterlegungsfähiger Gegenstand und Hinterlegungsgrund nach § 372) bei der Hinterlegungsstelle (Amtsgericht am Leistungsort) hinterlegen darf und sich so vorläufig (§ 379) oder endgültig (§ 378) von seiner Schuld befreien kann. Lediglich die endgültige Hinterlegung hat Erfüllungswirkung, wenn die Rücknahme der hinterlegten Sache gemäß § 376 Abs. 2 ausgeschlossen ist.

Aufrechnung

Die Aufrechnung nach §§ 387 ff. ist das dem Schuldner zustehende Recht, einer Forderung seines Gläubigers (Hauptforderung) eine eigene Forderung (Gegenforderung) mit Erfüllungswirkung (§ 389) entgegenzuhalten. Die Aufrechnung vermeidet als Erfüllungssurrogat ein unwirtschaftliches Hin und Her der Leistungen und ermöglicht dem Schuldner zudem, seine Gegenforderung im Wege der Selbsthilfe schnell und effektiv durchzusetzen. Folgende Voraussetzungen müssen für eine wirksame Aufrechnung gegeben sein:

- Aufrechnungslage (§ 387)
    - Gegenseitigkeit der Forderungen
    - Gleichartigkeit der Forderungen
    - Durchsetzbarkeit der Gegenforderung (Forderung des Schuldners)
    - Erfüllbarkeit der Hauptforderung (Forderung des Gläubigers)
- Kein Ausschluss der Aufrechnung (insbes. nicht nach §§ 393, 394)
- Wirksame Aufrechnungserklärung (§ 388)

a) Aufrechnungslage
§ 387 nennt abschließend die vier Voraussetzungen für das Vorliegen einer Aufrechnungslage:

1. Gegenseitigkeit der Forderungen
Die an der Aufrechnung Beteiligten müssen zugleich Gläubiger und Schuldner des jeweils anderen sein (wichtige Ausnahme bei der Abtretung: § 406). Die Aufrechnung mit einer fremden Forderung ist selbst mit der Zustimmung des Forderungsinhabers nicht möglich.

2. Gleichartigkeit der Forderungen
Die Haupt- und Gegenforderung müssen identisch beschaffen sein. Regelmäßig trifft das nur auf Geldschuldenen zu. Denkbar ist die Aufrechnung jedoch auch bei Gattungsschulden von vertretbaren Sachen.

3. Durchsetzbarkeit der Gegenforderung
Die Forderung, mit der aufgerechnet wird (Gegenforderung), muss vollwirksam, fällig und einredefrei sein, wobei bereits das bloße Bestehen einer Einrede eine wirksame Aufrechnung hindert.

4. Erfüllbarkeit der Hauptforderung
Die Forderung, gegen die aufgerechnet wird (Hauptforderung), muss erfüllbar sein (§ 271). Dagegen ist nicht erforderlich, dass sie vollwirksam, fällig und einredefrei ist.

b) Kein Ausschluss der Aufrechnung
Die Aufrechnung ist **gesetzlich ausgeschlossen**, wenn die Hauptforderung aus einer vorsätzlich begangenen unerlaubten Handlung (Deliktshaftung) stammt (§ 393). Dieses Aufrechnungsverbot richtet sich gegen den Schädiger (dieser soll sich seiner Leistungspflicht nicht entziehen dürfen), dem Geschädigten steht es dagegen frei, mit der Deliktsforderung (als Gegenforderung) aufzurechnen.

Beispiel: G gewährt dem S ein Darlehen über 250,- €. Als S nach Fälligkeit des Darlehens trotz mehrerer Zahlungsaufforderungen des G nicht zahlt, will sich G Genugtuung verschaffen und zerkratzt den Wagen des S mit einem Schlüssel (250,- € Schaden). Beim nächsten Aufeinandertreffen der beiden erklärt G, „die Sache sei damit erledigt".

S steht gegen G ein Schadensersatzanspruch aus § 823 Abs. 1 zu (Eigentumsverletzung). Gegen diesen Anspruch kann G mit seinem Anspruch aus Darlehensvertrag wegen § 393 nicht aufrechnen. Dagegen kann S gleichwohl mit seiner Schadensersatzanforderung gegen den Anspruch des G aufrechnen.

Gegen eine unpfändbare Forderung ist die Aufrechnung ebenfalls nicht möglich (§ 394 S. 1). Die Unpfändbarkeit von Forderungen richtet sich nach den §§ 850 ff. ZPO.

Zudem kann die Aufrechnung durch Parteivereinbarung eingeschränkt oder ganz ausgeschlossen werden (**vertraglicher Ausschluss**), wobei bei Allgemeinen Geschäftsbedingungen die Grenzen aus § 309 Nr. 3 zu beachten sind.

Beispiel: Barzahlungsversprechen mit Vorauszahlungsabrede wie „netto Kasse gegen Rechnung"

c) Wirksame Aufrechnungserklärung
Die Aufrechnungserklärung stellt eine einseitige empfangsbedürftige Willenserklärung dar, die gemäß § 383 S. 2 bedingungs- und befristungsfeindlich ist. Die Erklärung muss nicht explizit abgegeben werden; erforderlich aber auch ausreichend ist, dass der Aufrechnungswille klar erkennbar ist.

12.2.2 Leistungsstörung

Leistungsstörungen können zum Untergang von Primäransprüchen führen. Das Leistungsstörungsrecht regelt die Tatbestände und Rechtsfolgen einer nicht ordnungsgemäßen Abwicklung eines Schuldverhältnisses. Der einheitliche **Grundtatbestand der Pflichtverletzung** bildet den zentralen Begriff (insbesondere für Schadensersatzansprüche des Gläubigers gemäß § 280 Abs. 1), der wiederum unterschiedliche Erscheinungsformen, die teilweise Sonderregelungen unterliegen, umfasst. Erbringt der Schuldner die geschuldete Leistung nicht zur rechten Zeit, am rechten Ort und in der richtigen Art und Weise oder verletzt er bei der Leistungserbringung die Gläubigerinteressen in sonstiger Form, liegt eine Leistungsstörung vor. Das **allgemeine Leistungsstörungsrecht** gilt für alle Schuldverhältnisse oder Verträge. Für bestimmte Vertragstypen und Rechtsverhältnisse finden vorrangig Sondervorschriften Anwendung (**besonderes Leistungsstörungsrecht**).

Unmöglichkeit
In § 275 finden sich drei voneinander zu unterscheidende Tatbestände der Unmöglichkeit. § 275 Abs. 1 regelt die **echte** bzw. wirkliche **Unmöglichkeit**, bei der die Leistung nicht erbracht werden kann. Dagegen ist die Leistung in Fällen des § 275 Abs. 2 aus tatsächlichen (**faktische/praktische Unmöglichkeit**) und bei § 275 Abs. 3 aus persönlichen Gründen (**persönliche Unmöglichkeit**) unzumutbar.

a) Echte Unmöglichkeit (§ 275 Abs. 1)
Bei der echten bzw. wirklichen Unmöglichkeit kann die geschuldete Leistung unter keinen Umständen (auch nicht theoretisch) nicht erbracht werden. § 275 Abs. 1 erfasst **alle Erscheinungsformen** der echten Unmöglichkeit:

- Objektive und subjektive Unmöglichkeit

Sowohl die objektive („für jedermann") als auch die subjektive („für den Schuldner" – so genanntes Unvermögen) Unmöglichkeit führen zur Befreiung des Schuldners von der Leistungspflicht.

Beispiel: V schuldet dem K Übergabe und Übereignung eines Gemäldes aus Kaufvertrag. Wird das Kunstwerk vorher bei einem Feuer vollständig zerstört, liegt objektive Unmöglichkeit vor. Entwendet dagegen ein Unbekannter das Gemälde, handelt es sich um subjektive Unmöglichkeit, schließlich könnte der Unbekannte – anders als V – noch leisten. In beiden Fällen ist V jedoch nach § 275 Abs. 1 von der Leistungspflicht befreit.

- Anfängliche und nachträgliche Unmöglichkeit

§ 275 Abs. 1 erfasst die anfängliche (ursprüngliche) und die nachträgliche Unmöglichkeit (Abgrenzungskriterium: Eintritt vor bzw. nach Vertragsschluss). § 311 a Abs. 1 stellt klar, dass eine anfängliche (objektive oder subjektive) Unmöglichkeit der Wirksamkeit eines Vertrages nicht entgegensteht.

- Vollständige und teilweise Unmöglichkeit

Aus § 275 Abs. 1 („soweit") folgt, dass bei einer teilbaren Leistung eine teilweise Unmöglichkeit (Teilunmöglichkeit) eintreten kann.

Beispiel: Bei der Zerstörung einer von zwei zusammengehörigen Vasen beschränkt sich die Leistungspflicht des Schuldners auf den Rest. Der Gläubiger kann jedoch gemäß §§ 326 Abs. 5, 323 Abs. 5 vom ganzen Vertrag zurücktreten, wenn er an der Teilleistung kein Interesse hat.

- Zu vertretende und nicht zu vertretende Unmöglichkeit

Für den Untergang der Primärleistungspflicht nach § 275 Abs. 1 ist es unbeachtlich, ob der Schuldner die Unmöglichkeit gemäß §§ 276 ff. zu vertreten hat. Relevant wird das **Vertretenmüssen erst bei** der Frage nach den auf der Unmöglichkeit basierenden **Sekundäransprüchen** (§§ 280 Abs. 1 und 3, 283, 284 und 285 bzw. § 311 a sowie dem **Schicksal der Gegenleistungspflicht** (§ 326).

Die Unmöglichkeit i. S. v. § 275 Abs. 1 kann auf **physischen** (Leistungsgegenstand existiert nicht bzw. nicht mehr) oder **rechtlichen** (Entgegenstehen eines dauernden Rechtshindernisses) Gründen beruhen. Ebenso kann Unmöglichkeit durch bloßen **Zeitablauf** eintreten:

- Absolutes Fixgeschäft = Unmöglichkeit

- Relatives Fixgeschäft $\neq$ Unmöglichkeit, aber erleichtertes Rücktrittsrecht nach § 323 Abs. 2 Nr. 2

Beim **absoluten Fixgeschäft** ist die Leistungszeit nach dem Inhalt und Zweck des Vertrages für den Gläubiger derart wesentlich, dass die verspätete Leistung keine Erfüllung mehr darstellt. Das ist der Fall, wenn durch Zeitablauf eine Veränderung des Leistungsgegenstands eintritt, in dessen Folge das Gläubigerinteresse nicht mehr befriedigt werden kann. Die geschuldete Leistung ist **nicht mehr nachholbar**.

Beispiel: Taxibestellung zu einer festgelegten Zeit, um einen bestimmten Flug zu erreichen

Das **relative Fixgeschäft** ist durch eine Fristvereinbarung gekennzeichnet, nach der das Geschäft mit der Einhaltung der Leistungszeit „stehen und fallen soll". Solange der Gläubiger bei Fristablauf von seinem erleichterten Rücktrittsrecht nach § 323 Abs. 2 Nr. 2 keinen Gebrauch macht, ist die verspätete Leistung **nachholbar** und deshalb nicht unmöglich.

Beispiele: Klauseln wie „fix", „prompt", „genau" oder „spätestens" i. V. m. einer bestimmten Leistungszeit (Lieferung von Schokoladenosterhasen zum Verkauf für Ostern)

Grundsätzlich setzt § 275 Abs. 1 eine **dauernde** Unmöglichkeit voraus. Vorübergehende Leistungshindernisse hemmen lediglich die Durchsetzung der Leistungspflicht, solange sie bestehen. Eine vorübergehende Unmöglichkeit kann jedoch ausnahmsweise mit der dauernden gleichzustellen sein, wenn dadurch der Vertragszweck in Frage gestellt wird und deshalb einem der Vertragspartner das Festhalten am Vertrag nicht zuzumuten ist.

Beispiele: Kriegsausbruch verhindert Vertragserfüllung, wegen andauernden unsicheren politischen Verhältnissen (Iran) kann nicht mit Bauarbeiten begonnen werden.

12.2 Untergangsgründe

- Problem: Zweckstörung

Leistung i. S. v. § 275 Abs. 1 meint nicht die bloße Vornahme der Leistungshandlung, sondern den Eintritt des Leistungserfolgs. Unmöglichkeit liegt also auch dann vor, wenn die Leistungshandlung zwar weiterhin möglich ist, sie aber den Leistungserfolg nicht mehr bewirken kann. Folgende Fallgruppen sind zu unterscheiden:

Tritt der Leistungserfolg auf andere Weise als durch die Handlung des Schuldners ein, dann liegt eine **Zweckerreichung** vor. **Zweckfortfall** ist hingegen gegeben, wenn der Eintritt des Leistungserfolges durch Umstände, die außerhalb der Sphäre des Schuldners liegen, verhindert wird. In beiden Fällen liegt Unmöglichkeit i. S. v. § 275 Abs. 1 vor.

Beispiele: Das auf Grund gelaufene Schiff ist bereits frei (Zweckerreichung) bzw. gesunken (Zweckfortfall), als der mit der Bergung beauftragte Schleppunternehmer am Ort des Geschehens erscheint.

Bei der bloßen **Zweckstörung** kann der Leistungserfolg vom Schuldner zwar noch herbeigeführt werden, der **Gläubiger** kann die Leistung jedoch nicht mehr zweckentsprechend verwenden. Da aber der Gläubiger grundsätzlich das **Verwendungsrisiko** trägt, liegt keine Unmöglichkeit vor. In Ausnahmefällen steht dem Gläubiger aber der Weg über den Wegfall bzw. die Störung der Geschäftsgrundlage (§ 313) offen (Vertragsanpassung oder Rücktrittsrecht).

Beispiel: Miete eines Balkons für 500,- € zur Besichtigung eines später kurzfristig abgesagten Karnevalsumzugs

b) Faktische/praktische Unmöglichkeit

§ 275 Abs. 2 regelt die faktische bzw. praktische Unmöglichkeit, bei der die Leistung zwar theoretisch möglich ist, jedoch mit einem (finanziellen oder persönlichen) Aufwand verbunden ist, der in einem **groben Missverhältnis** zum (wirtschaftlichen oder ideellen) Leistungsinteresse des Gläubigers steht. Der Schuldner hat in einem solchen Fall eine **Einrede**, die er gegen die Leistungspflicht geltend machen kann (anders als bei § 275 Abs. 1 kein automatisches Erlöschen).

Zum Schutz des Grundsatzes der Vertragsbindung greift § 275 Abs. 2 nur bei offensichtlichen Extremfällen, in denen sich – nach einer vorzunehmenden **Verhältnismäßigkeitsprüfung** – die Geltendmachung des Anspruchs als rechtsmissbräuchlich darstellt. Anders als bei § 275 Abs. 1 wäre die Leistungserbringung zwar theoretisch möglich, kann aber in einer solchen Situation von keinem vernünftigen Gläubiger ernsthaft erwartet werden.

Beispiel: geschuldeter Ring liegt auf dem Meeresgrund oder unter dem Fundament eines mehrstöckigen Hauses

Dem Schuldner sind jedoch gemäß § 275 Abs. 2 S. 2 größere Anstrengungen zumutbar, sofern er das Leistungshindernis **zu vertreten** hat. Die vorsätzliche oder fahrlässige Herbeiführung der Ursache für das Leistungshindernis erhöhen ebenso wie die Übernahme einer Garantie oder eines Beschaffungsrisikos (§ 276) die Anforderungen an die Bemühungen des Schuldner.

§ 275 Abs. 2 erfasst **nicht** den Tatbestand der so genannten **wirtschaftlichen Unmöglichkeit**, bei dem die Leistungserbringung den Schuldner „überobligationsmäßig" belastet. Die Schwierigkeiten des Schuldners liegen hier unterhalb der Schwelle zur faktischen Unmöglichkeit, überschreiten aber die „**Opfergrenze**". Derartige Äquivalenzstörungen zwischen Leistung und Gegenleistung sind nach den Grundsätzen zur Störung der Geschäftsgrundlage (§ 313) zu behandeln. Zum einen werden hier – anders als bei § 275 Abs. 2 – die Interessen des Schuldners berücksichtigt. Zum anderen ist die Rechtsfolge von § 313 (Anpassung des Vertrages bzw. Rücktrittsrecht) regelmäßig interessengerechter als die vollständige Befreiung des Schuldners von der Leistungspflicht.

Beispiele: Geldentwertung infolge Inflation, plötzliche Warenverknappung

c) Persönliche Unmöglichkeit
§ 275 Abs. 3 gewährt dem Schuldner eine Einrede, wenn er eine persönliche Leistung zwar theoretisch erbringen kann (also keine subjektive Unmöglichkeit i. S. v. § 275 Abs. 1 vorliegt), ihm das aber unter Abwägung des seiner Leistung entgegenstehenden Hindernisses mit dem Leistungsinteresse des Gläubigers nicht zugemutet werden kann. Es handelt sich hierbei um Fälle der faktischen Unmöglichkeit bei persönlich zu erbringenden Leistungspflichten. Eine höchstpersönliche Leistungsverpflichtung findet man vor allem bei Dienst- und Arbeitsverträgen, aber bspw. auch bei Werkverträgen mit individueller Prägung.

Die Anwendung von § 275 Abs. 3 ist ebenfalls auf offensichtliche Extremfälle zu begrenzen. Anders als bei § 275 Abs. 2 werden in der Abwägung auch persönliche Umstände und Interessen des Schuldners berücksichtigt. Erfasst ist u. a. die so genannte **moralische Unmöglichkeit**, bei der dem Schuldner wegen einer (nicht wirtschaftlichen) **Zwangslage** (mehr als ein bloßer Gewissenskonflikt) die Leistungserbringung unzumutbar ist.

Beispiele: Konzertpianistin kann nicht auftreten, weil ihr Kind im Sterben liegt. Ausländischer Arbeitnehmer leistet Wehrdienst im Heimatland ab, weil Nichtbefolgung des Einberufungsbefehls mit Todesstrafe geahndet wird.

Außerdem liegt persönliche Unmöglichkeit bei erforderlichen Arzt-, Gerichts- und Behördenbesuchen vor.

Verpflichtet sich der Schuldner hingegen in Kenntnis des Leistungshindernisses zur Leistung, liegt keine persönliche Unmöglichkeit vor. Obwohl in § 275 Abs. 3 eine dem § 275 Abs. 2 S. 2 entsprechende Regelung fehlt, ist das Vertretenmüssen des Schuldners in der Abwägung zu seinen Lasten zu berücksichtigen.

d) Unmöglichkeit bei der Gattungsschuld
Für Gattungsschulden, die dadurch gekennzeichnet sind, dass die **geschuldete Leistung nur nach generellen Kriterien bestimmt** ist, gelten Besonderheiten in Bezug auf die Unmöglichkeit.

- Bei der Gattungsschuld hat der Schuldner eine **Sache mittlerer Art und Güte** zu leisten (§ 243 Abs. 1). Deshalb tritt echte **objektive** Unmöglichkeit i. S. v. § 275 Abs. 1 nur ein, wenn die **gesamte marktgängige Gattung** (bzw. der gesamte Vorrat bei einer beschränkten Gattungs- bzw. Vorratsschuld) nicht mehr verfügbar ist.

Beispiel: Es sind keine Pkw des Typs VW Polo erhältlich.

- Die subjektive Unmöglichkeit fällt bei der Gattungsschuld unter § 275 Abs. 2. Ist eine Leistung aus der Gattung noch möglich, ist der Schuldner grundsätzlich zu deren Beschaffung verpflichtet (**Beschaffungsschuld**), es sei denn, der Aufwand des Schuldners steht in einem groben Missverhältnis zum Leistungsinteresse des Gläubigers (Einrede). Dabei ist gemäß § 275 Abs. 2 S. 2 auch ein etwaiges **Vertretenmüssen** des Schuldners zu berücksichtigen. § 276 Abs. 1 S. 1 stellt insoweit klar, dass sich eine strengere Haftung als für Vorsatz und Fahrlässigkeit „insbesondere aus der Übernahme einer Garantie oder eines Beschaffungsrisikos" ergeben kann. Konsequenz ist, dass bei Gattungsschulden subjektive Unmöglichkeit nur dann in Frage kommt, wenn das Hindernis **nicht mehr innerhalb des übernommenen Beschaffungsrisikos** liegt.

Beispiel: Staat verbietet überraschend die Einfuhr einer bestimmten Ware.

- Angesichts dieser Grundsätze hat der Schuldner einer Gattungssache ein Interesse daran, seine Gattungsschuld unter den Voraussetzungen von § 243 Abs. 2 **auf eine Speziesschuld zu beschränken**. Diese so genannte **Konkretisierung** tritt ein, wenn der Schuldner das zur Leistung der Gattungssache **seinerseits Erforderliche getan** hat. Entscheidend ist die **Vornahme der erforderlichen Leistungshandlungen**, die nach Art der Schuld differieren:

    - **Holschuld** (Regelfall): Schuldner muss eine Sache mittlerer Art und Güte aussondern und sie an seinem Wohn- bzw. Geschäftssitz (§ 269 Abs. 2) dem Gläubiger wörtlich anbieten.

    - **Schickschuld**: Schuldner muss eine Sache mittlerer Art und Güte aussondern und sie am Leistungsort (regelmäßig Wohn- bzw. Geschäftssitz des Schuldners) an eine sorgfältig ausgewählte Transportperson übergeben (beachte für den Versendungskauf: § 447).

    - **Bringschuld**: Schuldner muss eine Sache mittlerer Art und Güte aussondern und sie dem Gläubiger an dessen Wohn- bzw. Geschäftssitz tatsächlich anbieten.

- Befindet sich der Gläubiger im **Gläubigerannahmeverzug** gemäß §§ 293 ff. (s. u.) und hat der Schuldner die zu leistende Sache bereits aus der Gattung ausgesondert und dem Gläubiger angeboten, so erlischt bei Untergang der ausgesonderten Sache die Gattungsschuld insgesamt.

e) Rechtsfolgen der Unmöglichkeit
Die Unmöglichkeit der Leistungsverpflichtung hat folgende Konsequenzen:

- Der Vertrag bleibt wirksam.

- Die Primärleistungspflicht des Schuldners erlischt (bei § 275 Abs. 1 automatisch, bei § 275 Abs. 2 und 3 nach Erhebung der Einrede).

- Der Gegenleistungsanspruch geht grundsätzlich unter (§ 326 Abs. 1 S. 1 – dazu genauer im unmittelbaren Anschluss).

- Ggf. erwachsen aus der Unmöglichkeit Sekundäransprüche zwischen den Vertragsparteien: Ersatz des Surrogats (so genanntes stellvertretendes commodum), Schadens- oder Aufwendungsersatz (Einzelheiten – vgl. unten).

- Dem Gläubiger steht ein Rücktrittsrecht zu (§§ 326 Abs. 5, 323).

f) Untergang des Anspruchs auf die Gegenleistung

Bei einem gegenseitigen Austauschvertrag, der durch die **wechselseitige Abhängigkeit der gegenseitigen Verpflichtungen** gekennzeichnet ist (so genanntes Synallagma), geht der Anspruch des Schuldners auf die Gegenleistung bei Unmöglichkeit seiner Primärleistungspflicht (§ 275) nach § 326 Abs. 1 S. 1 kraft Gesetzes unter. Der Schuldner der unmöglichen Leistung trägt demnach die Vergütungsgefahr (auch Preis- oder Gegenleistungsgefahr). Wenn der Gläubiger die Gegenleistung bereits erbracht hat, kann er gemäß § 326 Abs. 4 das Geleistete nach den Rücktrittsregeln (§§ 346 bis 348) zurückfordern.

Zu beachten sind aber die Ausnahmefälle, in denen die Gegenleistungspflicht des Gläubigers bestehen bleibt:

- § 326 Abs. 2 S. 1 1. Hs.: bei alleiniger oder weit überwiegender **Verantwortlichkeit des Gläubigers** für die Unmöglichkeit, insbesondere bei Verstoß gegen vertragliche Haupt- oder Nebenpflichten (vgl. insbesondere § 254)

  Beispiel: Verursacht der Mieter fahrlässig einen Brand, bei dem die Mietsache untergeht, bleibt der Anspruch des Vermieters auf Zahlung der Miete (§ 535 Abs. 2) trotz Untergangs der Mietsache nach § 326 Abs. 2 S. 1 1. Hs. bestehen.

- § 326 Abs. 2 S. 1 2. Hs.: bei **Gläubigerannahmeverzug** (§§ 293 ff.), wenn der Schuldner die Unmöglichkeit nicht zu vertreten hat (beachte: gemäß § 300 Abs. 1 haftet der Schuldner im Gläubigerannahmeverzug nur für Vorsatz und grobe Fahrlässigkeit)

- § 326 Abs. 3: **Inanspruchnahme des Surrogats** der unmöglich gewordenen Leistung (Ersatz oder Ersatzanspruch) durch den Gläubiger (stellvertretendes commodum nach § 285)

- Übergang der Preis- bzw. Vergütungsgefahr auf den Gläubiger nach **Sonderregelungen** z. B.:

  - § 446 S. 1: Übergabe des Kaufgegenstandes an den Käufer

  - § 446 S. 3: Annahmeverzug des Käufers (§§ 293 ff.)

  - § 447: Versendungskauf mit Aushändigung der Sache an eine sorgfältig ausgewählte Versandperson (**beachte:** beim **Verbrauchsgüterkauf** ist § 447 gemäß

12.2 Untergangsgründe

- § 474 Abs. 2 **nicht anwendbar**, der Unternehmer trägt abweichend von § 447 das Versandrisiko)
- §§ 644, 645: Abnahme des Werks durch den Besteller, Annahmeverzug des Bestellers, Versendung des Werks auf Verlangen des Bestellers und Verantwortlichkeit des Bestellers für das Leistungshindernis

Das Erlöschen des Anspruchs des Schuldners auf die Gegenleistung nach § 326 Abs. 1 S. 1 betrifft nicht das Schuldverhältnis im weiteren Sinne, es sei denn, zwischen den Vertragsparteien bestehen keine weiteren Rechte und Pflichten.

Schuldnerverzug

Der Schuldnerverzug i. S. d. §§ 286 ff. ist gekennzeichnet durch die **nicht rechtzeitige Erbringung der geschuldeten** (noch möglichen) **Leistung** und stellt eine Pflichtverletzung des Schuldners und damit zugleich eine Leistungsstörung dar, die **nicht unmittelbar zum Erlöschen des Erfüllungsanspruchs führt**. Verlangt der Gläubiger wegen eines Verzugs des Schuldners aber Schadensersatz statt der Leistung gemäß §§ 280 Abs. 1 und 3, 281 oder tritt gemäß § 323 von einem gegenseitigen Vertrag zurück, geht damit sein Anspruch auf die Primärleistung unter.

a) Voraussetzungen des Schuldnerverzugs
Die Voraussetzungen des Schuldnerverzugs ergeben sich abschließend aus § 286:

- Nichtleistung trotz Möglichkeit – Die Unmöglichkeit der Leistung nach § 275 Abs. 1 bis 3 schließt den Schuldnerverzug aus, wobei die Nachholbarkeit der Leistung das entscheidende Abgrenzungskriterium ist (**Nachholbarkeit = Schuldnerverzug**).

    Beispiel: Kommt das zu einer bestimmten Zeit bestellte Taxi zu spät, um den geplanten Flug zu erreichen, liegt ein absolutes Fixgeschäft (vgl. oben) und damit Unmöglichkeit vor, weil die geschuldete Leistung nicht mehr nachholbar ist. Ein Schuldnerverzug nach § 286 scheidet aus.

- Vollwirksamer, fälliger und durchsetzbarer Anspruch des Gläubigers – In Betracht kommen für den Schuldnerverzug Ansprüche des Gläubigers aus **gesetzlichen und vertraglichen Schuldverhältnissen**. Die Fälligkeit richtet sich nach den Regeln über die Leistungszeit (§ 271), d. h., im Zweifel tritt die Fälligkeit sofort beim Abschluss eines (wirksamen) Vertrages ein. Grundsätzlich liegt kein Schuldnerverzug vor, wenn gegen den fraglichen Anspruch **Einwendungen oder Einreden bestehen** (bspw. §§ 320 [Einrede des nichterfüllten Vertrages], 214 Abs. 1 [Einrede der Verjährung]). Bei der **Einrede des Zurückbehaltungsrechts** gemäß §§ 273, 1000 ist jedoch eine **rechtzeitige Geltendmachung** durch den Schuldner nötig, um den Schuldnerverzug auszuschließen.

- **Mahnung** des Gläubigers – Die Mahnung stellt einerseits das wesentliche Erfordernis des Schuldnerverzugs dar, ist aber andererseits unter bestimmten Umständen nicht erforderlich:

- Mahnung bzw. deren Ersatz (§ 286 Abs. 1) – Die Mahnung ist eine empfangsbedürftige, formlose, ausdrückliche oder schlüssige, eindeutige, **ernsthafte und bestimmte Leistungsaufforderung** des Gläubigers an den Schuldner, die grundsätzlich erst **nach dem Eintritt der Fälligkeit** erfolgen kann (§ 286 Abs. 1 S. 1). Sie stellt eine rechtsgeschäftsähnliche Handlung dar. Gleichgestellt mit der Mahnung sind die Erhebung einer Leistungsklage und die Zustellung eines Mahnbescheids (§ 286 Abs. 1 S. 2).

- Entbehrlichkeit der Mahnung (§ 286 Abs. 2) – Die Mahnung ist in bestimmten Fällen für den Eintritt des Schuldnerverzugs nicht erforderlich:

  - Nr. 1: Kalendarische Bestimmung der Leistungszeit (mittelbare Bestimmung wie „Mitte des Monats" oder „im Januar" genügt)
  - Nr. 2: Ablauf einer kalendermäßig berechenbaren Frist nach Eintritt eines Ereignisses (bspw. Lieferung, Kündigung)
  - Nr. 3: Ernsthafte und endgültige Leistungsverweigerung des Schuldners
  - Nr. 4: Interessenabwägung rechtfertigt sofortigen Eintritt des Verzugs (insbesondere in den Fällen der so genannten **Selbstmahnung** des Schuldners [Schuldner kündigt zunächst unverzügliche Leistung an, leistet aber nicht] oder **bei offensichtlich besonders eilbedürftigen Pflichten** [bspw. Reparatur eines Wasserrohrbruchs oder der Heizungsanlage im Winter])

- Sonderregelung des § 286 Abs. 3 – Bei der Nichtleistung einer **Entgeltforderung** kommt der Schuldner **spätestens** (d. h. durch Mahnung kann der Gläubiger den Schuldner früher in Verzug setzen) **30 Tage nach Fälligkeit und Zugang einer Rechnung** oder gleichwertigen Forderungsaufstellung in Verzug (§ 286 Abs. 3 S. 1 1. Hs.). Gegenüber Verbrauchern i. S. v. § 13 gelten besondere Anforderungen nach § 286 Abs. 3 S. 1 2. Hs. (Hinweispflicht). Bei Unsicherheit über den Zugangszeitpunkt greift § 286 Abs. 3 S. 2, der aber nicht gegenüber Verbrauchern gilt.

- **Vertretenmüssen** des Schuldners (§ 286 Abs. 4) – Der Schuldnerverzug setzt ein Verschulden des Schuldners (§§ 276, 278) voraus. Zu beachten ist, dass nach § 286 Abs. 4 das **Verschulden vermutet** wird, d. h., der Schuldner muss sein Nichtvertretenmüssen darlegen und beweisen.

- Keine Beendigung – Der Schuldnerverzug endet (keine Rückwirkung), sobald eine seiner Voraussetzungen nicht mehr vorliegt. Zu denken ist insofern an den Eintritt der Unmöglichkeit, eine Anfechtung oder das Entstehen bzw. die Ausübung einer Einrede während des Schuldnerverzugs.

b) Rechtsfolgen des Schuldnerverzugs

Der Schuldnerverzug gibt dem Gläubiger als Rechtsfolge die Möglichkeit Schadensersatz zu verlangen und ein Gestaltungsrecht auszuüben. Außerdem führt der Schuldnerverzug zu einer strengeren Haftung des Schuldners.

- Der Erfüllungsanspruch bleibt grundsätzlich bestehen; nur wenn der Gläubiger Schadensersatz statt der Leistung verlangt bzw. vom Vertrag zurücktritt, geht der Erfüllungsanspruch unter. **Neben** dem fortbestehenden Erfüllungsanspruch kann der Gläubiger folgende Ansprüche geltend machen (vgl. zu den Einzelheiten auch den Abschnitt Sekundäransprüche):

  - **Ersatz des Verzögerungsschadens** gemäß §§ 280 Abs. 1 und 2, 286; dabei ist der Gläubiger so zu stellen, wie er bei rechtzeitiger Leistung des Schuldners stehen würde (bspw. Ersatz der Rechtsverfolgungskosten und des entgangenen Gewinns)
  - **Anspruch auf Verzugszinsen** (§§ 288 ff.):

- bei einer Geldschuld wird nach § 288 Abs. 1 ein Mindestschaden i. H. v. fünf Prozentpunkten über dem Basiszinssatz (§ 247) unwiderlegbar vermutet; falls kein Verbraucher an dem Rechtsgeschäft beteiligt ist, beträgt der Zinssatz acht Prozentpunkte über dem Basiszinssatz (§ 288 Abs. 2)

- höherer Zinssatz nach §§ 288 Abs. 3 und 4 möglich

- **Schadensersatz statt der Leistung** gemäß §§ 280 Abs. 1 und 3, 281 – Bei einer Geltendmachung des Schadensersatzanspruchs statt der Leistung durch den Gläubiger geht der Erfüllungsanspruch nach § 281 Abs. 4 unter. Grundsätzlich bedarf es dafür jedoch einer **Leistungsaufforderung mit Fristsetzung** (Ausnahmen in § 281 Abs. 2), die zugleich die Anforderungen an eine Mahnung i. S. v. § 286 erfüllt.

- **Rücktrittsrecht** bei gegenseitigen Verträgen nach § 323 – Grundsätzlich gilt auch dafür ein **Fristsetzungserfordernis** (Ausnahmen in § 323 Abs. 2). Das Recht, bei einem gegenseitigen Vertrag Schadensersatz zu verlangen, wird nach § 325 durch einen Rücktritt nicht ausgeschlossen.

- **Haftungsverschärfung** (§ 287) – Gemäß § 287 S. 1 muss der Schuldner während des Schuldnerverzugs für **jede Art von Fahrlässigkeit** einstehen. Dies ist aufgrund von § 287 S. 2 (s. u.) nur bei Nebenpflichtverletzungen (insbesondere gemäß § 241 Abs. 2) und gleichzeitigem Eingreifen einer gesetzlichen Haftungserleichterung (bspw. §§ 521, 599, 690) von Bedeutung. Nach § 287 S. 2 haftet der Schuldner außerdem für **während des Schuldnerverzugs durch Zufall** (auch höhere Gewalt) eingetretene Leistungshindernisse, es sei denn, der Schaden wäre auch bei rechtzeitiger Leistung entstanden.

c) Exkurs: Gläubigerverzug

Vom Schuldnerverzug zu unterscheiden ist der **Gläubiger- bzw. Annahmeverzug**, der – anders als sein Gegenstück – **weder Ansprüche auf Schadensersatz noch Gestaltungsrechte** gewährt. Der Gläubigerverzug als weitere Erscheinungsform einer Leistungsstörung erlangt vielmehr vor allem Bedeutung durch die **Modifizierung** der Voraussetzungen oder Rechtsfolgen schuldrechtlicher Anspruchsgrundlagen. Die einzige direkt auf dem Gläubigerverzug basierende Anspruchsgrundlage ist § 304, der dem Schuldner gegen den säumigen Gläubiger einen Ersatzanspruch für seine Mehraufwendungen einräumt.

1. Voraussetzungen des Gläubigerverzugs
Die Voraussetzungen des Gläubigerverzugs sind in den §§ 293 ff. geregelt:

- **Erfüllbarkeit** der Leistung – Der Schuldner muss seine Leistung erbringen dürfen (vgl. § 271 – Leistungszeit).

- **Angebot** des Schuldners – Der Schuldner muss die Leistung dem Gläubiger oder dessen empfangsberechtigtem Vertreter grundsätzlich anbieten (§§ 294 bis 296):
  - Tatsächliches Angebot (§ 294) – Prinzipiell erforderlich ist ein ordnungsgemäßes Angebot des Schuldners (bloßer Realakt – keine Willenserklärung), die Leistungshandlung **zur rechten Zeit (§ 271)**, **am rechten Ort (§§ 269, 270)** und **in der geschuldeten Art und Weise** vorzunehmen, so dass der Gläubiger nur noch „zugreifen" muss. Bei Schickschulden, insbesondere beim Versendungskauf i. S. v. § 447, ist dafür, unabhängig vom Gefahrübergang, das Eintreffen der Ware beim Empfänger notwendig.
  - Wörtliches Angebot (§ 295) – Ausnahmsweise genügt ein wörtliches Angebot (geschäftsähnliche Handlung, d. h., die §§ 104 ff. finden analoge Anwendung [Zugang entsprechend § 130 erforderlich]), wenn der Gläubiger eindeutig und bestimmt die **Nichtannahme der Leistung erklärt (§ 295 S. 1 1. Alt.)** oder **erforderliche Mitwirkungshandlungen** (bspw. Abholung bei Holschuld, Abrufung von Waren) **unterlässt (§ 295 S. 1 2. Alt.)**.
  - Entbehrlichkeit des Angebots (§ 296) – Ein Angebot des Schuldners ist bei **kalendermäßig feststehender Leistungszeit (§ 296 S. 1)** oder **Ablauf einer kalendermäßig berechenbaren Leistungsfrist (§ 296 S. 2)** nicht notwendig – vgl. entsprechend zur Entbehrlichkeit der Mahnung beim Schuldnerverzug § 286 Abs. 2 Nr. 1 und 2.

- **Leistungsvermögen** des Schuldners (§ 297) – Der Schuldner muss objektiv und subjektiv in der Lage sein, die fragliche Leistung zu erbringen. Eine **dauernde Unmöglichkeit** oder ein **vorübergehendes Leistungsunvermögen** (bspw. Krankheit oder Urlaub des Arbeitnehmers) schließen den Annahmeverzug aus. Entscheidendes Abgrenzungskriterium ist, ob die Leistung noch erbracht werden kann oder nicht (**Nachholbarkeit = Gläubigerverzug**).

- **Nichtannahme** der Leistung/Unterlassen der notwendigen Mitwirkungshandlung durch den Gläubiger – Eine ausdrückliche Annahmeverweigerung durch den Gläubiger ist ebenso wenig erforderlich wie ein Verschulden des Gläubigers (Annahme = Obliegenheit des Gläubigers). Erklärt der Gläubiger die Annahme, **will aber die geforderte und fällige Gegenleistung nicht erbringen**, dann gerät er ebenfalls in Annahmeverzug (§ 298). Eine **nur vorübergehende Annahmeverhinderung** begründet hingegen **keinen Annahmeverzug**, es sei denn, die Leistungszeit war vorher bestimmt oder der Schuldner hat die Leistung rechtzeitig vorher angekündigt (§ 299).

2. Rechtsfolgen des Gläubigerverzugs

Die **Rechtsfolgen** des Gläubigerverzugs stehen unter der Prämisse, dass der Gläubiger zwar zur Annahme berechtigt, aber nicht verpflichtet ist. Deshalb wird der **Schuldner** bei einem Gläubigerverzug zwar durch verschiedene Regelungen **entlastet**, Schadenersatzansprüche oder Gestaltungsrechte stehen ihm jedoch nicht zu:

- Haftungsmilderung (§ 300 Abs. 1) – Während des Gläubigerverzugs hat der Schuldner in Bezug auf den Leistungsgegenstand **nur Vorsatz und grobe Fahrlässigkeit zu vertreten**. Geht der Leistungsgegenstand bei einem gegenseitigen Vertrag aufgrund leichter Fahrlässigkeit des Schuldners während des Gläubigerverzugs unter, dann wird der Schuldner von seiner Leistungspflicht nach § 275 frei, haftet nicht auf Schadensersatz und behält zudem den Anspruch auf die Gegenleistung nach § 326 Abs. 2 S. 1 2. Hs. (s. u.).

- Übergang der Leistungsgefahr bei Gattungsschulden (§ 300 Abs. 2) – Nur relevant, wenn der Gläubiger ausnahmsweise bereits in Verzug geraten ist, bevor der Schuldner das seinerseits Erforderliche getan hat (§ 243 Abs. 2), also **noch keine Konkretisierung** eingetreten ist.

- Übergang der Preisgefahr (§ 326 Abs. 2 S. 1 2. Hs.) – Nach dieser Anspruchserhaltungsnorm (keine eigene Anspruchsgrundlage) **behält der Schuldner** bei einem gegenseitigen Vertrag den **Anspruch auf die Gegenleistung**, sofern die Unmöglichkeit der Leistung während des Gläubigerverzugs **ohne sein Verschulden** (beachte die Haftungsmilderung nach § 300 Abs. 1 [s. o.]) eingetreten ist.

- Ersatz von Mehraufwendungen (§ 304) – Die einzige unmittelbar aus dem Gläubigerverzug folgende **Anspruchsgrundlage** gewährt dem Schuldner einen Anspruch auf **Ersatz der tatsächlich entstandenen und (objektiv) erforderlichen Mehraufwendungen**, worunter die Kosten für das erfolglose Erstangebot (bspw. Transport- oder Mahnkosten) sowie für die Aufbewahrung und Erhaltung des geschuldeten Gegenstands (bspw. Lager- und Versicherungskosten) fallen.

- Sonstige Rechtsfolgen ergeben sich bspw. aus §§ 301 (Befreiung des Schuldners von jeder Zinspflicht); 302; 303; 372 S. 1, 383 (Recht des Schuldners zur Hinterlegung und ggf. zur Veranlassung einer öffentlichen Versteigerung der geschuldeten Sache) sowie 615 (Vergütung bzw. Lohnzahlung im Annahmeverzug des Dienstberechtigten bzw. Arbeitgebers).

Störung der Geschäftsgrundlage

Das in § 313 geregelte Institut der Störung der Geschäftsgrundlage versucht die **Risiken**, die sich **aus unvorhersehbaren Änderungen von Umständen oder falscher Beurteilung durch die Beteiligten** ergeben, aber im Vertrag keine Berücksichtigung gefunden haben, sachgerecht zu verteilen.

a) Voraussetzungen der Störung der Geschäftsgrundlage

Die Störung der Geschäftsgrundlage hat gemäß § 313 folgende Voraussetzungen:

- Regelungslücke

- Erhebliche Störung der Geschäftsgrundlage

1. Regelungslücke

Auf § 313 kann nur dann zurückgegriffen werden, wenn **mangels einer speziellen Regelung** (bspw. § 275 [Unmöglichkeit], § 119 [Irrtumsanfechtung] oder § 314 [Kündigung von Dauerschuldverhältnissen aus wichtigem Grund]) eine Regelungslücke besteht. Unklarheiten bezüglich des Inhalts von Verträgen sind vorrangig durch eine ergänzende Vertragsauslegung nach §§ 133, 157 zu beseitigen.

2. Erhebliche Störung der Geschäftsgrundlage

Da § 313 den Grundsatz der Vertragstreue einschränkt, sind strenge Anforderungen an das Vorliegen einer Störung der Geschäftsgrundlage zu stellen.

(a) Eine Geschäftsgrundlage kann sowohl auf **objektiven Umständen** als auch auf **subjektiven Vorstellungen** der Vertragsparteien vom Vorhandensein bzw. künftigen Eintritt bestimmter Umstände (§ 313 Abs. 2) basieren. Die Umstände bzw. Vorstellungen müssen von mindestens einer Partei **als wesentlich vorausgesetzt** werden und bei Abschluss des Vertrages auch dem anderen Teil **erkennbar** geworden sein, ohne dass es zu Beanstandungen gekommen ist. Auf die Berücksichtigung dieser Aspekte hätte sich die andere Seite redlicherweise einlassen müssen. Die Geschäftsgrundlage gehört zwar nicht zum Vertragsinhalt, jedoch baut der Geschäftswille der Parteien auf ihr auf. Diese hätten den Vertrag bei Kenntnis der Veränderung der Geschäftsgrundlage nicht oder mit anderem Inhalt geschlossen.

Folgende **Fallgruppen** sind von Bedeutung:

- **Leistungserschwerungen**, insbesondere Beschaffungshindernisse, also regelmäßig Fälle der von § 275 Abs. 2 nicht erfassten so genannten wirtschaftlichen Unmöglichkeit (vgl. oben)

  Beispiel: Rohstoffverknappung aufgrund nicht vorhersehbarer Naturkatastrophe

- **Äquivalenzstörungen**, bei denen infolge wesentlicher Veränderungen der Verhältnisse (bspw. massive Geldentwertung) ein krasses Missverhältnis zwischen Leistung und Gegenleistung entsteht

- **Zweckstörungen**, bei denen das Risiko einer nicht zweckentsprechenden Verwendung des Vertragsgegenstandes ausnahmsweise Vertragsinhalt geworden ist

  Beispiel: Miete eines Fensters zur Besichtigung eines ausfallenden Krönungszugs

- gemeinschaftlicher Motivirrtum (vgl. § 313 Abs. 2)

  Beispiel: beträchtlicher gemeinschaftlicher Irrtum über Umrechnungskurs bei einem in ausländischer Währung gewährten aber in Euro zurückzuzahlenden Darlehen

(b) Die Störung muss **erheblich** sein. Das ist der Fall, wenn ein unverändertes **Festhalten am Vertrag** unter Berücksichtigung aller Umstände des Einzelfalls, insbesondere der vertraglichen oder gesetzlichen **Risikoverteilung** einer Partei **unzumutbar** ist. Unwesentliche Änderungen bleiben unberücksichtigt, vielmehr ist ein „Sonderopfer" erforderlich. Eine Partei kann sich zudem dann nicht auf eine Störung berufen, wenn sie diese verschuldet hat.

b) Rechtsfolgen der Störung der Geschäftsgrundlage
Die Störung der Geschäftsgrundlage ist nach § 313 durch einen möglichst geringen Eingriff in die ursprüngliche Vereinbarung und eine möglichst interessengerechte Verteilung des realisierten Risikos zu beheben. Deshalb hat die benachteiligte Partei gemäß § 313 Abs. 1 in erster Linie einen Anspruch auf **Anpassung des Vertrages** an die veränderten Umstände (**Vorrang der Vertragsanpassung**). Wenn eine Anpassung jedoch nicht möglich oder einem Teil nicht zumutbar ist, gewährt § 313 Abs. 3 ein Recht auf **Auflösung des Vertrages**. Bei einem einmaligen Leistungsaustausch steht der benachteiligten Partei in einem solchen Fall ein Rücktrittsrecht nach § 313 Abs. 3 S. 1 zu. Die Rückabwicklung richtet sich dann nach den §§ 346 ff. Bei Dauerschuldverhältnissen (z. B. Mietvertrag) besteht ein Kündigungsrecht nach § 313 Abs. 3 S. 2 (i. V. m. § 314).

12.3 Beendigungsgründe

Beendigungsgründe beziehen sich anders als Untergangs- bzw. Erlöschensgründe (s. o.) **auf das Schuldverhältnis im weiteren Sinne**.

12.3.1 Rücktritt

Der Rücktritt als einem **Gestaltungsrecht** einer Vertragspartei aufgrund einer entsprechenden vertraglichen oder gesetzlichen Befugnis führt zur **Umwandlung** eines – wirksam zustande gekommenen – Schuldverhältnisses in ein **Rückgewährschuldverhältnis**, aus dem sich wiederum Rückgewähr- und Ausgleichsansprüche ergeben. Die durch den Vertrag begründeten und noch nicht erfüllten primären Leistungspflichten erlöschen. Diesbezüglich stellt der Rücktritt eine **rechtsvernichtende Einwendung** dar.

Voraussetzungen des Rücktritts
Ein wirksamer Rücktritt hat folgende Voraussetzungen:

- Vorliegen eines vertraglichen oder gesetzlichen Rücktrittsrechts
- Rücktrittserklärung

a) Vorliegen eines vertraglichen oder gesetzlichen Rücktrittsrechts

Ein Rücktrittsrecht kann entweder **vertraglich vereinbart** werden oder auf einer **gesetzlichen Regelung** basieren. Die Vorschriften über den Rücktritt gemäß **§§ 346 ff.** finden nunmehr – anders als vor der Schuldrechtsmodernisierung – sowohl auf das **vertragliche** als auch auf das **gesetzliche Rücktrittsrecht** unmittelbar Anwendung.

1. Vertragliches Rücktrittsrecht

Die Parteien eines Vertrages können – ausdrücklich oder konkludent – ein Rücktrittsrecht vereinbaren, um dem Rücktrittsberechtigten die Möglichkeit zu geben, sich – entweder ohne oder aus einem bestimmten (genauer definierten) Grund – vom Vertrag zu lösen (so genannter **Rücktrittsvorbehalt**).

(a) Bei der Verwendung von im nichtkaufmännischen Verkehr sind jedoch die Grenzen von § 308 Nr. 3 zu beachten, wonach ein sachlich gerechtfertigter Grund und dessen ausdrückliche Benennung in der Vertragsklausel für ein vertragliches Rücktrittsrecht des Verwenders erforderlich sind.

(b) Für die Ausübung eines vertraglichen Rücktrittsrechts kann die Einhaltung einer Frist vereinbart werden. Fehlt eine solche Vereinbarung, kann nach § 350 der Rücktrittsgegner eine angemessene Frist setzen. Läuft die Frist ab, ohne dass der Rücktritt erklärt wird, erlischt das Rücktrittsrecht.

(c) Ein Rücktritt wegen Nichterfüllung ist gemäß § 352 unwirksam, wenn der Schuldner unverzüglich, d. h. ohne schuldhaftes Zögern (Legaldefinition in § 121 Abs. 1 S. 1), nach dem Rücktritt die Aufrechnung (§§ 387 ff.) erklärt und die Aufrechnungslage bereits im Zeitpunkt des Rücktritts bestanden hat.

2. Gesetzliches Rücktrittsrecht

Praktisch weitaus **bedeutsamer** sind die **gesetzlichen Rücktrittsgründe**, die sich aus Leistungsstörungen ergeben. Relevant sind vor allem § 323 und § 326 Abs. 5, die bei der **Sach- und Rechtsmängelhaftung im Kauf- und Werkvertragsrecht** über §§ 437 Nr. 2, 440 bzw. §§ 634 Nr. 3, 636 Anwendung finden.

(a) Nach § 323 Abs. 1 kann der Gläubiger bei einem gegenseitigen Vertrag wegen einer nicht oder nicht vertragsgemäß erbrachten fälligen Leistung zurücktreten, wenn er dem Schuldner vorher erfolglos eine angemessene Frist zur Leistung gesetzt hat oder eine Fristsetzung entbehrlich war. Das Pendant zu diesem gesetzlichen Rücktrittsgrund ist der verschuldensabhängige Schadensersatzanspruch statt der Leistung gemäß §§ 280 Abs. 1 und 3, 281 (zu den Einzelheiten s. u.).

(b) Dem Gläubiger eines gegenseitigen Vertrages steht ein Rücktrittsrecht nach § 326 Abs. 5 zu, wenn der Schuldner wegen Unmöglichkeit nach § 275 Abs. 1 bis 3 nicht zu leisten braucht. Bei einem Verschulden des Schuldners kann der Gläubiger Schadensersatz statt der Leistung nach §§ 280 Abs. 1 und 3, 283 verlangen (zu den Einzelheiten s. u.).

12.3 Beendigungsgründe

(c) Verletzt der Schuldner bei einem gegenseitigen Vertrag Verhaltens- bzw. Schutzpflichten i. S. v. § 241 Abs. 2, kann der Gläubiger, dem ein Festhalten am Vertrag nicht mehr zuzumuten ist, nach § 324 vom Vertrag zurücktreten. Das Gegenstück zu diesem Rücktrittsgrund stellt der verschuldensabhängige Schadensersatzanspruch statt der Leistung nach §§ 280 Abs. 1 und 3, 282, 241 Abs. 2 dar (zu den Einzelheiten s. u.).

(d) Kann ein Vertrag, der kein Dauerschuldverhältnis darstellt, bei einem Wegfall bzw. einer Störung der Geschäftsgrundlage nach § 313 Abs. 1 wegen Unzumutbarkeit nicht mehr durch eine – vorrangige – Vertragsanpassung aufrechterhalten werden, so bleibt dem Benachteiligten die Möglichkeit, vom Vertrag gemäß § 313 Abs. 3 S. 1 zurückzutreten.

(e) Auch ein Rücktritt wegen Nichterfüllung aus einem gesetzlichen Rücktrittsgrund kann gemäß § 352 durch unverzügliche Aufrechnung unwirksam sein.

b) Rücktrittserklärung

Der Rücktritt erfolgt nach § 349 durch (Willens-)Erklärung gegenüber dem anderen Teil, also dem Vertragspartner. Die Rücktrittserklärung stellt eine **einseitige empfangsbedürftige Willenserklärung** dar, die als **Ausübung eines Gestaltungsrechts** grundsätzlich **unwiderruflich** und **bedingungsfeindlich** ist. Die Erklärung ist **nicht formbedürftig** und kann deshalb auch schlüssig erfolgen. Der Grund des Rücktritts muss nicht angegeben werden, jedoch muss **eindeutig** erkennbar sein, dass ein Rücktritt gewollt ist.

Rechtsfolgen des Rücktritts

Durch den Rücktritt wird das bisherige Vertragsverhältnis insgesamt in ein **Rückabwicklungsschuldverhältnis** umgewandelt, das dazu dient, die Parteien so zu stellen, wie sie vor dem Austausch ihrer Leistungen standen. Der Rahmen des ursprünglichen Schuldverhältnisses bleibt zwar bestehen, jedoch kehren sich die Leistungspflichten um. Da somit bis zur Vollendung der Rückabwicklung ein **Rechtsgrund** besteht, sind die bereicherungsrechtlichen Vorschriften § 812 Abs. 1 S. 1 Alt. 1 bzw. § 812 Abs. 1 S. 2 Alt. 1 (Leistungskondiktion) neben §§ 346 ff. nicht anwendbar.

a) Befreiungswirkung

Bisher noch nicht erfüllte Leistungspflichten beider Vertragsparteien erlöschen. Diese **Befreiungswirkung** hat der Gesetzgeber als so selbstverständlich angesehen, dass von ihrer ausdrücklichen Erwähnung im Gesetzestext abgesehen worden ist.

b) Rückgewähransprüche

Soweit die Parteien ihre Verpflichtungen schon erfüllt haben, sind die **empfangenen Leistungen (in natura)** nach § 346 Abs. 1 **zurückzugewähren**.

Tatsächlich gezogene Nutzungen sind gemäß § 346 Abs. 1 ebenfalls **zurückzuerstatten** (bei nicht gezogenen Nutzungen muss ggf. nach § 347 Abs. 1 Wertersatz geleistet werden [s. u.]). Nutzungen sind nach § 100 sowohl **Sachfrüchte** (§ 99 Abs. 1 – Erzeugnisse [bspw.

Eier oder Obst] und sonstige Ausbeute einer Sache [bspw. Sand oder Kohle]) als auch **Rechtsfrüchte** (§ 99 Abs. 2 – Erträge [bspw. Gewinn aus Gesellschaftsanteil oder Dividende]) sowie **sonstige Gebrauchsvorteile** einschließlich der durch den bestimmungsgemäßen Gebrauch entstandenen Abnutzung; jedoch nicht die durch den Verbrauch einer Sache erlangten Vorteile (dann ggf. Wertersatz nach § 346 Abs. 2 S. 1 Nr. 2). Da bei Nutzungen die Herausgabe nach der Natur des Erlangten regelmäßig ausgeschlossen ist, muss der Schuldner dafür Wertersatz nach § 346 Abs. 2 S. 1 Nr. 1 (vgl. unten) leisten. **Beachte:** Bei einem **Verbrauchsgüterkauf** (§ 474 Abs. 1) hat der Käufer bei einer Nacherfüllung mittels Lieferung einer mangelfreien Sache durch den Verkäufer diesem die Nutzungen bezüglich der mangelhaften Sache nicht herauszugeben und auch nicht deren Wert zu ersetzen (§ 474 Abs. 2 S. 1, der den Anwendungsbereich von § 439 Abs. 4 entsprechend modifiziert).

Beispiel: Der Käufer eines Pkw, der wegen eines Sachmangels nach drei Monaten von dem Kaufvertrag gemäß §§ 437 Nr. 2, 323 zurücktritt, hat dem Verkäufer gemäß §§ 439 Abs. 4, 346 Abs. 1 den Wagen zurückzugewähren und bezüglich der durch die dreimonatige Benutzung erlangten Gebrauchsvorteile (Nutzungen i.S.v. § 100) Wertersatz gemäß § 346 Abs. 2 S. 1 Nr. 1 zu leisten. Liegt jedoch ein Verbrauchsgüterkauf vor, weil der Käufer Verbraucher (§ 13) und der Verkäufer Unternehmer (§ 14) ist, muss der Käufer nach § 474 Abs. 2 S. 1 nicht den Wert der Nutzungen ersetzen.

Zu beachten ist, dass die beiderseitigen Rückgewähransprüche gemäß § 348 **Zug um Zug** auszutauschen sind.

c) Wertersatz

Den Rückgewährschuldner kann außerdem eine Wertersatzpflicht nach § 346 Abs. 2 treffen. In bestimmten Fällen ist diese wiederum ausgeschlossen (§ 346 Abs. 3).

Statt einer nicht möglichen Rückgewähr oder Herausgabe, die unabhängig von einem etwaigen Verschulden den Rücktritt vom Vertrag nicht ausschließen (selbst die Zerstörung der zurückzugebenden Sache ändert nichts am Vorliegen eines Rücktrittsgrundes), sieht die **Gefahrtragungsregel des § 346 Abs. 2** in drei Fällen eine Wertersatzpflicht des Schuldners vor:

- § 346 Abs. 2 S. 1 Nr. 1 – bei **Ausschluss** der Rückgewähr der empfangenen Leistung bzw. Herausgabe der gezogenen Nutzung **wegen der Natur des Erlangten** (insbesondere bei unkörperlichen Leistungen, Gebrauchsüberlassung oder Dienstleistungen)

- § 346 Abs. 2 S. 1 Nr. 2 – bei **Verbrauch, Veräußerung, Belastung, Verarbeitung** oder **Umgestaltung** des empfangenen Gegenstandes

- § 346 Abs. 2 S. 1 Nr. 3 – bei **Verschlechterung** (relevante Beeinträchtigung der Sachsubstanz bzw. der Funktionstauglichkeit) oder **Untergang** (vollständige Zerstörung der Sachsubstanz) des empfangenen Gegenstandes (Auffangtatbestand), wobei die **Abnutzung durch die bestimmungsgemäße Ingebrauchnahme** (bspw. Wertverlust eines Neuwagens durch bloße Erstzulassung) **keine Verschlechterung** darstellt (diesbezügliche Einbußen hat stets der Rückgewährgläubiger zu tragen [Ausnahme beim Widerruf von Verbraucherverträgen – § 357 Abs. 3], der seinerseits jedoch einen Anspruch auf

Nutzungsentschädigung hat [s. o.]); anders jedoch bei weitergehenden Beeinträchtigungen wie Substanzverletzungen am herauszugebenden Gegenstand oder Abnutzungen als Folge eines übermäßigen Gebrauchs

Ist im Vertrag eine Gegenleistung bestimmt (**Preisvereinbarung**), so ist diese gemäß § 346 Abs. 2 S. 2 bei der Ermittlung des Wertersatzes maßgeblich, anderenfalls sind – wie bei § 818 Abs. 2 – die **objektiven Wertverhältnisse** zugrunde zu legen.

Die **Wertersatzpflicht entfällt** unter bestimmten Umständen nach § 346 Abs. 3 S. 1. In einem solchen Fall erhält der Rückgewährschuldner seine eigene Leistung zurück, muss selbst aber nichts – mit Ausnahme im Falle einer Bereicherung – an den Rückgewährgläubiger zurückerstatten.

- § 346 Abs. 3 S. 1 Nr. 1 – wenn sich der zum Rücktritt berechtigende Mangel erst während der Verarbeitung oder Umgestaltung der Sache gezeigt hat (Norm gilt entsprechend bei Mangelfeststellung nach Teilverbrauch – bspw. Fliege in der Suppe)
- § 346 Abs. 3 S. 1 Nr. 2 – sofern der Gläubiger die Verschlechterung oder den Untergang zu vertreten hat oder der Schaden bei ihm ebenfalls eingetreten wäre (fehlende Kausalität)
- § 346 Abs. 3 S. 1 Nr. 3 – soweit im Fall eines **gesetzlichen Rücktrittsrechts** (der vertraglich zum Rücktritt Berechtigte, der jederzeit mit Rückgewähr rechnen muss, ist weniger schutzbedürftig) die Verschlechterung oder der Untergang beim Berechtigten eingetreten ist, obwohl dieser die **eigenübliche Sorgfalt** (§ 277 – subjektiver Fahrlässigkeitsmaßstab bis zur Grenze der groben Fahrlässigkeit) **beachtet** hat (praktisch relevanteste Privilegierung; beim Widerruf von Verbraucherverträgen ist § 357 Abs. 3 S. 3 zu berücksichtigen); somit trägt der Rücktrittsgegner die Gefahr eines zufälligen und regelmäßig auch eines leicht fahrlässig verursachten Untergangs

Nach § 346 Abs. 3 S. 2 muss der Schuldner trotz der Befreiung von der Wertersatzpflicht eine **verbleibende Bereicherung** herausgeben (Rechtsfolgenverweisung auf §§ 812 ff.). Der Wegfall der Wertersatzpflicht berührt nicht die Pflicht des Schuldners, nach § 346 Abs. 1 den empfangenen Leistungsgegenstand, soweit noch existent, zurückzugewähren und gezogene Nutzungen herauszugeben. § 346 Abs. 3 S. 2 ergänzt diese Rückgewähr- bzw. Herausgabepflicht um sonstige Bereicherungen.

d) Nutzungsersatz

Neben dem Ersatz für tatsächlich gezogene Nutzungen gemäß § 346 Abs. 1 (vgl. oben) hat der Rückgewährschuldner gemäß § 347 Abs. 1 S. 1 **Wertersatz für nicht gezogene Nutzungen** zu leisten, sofern er diese nach den Regeln einer ordnungsgemäßen Wirtschaft hätte ziehen können. Dabei ist unbeachtlich, ob der andere Teil die Sache selbst hätte nutzen können. Im Falle eines gesetzlichen Rücktrittsrechts gilt das – entsprechend der Regelung des § 346 Abs. 3 S. 1 Nr. 3 – gemäß § 347 Abs. 1 S. 2 jedoch nur, wenn der Schuldner die eigenübliche Sorgfalt (§ 277) nicht beachtet hat.

e) Verwendungsersatz

§ 347 Abs. 2 S. 1 gewährt dem Rücktrittsschuldner einen Anspruch auf **Ersatz** von ihm gemachter **notwendiger Verwendungen**, sofern er den Leistungsgegenstand zurückgibt, Wertersatz dafür leistet oder von seiner Wertersatzpflicht nach § 346 Abs. 3 S. 1 Nr. 1 oder 2 befreit ist. Schuldet der Rücktrittsschuldner aufgrund § 346 Abs. 3 S. 1 Nr. 3 trotz nicht möglicher Rückgabe keinen Wertersatz, muss der Rücktrittsgläubiger ihm die notwendigen Verwendungen nicht ersetzen.

Notwendige Verwendungen (vgl. auch § 994) sind **alle der Sache zugute kommenden Vermögensaufwendungen**, die zur Erhaltung oder ordnungsgemäßen Bewirtschaftung der Sache **objektiv erforderlich** sind. Davon erfasst sind auch gewöhnliche Erhaltungskosten – § 994 Abs. 1 S. 2 gilt nicht im Rückabwicklungsschuldverhältnis.

Beispiel: Ein Rücktrittschuldner, der ein Kfz zurückgeben muss, kann Ersatz für Reparaturkosten verlangen. Das gilt ebenso für Inspektionskosten sowie Aufwendungen für allgemeinen Verschleiß (bspw. für Motoröl und Ölfilter).

Für **andere Aufwendungen** (wie etwa nützliche Verwendungen, Vertrags- oder Frachtkosten) bekommt der Schuldner nach § 347 Abs. 2 S. 2 nur Ersatz, wenn der andere Teil durch diese bereichert wird.

f) Sonstige Rechtsfolgen

Bei den sonstigen Rechtsfolgen des Rücktritts ist zu unterscheiden zwischen denen, die auf dem bisherigen Vertragsverhältnis und denjenigen die auf dem Rückabwicklungsschuldverhältnis basieren.

Nach § 325 schließt der Rücktritt von einem gegenseitigen Vertrag **Schadensersatzansprüche** des Gläubigers im Hinblick auf das **ursprüngliche Vertragsverhältnis** nicht aus. Ein Anspruch auf Schadensersatz statt der Leistung gemäß §§ 280 Abs. 1 und 3, 281 kommt in Betracht, wenn der Schuldner bei einem gesetzlichen Rücktrittsrecht den Rücktrittsgrund zu vertreten hat.

Beispiel: Verkäufer liefert dem Käufer, der den Kaufpreis i. H. v. 10.000,- € schon bezahlt hat, den versprochenen Pkw trotz Fälligkeit und Setzung einer angemessenen Nachfrist nicht; weshalb dem Käufer die Möglichkeit entgeht, den Wagen mit 1.000,- € Gewinn weiter zu verkaufen. Der Käufer kann zum einen vom Vertrag gemäß § 323 Abs. 1 zurücktreten und dann gemäß § 346 Abs. 1 die Rückzahlung des Kaufpreises verlangen. Außerdem bekommt er zusätzlich Schadensersatz für den entgangenen Gewinn gemäß §§ 280 Abs. 1 und 3, 281, 252.

Weitere Schadensersatzansprüche statt der Leistung können sich aus §§ 282, 283 jeweils i. V. m. § 280 Abs. 1 und 3 bzw. aus § 311 a Abs. 2 (bei vorvertraglicher Pflichtverletzung) ergeben. Etwaige Verzögerungsschäden sind nach §§ 280 Abs. 1 und 2, 286 und sonstige Begleitschäden nach § 280 Abs. 1 zu ersetzen.

Begeht der Schuldner **nach erfolgtem Rücktritt** eine Verletzung der Pflichten aus § 346 Abs. 1, kann der Gläubiger Schadensersatz gemäß § 346 Abs. 4 nach den §§ 280 bis

283 verlangen. Neben der verschuldensunabhängigen Wertersatzpflicht können den Schuldner beim Rücktritt noch Schadensersatzansprüche wegen einer schuldhaften Verletzung des Rückabwicklungsschuldverhältnisses treffen. Vor allem hat der Schuldner, sobald er den **Rücktrittsgrund kennt oder kennen muss**, die **Pflicht**, den ihm übertragenen Leistungsgegenstand **sorgsam zu behandeln**. Bei der Verletzung dieser Pflicht kommen insbesondere Schadensersatzansprüche statt der Leistung aus §§ 280 Abs. 1 und 3 i. V. m. 281 bzw. 283 in Betracht. Bei Verzug ist ein etwaiger Verzögerungsschaden nach §§ 280 Abs. 1 und 2, 286 zu ersetzen. Auch der Anspruch aus § 285 (Herausgabe des Surrogats) findet im Rückgewährschuldverhältnis Anwendung.

12.3.2 Kündigung

Die – im Gegensatz zum Rücktritt im Allgemeinen Schuldrecht nicht genauer geregelte – Kündigung ist ein **rechtsvernichtendes Gestaltungsrecht**, das vor allem Langzeitverträge und **Dauerschuldverhältnisse** (gesetzlich normiert sind bspw. der Miet-, Pacht-, Leih-, Darlehens-, Dienst- und Gesellschaftsvertrag) wegen der sonst drohenden Abwicklungsschwierigkeiten mit **Wirkung für die Zukunft** (ex nunc) beendet. Ausnahmsweise sieht das Gesetz eine Kündigung auch bei Schuldverhältnissen vor, die weder Langzeitverträge noch Dauerschuldverhältnisse sind – bspw. beim Werkvertrag (§§ 643, 649), Reisevertrag (§ 651 e) und Auftrag (§ 671).

Beispiel: Auch nach wirksamer Kündigung des Mietvertrages hat der Vermieter gegen den Mieter einen Anspruch auf Zahlung der bis dahin rückständigen Miete.

Voraussetzungen der Kündigung
Eine wirksame Kündigung hat folgende Voraussetzungen:

- Bestehen eines Kündigungsrechts
- Kein Ausschluss der Kündigung
- Kündigungserklärung

a) Bestehen eines Kündigungsrechts
Eine wirksame Kündigung setzt zunächst das Vorliegen eines **Kündigungsrechts** voraus.

Auf unbestimmte Zeit abgeschlossene Dauerschuldverhältnisse, die, anders als befristete Dauerschuldverhältnisse (vgl. § 163), nicht durch Zeitablauf enden, können durch eine **ordentliche Kündigung** unter Einhaltung einer – genauer bestimmten – **Kündigungsfrist** beendet werden. Ein **Kündigungsgrund** ist bei der ordentlichen Kündigung in der Regel **nicht erforderlich**. Für die gesetzlich geregelten Dauerschuldverhältnisse bestehen entsprechende Regelungen bspw. im Wohnraummietrecht (§§ 573, 573 a, 573 c), beim Darlehen (§§ 489, 608), beim Dienstvertrag (§§ 620 ff.) und für die BGB-Gesellschaft (§ 723 Abs. 1 S. 1).

Bei der so genannten **außerordentlichen Kündigung** hingegen kann ein befristetes oder auf unbestimmte Zeit abgeschlossenes Dauerschuldverhältnis **aus wichtigem Grund mit sofortiger Wirkung** (fristlos) gekündigt werden. Bei den Dauerschuldverhältnissen gibt es entsprechende Regelungen bspw. im Mietrecht (für den Mieter [§ 543 Abs. 2 Nr. 1] und den Vermieter [§ 543 Abs. 2 Nr. 2 und 3] sowie für beide Seiten [§ 543 Abs. 1]), bei der Leihe (§ 605), beim Dienstvertrag (§§ 626, 627) sowie im Recht der BGB-Gesellschaft (§ 723 Abs. 1 S. 2 und 3).

Dauerschuldverhältnisse, die nicht von den Sondervorschriften zur Kündigung aus wichtigem Grund erfasst werden, können nach § 314 ebenfalls außerordentlich aus wichtigem Grund gekündigt werden (**Auffangtatbestand**). Ein wichtiger Grund ist gegeben, wenn Tatsachen vorliegen, die unter Berücksichtigung aller Umstände und unter Abwägung der beiderseitigen Interessen die Fortsetzung des Vertrages für den Kündigenden unzumutbar machen. So können **wesentliche Änderungen der Verhältnisse** ein sofortiges Kündigungsrecht begründen (für die Auflösung von Dauerschuldverhältnissen bei Störungen der Geschäftsgrundlage [§ 313] verweist § 313 Abs. 3 S. 2 zwingend auf § 314). Dabei ist jedoch zu berücksichtigen, dass Störungen innerhalb der eigenen Risikosphäre den Betroffenen grundsätzlich nicht zur Kündigung berechtigen. Außerdem entfällt das Kündigungsrecht, wenn sich die Störung durch eine Anpassung des fraglichen Vertrages an die veränderten Verhältnisse beheben lässt und die Fortsetzung des Vertrages beiden Parteien zumutbar ist (vgl. § 313 Abs. 3 S. 1). Liegt der wichtige Grund in einem **pflichtwidrigen Verhalten** des Vertragspartners, dann setzt die Kündigung gemäß § 314 Abs. 2 S. 1 regelmäßig eine vorherige Fristsetzung zur Abhilfe bzw. eine Abmahnung voraus.

b) Kein Ausschluss der Kündigung
Die Kündigung darf **nicht ausgeschlossen** sein. Die Kündigung ist gemäß § 242 unwirksam, wenn sie eine **unzulässige Rechtsausübung** darstellt.

Beispiel: Ein Mieter kann nicht wegen Nichtgewährung des Gebrauchs der Mietsache gemäß § 543 Abs. 2 Nr. 1 kündigen, wenn er die Mietsache sowieso niemals genutzt hätte (Fallgruppe des widersprüchlichen Verhaltens).

Verstößt die Kündigung gegen vertragliche Fürsorgepflichten oder erfolgt sie zur Unzeit, ändert das nichts an der Auflösung des Vertragsverhältnisses. Der Kündigende kann aber ggf. schadensersatzpflichtig sein (vgl. §§ 627 Abs. 2, 671 Abs. 2, 723 Abs. 2).

c) Kündigungserklärung
Die Kündigung als einem Gestaltungsrecht erfolgt durch Erklärung gegenüber dem Vertragspartner. Die Kündigungserklärung stellt – wie die Rücktrittserklärung – eine **einseitige empfangsbedürftige Willenserklärung** dar, die hinreichend klar und zweifelsfrei den Willen zur Vertragsbeendigung erkennbar machen muss. Grundsätzlich ist die Kündigungserklärung **unwiderruflich** und **bedingungsfeindlich**.

Die Kündigungserklärung ist **nicht formbedürftig**; ausnahmsweise kann aber gesetzlich (bspw. für die Kündigung eines Wohnraummietverhältnisses nach § 568 und eines Arbeitsvertrages gemäß § 623) oder vertraglich (vgl. § 125 S. 2) eine besondere Form vorgesehen sein.

Zudem muss ggf. eine **Erklärungsfrist** (Frist zwischen dem Zeitpunkt der Kenntnis der zur Kündigung berechtigenden Tatsachen und der Kündigungserklärung – zu unterscheiden von der Kündigungsfrist zwischen der Kündigungserklärung und der Beendigung des Dauerschuldverhältnisses) beachtet werden, die sich aus Gesetz (bspw. § 626 Abs. 2 S. 1) oder Vereinbarung ergeben kann.

Rechtsfolgen der Kündigung
Die Kündigung **beendet das Vertragsverhältnis für die Zukunft**. Zwischen den Vertragsparteien entstehen daher keine neuen Leistungsverpflichtungen mehr. Mangels Rückwirkung der Kündigung bleiben bereits entstandene Ansprüche davon jedoch unberührt.

Schon erbrachte Leistungen müssen nach einer Kündigung **grundsätzlich nicht zurückgewährt** werden; ein Rückabwicklungsschuldverhältnis i. S. d. §§ 346 ff. wird nicht begründet. Etwas anderes gilt für bereits erbrachte **Vorleistungen**. Im Voraus entrichtete Miete muss der Vermieter nach § 547 an den Mieter zurückerstatten. Für Dienstverträge regelt § 628 Abs. 1 S. 3 eine Rückerstattungspflicht des Dienstverpflichteten für die im Voraus gezahlte Vergütung. Fehlt eine gesetzliche Regelung, steht dem Vorleistenden regelmäßig ein Bereicherungsanspruch wegen späteren Wegfalls des Rechtsgrundes gemäß § 812 Abs. 1 S. 2 1. Alt. zu.

Rückgabepflichten für die Zeit nach der Beendigung können sich zudem aus Gesetz oder Vertrag ergeben – so hat etwa der Mieter bzw. ein Dritter, dem die Mietsache zum Gebrauch überlassen worden ist, die Mietsache nach Beendigung des Mietverhältnisses an den Vermieter zurückzugeben (§ 546).

12.3.3 Widerrufs- und Rückgaberecht

Für **Verbraucherverträge** hat der Gesetzgeber ein Widerrufsrecht gemäß § 355 bzw. ein Rückgaberecht gemäß § 356 vorgesehen. Der Verbraucher soll damit vor den Konsequenzen vertraglicher Abschlüsse geschützt werden, die er unter Umständen voreilig und unüberlegt getätigt hat. Das Widerrufs- bzw. Rückgaberecht stellt ein rechtsvernichtendes **Gestaltungsrecht** dar, welches einen zunächst wirksamen Vertrag mit **Wirkung ex nunc** in ein Rückabwicklungsschuldverhältnis (vgl. § 357) umwandelt. Somit handelt es sich beim Widerrufs- und Rückgaberecht um ein in den §§ 355 bis 359 besonders ausgestaltetes gesetzliches Rücktrittsrecht.

Widerrufsrecht
Das Widerrufsrecht stellt den Regelfall dar, der nur in den gesetzlich ausdrücklich geregelten Ausnahmefällen durch das Rückgaberecht ersetzt werden darf.

a) Voraussetzungen des Widerrufs
Ein wirksamer Widerruf hat folgende Voraussetzungen:

- Vorliegen eines Widerrufsrechts
- Form- und fristgerechte Ausübung des Widerrufsrechts
- Kein Erlöschen des Widerrufsrechts

1. Vorliegen eines Widerrufsrechts

Nach § 355 Abs. 1 S. 1 liegt der für einen Widerruf erforderliche Widerrufsgrund bereits dann vor, wenn einem **Verbraucher (§ 13) durch Gesetz ein Widerrufsrecht eingeräumt** wird. Das ist bei folgenden Vorschriften, die wiederum jeweils weitere eigenständige Voraussetzungen regeln, der Fall:

- § 312 (Haustürgeschäfte)
- § 312 d (Fernabsatzverträge)
- § 485 (Teilzeit-Wohnrechteverträge)
- § 495 (Verbraucherdarlehensverträge)
- § 499 (Verträge über Finanzierungshilfen)
- § 505 (Ratenlieferungsverträge)
- § 4 FernUSG (Fernunterrichtsverträge)

Alle diese Vorschriften räumen dem Verbraucher ein Widerrufsrecht ein, **ohne dass dafür ein besonderer Grund** vorliegen muss. Vielmehr wird dem Verbraucher eine – zweiwöchige (§ 355 Abs. 1 S. 2) bzw. einmonatige (§ 355 Abs. 2 S. 2, § 485 Abs. 3) – **Überlegungsfrist** gewährt, während der er sich ohne Angabe von Gründen durch Widerruf vom Vertrag lösen kann.

2. Form- und fristgerechte Ausübung des Widerrufsrechts

Der Verbraucher muss das Widerrufsrecht **form- und fristgerecht** ausüben.

Der Widerruf erfordert nach § 355 Abs. 1 S. 2 **keine Begründung** und ist entweder in **Textform (§ 126 b)** – d. h., sofern der Erklärende und der Abschluss der Erklärung in geeigneter Weise erkennbar gemacht werden, genügt auch ein Widerruf durch Fax oder E-Mail – oder durch **Rücksendung der Sache** gegenüber dem Unternehmer (Vertragspartner) zu erklären. Zur Wahrung der Widerrufsfrist ist die rechtzeitige Absendung ausreichend (§ 355 Abs. 1 S. 2 Hs. 2).

Die **Frist** für den Widerruf beträgt nach § 355 Abs. 1 S. 2 grundsätzlich **zwei Wochen**. Wird die Widerrufsbelehrung hingegen erst nach Vertragsschluss mitgeteilt, dann gilt eine Frist von **einem Monat** (§ 355 Abs. 2 S. 2). Bei Teilzeit-Wohnrechteverträgen regelt § 485 Abs. 3

eine Monatsfrist, sofern dem Verbraucher nicht ein den Anforderungen des § 485 Abs. 3 (i. V. m. §§ 482, 483 Abs. 1) entsprechender Prospekt ausgehändigt worden ist.

Der **Fristbeginn** ist davon abhängig, ob dem Verbraucher eine **deutlich gestaltete Widerrufsbelehrung**, die ihm entsprechend des verwendeten Kommunikationsmittels seine Rechte klar macht, **in Textform** (§ 126 b) mitgeteilt worden ist, die auch den Namen und die Anschrift des Widerrufsempfängers sowie einen Hinweis auf den Fristbeginn und die Regelung des § 355 Abs. 1 S. 2 enthält (**§ 355 Abs. 2 S. 1**). Eine **Unterschrift des Verbrauchers** ist für die Wirksamkeit der Belehrung **nicht** (mehr) **erforderlich**. Bei einer nicht ordnungsgemäßen Belehrung beginnt die Widerrufsfrist nicht.

3. Kein Erlöschen des Widerrufsrechts

Das Widerrufsrecht **erlischt** gemäß **§ 355 Abs. 3** spätestens **sechs Monate** nach dem Vertragsschluss bzw. bei Warenlieferungen nach der Ablieferung beim Empfänger, **es sei denn, der Verbraucher ist nicht oder nicht ordnungsgemäß über sein Widerrufsrecht belehrt worden** (§ 353 Abs. 3 S. 3). Das Widerrufsrecht bleibt also trotz Ablaufs der sechsmonatigen Frist bei unterbliebener oder fehlerhafter Widerrufsbelehrung i. S. v. § 355 Abs. 2 bestehen.

b) Rechtsfolgen des Widerrufs

Hat der Verbraucher wirksam den Widerruf erklärt, so ist er an seine auf den Abschluss des Vertrages gerichtete Willenserklärung nicht mehr gebunden (§ 355 Abs. 1 S. 1). Die Rückabwicklung des unwirksamen Vertrages richtet sich nach § 357.

(1) Auf das Widerrufsrecht finden nach § 357 Abs. 1 S. 1 grundsätzlich die §§ 346 ff. (vgl. oben) entsprechende Anwendung. Der Verbraucher hat nach einem wirksamen Widerruf seinerseits einen **Anspruch auf Rückgewährung des Geleisteten**, muss aber die vom Vertragspartner empfangene Leistung ebenfalls zurückgewähren bzw. herausgeben (§§ 357 Abs. 1. S. 1, 346 Abs. 1).

(2) Bei paketversandfähigen Leistungen ist der Verbraucher gemäß § 357 Abs. 2 S. 1 **zur Rücksendung verpflichtet**, wobei der Unternehmer grundsätzlich die Kosten und die Gefahr der Rücksendung trägt (§ 357 Abs. 2 S. 2). Bei einer Bestellung mit einem Warenwert bis zu einem Betrag von 40,- € (brutto) können dem von seinem Widerrufsrecht Gebrauch machenden Verbraucher vertraglich (auch in Allgemeinen Geschäftsbedingungen) die regelmäßigen Kosten der Rücksendung auferlegt werden, es sei denn, die gelieferte Ware entspricht nicht der bestellten (§ 357 Abs. 2 S. 3).

(3) Nach §§ 357 Abs. 1 S. 1, 346 Abs. 2 kann den Verbraucher – wie im Falle des Rücktritts – eine **Pflicht zum Wertersatz** treffen. Abweichend von § 346 Abs. 2 S. 1 Nr. 3 muss der Verbraucher gemäß § 357 Abs. 3 S. 1 auch für eine durch die **bestimmungsgemäße Ingebrauchnahme** der Sache (bspw. Zulassung eines Pkw) entstandene Verschlechterung Wertersatz leisten, wenn er spätestens beim Vertragsschluss in Textform (§ 126 b) auf diese Rechtsfolge und eine Möglichkeit, sie zu vermeiden, hingewiesen worden ist (**Belehrung**). Bezüglich der Rückabwicklung von Fernabsatzverträgen über andere Leis-

tungen als Finanzdienstleistungen (§ 312 d Abs. 6) könnte § 357 Abs. 3 S. 1 jedoch **europarechtswidrig** sein, wenn damit dem Verbraucher in unzulässiger Weise Kosten infolge der Ausübung des Widerrufs auferlegt werden. Zu dieser Frage ist derzeit beim EuGH ein Vorabentscheidungsverfahren anhängig (AG Lahr, Beschluss vom 26.10.2007, 5 C 138/07, MMR 2008, 270 f.). Für Verschlechterungen, die allein auf der Prüfung der Sache beruhen (z. B. Entfernung der Verpackungsfolie und Durchblättern eines Buches zur Prüfung des Inhalts), muss der Verbraucher gemäß § 357 Abs. 3 S. 2 jedoch nicht einstehen (**Prüfungsrecht**). Außerdem findet die **Privilegierung des § 346 Abs. 3 S. 1 Nr. 3 keine Anwendung**, wenn der Verbraucher ordnungsgemäß über sein Widerrufsrecht informiert wurde oder auf anderem Weg (z. B. durch eine fehlerhafte Belehrung) hiervon Kenntnis erlangt hat (§ 357 Abs. 3 S. 3). Dann muss der Verbraucher für Verschlechterung oder Untergang auch dann Wertersatz leisten, wenn diese durch Zufall eingetreten oder vom Verbraucher leicht fahrlässig verursacht worden sind. Hintergrund für die **schärfere Haftung des Verbrauchers** ist, dass dessen Widerrufsrecht nicht von einer Vertragsverletzung des Unternehmers abhängt. Letzterer trägt selbst bei vertragsgemäßer Lieferung der Sache das Risiko, diese nach einem wirksamen Widerruf gebraucht zurücknehmen zu müssen.

Beispiel: Unternehmer U verkauft dem Verbraucher V über das Internet einen Neuwagen (Fernabsatzvertrag i. S. v. § 312 b). Widerruft V nach Zulassung des gelieferten Pkw form- und fristgerecht den Vertrag gemäß §§ 312 d Abs. 1 S. 1, 355, muss er dem U nach derzeitiger Rechtslage (§ 357 Abs. 3 S. 1) die durch die Zulassung (= bestimmungsgemäße Ingebrauchnahme) eingetretene Wertminderung ersetzen, sofern U ihn bei Vertragsschluss in Textform (§ 126 b) darauf und auf eine Möglichkeit hingewiesen hat, diese Rechtsfolge zu vermeiden (z. B. durch Zulassung erst nach endgültiger Entscheidung, das Widerrufsrecht nicht geltend zu machen).

(4) § 357 Abs. 4 schließt weitergehende Ansprüche aus der Rückabwicklung des Vertrages (bspw. aus §§ 280, 812, 823 ff.) aus.

Rückgaberecht
Das Widerrufsrecht kann gemäß § 356 Abs. 1 **aufgrund eines Verkaufsprospekts** (bspw. Kataloge – auch aus dem Internet – und Postwurfsendungen) durch ein Rückgaberecht **ersetzt** werden, sofern das **im Gesetz ausdrücklich zugelassen** ist.

a) Das Gesetz lässt die Einräumung des Rückgaberechts aufgrund eines Verkaufsprospekts als Ersatz für das Widerrufsrecht bei **Haustürgeschäften** (§ 312 Abs. 1 S. 2 – jedoch nur bei Aufrechterhaltung einer ständigen Verbindung zwischen Verbraucher und Unternehmer), **Fernabsatzverträgen** (§ 312 d Abs. 1 S. 2) und bei **Teilzahlungsgeschäften** (§ 503 Abs. 1) zu. In § 356 Abs. 1 S. 2 Nr. 1 bis 3 sind weitere Voraussetzungen für die Wirksamkeit der Einräumung des Rückgaberechts statuiert, namentlich: deutlich gestaltete Belehrung, Möglichkeit eingehender Kenntnisnahme sowie Einräumung des Rückgaberechts in Textform (§ 126 b).

b) Die **form- und fristgerechte Ausübung** des Rückgaberechts setzt nach § 356 Abs. 2 voraus, dass der Verbraucher innerhalb der Widerrufsfrist, die jedoch nicht vor dem Erhalt der Sache beginnt, die Sache **zurücksendet** oder, falls die Sache nicht postpaketversandfähig ist (bspw. bei einem Gewicht von mehr als 20 kg), die **Rücknahme verlangt**. Ist ein Postversand möglich, muss der Verbraucher das Rückgaberecht durch Rücksendung ausüben, anderenfalls bleibt der Vertrag wirksam.

c) Die Rücksendung bzw. das (zulässige) Rücknahmeverlangen beenden die Bindung des Verbrauchers an seine auf den Abschluss des Vertrages gerichtete Willenserklärung und **ersetzen** damit die Erklärung des Widerrufs. Die weiteren Rechtsfolgen richten sich nach § 357 (vgl. oben).

Verbundene Verträge
Die §§ 358 und 359 treffen für **verbundene Verträge** Regelungen zum Widerruf sowie zum so genannten **Einwendungsdurchgriff**. Dabei geht es um die Verbindung zwischen einem Bargeschäft und einem Verbraucherdarlehen, das die Leistung des Verbrauchers, zu der er sich beim Bargeschäft verpflichtet hat (z. B. Kaufpreis), abdecken soll. Bilden beide Verträge eine **wirtschaftliche Einheit** i. S. v. § 358 Abs. 3, dann wirkt der Widerruf des einen Vertrages auch bezüglich des anderen (§ 358 Abs. 1 und 2).

12.3.4 Weitere Beendigungsmöglichkeiten

Neben den bereits geschilderten Fällen der Beendigung eines Schuldverhältnisses gibt es noch weitere Möglichkeiten, die zu einer Auflösung eines Vertrages führen können.

a) Den Parteien bleibt es im Rahmen ihrer Privatautonomie unbenommen, einen **Aufhebungsvertrag** (§ 311) zu schließen.

b) Außerdem können die Parteien bei einem Rechtsgeschäft ein **auflösende Bedingung** i. S. v. § 158 Abs. 2 vereinbaren, bei deren Eintritt der Vertrag ohne weitere Erklärung seine Wirkung für die Zukunft (ex nunc) verliert. Als Bedingung sind alle zukünftigen und ungewissen Ereignisse anzusehen.

   Beispiel: Käufer K kauft vom Verkäufer V dessen Pkw. Sie vereinbaren, dass der Vertrag unter der auflösenden Bedingung steht, dass K von seinem Arbeitgeber Urlaub bekommt, denn in diesem Fall benötigt K das Geld für eine Urlaubsreise. Stimmt der Arbeitgeber dem Urlaubsantrag des K zu, tritt die auflösende Bedingung ein. Der Kaufvertrag zwischen K und V erlischt gemäß § 158 Abs. 2.

c) Gleiches können die Parteien mit einer **Befristung** durch Festlegung eines **Endtermins** i. S. v. § 163 2. Alt. erreichen. Dabei handelt es sich um eine rechtsgeschäftliche Vereinbarung, nach der ein zukünftiges und gewisses (!) Ereignis (z. B. ein bestimmter Kalendertag) für das Ende der Wirkungen eines Rechtsgeschäfts maßgeblich sein soll. Auf den Endtermin finden die für die aufschiebende Bedingung geltenden Vorschriften entsprechende Anwendung (§§ 163, 158, 160, 161).

13 Primäranspruch durchsetzbar

Ein bestehender Primäranspruch kann vom Gläubiger nicht durchgesetzt werden, wenn der Schuldner insoweit ein **Leistungsverweigerungsrecht (Einrede)** geltend machen kann. Einreden sind **zugleich rechtshemmende Einwendungen**. Der wichtigste Unterschied zu den rechtshindernden (wie bspw. Geschäftsunfähigkeit, Formunwirksamkeit oder Sittenwidrigkeit) und rechtsvernichtenden (wie bspw. Rücktritt, Kündigung oder Widerruf [s. o.]) Einwendungen besteht darin, dass sich der Schuldner auf Einreden **berufen** muss, damit sie vom Gericht berücksichtigt werden. **Dauerhafte (peremptorische) Einreden** verhindern die Geltendmachung eines Anspruchs endgültig (z. B. Einrede der Verjährung gemäß § 214 Abs. 1), während **vorübergehende (dilatorische) Einreden** der Durchsetzbarkeit eines Anspruchs lediglich auf Zeit entgegenstehen (z. B. Zurückbehaltungsrechte gemäß §§ 273, 320, 1000).

13.1 Zurückbehaltungsrechte

Zurückbehaltungsrechte geben dem Schuldner eine **aufschiebende (verzögernde) Einrede** und sind daher wesentliche Schutzrechte zu seinen Gunsten. Der Schuldner hat das Recht, seine Leistung zu verweigern, bis die ihm gebührende Leistung bewirkt wird.

13.1.1 Zurückbehaltungsrecht aus § 273

Das Leistungsverweigerungsrecht aus § 273 ist eine besondere Ausformung des § 242 (Treu und Glauben) und trägt dem Gedanken Rechnung, dass derjenige, der aus einem einheitlichen Rechtsverhältnis eine Leistung fordert, ohne die ihm obliegende gegenseitige Leistung zu erbringen, treuwidrig handelt.

Voraussetzungen des Zurückbehaltungsrechts aus § 273
Das Zurückbehaltungsrecht aus § 273 hat folgende Voraussetzungen:

- Gegenseitigkeit der Ansprüche
- Fälligkeit des Gegenanspruchs
- Konnexität von Anspruch und Gegenanspruch

- Kein Ausschluss des Zurückbehaltungsrechts

a) Gegenseitigkeit der Ansprüche

Gegenseitigkeit der Ansprüche bedeutet, dass der Schuldner des Anspruchs zugleich Gläubiger des Gegenanspruchs und der Gläubiger des Anspruchs zugleich Schuldner des Gegenanspruchs sein muss.

b) Fälligkeit des Gegenanspruchs

Der Gegenanspruch (der des Schuldners) muss bei § 273 vollwirksam und fällig sein (anders beim Zurückbehaltungsrecht aus § 1000). Ein bereits verjährter Gegenanspruch begründet ein Zurückbehaltungsrecht nach § 215, wenn die Verjährung noch nicht eingetreten war, als der Anspruch des Gläubigers entstand.

c) Konnexität von Anspruch und Gegenanspruch

Der Anspruch des Gläubigers und der Gegenanspruch des Schuldners müssen auf „**demselben rechtlichen Verhältnis**" beruhen – so genannte Konnexität. Für diesen – weit zu verstehenden – Begriff genügt es, wenn den beiderseitigen Ansprüchen ein **innerlich zusammenhängendes einheitliches Lebensverhältnis** zugrunde liegt, so dass die Geltendmachung und Durchsetzung des einen Anspruchs ohne Rücksicht auf den anderen Anspruch treuwidrig wäre.

Beispiele: beiderseitige Ansprüche aus einem Vertrag, der nicht zustande gekommen, angefochten oder nichtig ist; Ansprüche aus ständiger Geschäftsbeziehung, falls die einzelnen Verträge wegen eines zeitlichen oder sachlichen Zusammenhangs eine natürliche Einheit bilden

Beachte: Beim Zurückbehaltungsrecht nach § 273 können die Ansprüche also verschiedenartig sein, während § 387 für die Aufrechnung gleichartige Forderungen voraussetzt. Bei gleichartigen Leistungen (insbesondere Geldforderungen) ist die Ausübung des Zurückbehaltungsrechts regelmäßig in eine Aufrechnung (Erfüllungssurrogat) umzudeuten.

d) Kein Ausschluss des Zurückbehaltungsrechts

Das Zurückbehaltungsrecht kann gesetzlich ausgeschlossen sein – bspw. gemäß § 175 (kein Zurückbehaltungsrecht an zurückzugebender Vollmachtsurkunde) und § 570 (kein Zurückbehaltungsrecht des Mieters gegenüber dem Rückgabeanspruch des Vermieters). Auch ein Ausschluss kraft Vereinbarung ist zulässig; bei Allgemeinen Geschäftsbedingungen ist jedoch das absolute Klauselverbot des § 309 Nr. 2 b) zu beachten. Die Natur des Schuldverhältnisses (z. B. kein Zurückbehaltungsrecht gegenüber gesetzlichen Unterhaltspflichten, an Hunden oder Führerscheinen) oder Treu und Glauben (§ 242 – insbesondere bei Unverhältnismäßigkeit) können ebenfalls einem Zurückbehaltungsrecht entgegenstehen.

Rechtsfolgen des Zurückbehaltungsrechts aus § 273
Sind die Voraussetzungen von § 273 erfüllt, steht dem Schuldner eine **aufschiebende (verzögernde) Einrede** zu. Damit der Gläubiger von seiner Möglichkeit zur Abwendung durch Sicherheitsleistung nach § 273 Abs. 3 Gebrauch machen kann, muss der Schuldner das Zurückbehaltungsrecht aber ausdrücklich oder schlüssig geltend machen – von Amts wegen wird die Einrede nicht vom Gericht berücksichtigt. Materiell- und prozessrechtlich führt die Ausübung des Zurückbehaltungsrechts dazu, dass der Schuldner gegenüber dem Gläubiger nur **Zug um Zug** zur Leistung verpflichtet ist (§ 274).

13.1.2 Zurückbehaltungsrecht aus § 320

Die **Einrede des nichterfüllten Vertrages** gemäß § 320 gibt jeder Partei eines **gegenseitigen Vertrages** das Recht, die ihr obliegende Leistung bis zur Bewirkung der Gegenleistung zu verweigern.

Voraussetzungen des Zurückbehaltungsrechts aus § 320
Das Zurückbehaltungsrecht aus § 320 hat folgende Voraussetzungen:

- Gegenseitigkeitsverhältnis
- Fälligkeit des Gegenanspruchs
- Eigene Vertragstreue des Schuldners

a) Gegenseitigkeitsverhältnis
Der Anspruch, auf den der Schuldner die Einrede nach § 320 stützt, muss auf einem gegenseitigen Vertrag beruhen und mit der Gegenleistung (Hauptforderung) in einem Gegenseitigkeitsverhältnis stehen. Ein gegenseitiger (vollkommen zweiseitiger) Vertrag liegt vor, wenn jeder der Vertragspartner seine Leistung wegen der jeweiligen Gegenleistung des anderen verspricht, die **beiderseitigen Ansprüche** also in einem **wechselseitigen Abhängigkeitsverhältnis** (so genanntes **Synallagma**) stehen. Daraus folgt, dass mindestens eine der beiden Leistungen ein Entgelt für die Leistung des anderen Teils darstellt – wie bei den meisten der wirtschaftlich relevanten Vertragsarten (bspw. Kauf-, Miet-, Werk-, Dienst- und Darlehensvertrag). Das Gegenseitigkeitsverhältnis bei derartigen Verträgen erstreckt sich aber nur auf die Hauptleistungspflichten und ggf. an deren Stelle tretende Sekundäransprüche (bspw. aus §§ 281, 283, 285).

Beispiel: Die Gebrauchsgewährung (§ 535 Abs. 1 S. 1) ist Hauptleistungspflicht des Vermieters und steht mit der Hauptleistungspflicht des Mieters zur Entrichtung der Miete (§ 535 Abs. 2) in einem Gegenseitigkeitsverhältnis. Dagegen besteht kein Gegenseitigkeitsverhältnis zwischen dem Rückgabeanspruch des Vermieters nach Beendigung des Mietverhältnisses (§ 546) und Gegenansprüchen des Mieters aus dem Mietverhältnis.

b) Fälligkeit des Gegenanspruchs

Dem Schuldner muss ein **vollwirksamer und fälliger Gegenanspruch** zustehen, insbesondere darf der Gläubiger noch nicht vorher oder gleichzeitig erfüllt haben („bis zur Bewirkung der Gegenleistung").

(1) Bei **teilweiser Leistung** des Gläubigers kann das Leistungsverweigerungsrecht des Schuldners wegen Unverhältnismäßigkeit nach § 320 Abs. 2 ausgeschlossen sein, insbesondere bei Geringfügigkeit des rückständigen Teils.

(2) Die Gegenforderung ist noch nicht fällig – und § 320 daher **nicht einschlägig**, wenn der Schuldner zur **Vorleistung** verpflichtet ist (§ 320 Abs. 1 S. 1 Hs. 2). Da der Leistungsaustausch Zug um Zug bei Geschäften, die nicht dem Barkaufmodell entsprechen, in der Praxis zu Abwicklungsschwierigkeiten führen kann, ist es häufig notwendig, einer Vertragspartei eine Vorleistungspflicht aufzuerlegen. Gesetzlich zur Vorleistung verpflichtet sind u. a. der Mieter (§ 556 b), der Dienstverpflichtete (§ 614) und der Werkunternehmer (§ 641 – bis zur Abnahme). Eine Vorleistungspflicht kann auch ausdrücklich oder stillschweigend vereinbart werden, jedoch sind bei Allgemeinen Geschäftsbedingungen die Grenzen von § 309 Nr. 8 b) dd) zu beachten. Typische Vorleistungsklauseln sind etwa „Kasse (Zahlung) gegen Faktura" oder „sofort netto Kasse (Zahlung) gegen Rechnung". Auch beim Nachnahmekauf trägt der Käufer, der vor der Zahlung keine Untersuchungsmöglichkeit hat, die Vorleistungspflicht.

Schranken für die Vorleistungspflicht folgen aus § 321 sowie aus Treu und Glauben (§ 242). Der Vorleistungsverpflichtete kann nach § 321 die Vorleistung verweigern, wenn nach Vertragsschluss erkennbar wird, dass der Anspruch auf die Gegenleistung durch mangelnde Leistungsfähigkeit des Vertragspartners gefährdet ist (so genannte **Unsicherheitseinrede**). Falls der Vorleistungsgläubiger dann keine Sicherheit leistet, kann er nur eine Verurteilung des Schuldners zur Leistung Zug um Zug nach § 322 erreichen. Der Vorleistungsverpflichtete hat ein Leistungsverweigerungsrecht bis die Leistung bewirkt oder Sicherheit geleistet ist. Die mangelnde Leistungsfähigkeit kann auf einer Verschlechterung der Vermögensverhältnisse aber auch auf anderen Leistungshindernissen wie Im- oder Exportverboten beruhen. Die Gefährdung des Anspruchs aufgrund der Leistungsfähigkeit darf erst nach Vertragsschluss erkennbar geworden sein; die den Anspruch objektiv gefährdende mangelnde Leistungsfähigkeit kann jedoch bereits bei Vertragsschluss bestanden haben. Nach § 242 entfällt die Vorleistungspflicht, wenn der Vorleistungsgläubiger unberechtigt die Erfüllung verweigert oder ihm obliegende Mitwirkungshandlungen unterlässt.

(3) Der **Annahmeverzug** des – noch am Vertrag festhaltenden – Schuldners gemäß §§ 293 ff. bezüglich der ihm geschuldeten Leistung schließt die Fälligkeit des Gegenanspruchs und damit das Leistungsverweigerungsrecht nicht aus.

c) Eigene Vertragstreue des Schuldners
Ungeschriebene Voraussetzung bei § 320 ist die **eigene Vertragstreue des Schuldners**. Die Durchsetzung des eigenen Anspruchs durch den Schuldner mit Hilfe von § 320 macht nur dann Sinn, wenn der Schuldner selbst am Vertrag festhält. Möchte sich dieser

endgültig vom Vertrag lösen, muss er die dafür vorgesehenen Rechtsbehelfe (bspw. Rücktritt oder Schadensersatz statt der Leistung) ausschöpfen. Der Annahmeverzug des Schuldners allein schließt jedoch die Einrede des § 320 nicht aus (s. o.).

Rechtsfolgen des Zurückbehaltungsrechts aus § 320
Der Schuldner braucht gemäß § 320 die Leistung nur zu erbringen, wenn er gleichzeitig die Gegenleistung erhält, wobei der Eintritt des Leistungserfolgs erforderlich ist. Nach § 322 kann der Schuldner im Prozess lediglich zur Leistung **Zug um Zug** verurteilt werden. Anders als das Zurückbehaltungsrecht gemäß § 273 kann die Einrede des nichterfüllten Vertrages nicht durch Sicherheitsleistung abgewendet werden (§ 320 Abs. 1 S. 3).

Das Leistungsverweigerungsrecht stellt eine – die Verjährung nicht hemmende – **aufschiebende (verzögernde) Einrede** dar, d. h., der Schuldner muss sich grundsätzlich auf die Einrede berufen, damit das Gericht sie berücksichtigt.

Dennoch **schließt** das **bloße Bestehen** des Leistungsverweigerungsrechts aus § 320 – anders als bei § 273 – **den Eintritt des Schuldnerverzugs i. S. v. § 286 aus**. Wegen der engen Verknüpfung von Leistung und Gegenleistung bedarf es der Geltendmachung der Einrede durch den Schuldner nicht. Der Schuldner kommt erst dann in Verzug, wenn ihm der Gläubiger die Gegenleistung in einer den Annahmeverzug begründenden Weise anbietet; die bloße Bereitschaft des Gläubigers zur Leistungserbringung genügt dafür nicht.

13.2 Unzulässige Rechtsausübung gemäß § 242

Aus der **Generalklausel des § 242** haben Rechtsprechung und Lehre – über dessen Wortsinn hinaus – den für das gesamte Rechtsleben geltenden Grundsatz entwickelt, dass jeder bei der Ausübung seiner Rechte sowie bei der Erfüllung seiner Pflichten nach Treu und Glauben zu handeln hat. Daraus folgt, dass ein Gläubiger seinen Anspruch nicht geltend machen kann, wenn diese formale Rechtsposition durch § 242 sozialethisch eingeschränkt wird und somit eine unzulässige Rechtsausübung darstellt.

13.2.1 Fallgruppen der unzulässigen Rechtsausübung

Zu dem Verbot der unzulässigen Rechtsausübung haben sich in Rechtsprechung und Literatur einige typische Fallgruppen herausgebildet, welche die relevantesten Anwendungsbereiche der Generalklausel erfassen:

- **Unredlicher Rechtserwerb** – Die Rechtsausübung ist missbräuchlich, wenn der Gläubiger das Recht durch ein gesetz-, sitten-, vertrags- oder sonst treuwidriges Verhalten erworben hat. Dafür sind weder Arglist noch Verschulden des Gläubigers notwendig, lediglich ein unredliches Verhalten zum Nachteil des Schuldners oder Vorteil des Gläubigers.

Beispiel: Ein Vertragspartner kann sich nicht auf die Formnichtigkeit eines Vertrages berufen, wenn er in Kenntnis der Formbedürftigkeit den formgerechten Vertragsabschluss verhindert hat.

- **Fehlen eines schutzwürdigen Eigeninteresses** – Liegt der Rechtsausübung kein schutzwürdiges Eigeninteresse zugrunde, sondern ist diese bspw. nutzlos oder dient nur als Vorwand zur Erreichung unlauterer Zwecke, dann ist sie missbräuchlich. Das gilt auch für die Geltendmachung einer Leistung, die aus einem anderen Rechtsgrund alsbald an den Schuldner zurückgewährt werden müsste (so genannte „**dolo-agit-Einrede**").

  Beispiel: Das Herausgabeverlangen des Eigentümers aus § 985 gegenüber dem Anwartschaftsberechtigten (bspw. einem Eigentumsvorbehaltskäufer), dessen Anwartschaftsrecht an der Sache alsbald zum Vollrecht Eigentum erstarken wird, ist unzulässig.

- **Widersprüchliches Verhalten** – Zwar ist widersprüchliches Verhalten (so genanntes „**venire contra factum proprium**") in unserer Rechtsordnung grundsätzlich zulässig, sobald aber dadurch beim anderen Teil ein **Vertrauenstatbestand** geschaffen worden ist oder andere besondere Umstände zu einer Treuwidrigkeit führen, ist es als missbräuchlich anzusehen. Erscheinungsformen des widersprüchlichen Verhaltens sind die **Verwirkung** (vgl. unten bei den Ausführungen zur Verjährung) und die so genannte „**protestatio facto contraria**", bei der eine Vertragspartei eine entgeltliche Leistung in Anspruch nimmt und dabei ausdrücklich erklärt, dafür nicht zahlen zu wollen.

  Beispiel: Hat der Käufer von Computerhardware und dazugehöriger Software diese erfolgreich installiert und über längere Zeit betrieben, kann er wegen der Nichtlieferung des zur Installation notwendigen Handbuchs kein Leistungsverweigerungsrecht mehr geltend machen.

- **Unverhältnismäßigkeit** – Zwar gibt es kein allgemeines Verbot, Ansprüche bei geringfügigen Pflichtverletzungen bzw. bei Unverhältnismäßigkeit geltend zu machen (vgl. einerseits §§ 281 Abs. 1 S. 3, 320 Abs. 2, 323 Abs. 5 S. 2 und andererseits § 441 Abs. 1 S. 2), resultieren jedoch marginale Verstöße in eindeutig nicht mehr angemessenen Rechtsfolgen, kann eine Berufung darauf rechtsmissbräuchlich sein.

  Beispiel: Ein Versicherer kann sich im Falle der Verletzung einer Aufklärungs- und Mitwirkungsobliegenheit durch den Versicherungsnehmer im Rahmen der Schadensabwicklung nicht auf eine Leistungsbefreiung berufen, wenn die Verletzungshandlung nicht geeignet war, die Interessen des Versicherers in relevantem Maße zu gefährden.

13.2.2 Rechtsfolgen der unzulässigen Rechtsausübung

Die unzulässige Rechtsausübung stellt nach überwiegender Ansicht eine von Amts wegen zu beachtende **rechtsvernichtende Einwendung** dar. Diese führt aber – im Gegensatz zu anderen rechtsvernichtenden Einwendungen – grundsätzlich nicht zum Erlöschen des Anspruchs, sondern **hindert nur** dessen **Durchsetzbarkeit** (vergleichbar einer Einrede). Ist jedoch bereits der Rechtserwerb missbräuchlich, dann kommt der Einwendung ausnahmsweise rechtshindernde Wirkung zu, d. h., der fragliche Anspruch entsteht erst gar nicht (Nichtigkeitsgrund).

13.3 Verjährung

Ein Anspruch, also das Recht, von einem anderen ein Tun oder Unterlassen zu verlangen, unterliegt grundsätzlich der Verjährung (§ 194 Abs. 1). Verjährung meint die Entkräftung eines Anspruchs durch Zeitablauf und berechtigt den Schuldner nach § 214 Abs. 1, die Leistung dauernd zu verweigern.

13.3.1 Abgrenzung

Von der Verjährung zu unterscheiden sind die so genannten Ausschluss- bzw. Präklusionsfristen sowie die Verwirkung.

Wenn ein subjektives Recht nur innerhalb einer bestimmten Frist ausgeübt werden kann und nach Fristablauf erlischt (bei der Verjährung bleibt der Anspruch trotz Fristablauf bestehen), dann liegt eine von Amts wegen zu berücksichtigende Ausschlussfrist vor. Wichtig sind die **Ausschlussfristen** bei den Gestaltungsrechten, wie der Anfechtung (§§ 121, 124) oder dem Widerrufsrecht bei Verbraucherverträgen (§ 355 Abs. 1 S. 2).

Die **Verwirkung** ist ein von Amts wegen zu berücksichtigendes Ausübungshindernis und tritt ein, wenn seit der Möglichkeit der Geltendmachung eines Rechts (einem Anspruch oder Gestaltungsrecht) längere Zeit verstrichen ist (**Zeitmoment**) und besondere Umstände hinzutreten, welche die verspätete Geltendmachung als unredlich erscheinen lassen (**Umstandsmoment**). Dogmatisch ist die Verwirkung als ein Sonderfall der **unzulässigen Rechtsausübung** nach § 242 (s. o.) anzusehen.

> **Beispiel:** Vermieter V kündigt dem Mieter M nicht fristlos, obwohl er dazu berechtigt ist. Bleibt er trotz Kenntnis des Kündigungsgrundes mehrere Monate untätig, so tritt Verwirkung ein.

13.3.2 Anwendungsbereich

Nur **Ansprüche** unterliegen nach § 194 Abs. 1 der Verjährung. Sonstige subjektive Rechte und Rechtsstellungen verjähren hingegen nicht. Aus der Verletzung absoluter Rechte (bspw. Eigentum [§ 823 Abs. 1] oder Namensrecht [§ 12]) können sich jedoch Ansprüche ergeben (bspw. auf Herausgabe [§ 985] oder Schadensersatz [§ 823]), die wiederum der Verjährung unterliegen.

Nach § 194 Abs. 2 sind auf die Zukunft gerichtete familienrechtliche Ansprüche (bspw. § 1353 [Rechtspflicht zur ehelichen Lebensgemeinschaft]) unverjährbar. Im BGB sind weitere **Ausnahmefälle der Unverjährbarkeit** geregelt. Zu beachten sind insbesondere der

Grundbuchberichtigungsanspruch nach § 894 (§ 898) und die Unverjährbarkeit von im Grundbuch eingetragenen Rechten gemäß § 902.

13.3.3 Vollendung der Verjährung

Die Vollendung der Verjährung richtet sich nach der im Einzelfall einschlägigen **Verjährungsfrist** und dem **Beginn der Verjährung**. Zudem können Hemmung oder Neubeginn der Verjährung den Eintritt der Verjährung beeinflussen.

Verjährungsfrist
Die **Regelverjährungsfrist** beträgt nach **§ 195 drei Jahre**. Sie gilt für alle Ansprüche, die nicht einer Sonderverjährungsfrist unterfallen und für die auch keine wirksame Verjährungsvereinbarung (§ 202) getroffen worden ist.

Sonderregelungen enthalten insbesondere § 196 (Ansprüche auf Rechte an einem Grundstück sowie auf die entsprechende Gegenleistung – zehn Jahre) und § 197 (u. a. Herausgabeansprüche aus Eigentum und anderen dinglichen Rechten, rechtskräftig festgestellte [titulierte] Ansprüche) sowie das **Mängelgewährleistungsrecht beim Kauf- (§ 438) und Werkvertrag (§ 634 a)**. Es sind ggf. auch Verjährungsregelungen außerhalb des BGB zu beachten (bspw. § 12 ProdHaftG [Produkthaftungsrecht] und § 11 UWG [Wettbewerbsrecht]).

Verjährungsbeginn und Höchstfristen
Bei der regelmäßigen Verjährungsfrist bestimmen sich **Verjährungsbeginn und Höchstfristen** nach **§ 199**. Für §§ 196, 197 regelt § 200 den Beginn der Verjährung. Im Kaufvertragsrecht beginnt die Verjährung grundsätzlich mit der Lieferung der Sache bzw. der Übergabe des Grundstücks (§ 438 Abs. 2), während es im Werkvertragsrecht auf die Abnahme des Werkes (§ 634 a Abs. 2) ankommt.

Hemmung und Neubeginn der Verjährung
Hemmung und Neubeginn der Verjährung zögern die Vollendung der Verjährung auf unterschiedliche Weise hinaus.

Eine **Hemmung** führt gemäß § 209 dazu, dass die laufende **Verjährungsfrist** solange **nicht weiter abläuft**, bis der Hemmungsgrund entfallen ist. Die wichtigsten Hemmungsgründe sind geregelt in § 203 (Verhandlungen, d. h., jeder Meinungsaustausch über den Anspruch oder seine tatsächlichen Grundlagen, bei dem nicht sofort erkennbar jegliche Auseinandersetzung abgelehnt wird), § 204 (Rechtsverfolgung, bspw. durch Erhebung einer Leistungs- oder Feststellungsklage oder Zustellung eines Mahnbescheids im Mahnverfahren) sowie § 205 (vorübergehendes Leistungsverweigerungsrecht, insbesondere aus einem Stillhalteabkommen zwischen Gläubiger und Schuldner [so genanntes pactum de non petendo]).

Anders als bei der Hemmung **endet** beim **Neubeginn** der Verjährung nach § 212 die **bisherige Verjährungsfrist** und die **Verjährungsfrist beginnt noch einmal in voller Länge zu laufen**. Zu einem Neubeginn kommt es nur bei einem Anerkenntnis des Anspruchs durch den Schuldner (§ 212 Abs. 1 Nr. 1) sowie bei einer Beantragung oder Vornahme einer gerichtlichen Vollstreckungshandlung (§ 212 Abs. 1 Nr. 2).

14 Sekundäransprüche

Aus einer **Pflichtverletzung** des Schuldners können sich Sekundäransprüche des Gläubigers ergeben. Erbringt der Schuldner die von ihm geschuldete Leistung nicht zur rechten Zeit, am rechten Ort und in der richtigen Art und Weise oder verletzt er in anderer Weise bei der Leistungserbringung die Gläubigerinteressen, liegt eine **Leistungsstörung** vor, aus der wiederum **Sekundäransprüche** – bzw. Einwendungen gegen Primäransprüche (vgl. oben) – erwachsen können. Dafür gibt es im Allgemeinen Schuldrecht Regelungen, die für alle Schuldverhältnisse und Verträge gelten, während für einige Vertragsarten und Rechtsverhältnisse Sondervorschriften existieren (Besonderes Schuldrecht).

14.1 Grundprinzipien

Vorab bedarf es der Erörterung einiger Grundprinzipien des Leistungsstörungsrechts, die Einfluss auf das Bestehen sowie den Inhalt und Umfang von Sekundäransprüchen haben.

14.1.1 Pflichtverletzung

Der **zentrale Begriff des Leistungsstörungsrechts** ist derjenige der **Pflichtverletzung**. Fast alle Ansprüche wegen einer Leistungsstörung setzen eine Pflichtverletzung voraus. Der einheitliche **Grundtatbestand** in § 280 erfasst grundsätzlich **drei Arten der Pflichtverletzung**: die **Nichterfüllung**, die **Schlechterfüllung** (im weitesten Sinne) sowie die **Verletzung von** vertraglichen und vor- bzw. nachvertraglichen **Nebenpflichten**.

Die **Nichterfüllung** einer Leistungspflicht kann in verschiedenen Formen auftreten. Die **Unmöglichkeit** der Leistung stellt gemäß **§§ 280 Abs. 1 und 3, 283** einen Unterfall der Pflichtverletzung dar. Beim **Verzug** steht dem Gläubiger unter den Voraussetzungen von **§§ 280 Abs. 1 und 2, 286** ein Anspruch auf Ersatz des Verzögerungsschadens zu.

Die **Schlechterfüllung** insbesondere wegen eines **Sach- oder Rechtsmangels** stellt eine weitere typische Pflichtverletzung dar. Bei Kauf-, Miet-, Werk- und Reiseverträgen bestehen Sondervorschriften, die eine Haftung des Schuldners für Mängel regeln. Bei allen anderen Verträgen ohne gesetzlich geregelte Mängelhaftung (bspw. Dienstvertrag) richten sich die Mängelansprüche nach dem Allgemeinen Schuldrecht.

Die **Verletzung von Nebenpflichten** (bspw. von Schutz- und Aufklärungspflichten) kann zu einer Schadensersatzpflicht nach **§§ 280 Abs. 1 und 3, 282, 241 Abs. 2** führen.

14.1.2 Notwendigkeit einer Fristsetzung

Grundsätzlich sieht das Leistungsstörungsrecht vor, dass der Gläubiger dem Schuldner eine **angemessene Frist zur Erfüllung oder Nacherfüllung** setzen muss, ehe er nach fruchtlosem Ablauf der Frist weitergehende Rechte (bspw. Rücktritt nach § 323) bzw. Ansprüche (Schadensersatz statt der Leistung nach § 281) geltend machen kann.

14.1.3 Vertretenmüssen/Verschulden der Pflichtverletzung

Die Frage nach dem Vertretenmüssen bzw. Verschulden der Pflichtverletzung hat zentrale Bedeutung für die **Schadensersatzansprüche** gemäß §§ 280, 311 a Abs. 2 sowie für den **Verzug** und dessen Rechtsfolgen (§ 286 Abs. 4). Auch für den **Ausschluss der Leistungspflichten** kann es auf das Vertretenmüssen ankommen – § 275 Abs. 2 S. 2 (Schuldner) bzw. § 326 Abs. 2 S. 1 1. Hs. (Gläubiger).

Begriff des Vertretenmüssens/Verschuldens
§ 276 Abs. 1 S. 1 regelt den Begriff des Vertretenmüssens – bzw. des im BGB mit gleicher Bedeutung verwendeten Verschuldens – des **Schuldners**. Nach dem darin enthaltenen und auch außerhalb des Leistungsstörungsrechts – insbesondere im Deliktsrecht – geltenden **Verschuldensprinzip** hat der Schuldner **Vorsatz** und **Fahrlässigkeit** zu vertreten. Im Leistungsstörungsrecht wird das Vertretenmüssen des Schuldners vermutet – **Beweislastumkehr** (§§ 280 Abs. 1 S. 2, 286 Abs. 4, 311 a Abs. 2 S. 2).

a) Verschuldensfähigkeit
Eine Person kann nur dann für ihr eigenes Handeln verantwortlich gemacht werden, wenn sie verschuldensfähig bzw. zurechnungsfähig ist. § 276 Abs. 1 S. 2 verweist zur Klärung dieser Frage auf die §§ 827, 828, welche aufgrund ihrer Stellung im Gesetz zunächst nur für das Deliktsrecht gelten (Deliktsfähigkeit).

Nicht verschuldensfähig sind stets Minderjährige bis zur Vollendung des 7. Lebensjahres (§ 828 Abs. 1) sowie Bewusstlose und Personen ohne freie Willensbestimmung, es sei denn, die fragliche Person hat ihre freie Willensbestimmung lediglich vorübergehend durch Alkohol („geistige Getränke") oder ähnliche Mittel (bspw. Rauschgift) verloren (§ 827 S. 2). Wenn dieser Zustand nicht ausnahmsweise ohne Verantwortlichkeit der Person eingetreten ist (die Wirkung von Alkohol und Drogen ist aber allgemein bekannt, weshalb eine Verantwortlichkeit regelmäßig vorliegt), greift eine Fahrlässigkeitshaftung.

Beachte: Ein nach §§ 278 Abs. 1 S. 2, 828 Abs. 1 nicht verschuldensfähiger Minderjähriger kann aber über § 278 S. 1 1. Alt. für seine gesetzlichen Vertreter (gemäß §§ 1626 Abs. 1, 1629 regelmäßig seine Eltern) haften.

Beschränkte Verschuldensfähigkeit liegt in den Fällen von **§ 828 Abs. 2 und 3** vor. Bei Kinder und Jugendlichen zwischen dem vollendeten 7. und dem 18. Lebensjahr wird die Verantwortlichkeit individuell bestimmt. Fehlt es an der **erforderlichen Einsichtsfähigkeit**, die vom Reifegrad des Minderjährigen und von der Art der schädigenden Handlung abhängt, dann scheidet eine Haftung der fraglichen Person aus (§ 828 Abs. 3).

b) Vorsatz
Unter dem Begriff Vorsatz, den das Gesetz nicht näher definiert, ist das **Wissen und Wollen der haftungsbegründenden Tatumstände** (insbesondere Erfolg und Pflichtwidrigkeit des fraglichen Verhaltens) zu verstehen.

c) Fahrlässigkeit
Der Begriff der Fahrlässigkeit wird in **§ 276 Abs. 2** genauer bestimmt (Legaldefinition). Danach handelt fahrlässig, **wer die im Verkehr erforderliche Sorgfalt außer Acht lässt**. Das notwendige Maß an Sorgfalt wird aber nicht anhand der individuellen körperlichen und geistigen Leistungsfähigkeit des Schuldners ermittelt, vielmehr gilt ein **objektiver Fahrlässigkeitsmaßstab**. Es wird darauf abgestellt, was ein „ordentlicher" Angehöriger eines bestimmten Verkehrskreises leisten kann. In diesem Zusammenhang erfolgt eine Zuordnung zu einer Personengruppe, wobei regelmäßig nach Beruf, Alter, Bildungsstand und Lebenskreis differenziert wird (bspw. Auszubildender, Facharzt, Jugendlicher, Behinderter). Wer diejenige Sorgfalt außer Acht lässt, die von einem Angehörigen dieser Personengruppe in der konkreten Situation erwartet werden kann, handelt fahrlässig.

Bei besonderen Kenntnissen (bspw. spezielle Ortskenntnis eines unfallverursachenden Taxifahrers) und Begabungen des Schuldners kommt es **ausnahmsweise** auf die **persönliche Leistungsfähigkeit** an. In solchen Fällen gelten strengere Sorgfaltsanforderungen.

Zurechnung fremden Verschuldens
Der Schuldner muss die Erfüllungshandlungen regelmäßig nicht selbst vornehmen, nur ausnahmsweise besteht eine persönliche Leistungspflicht (bspw. des Dienstverpflichteten gemäß § 613 oder des Beauftragten gemäß § 664). Deshalb setzen Schuldner in der Praxis oftmals Gehilfen ein. Ebenso ist es möglich, dass ein Schuldner – bspw. infolge seines geringen Alters – nicht handlungsfähig ist. Dann muss sein gesetzlicher Vertreter (z. B. Eltern, Pfleger, Vormund) handeln. In diesen Fällen ist es aus Gründen des **Gläubigerschutzes** erforderlich, dass der Schuldner für fremdes Verschulden einzustehen hat. Eine entsprechende und für alle im Rahmen eines Schuldverhältnisses begangene Pflichtverletzungen geltende Regelung trifft **§ 278**.

Danach ist das Verschulden des Dritten dem Schuldner unter folgenden Voraussetzungen zuzurechnen:

- Handeln eines Erfüllungsgehilfen oder gesetzlichen Vertreters
- Handeln in Erfüllung einer Verbindlichkeit des Schuldners
- Verschulden der Hilfsperson

a) Handeln eines Erfüllungsgehilfen oder gesetzlichen Vertreters

1. Erfüllungsgehilfe

Erfüllungsgehilfe gemäß § 278 S. 1 2. Alt. ist, wer nach den tatsächlichen Gegebenheiten **mit Wissen und Wollen des Schuldners in dessen Pflichtenkreis als seine Hilfsperson** tätig wird. Dabei ist nicht Voraussetzung, dass die Hilfsperson Vertretungsmacht hat, sozial abhängig oder weisungsgebunden ist. Die rechtliche Beziehung zwischen dem Schuldner und dem Erfüllungsgehilfen ist ebenso unbeachtlich wie die Frage, ob der Schuldner überhaupt zu einer Überwachung und Kontrolle des Erfüllungsgehilfen in der Lage ist. Der Qualifikation als einem Erfüllungsgehilfen steht es nicht entgegen, wenn die Hilfsperson eine eigene Verpflichtung erfüllen will, denn der **Erfüllungsgehilfe selbst muss nicht wissen**, dass er eine fremde Verpflichtung erfüllt.

Der Erfüllungsgehilfe ist insbesondere **abzugrenzen** vom so genannten **Verrichtungsgehilfen** i. S. v. § 831. Bei dieser eigenständigen, deliktsrechtlichen Anspruchsgrundlage, die anders als § 278 keine bloße Zurechnungsnorm darstellt, **haftet der Geschäftsherr für eigenes Fehlverhalten** beim Einsatz von in gewisser **Abhängigkeit** zu ihm stehenden und **weisungsgebundenen** Hilfspersonen, es sei denn, er kann sich gemäß § 831 Abs. 1 S. 2 exkulpieren, d. h., einen Entlastungsbeweis führen. Bei § 278 ist eine derartige Entlastung hingegen nicht möglich.

Für **öffentliche Amtsträger** (z. B. Gerichte, Gerichtsvollzieher oder Notare) muss der Schuldner jedoch nur einstehen, wenn sein Pflichtenkreis nicht nur deren Beauftragung, sondern gerade auch die vorgenommene Tätigkeit umfasst. Das ist nur **ausnahmsweise** der Fall (bspw. wenn ein Notar vom Schuldner gerade zur Vertragsabwicklung beauftragt worden ist).

Kein Erfüllungsgehilfe ist der so genannte **Substitut**. Bei der Substitution überträgt der Schuldner die gesamte Ausführung einer Leistung an einen Dritten, der nicht für, sondern **anstelle des Schuldners tätig** wird. In einem solchen Fall hat der Schuldner nur für sein eigenes **Verschulden bei der Aufgabenübertragung** einzustehen (vgl. § 664 Abs. 1 S. 2). Bei einer unbefugten Substitution (vgl. § 664 Abs. 1 S. 1) stellt die Substitution als solche bereits ein Verschulden dar, während es bei einer befugten Substitution insbesondere darauf ankommt, ob der Schuldner den Substitut sorgfältig ausgewählt hat.

2. Gesetzlicher Vertreter

Gesetzlicher Vertreter i. S. v. § 278 S. 1 1. Alt. ist jede Person, die aufgrund einer ihr **vom Gesetz verliehenen Stellung** die Befugnis zum Handeln mit Wirkung für andere hat. Das sind insbesondere Eltern für ihre Kinder (§§ 1626, 1629), Vormund, Betreuer und Pfleger, aber auch Insolvenz-, Nachlass- und Zwangsverwalter sowie Testamentsvollstrecker. Keine gesetzlichen Vertreter sind jedoch die Organe einer juristischen Person. Für deren Verschulden müssen juristische Personen unter den Voraussetzungen von §§ 31, 89 einstehen.

b) Handeln in Erfüllung einer Verbindlichkeit des Schuldners

Die Handlung des Erfüllungsgehilfen bzw. des gesetzlichen Vertreters muss **im Bereich** des vom Schuldner geschuldeten Verhaltens liegen und damit in einem **äußeren und inneren sachlichen Zusammenhang** stehen. Nicht erfasst ist ein Handeln „nur bei Gelegenheit".

Beispiel: Beschädigt der unachtsame Geselle eine Fensterscheibe in der Wohnung des Kunden, haftet der Glasermeister nach § 278 für das Verschulden seines Erfüllungsgehilfen. Nutzt der Geselle jedoch die sich bietende Gelegenheit zu einem Diebstahl aus der Wohnung des Kunden, muss der Glasermeister mangels Zusammenhang mit der Pflichterfüllung dafür nicht gemäß § 278 einstehen.

c) Verschulden der Hilfsperson

Die Hilfsperson, also der Erfüllungsgehilfe bzw. der gesetzliche Vertreter, muss schuldhaft i. S. v. § 276 gehandelt haben. Es kommt demnach auf ein vorsätzliches oder fahrlässiges Verhalten der Hilfsperson an.

Der **Verschuldensmaßstab** bestimmt sich grundsätzlich **nach der Person des Schuldners**. Dieser haftet, wenn das Verhalten des Gehilfen, als Verhalten des Schuldners gedacht, eine Verletzung der Schuldnerpflichten darstellen würde. Nur wenn die Hilfsperson überdurchschnittliche Fachkenntnisse hat und deshalb ein besonderes Vertrauen in Anspruch nimmt (bspw. Notar), ist ausnahmsweise dieser (höhere) Standard maßgebend.

Beispiel: Der Glasermeister haftet auch dann für seinen jungen und unerfahrenen Gesellen gemäß § 278, wenn diesem seine Fehlleistung zwar nicht vorgeworfen werden kann, die Pflichtverletzung bei einem Meister jedoch als eine Außerachtlassung der im Verkehr erforderlichen Sorgfalt zu charakterisieren wäre.

Die Frage der **Verschuldens- bzw. Zurechnungsfähigkeit** (§§ 276 Abs. 1 S. 2, 827, 828 – s. o.) richtet sich hingegen nach der **Hilfsperson**.

Modifizierungen des Haftungsmaßstabes

Abweichungen vom Haftungsmaßstab des Verschuldens können **gesetzlich** oder **rechtsgeschäftlich bestimmt** sein oder sich **aus dem sonstigen Inhalt des Schuldverhältnisses** ergeben (§ 276 Abs. 1 S. 1).

a) Gesetzliche Bestimmungen

Das Gesetz sieht in bestimmten Fällen eine **Milderung** der Haftung vor:

- Beim **Gläubigerverzug** (s. o.) hat der Schuldner gemäß § 300 Abs. 1 **nur Vorsatz und grobe Fahrlässigkeit** (= besonders schwerwiegende Verletzung der im Verkehr erforderlichen Sorgfalt) zu vertreten. Gleiches gilt, wenn der Schuldner ein Schenker (§ 521), Verleiher (§ 599) oder ein so genannter Notgeschäftsführer (§ 680) ist.

- Nur für die **eigenübliche Sorgfalt** i. S. v. § 277 haften bspw. der gesetzlich zum Rücktritt Berechtigte bei Verschlechterung oder Untergang der zurückzugewährenden Sache (§ 346 Abs. 3 S. 1 Nr. 3), der zum Widerruf eines Verbrauchervertrages berechtigte

Verbraucher (§ 357 Abs. 1 S. 1), der unentgeltliche Verwahrer (§ 690), der Gesellschafter bzgl. der Gesellschafterpflichten (§ 708), Ehegatten untereinander (§ 1359) und Eltern gegenüber ihren Kindern (§ 1664 Abs. 1). Bei § 277 gilt ein **subjektiver Maßstab**, der auf die Veranlagung und die Gewohnheiten des Handelnden bis zur Grenze der groben Fahrlässigkeit Rücksicht nimmt („üblicher Schlendrian" ist noch eigenübliche Sorgfalt).

Ebenso kann das Gesetz eine **Verschärfung** des Haftungsmaßstabes regeln:

- Befindet sich der **Schuldner im Verzug** (s. o.), muss er gemäß § 287 S. 1 auch dann für **jede Art von Fahrlässigkeit** einstehen, wenn für ihn an sich Haftungserleichterungen (bspw. nach § 521 – vgl. oben) gelten. Außerdem haftet er gemäß § 287 S. 2 auch für durch **Zufall** entstehende Leistungshindernisse.

- Den Vermieter trifft bei anfänglichen Mängeln der Mietsache eine – schuldunabhängige – **Garantiehaftung** (§ 536 a Abs. 1 1. Alt.).

b) Vertragliche Modifizierungen

Die Haftung kann auch rechtsgeschäftlich gemildert oder verschärft werden. Die Haftung des Schuldners für **Vorsatz** kann jedoch gemäß **§ 276 Abs. 3 im Voraus nicht abbedungen** werden. § 444 und § 639 begrenzen die Wirksamkeit von Haftungsausschlüssen bzw. -beschränkungen bei Mängelgewährleistung im Kauf- und Werkvertragsrecht (Unwirksamkeit bei arglistigem Verschweigen des Mangels oder bei Übernahme einer Beschaffenheitsgarantie).

Bei vertraglichen Veränderungen des Haftungsmaßstabes in Allgemeinen Geschäftsbedingungen sind vor allem die Schranken der §§ 309 Nr. 7, 307 Abs. 1 und Abs. 2 Nr. 2 zu beachten. Für individualvertragliche Haftungsmodifizierungen wiederum ergeben sich Grenzen aus § 138 (Verstoß gegen die guten Sitten).

c) Modifizierungen aufgrund des sonstigen Inhalts des Schuldverhältnisses

Aufgrund des Inhalts eines Schuldverhältnisses sind insbesondere Haftungsverschärfungen aus der **Art der Schuld**, der **Übernahme einer Garantie oder eines Beschaffungsrisikos** möglich.

Bei **Geldschulden** findet § 275 (Ausschluss der Leistungspflicht wegen Unmöglichkeit) keine Anwendung. Der Schuldner hat unabhängig von einem Verschulden seine **finanzielle Leistungsunfähigkeit** stets zu vertreten („Geld hat man zu haben."). Das ist ein allgemeiner Rechtsgrundsatz, der unserer Rechts- und Wirtschaftsordnung innewohnt (**Prinzip der unbeschränkten Vermögenshaftung**).

Die **Übernahme einer Garantie** für das Vorhandensein von Eigenschaften bzw. die Beschaffenheit einer Sache (vgl. §§ 442 Abs. 1, 443, 444, 639) kann zu einer schuldunabhängigen Einstandspflicht des Schuldners führen.

Übernimmt der Schuldner ein **Beschaffungsrisiko**, was insbesondere bei der marktbezogenen – nicht aber bei der auf einen Vorrat begrenzten – Gattungsschuld (§ 243) der Fall ist, dann steht er schuldunabhängig für das Gelingen und die Rechtzeitigkeit der Beschaffung ein.

Eine Haftungsmilderung infolge des Inhalts des Schuldverhältnisses ist vor allem im Arbeitsrecht von Relevanz. Bei Schadensersatzansprüchen des Arbeitgebers gegen seinen Arbeitnehmer gilt die richterrechtlich entwickelte Haftungsmilderung nach dem so genannten **innerbetrieblichen Schadensausgleich**.

14.1.4 Umfassende Schadensersatzregelung

§ 280 enthält eine umfassende Regelung der allgemeinen Voraussetzungen, bei deren Vorliegen der Gläubiger Schadensersatz verlangen kann, wenn der Schuldner eine Pflicht aus einem Schuldverhältnis verletzt.

Die Vorschrift gilt für **Verträge, vertragsähnliche Sonderverbindungen sowie gesetzliche Schuldverhältnisse**. Erfasst wird **jede Art von Pflichtverletzung** unabhängig davon, ob der Schuldner eine Haupt- oder Nebenpflicht, eine Leistungs- (durch Nicht- oder Schlechterfüllung) oder Schutzpflicht verletzt hat.

Nur für den Fall der **anfänglichen Unmöglichkeit**, bei der das Leistungshindernis bereits **bei Vertragsschluss** vorgelegen hat, gibt es eine **Sonderregelung** bezüglich der Sekundäransprüche in **§ 311 a Abs. 2**, die aber regelmäßig zu den gleichen Ergebnissen wie § 280 führt.

14.1.5 Rücktrittsrecht unabhängig von einem Verschulden

Anders als bei Schadensersatzansprüchen hat der Gläubiger bei gegenseitigen Verträgen unter den Voraussetzungen von **§ 323** ein verschuldensunabhängiges Rücktrittsrecht. Dieses Rücktrittsrecht wird durch spezielle Rücktrittstatbestände (bspw. bei der Mängelgewährleistung im Kauf- [§ 437 Nr. 2] und Werkvertragsrecht [§ 634 Nr. 3]) vervollständigt. Hinzu kommt, dass der Gläubiger nach § 326 im Fall der Unmöglichkeit der Leistung des Schuldners grundsätzlich von seiner Gegenleistungspflicht befreit wird.

14.1.6 Schadensersatz und Rücktritt

Der Gläubiger eines gegenseitigen Vertrages kann nach **§ 325** auch dann, wenn er vom Vertrag zurückgetreten ist, Schadensersatz verlangen, falls die Voraussetzungen der jeweiligen Schadensersatzanspruchsnorm (insbesondere Verschulden) gegeben sind. Neben den Ansprüchen nach erfolgtem Rücktritt aus dem Rückabwicklungsschuldverhältnis gemäß §§ 346 ff. kommen also gleichzeitig Ansprüche auf Schadensersatz statt der Leistung (bspw. Mehrkosten aus einem Deckungsgeschäft, entgangener Gewinn) sowie auf Ersatz des Verzögerungsschadens und der sonstigen Begleitschäden in Betracht.

14.1.7 Art, Inhalt und Umfang von Schadensersatzansprüchen

Für alle auf Schadensersatz gerichteten Sekundäransprüche stellt sich die Frage nach **Art, Inhalt und Umfang des Schadensersatzanspruchs**. Entsprechende Regelungen finden sich in den §§ 249 ff., die grundsätzlich **auf alle Schadensersatzansprüche** Anwendung finden, unabhängig davon, ob diese aus Vertrag, Delikts- oder Gefährdungshaftung resultieren. Die §§ 249 ff. enthalten keine eigenständigen Anspruchsgrundlagen (keine Haftungsbegründung), sondern dienen vielmehr der **Haftungsausfüllung** bestehender Ansprüche, die eine Verpflichtung zum Schadensersatz als **Rechtsfolge** vorsehen – keine Frage des „ob", sondern des „wie" der Haftung (welche Art, wie viel Schadensersatz).

Schadensbegriff
Als Schaden im natürlichen Sinne ist **jede unfreiwillige Einbuße an rechtlich geschützten Gütern** anzusehen. Erfasst sind sowohl **Vermögensopfer** (materielle Schäden) als auch **Nichtvermögensopfer** (immaterielle Schäden). Abzugrenzen vom Schaden sind „freiwillige" Aufwendungen (bspw. beim Aufwendungsersatz gemäß § 285).

Schadensermittlung
Die **Feststellung bzw. Berechnung eines** (Vermögens-)**Schadens** ist häufig problematisch.

Allgemein wird dafür die so genannte **Differenzhypothese** angewendet. Danach liegt ein Vermögensschaden vor, wenn die **aktuelle Vermögenslage** des Betroffenen infolge des die Ersatzpflicht begründenden Ereignisses **negativ von der davor bestehenden Vermögenslage abweicht**. Es wird also der jetzige tatsächliche Wert des Vermögens mit dem hypothetischen Wert des Vermögens, der ohne das konkrete haftungsbegründende Ereignis bestehen würde, verglichen. Daraus folgt, dass die Differenzhypothese auch einen **entgangenen Gewinn** umfasst; § 252 dient demnach nur der Klarstellung (§ 252 S. 1) bzw. der Beweiserleichterung (§ 252 S. 2).

Im Einzelfall kann es zur Erfassung eines verursachten Schadens notwendig sein, die Differenzhypothese nach einer Abwägung der konkreten Umstände unter **Berücksichtigung des Schutzzwecks** der Norm zu modifizieren.

(1) Beim so genannten **normativen Schaden** (auch **versagter Vorteilsausgleich**) wird aus **Billigkeitsgründen** ein Vermögensschaden bejaht, obwohl der Betroffene keine Vermögenseinbuße erlitten hat, weil der zum Ersatz verpflichtende Umstand neben Nachteilen auch **Vorteile** herbeigeführt hat. Erforderlich dafür ist, dass zwischen dem Schadensereignis und dem Vorteil ein **adäquater Kausalzusammenhang** besteht und bei normativer Betrachtung eine Entlastung des Schädigers unbillig erscheint. Diese Kriterien wurden von der Rechtsprechung anhand von **Fallgruppen** konkretisiert. Bei Unterhaltspflichten, erbrechtlichen Ansprüchen, freiwilligen Leistungen Dritter sowie vom Geschädigten erworbenen Vorteilen (bspw. Abschluss einer Versicherung) findet eine Vorteilsanrechnung regelmäßig nicht statt; anders hingegen bei ersparten Aufwendungen (bspw. Wegfall von Fahrtkosten zur Arbeit bei arbeitsunfähigem Geschädigten), derartige Vorteile muss sich der Geschädigte anrechnen lassen.

Beispiel: Der O wird von S schuldhaft mit einem Auto angefahren und dabei tödlich verletzt. Die Witwe W erhält daraufhin von der Lebensversicherung des O eine Versicherungsleistung. Verlangt W nunmehr Schadensersatz von S (bspw. Bestattungskosten, Unterhaltsersatzanspruch [§ 844 Abs. 1 und 2]), muss sie sich nicht die Versicherungsleistung auf ihren Schadensersatzanspruch anrechnen lassen. Der Schädiger darf durch das Vorhandensein einer Lebensversicherung des Opfers nicht unbillig entlastet werden.

(2) Bei **entgangenen Gebrauchsvorteilen** an einem geschädigten Gegenstand bereitet die Ermittlung des Vermögenswertes Schwierigkeiten. Durchgesetzt hat sich mittlerweile der **Kommerzialisierungsgedanke**. Danach liegt ein Schaden vor, wenn die ständige Verfügbarkeit des Gebrauchsgegenstands von **zentraler Bedeutung für die eigenwirtschaftliche Lebensführung** ist (bspw. Kfz, nicht aber Schwimmbad oder Segelyacht), gerade **in den Gegenstand des Gebrauchs eingegriffen** wird und der Geschädigte dadurch **fühlbar beeinträchtigt** ist, was einen Nutzungswillen und eine hypothetische Nutzungsmöglichkeit voraussetzt.

Beispiel: S beschädigt schuldhaft den privat genutzten Pkw des O. Für die Dauer der Reparatur seines Wagens steht dem O, dem dadurch Gebrauchsvorteile entgehen, ein Schadensersatzanspruch auch dann zu, wenn er keinen Ersatzwagen anmietet. Wird O jedoch so schwer verletzt, dass er den Pkw während dieser Zeit nicht hätte nutzen können, besteht mangels fühlbarer Beeinträchtigung kein Anspruch auf Ersatz für entgangene Gebrauchsvorteile. Es fehlt an der hypothetischen Nutzungsmöglichkeit.

Art und Inhalt des Schadensersatzes
Aus den §§ 249 bis 253 ergibt sich, in welcher Form Schadensersatz in einem konkreten Fall zu leisten ist. Dabei ist grundsätzlich zwischen der so genannten **Naturalrestitution** einerseits und der **Geldentschädigung** andererseits zu unterscheiden.

a) Grundsatz der Naturalrestitution
Aus § 249 Abs. 1 ergibt sich, dass der zum Schadensersatz Verpflichtete in erster Linie genau den Zustand herzustellen hat, der ohne das zum Ersatz verpflichtende Ereignis bestehen würde. Soweit dies möglich ist, hat der Schadensersatzgläubiger grundsätzlich einen Anspruch auf diese Form des Schadensersatzes (**Grundsatz der Naturalrestitution**). Nur ausnahmsweise ist nach § 249 Abs. 1 Geld geschuldet – bei primären Vermögensschäden. Regelmäßig besteht die **Wiederherstellung in Natur** in der Reparatur einer beschädigten Sache, der Rückgabe einer entwendeten Sache, bei Zerstörung oder Verlust einer Sache in der Beschaffung einer gleichartigen und gleichwertigen Sache.

Bei Körperverletzung oder Sachbeschädigung steht dem Schadensersatzgläubiger nach § 249 Abs. 2 S. 1 jedoch eine **Ersetzungsbefugnis** zu. Ist eine Naturalrestitution grundsätzlich möglich (anders bspw. bei Zerstörung bzw. Untergang der beschädigten Sache – dies unterfällt § 251), kann er nach seiner Wahl den **zur Wiederherstellung erforderlichen Betrag** (inklusive der tatsächlich angefallenen Mehrwertsteuer – § 249 Abs. 2 S. 2) verlangen und ist bei einer Sachbeschädigung nicht etwa auf die Geltendmachung des bloßen Minderwerts bzw. Mindererlöses beschränkt. Ist eine Person verletzt worden, umfasst der zur

Herstellung erforderliche Geldbetrag Heilungskosten, Hilfsmittelkosten, Besuchsfahrtkosten von nahen Angehörigen sowie Kur- und Pflegekosten. Bei **Sachschäden** (nicht Personenschäden) ist der Geschädigte zudem frei in der Entscheidung darüber, wie er den Ersatzbetrag verwendet (**Dispositionsfreiheit**). Bei einer **fiktiven Schadensberechnung** (aufgrund eines Sachverständigengutachtens oder Kostenvoranschlags mit eigenhändiger Reparatur durch den Geschädigten oder ohne Reparatur) kann die Mehrwertsteuer nach § 249 Abs. 2 S. 2 nicht geltend gemacht werden.

Beispiel: Kostet die Reparatur des Pkw des O nach dem von S verschuldeten Unfall insgesamt 2.000,- €, während der Zeitwert des Wagens vor dem Unfall lediglich 1.800,- € betrug und danach nur noch 300,- € beträgt, kann O, sofern die Reparatur noch möglich ist, zwischen Reparatur oder Ersatz der Reparaturkosten (2.000,- €) wählen und ist nicht etwa auf eine Geldentschädigung in Höhe des Wertverlustes des Wagens (1.500,- €) beschränkt.

Die Rechtsprechung setzt aber **Grenzen bei unverhältnismäßigen Aufwendungen** entsprechend § 251 Abs. 2 S. 1 (s. u.). Bei Schäden an Kfz sind Reparaturkosten von **bis zu 30 % über dem Wert der Sache vor dem Unfall** (Wiederbeschaffungswert ohne Abzug des Restwerts) **zulässig**, wenn die Reparatur vollständig und fachgerecht durchgeführt worden ist (nicht bei fiktiver Schadensberechnung) und das Auto vom Geschädigten weiter genutzt wird – so genannter **Integritätszuschlag**.

b) Geldentschädigung

Scheitert die Naturalrestitution an rechtlichen oder tatsächlichen Hindernissen, weil sie unmöglich, nicht genügend oder mit unverhältnismäßig hohen Aufwendungen verbunden ist, muss der Ersatzpflichtige den Schadensersatzgläubiger nach § 251 in Geld entschädigen.

§ 251 Abs. 1 gibt im Interesse des Schadensersatzgläubigers einen Anspruch auf Geldersatz. Die Herstellung ist bspw. **unmöglich** bei der Zerstörung einer nicht vertretbaren Sache (wie einem Unikat) oder der Tötung eines Tieres. Als **nicht genügend** ist die Herstellung zu bezeichnen, wenn die Reparatur wegen des Schadensumfangs nicht zumutbar ist, zu lange dauert oder trotz Reparatur ein **merkantiler Minderwert** verbleibt. Der merkantile Minderwert ist ggf. neben den Reparaturkosten (§ 249 Abs. 2) zu ersetzen und beruht darauf, dass eine (nicht unwesentlich) beschädigte Sache trotz ordnungsgemäßer Reparatur einen geringeren Wert hat als eine unbeschädigte (insbesondere bei Unfall-Kfz).

Nach § 251 Abs. 2 kann der Schadensersatzschuldner die Naturalrestitution bei unverhältnismäßigen Aufwendungen für die Herstellung ablehnen (Ersetzungsbefugnis des Ersatzpflichtigen). Hauptanwendungsfall ist der so genannte **wirtschaftliche Totalschaden**, bei dem die Reparatur einer beschädigten Sache wesentlich mehr kostet, als deren Wert vor dem zur Ersatzpflicht führenden Ereignis betragen hat. Bei Kfz-Reparaturen liegt Unverhältnismäßigkeit vor, wenn die **Kosten den Wiederbeschaffungswert um mindestens 30 % übersteigen** (vgl. oben).

Beispiel: Im obigen Beispiel ist Unverhältnismäßigkeit anzunehmen, wenn die Reparaturkosten 2.500,- € betragen, während sich der Wiederbeschaffungswert auf 1.800,- € beläuft.

Der Schädiger S muss nach § 251 Abs. 2 S. 1 dem Geschädigten O nur eine Geldentschädigung in Höhe des Wertverlustes des Wagens (1.500,- €) zahlen.

c) Geldentschädigung für immaterielle Schäden

§ 253 regelt den Schadensersatz für immaterielle (ideelle) Schäden (bspw. Einbuße an Lebensfreude oder Schmerzen, die der Geschädigte aufgrund einer Körperverletzung erleidet). Für derartige Nichtvermögensschäden wird nach § 253 Abs. 1 **nur in gesetzlich bestimmten Fällen** eine Geldentschädigung gewährt. Im BGB gibt es entsprechende Regelungen in § 253 Abs. 2 (s. u.) sowie § 651 f Abs. 2 (für nutzlos aufgewendete Urlaubszeit). Zwar ist eine Naturalrestitution (§ 249 Abs. 1) auch bei immateriellen Schäden theoretisch denkbar, tatsächlich wird eine Wiederherstellung in derartigen Fällen regelmäßig nicht möglich sein.

§ 253 Abs. 2 gibt dem Geschädigten einen **Anspruch auf Schmerzensgeld**, der selbständig neben etwaigen materiellen Schadensersatzansprüchen (Vermögensschäden) besteht (**eigenständige Anspruchsgrundlage**). Voraussetzung ist, dass dem Geschädigten wegen der Verletzung eines der in § 253 Abs. 2 benannten Rechtsgüter (Körper, Gesundheit, Freiheit oder sexuelle Selbstbestimmung) ein Schadensersatzanspruch (aus Vertrag, Delikt oder Gefährdung) zusteht und ihm ein Nichtvermögensschaden entstanden ist. Sofern das zu bejahen ist, wird eine Entschädigung in Geld, die sich nach **Billigkeitsgesichtspunkten** bestimmt, gewährt.

Umfang des Schadensersatzes

Ein Schadensersatzanspruch kann nach **§ 254** gemindert oder gar vollständig ausgeschlossen sein, sofern der Geschädigte bei der Entstehung (§ 254 Abs. 1) oder der Entwicklung (§ 254 Abs. 2 S. 1) des Schadens „schuldhaft" mitgewirkt hat (**Mitverschulden**). Das „Verschulden" des Geschädigten ist nicht im Sinne von § 276 (Verantwortlichkeit des Schuldners) zu verstehen, sondern meint untechnisch ein **Handeln gegen die eigenen wohlverstandenen Interessen** (so genanntes „**Verschulden gegen sich selbst**").

Beispiel: Im Straßenverkehr führen das Nichtanschnallen (bei Kfz-Insassen) und das Nichttragen eines Sturzhelms (auf Mofa, Motorrad sowie Rennrad – nicht aber auf normalem Fahrrad) zu einem Mitverschulden des Geschädigten.

Nach §§ 254 Abs. 2 S. 2, 278 muss der Geschädigte ggf. für das Mitverschulden Dritter einstehen.

Liegt Mitverschulden vor, wird der Schaden nach einer Abwägung und Würdigung der Umstände, insbesondere unter Berücksichtigung des Maßes der beiderseitigen Verursachung sowie des beiderseitigen Verschuldens, nach **Quoten** auf Schädiger und Geschädigten verteilt (bspw. 70 % zu 30 %).

Erscheinungsformen

Bei der Frage nach Art, Inhalt und Umfang eines Schadensersatzanspruchs kann es erforderlich sein, nach den von der einschlägigen haftungsbegründenden Norm geschützten Interessen zu unterscheiden.

a) Integritätsinteresse

Das Integritätsinteresse (bzw. Erhaltungsinteresse) ist auf die Erhaltung des vorhandenen Bestands („status quo ante") an Gütern, Rechten und Vermögen gerichtet. § 823 Abs. 1 enthält einen Schutzkatalog an Gütern und Rechten, die sowohl durch das Recht der Sonderverbindungen (Vertragsrecht) als auch durch das Deliktsrecht geschützt werden. Anders als das Vertragsrecht erfasst der deliktische Anspruch aus § 823 Abs. 1 jedoch das Vermögen als solches nicht (kein „sonstiges Recht"). Folgt jedoch aus der Verletzung eines der genannten Rechtsgüter eine Vermögenseinbuße, dann greift § 823 Abs. 1 (Vermögensfolgeschaden bzw. mittelbarer Vermögensschaden).

b) Erfüllungsinteresse

Bei Schadensersatzansprüchen im Vertragsrecht ist das Erfüllungsinteresse vom Vertrauensinteresse (s. u.) zu unterscheiden. Das Erfüllungsinteresse wird auch als **positives Interesse** bezeichnet und meint das Interesse des Gläubigers einer Leistung daran, sein **Vermögen um die geschuldete Leistung zu vermehren**. Bleibt die Leistung aus, wird sie schlecht oder verspätet geleistet, ist das Erfüllungsinteresse des Gläubigers beeinträchtigt.

Haftet der Schuldner aus Vertrag auf Schadensersatz wegen der Nichteinhaltung einer Leistungspflicht, tritt unter bestimmten Voraussetzungen der **Schadensersatzanspruch wegen Nichterfüllung** an die Stelle des Erfüllungsanspruchs (§ 280 Abs. 1 und 3 i. V. m. §§ 281, 282, 283). Der Gläubiger ist zur Befriedigung seines Erfüllungsinteresses mittels des Schadensersatzanspruchs so zu stellen, als hätte der Schuldner ordnungsgemäß geleistet.

Erfolgt die geschuldete Leistung verspätet, tritt der Anspruch auf **Ersatz des Verzugsschadens** (§§ 280 Abs. 1 und 2, 286) **neben** den weiterbestehenden Erfüllungsanspruch.

c) Vertrauensinteresse

Das Vertrauensinteresse (auch **negatives Interesse**) wird geschützt durch Anspruchsgrundlagen, die den Schaden ersetzen, den der Ersatzberechtigte dadurch erleidet, dass er **auf die Wirksamkeit eines Rechtsgeschäfts vertraut** hat. Der Ersatzberechtigte ist so zu stellen, als hätte er von Anfang an gewusst, dass das fragliche Rechtsgeschäft nicht wirksam ist. In diesem Fall hätte er bestimmte Dispositionen vorgenommen (bspw. Abschluss eines anderen möglichen Geschäfts) oder unterlassen (bspw. im Vertrauen auf die Gültigkeit getätigte Aufwendungen).

Die wichtigsten auf **Ersatz des Vertrauensschadens** gerichteten Anspruchsgrundlagen sind § 122 (Schadensersatzpflicht des Anfechtenden), § 179 Abs. 2 (Haftung des Vertreters ohne Vertretungsmacht) sowie §§ 280 Abs. 1, 311 Abs. 2 (vorvertragliches Verschulden, früher Fälle der so genannten c. i. c.).

14.2 Vertragliche Sekundäransprüche

Liegt eine Leistungsstörung vor, kann dem Gläubiger einerseits eine Einwendung gegen den Primäranspruch zustehen (bspw. Unmöglichkeit gemäß § 275 Abs. 1), andererseits können ihm daraus (vertragliche) Sekundäransprüche erwachsen. Denkbar sind Ansprüche auf Schadensersatz (neben bzw. statt der Leistung), auf Aufwendungsersatz, auf Herausgabe des Erlangten sowie nach einem wirksamen Rücktritt Ansprüche aus dem Rückabwicklungsschuldverhältnis (§§ 346 ff.).

Vertragliche Schadensersatzansprüche des Gläubigers gegen den Schuldner wegen einer Leistungsstörung haben entsprechend dem **Grundtatbestand des § 280** allgemein folgende drei Voraussetzungen (§ 311 a stellt bei der anfänglichen Unmöglichkeit vergleichbare Erfordernisse auf):

- Vorliegen eines Schuldverhältnisses
- Pflichtverletzung des Schuldners
- Vertretenmüssen des Schuldners

Abweichungen im Prüfungsprogramm der vertraglichen Schadensersatzansprüche ergeben sich bei der **Konkretisierung der Pflichtverletzung**. Besteht diese bspw. in der Nichtleistung infolge Unmöglichkeit, ist § 283 zu prüfen (Verweisung über § 280 Abs. 3); liegt hingegen Verzug vor, muss auf § 286 eingegangen werden (Verweisung über § 280 Abs. 2).

14.2.1 Schadensersatz neben der Leistung

Schadensersatz **neben der eigentlich geschuldeten Leistung** – also **unabhängig vom Primäranspruch** – kann der Gläubiger vom Schuldner unter bestimmten Voraussetzungen bei Verzug, Schlechtleistung und Nebenpflichtverletzung fordern.

Verzugsschaden
Sind die zusätzlichen Voraussetzungen des Schuldnerverzugs gemäß § 286

- Nichtleistung trotz Möglichkeit,
- vollwirksamer, fälliger und durchsetzbarer Anspruch des Gläubigers,
- Mahnung bzw. deren Entbehrlichkeit,
- Vertretenmüssen des Schuldners sowie
- keine Beendigung des Schuldnerverzugs

(zu den Einzelheiten vgl. oben) erfüllt, kann der Gläubiger vom Schuldner nach §§ 280 Abs. 1 und 2, 286 **neben dem fortbestehenden Erfüllungsanspruch** Ersatz des Verzugsschadens verlangen.

Einen Verzugs- bzw. Verzögerungsschaden stellen alle Schäden dar, die **adäquat kausal durch den Verzug verursacht** worden sind (Ursachenzusammenhang). Der Gläubiger ist so zu stellen, wie er bei rechtzeitiger Leistung des Schuldners stünde. Zwar gilt auch beim Anspruch aus §§ 280 Abs. 1 und 2, 286 der Grundsatz der Naturalrestitution (§ 249 Abs. 1), da eine solche bei einem Verzugsschaden jedoch nur ausnahmsweise möglich ist, muss der Schuldner den Gläubiger regelmäßig nach § 251 Abs. 1 in Geld entschädigen.

Der Gläubiger kann u. a. die nach Eintritt des Verzugs entstandenen **Kosten einer zweckentsprechenden Rechtsverfolgung** geltend machen (bspw. Mahn- und Rechtsanwaltskosten). Die Kosten der den Verzug begründenden Mahnung bekommt er hingegen nicht ersetzt, weil es insoweit am erforderlichen Kausalzusammenhang fehlt. Eine nicht rechtzeitige Leistung führt nur dann zu einer Schadensersatzpflicht des Schuldners, wenn die Verzugsvoraussetzungen erfüllt sind.

Beispiel: V hat dem K ein Gemälde verkauft. Da V nicht liefert, beauftragt K seinen Anwalt damit, dem V ein Mahnschreiben zuzusenden. Die Anwaltskosten bekommt K nicht gemäß §§ 280 Abs. 1 und 2, 286 ersetzt, denn V kam erst durch das Mahnschreiben in Verzug.

Entgeht dem Gläubiger aufgrund des Verzugs ein Gewinn, muss der Schuldner diesen ersetzen (vgl. auch § 252).

Beispiel: Liefert V im obigen Beispiel auch nach einer Mahnung des K das Gemälde nicht und scheitert deshalb ein für K lukrativer Weiterverkauf des Gemäldes an D, kann K von V den ihm dadurch entgangenen Gewinn gemäß §§ 280 Abs. 1 und 2, 286 ersetzt verlangen.

Bei **Geldschulden** steht dem Gläubiger als Mindestschaden ein Anspruch auf **Verzugszinsen** gemäß **§ 288** zu. Der Verzugszinssatz beträgt nach § 288 Abs. 1 grundsätzlich fünf Prozentpunkte über dem Basiszinssatz, der wiederum aus § 247 folgt. Ist an dem fraglichen Rechtsgeschäft kein Verbraucher beteiligt, gilt ein Verzugszinssatz von acht Prozentpunkten über dem Basiszinssatz (§ 288 Abs. 2). Nach § 288 Abs. 4 kann der Gläubiger einen höheren Zinsschaden geltend machen, der bspw. im Verlust höherer Anlagezinsen oder in der Aufwendung von Kreditzinsen bestehen kann.

Im Einzelfall ist hinsichtlich der Rechtsfolge genau danach zu differenzieren, ob der Gläubiger wirklich einen Verzugsschaden geltend macht oder Schadensersatz statt der Leistung (§§ 280 Abs. 1 und 3, 281) begehrt. Die Kosten eines Deckungsgeschäfts oder einer Ersatzvornahme sind Schadensersatzposten, die der Gläubiger statt – und nicht neben – der Leistung verlangt, und stellen deshalb keine Verzugsschäden dar.

Beispiel: V verkauft dem K ein Auto. Als Lieferzeitraum wird ein Monat vereinbart. Liefert V nicht innerhalb eines Monats und beschafft sich K deshalb anschließend, ohne den V nochmals zu kontaktieren, ein anderes Auto bei H, dann bekommt er die Kosten für diesen Deckungskauf nicht nach §§ 280 Abs. 1 und 2, 286 ersetzt, obwohl die Leistung kalendermäßig bestimmt ist (§ 286 Abs. 2 Nr. 1) und deshalb Verzug eintrat, ohne dass es einer Mahnung bedurfte. Ein Anspruch des K auf Schadensersatz statt der Leistung gemäß §§ 280 Abs. 1 und 3, 281 scheitert an der fehlenden Fristsetzung.

Schlechtleistung

Auch aus Schlechtleistungen können für den Gläubiger Schadensersatzansprüche neben der Leistung resultieren. Erbringt der Schuldner die Leistung nicht wie qualitativ geschuldet, dann liegt eine Schlechtleistung bzw. -erfüllung bezüglich der primären Leistungspflicht vor.

Im **Kauf-, Miet-, Werk- und Reisevertragsrecht** existieren **Sonderregelungen** für die Schlechtleistung, die in ihrem Anwendungsbereich den Grundtatbestand des § 280 Abs. 1 entweder modifizieren (vgl. die Verweisungsvorschriften aus dem Kauf- [§ 437 Nr. 3] und Werkvertragsrecht [§ 634 Nr. 4]) oder ganz verdrängen (wie im Miet- [§§ 536, 536 a] und Reisevertragsrecht [§§ 651 c ff.]).

Bei allen anderen Verträgen ohne eine derartige besondere Mängelhaftung – insbesondere dem Dienstvertrag – richtet sich die Schadensersatzpflicht des Schuldners für eine von ihm zu vertretende Schlechtleistung unmittelbar nach § 280 Abs. 1.

Beispiel: Wird Anleger A von seinem Anlageberater B nicht anleger- und objektgerecht beraten, liegt eine Pflichtverletzung in Gestalt einer Schlechterfüllung des Dienstvertrages (§ 611) vor. Entsteht dem A dadurch ein von B zu vertretender Schaden, kann er diesen nach § 280 Abs. 1 geltend machen.

Auf **Kauf- und Werkverträge** sind die **allgemeinen Vorschriften** des Leistungsstörungsrechts – insbesondere § 280 – **bis zum Gefahrübergang** (§§ 446 bzw. 640) **direkt** anzuwenden (vgl. § 434 Abs. 1 S. 1 bzw. § 633 Abs. 1).

Nach dem Gefahrübergang ist die Verweisung über § 437 Nr. 3 bzw. § 634 Nr. 4 zu beachten. Der Anspruch aus § 280 Abs. 1 tritt dann neben den Anspruch auf Nacherfüllung (§§ 280 Abs. 3, 281) und erfasst nur die so genannten **Begleitschäden**, die durch Nacherfüllung (im Kaufrecht: Nachbesserung oder Ersatzlieferung [§ 439]) nicht beseitigt werden können – kein Ersatz des Mangelschadens (wie bspw. Minderwert der Sache, Kosten der Ersatzbeschaffung oder Reparatur) direkt nach § 280 Abs. 1, sondern nur **Ersatz des Mangelfolgeschadens** (bspw. Schäden an Rechtsgütern außerhalb der Kaufsache bzw. des Werkes [Eigentum, Leben, Gesundheit], Nutzungsausfall, Betriebsausfallschaden, entgangener Gewinn). In solchen Fällen ist eine **Fristsetzung zur Nacherfüllung** – anders als bei § 281 – **nicht erforderlich**.

Beispiel: K kauft bei V einen Wagen. Auf dem Heimweg fährt K mit dem Auto aufgrund dessen defekter Bremsen ungebremst in seine Garage. Dabei wird die Garage des K beschädigt. Der Schaden an der Garage ist ein Mangelfolgeschaden, den K von V gemäß §§ 437 Nr. 3, 280 Abs. 1 ohne weiteres ersetzt bekommt. Der Minderwert am Wagen in Gestalt der defekten Bremsen (Sachmangel i. S. v. § 434) ist von V hingegen nur unter den Voraussetzungen von §§ 437 Nr. 3, 440, 280, 281 zu ersetzen; K muss also dem V grundsätzlich erst eine Frist zur Nacherfüllung setzen (§ 281 Abs. 1 S. 1), bevor er den Minderwert am Wagen als Schadensersatzanspruch geltend machen kann.

Soweit bei der Schlechterfüllung ein **vorvertragliches Verschulden** in Frage steht (bspw. bei einem anfänglichen unbehebbaren Mangel), greift die eigenständige Schadensersatzregelung des § 311 a.

Verletzung einer Nebenpflicht
Vertragliche Schuldverhältnisse **verpflichten die Vertragsparteien** nicht nur zur Herbeiführung des geschuldeten Leistungserfolges, sondern darüber hinaus zusätzlich dazu, **auf die Rechte, Rechtsgüter und sonstigen Interessen der jeweils anderen Partei Rücksicht zu nehmen (§ 241 Abs. 2)**. Diese Pflichten gelten gemäß § 311 Abs. 2 auch im vorvertraglichen Bereich.

Aus der Verletzung von Nebenpflichten können zum einen Schadensersatzansprüche neben der Leistung entstehen (§§ 280 Abs. 1 und 3, 282), zum anderen kann dem Vertragspartner eines gegenseitigen Vertrages daraus ein Rücktrittsrecht erwachsen, wenn ihm ein Festhalten am Vertrag nicht mehr zuzumuten ist (§ 324).

Die **Abgrenzung von Nebenpflichtverletzung und Schlechterfüllung** kann im Einzelfall schwierig sein, ist aber insbesondere bei den Vertragstypen relevant, bei denen Sonderregelungen für die Schlechtleistung existieren, wie bspw. beim Kauf- und Werkvertrag (s. o.). **Leistungsbezogene Nebenpflichten** sind betroffen, wenn der Schuldner an sich mangelfrei leistet, sich seine Pflichtverletzung aber auf die Beschaffenheit der Ware oder Werkleistung bezieht (wie bspw. bei fehlerhafter Aufklärung und Beratung) oder Verpackung, Transport und Auslieferung betrifft.

Die Schlechterfüllung als Verletzung der Leistungspflicht ist dadurch gekennzeichnet, dass der Gläubiger einen Anspruch auf Erfüllung hat, den er einklagen kann. Dagegen **kann auf die Einhaltung von Nebenpflichten nicht geklagt** werden. Vielmehr wird deren Verletzung lediglich durch die Möglichkeit des Rücktritts des Vertragspartners (bei einem gegenseitigen Vertrag) oder durch Schadensersatz sanktioniert (s. o.).

Beispiel: V verkauft und übereignet dem K eine Vitrine. Bei der von V vorgenommenen Versendung tritt infolge fehlerhafter Verpackung ein Schaden an der Vitrine ein. Unter den Voraussetzungen von §§ 280 Abs. 1 i. V. m. 241 Abs. 2 kann K von V Schadensersatz wegen Verletzung einer Nebenpflicht verlangen.

Die verschiedenen Arten von Nebenpflichtverletzungen werden in § 241 Abs. 2 nicht näher konkretisiert. Folgende von Rechtsprechung und Schrifttum entwickelte Fallgruppen sind besonders relevant:

- **Schutzpflichtverletzungen** – Jede Vertragspartei hat sich bei der Vertragsabwicklung so zu verhalten, dass Rechtsgüter des anderen Teils (bspw. Gesundheit oder Eigentum) nicht beeinträchtigt werden.

  Beispiel: B beauftragt den Malermeister M mit dem Streichen seines Wohnzimmers. Verschmutzt M dabei aus Unachtsamkeit den wertvollen Perserteppich des B mit Farbe, kann B Schadensersatz gemäß §§ 280 Abs. 1, 241 Abs. 2 verlangen.

- **Verletzung von Aufklärungs- und Auskunftspflichten** – Grundsätzlich liegt es in der eigenen Verantwortung der Vertragsparteien, sich die für den Abschluss und die Durchführung des Vertrages notwendigen Informationen zu verschaffen; etwas anderes gilt jedoch dann, wenn der eine Teil ohne Verschulden bestimmte relevante Umstände, die sein Leistungs- oder Integritätsinteresse betreffen, nicht kennt und der Vertragspartner diese für ihn erkennbare Unkenntnis unproblematisch beseitigen kann.

Beispiel: Mieter M verschweigt seinem Vermieter V bei Abschluss des Mietvertrages, dass er hochverschuldet ist und schon die eidesstattliche Versicherung (Offenbarungseid) abgegeben hat. M, der durch den Abschluss des Mietvertrages zukünftig fällig werdende Verbindlichkeiten (Mietzahlungen) eingeht, hätte den V auf seine drohende Zahlungsunfähigkeit hinweisen müssen.

- **Verletzung der Leistungstreuepflicht** – Die Vertragsparteien haben die Pflicht, den Vertragszweck und den Eintritt des Leistungserfolges nicht zu beeinträchtigen oder zu gefährden. Insbesondere bei Dauerschuldverhältnissen (bspw. Miet- und Arbeitsvertrag) gelten für das Verhalten der Parteien strenge Anforderungen.

    Beispiel: Kündigt der Vermieter V seinem Mieter M die Wohnung wegen Eigenbedarfs, obwohl die Voraussetzungen dafür (vgl. § 573 Abs. 2 Nr. 2) nicht vorliegen, verletzt V mit der unberechtigten Kündigung seine Leistungstreuepflicht gegenüber dem M.

Im **vorvertraglichen Bereich** (§ 311 Abs. 2) kommen zu diesen Fallgruppen noch **besondere Pflichtverletzungen bei der Vertragsanbahnung** hinzu:

- **Abbruch von Vertragsverhandlungen** – Im Grundsatz sind die (potentiellen) Vertragspartner bis zum endgültigen Abschluss des Vertrages frei in ihren Entscheidungen. Ist jedoch von einer Partei in zurechenbarer Weise das Vertrauen erweckt worden, der angestrebte Vertrag werde mit Sicherheit zustande kommen (**Vertrauenstatbestand**), und nimmt diese später **ohne triftigen Grund** (wegen dem Grundsatz der Vertragsfreiheit sind die Anforderungen daran eher gering) **Abstand** von den Vertragsverhandlungen, dann steht der anderen Seite ein Anspruch auf Ersatz der nach Entstehen des Vertrauenstatbestandes gemachten Aufwendungen zu – so genanntes negatives Interesse bzw. **Vertrauensschaden** (jedoch keine Verpflichtung zum Abschluss des beabsichtigten Vertrages).

    Beispiel: Vermieter V und der potentielle Mieter M stehen bereits mehrere Wochen in Verhandlungen über einen fünfjährigen Mietvertrag bezüglich einer Gewerbeimmobilie, der zum 01.10. abgeschlossen werden soll. Nach Besichtigung des Mietobjekts verlangt M einige Instandsetzungsarbeiten und besteht auf die Aufnahme einiger Zusatzvereinbarungen in den Mietvertrag. V lässt die Instandsetzungsarbeiten durchführen und schickt dem M am 25.09. den überarbeiteten Vertragsentwurf zu. Teilt M dem V nunmehr am 03.10. mit, dass er von den Vertragsverhandlungen Abstand nehme, ohne einen triftigen Grund dafür zu haben, kann V von M Ersatz seiner Aufwendungen für die Instandhaltungsarbeiten sowie ggf. entgangenen Mietzins (bei Nachweis einer entgangenen anderweitigen Vermietungsmöglichkeit) gemäß §§ 280 Abs. 1, 311 Abs. 2 Nr. 1 verlangen.

- **Verhinderung der Wirksamkeit des Vertrages** – Verursacht eine Vertragspartei schuldhaft die Unwirksamkeit des angestrebten Vertrages, dann kann diese schadensersatzpflichtig (negatives Interesse bzw. **Vertrauensschaden**) sein, wenn das Wirksamkeitshindernis entweder aus ihrer Sphäre stammt oder diese Partei zur Information der anderen Seite aus Gesetz, Vertrag oder vorangegangenem Tun verpflichtet ist.

Beispiel: V veräußert sein Grundstück an K. Der Grundstückskaufvertrag wird entgegen § 311 b Abs. 1 nicht notariell beurkundet, weil der rechtskundige V dem Laien K, der sich auf die Angaben des V verlässt, vorsätzlich falsch versichert, einfache Schriftform genüge. Grundsätzlich steht K gegen V ein Anspruch auf Ersatz seines Vertrauensschadens, den er infolge der Unwirksamkeit des Kaufvertrages erlitten hat, zu. Die Rechtsprechung geht in ähnlich gelagerten Fällen teilweise noch weiter und hält unter besonderen Umständen die Berufung auf einen Formmangel nach Treu und Glauben (§ 242) für unzulässig. In unserem Beispiel hätte K dann weiterhin einen Erfüllungsanspruch aus dem wirksamen Kaufvertrag gemäß § 433 Abs. 1 S. 1.

Der Anspruch des Gläubigers wegen der Verletzung einer Nebenpflicht geht auf Ersatz des durch die Pflichtverletzung entstandenen Schadens (§§ 249 ff.). Regelmäßig hat der Schuldner dabei das Vertrauensinteresse (negatives Interesse – bspw. nutzlos gemachte Aufwendungen bei Abbruch von Vertragsverhandlungen) oder das Integritätsinteresse (bzw. Erhaltungsinteresse – bei Schutzpflichtverletzungen) des Gläubigers zu befriedigen. Ausnahmsweise kann der Gläubiger jedoch seinen Erfüllungsschaden (positives Interesse) geltend machen, wenn er nachweist, dass es ohne die Pflichtverletzung zum Abschluss eines Vertrages mit einem bestimmten oder besseren Inhalt gekommen wäre.

14.2.2 Schadensersatz statt der Leistung

Ansprüche auf Schadensersatz statt der Leistung treten **an die Stelle des Primäranspruchs**, letzterer ist also bereits erloschen oder geht mit der Geltendmachung des Schadensersatzanspruchs unter. Das **Erfüllungsinteresse** des Gläubigers wird mit Ansprüchen auf Schadensersatz statt der Leistung befriedigt. Er wird so gestellt, als hätte der Schuldner ordnungsgemäß geleistet. Für Schadensersatz statt der Leistung hat der Schuldner unter bestimmten Voraussetzungen bei Unmöglichkeit, Nichtleistung, Schlechtleistung oder Verletzung einer Nebenpflicht einzustehen.

Abgrenzung vom Schadensersatz neben der Leistung
Beim **Schadensersatz statt der Leistung** handelt es sich im Unterschied zum Schadensersatz neben der Leistung um einen Schadensersatz, der das **ursprüngliche Leistungsinteresse** des Gläubigers abdecken soll. Der Ersatzanspruch umfasst somit den Schaden, der aus der endgültigen Nichterbringung bzw. aus dem nicht ordnungsgemäßen Erbringen der Leistung herrührt. Der **Schadensersatz neben der Leistung** betrifft hingegen den Schaden, der unabhängig davon besteht, ob die geschuldete Leistung noch erbracht wird. Eine Abgrenzung ermöglicht folgende Frage: Entfiele der Schaden, wenn die geschuldete Leistung jetzt noch erbracht würde? Lautet die Antwort „ja", handelt es sich um Schadensersatz statt der Leistung, bei „nein" um einen Schadensersatz neben der Leistung.

Beispiel: Ein mit einer Viruskrankheit infizierter Zuchtrüde wird an einen Hundezüchter verkauft. Die Tierarztkosten für die Behandlung des verkauften Tieres fallen unter den Schadensersatz statt der Leistung, da der Schaden entfiele, wenn die Leistung (Lieferung eines gesunden Rüden) im Rahmen der Nacherfüllung (Heilung) noch erbracht würde. Die Tierarztkosten für die Behandlung der mittlerweile infizierten weiteren Hunde des Käufers unterliegen dem Schadensersatz neben der Leistung, da dieser Schaden nicht behoben wird, wenn die geschuldete Leistung (Lieferung eines gesunden Rüden bzw. dessen Heilung) noch erbracht wird.

Unmöglichkeit
Bei nachträglicher Unmöglichkeit steht dem Gläubiger ein Schadensersatzanspruch statt der Leistung gemäß §§ 280 Abs. 1 und 3, 283 zu. Bei anfänglicher Unmöglichkeit gilt § 311 a Abs. 2 (ohne Umweg über § 280). Entscheidend für die Abgrenzung ist, ob die Unmöglichkeit schon vor dem Vertragsabschluss oder erst danach eingetreten ist (vgl. oben). Die sonstigen Voraussetzungen sind jedoch identisch und lauten:

Vorliegen eines Schuldverhältnisses

- Ausschluss der Leistungspflicht nach § 275 Abs. 1 bis 3 (= Pflichtverletzung)
- Vertretenmüssen des Schuldners

Die verschiedenen Arten der Unmöglichkeit gemäß § 275 Abs. 1 bis 3 (s. o.) erfüllen zugleich den Tatbestand der Pflichtverletzung. Dabei ist unbeachtlich, ob es sich um eine objektive oder subjektive, vollständige oder teilweise, faktische oder persönliche Unmöglichkeit handelt. Damit der Schuldner jedoch nach § 275 Abs. 2 bzw. 3 von seiner Leistungspflicht befreit wird, ist eine entsprechende Erhebung/Geltendmachung der Einrede erforderlich. Nur bei der echten Unmöglichkeit i. S. v. § 275 Abs. 1 erlischt die Leistungspflicht automatisch. Die wirtschaftliche Unmöglichkeit, die nicht von § 275 Abs. 2 erfasst ist, führt nicht zu Schadensersatzansprüchen, sondern wird über die Grundsätze zur Störung der Geschäftsgrundlage (§ 313) abgewickelt (vgl. oben).

Der Schadensersatzanspruch aus §§ 280 Abs. 1 und 3, 283 setzt voraus, dass der Schuldner die Unmöglichkeit zu vertreten hat, was sich nach den §§ 276, 277, 278, 287 richtet. Gemäß § 280 Abs. 1 S. 2 bzw. § 311 a Abs. 2 S. 2 wird das Vertretenmüssen des Schuldners jedoch grundsätzlich vermutet (Beweislastumkehr).

Als Rechtsfolge muss der Ersatzpflichtige das **Erfüllungsinteresse** des Gläubigers befriedigen. Die Berechnung des positiven Interesses erfolgt **bei gegenseitigen Verträgen** mittels der so genannten abgeschwächten **Differenztheorie**.

Nach der grundsätzlich geltenden Differenztheorie muss der ersatzpflichtige Schuldner dem Gläubiger die Differenz zwischen dem Wert der unmöglichen Leistung und der Gegenleistung sowie etwaige Folgeschäden erstatten, während der Gläubiger seine Gegenleistung nicht mehr erbringen muss. Aus den gegenseitigen Ansprüchen werden also **bloße Rechnungsposten** in dem einseitigen Schadensersatzanspruch des Gläubigers.

Beispiel: A möchte seine Armbanduhr mit einem Wert von 45,- € gegen eine Armbanduhr des B mit einem Wert von 50,- € tauschen. Beide treffen eine entsprechende Vereinbarung. Verliert B schuldhaft seine Uhr vor der Übergabe, kann A von B nach §§ 280 Abs. 1 und 3, 283 die Wertdifferenz von 5,- € als Schadensersatz verlangen und seine eigene Uhr behalten.

Nur Ausnahmsweise bleibt bei einem bestehenden **Interesse des Gläubigers** am Erbringen seiner Gegenleistung nach der **Surrogationstheorie** das Austauschverhältnis zwischen Leistung und Gegenleistung bestehen. Der Gläubiger hat insoweit ein Wahlrecht.

Beispiel: Möchte sich A im obigen Beispiel seiner Armbanduhr unbedingt entledigen, kann er von B nach §§ 280 Abs. 1 und 3, 283 den vollen Wert der Uhr (50,- €) verlangen.

Nichtleistung

Leistet der Schuldner nicht, obwohl er dazu grundsätzlich in der Lage ist (Abgrenzung zur Unmöglichkeit), kann der Gläubiger Schadensersatz statt der Leistung wegen Nichtleistung gemäß §§ 280 Abs. 1 und 3, 281 verlangen. Die Voraussetzungen für einen derartigen Schadensersatzanspruch sind:

- Vorliegen eines Schuldverhältnisses

- Nichtleistung trotz Möglichkeit bei einem wirksamen, fälligen und durchsetzbaren Anspruch des Gläubigers (= Pflichtverletzung)

- Erfolglose Fristsetzung bzw. deren Entbehrlichkeit

- Vertretenmüssen des Schuldners

Ist der Eintritt des Leistungserfolgs wegen Unmöglichkeit nach § 275 ausgeschlossen, scheidet der Anspruch gemäß §§ 280 Abs. 1 und 3, 281 aus. Die für diesen Fall einschlägige Sonderregelung stellt §§ 280 Abs. 1 und 3, 283 dar.

Bevor der Gläubiger Schadensersatz wegen Nichtleistung geltend machen kann, muss er grundsätzlich dem Schuldner erfolglos eine angemessene Frist zur Leistung gesetzt haben. Die Fristsetzung, die wie die Mahnung (§ 286) eine rechtsgeschäftsähnliche Handlung ist, bedarf einer **bestimmten und eindeutigen Aufforderung zur Leistung**. Angemessen ist eine Frist, wenn sie dem Schuldner eine letzte Gelegenheit zur Erbringung der Leistung gibt, was letztlich anhand des konkreten Einzelfalls zu bestimmen ist. Eine **unangemessen kurze Frist setzt eine angemessene Frist in Gang**. Erfolglos ist der Fristablauf, wenn der Schuldner die Leistungshandlung nicht innerhalb der Frist vornimmt – auf den Eintritt des Leistungserfolgs kommt es hingegen nicht an.

Der bloße Fristablauf führt nicht automatisch zum Erlöschen der Leistungspflicht, dazu ist vielmehr ein Schadensersatzverlangen des Gläubigers nach Fristablauf erforderlich (§ 281 Abs. 4).

Unter den Voraussetzungen von § 281 Abs. 2 ist **die Fristsetzung ausnahmsweise entbehrlich**. Bei der **ernsthaften und endgültigen Erfüllungsverweigerung** (§ 281 Abs. 2 1. Alt.) wäre ein Festhalten am Fristsetzungserfordernis bloße Förmelei. Zudem kann bei **Vorliegen besonderer Umstände** eine Interessenabwägung zur Entbehrlichkeit der Fristsetzung führen (§ 281 Abs. 2 2. Alt. – bspw. bei „Just-in-time"-Lieferverträgen oder Wegfall des Gläubigerinteresses an der Leistung, weil dessen Kunden wegen der verspäteten Lieferung wiederum die Abnahme verweigern).

Auch der Schadensersatzanspruch aus §§ 280 Abs. 1 und 3, 281 setzt ein Vertretenmüssen des Schuldners voraus, wobei nach § 280 Abs. 1 S. 2 das Verschulden vermutet wird.

Der Schadensersatzanspruch wegen Nichtleistung ist auf das **Erfüllungsinteresse** des Gläubigers gerichtet. Der Schuldner muss dem Gläubiger den durch die Nichtleistung entstandenen Schaden ersetzen. Ein etwaiger beim Gläubiger bis zum Fristablauf entstandener Verzögerungsschaden fällt jedoch unter §§ 280 Abs. 1 und 2, 286. Das positive Interesse wird **bei gegenseitigen Verträgen** grundsätzlich nach der **Differenztheorie** berechnet; falls der Gläubiger aber ein Interesse an der Erbringung seiner Leistung hat, kann er Schadensersatz nach der Surrogationstheorie fordern (s. o.).

Schlechtleistung
Eine Schlechtleistung bzw. -erfüllung kann nicht nur zu Ansprüchen auf Schadensersatz neben der Leistung führen (vgl. oben), sondern auch Schadensersatzansprüche statt der Leistung nach sich ziehen. Auch bei letzteren ist nach der Art des zwischen den Beteiligten abgeschlossenen Vertrages zu differenzieren. Die diesbezüglichen Details gehören zum **Besonderen Schuldrecht** (Recht der einzelnen Schuldverhältnisse – vgl. unten) und werden deshalb an dieser Stelle lediglich kurz umrissen.

Wie schon bei den obigen Ausführungen zum Schadensersatz neben der Leistung erwähnt, existieren für Kauf-, Miet-, Werk- und Reiseverträge Sonderregelungen zur **Mängelhaftung**, welche die Vorschriften des allgemeinen Schuldrechts entweder modifizieren (so bei Kauf- und Werkverträgen) oder vollständig verdrängen (so bei Miet- und Reiseverträgen).

Liegt bei einer gelieferten Sache bspw. ein Sachmangel nach § 434 vor, richten sich die Rechte des Käufers nach § 437. Für den Schadensersatzanspruch statt der Leistung verweist § 437 Nr. 3 auf §§ 280 Abs. 1 und 3, 281 bzw. 283. Leistet der Schuldner „nicht wie geschuldet" muss der Gläubiger nach § 281 erst eine **angemessene Frist zur Nacherfüllung** setzen, es sei denn, diese ist ausnahmsweise entbehrlich. Erst nach erfolglosem Ablauf dieser Frist, kann der Gläubiger einen Schadensersatzanspruch statt der Leistung geltend machen, falls der Schuldner die Schlechtleistung zu vertreten hat (zu den Einzelheiten vgl. oben).

Nach dem Gefahrübergang (§ 446) erfassen §§ 437 Nr. 3, 440, 280 Abs. 1 und 3, 281 den Anspruch auf **Ersatz des Mangelschadens** (insbesondere Minderwert der Sache infolge des Mangels, Kosten für Reparatur oder Ersatzbeschaffung), während der Mangelfolgeschaden (Begleitschäden an Rechtsgütern des Gläubigers, die unabhängig vom Kaufgegenstand bestehen) direkt über §§ 437 Nr. 3, 280 Abs. 1 abgewickelt wird und deshalb keine Fristsetzung erfordert.

Scheitert die Nacherfüllung an der Unmöglichkeit nach § 275, kann der Gläubiger unter den Voraussetzungen von §§ 437 Nr. 3, 280 Abs. 1 und 3, 283 Schadensersatz statt der Leistung verlangen.

Bei einem gegenseitigen Vertrag kann der Gläubiger Ansprüche auf Schadensersatz statt der Leistung – ebenso wie Schadensersatzansprüche neben der Leistung – **nach § 325 mit dem Rücktritt kombinieren**.

Bei Vertragstypen ohne Sonderregelungen zur Mängelhaftung (bspw. Dienst- und Arbeitsvertrag) richten sich Schadensersatzansprüche statt der Leistung unmittelbar nach den §§ 280 ff., wobei sich aus den unterschiedlichen Interessenlagen der Vertragsparteien Besonderheiten für den jeweiligen Vertragstyp ergeben können (bspw. findet § 281 auf den Fall der Schlechtleistung eines Arbeitnehmers keine Anwendung).

Verletzung einer Nebenpflicht
Verletzt der Schuldner eine **nicht leistungsbezogene Nebenpflicht**, kann der Gläubiger unter den Voraussetzungen von §§ 280 Abs. 1 und 3, 282, 241 Abs. 2 Schadensersatz statt der Leistung verlangen.

Erforderlich ist eine schwerwiegende Verletzung der Pflicht, auf die Rechte, Rechtsgüter und sonstigen Interessen des anderen Teils Rücksicht zu nehmen (§ 241 Abs. 2 – Fallgruppen vgl. oben), die dem Gläubiger ein Festhalten an der Primärleistung durch den Schuldner **unzumutbar** macht. Unzumutbarkeit setzt regelmäßig eine vorherige Aufforderung zur Änderung des unerwünschten Verhaltens (**Abmahnung**) voraus; nur bei besonders gewichtigen Rücksichtnahmepflichtverletzungen ist eine Abmahnung entsprechend § 281 Abs. 2 2. Alt. entbehrlich.

Beispiele: Malermeister M beschädigt bei der Ausführung der Renovierungsarbeiten in der Wohnung des Auftraggebers A dessen Einrichtungsgegenstände (Abmahnung erforderlich) – Getränkelieferant L liefert stark verunreinigtes Mineralwasser, was zu Vergiftungserscheinungen bei den Gästen des Gastwirts G führt (Abmahnung entbehrlich).

Im Einzelfall kann die genaue Abgrenzung zwischen nicht leistungsbezogener Nebenpflichtverletzung (§ 282) und Leistungspflichtverletzung (§ 281) schwierig sein; da aber regelmäßig die Voraussetzungen beider Anspruchsgrundlagen erfüllt sein werden, kann eine diesbezügliche Entscheidung meist offen bleiben.

Bei einem gegenseitigen Vertrag gewährt § 324 dem Gläubiger bei einer nicht leistungsbezogenen Pflichtverletzung i. S. v. § 241 Abs. 2 ein – verschuldensunabhängiges – Rücktrittsrecht, wenn ihm ein Festhalten am Vertrag nicht mehr zuzumuten ist.

14.2.3 Aufwendungsersatz anstelle des Schadensersatzes statt der Leistung

Unter den Voraussetzungen von **§ 284** kann der Gläubiger, in Konstellationen, in denen er Schadensersatz statt der Leistung geltend machen könnte, anstelle dieses Anspruchs wahlweise **Ersatz für die im Vertrauen auf den Erhalt der Leistung gemachten Aufwendungen** (so genannte „frustrierte Aufwendungen") verlangen. Hintergrund dieser Regelung ist, dass derartige Aufwendungen nicht von dem auf das Erfüllungsinteresse (bzw. positive Interesse) gerichteten Schadensersatzanspruch statt der Leistung erfasst sind, denn danach ist der Gläubiger so zu stellen, als hätte der Schuldner ordnungsgemäß erfüllt – dann aber wären auch die Aufwendungen vom Gläubiger getätigt worden.

14.2 Vertragliche Sekundäransprüche

Voraussetzungen des Anspruchs aus § 284
Der Anspruch aus § 284 hat folgende Voraussetzungen:

- Bestehender Schadensersatzanspruch statt der Leistung – Der Anspruch kann aus §§ 280 Abs. 1 und 3, 281 bzw. 283 oder 311 a Abs. 2 folgen und setzt insbesondere ein **Vertretenmüssen** des Schuldners voraus.

- Aufwendungen, die der Gläubiger im Vertrauen billigerweise machen durfte – Aufwendungen stellen **freiwillige** (Abgrenzung zu „unfreiwilligen" Schäden) **Vermögensopfer** dar. Im Vertrauen auf ein wirksam begründetes Schuldverhältnis getätigte Aufwendungen sind insbesondere **Vertragskosten** (bspw. Transport-, Untersuchungs-, Einbau-, Zulassungs- oder Maklerkosten). Einschränkend kann der Gläubiger **aus Billigkeitsgründen keinen Ersatz** verlangen, wenn er bereits mit dem Nichterhalt der Ware rechnen musste oder die Aufwendungen in einem **krassen Missverhältnis** zu dem verfolgten Zweck stehen.

- Kein Fehlschlagen der Aufwendungen aus anderen Gründen – Nicht zu ersetzen sind Aufwendungen, deren Zweck auch ohne die Pflichtverletzung des Schuldners nicht erreicht worden wäre (bspw. bei einem Verlustgeschäft, das von Anfang an noch nicht einmal die Aufwendungen des Gläubigers gedeckt hätte).

Rechtsfolgen des Anspruchs aus § 284
Dem Gläubiger steht als Rechtsfolge ein Aufwendungsersatzanspruch zu. Er ist **so zu stellen, als wären ihm mangels Vertragsabschlusses die fraglichen Aufwendungen nicht entstanden**. Anders als bei einem auf das Vertrauensinteresse (bzw. negative Interesse) gerichteten Schadensersatzanspruch bekommt er jedoch einen etwaigen **entgangenen Gewinn** aus einem möglichen anderen Geschäft **nicht** ersetzt.

14.2.4 Herausgabe von Surrogaten

Hat der Schuldner infolge seiner Leistungsbefreiung wegen Unmöglichkeit nach § 275 Abs. 1 bis 3 einen Ersatz oder Ersatzanspruch für den von ihm geschuldeten Gegenstand erlangt, kann der Gläubiger nach **§ 285 Abs. 1** Herausgabe bzw. Abtretung dieses Surrogats verlangen (Anspruch auf das so genannte „**stellvertretende commodum**"). Diese Regelung stellt sicher, dass die Vermögensverhältnisse von Schuldner, der infolge der Unmöglichkeit etwas hinzubekommen hat, und Gläubiger, der dadurch seinen Erfüllungsanspruch verloren hat, ausgeglichen werden.

Voraussetzungen des Anspruchs aus § 285
Der Anspruch auf das stellvertretende commodum setzt Folgendes voraus:

- Bestehendes Schuldverhältnis – Das rechtsgeschäftliche oder gesetzliche Schuldverhältnis muss auf die **Leistung eines individuellen Gegenstands** gerichtet sein, d. h. bei Gattungsschulden findet § 285 keine Anwendung.

- Leistungsbefreiung des Schuldners nach § 275 Abs. 1 bis 3 – § 285 greift in allen **Fällen der Unmöglichkeit**, insbesondere auch bei der anfänglichen Unmöglichkeit i. S. v. § 311 a Abs. 1. Bei § 275 Abs. 2 und 3 muss der Schuldner jedoch die Einrede tatsächlich erhoben haben, bevor der Gläubiger den Anspruch aus § 285 geltend machen kann.

- Erlangung eines Ersatzes oder Ersatzanspruchs infolge des zur Leistungsbefreiung führenden Umstands – Zwischen dem zur Leistungsbefreiung führenden Umstand und der Erlangung des Surrogats muss ein **adäquat kausaler Zusammenhang** bestehen. Das Surrogat kann vor allem aus einer **Versicherungssumme** (bzw. einem Anspruch darauf) für die Beschädigung, Zerstörung oder Entwendung einer Sache bestehen. Auch der **durch Rechtsgeschäft erzielte Erlös** (bei vertragswidriger Veräußerung der geschuldeten Sache durch den Schuldner an einen Dritten) fällt unter § 285.

- Identität – Das Surrogat muss gerade für den geschuldeten Gegenstand in das Schuldnervermögen gekommen sein. Ist bspw. nur die Besitzübertragung geschuldet (insbesondere beim Mietvertrag), muss der Schuldner ein Eigentumssurrogat nicht herausgeben.

Rechtsfolgen des Anspruchs aus § 285

Als Rechtsfolge gewährt § 285 Abs. 1 weder einen Ersatz- noch einen Bereicherungsanspruch, sondern einen **Ausgleichsanspruch**. Deshalb ist es unbeachtlich, ob der vom Schuldner erlangte Ersatz bzw. Ersatzanspruch **höherwertig** ist als der Schaden des Gläubigers infolge der unmöglichen Leistung.

Beispiel: V hat eine wertvolle Vase an den K für 1.000,- € verkauft, die bei einer Versicherung in Höhe von 2.000,- € versichert ist. Wird die Vase noch vor der Übergabe bei V zerstört, kann K von V nach § 285 Abs. 1 Abtretung des vollständigen Anspruchs gegen die Versicherung verlangen.

Bei einem gegenseitigen Vertrag bleibt der Gläubiger nach § 326 Abs. 3 **zur Gegenleistung verpflichtet**, wenn er das Surrogat nach § 285 begehrt. Nach § 285 Abs. 2 kann der Gläubiger das Surrogat außerdem in **Anrechnung auf einen Schadensersatzanspruch** verlangen bzw. muss sich der Gläubiger im Rahmen der Schadensermittlung dieses mindernd entgegenhalten lassen.

14.2.5 Rücktritt

Ein wirksamer Rücktritt führt nicht nur zur Beendigung eines Schuldverhältnisses, sondern auch zu Sekundäransprüchen. Die Voraussetzungen und Rechtsfolgen des Rücktritts, der nach **§ 325** die Geltendmachung von Schadensersatzansprüchen nicht ausschließt, wurden bei den Ausführungen zum Untergang des Primäranspruchs schon ausführlich dargestellt (s. o.). Unabhängig davon, ob der Rücktrittsgrund vertraglicher oder gesetzlicher Natur ist, folgen die Sekundäransprüche zwischen dem Rücktrittsgläubiger und dem Rücktrittsschuldner aus dem in den **§§ 346 ff.** geregelten **Rückabwicklungsschuldverhältnis**. Danach sind die Vertragsparteien so zu stellen, wie sie vor dem Austausch ihrer Leistungen standen. In

Betracht kommen Ansprüche auf Herausgabe bereits empfangener Leistungen und tatsächlich gezogener Nutzungen sowie auf Wert-, Nutzungs- und Verwendungsersatz und auf Ersatz von Schäden, die gerade auf dem Rückabwicklungsschuldverhältnis basieren (zu den Einzelheiten vgl. oben).

14.2.6 Exkurs: Positive Vertragsverletzung (pVV)

Durch den anlässlich der Schuldrechtsmodernisierung eingeführten **einheitlichen Grundtatbestand der Pflichtverletzung in § 280**, der die Nichterfüllung, die Schlechterfüllung sowie die Verletzung von Neben- und Verhaltenspflichten erfasst (zu den Einzelheiten vgl. oben), ist nunmehr ein Rückgriff auf den ungeschriebenen Tatbestand der positiven Vertragsverletzung (pVV) – auch bezeichnet als positive Forderungsverletzung (pFV) – nicht mehr erforderlich. Ursprünglich diente dieses von der Rechtsprechung entwickelte und im Laufe der Zeit gewohnheitsrechtlich anerkannte Institut – genauso wie die nunmehr in § 311 Abs. 2 geregelte so genannte **culpa in contrahendo** (c. i. c. – vgl. unten) – der Füllung von früher im allgemeinen Leistungsstörungsrecht und im Gewährleistungsrecht vorhandenen Lücken.

Schadensersatzansprüche, die vormals der pVV unterfielen, folgen nunmehr aus § 280 Abs. 1 direkt oder aus §§ 280 Abs. 1 und 3, 281 bzw. 282, 241 Abs. 2. Im Kauf- und Werkvertragsrecht ist bei Schlechtleistung ab Gefahrübergang zu beachten, dass nur die so genannten sonstigen Begleitschäden (**Mangelfolgeschäden**) unmittelbar über § 280 Abs. 1 abgewickelt werden (s. o.).

Dem Gläubiger eines gegenseitigen Vertrages steht bei derartigen früher nicht ausdrücklich geregelten Pflichtverletzungen jetzt außerdem ein Rücktrittsrecht nach § 323 bzw. §§ 324, 241 Abs. 2 zu.

14.2.7 Untergang und Durchsetzbarkeit der Sekundäransprüche

Nicht nur Primäransprüche können untergehen oder nicht durchsetzbar sein (vgl. oben), sondern auch Sekundäransprüche. So erlischt bspw. ein auf Geld gerichteter Schadensersatzanspruch wegen Erfüllung nach § 362 Abs. 1, wenn der Schuldner zahlt. Gleiches gilt, wenn der Rücktrittsschuldner, der nach § 346 Abs. 1 eine bereits empfangene Sache zurückgewähren muss, diese dem Rücktrittsgläubiger zurückgibt. Kaufrechtliche Mängelgewährleistungsansprüche aus § 437 Nr. 1 (Nacherfüllung) und Nr. 3 (Schadens- und Aufwendungsersatz) können wiederum nach § 438 Abs. 1 verjähren.

Merke: Die obigen Ausführungen zum Untergang bzw. zur Durchsetzbarkeit des Primäranspruchs sind – jedenfalls teilweise – auch für Sekundäransprüche relevant.

15 Der Kaufvertrag

15.1 Hauptleistungspflichten

Durch den Kaufvertrag wird nach § 433 Abs. 1 S. 1 beim **Sachkauf** der **Verkäufer** einer Sache verpflichtet, dem Käufer die Sache zu **übergeben** und das **Eigentum** an der Sache (bei beweglichen Sachen nach den §§ 929 ff., bei Grundstücken gemäß §§ 873, 925) zu verschaffen. Der Verkäufer hat dem Käufer die Sache frei von Sach- (vgl. § 434) und Rechtsmängeln (§ 435) zu verschaffen (so § 433 Abs. 1 S. 2). Der **Käufer** ist gemäß § 433 Abs. 2, da der Kaufvertrag gegenseitiger Vertrag i. S. v. § 320 ist, im Gegenzug verpflichtet, dem Verkäufer den vereinbarten **Kaufpreis** (soweit keine andere Vereinbarung getroffen wurde, bar) zu **zahlen** und die gekaufte **Sache abzunehmen**.

Beim **Rechtskauf** muss der Verkäufer das Recht verschaffen. Auf den Rechtskauf (z. B. den Forderungskauf) finden die §§ 433 ff. – vorbehaltlich einer anderweitigen vertraglichen Vereinbarung – nach § 453 Abs. 1 entsprechende Anwendung.

Beim Kaufvertrag trägt der Verkäufer die Kosten der Übergabe der Sache, der Käufer die Kosten der Abnahme und der Versendung der Sache nach einem anderen Ort als dem Erfüllungsort (so § 448 Abs. 1). Der Käufer eines Grundstücks trägt nach § 448 Abs. 2 die Kosten der Beurkundung des Kaufvertrags und der Auflassung, der Eintragung ins Grundbuch und der zu der Eintragung erforderlichen Erklärungen.

Nebenpflichten (z. B. Aufklärungs- und Beratungspflichten [ggf. kommt beim Vorliegen außergewöhnlicher Umstände sogar ein selbständiger, neben dem Kaufvertrag stehender Beratungsvertrag zwischen Verkäufer und Käufer zustande], Fürsorge-, Obhuts-, Warnungs-, weiterhin Aufbewahrungs-, Versicherungs- oder Verpackungspflichten) aus dem Kaufvertrag können vertraglich vereinbart werden (vgl. § 311 Abs. 1) – ansonsten sind sie nach § 242 zu beurteilen.

15.2 Wirksames Zustandekommen des Kaufvertrags

Voraussetzung eines Anspruchs des Verkäufers gegen den Käufer bzw. des Käufers gegen den Verkäufer ist zunächst ein wirksames Zustandekommen des Kaufvertrags nach Maßgabe des allgemeinen Teils des BGB (§§ 145 ff.) durch Einigung der Parteien über die **wesentlichen Bestandteile des Vertrags**, mithin den

- **Kaufgegenstand**, nämlich

  - Sachen (i. S. § 90, mithin Mobilien wie Immobilien, Spezies- wie Gattungssachen);

  - Rechte (beschränkt dingliche Rechte wie die Hypothek oder die Grundschuld bzw. Pfandrechte an beweglichen Sachen oder Rechten), Immaterialgüterrechte (bspw. Patent- oder Markenrechte), Forderungen aus einem Vertrag, Mitgliedschaftsrechte an Personenhandels- bzw. Kapitalgesellschaften; oder

  - sonstige Gegenstände (wie z. B. Software, Elektrizität, freiberufliche Praxen oder know-how);

- **Kaufpreis** (vorbehaltlich eines einseitigen Leistungsbestimmungsrechts des Käufers oder des Verkäufers nach § 315 kommt ein Kaufvertrag wegen offenem Einigungsmangels nach § 154 Abs. 1 S. 1 nicht zustande, wenn bei den Verhandlungen keine Einigung über die Kaufpreishöhe erzielt wird – eine ergänzende Vertragsauslegung kommt nicht in Betracht) und die

- **Parteien des Vertrags**.

Beachte: Verkauft ein Unternehmer (i. S. v. § 14) eine bewegliche Sache an einen Verbraucher (i. S. v. § 13) gelten zusätzlich die Sonderregelungen der §§ 474 ff. über den **Verbrauchsgüterkauf**.

Ansprüche aus dem Kaufvertrag können nicht **entstehen**, wenn der Kaufvertrag nach allgemeinen Grundsätzen **nichtig** sein:

- Geschäftsunfähigkeit bzw. beschränkte Geschäftsfähigkeit eines oder beider Vertragsparteien (§§ 104 ff.),

- Formverstoß (§ 125 – beachte insbesondere für den Grundstückskaufvertrag die Regelungen des § 311 b Abs. 1 [u. U. mit der Möglichkeit, dass ein ggf. formunwirksamer Vorvertrag, in dem sich die Parteien verpflichten, einen Grundstückskaufvertrag abzuschließen, durch den formwirksamen Abschluss des Hauptvertrags geheilt werden kann] und für das Teilzahlungsgeschäft § 502 Abs. 3),

- Verstoß gegen ein Verbotsgesetz (§ 134),

- Sittenwidrigkeit (§ 138, bspw. ein Kaufvertrag über ein Radarwarngerät, wobei einer Rückforderung des in Erfüllung des nichtigen Vertrags geleisteten Kaufpreises nach § 812 Abs. 1 S. 1 Alt. 1 die Regelung des § 817 S. 2 entgegen steht),

- Anfechtung nach § 119 Abs. 1 wegen Erklärungsirrtums (bspw. auch bei einer falschen Preisauszeichnung im Internet, die nicht als bloß unerheblicher Kalkulationsirrtum zu qualifizieren ist) oder Inhaltsirrtums bzw. nach § 123 wegen arglistiger Täuschung oder Drohung (§ 142 – **beachte jedoch**: § 119 Abs. 2 [Eigenschaftsirrtum] ist bei Anwend-

15.2 Wirksames Zustandekommen des Kaufvertrags

barkeit der Gewährleistungsvorschriften [§§ 434 ff. – Vorliegen eines Rechts- oder Sachmangels im Zeitpunkt des Gefahrübergangs] ausgeschlossen),

- Vertrag über künftiges Vermögen bzw. den Nachlass (§ 311 b Abs. 2 und 4).

Einmal entstandene **Ansprüche** aus dem Kaufvertrag können aus folgenden Gründen später wieder **erloschen** sein: durch

- Aufhebungsvertrag (§ 311 Abs. 1),
- Erlassvertrag (§ 397),
- Erfüllung (§ 362),
- Erfüllungssurrogate:
  - Annahme an Erfüllung statt (§ 364 Abs. 1),
  - Hinterlegung (§ 372),
  - Selbsthilfeverkauf (§ 383 – vgl. für den Handelsverkehr zudem § 373 HGB),
  - Aufrechnung (§§ 387 ff.),
- Unmöglichkeit der Leistungserbringung (= Übergabe- und Eigentumsverschaffungsverpflichtung des Verkäufers): Dann geht die Leistungsverpflichtung des Verkäufers nach § 275 Abs. 1 unter. Grundsätzlich erlischt damit zugleich auch die Gegenleistungspflicht (= Kaufpreiszahlungsverpflichtung des Käufers) gemäß § 325 Abs. 1 S. 1 1. Hs. (wobei ggf. Ausnahmen gelten),
- Rückgängigmachung des Vertrags wegen fahrlässiger Verletzung einer vorvertraglichen Aufklärungspflicht (§§ 311 Abs. 2 Nr. 1, 241 Abs. 2, 280 Abs. 1, 278, 276, 249 Abs. 1)
- **Rücktritt** vom Vertrag wegen
  - Mangelhaftigkeit der Kaufsache (§ 437 Nr. 2 i. V. m. §§ 440, 323 und 326 Abs. 5 - Gewährleistungspflicht),
  - Unmöglichkeit (§ 326 Abs. 5),
  - Schuldnerverzug (§ 323 Abs. 1),
  - Störung der Geschäftsgrundlage (§ 313 Abs. 3),
- **Kündigung** (§ 314) sofern der Kaufvertrag als Dauerschuldverhältnis (bspw. als Sukzessiv- oder Dauerlieferungsvertrag) ausgestaltet ist,
- **Widerruf** oder **Rückgabe** bei einem Verbraucherkaufvertrag nach
  - § 312 Abs. 1 i. V. m. § 355 bzw. § 356 (Haustürgeschäft),
  - § 312 d Abs. 1 i. V. m. § 355 bzw. § 356 (Fernabsatzvertrag),

- § 501, § 503 Abs. 1 bzw. § 495 Abs. 1 jeweils i. V. m. § 355 bzw. § 356 (Teilzahlungsgeschäft),

- **Rücktritt** oder **Kündigung** bei Teilzahlungsgeschäften durch den Verbraucher (§ 13) nach § 503 Abs. 2 i. V. m. § 498 Abs. 1.

Ein **Anspruch** aus dem Kaufvertrag könnte zudem nicht **durchsetzbar** sein, wenn (vom Schuldner geltend zu machende) **Einreden** entgegenstehen:

- die Anspruchsdurchsetzung aufschiebende (sog. dilatorische) Einreden, bspw. die Einrede der Stundung oder des Zurückbehaltungsrechts (§ 320 für im Gegenseitigkeitsverhältnis stehende Ansprüche, § 273 für einseitige Vertragsansprüche) bzw.

- die Anspruchsdurchsetzung dauerhaft (sog. peremptorische) hemmende Einreden, bspw. die Einrede der Verjährung (§ 214 – Ansprüche aus dem Kaufvertrag verjähren bei beweglichen Sachen nach der Regelverjährungsfrist des § 195 in drei Jahren, beim Grundstückskaufvertrag gemäß § 196 in zehn Jahren) bzw. die Mängeleinrede gegen den Kaufpreisanspruch (§ 438 Abs. 4 S. 2).

15.3 Leistungsstörungen beim Kaufvertrag

Die Vorgaben des Allgemeinen Schuldrechts gelangen dann zur Anwendung, wenn sich aus den Sonderregelungen des Kaufrechts nichts anderes ergibt.

15.3.1 Unmöglichkeit

Kann der Verkäufer nicht leisten (Unmöglichkeit im Hinblick auf seine Leistungsverpflichtung nach § 433 Abs. 1 S. 1), ist der Leistungsanspruch des Käufers ausgeschlossen (vgl. § 275 Abs. 1). **Beachte:** Auch bei anfänglicher Unmöglichkeit (Leistungshindernis bei Vertragsschluss) ist der Kaufvertrag gemäß § 311 a Abs. 1 wirksam. Damit geht grundsätzlich (vgl. aber auch die Ausnahmen in § 326 Abs. 1 S. 2, Abs. 2 S. 1, Abs. 3 S. 1 bzw. im Falle eines Übergangs der Preisgefahr nach § 446 oder § 447 [§ 447 gelangt jedoch beim Verbrauchsgüterkauf nicht zur Anwendung, vgl. § 474 Abs. 2]) der **Gegenleistungsanspruch** (Kaufpreisanspruch des Verkäufers gegen den Käufer nach § 433 Abs. 2) unter § 326 Abs. 1 S. 1 1. Hs..

Ggf. hat der Käufer dann gegen den Verkäufer einen **Schadensersatzanspruch** – nämlich bei

- **anfänglicher Unmöglichkeit** nach § 311 a Abs. 2 S. 1 i. V. m. §§ 280 Abs. 1 und 3, 283 bzw. bei

- **nachträglicher Unmöglichkeit** nach § 280 Abs. 1 und 3 i. V. m. § 283.

Anstelle des Anspruchs auf Schadensersatz statt der Leistung kann der Käufer als Gläubiger auch **Ersatz seiner vergeblichen Aufwendungen** verlangen – nämlich bei

- **anfänglicher Unmöglichkeit** nach § 311 a Abs. 2 S. 1 i. V. m. § 283, 284 bzw. bei
- **nachträglicher Unmöglichkeit** nach § 280 Abs. 1 und 3 i. V. m. §§ 283, 284.

Erlangt der Verkäufer als Schuldner in Folge des Umstandes, auf Grund dessen er die Leistung nach § 275 Abs. 1 bis 3 nicht zu erbringen braucht, für den geschuldeten Gegenstand einen **Ersatz oder Ersatzanspruch**, so kann der Käufer als Gläubiger nach § 285 Abs. 1

- Herausgabe des als Ersatz Empfangenen oder
- Abtretung des Ersatzanspruchs

verlangen.

Braucht der Verkäufer als Schuldner nach § 275 Abs. 1 bis 3 nicht zu leisten, kann der Käufer als Gläubiger gemäß § 326 Abs. 5 vom Vertrag zurücktreten (**Rücktrittsrecht**). Auf den Rücktritt findet § 323 (Rücktritt wegen nicht erbrachter Leistung) mit der Maßgabe entsprechender Anwendung, dass eine Fristsetzung entbehrlich ist.

15.3.2 Schuldnerverzug

Leistet der Verkäufer als Schuldner nicht rechtzeitig (Schuldnerverzug), hat der Käufer folgende Rechte:

- **Rücktritt** vom Kaufvertrag wegen nicht erbrachter Leistung nach § 323 Abs. 1,
- **Schadensersatz statt der Leistung** wegen nicht erbrachter Leistung § 280 Abs. 1 und 3 i. V. m. § 281,
- **Ersatz des Verzögerungsschadens** nach § 280 Abs. 1 und 2 i. V. m. § 286.

15.3.3 Schlechtleistung

Leistet der Verkäufer mangelhaft (Sach- [§ 434] oder Rechtsmangel [§ 435]), stehen dem Käufer die in § 437 abschließend aufgelisteten Rechte zu:

- **Nacherfüllung** nach § 439 (Nr. 1);
- **Rücktritt** vom Vertrag gemäß §§ 440, 323 und 326 Abs. 5 oder **Minderung** des Kaufpreises gemäß § 441 (Nr. 2); bzw.
- **Schadensersatz** nach §§ 440, 280, 281, 283 und 311 a oder **Ersatz vergeblicher Aufwendungen** nach § 284 (Nr. 3).

Mangelhaftigkeit
Seit der Schuldrechtsreform vom 01.01.2002 bestehen einheitliche Regeln für Sach- und Rechtsmängel im Kaufgewährleistungsrecht: Der Verkäufer hat dem Käufer nach § 433 Abs. 1 S. 2 die Sache (nach § 453 Abs. 1 finden die Vorschriften der §§ 433 ff. über den Kauf von Sachen auch auf den Kauf von Rechten und sonstigen Gegenständen entsprechende Anwendung) frei von Sach- und Rechtsmängeln zu verschaffen, wobei auch Werbeangaben des Herstellers von der Sachmängelhaftung mit umfasst werden. Damit wird die Lieferung einer mangelfreien Sache zum Inhalt des Erfüllungsanspruchs des Käufers gemacht. Daher ist der Käufer berechtigt, die Abnahme einer mangelhaften Sache zu verweigern (§ 320 – Einrede des nicht erfüllten Vertrags), womit er nicht in (Gläubiger-) Annahmeverzug (§§ 293 ff.) gerät, da es an einem ordnungsgemäßen (weil sach- oder rechtsmängelfreien) Angebot des Verkäufers i. S. v. § 293 fehlt. Der Gesetzgeber hat sich damit ausdrücklich für die Erfüllungstheorie entschieden. Dies erweitert den Verantwortungsbereich des Verkäufers erheblich. Folge ist, dass im Falle einer mangelhaften Lieferung als einer Verletzung der Leistungspflicht des Verkäufers (Unterfall einer Pflichtverletzung) über entsprechende Verweise in das Allgemeine Schuldrecht das allgemeine Leistungsstörungsrecht mit seinen Sanktionsmechanismen hinsichtlich einer Pflichtverletzung (die §§ 280 ff. [Schadensersatzansprüche], §§ 323 ff. [Rücktritt] sowie § 311 a [Leistungshindernis bei Vertragsschluss]) beim Kaufvertrag zur Anwendung gelangt, womit große Bereiche des Gewährleistungsrechts (d. h. der §§ 434 bis 445) in das allgemeine Leistungsstörungsrecht integriert werden. Mit der Schuldrechtsreform hat der Gesetzgeber sich dafür entschieden, das alte besondere Kaufgewährleistungsrecht weitgehend abzuschaffen. Im Übrigen findet eine Differenzierung zwischen Stück- und Gattungskauf nicht mehr statt. Bedeutsam sind weiterhin die zu Gunsten des Käufers erheblich verlängerten Verjährungsfristen der Gewährleistungsansprüche (1.3.). Dem Verkäufer gereicht hingegen das mit der Nacherfüllung verbundene Zweitandienungsrecht zum Vorteil, weil der Käufer nicht (wie nach altem Recht) sofort den Rücktritt (nach früherer Terminologie die "Wandelung") erklären kann, sondern es grundsätzlich zunächst eines fruchtlosen Fristablaufs bedarf. Nicht ganz unproblematisch ist der Umstand, dass der Gesetzgeber die sich aus der Transformation der Verbrauchsgüterkaufrichtlinie ergebenden Neuerungen nicht auf den Verbrauchsgüterkauf (§§ 474 ff.) beschränkt hat. Die für den Verbraucherschutz konzipierten Wertungen der Richtlinie finden sich vielmehr verstreut in einer Vielzahl von Kaufrechtsregelungen wieder.

15.4 Gewährleistungsrecht

Während § 433 die vertragstypischen Pflichten beim Kaufvertrag (insbesondere die Sach- sowie Rechtsmängelfreiheit) und die §§ 434 bis 436 den Sach- bzw. Rechtsmangel als Anspruchsvoraussetzung für eine Geltendmachung von Gewährleistungsrechten bestimmen, sind die Gewährleistungsrechte im Einzelnen in den §§ 437 bis 442 geregelt. Das Gesetz schließt eine Sachmangelhaftung bei "unerheblichen Mängeln" nicht generell aus. Vielmehr erfolgt im Rahmen der einzelnen Gewährleistungsrechte eine Differenzierung: Nur das Rücktrittsrecht (§ 323 Abs. 5 S. 2) ist ebenso wie der Schadensersatzanspruch (§ 281 Abs. 1 S. 3) bei einer "unerheblichen Pflichtverletzung" ausgeschlossen.

15.4.1 Sachmängel

Die Frage, wann eine Sache frei von Sachmängeln i. S. v. § 433 Abs. 1 S. 2 ist, beantwortet § 434.

Die Beschaffenheitsvereinbarung

Eine Sache ist gemäß **§ 434 Abs. 1 S. 1** frei von Sachmängeln, wenn sie im maßgeblichen Zeitpunkt des Gefahrübergangs – d. h., des Übergangs der Preisgefahr – die **vereinbarte** Beschaffenheit aufweist. Mangelhaft ist die Sache also dann, wenn ihre Istbeschaffenheit zum Nachteil des Käufers von ihrer Sollbeschaffenheit abweicht. Unter "Beschaffenheit" sind nicht nur die körperlichen Merkmale einer Sache zu verstehen, sondern auch deren tatsächlichen, wirtschaftlichen, sozialen oder rechtlichen Beziehungen zur Umwelt – unabhängig davon, ob ihr diese Beziehungen unmittelbar innewohnen oder anhaften.

Beispiele:

(1) Beim Verkauf eines Kfz als „Neuwagen" (gleichermaßen in den Fällen einer Tages- oder Kurzzulassung) übernimmt der Händler grundsätzlich eine konkludente Zusicherung (eine Garantie) der Eigenschaft „fabrikneu", wenn das Modell im Verkaufszeitpunkt noch unverändert weiter gebaut wird, keine durch längere Standzeiten bedingte Mängel aufweist und zwischen der Herstellung des Kfz und dem Kaufvertragsabschluss nicht mehr als zwölf Monate vergangen sind. Beim Verkauf eines Gebrauchtwagens als „Jahreswagen" (i.S. eines Gebrauchtfahrzeugs aus erster Hand) durch einen Kfz-Händler liegt die „vereinbarte Eigenschaft" nicht vor, wenn zwischen der Herstellung und der Erstzulassung mehr als zwölf Monate vergangen sind.

(2) Wenn ein Kfz als „fahrbereit" veräußert wird, ist darin die Vereinbarung einer Beschaffenheit nach § 434 Abs. 1 S. 1 (jedoch keine Haltbarkeitsgarantie gemäß § 443) i. S. einer Gewähr des Verkäufers zu sehen, die beinhaltet, dass der Wagen nicht mit verkehrsgefährdenden Mängeln behaftet ist, die im Rahmen der Hauptuntersuchung zu der Einstufung „verkehrsunsicher" führen.

Beim Gebrauchtwagenkauf bestehen im Falle von Schäden und Unfällen **Aufklärungspflichten** des Verkäufers gegenüber dem Käufer. Der Verkäufer muss einen Schaden oder Unfall, der ihm bekannt ist oder mit dessen Vorhandensein er rechnet, grundsätzlich ungefragt dem Käufer offenbaren (selbst wenn es zuvor zu einer fachgerechten Reparatur gekommen ist). Ansonsten kommt ein arglistiges Verschweigen (§ 123 Abs. 1) in Betracht. Etwas anderes gilt nur dann, wenn der Schaden oder der Unfall so gering war, dass er bei vernünftiger Betrachtungsweise den Kaufentschluss nicht beeinträchtigen konnte (sog. Bagatellschäden).

Gewöhnliche Verwendung und übliche Beschaffenheit

§ 434 Abs. 1 S. 2 Nr. 1 stellt hinsichtlich der Sachmangelfreiheit auf einen subjektiven Maßstab (subjektiver Fehlerbegriff), § 434 Abs. 1 S. 2 Nr. 2 auf einen subjektiv-objektiven Maßstab (subjektiv-objektiver Fehlerbegriff) ab.

a) Subjektiver Fehlerbegriff

Soweit die Beschaffenheit nicht vereinbart ist (individuelle Beschaffenheitsvereinbarung zwischen den Vertragsparteien i. S. zweier korrespondierender Willenserklärungen im Hinblick auf die Soll-Beschaffenheit), ist eine Sache gemäß **§ 434 Abs. 1 S. 2 Nr. 1** frei von Sachmängeln, wenn sie sich für die nach dem Vertrag vorausgesetzte Verwendung eignet (Verwendungseignung). Auch § 434 Abs. 1 S. 2 Nr. 1 stellt subjektiv auf die „nach dem Vertrag vorausgesetzte Verwendung", mithin auf eine Parteivereinbarung ab und erfasst im Unterschied zu § 434 Abs. 1 S. 1 solche Fälle, in denen die Parteivorstellung nicht auf Einzelmerkmale der Beschaffenheit (konkrete Beschaffenheitsmerkmale) gerichtet war, sondern darauf abzielte, dass die Sache die **Eignung für einen bestimmten Verwendungszweck** aufweisen sollte. Die konkrete Zweckeignung muss vom beidseitigen Parteiwillen („nach dem Vertrag") getragen werden.

b) Subjektiv-objektiver Fehlerbegriff

Ansonsten, d. h., wenn sich aus der Vertragsvereinbarung kein Aufschluss hinsichtlich des Aspekts Sachmangelfreiheit erzielen lässt, gelangen über § 434 Abs. 1 S. 2 Nr. 2 hilfsweise (nur subsidiär, soweit § 434 Abs. 1 S. 1 bzw. S. 2 Nr. 1 nicht zur Anwendung gelangen) objektive Beurteilungskriterien zur Anwendung: Eine Kaufsache ist sachmangelfrei, wenn sie sich für die **gewöhnliche Verwendung eignet und** (kumulativ) eine Beschaffenheit aufweist, die bei Sachen der gleichen Art (Vergleichsobjekte) üblich ist (**übliche Beschaffenheit**) und die der **Käufer nach der Art der Sache erwarten kann** (subjektiv-objektiver Fehlerbegriff). Maßstab für die übliche Beschaffenheit ist die (objektiv berechtigte) Erwartungshaltung eines Durchschnittskäufers. Zu klären ist, welche Eigenschaften der Durchschnittskäufer beim Kauf von Sachen der gleichen Art erwarten darf.

Beispiel: Fehlt sowohl eine Beschaffenheitsvereinbarung (§ 434 Abs. 1 S. 1) und resultiert die Sollbeschaffenheit auch nicht aus der nach dem Vertrag vorausgesetzten Verwendung (§ 434 Abs. 1 S. 2 Nr. 1), ist ein Gebrauchtwagen nach § 434 Abs. 1 S. 2 Nr. 2 nur dann frei von Sachmängeln, wenn das Kfz keinen Unfall erlitten hat, bei dem es zu mehr als Bagatellschäden gekommen ist.

Öffentliche Aussagen

Zur entsprechenden "Beschaffenheit" (i. S. v. § 434 Abs. 1 S. 2 Nr. 2, d. h., des subjektiv-objektiven Fehlerbegriffs) zählen nach § 434 Abs. 1 S. 3 (in Umsetzung von Art. 2 Abs. 2 d der Verbrauchsgüterkaufrichtlinie) auch Eigenschaften, die der Käufer nach den öffentlichen Äußerungen des Verkäufers, des Herstellers (i. S. v. § 4 Abs. 1 und 2 ProdHG, mithin des tatsächlichen Herstellers, des Importeurs für das Gebiet der Gemeinschaft und des Quasiherstellers, d. h., einer Person, die sich durch das Anbringen ihres Namens, ihrer Marke oder eines entsprechenden Kennzeichens als Hersteller ausgibt) oder seines Gehilfen (d. h. Hilfspersonen, die der Hersteller bei Tatsachenäußerungen einschaltet - § 434 Abs. 1 S. 3 erfasst jedoch nicht „Lieferanten" i. S. v. § 4 Abs. 3 ProdHG) insbesondere in der Werbung oder bei der Kennzeichnung über bestimmte Eigenschaften der Sache erwarten kann. Dabei ist auf die Erwartungshaltung eines durchschnittlichen Käufers abzustellen, wobei die Regelung aber gerade nicht voraussetzt, dass die öffentlichen Aussagen (Werbeaussagen) in die konkreten

15.4 Gewährleistungsrecht

Vertragsverhandlungen zwischen Verkäufer und Käufer mit einbezogen werden. Die öffentlichen Äußerungen müssen „bestimmte Eigenschaften" der Sache erfassen, womit eine Haftung des Verkäufers bei reißerischen Anpreisungen allgemeiner Art oder bei nicht nachprüfbaren Beschaffenheitsaussagen ausgeschlossen ist. § 434 Abs. 1 S. 3 l. Hs. begründet einen gesetzlichen Ausschluss der Haftung des Verkäufers: Etwas anderes gilt dann, wenn der Verkäufer die Äußerung nicht kannte und auch nicht kennen musste (entsprechend § 122 Abs. 2 fahrlässigerweise nicht kannte – wodurch dem Verkäufer jede Form der Fahrlässigkeit schadet). Eine Haftung des Verkäufers ist des Weiteren dann ausgeschlossen, wenn die Werbeaussage im Zeitpunkt des Vertragsschlusses bereits in gleichwertiger Weise berichtigt worden war (entsprechend Art. 2 Abs. 4 Verbrauchsgüterkaufrichtlinie – womit der Verkäufer in vergleichbar öffentlichkeitswirksamer Weise wie bei Abgabe der Werbeaussage selbst eine Richtigstellung veranlassen muss) oder wenn die öffentliche Äußerung des Verkäufers die Kaufentscheidung gar nicht beeinflussen konnte (für die Kaufentscheidung des Käufers nicht maßgeblich war, weil er die Werbeaussage etwa – nachweisbar – nicht zur Kenntnis genommen hatte oder nicht zur Kenntnis nehmen konnte). Die Beweislast für das Vorliegen dieser gesetzlichen Ausschlussgründe trifft nach dem Gesetzeswortlaut („es sei denn") den Verkäufer.

Fehler im Zusammenhang mit der Montage
Nach § 434 Abs. 2 werden in Umsetzung von Art. 2 Abs. 5 der Verbrauchsgüterkaufrichtlinie auch Fehler im Zusammenhang mit der Montage einem Sachmangel gleichgestellt. Ein Sachmangel liegt dann vor, wenn eine vereinbarte Montage durch den Verkäufer oder dessen Erfüllungsgehilfen (§ 278) unsachgemäß durchgeführt worden ist (**§ 434 Abs. 2 S. 1 - fehlerhafte Montage**). Voraussetzung ist also, dass nach dem Kaufvertrag der Verkäufer zur Montage der Sache verpflichtet ist (Kaufvertrag mit Montageverpflichtung). Eine "unsachgemäße Durchführung" der Montage ist zum einen dann anzunehmen, wenn die fehlerhafte Montage an der Sache selbst einen Mangel verursacht hat (§ 434 Abs. 1), zum anderen aber auch dann, wenn eine Fehlerhaftigkeit der Sache selbst nicht begründet wird, die Montage aber unsachgemäß durchgeführt wird, was nach § 434 Abs. 2 S. 1 einen Sachmangel darstellt. Ein Sachmangel liegt bei einer zur Montage (durch den Käufer oder eine dritte Person) bestimmten Sache nach **§ 434 Abs. 2 S. 2** ferner dann vor, wenn die **Montageanleitung mangelhaft** (d. h. sachlich oder sprachlich unverständlich abgefasst) ist, es sei denn (womit den Verkäufer die Beweislast trifft), die Sache ist fehlerfrei montiert worden (sog. IKEA-Klausel: Einbeziehung von Montagepflichten und Montageanleitungen in den Fehlerbegriff).

Manko- und Aliudlieferung
Einem Sachmangel steht es nach § 434 Abs. 3 gleich, wenn der Verkäufer eine andere Sache (Falschlieferung – Aliudlieferung) oder eine zu geringe Menge liefert (Zuwenig-/Minuslieferung) – Einbeziehung von Manko- und Aliud-Lieferungen in den Fehlerbegriff: Jede Abweichung der gelieferten Ware vom Vertragssoll begründet einen Sachmangel.

Zugesicherte Eigenschaften
Eine "zugesicherte Eigenschaft" des Verkäufers (§ 459 Abs. 2 a.F.) als eigenständige Mangelkategorie ist im BGB nicht ausdrücklich geregelt – gleichwohl kann eine Zusicherung aber im Zusammenhang mit dem Haftungsmaßstab des § 276 Abs. 1 S. 1 ("Übernahme einer Garantie oder eines Beschaffenheitsrisikos") bzw. der Übernahme einer Beschaffenheits- oder Haltbarkeitsgarantie (§ 443) bedeutsam sein.

Pauschaler Haftungsausschluss
Ein pauschaler Haftungsausschluss ist so auszulegen, dass er nicht die Haftung für eine vereinbarte Beschaffenheit (§ 434 Abs. 1 S. 2 Nr. 1) mit erfasst, da die Vereinbarung einer Beschaffenheit ansonsten für den Käufer außer in Fällen der Arglist nach § 444 1. Alt. ohne Sinn und Wert ist. Ein Haftungsausschluss kann daher nur für Mängel gelten, die darin bestehen, dass die Sache sich nicht für die nach dem Vertrag vorausgesetzte (§ 434 Abs. 1 S. 2 Nr. 1) oder für die gewöhnliche Verwendung eignet und nicht die Beschaffenheit aufweist, die bei Sachen der gleichen Art üblich ist und die der Käufer nach der Art der Sache erwarten kann (§ 434 Abs. 1 S. 2 Nr. 2).

15.4.2 Rechtsmängel

§ 433 Abs. 1 S. 2 verpflichtet den Verkäufer auch, dem Käufer die Sache frei von Rechtsmängeln zu verschaffen, womit eine Gleichbehandlung von Rechts- und Sachmängeln herbeigeführt wurde (vgl. auch § 437 - Rechte des Käufers bei „Mängeln"). Eine Sache ist nach § 435 S. 1 frei von Rechtsmängeln, wenn Dritte in Bezug auf die Sache keine oder nur die im Kaufvertrag übernommenen Rechte gegen den Käufer geltend machen können (nur ein tatsächlich bestehendes Recht eines Dritten vermag einen Rechtsmangel zu begründen). Ohne Bedeutung ist es, ob das Recht des Dritten den Käufer bei der beabsichtigten Verwendung der Sache tatsächlich stört. Dabei ist entscheidend, dass dem Dritten i. S. einer individuellen Belastung des Eigentums ein Recht i. S. des § 435 S. 1 zusteht – nicht, ob der Käufer durch ein solches Recht bei der gewöhnlichen oder vertragsgemäßen Verwendung der Sache beeinträchtigt wird. Einem Rechtsmangel steht es gemäß § 435 S. 2 gleich, wenn im Grundbuch ein Recht eingetragen ist (sog. Buchrecht i. S. einer eingetragenen Scheinbelastung), das nicht besteht. Dadurch wird dem Käufer bei Buchrechten über § 437 ein Nachbesserungsanspruch eingeräumt: Er kann Berichtigung des nicht bestehenden Rechts (in Form einer Grundbuchberichtigung) verlangen. Nach § 436 Abs. 2 haftet der Verkäufer nicht für die Freiheit des Grundstücks von anderen öffentlichen Abgaben und von anderen öffentlichen Lasten (als den in § 436 Abs. 1 normierten), die zur Eintragung in das Grundbuch nicht geeignet sind. Soweit nichts anderes vereinbart wurde, ist der Verkäufer nämlich gemäß § 436 Abs. 1 verpflichtet, Erschließungsbeiträge und sonstige Anliegerbeiträge für die Maßnahmen zu tragen, die bis zum Tage des Vertragsschlusses bautechnisch begonnen worden sind, unabhängig vom Zeitpunkt des Entstehens der Beitragsschuld. Kommt der Verkäufer dieser Verpflichtung nicht nach, gelangen die allgemeinen Vorschriften der §§ 280 ff. (Ansprüche auf Schadensersatz) zur Anwendung.

Beachte: Kann der Verkäufer dem Käufer nicht das Eigentum an der verkauften Sache (Mobilie oder Immobilie) verschaffen (Verpflichtung nach § 433 Abs. 1 S. 1), stellt dies keinen Sachmangel dar.

15.4.3 Rechte des Käufers bei Mängeln

Die Mängelhaftung des Verkäufers gestaltet sich nach dem Katalogtatbestand des § 437 (Rechte des Käufers bei Mängeln) wie folgt: Ist eine Sache mangelhaft, kann der Käufer

- **Nacherfüllung** (§ 439 - Anspruch auf ordnungsgemäße Erfüllung) verlangen (§ 437 Nr. 1),
- vom Vertrag zurücktreten (**Rücktritt** - §§ 440, 323, 326 Abs. 5) oder den Kaufpreis mindern (**Minderung** - § 441) (§ 437 Nr. 2) und
- **Schadensersatz** nach den §§ 440, 280, 281, 283 und 311a oder Ersatz vergeblicher Aufwendungen nach § 284 (Aufwendungsersatz) (§ 437 Nr. 3) verlangen.

Damit ist das Mängelgewährleistungsrecht in das allgemeine Leistungsstörungsrecht integriert worden. Die Verweise auf das allgemeine Leistungsstörungsrecht sind als Rechtsgrundverweisungen zu qualifizieren (vgl. den Wortlaut des § 437 - "unter den Voraussetzungen"). § 437 Nr. 2 und 3 stellen eigentlich nur noch einmal klar, was eine Verletzung der vertraglichen Leistungspflicht des Verkäufers nach § 433 Abs. 1 S. 2 durch die Lieferung einer mangelhaften Sache (Pflichtverletzung) als Rechtsfolgen nach allgemeinem Leistungsstörungsrecht ohnehin auslösen würde – nämlich ein Rücktrittsrecht bzw. einen Schadensersatzanspruch des Käufers. Bedeutsam sind daher die in § 440 (besondere Bestimmungen für Rücktritt und Schadensersatz) gegenüber dem allgemeinen Leistungsstörungsrecht getroffenen Modifikationen (die § 437 ausdrücklich gestattet – „soweit nicht ein anderes bestimmt ist", nämlich in den Regelungen der §§ 438 bis 441) und die Besonderheiten des Gewährleistungsrechts beim Kaufvertrag in Form eines Nacherfüllungsanspruchs (§ 437 Nr. 1 i. V. m. § 439) des Käufers sowie eines Rechts zur Minderung des Kaufpreises (§ 437 Nr. 2 i. V. m. § 441). Der Käufer einer mangelbehafteten Sache kann im Übrigen dem Zahlungsanspruch des Verkäufers nach § 433 Abs. 2 die Einrede des nicht erfüllten Vertrags (§ 320) entgegenhalten. Das Recht des Käufers auf Rücktritt oder Minderung bzw. sein Anspruch auf Schadensersatz sind allerdings nachrangig und grundsätzlich entsprechend §§ 281, 323 erst nach erfolglosem Ablauf einer angemessenen Nacherfüllungsfrist möglich. Damit wird dem Verkäufer eine zweite Chance eingeräumt, seine Pflichten aus dem Vertrag zu erfüllen. Ist dem Käufer die Nacherfüllung (auch faktisch) unmöglich (i. S. v. § 275), bestimmen sich die Rechte des Käufers wie folgt: Rücktritt nach § 323, Minderung gemäß § 441 bzw. Schadensersatz statt der Leistung beim Vorliegen der Voraussetzungen des § 283. Das Verfahren der Geltendmachung von Rechten im Rahmen der Mangelgewährleistung ist damit zweistufig ausgestaltet: Der Käufer muss (grundsätzlich) zunächst Nacherfüllung (§ 439 Mängelbeseitigung bzw. Ersatzlieferung) verlangen, wobei er aber bereits schon zu diesem Zeitpunkt Schadensersatz für ihm ggf. entstandene Mangelfolgeschäden (Schadensersatz neben der Leistung) geltend machen kann. Erst im Anschluss daran (nach erfolglosem Ablauf einer angemessenen Nachfrist) kann er vom Vertrag zurücktreten (§§ 440, 323, 326 Abs. 5), den

Kaufpreis mindern (§ 441) oder Schadensersatz statt der Leistung (§§ 440, 280, 281, 283 und 311 a) verlangen.

Nacherfüllung
Der Käufer kann nach § 439 Abs. 1 als Nacherfüllung "nach seiner Wahl" (Wahlrecht des Käufers - entsprechend Art. 3 Abs. 3 S. 1 der Verbrauchsgüterkaufrichtlinie) entweder die Beseitigung des Mangels (**Nachbesserung**) oder die Lieferung einer mangelfreien Sache (**Ersatzlieferung**) verlangen (Nachlieferungs- und Nachbesserungsanspruch als modifizierte Formen des ursprünglichen Erfüllungsanspruchs des Käufers nach § 433 Abs. 1 S. 2, nachdem der Gesetzgeber mit dieser Norm die Erfüllungstheorie gesetzlich vorgegeben hat, womit die Mangelfreiheit der Kaufsache zum Inhalt der Leistungsverpflichtung des Verkäufers zählt). Dabei spielt es keine Rolle, ob der Mangel erheblich ist bzw. ob es sich um einen Stück- oder um einen Gattungskauf handelt. Der Verkäufer hat nach § 439 Abs. 2 in Umsetzung von Art. 3 Abs. 2 und 4 der Verbrauchsgüterkaufrichtlinie die zum Zwecke der Nacherfüllung erforderlichen Aufwendungen, insbesondere (d. h., beispielhaft) die Transport-, Wege-, Arbeits- und Materialkosten zu tragen. Die Nacherfüllung (und damit auch die Nachbesserung) hat – ohne dass dies eine Regelung im Gesetz erfahren hätte – am jeweiligen Belegenheitsort der Sache (mithin zumeist am Wohnsitz des Käufers) zu erfolgen. Der Verkäufer kann ein entsprechendes Verlangen des Käufers auf Nachbesserung nur bei Unverhältnismäßigkeit verweigern (§ 439 Abs. 3). Dann erfolgt die Nacherfüllung durch Ersatzlieferung einer neuen Sache. Der Verkäufer kann die vom Käufer gewählte Art der Nacherfüllung – unbeschadet des § 275 Abs. 2 und 3 – gemäß § 439 Abs. 3 S. 1 (Ausschluss der Nacherfüllung) einredeweise lediglich dann verweigern, wenn sie nur mit unverhältnismäßigen Kosten möglich ist (Zumutbarkeitsproblem als Spezialausprägung des allgemeinen Rechtsgedankens in § 275 Abs. 2). Dabei sind nach § 439 Abs. 3 S. 2 insbesondere der Wert der Sache in mangelfreiem Zustand, die Bedeutung des Mangels (dessen Gewicht bzw. jenes der Pflichtverletzung) und die Frage zu berücksichtigen, ob auf die andere Art der Nacherfüllung ohne erhebliche Nachteile für den Käufer zurückgegriffen werden könnte. Der Anspruch des Käufers beschränkt sich dann in diesem Fall gemäß § 439 Abs. 3 S. 3 auf die andere Art der Nacherfüllung, wenngleich dem Verkäufer aber auch in dieser Situation die Möglichkeit verbleibt, diese Form der Nacherfüllung gleichermaßen bei Vorliegen der vorgenannten Voraussetzungen zu verweigern. In der Konsequenz wird es bei teureren und höherwertigeren Waren zu einer Nachbesserung, bei billigeren und geringwertigeren Sachen hingegen zu einer Nachlieferung kommen. Bei Störungen der Nacherfüllung (Unmöglichkeit, Verzug oder Schlechtleistung) gelten das allgemeine Leistungsstörungsrecht bzw. die §§ 434 ff. Liefert der Verkäufer zum Zweck der Nacherfüllung eine mangelfreie Ware (Fall der Ersatzlieferung), kann er nach § 439 Abs. 4 vom Käufer Rückgewähr der mangelhaften Sache nach Maßgabe der Vorschriften über den gesetzlichen Rücktritt (§§ 346 bis 348 – und damit auch Herausgabe der gezogenen Nutzungen oder Wertersatz) verlangen. Bei einem **Verbrauchsgüterkauf** ist die Einschränkung nach § 474 Abs. 2 S. 1 zu berücksichtigen.

Beachte: Mit Urteil vom 17.04.2008 hat der EuGH (Rs. C-404/06 auf eine Vorlage des BGH NJW 2006, 3200) jedoch (für den Verbrauchsgüterkauf entschieden, dass ein Verbraucher (§ 13), der eine mangelhafte Sache zurück gibt, für deren vorherige Nutzung keine Nutzungsentschädigung zahlen muss. Der Verkäufer erfülle nämlich – anders als der Verbraucher, der bereits den Kaufpreis gezahlt hat (§ 433 Abs. 2) – seine vertragliche Verpflichtung nicht ordnungsgemäß, wenn er ein nicht vertragsgemäßes Verbrauchsgut liefert. Er muss daher die Folgen dieser Schlechterfüllung tragen. Seine finanziellen Interessen werden jedoch zum einen durch die Verjährungsfrist von zwei Jahren (§ 438 Abs. 1 Nr. 3) und zum anderen durch die Möglichkeit geschützt, die Ersatzlieferung zu verweigern, wenn sich diese Abhilfe als unverhältnismäßig erweist, weil sie ihm unzumutbare Kosten verursachen würde (§ 439 Abs. 3 S. 1). Art. 3 Abs. 2 Verbrauchsgüterkaufrichtlinie 1999/44/EG (Verpflichtung zur unentgeltlichen Herstellung des vertragsgemäßen Zustands) steht somit – nach Ansicht des EuGH – einer nationalen Regelung entgegen, die einem Verkäufer, der ein vertragswidriges Verbrauchsgut geliefert hat, gestattet, vom Verbraucher Wertersatz für die Nutzung des vertragswidrigen Verbrauchsguts bis zu dessen Austausch durch ein neues Verbrauchsgut zu verlangen. Eine entsprechende Regelung hat der deutsche Gesetzgeber jetzt in § 474 Abs. 2 S. 1 getroffen.

Bei Kenntnis des Käufers vom Mangel (§ 442) und bei öffentlichen Versteigerungen (§ 445) ist der **Nacherfüllungsanspruch** grundsätzlich **ausgeschlossen**. Problematisch ist, ob der Käufer bei einem **Stückkauf** nur einen **auf die Nachbesserung beschränkten Nacherfüllungsanspruch** hat. Der **Gesetzgeber** war insoweit der Auffassung, dass abgesehen vom Fall der Lieferung eines Identitäts-Aliuds (bei dem ein davon verschiedener Nachlieferungsanspruch nicht in Betracht käme) bei einem Qualifikations-Aliud (Zugehörigkeit der gelieferten Sache zu einer anderen Gattung) die Lieferung einer anderen Sache, die die entsprechend vereinbarte Qualifikation aufweist, sowohl denkbar als auch sinnvoll sei. In der **Literatur** wird die Ansicht vertreten, dass diese Auffassung der Parteivereinbarung widerspricht, da bei einem vereinbarten Stückkauf sowohl bezüglich des Erfüllungsanspruchs und somit auch des Nacherfüllungsanspruchs nur das konkret individualisierte Stück geschuldet wird. Der Nacherfüllungsanspruch beim Stückkauf kann sich deshalb grundsätzlich **nur** auf die **Nachbesserung** (§ 439 Abs. 1, 1. Alt.) richten, die Lieferung (§ 439 Abs. 1, 2. Alt.) einer anderen mangelfreien Kaufsache beim Stückkauf ist i. S. v. § 275 Abs. 1 unmöglich.

Die Rechtsprechung hält eine Nacherfüllung durch **Ersatzlieferung** beim Stückkauf nach der Vorstellung der Parteien **nur** dann für möglich, wenn die Kaufsache im Fall der Mangelhaftigkeit **durch eine gleichartige und gleichwertige Sache** ersetzt werden kann (BGH NJW 2006, 2839). Sofern die Sache durch eine Besichtigung individualisiert wird – wie es z.B. beim Gebrauchtwagenkauf regelmäßig der Fall ist – ist eine Ersatzlieferung in der Regel zu verneinen.

Prüfungsschema:

Der Anspruch des Käufers auf Nacherfüllung nach § 437 Nr. 3 i. V. m. § 439 hat folgende Voraussetzungen:

- **wirksamer Kaufvertrag** (Sachkauf),
- Vorliegen eines Sach- (i.S. von § 434) **bzw. Rechtsmangels** (i.S. von § 435) im **Zeitpunkt des Gefahrübergangs** (grundsätzlich im Zeitpunkt der Übergabe der verkauften Sache, § 446 S. 1),

- **kein** rechtsgeschäftlicher (durch Individualvertrag bzw. allgemeine Geschäftsbedingungen) bzw. gesetzlicher **Ausschluss des Gewährleistungsrechts**,

- **kein Ausschluss der Nacherfüllung** (sowohl der Nachbesserung als auch der Ersatzlieferung) wegen Unmöglichkeit (i. S. § 275 Abs. 1 – Fall eines unbehebbaren Mangels [in § 439 nicht ausdrücklich geregelter Fall des Nacherfüllungsausschlusses]),

- **Wahlrecht** des Käufers (§ 439 Abs. 1): Nachbesserung (1. Alt.) oder Ersatzlieferung (2.Alt.),

- **keine Unmöglichkeit** (§ 275 Abs. 1) der vom Käufer selbst gewählten Art der Nacherfüllung bzw. **kein Leistungsverweigerungsrecht** des Verkäufers (§ 439 Abs. 3): Der Verkäufer kann die vom Käufer gewählte Art der Nacherfüllung nach § 439 Abs. 3 S. 1 – unbeschadet des § 275 Abs. 2 und 3 (Leistungsverweigerungsrecht des Schuldners [des Verkäufers], sofern der Aufwand unter Berücksichtigung des Inhalts des Schuldverhältnisses und der Gebote von Treu und Glauben [§ 242] in einem groben Missverhältnis zum Leistungsinteresse den Gläubigers [des Käufers] steht – bzw., Leistungsverweigerungsrecht des Schuldners, wenn ihm die Leistung [die er persönlich zu erbringen hat] unter Abwägung der der Leistung entgegenstehenden Hindernisse mit dem Leistungsinteresse des Gläubigers nicht zugemutet werden kann) – verweigern, wenn sie nur mit unverhältnismäßigen Kosten (z. B. Reparaturkosten in Höhe von 150 %, Ersatzbeschaffungskosten in Höhe von 130 % des Werts der mangelhaften Sache) möglich ist (Leistungsverweigerungsrecht im Falle unverhältnismäßig hoher Kosten). Dabei ist insbesondere der Wert der Sache in mangelfreiem Zustand, die Bedeutung des Mangels und die Frage zu berücksichtigen ist, ob auf die andere (die nicht gewählte) Art der Nacherfüllung ohne erhebliche Nachteile für den Verkäufer zurückgegriffen werden könnte (so § 439 Abs. 3 S. 2).

- Recht des Käufers, die Nacherfüllung nicht zu akzeptieren nach § 440: Umgekehrt braucht der Käufer die Nacherfüllung nicht zu akzeptieren und kann (ohne Fristsetzung) nach § 440 S. 1 die sonstigen Gewährleistungsrechte geltend machen, wenn

    - der Verkäufer beide Arten der Nacherfüllung (d. h. Nachbesserung oder Ersatzlieferung) verweigert hat oder wenn

    - die dem Käufer zustehende Art der Nacherfüllung fehlgeschlagen oder ihm unzumutbar ist. **Beachte:** Nach § 440 S. 2 gilt (i. S. einer gesetzlichen Fiktion) eine Nachbesserung grundsätzlich nach dem zweiten erfolglosen Versuch als fehlgeschlagen (wenn sich nicht insbesondere aus der Art der Sache oder des Mangels oder den sonstigen Umständen etwas anderes ergibt).

- Verkäufer hat die Einrede der Verjährung erhoben (§ 438).

Beachte:

Liegt im Hinblick auf den Nacherfüllungsanspruch Unmöglichkeit i. S. § 275 Abs. 1 bis 3 vor, erlischt der Gegenleistungsanspruch (Anspruch auf Zahlung des Kaufpreises nach

§ 433 Abs. 2) **nicht** bereits schon wegen § 326 Abs. 1 S. 2, sondern allein in folgenden Fällen:

- Rücktritt des Käufers vom Kaufvertrag nach § 437 Nr. 2 i. V. m. § 323 (bei Entbehrlichkeit einer Fristsetzung, vgl. § 326 Abs. 5) bzw.
- Minderung des Kaufpreises nach § 437 Nr. 2 i. V. m. § 441.

Wählt der Käufer Mängelbeseitigung bzw. Nachlieferung (**beachte:** Der Käufer ist – anders als im Werkvertragsrecht [vgl. § 637] – nicht befugt, den Mangel selbst zu beseitigen und Aufwendungsersatz dafür zu verlangen), hat der Verkäufer nach § 439 Abs. 2 die zum Zweck der Nacherfüllung erforderlichen Aufwendungen (insbesondere Transport-, Weg-, Arbeits- und Materialkosten) zu tragen.

Sofern der Verkäufer im Rahmen der Nachlieferung eine mangelfreie Sache liefert, ist der Käufer verpflichtet, ihm die mangelhafte Sache gemäß § 439 Abs. 4 i. V. m. §§ 346 ff. nach Rücktrittsrecht zurückzugewähren (und ggf. Nutzungsersatz für den Gebrauch der Sache zu leisten, wobei beim Verbrauchsgüterkauf nach § 474 Abs. 2 S. 1 ein Nutzungsersatzanspruch des Verkäufers nicht in Betracht kommt).

Beachte zudem: Der Vorrang der Nacherfüllung (i. S. einer „letzten Chance", die dem Verkäufer zu gewähren ist) verbietet es, dem Käufer (analog § 326 Abs. 2 S. 2 und Abs. 4) einen Anspruch auf Reparaturkostenersatz bei Selbstvornahme (wenn der Käufer den Mangel selbst beseitigt oder beseitigen lässt) zuzubilligen (BGHZ 162, 219; BGH NJW 2006, 988).

Rücktritt vom Vertrag und Kaufpreisminderung
Dem Käufer wird nach Maßgabe der **§§ 440, 323 und 326 Abs. 5** (d. h. durch Integration des Gewährleistungsrechts in das allgemeine Leistungsstörungsrecht - unter Aufgabe eines kaufrechtsspezifischen Rechts auf Wandelung nach § 462 a.F.) ein **Recht zum Rücktritt** vom Vertrag eingeräumt. Das Rücktrittsrecht ist nicht als Anspruch, sondern als **Gestaltungsrecht** zu qualifizieren. Der Rücktritt muss gemäß § 349 **vom Käufer erklärt** werden. Erbringt beim Kaufvertrag als gegenseitigem Vertrag der Verkäufer als Schuldner eine fällige Leistung nicht vertragsgemäß, kann nach § 323 Abs. 1 der Käufer als Gläubiger vom Vertrag zurücktreten, wenn er - grundsätzlich - dem Schuldner erfolglos eine angemessene Frist (die sich vor allem an den Käuferinteressen zu orientieren hat) zur Nacherfüllung bestimmt hat (**erfolglose Nachfristsetzung** als Voraussetzung einer Ausübung des Rücktrittsrechts - sog. "zweiter Erfüllungsversuch"). Dabei bedarf es beim Rücktritt vom Kaufvertrag wegen Mangelhaftigkeit der Sache nach § 440 S. 1 (außer in den Fällen des § 281 Abs. 2 und des § 323 Abs. 2 – vgl. bspw. § 323 Abs. 2 Nr. 1 [ernsthafte und endgültige Nacherfüllungsverweigerung durch den Verkäufer] bzw. § 323 Abs. 2 Nr. 2 [sofortige Ausübung des Rücktrittsrechts, wenn der Verkäufer dem Käufer einen Mangel bei Kaufvertragsabschluss arglistig verschwiegen hat, BGH ZGS 2007, 109]) ausnahmsweise dann keiner Fristsetzung (Modifikation des allgemeinen Schuldrechts), wenn der Verkäufer beide Arten der **Nacherfüllung** (Beseitigung des Mangels bzw. Lieferung einer mangelfreien Sache) gemäß § 439 Abs. 3 verweigert hat (1. Alt.) bzw. wenn die dem Käufer zustehende Art der Nacherfüllung (die er gewählt hat und die vom Verkäufer nicht nach § 439 Abs. 3 zulässigerweise

verweigert wurde) **fehlgeschlagen** (2. Alt. – vgl. auch § 309 Nr. 8 b) – z. B. Fälle einer unberechtigten Verweigerung bzw. ungebührlichen Verzögerung) **oder** ihm (z. B. auf Grund eines Wegfalls des Vertrauens in die Leistungsfähigkeit des Verkäufers) **unzumutbar** ist. Die Art der Nacherfüllung ist u. a. dann „fehlgeschlagen", wenn die Fehlversuche den Nachweis erbracht haben, dass der Verkäufer zu einer ordnungsgemäßen Nacherfüllung nicht Willens oder nicht in der Lage ist. Eine Nachbesserung gilt gemäß § 440 S. 2 nach dem erfolglosen zweiten Versuch als fehlgeschlagen, wenn sich nicht insbesondere aus der Art der Sache oder des Mangels bzw. den sonstigen Umständen ein anderes ergibt. Ein einmal begründetes Rücktrittsrecht nach § 323 Abs. 1 geht nicht dadurch unter, dass der Käufer zunächst weiterhin Erfüllung verlangt (BGH JZ 2006, 1028).

Nach **§ 323 Abs. 5 S. 2** darf die **Pflichtverletzung** (die mangelhafte und damit nicht vertragsgemäße Leistung des Verkäufers) **nicht „unerheblich"** sein: Ansonsten ist das Rücktrittsrecht des Käufers (aber auch ggf. ein Schadensersatzanspruch, vgl. § 281 Abs. 1 S. 3 – Schadensersatz statt der ganzen Leistung) ausgeschlossen, wobei etwas anderes gilt, wenn der Verkäufer den Mangel arglistig verschwiegen hat, da dann eine erhebliche Pflichtverletzung vorliegt (BGHZ 167, 19).

Ein Rücktritt vom Vertrag ist des Weiteren gemäß **§ 323 Abs. 6** dann nicht statthaft, wenn der **Käufer für den Mangel** allein oder weit überwiegend **verantwortlich** ist bzw. wenn der Mangel nicht vom Verkäufer zu vertreten ist und während des Annahmeverzugs des Käufers (Gläubigerannahmeverzug - §§ 293 ff.) eingetreten ist.

Im Falle der **Unmöglichkeit nach § 275 Abs. 1** (beider Formen) der Nacherfüllung (bzw. wenn Letztere vom Verkäufer nach § 275 Abs. 2 oder 3 verweigert wird) ist der Leistungsanspruch des Käufers gegen den Verkäufer (nämlich auf Nacherfüllung) nach § 275 Abs. 1 ausgeschlossen. Die Gegenleistungspflicht des Käufers richtet sich wegen § 326 Abs. 1 S. 2 nach § 326 Abs. 5: Möglichkeit des Rücktritts vom Vertrag ohne das Erfordernis einer Nachfristsetzung. Die Kaufpreisminderung als kaufrechtsspezifisches Gewährleistungsrecht in Anlehnung an die Voraussetzungen des Rücktrittsrechts ist in § 441 ohne Verweis auf das allgemeine Leistungsstörungsrecht geregelt. Erfasst werden Sach- und Rechtsmängel.

Statt zurückzutreten (beim Vorliegen der Rücktrittsvoraussetzungen nach § 323 - grundsätzliches Erfordernis einer Nachfristsetzung mit Ausnahmen), kann der Käufer den **Kaufpreis** durch Erklärung gegenüber dem Verkäufer gemäß **§ 441 Abs. 1 S. 1** auch **mindern**. Dabei findet nach § 441 Abs. 1 S. 2 der Ausschlussgrund des § 323 Abs. 5 S. 2 keine Anwendung mit der Folge, dass selbst im Falle einer „unerheblichen Pflichtverletzung" Minderung (wenn auch nicht Rücktritt) verlangt werden kann. Sind auf der Seite des Käufers oder auf der Seite des Verkäufers mehrere beteiligt, kann die Minderung nur von allen oder gegen alle erklärt werden (so § 441 Abs. 2). Die Rechtsfolgen der Minderung regeln § 441 Abs. 3 und 4: Bei der Minderung ist der Kaufpreis nach § 441 Abs. 3 S. 1 in dem Verhältnis herabzusetzen, in welchem zur Zeit des Vertragsschlusses der Wert der Sache in mangelfreiem Zustand zu dem wirklichen Wert gestanden haben würde (Berechnungsverfahren). Dabei ist die Minderung - soweit erforderlich - durch Schätzung zu ermitteln (§ 441 Abs. 3 S. 2). Hat der Käufer mehr als den geminderten Kaufpreis (bereits) gezahlt, ist der Mehrbetrag nach § 441 Abs. 4 S. 1 vom Verkäufer zu erstatten (eigenständiger Rückforderungsanspruch des Käufers). Ergänzend gelten (vor allem hinsichtlich des Nutzungsersatzes) § 346 Abs. 1 und § 347 Abs. 1, die

15.4 Gewährleistungsrecht

gemäß § 441 Abs. 4 S. 2 entsprechende Anwendung finden. Das Recht zur Minderung ist gegenüber dem alten Kaufrecht nicht mehr als Anspruch (§ 194 Abs. 1), sondern - wie das Rücktrittsrecht - als Gestaltungsrecht ausgeformt worden, das der Käufer, wenn er es ausüben will, **gegenüber dem Verkäufer erklären** muss.

Beachte: Der Rücktritt vom Kaufvertrag steht nach § 325 einem Anspruch des Käufers auf Schadensersatz und somit der Erstattung eines Nutzungsausfallschadens in Gestalt von Mietwagenkosten (weil er das gekaufte Kfz wegen des Sachmangels nicht nutzen kann) nicht entgegen.

Prüfungsschema:

Rücktritt

- Im Rahmen eines wirksamen Kaufvertrags liegt ein Sach- (§ 434) oder ein Rechtsmangel (§ 435) im Zeitpunkt des Gefahrübergangs (vgl. § 446 S. 1) vor.

- Ablauf einer durch den Käufer dem Verkäufer gesetzten „angemessenen Frist" zur Nacherfüllung (**Beachte:** Eine zu kurz bemessene Frist setzt eine angemessene Frist in Gang) zur Nacherfüllung (§ 323 Abs. 1 – **Fristsetzung**) – es sei denn, diese ist ausnahmsweise entbehrlich bei

    - einer endgültigen und ernsthaften Verweigerung der Leistungserbringung durch den Verkäufer als Schuldner (§ 323 Abs. 2 Nr. 1),
    - einem Fixgeschäft (§ 323 Abs. 2 Nr. 2),
    - dem Vorliegen besonderer Umstände, die unter Abwägung der beiderseitigen Interessen einen sofortigen Rücktritt rechtfertigen (§ 323 Abs. 2 Nr. 3),
    - Unmöglichkeit der Nacherfüllung nach § 275 Abs. 1 bis 3,
    - § 440 S. 1 für den Fall, dass der Verkäufer beide Arten der Nacherfüllung gemäß § 439 Abs. 3 zu Recht verweigert hat) oder
    - § 440 Abs. 2 für den Fall, dass die dem Käufer zustehende Art der Nacherfüllung fehlgeschlagen oder diesem unzumutbar geworden ist.

- Das Rücktrittsrecht oder die Gewährleistung darf nicht überhaupt ausgeschlossen sein wegen

    - § 323 Abs. 5 S. 2 (bei „unerheblichem Mangel", wohingegen in diesem Fall ein Recht auf Minderung fortbesteht). Bzw.
    - § 323 Abs. 6, wenn der Käufer für den Rücktrittsgrund allein (bzw. weit überwiegend) verantwortlich ist oder der Käufer sich (bei Eintritt des Rücktrittsgrundes) im (Gläubiger-)Annahmeverzug (nach den §§ 293 ff.) befindet.

- Abgabe einer einseitig empfangsbedürftigen Rücktrittserklärung nach § 349 (als Ausübung eines Gestaltungsrechts) durch den Käufer.

- **Rechtsfolgen des Rücktritts**: Der Kaufvertrag wandelt sich in ein Rückgewährschuldverhältnis (§§ 346 ff.) um mit folgenden rechtlichen Konsequenzen:

  - Verkäufer und Käufer sind sich gegenseitig jeweils zur Rückgewähr der empfangenen Leistungen verpflichtet (§ 346 Abs. 1).

  - Der Käufer ist dem Verkäufer zur Herausgabe gezogener Nutzungen i. S. § 100 verpflichtet (§ 346 Abs. 1).

  - Der Verkäufer hat gegen den Käufer einen Anspruch auf Wertersatz (§ 346 Abs. 2 – **beachte jedoch:** Die durch eine bestimmungsgemäße Ingebrauchnahme entstandene Verschlechterung bleibt jedoch außer Betracht). Zudem hat der EuGH entschieden, dass ein Wertersatzanspruch beim Verbrauchsgüterkauf nicht in Betracht kommt.

  - Die Wertersatzpflicht kann nach § 346 Abs. 3 entfallen sein.

  - Beachte § 346 Abs. 4: Der Käufer macht sich bei einer Verletzung der ihm aus § 346 Abs. 1 obliegenden Verpflichtungen nach den §§ 280 ff. schadensersatzpflichtig.

- Das Rücktrittsrecht kann nach § 438 Abs. 4 S. 1 i. V. m. § 218 ausgeschlossen sein: Für das Rücktrittsrecht nach § 437 Nr. 2 gilt § 218 (Unwirksamkeit des Rücktritts) mit der Folge, dass der Rücktritt wegen nicht vertragsgemäß erbrachter Leistung unwirksam ist, wenn der Anspruch auf die Leistung bzw. der Nacherfüllungsanspruch verjährt ist und der Schuldner (d. h. der Verkäufer) sich hierauf beruft. Der Käufer kann aber trotz einer Unwirksamkeit des Rücktritts nach § 218 Abs. 1 die Zahlung des Kaufpreises insoweit verweigern, als er auf Grund des Rücktritts dazu berechtigt sein würde – macht er von diesem Recht Gebrauch, kann der Verkäufer vom Vertrag zurücktreten (so § 438 Abs. 4 S. 2 und 3), womit es dem Käufer verwehrt wird, die mangelhafte Sache weiter zu benutzen (obgleich er den Kaufpreis nicht zahlt).

Minderung

- Im Rahmen eines wirksamen Kaufvertrags liegt ein Sach- (§ 434) oder ein Rechtsmangel (§ 435) im Zeitpunkt des Gefahrübergangs (vgl. § 446 S. 1) vor.

- Ablauf einer durch den Käufer dem Verkäufer gesetzten „angemessenen" Frist zur Nacherfüllung (§ 323 Abs. 1) – es sei denn, eine Fristsetzung ist ausnahmsweise entbehrlich (s. vorstehend).

- Das Recht auf Minderung kann nach Maßgabe der vorbeschriebenen Gründe ausgeschlossen sein.

- **Beachte jedoch:** Nach § 441 Abs. 1 S. 2 ist das Minderungsrecht bei einem „unerheblichen Mangel" (vgl. § 323 Abs. 5 S. 2 – anders als beim Rücktrittsrecht) nicht ausgeschlossen.

- Ausübung des Minderungsrechts durch einseitige und empfangsbedürftige Erklärung gegenüber dem Verkäufer (§ 441 Abs. 1 S. 1).

- **Rechtsfolgen** (§ 441 Abs. 3 und 4):
    - Herabsetzung des vereinbarten Kaufpreises nach § 441 Abs. 3 in dem Verhältnis, in dem im Zeitpunkt des Verkaufs der Wert der Sache in mangelfreiem Zustand zum wirklichen Wert der Sache gestanden haben würde (ggf. erfolgt eine Schätzung).
    - Nach § 441 Abs. 4 kann der Käufer (wenn er bereits mehr als den nach der Minderung ihm auferlegten Kaufpreis entrichtet hat) den Mehrbetrag herausverlangen.

- Das Rechts auf Minderung kann nach § 438 Abs. 5 i. V. m. § 218 Abs. 1 S. 1 ausgeschlossen sein, wenn der Nacherfüllungsanspruch verjährt ist.

Anspruch auf Schadensersatz oder Ersatz vergeblicher Aufwendungen
Anspruchsgrundlage für einen Schadensersatzanspruch des Käufers bei Mangelhaftigkeit der Sache sind die §§ 440, 280, 281, 283 und 311 a. Dies bedeutet, dass grundsätzlich das Recht der allgemeinen Leistungsstörungen gilt, ergänzt durch § 440 (Integration des Gewährleistungsrechts in das allgemeine Leistungsstörungsrecht). Soweit der Verkäufer als Schuldner die fällige Leistung nicht wie geschuldet (nämlich mangelhaft) erbringt, kann der Käufer als Gläubiger gemäß § 281 Abs. 1 (Schadensersatz statt der Leistung wegen nicht wie geschuldet erbrachter Leistung - früher „Schadensersatz wegen Nichterfüllung") unter den Voraussetzungen des § 280 Abs. 1 **Schadensersatz statt der Leistung** fordern. Der Schadensersatzanspruch geht auf das positive (Erfüllungs-)Interesse. Schadensersatz statt der Leistung erfasst den **eigentlichen Mangelschaden** (d. h. das **Äquivalenzinteresse** - z. B. Vorteilsverluste [Nutzungsausfallschaden, entgangener Gewinn oder Mehrkosten für einen Deckungskauf] infolge der Schlechtleistung, aber auch die erforderlichen Aufwendungen für die Sache [Reparaturkosten]), wohingegen die über das eigentliche Erfüllungsinteresse des Käufers hinausgehenden Vermögensnachteile (z. B. Körper- oder sonstige Vermögensschäden, die an anderen Rechtsgütern des Käufers als der Kaufsache selbst auftreten, weil er im Vertrauen auf die Mangelfreiheit die Kaufsache in Betrieb bzw. in Gebrauch genommen hat), mithin der **Mangelfolgeschaden** (das **Integritätsinteresse**), als einfacher Schadensersatz nach § 280 Abs. 1 erstattungsfähig ist.

Grundsätzlich setzt § 281 Abs. 1 S. 1 dabei voraus, dass der Käufer dem Verkäufer zuvor erfolglos eine angemessene **Frist zur Leistung oder Nacherfüllung** bestimmt hat (Notwendigkeit einer angemessenen Nachfristsetzung). Dabei bedarf es im Kaufvertragsrecht beim Schadensersatz wegen Mangelhaftigkeit der Sache nach § 440 S. 1 (außer in den Fällen des § 281 Abs. 2, mithin bei **ernsthafter und endgültiger Leistungsverweigerung** durch den Verkäufer, und des § 323 Abs. 2) aber dann keiner Fristsetzung, wenn der Verkäufer beide Arten der Nacherfüllung gemäß § 439 Abs. 3 verweigert oder wenn die dem Käufer zustehende Art der **Nacherfüllung fehlgeschlagen** bzw. ihm unzumutbar ist. Eine Nachbesserung gilt nach dem erfolglosen zweiten Versuch als fehlgeschlagen, wenn sich nicht insbesondere aus der Art der Sache oder des Mangels bzw. den sonstigen Umständen ein anderes ergibt.

Liegen diese Voraussetzungen vor, haftet der Verkäufer dann auf Schadensersatz, wenn er die **Pflichtverletzung zu vertreten** hat (§ 280 Abs. 1), wofür eine **widerlegliche Vermutung** spricht („Dies gilt nicht, wenn der Schuldner die Pflichtverletzung nicht zu vertreten hat" - so § 280 Abs. 1 S. 2). Hat der Verkäufer die Leistung nicht wie geschuldet (nämlich mangelhaft) bewirkt, ist nach § 281 Abs. 1 S. 3 der Schadensersatzanspruch des Käufers allerdings dann ausgeschlossen, "wenn die **Pflichtverletzung unerheblich** ist".

Außer einem Schadensersatzanspruch statt der Leistung (§ 280 Abs. 1 i. V. m. Abs. 3 i. V. m. §§ 281, 283 – wobei § 281 zur Anwendung gelangt, wenn der Käufer nicht von seiner Pflicht zur Nacherfüllung freigeworden ist [„nicht wie geschuldet erbringt"] und § 283 gilt, wenn der Nacherfüllungsanspruch auf Grund eines nach Vertragsschluss eingetretenen Umstands nach § 275 ausgeschlossen ist) kann der Käufer ggf. auch **Schadensersatz wegen Verzögerung der Leistung**, d. h., der vom Verkäufer geschuldeten Nacherfüllung (§ 280 Abs. 1 i. V. m. Abs. 2 i. V. m. § 286), oder sonstigen (einfachen) Schadensersatz nach § 280 Abs. 1 (für Mangelfolgeschäden) verlangen. § 311 a Abs. 2 kommt als Anspruchsgrundlage dann in Betracht, wenn der Anspruch des Käufers auf mangelfreie Leistung (§ 433 Abs. 1 S. 2) bereits wegen eines bei Vertragsschluss bestehenden Leistungshindernisses ausgeschlossen war (§ 275). Anstelle des Schadensersatzes nach § 281 (statt der Leistung) kann der Käufer (bei Vorliegen der Voraussetzungen des Schadensersatzanspruchs) gemäß **§ 284 auch Ersatz der (vergeblichen) Aufwendungen** verlangen, die er im Vertrauen auf den Erhalt der Leistung gemacht hat und billigerweise machen durfte, es sei denn, deren Zweck wäre auch ohne die Pflichtverletzung des Verkäufers nicht erreicht worden.

Gleiches gilt für den Fall anfänglicher Mangelhaftigkeit nach § 437 Nr. 3 i. V. m. §§ 311 a Abs. 1 S. 1 i. V. m. § 284. Nach § 325 wird der Aufwendungsersatzanspruch wird (ebenso wenig wie der Anspruch auf Schadensersatz statt der Leistung) **nicht durch den Rücktritt ausgeschlossen** (BGHZ 163, 381). Der Aufwendungsersatzanspruch ist auch nicht durch § 347 Abs. 2 (der abschließend nur die Aufwendungsersatzansprüche infolge Rücktritts regelt) auf den Ersatz notwendiger Verwendungen bzw. von Aufwendungen beschränkt, durch die der Verkäufer bereichert ist (BGH, a. a. O.). Der Schadensersatzanspruch neben der Leistung (§ 280 Abs. 1) kann neben einem Aufwendungsersatzanspruch (§ 284) geltend gemacht werden (BGH, a. a. O.).

Übersicht Schadensersatzansprüche

- Schadensersatz (statt der Leistung) wegen Unmöglichkeit der Nacherfüllung kommt in zwei Fällen in Betracht:

    - bei anfänglicher Unmöglichkeit: § 437 Nr. 3 i. V. m. §§ 311 a Abs. 2 S. 1, 280 Abs. 1 und 3, 283; bzw.

    - bei nachträglicher Unmöglichkeit: § 437 Nr. 3 i. V. m. § 280 Abs. 1 und 3, 283.

- Wird Schadensersatz wegen verzögerter Nacherfüllung geltend gemacht, kann der Käufer entweder

- Schadensersatz statt der Leistung (§ 437 Nr. 3 i. V. m. §§ 280 Abs. 1 und 3, 281 - nach erfolglosem Ablauf einer dem Verkäufer durch den Käufer gesetzten angemessenen Frist) oder

- Ersatz des Verzögerungs-(Verzugs-)schadens (§ 437 Nr. 3 i. V. m. §§ 280 Abs. 1 und 2, 286) verlangen.

- Ersatz des Mangelfolgeschadens (d. h. des [Körper- und/oder Sach-] Schadens, der durch die Pflichtverletzung des Verkäufers [mithin die Lieferung einer mangelhaften Sache an anderen Rechtsgütern des Käufers entstanden ist) kann nach § 437 Nr. 3 i. V. m. § 280 Abs. 1 verlangt werden.

- Ersatz des reinen Mangelschadens resultiert aus § 437 Nr. 3 i. V. m. §§ 280 Abs. 1 und 3, 281 Abs. 1 S. 1 (Schadensersatz statt der Leistung – sog. kleiner Schadensersatz).

- Schadensersatz statt der ganzen Leistung kann der Käufer gemäß § 437 Nr. 3 i. V. m. §§ 280 Abs. 1 und 3, 280 Abs. 1 S. 1 und 3 (sog. großer Schadensersatz) verlangen.

Ausschluss der Rechte des Käufers
Ein Ausschluss der Gewährleistungsrechte des Käufers kommt im Falle seiner Kenntnis (bzw. grobfahrlässigen Unkenntnis) nach § 442, bei einem vereinbarten Haftungsausschluss gemäß § 444 bzw. im Falle öffentlicher Versteigerungen nach § 445 in Betracht.

a) Kenntnis des Käufers (§ 442)
Die Rechte des Käufers (nach § 437) wegen eines (Sach- oder Rechts-) Mangels sind nach § 442 Abs. 1 S. 1 ausgeschlossen, wenn er bei Vertragsschluss den Mangel (positiv) kennt. Ist dem Käufer der Mangel infolge grober Fahrlässigkeit unbekannt geblieben, kann der Käufer gemäß § 442 Abs. 1 S. 2 Rechte wegen dieses Mangels nur geltend machen, wenn der Verkäufer den Mangel arglistig verschwiegen oder eine Garantie für die Beschaffenheit der Sache (i. S. einer Eigenschaftszusicherung) übernommen hat. Ein im Grundbuch eingetragenes Recht hat der Verkäufer nach § 442 Abs. 2 zu beseitigen, auch wenn der Käufer es kennt.

Im Falle eines Gebrauchtwagenkaufs zwischen Privatpersonen bedeutet die individualvertragliche Haftungsausschlussvereinbarung „gekauft wie gesehen und wie Probefahrt" (ebenso „gekauft wie besichtigt") eine Bestätigung des vollständigen Haftungsausschlusses (BGH WM 2005, 1895). Eine Haftungsausschlussvereinbarung erfasst i. d. R. nur bei Vertragsschluss bereits vorhandene Mängel – nicht jedoch auch solche, die zwischen Vertragsschluss und Gefahrübergang auftreten (BGH NJW 2003, 1316).

b) Haftungsausschlüsse (§ 444)
Auf eine Vereinbarung, durch welche die Rechte des Käufers wegen eines Mangels ausgeschlossen oder beschränkt werden, kann sich der Verkäufer nach § 444 nicht berufen, wenn er den Mangel arglistig verschwiegen oder eine Garantie für die Beschaffenheit der Sache (Beschaffenheitsgarantie i. S. eines verschuldensunabhängigen Einstehenwollens des Ver-

käufers) übernommen hat. Daraus folgt im Umkehrschluss, dass – mit Ausnahme des Verbrauchsgüterkaufs (vgl. § 475) – auf der Grundlage einer Individualvereinbarung anderweitige Haftungsausschlüsse durchaus statthaft sind.

c) Haftungsbegrenzung bei öffentlichen Versteigerungen (§ 445)
Wird eine Sache auf Grund eines Pfandrechts in einer öffentlichen Versteigerung unter der Bezeichnung als Pfand verkauft, stehen dem Käufer nach § 445 Rechte wegen eines Mangels nur zu, wenn der Verkäufer den Mangel arglistig verschwiegen oder eine Garantie für die Beschaffenheit der Sache (Beschaffenheitsgarantie) übernommen hat (vgl. auch § 474 Abs. 2, der für den Verbrauchsgüterkauf die Regelung des § 445 ausschließt).

15.4.4 Verjährung der Mängelansprüche

Im Hinblick auf die Verjährungsfristen der Gewährleistungsansprüche, die nicht den Katalogen der allgemeinen Verjährungsvorschriften der §§ 195 ff. unterfallen, ist der Gesetzgeber sowohl von der kurzen (sechsmonatigen) Verjährung als auch vom subjektiven Prinzip der Regelverjährung abgegangen. Bei den Gewährleistungsansprüchen erfolgt (mit Ausnahme der Konstellation, dass der Verkäufer den Mangel arglistig verschwiegen hat) eine objektive Anknüpfung. Im Interesse eines verbesserten Verbraucherschutzes (und letztlich auf der Vorgabe des Art. 5 Abs. 1 der Verbrauchsgüterkaufrichtlinie beruhend) stellt das Gesetz grundsätzlich für alle Kaufverträge (nicht beschränkt auf den Verbrauchsgüterkauf i. S. v. § 474 Abs. 1 S. 1) auf eine Zweijahresfrist ab. Diese Weitererstreckung der Zweijahresfrist auf alle Kaufverträge war nach der Verbrauchsgüterkaufrichtlinie nicht geboten.

Verjährungsfristen
Die in § 437 Nr. 1 und 3 bezeichneten Mängelansprüche (auf Nacherfüllung nach § 439 und auf Schadensersatz gemäß §§ 440, 280, 281, 283 und 311 a sowie auf Ersatz vergeblicher Aufwendungen nach § 284 verjähren gemäß § 438 Abs. 1 Nr. 3 grundsätzlich in zwei Jahren. Im Übrigen gelten folgende gestaffelten weiteren Fristen (Ausnahmen):

- Wenn der Mangel in einem dinglichen Recht eines Dritten, auf Grund dessen Herausgabe der Kaufsache verlangt werden kann (lit. a), oder in einem sonstigen Recht, das im Grundbuch eingetragen ist, besteht (lit. b), beträgt die Verjährungsfrist nach § 438 Abs. 1 Nr. 1 dreißig Jahre. Die Ausnahme für Grundstücke bezweckt einen Gleichklang mit der für dingliche Ansprüche geltenden allgemeinen Verjährungsregelung des § 197 Abs. 1 Nr. 1 und vermeidet damit eine Haftung des Grundstückskäufers gegenüber einem Dritten über eine Zeitdauer von dreißig Jahren hinweg, wenn er selbst (ohne die Ausnahmeregelung) seinen Verkäufer nach § 438 Abs. 1 Nr. 3 nur zwei Jahre lang in Anspruch nehmen durfte.

- Bei Mängeln eines Bauwerks bzw. einer Sache, die entsprechend ihrer üblichen Verwendungsweise für ein Bauwerk verwendet worden ist und dessen Mangelhaftigkeit (bei fester Verbindung mit dem Gebäude) verursacht hat (Mängel des Baumaterials), beträgt die Verjährungsfrist gemäß § 438 Abs. 1 Nr. 2 fünf Jahre. Konsequenz dieser Regelung ist, dass beim Verkauf neu errichteter Häuser nicht mehr die Gewährleistungsfristen des Werkvertragsrechts (ggf. im Rahmen einer Umdeutung des abgeschlossenen Vertrags nach § 140) zu Grunde gelegt werden müssen. § 438 Abs. 1 Nr. 2 stellt damit zugleich eine Konkordanz mit dem Werkvertragsrecht her – Bauhandwerker, die nach § 634 a Abs. 1 Nr. 2 ihrem Besteller gegenüber einer fünfjährigen Mängelhaftung ausgesetzt sind, werden gesichert (Vermeidung einer Regressfalle – da ihre eigenen Ansprüche ohne diese Norm nach § 438 Abs. 1 Nr. 3 schon in zwei Jahren verjähren würden). Verjährungsbeginn ist nach § 438 Abs. 2 grundsätzlich der Zeitpunkt der Ablieferung der Sache, bei Grundstücken der Zeitpunkt der Übergabe.

Sonderfall: Arglist des Verkäufers
Abweichend davon verjähren Gewährleistungsansprüche nach § 438 Abs. 3 in der regelmäßigen Verjährungsfrist des § 195 (drei Jahre), wenn der Verkäufer den Mangel arglistig verschwiegen hat, wobei im Falle des § 438 Abs. 1 Nr. 2 (fünfjährige Verjährung bei Bauwerken) die Verjährung jedoch nicht vor Ablauf der dort bestimmten Frist eintritt. Der Fristbeginn bestimmt sich dann nach § 199 (und nicht nach § 438 Abs. 2, d. h., dem Zeitpunkt der Übergabe des Grundstücks bzw. der Ablieferung der Kaufsache) mit der Folge, dass die Frist erst mit dem Ablauf des Jahres zu laufen beginnt, in dem der Anspruch entstanden ist und der Gläubiger von den den Anspruch begründenden Umständen und der Person des Schuldners Kenntnis erlangt hat oder ohne Fahrlässigkeit erlangen müsste (Verschiebung des Fristbeginns).

Unwirksamkeit des Rücktritts (und des Minderungsrechts)
Eine Verjährung der Mängelrechte nach § 437 Nr. 2 (auf Rücktritt vom Vertrag gemäß §§ 440, 323 und 326 Abs. 5 bzw. auf Kaufpreisminderung nach § 441) ist ausgeschlossen (§ 438 Abs. 1 nimmt auf § 437 Nr. 2 auch nicht Bezug), da der Gesetzgeber diese als Gestaltungsrechte (und nicht als Ansprüche) ausgeformt hat und nach § 194 Abs. 1 nur Ansprüche (Recht, von einem anderen ein Tun oder Unterlassen zu verlangen) der Verjährung unterliegen. § 438 Abs. 4 verweist aber bezüglich des Rücktrittsrechts und in seinem Abs. 5 wegen des Minderungsrechts auf § 218 (Unwirksamkeit des Rücktritts), der hinsichtlich der Ausübung der beiden Gestaltungsrechte daran anknüpft, dass der Nacherfüllungsanspruch (§ 439) noch nicht verjährt ist. Ist der Nacherfüllungsanspruch verjährt, resultiert daraus zugleich eine Unwirksamkeit der Geltendmachung des Rücktritts- oder Minderungsrechts.

Vereinbarungen über die Verjährungsfrist
Vereinbarungen über die Verjährungsfrist der Gewährleistungsrechte (Verkürzungen) sind grundsätzlich im Rahmen von § 202 Abs. 1 statthaft. Etwas anderes gilt dabei nur hinsichtlich der Verjährung der Haftung für Vorsatz, die nicht verkürzt werden darf. Bei der Verwendung von Allgemeinen Geschäftsbedingungen ist zudem die Regelung des § 309 Nr. 8 b) ff. zu berücksichtigen. Verjährungsfristen können nach Maßgabe des § 202 Abs. 2 auch verlängert werden. Eine Ausnahme gilt wiederum für den Verbrauchsgüterkauf. Hier bestimmt § 475 Abs. 2, dass die Verjährung der in § 437 bezeichneten Ansprü-

che vor Mitteilung eines Mangels an den Unternehmer nicht durch Rechtsgeschäft erleichtert werden darf (i. S. einer Verkürzung der Verjährungsfrist), wenn die Vereinbarung zu einer Verjährungsfrist ab dem gesetzlichen Verjährungsbeginn von weniger als zwei Jahren, bei gebrauchten Sachen von weniger als einem Jahr führt.

15.5 Beschaffenheits- und Haltbarkeitsgarantie

§ 443 regelt die Verkäufer- und Herstellergarantie: Übernimmt der Verkäufer oder ein Dritter eine Garantie für die Beschaffenheit der Sache (Beschaffenheitsgarantie) oder dafür, dass die Sache für eine gewisse Dauer eine bestimmte Beschaffenheit behält (Haltbarkeitsgarantie), stehen dem Käufer nach § 443 Abs. 1 im Garantiefall unbeschadet der gesetzlichen Ansprüche (jener nach § 437) die Rechte aus der Garantie zu den in der Garantieerklärung und der einschlägigen Werbung angegebenen Bedingungen gegenüber demjenigen zu, der die Garantie eingeräumt hat. Soweit eine Haltbarkeitsgarantie übernommen worden ist, wird nach § 443 Abs. 2 vermutet, dass ein während ihrer Geltungsdauer auftretender Sachmangel (in der Garantiezeit auftretender Sachmangel) die Rechte aus der Garantie begründet, mithin unter die Garantie fällt (vgl. zudem § 477 - Sonderbestimmungen für Garantien beim Verbrauchsgüterkauf).

Zu prüfen ist, ob der Verkäufer tatsächlich (ausdrücklich oder konkludent) eine Garantie erklärt hat. Bei Übernahme einer unselbständigen Garantie wird die Möglichkeit des Verkäufers zur Exkulpation nach § 311 Abs. 2 S. 2 abbedungen. Voraussetzung ist, dass konkrete Anhaltspunkte für eine Garantieübernahme vorliegen. Können diese nicht festgestellt werden, bleibt es bei einer verschuldensabhängigen Haftung des Verkäufers.

Eine Beschaffenheitsgarantie hat folgende Voraussetzungen:

- Der Verkäufer hat in vertragsmäßig bindender Weise die Gewähr für das Vorhandensein der vereinbarten Eigenschaft einer Kaufsache übernommen.

- Er lässt damit seine Bereitschaft erkennen, für alle Folgen des Fehlens dieser Beschaffenheit einstehen zu wollen.

Eine Beschaffenheitsgarantie hat folgende Konsequenzen: Der Verkäufer kann sich im Falle der Übernahme nicht auf eine Haftungsbeschränkung berufen. Mängel werden ihm nach § 276 Abs. 1 S. 1 auch dann zugerechnet, wenn ihm im Hinblick auf die Fehler einer von der Garantie umfassten Eigenschaft kein Verschulden trifft. Der Käufer kann seine Rechte aus der Garantie auch geltend machen, wenn ihm der Mangel infolge grober Fahrlässigkeit unbekannt geblieben ist.

15.6 Gefahrtragung

Die Frage der Gefahrtragung ist in § 446 (Gefahr- und Lastenübergang) sowie in § 447 (Gefahrübergang beim Versendungskauf) geregelt.

15.6.1 Grundsatz

Nach § 446 S. 1 geht mit der Übergabe der verkauften Sache die Gefahr des zufälligen Untergangs bzw. der zufälligen Verschlechterung vom Verkäufer auf den Käufer über. Dies gilt gleichermaßen für den Grundstückskauf. Dabei steht es der Übergabe – wie § 446 S. 3 klarstellt – gleich, wenn der Käufer im Verzug der Annahme (Gläubigerannahmeverzug - §§ 293 ff.) ist. Die Richtlinienkonformität des § 446 S. 3 (mit seiner Vorverlagerung des Gefahrübergangs) ist fraglich, da Art. 3 Abs. 1 der Verbrauchsgüterkaufrichtlinie als maßgeblichen Zeitpunkt für die Beurteilung einer Vertragswidrigkeit (der Mangelhaftigkeit) auf jenen der "Lieferung des Verbrauchsguts" abstellt – wobei jedoch Erwägungsgrund 14 der Richtlinie dies zu rechtfertigen scheint, wonach die Bezugnahme der Verbrauchsgüterkaufrichtlinie auf den Zeitpunkt der Lieferung nicht bedeute, dass die EG-Mitgliedstaaten die nationalen Vorschriften über den Gefahrübergang ändern müssten. Der RegE weist zusätzlich darauf hin, dass die Rechtsfolgen des Annahmeverzugs von der Richtlinie nicht geregelt werden.

15.6.2 Gefahrübergang beim Versendungskauf

Versendet der Verkäufer auf Verlangen des Käufers die verkaufte Sache nach einem anderen Ort als dem Erfüllungsort, geht nach § 447 Abs. 1 die Gefahr auf den Käufer über, sobald der Verkäufer die Sache dem Spediteur, dem Frachtführer oder der sonst zur Ausführung der Versendung bestimmten Person oder Anstalt ausgeliefert hat. Dieser Grundsatz erfährt durch § 447 Abs. 2 jedoch eine erhebliche Einschränkung: Hat der Käufer eine besondere Anweisung über die Art der Versendung erteilt und weicht der Verkäufer ohne dringenden Grund von der Anweisung ab, ist der Verkäufer für den daraus entstehenden Schaden verantwortlich. Gemäß § 474 Abs. 2 findet § 447 aus allgemeinen Zweckmäßigkeitserwägungen auf den Verbrauchsgüterkauf (wenn ein Verbraucher von einem Unternehmer eine bewegliche Sache kauft – § 474 Abs. 1) keine Anwendung. Vielmehr gilt hier der allgemeine Grundsatz des § 446 – Übergang der Preisgefahr mit Übergabe der verkauften Sache bzw. Eintritt des Annahmeverzugs.

15.7 Anwendungsbereich der allgemeinen Vorschriften über den Kaufvertrag

Die Vorschriften des Untertitels 1 (Allgemeine Vorschriften §§ 433 ff.) über den Kauf von Sachen finden nach § 453 Abs. 1 auf den Kauf von Rechten – mithin auf den Rechtskauf – und auf den Kauf sonstiger Gegenstände entsprechende Anwendung. Dabei hat der Verkäufer die Kosten der Begründung und der Übertragung des Rechts zu tragen (§ 453 Abs. 2). Ist ein Recht verkauft, das zum Besitz einer Sache berechtigt, ist der Verkäufer nach § 453 Abs. 3 verpflichtet, dem Käufer die Sache frei von Sach- und Rechtsmängeln zu übergeben. Nach § 452 (Schiffskauf) finden die Vorschriften des Untertitels 1 über den Kauf von Grundstücken auch auf den Kauf von eingetragenen Schiffen und Schiffsbauwerken entsprechende Anwendung.

15.8 Konkurrenzen

Die Vorschriften über die Sach- und Rechtsmängelhaftung des Verkäufers **verdrängen das Anfechtungsrecht nach § 119 Abs. 2** (wegen Eigenschaftsirrtums des Käufers). Die Irrtumsanfechtung kann nach § 121 Abs. 2 nämlich noch nach zehn Jahren (gerechnet ab Abgabe der Willenserklärung) erfolgen, wohingegen die Kaufgewährleistungsrechte nach § 437 Nr. 1 bis 3 gemäß § 438 Abs. 1 Nr. 3 grundsätzlich in zwei Jahren ab Gefahrübergang verjähren. Dem hingegen steht das Kaufgewährleistungsrecht **gleichberechtigt neben** der Möglichkeit des Käufers, den Kaufvertrag wegen eines **Inhalts- oder eines Erklärungsirrtums nach § 119 Abs. 1 anzufechten**, da in dieser Konstellation ein Konkurrenzverhältnis ausscheidet. Auch eine Anfechtung wegen **arglistiger Täuschung** (§ 123) hat **neben** dem Kaufgewährleistungsrecht Bestand, da der Täuschende keinen Schutz verdient. Die Gewährleistungsvorschriften **schließen** einen **Wegfall der Geschäftsgrundlage (§ 313) aus**, soweit dieser dazu dient, die Folgen eines beidseitigen Irrtums über Eigenschaften der Kaufsache zu regeln. Bei nicht mangelbezogenen Nebenpflichten kann eine Schadensersatzhaftung nach §§ 280 Abs. 1, 241 Abs. 2 (wegen positiver Vertragsverletzung) in Betracht kommen. Im Falle **mangelbezogener Nebenpflichten** wird die Ansicht vertreten, die allgemeine Schadensersatzhaftung nach § 280 grundsätzlich im Wege der Anspruchskonkurrenz **neben** dem Gewährleistungsrecht zuzulassen, sie aber im Wege der sog. Einwirkung den besonderen kaufrechtlichen Einschränkungen der §§ 437 ff., insbesondere der Verjährungsvorschrift des § 438, zu unterwerfen. **Deliktsrecht** soll **neben** dem Kaufgewährleistungsrecht nur dann zur Anwendung gelangen, wenn nicht nur das vertragliche Äquivalenzinteresse, sondern das Integritätsinteresse verletzt wird, d. h., keine Stoffgleichheit zwischen zu ersetzendem Schaden und Sachmangel besteht – sog. "Weiterfresserschaden".

15.9 Besondere Arten des Kaufs

Als besondere Arten des Kaufs (Untertitel 2 - §§ 454 bis 473) erkennt das Gesetz den Kauf auf Probe, den Wiederkauf sowie den Vorkauf an.

15.9.1 Kauf auf Probe

Bei einem Kauf auf Probe oder auf Besichtigung steht nach § 454 Abs. 1 S. 1 die Billigung des gekauften Gegenstandes im Belieben des Käufers. Der Kauf ist im Zweifel unter der **aufschiebenden Bedingung der Billigung** (§ 158 Abs. 1) geschlossen (§ 454 Abs. 1 S. 2). Der Verkäufer ist nach § 454 Abs. 2 verpflichtet, dem Käufer die Untersuchung des Gegenstands zu gestatten. Die Billigung eines auf Probe oder auf Besichtigung gekauften Gegenstandes kann gemäß § 455 S. 1 nur bis zum Ablauf einer dem Käufer von dem Verkäufer bestimmten angemessenen Frist erklärt werden. Erst danach geht die Gefahr des zufälligen Untergangs auf den Käufer über bzw. kommt ein Verlust des Gewährleistungsanspruchs nach § 442 in Betracht. War die Sache dem Käufer zum Zwecke der Probe oder der Besichtigung übergeben, gilt sein Schweigen als Billigung (§ 455 S. 2).

15.9.2 Wiederkauf

Das Zustandekommen eines Wiederkaufs richtet sich nach § 456: Hat sich der Verkäufer im Kaufvertrag das Recht des Wiederkaufs vorbehalten, kommt der Wiederkauf mit der Erklärung des Verkäufers gegenüber dem Käufer, dass er das Wiederkaufsrecht ausübe, zu Stande, die nicht der für den Kaufvertrag bestimmten Form bedarf. Der Preis, zu welchem verkauft worden ist, gilt im Zweifel auch für den Wiederkauf. Im Zusammenhang mit der Haftung des Wiederverkäufers bestimmt § 457, dass dieser verpflichtet ist, dem Wiederkäufer den gekauften Gegenstand nebst Zubehör herauszugeben. Hat der Wiederverkäufer vor der Ausübung des Wiederverkaufsrechts eine Verschlechterung, den Untergang oder eine aus einem anderen Grund eingetretene Unmöglichkeit der Herausgabe des gekauften Gegenstands verschuldet oder den Gegenstand wesentlich verändert, ist er für den daraus entstehenden Schaden verantwortlich. Ist der Gegenstand ohne Verschulden des Wiederverkäufers verschlechtert oder ist er nur unwesentlich verändert, kann der Wiederkäufer Minderung des Kaufpreises nicht verlangen. Hat der Wiederverkäufer vor der Ausübung des Wiederkaufsrechts über den gekauften Gegenstand verfügt, ist er nach § 458 verpflichtet, die dadurch begründeten Rechte Dritter zu beseitigen (Beseitigung von Rechten Dritter). Einer Verfügung des Wiederverkäufers steht eine Verfügung gleich, die im Wege der Zwangsvollstreckung oder der Arrestvollziehung oder durch den Insolvenzverwalter erfolgt. Der Wiederverkäufer kann für Verwendungen, die er auf den gekauften Gegenstand vor dem Wiederkauf gemacht hat, nach § 459 insoweit Ersatz verlangen (Ersatz von Verwendungen), als der Wert des Gegenstands durch die Verwendungen erhöht ist. Eine Einrichtung, mit der er die herauszugebende Sache versehen hat, kann er wegnehmen. Ist als Wiederkaufspreis der Schätzungswert vereinbart, den der gekaufte Gegenstand zur Zeit des Wiederkaufs hat, ist der Wiederverkäufer nach § 460 (Wiederkauf zum Schätzungswert) für eine Verschlechterung, den Untergang oder die aus einem anderen Grund eintretende Unmöglichkeit der Herausgabe des Gegenstands nicht verantwortlich und der Wiederkäufer zum Ersatz von Verwendungen nicht verpflichtet. Steht das Wiederkaufsrecht mehreren gemeinschaftlich zu (mehrere Wiederkaufsberechtigte), kann es nach § 461 nur im Ganzen ausgeübt werden. Ist es für einen der Berechtigten erloschen oder übt einer von ihnen sein Recht nicht aus, sind die übrigen berechtigt, das Wiederkaufsrecht im Ganzen auszuüben. Das Wiederkaufsrecht kann bei Grundstücken nach § 462 nur bis zum Ablauf von dreißig, bei anderen Gegenständen nur bis zum Ablauf von drei Jahren nach der Vereinbarung des Vorbehalts ausgeübt werden (Ausschlussfrist). Ist für die Ausübung eine Frist bestimmt, tritt diese an die Stelle der gesetzlichen Frist.

15.9.3 Vorkauf

Hinsichtlich der Voraussetzungen der Ausübung des Vorkaufsrechts bestimmt § 463, dass der Berechtigte dieses ausüben kann, sobald der Verpflichtete mit einem Dritten einen Kaufvertrag über den Gegenstand geschlossen hat. Die Ausübung des Vorkaufsrechts erfolgt gemäß § 464 durch Erklärung gegenüber dem Verpflichteten, die nicht der für den Kaufvertrag bestimmten Form bedarf. Die Rechtsprechung unterwirft auch kaufähnliche Verträge, die bei materiell-rechtlicher Betrachtung einem Kauf i. S. des Vorkaufsrechts nahe kommen, der Regelung des § 463 (BGHZ 115, 335). Mit der Ausübung des Vorkaufsrechts kommt der Kauf zwischen dem Berechtigten und dem Verpflichteten unter den Bestimmungen zu Stande, welche der Verpflichtete mit dem Dritten vereinbart hat. Eine Vereinbarung des Verpflichteten mit dem Dritten, durch welche der Kauf von der Nichtausübung des Vorkaufsrechts abhängig gemacht oder dem Verpflichteten für den Fall der Ausübung des Vorkaufsrechts der Rücktritt vorbehalten wird, ist nach § 465 dem Vorkaufsberechtigten gegenüber unwirksam (unwirksame Vereinbarungen). Hat sich der Dritte in dem Vertrag zu einer Nebenleistung verpflichtet, die der Vorkaufsberechtigte zu bewirken außer Stande ist, hat der Vorkaufsberechtigte nach § 466 statt der Nebenleistung ihren Wert zu entrichten. Lässt sich die Nebenleistung nicht in Geld schätzen, ist die Ausübung des Vorkaufsrechts ausgeschlossen. Die Vereinbarung der Nebenleistung kommt jedoch nicht in Betracht, wenn der Vertrag mit dem Dritten auch ohne sie geschlossen sein würde. Hat der Dritte den Gegenstand, auf den sich das Vorkaufsrecht bezieht, mit anderen Gegenständen zu einem Gesamtpreis gekauft, hat der Vorkaufsberechtigte einen verhältnismäßigen Teil des Gesamtpreises zu entrichten. Der Verpflichtete kann verlangen, dass der Vorkauf auf alle Sachen erstreckt wird, die nicht ohne Nachteil für ihn getrennt werden können. Ist gegenüber dem Dritten im Vertrag eine Stundung des Kaufpreises erfolgt, kann der Vorkaufsberechtigte nach § 468 die Stundung nur in Anspruch nehmen, wenn er für den gestundeten Betrag Sicherheit leistet. Ist ein Grundstück Gegenstand des Vorkaufs, bedarf es der Sicherheitsleistung insoweit nicht, als für den gestundeten Kaufpreis die Bestellung einer Hypothek vereinbart oder in Anrechnung auf den Kaufpreis eine Schuld, für die eine Hypothek an dem Grundstück besteht, übernommen worden ist. Entsprechendes gilt, wenn ein eingetragenes Schiff oder Schiffsbauwerk Gegenstand des Vorkaufs ist. Der Verpflichtete hat dem Vorkaufsberechtigten nach § 469 Abs. 1 den Inhalt des mit dem Dritten geschlossenen Vertrags unverzüglich mitzuteilen (Mitteilungspflicht), wobei die Mitteilung des Verpflichteten durch die Mitteilung des Dritten ersetzt wird. Das Vorkaufsrecht kann bei Grundstücken (vgl. § 1098 Abs. 1) nach

§ 469 Abs. 2 nur bis zum Ablauf von zwei Monaten (Ausschlussfrist), bei anderen Gegenständen nur bis zum Ablauf einer Woche nach dem Empfang der Mitteilung ausgeübt werden (Ausübungsfrist), wobei, wenn für die Ausübung eine Frist bestimmt ist, diese an die Stelle der gesetzlichen Frist tritt. Das Vorkaufsrecht erstreckt sich im Zweifel nach § 470 nicht auf einen Verkauf, der mit Rücksicht auf ein künftiges Erbrecht an einen gesetzlichen Erben erfolgt. Das Vorkaufsrecht ist gemäß § 471 ausgeschlossen, wenn der Verkauf im Wege der Zwangsvollstreckung oder aus einer Insolvenzmasse erfolgt. Steht das Vorkaufsrecht mehreren gemeinsam zu (mehrere Vorkaufsberechtigte), kann es nach § 472 nur im Ganzen ausgeübt werden. Ist es für einen der Berechtigten erloschen oder übt einer von ihnen sein Recht nicht aus, sind die übrigen berechtigt, das Vorkaufsrecht im Ganzen auszuüben. Das Vorkaufsrecht ist gemäß § 473 nicht übertragbar (Unübertragbarkeit) und geht nicht auf die Erben des Berechtigten über, sofern nicht ein anderes bestimmt ist. Ist das Recht auf eine bestimmte Zeit beschränkt, ist es im Zweifel vererblich.

15.10 Verbrauchsgüterkauf

Mit der Schuldrechtsreform wurden die Vorschriften über den Kauf um einen Untertitel 3 (Verbrauchsgüterkauf) ergänzt: Die §§ 474 bis 479 enthalten nunmehr infolge des Schuldrechtsmodernisierungsgesetzes (SchuldRModG) jene Vorschriften, die der Gesetzgeber in Umsetzung der Richtlinie 1999/44/EG des Parlaments und des Rates vom 25.05.1999 zu bestimmten Aspekten des Verbrauchsgüterkaufs und der Garantien für Verbrauchsgüter (Verbrauchsgüterkaufrichtlinie – KaufRL) allein auf Verbrauchsgüterkaufverträge beschränken und nicht auf das gesamte Kaufvertragsrecht angewendet sehen wollte. Die Verbrauchsgüterkaufrichtlinie schreibt für den Verbrauchsgüterkauf (Kauf- und Werklieferungsverträge über bewegliche körperliche Gegenstände, die zwischen einem beruflich oder gewerblich tätigen Verkäufer und einem Verbraucher abgeschlossen werden) bestimmte Mindeststandards hinsichtlich der vertraglichen Ansprüche vor. Die Vorschriften über das Kaufrecht gelten auch nach der Schuldrechtsreform generell für alle Kaufverträge, unabhängig davon, ob der Käufer Verbraucher (§ 13) oder Unternehmer (§ 14) ist. Der Gesetzgeber war aber der Auffassung, dass bei einigen Vorschriften eine Differenzierung geboten sei. Vor diesem Hintergrund bestimmt § 474 den Anwendungsbereich des Verbrauchsgüterkaufs: Im Falle eines Verbrauchsgüterkaufs gelangen auf den Kaufvertrag ergänzend (zu den §§ 433 bis 473) die "folgenden Vorschriften" (jene des Untertitels 3 [§§ 474 bis 479] - Verbrauchsgüterkauf) zur Anwendung. Im neuen Untertitel 3 sind folgende Regelungsmaterien normiert worden:

- Anwendungsbereich des Verbrauchsgüterkaufs (§ 474 – unter 16.10.1 und 2),
- Einzelfragen des Verbrauchsgüterkaufs (§§ 475 bis 477 – 16.10.3) und
- Rückgriff des Verkäufers gegen seine Lieferanten (§§ 478 f. – 16.10.4).

15.10.1 Persönlicher Anwendungsbereich

Ein Verbrauchsgüterkauf nach § 474 Abs. 1 S. 1 liegt vor, wenn der **Verkäufer Unternehmer** (§ 14) und der **Käufer Verbraucher** (§ 13) ist. Damit erfassen die Sonderregelungen der §§ 474 ff. weder Kaufverträge zwischen zwei Unternehmern noch zwischen zwei Verbrauchern untereinander. Nicht erfasst wird gleichermaßen ein Kaufvertrag zwischen einem Verbraucher als Verkäufer und einem Unternehmer als Käufer.

Verbraucher
Verbraucher ist nach § 13 jede **natürliche Person**, die ein **Rechtsgeschäft** zu einem Zweck abschließt, der **weder** ihrer **gewerblichen noch** ihrer **selbständigen beruflichen Tätigkeit** zugerechnet werden kann. Damit geht das deutsche Recht über die Vorgaben von Art. 2 a KaufRL hinaus. Im Sinne der Richtlinie bezeichnet der Ausdruck "Verbraucher" jede "natürliche Person, die im Rahmen der unter diese Richtlinie fallenden Verträge zu einem Zweck handelt, der nicht ihrer beruflichen oder gewerblichen Tätigkeit zugerechnet werden kann". Die Richtlinienregelung nimmt damit im Vergleich zu § 13 auch unselbständig beruflich Handelnde vom Verbraucherbegriff aus. Der erweiterte Verbraucherbegriff nach § 13 ist statthaft, da die KaufRL lediglich einen Mindestschutz statuiert. Nach Art. 8 Abs. 2 KaufRL können die Mitgliedstaaten in dem unter die Richtlinie fallenden Bereich mit dem Vertrag in Einklang stehende strengere Bestimmungen erlassen oder aufrechterhalten, um ein höheres Schutzniveau für den Verbraucher sicherzustellen.

Unternehmer
Unternehmer ist nach § 14 eine **natürliche oder juristische Person** oder eine **rechtsfähige Personengesellschaft** (d. h. eine solche, die mit der Fähigkeit ausgestattet ist, Rechte zu erwerben und Verbindlichkeiten einzugehen), die bei Abschluss eines **Rechtsgeschäfts in Ausübung ihrer gewerblichen oder selbständigen beruflichen Tätigkeit** handelt.

15.10.2 Sachlicher Anwendungsbereich

Das Verbrauchsgüterkaufrecht erfasst **nur den Kauf "beweglicher Sachen"**. Damit wird ein Immobilienkauf zwischen einem Unternehmer und einem Verbraucher ausdrücklich vom Anwendungsbereich der §§ 474 ff. ausgeschlossen. Nach § 474 Abs. 1 S. 2 erfolgt des Weiteren ein **Ausschluss für gebrauchte Sachen**, die **in einer öffentlichen Versteigerung** verkauft werden, an der der Verbraucher persönlich teilnehmen kann. Damit hat der deutsche Gesetzgeber von der durch Art. 1 Abs. 3 KaufRL eröffneten Möglichkeit Gebrauch gemacht, festzulegen, dass unter "Verbrauchsgütern" keine gebrauchten Güter (die Differenzierung zwischen „neu" und „gebraucht" ist objektiv zu bestimmen und damit einer Parteivereinbarung entzogen) zu verstehen sind, die in einer öffentlichen Versteigerung (i. S. der Legaldefinition des § 383 Abs. 3 S. 1) verkauft werden, bei der die Verbraucher die Möglichkeit haben, dem Verkauf persönlich beizuwohnen. Der Gesetzgeber hat hingegen von der in Art. 1 Abs. 2 b zweiter und dritter Spiegelstrich KaufRL normierten Möglichkeit keinen Gebrauch gemacht, folgende weiteren Ausschlüsse vom sachlichen Anwendungsbereich vorzusehen: Für Wasser und Gas, wenn sie nicht in einem begrenzten Volumen oder in einer bestimmten Menge abgefüllt sind, und für Strom. In der Konsequenz gelten für die genannten Güter die Vorschriften der §§ 474 ff., sofern ihnen nach nationalem Recht Sachqualität zukommt. Der Ausnahmemöglichkeit nach Art. 1 Abs. 2 erster Spiegelstrich KaufRL – für "Güter, die auf Grund von Zwangsvollstreckungsmaßnahmen oder anderen gerichtlichen Maßnahmen verkauft werden" – folgt das deutsche Recht teilweise mit § 806 ZPO (keine Gewährleistung bei Pfandveräußerung). Danach steht dem Erwerber wegen eines Mangels der veräußerten Sache ein Anspruch auf Gewährleistung nicht zu, wenn ein Gegenstand auf Grund einer Pfändung veräußert wird. Für Verkäufe während des Insolvenzverfahrens durch den Insolvenzverwalter (§§ 166 ff. InsO) sieht das deutsche Recht hingegen bewusst von einer Ausnahmeregelung ab, da der Insolvenzverwalter (der anstelle des Schuldners eine Sache verkauft) im Hinblick auf eine Sachmängelhaftung wie der Schuldner behandelt werden soll.

15.10.3 Einzelfragen des Verbrauchsgüterkaufs

Der Verbrauchsgüterkauf bringt Besonderheiten hinsichtlich der Regelung des § 439 Abs. 4 und des Verbrauchsgüterversendungskaufs sowie der Haftungsbegrenzung bei öffentlichen Versteigerungen mit sich. Des Weiteren sind eine Reihe von abweichenden Vereinbarungen zum Nachteil des Verbrauchers bzw. Abweichungen vom Untertitel 3 (Verbrauchsgüterkauf) gemäß § 475 nicht statthaft. § 476 normiert eine Beweislastumkehr hinsichtlich der Mangelhaftigkeit einer Sache beim Gefahrübergang. Für Garantien gelten darüber hinaus gemäß § 477 einige Sonderbestimmungen.

Kein Nutzungsersatz im Rahmen der Nacherfüllung
Nach der – aufgrund einer EuGH-Entscheidung neu eingefügten (vgl. oben) – Regelung des § 474 Abs. 2 S. 1 hat der Käufer bei einer Nacherfüllung mittels Lieferung einer mangelfreien Sache durch den Verkäufer diesem die Nutzungen bezüglich der mangelhaften Sache nicht herauszugeben und auch nicht deren Wert zu ersetzen. Damit wird im Verbrauchsgüterkaufrecht der Anwendungsbereich von §§ 439 Abs. 4, 346 eingeschränkt.

Verbrauchsgüterversendungskauf
Gemäß § 474 Abs. 2 S. 2 findet § 447 (Gefahrübergang beim Versendungskauf) aus allgemeinen Zweckmäßigkeitserwägungen auf den Verbrauchsgüterkauf keine Anwendung. Dies bedeutet, dass beim Verbrauchsgüterversendungskauf die Gegenleistungsgefahr (d. h. die Gefahr für den Käufer, den Kaufpreis zahlen zu müssen, obgleich er hierfür ggf. keine Leistung in Gestalt der gekauften Ware wegen deren Untergang erhält) nicht mit Übergabe der Sache an die Transportperson auf den Käufer übergeht. Vielmehr gilt hier der allgemeine Grundsatz des § 446 - Übergang der Preisgefahr auf den Käufer (erst) mit erfolgter Übergabe der verkauften Sache an ihn bzw. Eintritt des Annahmeverzugs. Der Verkäufer trägt also die Gefahr des zufälligen Untergangs der Ware bis zu diesem Zeitpunkt. Dies hat des Weiteren zur Folge, dass beim Verbrauchsgüterversendungskauf der Verkäufer auch für durch die zur Ausführung der Versendung bestimmte Person verursachte Transportschäden, die zur Man-

gelhaftigkeit der Ware (§ 434) führen, über § 437 (Rechte des Käufers bei Mängeln) einzustehen hat. Damit ist nach der Schuldrechtsreform beim Verbrauchsgüterkauf das Problem einer Drittschadensliquidation (d. h. des Auseinanderfallens von Schaden und Anspruch) obsolet geworden.

Haftungsbegrenzung bei öffentlichen Versteigerungen
Auf den Verbrauchsgüterkaufvertrag findet gemäß § 474 Abs. 2 auch die Vorschrift des § 445 über die Haftungsbegrenzung bei öffentlichen Versteigerungen keine Anwendung. Wird eine Sache auf Grund eines Pfandrechts in einer öffentlichen Versteigerung unter der Bezeichnung als Pfand verkauft, stehen - so § 455 - dem Käufer nach allgemeinem Kaufrecht Rechte wegen des Mangels nur zu, wenn der Verkäufer den Mangel arglistig verschwiegen oder eine Garantie für die Beschaffenheit der Sache übernommen hat. Der Ausschluss einer Anwendung des § 445 beim Verbrauchsgüterkauf ist durch Art. 1 Abs. 2 b erster Spiegelstrich KaufRL bedingt. Die Richtlinie lässt bei Versteigerungen außerhalb der Zwangsvollstreckung nämlich nur die Ausnahmen nach § 474 Abs. 1 S. 2 (Ausschluss der §§ 474 ff. für gebrauchte Sachen, die in einer öffentlichen Versteigerung verkauft werden, an der der Verbraucher persönlich teilnehmen kann) zu.

Abweichende Vereinbarungen
§ 475 regelt zum einen in seinem Abs. 1 die Unwirksamkeit individualvertraglicher Haftungsausschlüsse, zum anderen in seinem Abs. 2 die Unwirksamkeit der Vereinbarung einer kürzeren als einer zweijährigen (bzw. bei gebrauchten Sachen einer einjährigen) Verjährungsfrist für die Geltendmachung der in § 437 (Rechte des Käufers bei Mängeln) bezeichneten Ansprüche.

a) Unwirksamkeit individualvertraglicher Haftungsausschlüsse
Dem Unternehmer ist es nach § 475 Abs. 1 S. 1 verwehrt, sich gegenüber dem Verbraucher auf eine vor Mitteilung eines Mangels an ihn getroffene Vereinbarung, die zum Nachteil des Verbrauchers von den §§ 433 (Vertragstypische Pflichten beim Kaufvertrag), 434 (Sachmangel), 435 (Rechtsmangel), 437 (Rechte des Käufers bei Mängeln), 439 (Nacherfüllung), 440 (Besondere Bestimmungen für Rücktritt und Schadensersatz), 441 (Minderung), 442 (Kenntnis des Käufers) bzw. 443 (Beschaffenheits- und Haltbarkeitsgarantie) sowie von den Vorschriften der §§ 474 ff. (Verbrauchsgüterkauf) abweicht, zu berufen: weitgehende **Unwirksamkeit individualvertraglicher Haftungsausschlüsse**. Andererseits steht § 475 Abs. 1 einer Berufung des Verbrauchers auf die genannten Vorschriften nicht entgegen, weshalb der Regelung beim Verbrauchsgüterkauf einseitig zwingender Charakter (nämlich nur zu Lasten des Unternehmers) zukommt. § 475 Abs. 1 setzt Art. 7 Abs. 1 KaufRL um. Danach sind Vertragsklauseln oder mit dem Verkäufer vor dessen Unterrichtung über die Vertragswidrigkeit getroffene Vereinbarungen, durch welche die mit der KaufRL gewährten Rechte unmittelbar oder mittelbar außer Kraft gesetzt oder eingeschränkt werden, für den Verbraucher gemäß dem innerstaatlichen Recht nicht bindend. Dabei sind als "abweichende Vereinbarungen" i. S. v. § 475 Abs. 1 sowohl Allgemeine Geschäftsbedingungen als auch Individualvereinbarungen zwischen dem Unternehmer und dem Verbraucher zu

verstehen. Dies hat weitreichende Auswirkungen auf vor der Schuldrechtsreform weit verbreitete AGB-Klauselwerke: Diese können nach neuem Recht im Hinblick auf Nachbesserungsklauseln das Wahlrecht zwischen Nachbesserung und Nacherfüllung nicht mehr dem Verkäufer zubilligen. Vielmehr bestimmt § 439 Abs. 1 (zwingend nach § 475 Abs. 1), dass der Käufer "nach seiner Wahl" als Nacherfüllung die Beseitigung des Mangels oder die Leistung einer mangelfreien Sache verlangen kann. Auch die Kostentragung für die Nachbesserung kann wegen § 439 Abs. 2 klauselmäßig nicht mehr dem Käufer aufgebürdet werden: Danach hat der Verkäufer (beim Verbrauchsgüterkauf zwingend) die zum Zweck der Nacherfüllung erforderlichen Aufwendungen, insbesondere Transport-, Wege-, Arbeits- und Materialkosten zu tragen. Klauseln, die dem Käufer eine Rügepflicht für offenkundige Mängel auferlegen oder erfordern, dass dieser den Rücktritt erklärt, sind ebenfalls als unzulässig anzusehen. § 475 Abs. 1 statuiert für den Verbrauchsgüterkauf damit eine weitgehende Unabdingbarkeit der gesetzlichen Gewährleistungsrechte – unabhängig davon, ob die Abweichung von den gesetzlichen Vorschriften durch Allgemeine Geschäftsbedingungen oder durch Individualvereinbarung erfolgen soll. Etwas anderes gilt nach § 474 Abs. 1 S. 2 nur für gebrauchte Sachen, die in einer öffentlichen Versteigerung verkauft werden, an der der Verbraucher persönlich teilnehmen kann. Hier finden die Vorschriften über den Verbrauchsgüterkauf überhaupt keine Anwendung. Weiterhin kann bei gebrauchten Sachen die Verjährung der Gewährleistungsrechte nach § 475 Abs. 2 auf bis zu ein Jahr verkürzt werden (dazu nachstehend). Voraussetzung des § 475 Abs. 1 ist aber in jedem Falle, dass die entsprechende (unzulässige) Vereinbarung vor der Mitteilung des Mangels an den Unternehmer getroffen wurde. Zulässig bleiben nach dem Gesetzeswortlaut und der gesetzgeberischen Intention also Vereinbarungen nach der Mitteilung des Schadens, die auf einen Vergleich der Vertragsparteien abzielen. Ein solcher soll nicht von vornherein gesetzlich ausgeschlossen sein. Zu berücksichtigen ist weiterhin, dass nach § 475 Abs. 3 der Absatz 1 – unbeschadet der §§ 307 bis 309 (mithin der AGB-rechtlichen Regelungen über die Inhaltskontrolle sowie der Klauselverbote mit und ohne Wertungsmöglichkeit) – nicht für den Ausschluss oder die Beschränkung des Anspruchs auf Schadensersatz gilt. Damit nimmt § 475 Abs. 3 Schadensersatzansprüche vom (einseitig) zwingenden Charakter des Verbrauchsgüterkaufrechts (das sich allein zu Gunsten des Verbrauchers auswirken soll) aus. Folge ist, dass auch beim Verbrauchsgüterkauf Schadensersatzansprüche – „unbeschadet" der Vorgaben über die AGB-Kontrolle nach den §§ 307 ff. – eingeschränkt oder ausgeschlossen werden dürfen. Die Möglichkeit einer Einschränkung oder gar eines Ausschlusses von Schadensersatzansprüchen liegt darin begründet, dass diese von der KaufRL nicht erfasst werden, der nationale Gesetzgeber also in der Lage blieb, für diesen Bereich auch abweichende Vereinbarungen zuzulassen. Ein im Zusammenhang mit § 475 Abs. 1 auftretendes Problem dürfte in der Abgrenzung einer zulässigen Beschaffenheitsvereinbarung nach § 434 von einer unzulässigen Haftungsbeschränkung bestehen. Ein solcher Fall ist z. B. der Verkauf einer gebrauchten Sache "verkauft wie besichtigt", wodurch der Verkäufer durch eine restriktive Vereinbarung mit dem Käufer hinsichtlich der Soll-Beschaffenheit eine Haftung seinerseits weitgehend ausschließen könnte. Hier könnte der Haftungsausschluss für eine Vertragswidrigkeit nach § 475 Abs. 1 unwirksam sein. Andererseits könnte es sich aber auch nur um eine nach § 434 zulässige Vereinbarung über die Soll-Beschaffenheit handeln, die den Verkäufer allerdings nicht von verborgenen Mängeln freistellen würde. Eine Vereinbarung "verkauft wie besehen" wird hingegen dem Transparenzgebot nicht gerecht, denn sie macht dem Käufer nicht hinreichend deutlich, dass er das Risiko des Auftauchens verborgener Mängel trägt. Die in § 475 Abs. 1 S. 1 genannten Vorschriften gelten nach § 475 Abs. 1 S. 2 auch dann, wenn sie durch anderweitige Gestaltungen umgangen werden (Umgehungsverbot).

b) Vereinbarungen über die Verjährung von Mängelansprüchen
Die Verjährung der Mängelansprüche des Käufers nach § 437 kann vor der Mitteilung des Mangels an den Unternehmer gemäß § 475 Abs. 2 nicht durch Rechtsgeschäft erleichtert werden, wenn die Vereinbarung zu einer Verjährungsfrist ab dem gesetzlichen Verjährungsbeginn von weniger als zwei Jahren, bei gebrauchten Sachen von weniger als einem Jahr führt. Ziel dieser Regelung ist es, den Käufer vor ihm nachteiligen Veränderungen der durch Art. 5 Abs. 1 KaufRL vorgegebenen zweijährigen Verjährungsfrist einschließlich des Fristbeginns zu schützen. Nach Art. 5 Abs. 1 KaufRL haftet der Verkäufer nach Art. 3 KaufRL (für jede Vertragswidrigkeit, die zum Zeitpunkt der Lieferung des Verbrauchsgutes besteht), wenn die Vertragswidrigkeit binnen zwei Jahren nach der Lieferung des Verbrauchsgutes offenbar wird. Gilt nach dem innerstaatlichen Recht für die Ansprüche nach Art. 3 Abs. 2 KaufRL (auf unentgeltliche Herstellung des vertragsgemäßen Zustands des Verbrauchsgutes durch Nachbesserung oder Ersatzlieferung oder auf angemessene Minderung des Kaufpreises oder auf Vertragsauflösung in Bezug auf das betreffende Verkaufsgut) eine Verjährungsfrist, endet sie nicht vor Ablauf eines Zeitraums von zwei Jahren ab dem Zeitpunkt der Lieferung. Rechtliche Konsequenz des § 475 Abs. 2 ist es, dass jede Vereinbarung, die auf einen früheren Ablauf der Verjährung als die im Gesetz vorgesehene abzielt, unwirksam ist. Die Möglichkeit, die Verjährungsfrist der Gewährleistungsrechte bei gebrauchten Sachen individualvertraglich zulässigerweise auf ein Jahr zu begrenzen, resultiert aus Art. 7 Abs. 1 S. 2 KaufRL. Danach können die Mitgliedstaaten nämlich im Fall gebrauchter Güter vorsehen, dass der Verkäufer und der Verbraucher sich auf Vertragsklauseln oder Vereinbarungen einigen, denen zufolge der Verkäufer weniger lange haftet als in Art. 5 Abs. 1 KaufRL vorgesehen. Diese kürzere Haftungsdauer darf allerdings nach Art. 7 Abs. 1 S. 3 KaufRL ein Jahr nicht unterschreiten. Nach § 475 Abs. 3 gilt auch der Absatz 2 – unbeschadet der §§ 307 bis 309 – nicht für den Ausschluss oder die Beschränkung des Anspruchs auf Schadensersatz.

Beweislastumkehr
In Umsetzung von Art. 5 Abs. 3 KaufRL normiert § 476 eine Umkehr der Beweislast zu Gunsten des Käufers: Die Darlegungs- und Beweislast für die einen Sachmangel begründenden Tatsachen trifft den Käufer, der unter Berufung auf den Sachmangel Rechte aus § 437 geltend macht. § 476 setzt einen binnen sechs Monaten seit Gefahrübergang aufgetretenen Sachmangel voraus und begründet lediglich eine in zeitlicher Hinsicht wirkende Vermutung, dass dieser Mangel bereits im Zeitpunkt des Gefahrübergangs vorgelegen hat (BGH NJW 2007, 2621). Erst wenn ein Sachmangel in der Sechs-Monats-Frist festgestellt ist, greift § 476 ein (BGH NJW 2004, 2299). Relevant ist damit die Vermutung für Folgemängel aus einem Grundmangel, die sich sechs Monate nach Gefahrübergang zeigen. Dann wird vermutet, dass der Grundmangel schon zum maßgeblichen Zeitpunkt vorgelegen hat. Für die Verursachung als Folge des Grundmangels ist aber wieder der Käufer beweispflichtig. Bei gebrauchten Sachen ist nicht generell eine Unvereinbarkeit der Vermutung mit der Art der

Sache gegeben (BGH NJW 2006, 613): Schon wegen des sehr unterschiedlichen Grades der Abnutzung besteht kein allgemeiner Erfahrungssatz für das Auftreten eines Mangels beim Käufer.

Nach Art. 5 Abs. 3 KaufRL wird bis zum Beweis des Gegenteils vermutet, dass Vertragswidrigkeiten, die binnen sechs Monaten nach der Lieferung des Gutes offenbar werden, bereits zum Zeitpunkt der Lieferung bestanden, es sei denn, diese Vermutung ist mit der Art des Gutes oder der Art der Vertragswidrigkeit unvereinbar. Zeigt sich innerhalb von sechs Monaten seit Gefahrübergang ein Sachmangel, wird nach § 476 zu Gunsten des Käufers vermutet, dass die Sache bereits bei Gefahrübergang mangelhaft war. Etwas anderes gilt nur dann, wenn diese Vermutung mit der Art der Sache oder des Mangels unvereinbar ist. "Mit der Art der Sache unvereinbar" ist die Vermutung regelmäßig beim Verkauf gebrauchter Sachen, bei denen bereits auf Grund des unterschiedlichen Grades der Abnutzung kein entsprechender allgemeiner Erfahrungssatz bestehen kann, bzw. bei einem auf einen schnellen Verkauf angelegten Vertrieb von Waren (die z. B. leicht verderblich sind). "Mit der Art des Mangels unvereinbar" ist die Vermutung z. B. in dem Fall, dass der Mangel in einer auffälligen äußeren Beschädigung liegt, die Sache dem Käufer allerdings offen übergeben wurde (Haas, a. a. O.). Die Beweislastumkehr bewirkt, dass der Verkäufer darlegen und beweisen muss, dass die Sache im Zeitpunkt des Gefahrübergangs fehlerfrei war, der Mangel also erst nach diesem Zeitpunkt (Übergabe der verkauften Sache an den Käufer bzw. Gläubigerannahmeverzug des Käufers nach den §§ 293 ff. bis § 446) eingetreten ist. Im Unterschied zur Richtlinienregelung stellt § 476 nicht auf den Lieferzeitpunkt, sondern auf den Zeitpunkt des Gefahrübergangs ab, wodurch sich beim Verbrauchsgüterkauf Unterschiede im Falle des Gläubigerannahmeverzugs des Käufers ergeben (bei dem es ja gerade nicht zu einer Lieferung der Sache kommt): Hier läuft die Sechs-Monats-Frist des § 476 bereits mit Eintritt des Verzugs an. Dies war vom Gesetzgeber auch so gewollt (arg.: die KaufRL regele nicht Fragen des Annahmeverzugs), anderenfalls könnte der Käufer durch den Annahmeverzug die Frist zum Nachteil des Verkäufers verlängern.

Sonderbestimmungen für Garantien
In Umsetzung von spezifisch verbraucherschutzrechtlichen Teilaspekten des Art. 6 KaufRL, die der Gesetzgeber nicht bereits schon in die allgemeine Vorschrift über Garantien nach § 443 aufgenommen hat, trifft § 477 Sonderbestimmungen für Garantien. Nach Art. 6 Abs. 1 KaufRL muss die Garantie denjenigen, der sie anbietet, zu den in der Garantieerklärung und der einschlägigen Werbung angegebenen Bedingungen binden. Die Garantie muss gemäß Art. 6 Abs. 2 KaufRL darlegen, dass der Verbraucher im Rahmen der geltenden innerstaatlichen Rechtsvorschriften über den Verbrauchsgüterkauf **gesetzliche Rechte** hat, und klarstellen, dass diese Rechte **von der Garantie nicht berührt** werden. Die Garantie muss weiterhin in einfachen und verständlichen Formulierungen den Inhalt der Garantie und die wesentlichen Angaben enthalten, die für die Inanspruchnahme der Garantie notwendig sind, insbesondere die Dauer und den räumlichen Geltungsbereich des Garantieschutzes sowie Namen und Anschrift des Garantiegebers. **Auf Wunsch** des Verbrauchers muss diesem nach Art. 6 Abs. 3 KaufRL die Garantie **schriftlich** zur Verfügung gestellt werden oder auf einem anderen dauerhaften Datenträger enthalten sein, der dem Verbraucher zur Verfügung steht und ihm zugänglich ist. Die Mitgliedstaaten, in denen das Verbrauchsgut in Ver-

kehr gebracht wird, können nach Art. 5 Abs. 4 KaufRL, soweit dies mit den Vorschriften des Vertrags vereinbar ist, für ihr Gebiet vorschreiben, dass die Garantie in einer oder in mehreren Sprachen abzufassen ist, die der jeweilige Mitgliedstaat unter den Amtssprachen der Gemeinschaft auswählt. Werden für die Garantie die vorgenannten Anforderungen nicht erfüllt, berührt dies gemäß Art. 6 Abs. 5 KaufRL in keinem Fall die Gültigkeit dieser Garantie. Der Verbraucher kann sie weiterhin geltend machen und ihre Einhaltung verlangen.

Eine **Garantieerklärung** i. S. v. § 443 (Beschaffenheits- und Haltbarkeitsgarantie) muss beim Verbrauchsgüterkauf nach § 477 Abs. 1 S. 1 **einfach und verständlich** abgefasst sein. Sie muss neben einem **Hinweis auf die gesetzlichen Rechte des Verbrauchers** auch die Information enthalten, dass die gesetzlichen Rechte nicht durch die Garantie eingeschränkt werden (§ 477 Abs. 1 S. 2 Nr. 1). Zudem muss die Garantieerklärung den **Inhalt der Garantie** mit allen **wesentlichen Angaben** angeben, die für die Geltendmachung der Garantie erforderlich sind. Dazu zählen insbesondere die Dauer und der räumlichen Geltungsbereich des Garantieschutzes sowie Namen und Anschrift des Garantiegebers (§ 477 Abs. 1 S. 2 Nr. 2). Damit trifft § 477 Abs. 1 Vorgaben über die inhaltliche und formelle Ausgestaltung der Garantieerklärung. Der Verbraucher kann des Weiteren nach § 477 Abs. 2 verlangen, dass ihm die Garantieerklärung in Textform mitgeteilt wird. Ist durch Gesetz Textform vorgeschrieben, muss die Erklärung nach § 126 b in einer Urkunde oder auf andere zur dauerhaften Wiedergabe in Schriftzeichen geeignete Weise abgegeben, die Person des Erklärenden genannt und der Abschluss der Erklärung durch Nachbildung der Namensunterschrift oder anders erkennbar gemacht werden. Die Wirksamkeit einer Garantieverpflichtung wird gemäß § 477 Abs. 3 allerdings nicht dadurch berührt, dass eine der genannten Anforderungen nicht erfüllt wird. Die Rechtsfolgen eines entsprechenden Verstoßes gegen § 477 regelt die Norm jedoch nicht. Teilweise werden deshalb Schadensersatzansprüche wegen der Verletzung von Schutz- und Aufklärungspflichten nach den §§ 311 Abs. 2, 241 Abs. 2, 280 Abs. 1 bzw. – sofern Allgemeine Geschäftsbedingungen in Rede stehen – eine Anwendung der Unklarheitenregel des § 305 c Abs. 2 oder des Transparenzgebotes nach § 307 Abs. 1 S. 2 bejaht.

15.10.4 Rückgriff des Unternehmers gegen seine Lieferanten

Die §§ 478 f. ermöglichen es in Umsetzung von Art. 4 KaufRL einem Unternehmer, der von einem Verbraucher als seinem Vertragspartner im Rahmen eines Verbrauchsgüterkaufs (§ 474 Abs. 1 S. 1) wegen der Mangelhaftigkeit der verkauften Sache auf Gewährleistung in Anspruch genommen wurde, seinerseits gegen seinen Lieferanten Rückgriff zu nehmen (**Händlerregress**). Die umzusetzende Verbrauchsgüterkaufrichtlinie bestimmt in ihrem Art. 4 S. 1, dass im Falle einer Haftung des Letztverkäufers gegenüber dem Verbraucher auf Grund einer Vertragswidrigkeit infolge eines Handelns oder Unterlassens des Herstellers, eines früheren Verkäufers innerhalb derselben Vertragskette oder einer anderen Zwischenperson, der Letztverkäufer den oder die Haftenden innerhalb der Vertragskette in Regress nehmen kann. Das innerstaatliche Recht bestimmt nach Art. 4 S. 2 KaufRL den oder die Haftenden, den der oder die Letztverkäufer in Regress nehmen kann, sowie das entsprechende Vorgehen und die Modalitäten. Der deutsche Gesetzgeber hat sich in Umsetzung der Verbrauchsgüterkaufrichtlinie dafür entschieden, dass der Regress grundsätzlich innerhalb des jeweiligen Vertragsverhältnisses zu erfolgen hat. Dabei treffen die §§ 478 f. im Einzelnen folgende Regelungen: In § 478 Abs. 1 erfolgt eine Erleichterung der Geltendmachung von Gewährleistungsansprüchen, in § 478 Abs. 2 ist ein eigenständiger (verschuldensunabhängiger) Aufwendungsersatzanspruch normiert, in § 478 Abs. 3 wird die Beweislastumkehr nach § 476 auf den Händlerregress ausgeweitet, § 478 Abs. 4 untersagt bestimmte Vereinbarungen mit dem Lieferanten zum Nachteil des Unternehmers, in § 478 Abs. 5 erfolgt eine Weitererstreckung des Rückgriffsanspruchs auf die gesamte Lieferkette, § 478 Abs. 6 erklärt die Anwendbarkeit des § 377 HGB auf den Händlerregress und § 479 regelt die Verjährung von Rückgriffsansprüchen.

Erleichterung der Geltendmachung von Gewährleistungsansprüchen
Musste der Unternehmer (auf Grund eines entsprechend geltend gemachten Anspruchs des Verbrauchers - nicht hingegen aus anderen Gründen, wie z. B. Kulanz des Unternehmers oder Ausübung eines Widerrufsrechts durch den Verbraucher nach § 355) eine verkaufte, neu hergestellte Sache als Folge ihrer Mangelhaftigkeit zurücknehmen oder hat der Verbraucher den Kaufpreis gemindert, bedarf es nach § 478 Abs. 1 im Falle des Verbrauchsgüterkaufs für die in § 437 (Rechte des Käufers bei Mängeln) bezeichneten Rechte des Unternehmers gegen den Unternehmer, der ihm die Sache verkauft hat (Lieferant), wegen des vom Verbraucher geltend gemachten Mangels einer sonst erforderlichen Fristsetzung nicht (Erleichterung der Geltendmachung von Gewährleistungsansprüchen durch Entbehrlichkeit einer Nachfristsetzung). § 478 Abs. 1 statuiert damit zwar keine eigenständige Anspruchsgrundlage für den Händlerregress – erleichtert dem Unternehmer allerdings (durch das Absehen des Erfordernisses einer Nachfristsetzung im Falle des Rücktritts bzw. des Anspruchs auf Schadensersatz statt der Leistung) die Geltendmachung seiner Ansprüche nach § 437 gegen seinen Lieferanten, da in entsprechenden Konstellationen die Einräumung einer Gelegenheit zur Nachfristsetzung zu Gunsten des Lieferanten regelmäßig sinnlos wäre. Dabei kann es ggf. zu einer Haftungslücke zu Lasten des Unternehmers kommen kann, wenn dieser die Sache an den Verbraucher zu einem höheren Qualitätsstandard verkauft, als er sie selbst vom Lieferanten erworben hat.

Verschuldensunabhängiger Aufwendungsersatzanspruch
Der Unternehmer kann gemäß § 478 Abs. 2 beim Verkauf einer neu hergestellten Sache von seinem Lieferanten beim Verbrauchsgüterkaufvertrag Ersatz der Aufwendungen verlangen (Aufwendungsersatzanspruch), die er im Verhältnis zum Verbraucher nach § 439 Abs. 2 (Nacherfüllung) zu tragen hatte (Ersatz der Nacherfüllungskosten). Voraussetzung dafür ist, dass der vom Verbraucher geltend gemachte **Mangel bereits beim Übergang der Gefahr vom Lieferanten auf den Unternehmer** vorhanden war (wobei die Beweislastumkehr nach § 478 Abs. 3 hilfreich ist) und eine tatsächliche **Verpflichtung des Unternehmers nach § 439 Abs. 2** bestanden hat (d. h., dass der Unternehmer die entsprechenden Kosten nicht etwa lediglich aus Kulanzgründen freiwillig übernommen hat). Nach § 439 Abs. 2 hat der Verkäufer die zum Zweck der Nacherfüllung erforderlichen Aufwendungen, insbesondere Transport-, Wege-, Arbeits- und Materialkosten zu tragen. Neben diesem eigenständigen (verschuldensunabhängigen) Aufwendungsersatzanspruch des Unternehmers gegen seinen Lieferanten kann ersterer – ein Verschulden des Lieferanten einmal vorausgesetzt – wegen

der Aufwendungen (die dem Unternehmer im Rahmen der Gewährleistung gegenüber dem Verbraucher entstanden sind) gegen den Lieferanten auch einen Schadensersatzanspruch nach den §§ 437 Nr. 3, 280 Abs. 1 geltend machen.

Beweislastumkehr beim Händlerregress
Die Regelung über die Beweislastumkehr (§ 476, wonach grundsätzlich die gesetzliche Vermutung aufgestellt wird, dass die Sache bereits bei Gefahrübergang mangelhaft war, wenn sich ein Sachmangel innerhalb von sechs Monaten seit Gefahrübergang zeigt) findet nach § 478 Abs. 3 auch auf den Händlerregress mit der Maßgabe Anwendung, dass die Frist mit dem Übergang der Gefahr auf den Verbraucher beginnt.

Unwirksamkeit bestimmter Vereinbarungen zum Nachteil des Unternehmers
Auf eine vor Mitteilung des Mangels an den Lieferanten getroffene Vereinbarung (eine Individualvereinbarung oder eine Vereinbarung auf der Grundlage Allgemeiner Geschäftsbedingungen), die zum Nachteil des Unternehmers von den §§ 433 (Vertragstypische Pflichten beim Kaufvertrag), 434 (Sachmangel), 435 (Rechtsmangel), 437 (Rechte des Käufers bei Mängeln), 439 (Nacherfüllung), 440 (Besondere Bestimmungen für Rücktritt und Schadensersatz), 441 (Minderung), 442 (Kenntnis des Käufers) bzw. 443 (Beschaffenheits- und Haltbarkeitsgarantie) sowie von den §§ 478 Abs. 1 bis 3 und 479 (Verjährung von Rückgriffsansprüchen) abweicht, kann sich der Lieferant nach § 478 Abs. 4 S. 1 nicht berufen, wenn dem Rückgriffsgläubiger kein anderweitiger Ausgleich eingeräumt wird. Nach der Intention des Gesetzgebers soll die Regelung mit der Ausnahme eines "anderweitigen Ausgleichs" ihrem Wesen nach eine Ergänzung oder Erweiterung der Generalklausel des AGB-Rechts in § 307 (Inhaltskontrolle) sein. Damit ähnelt die Vorschrift des § 478 Abs. 4 S. 1 einem ‚Klauselverbot' mit Wertungsmöglichkeit, nur eben bezogen auf Individualvereinbarungen. Mit **§ 478 Abs. 4 S. 1** erfolgt also eine **Beschränkung der Abdingbarkeit gesetzlicher Vorschriften durch privatautonome Vereinbarung** im Interesse eines Schutzes des Rückgriffsgläubigers: Dem Unternehmer müssen bei seinem Rückgriff gegen den Lieferanten dieselben Rechte eingeräumt werden, die er selbst auch in seinem Vertragsverhältnis dem Verbraucher gewähren muss. Dies gilt – **unbeschadet des § 307** (Inhaltskontrolle von Allgemeinen Geschäftsbedingungen) – gemäß § 478 Abs. 4 S. 2 nicht für den Ausschluss oder die Beschränkung des Anspruchs auf Schadensersatz. D. h., bei einem Ausschluss oder einer Beschränkung des Schadensersatzanspruchs durch Allgemeine Geschäftsbedingungen ist zwingend § 307 zu beachten. Die in § 478 Abs. 4 S. 1 genannten Vorschriften (von denen nicht zum Nachteil des Unternehmers abgewichen werden darf) finden nach § 478 Abs. 4 S. 3 auch dann Anwendung, wenn sie durch anderweitige Gestaltungen umgangen werden (Umgehungsverbot).

Weitererstreckung des Rückgriffsanspruchs auf die gesamte Lieferkette
Die gerade dargestellten Regelungen finden gemäß § 478 Abs. 5 auch auf die Ansprüche des Lieferanten und der übrigen Käufer in der Lieferkette gegen ihre jeweiligen Verkäufer entsprechende Anwendung (Weitererstreckung auf die gesamte Lieferkette), wenn die Schuldner Unternehmer (§ 14) sind. Dies bedeutet, dass auch der vom Unternehmer in Regress

genommene Lieferant wiederum nach Maßgabe der Vorgaben des § 478 Abs. 1 bis 3 ggf. seinen Lieferanten (der ihm die mangelhafte und an den Unternehmer weiterveräußerte Sache geliefert hatte) in Anspruch nehmen kann (Verschärfung der Verkäuferhaftung in der Lieferkette). Ohne eine Weitererstreckung auf die gesamte Lieferkette (bei bloßer Erstreckung der Regressmöglichkeit auf die Vertragsbeziehung Unternehmer – Letztlieferant) bliebe der Letztlieferant auf dem Risiko der Mangelhaftigkeit der Sache sitzen, die u. U. gar nicht von ihm (sondern von einem viel früheren Glied der Absatzkette) herrührt. Konsequenterweise soll über § 478 Abs. 5 der Lieferant die Folgen der Mangelhaftigkeit tragen, aus dessen Herrschaftsbereich der Mangel auch tatsächlich herrührt. Somit kann jeder Käufer in der Lieferkette gegen ‚seinen' Verkäufer (falls er Unternehmer ist) mit den Erleichterungen des § 478 Abs. 1 aus § 437 vorgehen und ggf. Aufwendungsersatz nach § 478 Abs. 2 verlangen.

Anwendbarkeit des § 377 HGB auf den Händlerregress

Nach § 478 Abs. 6 bleibt jedoch § 377 HGB (Untersuchungs- und Rügeobliegenheit des Kaufmanns beim beidseitigen Handelskauf) unberührt. Ist der Kauf für beide Teile ein Handelsgeschäft (beidseitiger Handelskauf i. S. der §§ 343 bis 345 HGB), hat der Käufer, soweit dies nach ordnungsgemäßem Geschäftsgange tunlich ist, nach § 377 Abs. 1 HGB die Ware unverzüglich (ohne schuldhaftes Zögern entsprechend der Legaldefinition des § 121 Abs. 1 S. 1) nach der Ablieferung durch den Verkäufer zu untersuchen und, wenn sich ein Mangel zeigt, dem Verkäufer unverzüglich Anzeige zu machen. Unterlässt der Käufer die Anzeige, gilt die Ware nach der gesetzlichen Fiktion des § 377 Abs. 2 HGB als genehmigt, es sei denn, dass es sich um einen Mangel handelt, der bei der Untersuchung nicht erkennbar war (sog. versteckter Mangel). Zeigt sich später ein solcher (versteckter) Mangel, muss die Anzeige gemäß § 377 Abs. 3 HGB unverzüglich nach der Entdeckung gemacht werden. Anderenfalls gilt die Ware (gesetzliche Fiktion) auch in Ansehung dieses Mangels als genehmigt. Zur Erhaltung der Rechte des Käufers gilt nach § 377 Abs. 4 HGB die rechtzeitige Absendung der Anzeige. Hat der Verkäufer den Mangel arglistig verschwiegen, kann er sich gemäß § 377 Abs. 5 HGB auf die genannten Vorschriften nicht berufen. Konsequenz des § 478 Abs. 6 ist, dass sowohl die Untersuchungs- und Rügeobliegenheiten als auch die damit korrespondierenden Genehmigungsfiktionen des § 377 HGB beim beidseitigen Handelskauf in der Lieferkette (ggf. zu Lasten eines Anspruchstellers i. S. einer Präklusion des Rückgriffsanspruchs) Geltung beanspruchen.

Verjährung von Rückgriffsansprüchen

Das Kaufrecht enthält im Verbrauchsgüterkaufrecht in § 479 eine weitere (neben § 438 [Verjährung der Mängelansprüche] bestehende) Verjährungsvorschrift für Rückgriffsansprüche: Die in § 478 Abs. 2 bestimmten Aufwendungsersatzansprüche – danach kann der Unternehmer im Falle eines Lieferantenregresses beim Verkauf einer neu hergestellten Sache von seinem Lieferanten Ersatz der Aufwendungen verlangen, die der Unternehmer im Verhältnis zum Verbraucher nach § 439 Abs. 2 zu tragen hatte, wenn der vom Verbraucher geltend gemachte Mangel bereits beim Gefahrübergang auf den Unternehmer vorhanden war – verjähren nach § 479 Abs. 1 in zwei Jahren ab Ablieferung der Sache (durch den Lieferanten an den Unternehmer). Eine eigenständige Verjährungsregel für den Aufwendungsersatzanspruch nach § 478 Abs. 2 ist erforderlich, da dieser von der allgemeinen Verjährungsregelung für die Gewährleistungsansprüche nach § 438 nicht erfasst wird. § 479 Abs. 1 gilt aber auch für alle weiteren Rückgriffsansprüche in der Lieferkette – so § 479 Abs. 3. Die Verjährung beginnt in diesen Fällen zwei Jahre ab Ablieferung der Sache durch den Lieferanten an den den Anspruch aktuell geltend machenden Rückgriffsgläubiger. Die Verjährung der Mängelansprüche nach § 437 sowie des Aufwendungsersatzanspruchs gemäß § 478 Abs. 2 des Unternehmers gegen seinen Lieferanten wegen des Mangels einer an einen Verbraucher verkauften neu hergestellten Sache tritt nach § 479 Abs. 2 S. 1 frühestens zwei Monate nach dem Zeitpunkt ein, in dem der Unternehmer die Ansprüche des Verbrauchers erfüllt hat. Diese Ablaufhemmung endet gemäß § 479 Abs. 2 S. 2 spätestens fünf Jahre nach dem Zeitpunkt, in dem der Lieferant die Sache dem Unternehmer abgeliefert hat. § 479 Abs. 2 verändert im Hinblick auf § 437 die allgemeine Verjährungsvorschrift des § 438, hinsichtlich § 478 Abs. 2 die Regelung des § 479 Abs. 1. Ansonsten würde die zweijährige Verjährungsfrist regelmäßig mit Ablieferung der Sache beim Unternehmer zu laufen beginnen – einem Zeitpunkt, der ggf. lange vor dem Zeitpunkt der Lieferung der Sache an den Verbraucher liegt. Das Fehlen einer Ablaufsperre (i. S. des § 479 Abs. 2 S. 1) könnte nämlich das Problem in sich bergen, dass der unternehmerische Rückgriffsanspruch gegen seinen Lieferanten (Lieferantenregress) bereits verjährt sein könnte, bevor der Unternehmer selbst im Verhältnis zum Verbraucher von gegen ihn gerichteten Gewährleistungsansprüchen überhaupt Kenntnis erlangt. Die Ablaufhemmung bewirkt, dass der Unternehmer noch zwei Monate, nachdem er die gegen ihn geltend gemachten Gewährleistungsansprüche des Verbrauchers befriedigt hat, warten kann, bevor er selbst bei seinem Lieferanten Regress sucht. Da die Ablaufhemmung andererseits nicht den Lieferanten über Gebühr zeitlich im Ungewissen lassen soll, ob und wann er ggf. mit einem Regress des Unternehmers rechnen muss, "deckelt" § 478 Abs. 2 S. 2 in zeitlicher Hinsicht die Geltendmachung des Regresses. Spätestens nach Ablauf von fünf Jahren nach Ablieferung der Sache durch den Lieferanten beim Unternehmer endet die Ablaufhemmung – und zwar unabhängig davon, ob (überhaupt) und wann der Verbraucher gegen den Unternehmer Gewährleistungsansprüche geltend macht.

Im Übrigen sollen nach der Intention des Gesetzgebers die allgemeinen Hemmungsgründe des Verjährungsrechts nach den §§ 203 bis 211 durch die Regelung des § 479 Abs. 2 unberührt bleiben. Die besonderen Verjährungsregelungen des § 479 Abs. 1 und 2 finden nach § 479 Abs. 3 auf die Ansprüche des Lieferanten und der übrigen Käufer in der Lieferkette gegen die jeweiligen Verkäufer entsprechende Anwendung, wenn der Schuldner Unternehmer (§ 14) ist.

16 Der Werkvertrag

16.1 Das werkvertragliche Gewährleistungsrecht

Das Gewährleistungsrecht beim Werkvertrag ist in den §§ 633 bis 639 geregelt. Es folgt formal der Ausgestaltung des Gewährleistungsrechts beim Kaufvertrag (§§ 434 bis 445) mit seiner Anknüpfung an das allgemeine Leistungsstörungsrecht – weshalb eine nicht (sach- oder rechts-)mangelfreie Herstellung des versprochenen Werks (wozu § 633 Abs. 1 den Unternehmer ausdrücklich verpflichtet – 17.1.1) einen (Unter-)Fall der Pflichtverletzung darstellt mit allen daraus resultierenden Rechtsfolgen. Im Unterschied zum Kaufrecht stellt die Verpflichtung des Unternehmers zur mangelfreien Herstellung des Werks kein völliges Novum dar. Bereits § 633 Abs. 1 a.F. begründete nämlich die Verpflichtung des Unternehmers, das Werk so herzustellen, dass es die zugesicherten Eigenschaften hat und nicht mit Fehlern behaftet ist, die den Wert oder die Tauglichkeit zu dem gewöhnlichen oder dem nach dem Vertrage vorausgesetzten Gebrauch aufheben oder mindern. Damit war bereits nach altem Recht der Erfüllungsanspruch des Bestellers auf die Herstellung des versprochenen (§ 631) – mangelfreien – Werks (Erfüllungsanspruch) gerichtet. Neu gegenüber der Altregelung ist nur die Erweiterung der Verpflichtung auch auf Rechtsmängel (z. B. die Behaftetheit eines Werks mit gewerblichen Schutzrechten bzw. dem Urheberrecht eines Dritten).

16.1.1 Sach- und Rechtsmangel

In Anlehnung an die Parallelregelung des § 433 Abs. 1 S. 2 im Kaufrecht verpflichtet auch **§ 633 Abs. 1** den Unternehmer, dem Besteller das **Werk frei von Sach- und Rechtsmängeln zu verschaffen** (Verpflichtung zur mangelfreien Werkherstellung) – wobei allerdings materiell das Kaufrecht sich dem Werkvertragsgewährleistungsrecht angenähert hat, und nicht umgekehrt (so Haas, BB 2001, S. 1313, 1320). Die Gewährleistungsrechte stellen lediglich auf das Vorliegen eines Mangels (gleich ob Sach- oder Rechtsmangel) ab und ordnen die gleiche Rechtsfolge an. Es erfolgt keine Differenzierung mehr im Hinblick auf die Rechtsfolgen von Sach- oder Rechtsmängeln. Wann ein Sach- oder Rechtsmangel vorliegt, bestimmt (vergleichbar mit § 434 für den Sachmangel und § 435 für den Rechtsmangel beim Kauf) die Regelung des § 633 Abs. 2 und 3. Der Sachmangelbegriff beim Werkvertrag ist in § 633 Abs. 2 definiert. Das **Werk ist frei von Sachmängeln**, wenn es die **vereinbarte Eigenschaft** hat (§ 633 Abs. 2 S. 1). Maßgeblich ist also zunächst eine entsprechende Vereinbarung der Vertragsparteien über die Eigenschaften eines herzustellenden Werks. Soweit die

Beschaffenheit nicht vereinbart ist, ist ein Werk nach § 633 Abs. 2 S. 2 frei von Sachmängeln,

- wenn es sich für die nach dem Vertrag **vorausgesetzte Verwendung eignet** (Nr. 1); sonst (wenn der Vertrag keine bestimmte Verwendung voraussetzt),

- wenn sich das Werk für die **gewöhnliche Verwendung eignet** und (kumulativ) eine solche **Beschaffenheit** aufweist, **die** bei Werken der gleichen Art **üblich ist und** (kumulativ) **der Besteller** nach der Art des Werks **erwarten kann** (Nr. 2). Damit werden auch die allgemein anerkannten Regeln der Technik mit umfasst – allerdings ist ein Werk nicht schon deshalb mangelfrei, weil lediglich die anerkannten Regeln der Technik beachtet werden, ansonsten ihm aber die vertraglich vereinbarte Beschaffenheit fehlt.

Der Gesetzgeber hat im Unterschied zum Kaufrecht bewusst davon Abstand genommen, im Werkvertragsrecht auch eine Haftung für Werbeaussagen vorzusehen (vgl. § 434 Abs. 1 S. 3, wonach zur "Beschaffenheit" auch Eigenschaften gehören, die der Käufer nach den öffentlichen Äußerungen des Verkäufers, des Herstellers – i. S. v. § 4 Abs. 1 und 2 des ProdHG – oder seines Gehilfen insbesondere in der Werbung oder bei der Kennzeichnung über bestimmte Eigenschaften der Sache erwarten kann, es sei denn, dass der Verkäufer die Äußerung nicht kannte und auch nicht kennen musste; dass sie im Zeitpunkt des Vertragsschlusses in gleichwertiger Weise berichtigt war oder dass sie die Kaufentscheidung nicht beeinflussen konnte): Eine entsprechende Verpflichtung zur Richtlinienumsetzung im Zuge der Schuldrechtsreform bestand nur für den Werklieferungsvertrag (§ 651 – dazu unter 17.3), bei dem über den Verweis in § 651 S. 1 ohnehin § 434 Abs. 1 S. 3 zur Anwendung gelangt. Die Werbung des Unternehmers kann im Übrigen i. d. R. auch als Beschaffenheitsvereinbarung i. S. v. § 633 Abs. 2 S. 1 zwischen Besteller und Unternehmer qualifiziert werden. Einem **Sachmangel** steht es gemäß § 633 Abs. 2 S. 3 gleich, wenn der Unternehmer ein **anderes als das bestellte Werk** (sog. aliud-Herstellung) oder ein Werk in **zu geringer Menge** (sog. Minus-Herstellung) herstellt.

16.1.2 Rechte des Bestellers bei Mängeln

Die Rechte des Bestellers bei Mängeln werden im Katalog des § 634 (vergleichbar mit § 437 hinsichtlich der Rechte des Käufers bei Mängeln) abschließend aufgelistet. Ist ein Werk mangelhaft, kann der Besteller beim Vorliegen der entsprechenden Voraussetzungen und soweit nicht ein anderes bestimmt ist

- nach § 635 Nacherfüllung verlangen (Nr. 1),

- nach § 637 den Mangel selbst beseitigen (Selbstvornahme) und Ersatz der erforderlichen Aufwendungen (Aufwendungsersatz) verlangen (Nr. 2),

- nach den §§ 636, 323 und 326 Abs. 5 von dem Vertrag zurücktreten (Rücktritt) oder nach § 638 die Vergütung mindern (Werklohnminderung) (Nr. 3) und

- nach den §§ 636, 280, 281, 283 und 311 a Schadensersatz oder nach § 284 Ersatz vergeblicher Aufwendungen verlangen (Nr. 4).

16.1 Das werkvertragliche Gewährleistungsrecht

Hinsichtlich der Rechte des Bestellers bei Mängeln gilt auf Grund der **Rechtsgrundverweisung des § 634** somit grundsätzlich das **allgemeine Leistungsstörungsrecht** (Integration der Gewährleistungsrechte des Bestellers in das allgemeine Leistungsstörungsrecht), ergänzt und modifiziert durch die Besonderheiten des Gewährleistungsrechts im Werkvertrag (§§ 635 bis 638). Auf drei typische werkvertragsrechtliche Gewährleistungsrechte ist hinzuweisen: die **Minderung** (§ 638), die **Nacherfüllung** (§ 635) sowie als Spezifikum des Werkvertragsrechts auch gegenüber dem Kaufrecht das **Recht zur Selbstvornahme** (§ 637). Die Gewährleistungsrechte sind – mit Ausnahme der Schadensersatzhaftung – verschuldensunabhängig.

Nacherfüllung

Bei einer Mangelhaftigkeit des Werks räumt § 634 Nr. 1 i. V. m. § 635 dem Besteller ein Recht auf Nacherfüllung ein. Der Anspruch auf Nacherfüllung (als modifizierte Form des eigentlichen Erfüllungsanspruchs des Bestellers nach § 631 Abs. 1) ist in § 635 geregelt. Der **Nacherfüllungsanspruch ist vorrangig**, d. h., er geht allen anderen Gewährleistungsrechten des § 634 Nr. 2 bis 4 (deren Geltendmachung grundsätzlich eine Nachfristsetzung erfordert) vor. Verlangt der Besteller Nacherfüllung wegen Mangelhaftigkeit des Werkes, so kann der **Unternehmer nach seiner Wahl** (und damit anders als im Kaufrecht, das nicht dem Schuldner, sondern dem Gläubiger [d. h. dem Käufer], in § 439 das Wahlrecht zubilligt) gemäß § 635 Abs. 1 den **Mangel beseitigen** (Mangelbeseitigung) **oder** ein **neues Werk herstellen** (Neuherstellung). Die Ausübung des Wahlrechts durch den Unternehmer erfährt nur durch die Grundsätze von Treu und Glauben (§ 242 – Unzumutbarkeit für den Besteller) eine Begrenzung. Die gegenüber dem Unternehmer erfolgte Einräumung des Wahlrechts beruht darauf, dass die entsprechende Vorgabe des Art. 3 Abs. 2 KaufRL, die ein verpflichtendes Wahlrecht zu Gunsten des Käufers als Gläubiger vorgibt, nur für den (Verbrauchsgüter-) Kauf zwingend zur Anwendung gelangt und mit der Regelung des § 651 (für den Werklieferungsvertrag – Verweis auch auf die kaufrechtlichen Gewährleistungsrechte) im Werkvertragsrecht ausreichend Rechnung getragen wurde. Der **Unternehmer hat** nach § 635 Abs. 2 (entsprechend § 439 Abs. 2 im Kaufrecht) die zum Zweck der Nacherfüllung **erforderlichen Aufwendungen**, insbesondere Transport-, Wege-, Arbeits- und Materialkosten **zu tragen**.

Der Unternehmer kann die Nacherfüllung im Wege einer Einrede – unbeschadet des § 275 Abs. 2 und 3 – nach § 635 Abs. 3 verweigern. Voraussetzung ist, dass die Nacherfüllung nur mit "unverhältnismäßigen Kosten" möglich ist (§ 635 Abs. 3 als besonderes werkvertragliches Leistungsverweigerungsrecht). Der Unternehmer als Schuldner kann nach § 275 Abs. 2 die Leistung (die Nacherfüllung) auch dann verweigern, wenn diese einen Aufwand erfordert, der unter Beachtung des Werkvertrags und der Gebote von Treu und Glauben (§ 242) in einem groben Missverhältnis zum Leistungsinteresse des Bestellers steht, wobei bei der Bestimmung der dem Unternehmer zuzumutenden Anstrengungen zu berücksichtigen ist, ob er das Leistungshindernis zu vertreten hat. Weiterhin kann der Unternehmer die Leistung (Nacherfüllung) gemäß § 275 Abs. 3 verweigern, wenn er die Leistung persönlich zu erbringen hat und sie ihm unter Abwägung des seiner Leistung entgegenstehenden Hindernisses und des Leistungsinteresses des Bestellers nicht zugemutet werden kann. Keine ausdrückliche Regelung hat der Fall erfahren, wenn die Nacherfüllung unmöglich ist. Hier entfällt nach § 275 Abs. 1 (der als Einwendung von Amts wegen zu beachten ist) die Verpflichtung des Unternehmers. Nach der gesetzgeberischen Intention sollen sich (im Unterschied zum Kaufrecht) bei § 635 die Unmöglichkeit (§ 275 Abs. 1), die Einreden nach § 275 Abs. 2 bzw. 3 sowie nach § 635 Abs. 3 von vornherein nur auf den Nacherfüllungsanspruch insgesamt und nicht auch auf die einzelnen Arten der Nacherfüllung beziehen (arg.: Der Anspruch des Bestellers ist auf die Nacherfüllung gerichtet, nicht bloß auf eine ihrer Arten). Dies hat Folgendes zur Konsequenz, dass bei der Verweigerung einer Form der Nacherfüllung, der Unternehmer die andere (sofern diese nicht ebenfalls verweigert werden kann) Form schuldet. Somit kann sich der Unternehmer seiner Pflicht zur Nacherfüllung nicht einfach dadurch entziehen, dass er sich für die unverhältnismäßige Variante entscheidet.

Stellt der Unternehmer im Rahmen der Nacherfüllung ein neues Werk her, so kann er im Zeitpunkt der Abnahme des neu hergestellten Werkes durch den Besteller gemäß § 635 Abs. 4 vom Besteller Rückgewähr des mangelhaften Werks nach Maßgabe der §§ 346 bis 348 verlangen. Dies bedeutet: Das Werk als empfangene Leistung ist dem Unternehmer zurückzugewähren und die gezogenen Nutzungen sind herauszugeben (§ 346 Abs. 1). Statt der Rückgewähr hat der Besteller nach § 346 Abs. 2 S. 1 Wertersatz zu leisten, soweit die Rückgewähr oder die Herausgabe nach der Natur des Erlangten ausgeschlossen ist (Nr. 1), er den empfangenen Gegenstand verbraucht, veräußert, belastet, verarbeitet oder umgestaltet hat (Nr. 2), der empfangene Gegenstand sich verschlechtert hat oder untergegangen ist. Jedoch bleibt die durch die bestimmungsgemäße Ingebrauchnahme entstandene Verschlechterung außer Betracht (Nr. 3). Ist im Vertrag eine Gegenleistung bestimmt, ist sie gemäß § 346 Abs. 2 S. 2 bei der Berechnung des Wertersatzes zu Grunde zu legen. Die Pflicht zum Wertersatz entfällt nach § 346 Abs. 3 S. 1, wenn sich der zum Rücktritt berechtigende Mangel erst während der Verarbeitung oder Umgestaltung des Gegenstandes gezeigt hat (Nr. 1), soweit der Gläubiger die Verschlechterung oder den Untergang zu vertreten hat oder der Schaden bei ihm gleichfalls eingetreten wäre (Nr. 2) bzw., wenn im Fall eines gesetzlichen Rücktrittsrechts die Verschlechterung oder der Untergang beim Berechtigten eingetreten ist, obwohl dieser diejenige Sorgfalt beobachtet hat, die er in eigenen Angelegenheiten anzuwenden pflegt (Nr. 3). Eine verbleibende Bereicherung ist herauszugeben (§ 346 Abs. 3 S. 2). Zieht der Schuldner Nutzungen entgegen den Regeln einer ordnungsgemäßen Wirtschaft nicht, obwohl ihm das möglich gewesen wäre, so ist er nach § 347 Abs. 1 S. 1 dem Gläubiger zum Wertersatz verpflichtet. Gibt der Schuldner den Gegenstand zurück, leistet er Wertersatz oder ist seine Wertersatzpflicht gemäß § 346 Abs. 3 Nr. 1 oder 2 ausgeschlossen, so sind ihm nach § 347 Abs. 2 S. 1 notwendige Verwendungen zu ersetzen. Andere Aufwendungen sind gemäß § 347 Abs. 2 S. 2 nur zu ersetzen, soweit der Gläubiger durch diese bereichert wird.

Die sich aus dem Rücktritt ergebenden Verpflichtungen der Parteien sind nach § 348 Zug um Zug zu erfüllen, wobei die Vorschriften der §§ 320, 322 entsprechende Anwendung finden. Hat der Besteller allerdings ein mangelhaftes Werk nach § 640 Abs. 1 S. 1 abgenommen, obschon er den Mangel kennt, so steht ihm das Recht auf Nacherfüllung nur zu, wenn er sich seiner Rechte wegen des Mangels bei der Abnahme vorbehalten hat (§ 640 Abs. 2).

Selbstvornahme und Ersatz der erforderlichen Aufwendungen

Der **Besteller kann** bei Mangelhaftigkeit des Werks gemäß § 634 Nr. 2 i. V. m. § 637 auch den **Mangel selbst beseitigen** und Ersatz der dafür erforderlichen Aufwendungen verlangen. In § 637 ist die sog. Selbstvornahme geregelt. Der Besteller kann wegen eines Mangels des Werkes nach erfolglosem Ablauf einer von ihm zur Nacherfüllung (§ 635) bestimmten angemessenen Frist (wobei der erfolglose Fristablauf das Vertrauen des Bestellers in den Unternehmer zu beseitigen vermag) nach § 637 Abs. 1 den Mangel selbst beseitigen und Ersatz der erforderlichen Aufwendungen verlangen, wenn nicht der Unternehmer die Nacherfüllung zu Recht verweigert. § 637 Abs. 1 verschafft dem Besteller so (beim Vorliegen der entsprechenden Voraussetzungen) die Möglichkeit, bei Kostenübernahme durch den Unternehmer die Mängelbeseitigung selbst vorzunehmen und dem Unternehmer damit sogleich die Möglichkeit einer Mängelbeseitigung zu nehmen. Eine Verweigerung "zu Recht" kommt nur in Betracht, wenn dem Unternehmer ein Verweigerungsrecht nach § 275 Abs. 2 oder 3 bzw. gemäß § 635 Abs. 3 zur Seite steht. Dabei findet gemäß § 637 Abs. 2 S. 1 die Regelung des § 323 Abs. 2 entsprechende Anwendung: D. h., eine Fristsetzung durch den Besteller ist entbehrlich, wenn der Schuldner (d.h. der Unternehmer) die Leistung ernsthaft und endgültig verweigert (Nr. 1), der Schuldner die Leistung zu einem im Vertrag bestimmten Termin oder innerhalb einer bestimmten Frist nicht bewirkt und der Gläubiger im Vertrag den Fortbestand seines Leistungsinteresses an die Rechtzeitigkeit der Leistung gebunden hat (einfaches Fixgeschäft - Nr. 2) oder besondere Umstände vorliegen, die unter Abwägung der beiderseitigen Interessen den sofortigen Rücktritt rechtfertigen (Nr. 3 - als Auffangtatbestand). Der Bestimmung einer Frist bedarf es nach § 637 Abs. 2 S. 2 auch dann nicht, wenn die Nacherfüllung fehlgeschlagen oder dem Besteller (aus in der Person des Unternehmers liegenden Gründen) unzumutbar ist (z. B. permanente Unzuverlässigkeit des Unternehmers während der gesamten Zeit der Erbringung der Werkleistung). Ein Fehlschlagen wird man bereits dann annehmen können, wenn die vom Unternehmer gewählte Art der Nacherfüllung fehlgeschlagen ist (z. B. die Neulieferung, wohingegen eine Mängelbeseitigung noch möglich wäre). Dieses Risiko trägt der Unternehmer als Ausgleich dafür, dass § 635 Abs. 1 ihm die Wahl zwischen den beiden Varianten der Nacherfüllung überlässt. Das Recht zur Mangelbeseitigung nach § 637 gestattet dem Besteller sowohl die Selbstvornahme als auch die Beauftragung eines Dritten mit der Erledigung. Dafür hat er einen Anspruch gegen den Unternehmer auf Ersatz der ihm aufgrund der Selbstvornahme entstehenden Aufwendungen (Aufwendungsersatzanspruch). Der Besteller kann vom Unternehmer gemäß § 637 Abs. 3 für die zur Beseitigung des Mangels erforderlichen Aufwendungen auch einen Vorschuss (in Höhe der mutmaßlich entstehenden erforderlichen Aufwendungen) verlangen (Vorschussanspruch). Der Vorschussanspruch nach § 637 Abs. 3 besteht jedoch nur dann, wenn zugleich auch der Aufwendungsersatzanspruch nach Maßgabe des § 637 Abs. 1 besteht. Die "Angemessenheit" der Nachfrist ist unter Berücksichtigung der konkreten Umstände des Einzelfalles sowie der Besteller- und Unternehmerinteressen zu beurteilen. Hat der Besteller allerdings ein mangelhaftes Werk nach § 640 Abs. 1 S. 1 abgenommen, obschon er den Mangel kennt, so steht ihm das Recht auf Selbstvornahme und auf Ersatz der erforderlichen Aufwendungen nur zu, wenn er sich seine Rechte wegen des Mangels bei der Abnahme vorbehalten hat (§ 640 Abs. 2).

Rücktritt vom Vertrag
Der Rücktritt vom Vertrag bestimmt sich bei Mangelhaftigkeit des Werkes nach § 634 Nr. 3 i. V. m. §§ 636, 323 und 326 Abs. 5. Das Rücktrittsrecht des Werkgewährleistungsrechts ist somit jenes des allgemeinen Leistungsstörungsrechts nach den §§ 323, 326 Abs. 5, das durch § 636 lediglich gewisse werkvertragsspezifische Modifikationen erfährt (Einbettung des Gewährleistungsrechts in das allgemeine Leistungsstörungsrecht). Es ist im Unterschied zum alten Recht (Wandelungsanspruch nach § 634) vom Gesetzgeber der Schuldrechtsmodernisierung als Gestaltungsrecht ausgeformt worden. **Voraussetzung** eines Rücktrittsrechts ist eine **fällige und nicht vertragsgemäße (mangelhafte) Werkleistung** sowie der erfolglose Ablauf einer vom Besteller gesetzten **angemessenen Frist** zur Nacherfüllung. Dabei bedarf es gemäß § 636 (entsprechend § 440 S. 1 im Kaufrecht) – außer in den Fällen der §§ 281 Abs. 2 und 323 Abs. 2 – der Fristsetzung auch dann nicht (Entbehrlichkeit einer Fristsetzung), wenn der Unternehmer die Nacherfüllung gemäß § 635 Abs. 3 verweigert oder wenn die Nacherfüllung fehlgeschlagen bzw. dem Besteller unzumutbar ist. "Unzumutbarkeit" kann sich sowohl aus der Person des Unternehmers als auch aus dem bloßen Umstand ergeben, dass nacherfüllt werden soll. Eine Fristsetzung nach § 281 Abs. 2 ist entbehrlich, wenn der Unternehmer als Schuldner die Leistung (die Nacherfüllung) ernsthaft und endgültig verweigert oder Umstände vorliegen, die unter Abwägung der beiderseitigen Interessen den sofortigen Rücktritt rechtfertigen. Gemäß § 323 Abs. 2 ist eine Fristsetzung weiterhin entbehrlich, wenn der Unternehmer als Schuldner die Leistung ernsthaft und endgültig verweigert (Nr. 1), er die Leistung zu einem im Vertrag bestimmten Termin oder innerhalb einer bestimmten Frist nicht bewirkt und der Gläubiger im Vertrag den Fortbestand seines Leistungsinteresses an die Rechtzeitigkeit der Leistung gebunden hat (Nr. 2) oder besondere Umstände vorliegen, die unter Abwägung der beiderseitigen Interessen den sofortigen Rücktritt rechtfertigen (Nr. 3). Ist die Pflicht des Unternehmers zur Nacherfüllung wegen Unmöglichkeit der Nacherfüllung (nach § 275 Abs. 1 – bzw. wegen eines Leistungsverweigerungsrechts des Unternehmers nach § 275 Abs. 2 oder 3) ausgeschlossen, wäre eine Nachfristsetzung (für eine Nacherfüllung) sinnlos: Der Besteller kann nach allgemeinem Leistungsstörungsrecht in diesem Fall zurücktreten, ohne eine Nachfrist setzen zu müssen (§ 326; Befreiung von der Gegenleistung und Rücktritt beim Ausschluss der Leistungsfrist). Braucht der Schuldner nämlich nach § 275 Abs. 1 bis 3 nicht zu leisten, entfällt nach § 326 Abs. 1 S. 1 1. HS kraft Gesetzes der Anspruch auf die Gegenleistung. Etwas anderes gilt nach § 326 Abs. 1 S. 2 nur dann, wenn der Schuldner im Fall der nichtvertragsgemäßen Leistung die Nacherfüllung nach § 275 Abs. 1 bis 3 nicht zu erbringen braucht – womit im hier interessierenden Kontext § 326 Abs. 1 S. 1 1. HS nicht zur Anwendung gelangt. Vielmehr bestimmt für unsere Konstellation § 326 Abs. 5, dass – wenn der Schuldner nach § 275 Abs. 1 bis 3 nicht zu leisten braucht – der Gläubiger zurücktreten kann, wobei auf den Rücktritt § 323 mit der Maßgabe entsprechende Anwendung findet, "dass die Fristsetzung entbehrlich ist". Ein Rücktritt ist ausgeschlossen, wenn die Pflichtverletzung "unerheblich" ist (§ 323 Abs. 5 S. 2). Ein Ausschluss des Rücktritts ist gleichermaßen nach § 323 Abs. 6 anzunehmen, wenn der Besteller als Gläubiger für den Umstand, der ihn zum Rücktritt berechtigen würde, allein oder weit überwiegend verantwortlich ist oder wenn der vom Unternehmer als Schuldner nicht zu vertretende Umstand zu einer Zeit eintritt, zu welcher der Gläubiger im Verzug der Annahme (nach den §§ 293 ff.) ist. Ein Rücktritt kann gemäß § 323 Abs. 4 auch bereits schon vor Fälligkeit der Werkleistung erfolgen. Voraussetzung

dafür ist die Offensichtlichkeit des Eintritts der Rücktrittsvoraussetzungen. Die Rechtsfolgen eines wirksamen Rücktritts richten sich – nach einer entsprechenden Rücktrittserklärung des Bestellers, die gegenüber dem Unternehmer zu erfolgen hat (§ 349) – nach den §§ 346 ff. Hat der Besteller allerdings ein mangelhaftes Werk nach § 640 Abs. 1 S. 1 abgenommen, obschon er den Mangel kennt, so steht ihm das Recht auf Rücktritt vom Vertrag nur zu, wenn er sich seine Rechte wegen des Mangels bei der Abnahme vorbehalten hat (§ 640 Abs. 2).

Minderung der Werklohnvergütung
Der Besteller kann wegen einer mangelhaften Werkleistung nach § 634 Nr. 3 i. V. m. § 638 auch die Vergütung mindern. Diesbezüglich bestimmt § 638 Abs. 1 S. 1, dass der Besteller die Vergütung – statt gemäß § 634 Nr. 1 i. V. m. §§ 636, 323 und 326 Abs. 5 vom Vertrag zurückzutreten – mindern kann. Das Recht auf Minderung ist infolge der Schuldrechtsreform nicht mehr als Anspruch, sondern als Gestaltungsrecht geregelt worden: Sie erfolgt durch Erklärung des Bestellers gegenüber dem Unternehmer. Im Vergleich zur alten Rechtslage ist keine Ablehnungsandrohung vor der Geltendmachung der Minderung mehr erforderlich. Da das Recht auf Minderung dem Besteller "statt zurückzutreten" (§§ 636, 323, 326 Abs. 5) eingeräumt wird, fordert § 638 Abs. 1 zunächst einmal das Vorliegen der Rücktrittsvoraussetzungen. D. h., der Besteller muss dem Unternehmer also eine **angemessene Frist zur Nacherfüllung** gesetzt haben, die erfolglos abgelaufen ist. Die Fristsetzung kann nach § 323 Abs. 2, § 281 Abs. 2 bzw. § 636 entbehrlich sein – ebenso wie es einer Fristsetzung auch dann nicht bedarf, wenn der Unternehmer die Nacherfüllung nach § 635 Abs. 3 verweigert hat (wegen unverhältnismäßigem Kostenaufwand) oder wenn die Nacherfüllung fehlgeschlagen bzw. dem Besteller unzumutbar ist. Der Ausschlussgrund des § 323 Abs. 5 S. 2 – wonach der Gläubiger, sofern der Schuldner die Leistung nicht vertragsgemäß bewirkt hat, vom Vertrag nicht zurücktreten kann, wenn die Pflichtverletzung "unerheblich" ist – findet nach § 638 Abs. 1 S. 2 auf die Minderung keine Anwendung. Dies bedeutet, dass dem Besteller (ebenso wie dem Käufer nach § 441 Abs. 1 S. 2) auch bei einer bloß "unerheblichen Pflichtverletzung" – beim Vorliegen eines Mangels, der den Wert oder die Tauglichkeit des Werks nur unerheblich mindert – das Recht auf Minderung verbleibt. Sind auf der Seite des Bestellers oder auf der Seite des Unternehmers mehrere beteiligt (Besteller- oder Unternehmermehrheit), so kann die Minderung gemäß § 638 Abs. 2 nur von allen oder gegen alle (ungeteilt) erklärt werden. Bei einer wirksam erklärten Minderung ist nach § 638 Abs. 3 S. 1 die Vergütung in dem Verhältnis herabzusetzen, in welchem zur Zeit des Vertragsschlusses der Wert des Werks in mangelfreiem Zustand zu dem wirklichen Wert gestanden haben würde. Die Minderung ist, soweit erforderlich, durch Schätzung zu ermitteln (§ 638 Abs. 3 S. 2 – entsprechend der Regelung des § 441 Abs. 3 S. 3 im Kaufgewährleistungsrecht). Hat der Besteller mehr als die geminderte Vergütung (bereits) gezahlt, so ist der Mehrbetrag gemäß § 638 Abs. 4 S. 1 vom Unternehmer zu erstatten. § 346 Abs. 1 und § 347 Abs. 1 finden auf diesen Rückerstattungsanspruch nach § 638 Abs. 4 S. 2 entsprechende Anwendung. Hat der Besteller allerdings ein mangelhaftes Werk nach § 640 Abs. 1 S. 1 abgenommen, obschon er den Mangel kennt, so steht ihm das Recht auf Minderung nur zu, wenn er sich seiner Rechte wegen des Mangels bei der Abnahme vorbehalten hat (§ 640 Abs. 2).

Schadensersatzanspruch
Der Besteller kann wegen mangelhafter Werkleistung nach § 634 Nr. 4 i. V. m. §§ 636, 280, 281, 283 und 311 a im Übrigen auch Schadensersatz verlangen. In § 634 Nr. 4 erfolgt ein **Verweis auf die Vorschriften des allgemeinen Leistungsstörungsrechts** (Integration des Gewährleistungsrechts in das Allgemeine Schuldrecht). Für den werkvertragsrechtlichen Gewährleistungsanspruch, der auf Schadensersatz abzielt, sind dabei zwei Regelungen bedeutsam: § 280 Abs. 1 (Schadensersatz wegen Pflichtverletzung – mit den Sonderregeln des § 280 Abs. 2 und 3, wonach Schadensersatz statt der Leistung nur beim Vorliegen der zusätzlichen Voraussetzungen des § 281 oder § 283 und Schadensersatz wegen Verzögerung der Leistung nur unter den zusätzlichen Voraussetzungen des § 286 verlangt werden kann) sowie § 311 a Abs. 2 für den Schadensersatzanspruch auf Grund einer Pflichtverletzung, die auf einem anfänglichen Ausschluss der Leistungspflicht beruht. Nach § 311 a Abs. 2 S. 1 und 2 kann der Besteller als Gläubiger – nach seiner Wahl – Schadensersatz statt der Leistung oder Ersatz seiner Aufwendungen in dem in § 284 bestimmten Umfang verlangen, es sei denn, der Schuldner hat das Leistungshindernis bei Vertragsschluss nicht gekannt und seine Unkenntnis auch nicht zu vertreten.

Gegenüber den Regelungen des allgemeinen Leistungsstörungsrechts gilt nach § 636 allerdings folgende **Besonderheit** (Modifikation): Außer in den Fällen der §§ 281 Abs. 2 und 323 Abs. 2 bedarf es der **Fristsetzung** auch dann nicht, wenn der Unternehmer die Nacherfüllung gemäß § 635 Abs. 3 verweigert oder wenn die Nacherfüllung fehlgeschlagen bzw. dem Besteller unzumutbar ist.

Der grundsätzliche Ausschluss der Gewährleistungsrechte nach § 640 Abs. 2 bei Empfangnahme des mangelhaften Werkes durch den Besteller in Kenntnis des Mangels erfasst nur die in § 634 Nr. 1 bis 3 bezeichneten Rechte, nicht jedoch den Schadensersatzanspruch nach § 634 Abs. 1 Nr. 4. Dieser hat also auch dann Bestand, wenn der Besteller das mangelhafte Werk (in Kenntnis des Mangels) entgegennimmt und sich seine Rechte wegen des Mangels bei der Abnahme nicht vorbehält. Der Besteller kann Schadensersatz statt der Leistung nach § 280 Abs. 3 i. V. m. Abs. 1 nur beim Vorliegen der zusätzlichen Voraussetzungen nach § 281 (Schadensersatz wegen nicht oder nicht wie geschuldet erbrachter Leistung) bzw. § 283 (Schadensersatz bei Ausschluss der Leistungspflicht) verlangen. Nach § 281 Abs. 1 S. 1 kann der Gläubiger – soweit der Schuldner die fällige Leistung nicht oder nicht wie geschuldet erbringt – unter den Voraussetzungen des § 280 Abs. 1 Schadensersatz statt der Leistung verlangen, wenn er dem Schuldner **erfolglos eine angemessene Frist zur Leistung oder Nacherfüllung** bestimmt hat. Hat der Schuldner die Leistung nicht wie geschuldet bewirkt, so kann der Gläubiger nach § 281 Abs. 1 S. 3 Schadensersatz statt der ganzen Leistung **nicht** verlangen, **wenn die Pflichtverletzung "unerheblich"** ist. Die Fristsetzung ist dabei gemäß § 281 Abs. 2 entbehrlich, wenn der Schuldner die Leistung ernsthaft und endgültig verweigert oder wenn besondere Umstände vorliegen, die unter Abwägung der beiderseitigen Interessen die sofortige Geltendmachung des Schadensersatzanspruchs rechtfertigen. Außer in den Fällen des § 281 Abs. 2 und des § 323 Abs. 2 bedarf es gemäß § 636 der Fristsetzung auch dann nicht, wenn der Unternehmer die Nacherfüllung gemäß § 635 Abs. 3 verweigert oder wenn die Nacherfüllung fehlgeschlagen bzw. dem Besteller unzumutbar ist.

Braucht der Schuldner nach § 275 Abs. 1 bis 3 (Ausschluss der Leistungspflicht bei Unmöglichkeit und beim Vorliegen von Leistungsverweigerungsrechten) nicht zu leisten, kann der Gläubiger unter den Voraussetzungen des § 280 Abs. 1 gemäß § 283 S. 1 Schadensersatz statt der Leistung verlangen. Der Besteller kann sowohl "kleinen Schadensersatz" statt der Leistung (§§ 280 Abs. 1 und 3, 281 Abs. 1 S. 1) wegen des bloß mangelbedingten Minderwerts des Werks verlangen als auch "großen Schadensersatz" statt der Leistung, wenn die zusätzliche Voraussetzung des § 281 Abs. 1 S. 3 vorliegt (d. h., die Pflichtverletzung "erheblich" ist). Im Fall des „großen Schadensersatzes" gibt der Besteller die gesamte Leistung zurück (vgl. § 281 V). Er will dann aber finanziell so gestellt werden, als habe der Unternehmer ein mangelfreies Werk geleistet. Wodurch unterscheidet sich nunmehr der "einfache Schadensersatz" (§ 280 Abs. 1) vom "**Schadensersatz statt der Leistung**"? Letzteren begehrt der Besteller, wenn er Ausgleich für den Mangel eines Werks selbst verlangt (sog. **Mangelschaden**), also den mangelbedingten Minderwert der Sache geltend macht und im Wege des Schadensersatzes so gestellt werden möchte, als habe der Unternehmer das Werk mangelfrei geleistet. "Einfacher Schadensersatz" richtet sich hingegen auf die Kompensation solcher Schäden, die dem Besteller an anderen Rechtsgütern als dem mangelhaften Werk als solchem entstanden sind – mithin ist darunter der sog. **Mangelfolgeschaden** zu verstehen.

Infolge der Schuldrechtsreform ist, da beide Konstellationen derselben **Verjährungsfrist** unterfallen, die alte Diskussion um eine Differenzierung zwischen nahen und entfernten Mangelfolgeschäden entfallen. Beide Schadensformen unterliegen der regelmäßigen Verjährungsfrist nach den §§ 195, 199.

Ersatz vergeblicher Aufwendungen
Ein Anspruch auf Ersatz vergeblicher Aufwendungen wegen Mangelhaftigkeit des Werks kann aus § 634 Nr. 4 i. V. m. § 284 resultieren. Gemäß § 284 kann der Besteller – anstelle des Schadensersatzes statt der Leistung – Ersatz der Aufwendungen verlangen, die er im Vertrauen auf den Erhalt der Leistung gemacht hat und billigerweise machen durfte. Etwas anderes gilt nur dann, wenn deren Zweck auch ohne die Pflichtverletzung des Schuldners nicht erreicht worden wäre.

Ausschluss der Gewährleistungsrechte
Nimmt der Besteller ein mangelhaftes Werk gemäß § 640 Abs. 1 S. 1 (wonach ihn die Verpflichtung trifft, ein vertragsmäßig hergestelltes Werk abzunehmen, sofern nicht nach der Beschaffenheit des Werkes eine Abnahme ausgeschlossen ist) ab, obwohl er den Mangel kennt, so stehen ihm die in § 634 Nr. 1 bis 3 bezeichneten Rechte (auf Nacherfüllung nach § 635, Selbstvornahme und Ersatz der erforderlichen Aufwendungen gemäß § 637, Rücktritt vom Vertrag nach den §§ 635, 323 und 326 Abs. 5 bzw. auf Minderung der Vergütung gemäß § 638) nur zu, wenn er sich seine Rechte wegen des Mangels bei der Abnahme vorbehält. Der Gewährleistungsausschluss nach § 640 Abs. 2 erfasst – seinem Wortlaut entsprechend – nicht Schadensersatzansprüche nach § 634 Nr. 4, da diese Norm keine Erwähnung findet. Der Besteller kann somit Schadensersatzansprüchen trotz Entgegennahme des Werks in Kenntnis des Mangels nicht verlustig gehen.

16.1.3 Verjährung der Mängelansprüche

Die Verjährung der werkvertraglichen Gewährleistungsrechte nach § 634 ist in § 634 a geregelt – in dessen Abs. 1 bis 3 die Verjährung der Gewährleistungsansprüche, in Abs. 4 und 5 die zeitliche Begrenzung der Gewährleistungsrechte Rücktritt und Minderung, die als Gestaltungsrechte nach der Schuldrechtsreform ausgestaltet wurden und damit wegen ihrem fehlenden Anspruchscharakter nicht unmittelbar dem Verjährungsrecht unterfallen, da nach § 194 Abs. 1 nur ein Anspruch (das Recht, von einem anderen ein Tun oder Unterlassen zu verlangen) der Verjährung unterliegt. Danach verjähren die in § 634 Nr. 1 (Anspruch auf Nacherfüllung nach § 635), Nr. 2 (Anspruch auf Selbstvornahme nach § 637 und auf Ersatz der erforderlichen Aufwendungen) und Nr. 4 (Schadensersatz nach den §§ 636, 280, 281, 283 und 311 a sowie Ersatz vergeblicher Aufwendungen nach § 284)

- in zwei Jahren – vorbehaltlich § 634 a Abs. 1 Nr. 2 (nicht im Falle eines Bauwerks) – bei einem Werk, dessen Erfolg in der Herstellung, Wartung oder Veränderung einer Sache oder in der Erbringung von Planungs- oder Überwachungsleistungen hierfür besteht (Nr. 1);

- in fünf Jahren bei einem Bauwerk und einem Werk, dessen Erfolg in der Erbringung von Planungs- oder Überwachungsleistungen hierfür besteht (Nr. 2);

- im Übrigen (sofern weder Nr. 1 noch Nr. 2 zur Anwendung gelangen) in der regelmäßigen Verjährungsfrist von drei Jahren gemäß § 195 (Nr. 3 - Auffangregelung).

Von § 634 a Abs. 1 Nr. 3 erfasst werden vor allem unkörperliche Werkleistungen wie z. B. Gutachten (sofern diese nicht als "Planungs- oder Überwachungsleistungen" für ein [Bau-] Werk i. S. v. § 634 a Abs. 1 Nr. 1 oder 2 zu qualifizieren sind). Die Gleichstellung der Verjährungsfristen von Planungs- und Überwachungsleistungen nach § 634 a Abs. 1 Nr. 1 und 2 mit jenen der jeweiligen Werkherstellung selbst zielt darauf ab, die Verjährung der Leistung desjenigen, der ein Werk geplant hat, mit der Verjährung der Leistung dessen, der die Planung letztlich realisiert (umgesetzt) hat, gleichzustellen. Die Verjährung beginnt in den Fällen des § 634 a Abs. 1 Nr. 1 und 2 mit der Abnahme – so § 634 a Abs. 2 (objektiver Verjährungsbeginn – ohne Rücksicht auf eine Kenntnis oder ein Kennenmüssen des Bestellers vom Mangel), als besondere (der allgemeinen Norm des § 200 S. 1) vorgehende Regelung des Verjährungsbeginns. Unter einer „**Abnahme**" i. S. v. § 640 ist eine **körperliche Hinnahme des Werks** zu verstehen, verbunden mit der Anerkennung als in der Hauptsache **vertragsmäßige Erfüllung** (BGHZ 48, S. 257, 262). Der Verjährungsbeginn für den Fall von § 634 a Abs. 1 Nr. 3 ist nicht besonders geregelt. Es gilt die allgemeine Regel über den Beginn der regelmäßigen Verjährung nach § 199. Dazu gilt Folgendes: Die regelmäßige Verjährung beginnt gemäß § 199 Abs. 1 mit dem Schluss des Jahres, in dem der Anspruch entstanden (Nr. 1) und der Gläubiger von den den Anspruch begründenden Umständen und der Person des Schuldners Kenntnis erlangt oder ohne grobe Fahrlässigkeit erlangen müsste (Nr. 2 – subjektiver Verjährungsbeginn).

Schadensersatzansprüche, die auf der Verletzung des Lebens, des Körpers, der Gesundheit oder der Freiheit beruhen, verjähren ohne Rücksicht auf ihre Entstehung und die Kenntnis oder grobfahrlässige Unkenntnis gemäß § 199 Abs. 2 in dreißig Jahren von der Begehung der

16.1 Das werkvertragliche Gewährleistungsrecht

Handlung, der Pflichtverletzung oder dem sonstigen, den Schaden auslösenden Ereignis an (sog. Höchstfristen). Sonstige Schadensersatzansprüche verjähren nach § 199 Abs. 3 S. 1 – ohne Rücksicht auf die Kenntnis oder grob fahrlässige Unkenntnis – in zehn Jahren von ihrer Entstehung an (Nr. 1), und – ohne Rücksicht auf ihre Entstehung und die Kenntnis oder grob fahrlässige Unkenntnis – in dreißig Jahren von der Begehung der Handlung, der Pflichtverletzung oder dem sonstigen, den Schaden auslösenden Ereignis an (Nr. 2). Maßgeblich ist gemäß § 199 Abs. 3 S. 2 die früher endende Frist. Andere Ansprüche als Schadensersatzansprüche verjähren gemäß § 199 Abs. 4 ohne Rücksicht auf die Kenntnis oder grob fahrlässige Unkenntnis in zehn Jahren von ihrer Entstehung an. Die Geltung der regelmäßigen Verjährungsfrist für "unkörperliche Werkleistungen" nach § 634 a Abs. 1 Nr. 3 liegt in deren Nähe zum Dienstvertrag (§§ 611 ff.) begründet, der gleichermaßen der regelmäßigen Verjährungsfrist unterworfen ist. Abweichend von § 634 a Abs. 1 Nr. 1 und 2 und Abs. 2 verjähren die Ansprüche gemäß § 634 a Abs. 3 S. 1 in der regelmäßigen Verjährungsfrist (von drei Jahren nach § 195), wenn der Unternehmer den Mangel arglistig verschwiegen hat (Arglist des Unternehmers) und damit nicht schutzwürdig ist. Dies hat für den Besteller gegenüber der allgemeinen Verjährungsfrist nach § 634 a Abs. 1 Nr. 1 (von zwei Jahren) eine Erhöhung der Frist um ein Jahr zur Folge. Im Übrigen gilt dann der subjektiv zu beurteilende Verjährungsbeginn gemäß § 199. Im Fall des § 634 a Abs. 1 Nr. 2 tritt die Verjährung gemäß § 634 a Abs. 3 S. 2 jedoch nicht vor Ablauf der dort bestimmten Frist ein, um in dieser Konstellation zu verhindern, dass die in § 634 a Abs. 3 angeordnete regelmäßige Verjährung trotz des subjektiven Fristbeginns eher abläuft, als die Frist nach § 634 a Abs. 2 Nr. 2. Dies bedeutet: Dem Besteller wird zunächst mindestens eine Frist von fünf Jahren zugebilligt – so § 634 a Abs. 1 Nr. 2, Abs. 2 und 3 S. 2. Allerdings kann er nach § 634 a Abs. 3 S. 1 i. V. m. §§ 195, 199 auch auf die dreijährige Verjährungsfrist, die mit einem subjektiven Fristbeginn (und damit großzügiger bemessenen objektiven Höchstfristen) verknüpft ist, zurückgreifen. Hinsichtlich der zeitlichen Begrenzung der Gestaltungsrechte Rücktritt und Minderung gilt Folgendes: Für das in § 634 Nr. 3 bezeichnete Rücktrittsrecht gilt nach § 634 a Abs. 4 S. 1 (entsprechend § 438 Abs. 4 im Kaufrecht) die Regelung des § 218. Dies bedeutet, dass ein Rücktritt wegen einer nicht vertragsgemäßen (mangelhaften) Werkleistung unwirksam ist, wenn der Leistungsanspruch oder der Anspruch auf Nacherfüllung verjährt ist und der Schuldner (mithin der Unternehmer) sich darauf beruft (zeitliche Begrenzung des Rücktrittsrechts durch seine Koppelung mit der Verjährung des Nacherfüllungsanspruchs). Dies gilt nach § 218 S. 2 gleichermaßen für jene Fälle, in denen der Unternehmer gemäß § 275 Abs. 1 bis 3 (Ausschluss der Leistungspflicht wegen Unmöglichkeit oder eines sonstigen Leistungshindernisses) bzw. nach § 635 Abs. 3 (Leistungsverweigerungsrecht, sofern die Nacherfüllung nur mit unverhältnismäßigen Kosten verbunden ist) nicht zu leisten braucht. Der Besteller kann trotz einer Unwirksamkeit des Rücktritts nach § 218 Abs. 1 die Zahlung der Vergütung gemäß § 634 a Abs. 4 S. 2 einredeweise insoweit verweigern, als er auf Grund des Rücktritts dazu berechtigt sein würde. Macht er von diesem Recht Gebrauch, erhebt der Besteller also die Einrede, kann der Unternehmer nach § 634 a Abs. 4 S. 3 vom Vertrag zurücktreten. Auf das in § 634 Nr. 3 bezeichnete Minderungsrecht finden nach § 634 a Abs. 5 (entsprechend § 438 Abs. 5 im Kaufrecht) wiederum die Regelung des § 218 und darüber hinaus § 634 a Abs. 4 S. 2 entsprechende Anwendung.

16.1.4 Problemstellung: Mangelschaden - naher und entfernter Mangelfolgeschaden

Die nach altem Recht unter den Stichworten "Mangelschaden" sowie "naher und entfernter Mangelfolgeschaden" geführte Diskussion um die Abgrenzung zwischen werkvertragsrechtlichem Schadensersatzanspruch (§ 635 a.F.) und Ansprüchen aus positiver Vertragsverletzung (pVV) – die vor allem wegen der unterschiedlichen Verjährung der Ansprüche Probleme aufwarf –, stellt sich nach der Schuldrechtsreform in erheblich entschärfter Form: Liegt die Pflichtverletzung des Unternehmers in der **Mangelhaftigkeit des Werks**, unterfallen alle daraus resultierenden Schäden **§ 634 Nr. 4 i. V. m. §§ 636, 280, 281, 283 und § 311 a**. Die Verjährung beurteilt sich nach § 634 a. Stellt sich die Pflichtverletzung hingegen lediglich als **Nebenpflichtverletzung** dar, resultiert die **Haftung unmittelbar aus den §§ 280 ff.** Es gilt die regelmäßige Verjährungsfrist nach den §§ 195, 199. Weiterhin wird sich die Frage stellen, ob die besonderen gewährleistungsrechtlichen Beschränkungen der §§ 634 ff. (insbesondere die Verjährungsvorschrift des § 634 a) im Wege der Einwirkung auf diesen Schadensersatzanspruch zu erstrecken sind. Dabei ist zu beachten, dass die verjährungsrechtlichen Auswirkungen geringer sind als im Kaufrecht, weil § 634 a Abs. 1 Nr. 3 für einige Werkleistungen ohnehin auf die regelmäßige Verjährung verweist. Unangemessen wäre eine Einwirkung hingegen, wenn die Nebenpflicht keine Beziehung zum Mangel aufweist.

16.2 Vergütungsregelung des § 632

Eine Vergütung gilt nach § 632 Abs. 1 stillschweigend als vereinbart (gesetzliche Fiktion), wenn die Herstellung des Werkes den Umständen nach nur gegen eine Vergütung zu erwarten ist. Ist die Höhe der Vergütung nicht bestimmt, so ist bei dem Bestehen einer Taxe die taxmäßige Vergütung, in Ermangelung einer Taxe die übliche Vergütung als vereinbart anzusehen (§ 632 Abs. 2). Ein Kostenanschlag ist gemäß § 632 Abs. 3 im Zweifel nicht zu vergüten. Die für seine Erstellung erforderlichen Unkosten trägt also i. d. R. der Unternehmer, es sei denn, die Vertragsparteien hätten sich auf eine Vergütungspflicht des Bestellers geeinigt. Die Aufnahme einer Klausel über die Vergütungspflicht in eine den Reparaturvertrag ergänzende Allgemeinen Geschäftsbedingung ist für eine entsprechende Vereinbarung unzureichend und dürfte wegen Verstoßes gegen § 305 c Abs. 1 (Überraschende und ungewöhnliche Klauseln) bzw. § 307 (unangemessene Benachteiligung entgegen den Geboten von Treu und Glauben) unwirksam sein.

16.3 Werklieferungsvertrag

§ 651 trifft eine Regelung über das anwendbare Recht bei Werklieferungsverträgen, die infolge der Schuldrechtsreform eine inhaltliche Veränderung mit dem Ziel einer Vereinfachung des Regelungsgehalts erfahren hat. Auf einen Vertrag, der die **Lieferung herzustel-**

16.3 Werklieferungsvertrag

lender oder zu erzeugender beweglicher Sachen zum Gegenstand hat, finden nach § 651 S. 1 die **Vorschriften über den Kauf** (§§ 433 ff.) Anwendung. Dieser Grundsatz setzt Art. 1 Abs. 4 der Verbrauchsgüterkaufrichtlinie um, wonach als „Kaufvertrag" i. S. der Richtlinie auch Verträge über die Lieferung herzustellender oder zu erzeugender Verbrauchsgüter gelten. § 651 S. 1 erfasst mit der Anwendung des Kaufrechts nur die Lieferung (noch) herzustellender oder zu erzeugender beweglicher Sachen; für entsprechende Verträge über unbewegliche Sachen (z. B. für Verträge über die Herstellung von Bauwerken). Für Verträge über die Lieferung herzustellender oder zu erzeugender unkörperlicher Werke oder über reine Reparaturarbeiten an Gegenständen des Bestellers gilt hingegen Werkvertragsrecht. Die grundsätzliche Anwendung des Kaufrechts auf Werklieferungsverträge erfährt in § 651 S. 2 und 3 allerdings einige Modifikationen: Die Regelung des § 442 Abs. 1 S. 1 (Gewährleistungsausschluss bei Kenntnis des Mangels) findet danach auf Werklieferungsverträge auch dann Anwendung, wenn der Mangel auf den vom Besteller gelieferten Stoff zurückzuführen ist – so § 651 S. 2. Danach sind die Rechte des Bestellers wegen eines Mangels (der auf den von ihm gelieferten Stoff zurückzuführen ist) ausgeschlossen, wenn er bei Vertragsschluss den Mangel kennt. Soweit es sich bei den herzustellenden oder zu erzeugenden beweglichen Sachen um "nicht vertretbare Sachen" handelt (d. h., nicht um solche bewegliche Sachen i. S. v. § 91, die im Verkehr nach Zahl, Maß oder Gewicht bestimmt zu werden pflegen), gelangt (ergänzend) Werkvertragsrecht zur Anwendung: Gemäß § 651 S. 3 sind auch die §§ 642 (Mitwirkung des Bestellers), 643 (Kündigung bei unterlassener Mitwirkung), 645 (Verantwortlichkeit des Bestellers), 649 (Kündigungsrecht des Bestellers) und 650 (Kostenanschlag) mit der Maßgabe anzuwenden, dass an die Stelle der Abnahme der nach den §§ 446 und 447 maßgebliche Zeitpunkt tritt.

17 Culpa in contrahendo (c. i. c.)

Bei der culpa in contrahendo (kurz: c. i. c. – lateinisch für Verschulden bei Vertragsschluss) handelt es sich um ein von Rechtsprechung und Lehre entwickeltes Rechtsinstitut, welches nunmehr seine **gesetzliche Anerkennung in § 311 Abs. 2** gefunden hat. Es soll in Situationen, in denen zwischen den Beteiligten noch kein Schuldverhältnis im eigentlichen Sinne zustande gekommen ist, diese jedoch bereits in so engen geschäftlichen Kontakt getreten sind, dass eine erhöhte Rücksichtnahme auf die Rechte und Rechtsgüter des anderen erwartet werden kann, bei einer etwaigen Schadenszufügung dem Geschädigten Schadensersatzansprüche in ähnlichem Umfang verschaffen, als bestünde bereits ein Vertrag. Systematisch handelt es sich daher um einen **vertragsähnlichen Anspruch**. Die c. i. c. bewirkt, dass ein Schadensersatzanspruch wegen einer Verletzung von Nebenpflichten i. S. v. § 241 Abs. 2 (auch pVV genannt) auf den vorvertraglichen Bereich ausgedehnt wird. **Anspruchsgrundlage ist § 280 Abs. 1 i. V. m. §§ 311 Abs. 2, 241 Abs. 2**. Der Prüfungsaufbau entspricht dem sonst bei § 280 Abs. 1 üblichen, wobei sich im Hinblick auf die Art des Schuldverhältnisses und die Art der Pflichtverletzung Besonderheiten ergeben. Folgende **Punkte** sind **zu erörtern**:

- Anwendbarkeit der c. i. c.
- vorvertragliches Schuldverhältnis i. S. v. § 311 Abs. 2
- Nebenpflichtverletzung i. S. v. § 241 Abs. 2
- Vertretenmüssen
- kausaler Schaden.

17.1 Anwendbarkeit der c. i. c.

Da die Anwendung der c. i. c. als ursprünglich ungeschriebenem Rechtsinstitut nicht dazu führen darf, dass die gesetzliche Regelungssystematik unterlaufen wird und Wertungswidersprüche entstehen, ist stets auf das Konkurrenzverhältnis zu anderen Rechten und Ansprüchen zu achten. Probleme ergeben sich insbesondere im Verhältnis zur Anfechtung und zum Gewährleistungsrecht, insbesondere beim Kauf- und Werkvertrag, welche darauf beruhen, dass die c. i. c. dieselben Rechtsfolgen haben kann wie diese Institute (Schadensersatz in Form der Vertragsaufhebung bzw. in Geld), ihre Voraussetzungen aber weniger streng sind. Zudem führen unterschiedliche Verjährungsfristen zu Widersprüchen.

Ließe man z. B. die c. i. c. zu, wenn sich die Pflichtverletzung auf einen **Mangel** bezieht, könnte sofort ein Schadensersatzanspruch geltend gemacht werden, ohne dass zunächst Nacherfüllung verlangt werden müsste. Um ein Unterlaufen des vom Gesetzgeber gewollten Vorrangs der Nacherfüllung zu verhindern, ist die c. i. c. nicht anwendbar, wenn es für die Pflichtverletzung außer der Mangelhaftigkeit beispielsweise der Kaufsache keinen weiteren Anknüpfungspunkt gibt.

Was das Anfechtungsrecht anbelangt, so kann die c. i. c. bei einer **Irrtumsanfechtung nach § 119** zu Schadensersatzansprüchen führen, die über die eigentlich speziellere Grundlage des § 122 nicht erlangt werden können. Dennoch wird ganz überwiegend die Anwendbarkeit der c. i. c. befürwortet, da sie einen gerechteren Interessenausgleich ermöglicht. Auch neben der **Anfechtung wegen arglistiger Täuschung gemäß § 123** ist die c. i. c., obwohl sie eine Vertragsaufhebung schon bei fahrlässigem und nicht erst bei arglistigem Verhalten des Anfechtungsgegners ermöglicht, nach h. M. anwendbar, da sie anders als § 123 nicht die Willensfreiheit, sondern das Vermögen schützt.

17.2 Vorvertragliches Schuldverhältnis i. S. v. § 311 Abs. 2

Die c. i. c. setzt voraus, dass zwischen Anspruchsteller und Anspruchsgegner ein vorvertragliches Schuldverhältnis i. S. v. § 311 Abs. 2 besteht. Ein solches entsteht alternativ durch

- die Aufnahme von Vertragsverhandlungen (§ 311 Abs. 2 Nr. 1),
- die Anbahnung eines Vertrages, wenn dadurch dem anderen Teil eine Einwirkungsmöglichkeit auf eigene Rechte usw. eingeräumt wird bzw. diese ihm anvertraut werden, (§ 311 Abs. 2 Nr. 2) oder
- ähnliche geschäftliche Kontakte (§ 311 Abs. 2 Nr. 3).

Vertragsverhandlungen setzen eine auf einen Vertragsschluss gerichtete Kommunikation zwischen den Beteiligten voraus. Sie enden mit dem endgültigen ergebnislosen Abbruch der Verhandlungen oder dem Abschluss eines Vertrages. Eine **Vertragsanbahnung** setzt nicht voraus, dass bereits über einen etwaigen Vertrag verhandelt wird, vielmehr genügt hier beispielsweise das Betreten eines Geschäftes durch einen potentiellen Kunden (also z. B. nicht durch einen Dieb oder durch jemanden, der sich nur aufwärmen möchte), da hierdurch dem Geschäftsinhaber eine verstärkte Einwirkungsmöglichkeit auf die Rechte, Rechtsgüter und Interessen des Kunden eingeräumt wird. **Ähnliche geschäftliche Kontakte** können vorliegen, wenn zwar keine der beiden anderen Varianten gegeben ist, die Beteiligten aber dennoch mit dem Ziel eines Vertragsschlusses in Kontakt getreten sind und dadurch eine erhöhte Einwirkungsmöglichkeit auf die Rechte des anderen begründet wurde.

Dass später tatsächlich ein Vertrag geschlossen wird, ist keine Anspruchsvoraussetzung.

Parteien des vorvertraglichen Schuldverhältnisses sind grundsätzlich diejenigen Personen, die Parteien des potentiellen Vertrages werden sollen. Gemäß § 311 Abs. 3 kann jedoch sowohl auf Schuldner- als auch auf Gläubigerseite ausnahmsweise jemand, der nicht Vertragspartner werden soll, stehen. Sofern es sich um den Gläubiger handelt (z. B. das Kind, das mit dem Vater ein Geschäft betritt und sich dort verletzt), müssen dafür die Voraussetzungen des Vertrages mit Schutzwirkung zugunsten Dritter erfüllt sein. Als Schuldner kann dies nach § 311 Abs. 3 S. 2 insbesondere jemand sein, der in besonderen Maße Vertrauen für sich in Anspruch nimmt und dadurch die Vertragsverhandlungen oder den Vertragsschluss erheblich beeinflusst (z. B. ein besonders fachkundiger angestellter Verkäufer oder ein Sachverständiger) oder jemand, der am Vertragsschluss beteiligt ist und ein erhebliches Eigeninteresse am Zustandekommen des Vertrages hat (ein bloßer Anspruch auf Provision genügt nicht).

17.3 Nebenpflichtverletzung i. S. v. § 241 Abs. 2

Da es in einem vorvertraglichen Schuldverhältnis noch **keine Leistungspflichten** gibt, kann, wie ausdrücklich in § 311 Abs. 2 normiert, die Pflichtverletzung nur in der Verletzung einer Nebenpflicht i. S. v. § 241 Abs. 2, also in der mangelnden Rücksichtnahme auf die Rechte, Rechtsgüter und Interessen des anderen Teils bestehen. Die wichtigste Fallgruppe bildet hier die **Verletzung von Rechtsgütern** wie Eigentum, Gesundheit, Körper oder Leben. In Betracht kommt jedoch auch die **Verletzung von Aufklärungs- und Loyalitätspflichten**, wobei dann im Einzelfall genau zu prüfen ist, inwieweit solche Pflichten tatsächlich bestehen. Der **Abbruch von Vertragsverhandlungen** stellt wegen des Prinzips der Vertragsfreiheit grundsätzlich keine Pflichtverletzung dar, es sei denn, der Betreffende hat durch sein Verhalten bei der anderen Partei den sicheren Eindruck erweckt, dass der Vertrag zustande kommen werde. Weitere Fälle, die hier diskutiert werden, sind die **Herbeiführung unwirksamer Verträge** (z. B. durch Nichtbeachtung von Formvorschriften) sowie die **Herbeiführung** von für den Gegner **nachteiligen Verträgen**. Dabei gilt, dass beim Abschluss einfacher Austauschverträge grundsätzlich keine Partei die Pflicht hat, die andere Seite über etwaige Probleme aufzuklären. Eine andere Sicht ist allenfalls dann gerechtfertigt, wenn entweder eine Partei die Unterlegenheit der anderen bewusst ausnutzt (z. B. Verschweigen eines Formmangels durch einen vertragsschließenden Anwalt) oder wenn die Vertragsdurchführung ein besonderes Vertrauensverhältnis zwischen den Beteiligten erfordert (z. B. Arbeitsverträge).

17.4 Vertretenmüssen

Hinsichtlich des Vertretenmüssens ergeben sich **keine Besonderheiten**. Das Verschulden wird nach § 280 Abs. 1 S. 2 vermutet, solange der Schuldner nicht sein fehlendes Verschulden beweisen kann. Maßstab ist § 276; auch § 278 kommt zur Anwendung.

17.5 Kausaler Schaden

Auch die Bestimmung des ersatzfähigen Schadens einschließlich der Kausalität **folgt den üblichen Regeln**. Nach der Differenzhypothese ist die Vermögenslage des Anspruchstellers infolge der Pflichtverletzung mit derjenigen, wie sie ohne die Pflichtverletzung bestanden hätte, zu vergleichen. Ausnahmsweise kann dies zu einem Schadensersatzanspruch in Form des Abschlusses des gewollten Vertrages führen, wenn dieser ohne die Pflichtverletzung zustande gekommen wäre und dadurch nicht der Schutzzweck missachteter Formvorschriften umgangen wird. Umgekehrt kann in Fällen, in denen die Pflichtverletzung den Abschluss eines nicht gewollten oder ungünstigeren Vertrages zur Folge hat, ein Anspruch auf Aufhebung bzw. Anpassung des Vertrages bestehen. **In den meisten Fällen** führt aber auch die c. i. c. zu einem Anspruch auf Ersatz des Schadens durch **Geldzahlung**.

18 Beteiligung Dritter an Schuldverhältnissen

Aus einem Schuldverhältnis berechtigt und verpflichtet sind grundsätzlich nur die an diesem Verhältnis beteiligten Parteien. Dennoch können auch Dritte in vielfältiger Weise an Schuldverhältnissen beteiligt sein, beispielsweise indem sie

- als Stellvertreter (§§ 164 ff.) oder
- durch Erteilung ihrer Zustimmung (§§ 182 ff.)

an dessen Zustandekommen mitwirken, indem sie

- als Erfüllungs- oder Verrichtungsgehilfe (§§ 278, 831,)

für eine der Parteien handeln oder indem sie ausnahmsweise Ansprüche aus einem Schuldverhältnis herleiten, an dem sie selbst nicht als Partei beteiligt sind, wie

- beim Vertrag zugunsten Dritter (§ 328),
- beim Vertrag mit Schutzwirkung zugunsten Dritter,
- bei der Drittschadensliquidation oder
- bei der Abtretung (§§ 398 ff.).

Auf die drei zuerst genannten Rechtsinstitute wurde bzw. wird an anderer Stelle genauer eingegangen (siehe die obigen Verweise), die Darstellung in diesem Kapitel beschränkt sich daher auf die übrigen vier der aufgezählten Formen der Beteiligung Dritter an Schuldverhältnissen.

18.1 Vertrag zugunsten Dritter

Als Vertrag zugunsten Dritter (kurz: **VzD**) bezeichnet man einen Vertrag, bei dem der Schuldner die vertraglich geschuldete Leistung nicht an den Gläubiger, sondern an einen Dritten erbringen muss. Hat der begünstigte Dritte dabei einen eigenen Anspruch auf die Leistung, spricht man von einem **echten Vertrag zugunsten Dritter**. Dieser ist in den §§ 328 ff. geregelt. Hat der Dritte dagegen keinen eigenen Leistungsanspruch, sondern nur der Gläubiger einen Anspruch auf Leistung an den Dritten, so handelt es sich um einen **unechten Vertrag zugunsten Dritter**, für welchen es an einer ausdrücklichen gesetzlichen Normierung fehlt. Welche der beiden Arten im konkreten Fall vorliegt, ist im Wege der Auslegung des betreffenden Vertrages zu ermitteln (§§ 328 Abs. 2, 329, 330). Typische Anwendungsfälle des Vertrages zugunsten Dritter sind Lebensversicherungsverträge und Geldanlageverträge zugunsten Angehöriger.

Nicht verwechselt werden darf der (echte) Vertrag zugunsten Dritter **mit** dem sogleich zu behandelnden **Vertrag mit Schutzwirkung zugunsten Dritter**. Während bei ersterem der Dritte einen Anspruch auf die vertraglich geschuldete Leistung, also einen Primäranspruch erwirbt, betrifft letzteren die Frage, ob ein Dritter aus einem fremden Schuldverhältnis Schadensersatzansprüche, d. h. Sekundäransprüche, aufgrund der Verletzung vertraglicher Nebenpflichten herleiten kann.

Mangels Klausurrelevanz wird auf eine eingehende Darstellung des Vertrages zugunsten Dritter verzichtet.

18.2 Vertrag mit Schutzwirkung zugunsten Dritter

Der Vertrag mit Schutzwirkung zugunsten Dritter (kurz: **VSD**) ist **gesetzlich nicht geregelt**. Daher wird teilweise § 328 analog herangezogen; auch kann § 311 Abs. 3 S. 1 als gesetzliche Anerkennung dieses Institutes interpretiert werden. Was die Voraussetzungen angeht, muss jedoch mangels expliziter Vorschriften jedenfalls auf die ungeschriebenen, von Rechtsprechung und Lehre entwickelten Grundsätze zurückgegriffen werden.

Zweck des Vertrages mit Schutzwirkung zugunsten Dritter ist es, eine Person, die nicht Partei eines Schuldverhältnisses ist, die aufgrund einer gewissen Nähe zu diesem aber dennoch schutzbedürftig erscheint, mit in den Schutzbereich des Schuldverhältnisses einzubeziehen, soweit es um die Einhaltung der vertraglichen Nebenpflichten aus § 241 Abs. 2 geht. Dies hat zur Folge, dass dem Dritten im Falle der Verletzung solcher Nebenpflichten durch den Gegner ein eigener vertraglicher Schadensersatzanspruch gegen diesen zusteht. Hierdurch soll der als ungenügend empfundene Schutz durch gesetzliche Anspruchsgrundlagen (insbesondere §§ 823 ff.) verbessert werden. **Anspruchsgrundlage** für einen Anspruch des Dritten ist **§ 280 Abs. 1 i. V. m. VSD**. Hieraus ergibt sich zugleich, was in der Klausur geprüft werden muss, nämlich zum einen die Voraussetzungen des § 280 Abs. 1 und zum anderen die Voraussetzungen für eine Einbeziehung des Dritten in den Schutzbereich des Schuldverhältnisses nach den Grundsätzen des Vertrages mit Schutzwirkung zugunsten Dritter.

Es empfiehlt sich folgender **Prüfungsaufbau**:

- Schuldverhältnis, § 280 Abs. 1
- Einbeziehung des Dritten in den Schutzbereich nach VSD-Grundsätzen
    - Leistungsnähe

18.2 Vertrag mit Schutzwirkung zugunsten Dritter

- Gläubigernähe
- Erkennbarkeit für den Schuldner
- schutzwürdiges Einbeziehungsinteresse

• Nebenpflichtverletzung, §§ 280 Abs. 1, 241 Abs. 2

• Vertretenmüssen, § 280 Abs. 1 S. 2

• kausaler Schaden, § 280 Abs. 1.

18.2.1 Schuldverhältnis

Als taugliche Schuldverhältnisse kommen alle Schuldverhältnisse, die auch sonst unter § 280 Abs. 1 fallen, in Betracht, insbesondere also Verträge, aber auch vorvertragliche Schuldverhältnisse im Sinne des § 311 Abs. 2. Die Besonderheit liegt darin, dass das Schuldverhältnis nicht zwischen Anspruchsteller (Dritter) und Anspruchsgegner (Schuldner) bestehen muss, sondern zwischen dem Anspruchsgegner und einer anderen Person (Gläubiger).

18.2.2 Voraussetzungen des VSD

Um festzustellen, ob der den Anspruch geltend machende Dritte in den Schutzbereich des Schuldverhältnisses einbezogen worden ist, sind die folgenden Voraussetzungen zu prüfen.

Leistungsnähe des Dritten
Leistungsnähe bedeutet, dass der Dritte mit der nach dem Schuldverhältnis zu erbringenden Leistung bestimmungsgemäß in Berührung kommen muss und daher den aus einer Pflichtverletzung des Schuldners resultierenden Gefahren ebenso ausgesetzt ist wie der Gläubiger. Dies trifft zum Beispiel zu auf den die Wohnung mitbewohnenden Angehörigen des Mieters bei einem Mietvertrag oder das die Mutter beim Lebensmitteleinkauf begleitende Kind beim Kaufvertrag.

Gläubigernähe des Dritten
Weiterhin muss der Dritte in einem gewissen Näheverhältnis zum Gläubiger stehen. Wie genau dieses Verhältnis aussehen muss, ist strittig. Ursprünglich waren nur **Fürsorgeverhältnisse mit personenrechtlichem Einschlag**, aus denen sich eine Verantwortlichkeit des Gläubigers für das „Wohl und Wehe" des Dritten ergibt (insbesondere familienrechtliche, aber auch arbeits- und mietrechtliche Verhältnisses), als ausreichende Näheverhältnisse anerkannt. Jedoch werden zunehmend **Erweiterungen** dieser Formel zugelassen, teilweise so weit gehend, dass jedes Rechtsverhältnis, das eine Schutzpflicht des Gläubigers für Rechtsgüter des Dritten begründet (z. B. als Nebenpflicht aus einem Kaufvertrag), als genügend angesehen wird. **Problematisch** sind hier vor allem Fälle, in denen der Schuldner für den Gläubiger ein **Gutachten** erstellt oder ihm **Auskünfte** erteilt, und ein Dritter die gewährten

Informationen zur Grundlage für ein rechtsgeschäftliches Handeln macht (bspw. Kauf einer Immobilie aufgrund eines vom Verkäufer in Auftrag gegebenen Gutachtens, das sich dann als fehlerhaft herausstellt; Anspruch des Käufers gegen den Gutachter aus VSD?).

Erkennbarkeit für den Schuldner
Da die Einbeziehung eines Dritten in den Schutzbereich eines Schuldverhältnisses bewirkt, dass die Haftung des Schuldners auf zusätzliche Personen, mit denen er gerade keinen Vertrag geschlossen hat, erweitert wird, ist es im Interesse einer gerechten **Risikoverteilung** erforderlich, dass für ihn zumindest erkennbar war, dass ein Dritter zur geschuldeten Leistung und zum Gläubiger in einem Näheverhältnis steht und ihn (den Schuldner) daher Nebenpflichten auch in Bezug auf diesen Dritten treffen können.

Schutzwürdiges Einbeziehungsinteresse des Dritten
An einem schutzwürdigen Einbeziehungsinteresse des Dritten **fehlt es, wenn** ihm selbst – gegen den Schuldner oder eine andere Person – **vertragliche Ansprüche** in gleichem Umfang zustehen, da dann kein Bedürfnis für die Gewährung zusätzlicher Ansprüche aus einem ungeschriebenen Rechtsinstitut besteht. Deliktische Ansprüche schließen das Einbeziehungsinteresse dagegen nicht aus, da diese, vor allem wegen der eingeschränkten Ersatzfähigkeit reiner Vermögensschäden und der Exkulpationsmöglichkeit nach § 831 Abs. 1 S. 2, einen geringeren Schutz bieten als vertragliche Ansprüche.

18.2.3 Übrige Voraussetzungen des § 280 Abs. 1

Als Pflichtverletzung i. S. v. § 280 Abs. 1 kommt mangels Anspruch des Dritten auf die geschuldete Leistung selbst nur die **Verletzung einer Nebenpflicht** nach § 241 Abs. 2 in Betracht. Eine solche kann insbesondere darin bestehen, dass der Schuldner Rechtsgüter des Dritten, auf die er Rücksicht zu nehmen verpflichtet ist, verletzt (z. B. Körper oder Eigentum des Dritten).

Bezüglich des **Vertretenmüssens** und des **Schadens** ergeben sich **keine Besonderheiten**.

18.2.4 Rechtsfolge

Liegen alle genannten Voraussetzungen vor, so hat dies zur Folge, dass dem Dritten gegen den Schuldner ein eigener vertraglicher Schadensersatzanspruch aus § 280 Abs. 1 i. V. m. VSD zusteht. Dies lässt sich umschreiben mit der Formel, dass die **Anspruchsgrundlage zum Schaden gezogen** wird (wohingegen bei der sogleich zu erörternden Drittschadensliquidation umgekehrt der Schaden zur Anspruchsgrundlage gezogen wird). Ein etwaiges **Mitverschulden des Gläubigers** muss sich der Dritte (zusätzlich zu seinem eigenen) gemäß §§ 254 Abs. 1 und Abs. 2 S. 2, 278 zurechnen lassen, wenn der Gläubiger sein gesetzlicher Vertreter ist. Überwiegend wird aber aus allgemeinen Erwägungen der Risikoverteilung heraus auch in sonstigen Fällen eine anspruchsmindernde Berücksichtigung des Mitverschuldens des Gläubigers befürwortet.

18.3 Drittschadensliquidation

Eine ähnliche Funktion wie der Vertrag mit Schutzwirkung zugunsten Dritter erfüllt die Drittschadensliquidation (kurz: **DSL**). Sie soll es einem Dritten ermöglichen, aus einem Schuldverhältnis, an dem er nicht beteiligt ist, oder aus einer nichtvertraglichen Anspruchsgrundlage, deren Voraussetzungen in seiner Person nicht erfüllt sind, Schadensersatzansprüche herzuleiten, wenn sich der Schaden zufällig vom Anspruchsberechtigten auf ihn verlagert hat und deshalb eine Entlastung des Schädigers unbillig erschiene. Das Rechtsinstitut der Drittschadensliquidation ist ebenfalls **nicht gesetzlich geregelt**, sondern basiert auf von Rechtsprechung und Lehre entwickelten Grundsätzen.

Da die Voraussetzungen für eine Haftung nach DSL weniger streng sind als die für eine Haftung nach VSD-Grundsätzen, sollte in der Fallbearbeitung **immer zuerst** ein möglicher Anspruch aus **VSD geprüft** und nur bei dessen Verneinung die DSL erörtert werden.

Ein Anspruch aus Drittschadensliquidation hat folgende **Voraussetzungen**:

- Anspruchsinhaber ohne Schaden
- Geschädigter ohne Anspruch
- Zufällige Schadensverlagerung.

18.3.1 Anspruchsinhaber ohne Schaden

Zunächst ist erforderlich, dass es eine Person gibt, die zwar grundsätzlich einen Anspruch gegen den Schädiger hätte, der es jedoch an einem Schaden fehlt. Sofern dies nicht bereits an anderer Stelle getan wurde (dann genügt ein Verweis), sind in der Fallbearbeitung hier die **Voraussetzungen etwaiger Anspruchsgrundlagen zu prüfen**. Regelmäßig wird es sich dabei um vertragliche Anspruchsgrundlagen handeln (insbesondere § 280 Abs. 1), in Betracht kommen jedoch auch deliktische und andere Ansprüche. Abgesehen vom Schaden müssen alle Anspruchsvoraussetzungen erfüllt sein.

Zu beachten ist, dass ein Schaden auch darin bestehen kann, dass der Anspruchsinhaber seinerseits dem Geschädigten ersatzpflichtig ist. Häufig scheitert eine solche Ersatzpflicht allerdings daran, dass eine Befreiung des Anspruchsinhabers von der Leistungspflicht nach § 275 eintritt und die Voraussetzungen für einen Schadensersatzanspruch (z. B. mangels Verschulden) nicht erfüllt sind.

18.3.2 Geschädigter ohne Anspruch

Weiterhin darf die geschädigte Person keinen eigenen Anspruch haben, da es anderenfalls kein Bedürfnis dafür gibt, dem Geschädigten über ein gesetzlich nicht vorgesehenes Rechtsinstitut weitere Ansprüche einzuräumen.

Aufgrund dessen, dass deliktische Ansprüche jedoch oft nicht denselben Schutz gewähren wie vertragliche Ansprüche, wird eine Einschränkung des Merkmals dahingehend vorgenommen, dass es in den Fällen, in denen potentielle Ansprüche des Anspruchsinhabers ohne Schaden auf eine vertragliche Grundlage gestützt werden, genügt, wenn der Geschädigte **keine eigenen vertraglichen Ansprüche** hat. D. h., etwaige deliktische Ansprüche des Geschädigten stehen einer Drittschadensliquidation aus vertraglichen Anspruchsgrundlagen nicht entgegen.

Unter diesem Punkt **müssen** also, sofern nicht bereits zuvor geschehen, **alle etwaigen eigenen Ansprüche des Geschädigten**, insbesondere auch ein solcher aus Vertrag mit Schutzwirkung zugunsten Dritter, **geprüft werden**.

18.3.3 Zufällige Schadensverlagerung

Schließlich muss sich der Schaden zufällig vom Anspruchsinhaber auf den Geschädigten verlagert haben. **Schadensverlagerung** heißt, es darf sich – anders als beim Vertrag mit Schutzwirkung zugunsten Dritter – nicht um eine zusätzliche Person handeln, der gegenüber der Schädiger haftet, sondern der **Geschädigte muss den Schaden statt des Anspruchsinhabers erlitten haben**. **Zufällig** bedeutet, dass diese Verlagerung des Schadens auf eine andere Person nicht dem typischen Verlauf der Dinge entsprechen darf, sondern auf besonderen, in der gesetzlichen Regelungssystematik des Schadensersatzrechts so nicht vorgesehen Umständen basieren muss. Oder anders ausgedrückt, das aus der Gesetzesanwendung resultierende Ergebnis der Entlastung des Schädigers muss unbillig erscheinen.

Dazu, wann dies der Fall ist, haben sich bestimmte **anerkannte Fallgruppen** herausgebildet, auf welche der Anwendungsbereich der Drittschadensliquidation beschränkt ist. In der Fallbearbeitung sollte daher auf diese Fallgruppen zurückgegriffen werden; eine eigene Bewertung, ob das Ergebnis ohne Zulassung der Drittschadensliquidation gerecht ist, erübrigt sich damit. Im Folgenden werden die wichtigsten drei Fallgruppen kurz dargestellt, wobei den ersten beiden die größte Klausurrelevanz zukommt.

Gefahrtragungsregeln
Aufgrund bestimmter gesetzlicher Regeln, die die Frage betreffen, wer im Rahmen der Abwicklung von Schuldverhältnissen die Gefahr des zufälligen Untergangs oder der zufälligen Verschlechterung einer Sache zu tragen hat, kann es dazu kommen, dass Anspruchsinhaber und Geschädigter auseinander fallen. Dies betrifft vor allem § 447 (auch i. V. m. § 644 Abs. 2), wonach beim **Versendungskauf** – also wenn der Verkäufer die Kaufsache auf Verlangen des Käufers versendet, so dass der eigentliche Transport nicht vertraglich geschuldet ist (sog. Schickschuld) – der Käufer das Risiko trägt, dass die Kaufsache während des durch einen Dritten durchgeführten Transports beschädigt oder zerstört wird. D. h., Geschädigter ist ggf. der Käufer. Dieser hat aber gegen den Transporteur weder einen vertraglichen Anspruch, da der Transportvertrag mit dem Verkäufer abgeschlossen wurde, noch einen deliktischen, da noch keine Übereignung stattgefunden hat und damit eine Eigentumsverletzung nur beim Verkäufer eintreten kann. Hier würde es unbillig erscheinen, wenn der Trans-

porteur gar nicht haften müsste, denn gäbe es § 447 nicht, wäre er dem Verkäufer sowohl aus Vertrag als auch aus Delikt ersatzpflichtig.

Darauf hingewiesen sei, dass das Gesagte nur dann gilt, wenn es sich weder um einen Verbrauchsgüterkauf handelt noch der Transport durch einen Frachtführer durchgeführt wird, da zum einen § 474 Abs. 2 beim Verbrauchsgüterkauf § 447 für unanwendbar erklärt, so dass das Transportrisiko beim Verkäufer liegt, und zum anderen § 421 HGB im Falle eines Frachtvertrages dem Käufer einen eigenen Anspruch gegen den Transporteur einräumt, so dass sich ein Rückgriff auf die Drittschadensliquidation erübrigt.

Obhut für fremde Sachen
Hat jemand, beispielsweise aufgrund eines Miet- oder Leihvertrages, eine **fremde Sache als Berechtigter in Besitz** und wird die Sache durch einen Dritten beschädigt oder zerstört, so hat der Eigentümer zwar selbst deliktische Ansprüche gegen den Schädiger, jedoch mangels Schuldverhältnis mit diesem regelmäßig keine vertraglichen. Besteht nun ein Schuldverhältnis zwischen Besitzer und schädigendem Dritten (z. B. Beschädigung eines geliehenen Gemäldes durch einen vom Besitzer beauftragten Handwerker), so hätte der Besitzer gegen den Schädiger vertragliche Ansprüche, jedoch fehlt es ihm, weil er nicht Eigentümer ist, regelmäßig an einem Schaden. Da für den Schädiger nicht erkennbar ist, dass eine im Besitz des Vertragspartners befindliche Sache nicht in dessen Eigentum steht, soll ihn das fehlende Eigentum nicht entlasten.

Mittelbare Stellvertretung
Die mittelbare Stellvertretung hat nichts mit Stellvertretung im Sinne der §§ 164 ff. zu tun, sondern umschreibt die Konstellation, dass jemand eine eigene Willenserklärung im eigenen Namen abgibt, aber für fremde Rechnung handelt. D. h., der Handelnde wird rechtlich betrachtet selbst Vertragspartner, wirtschaftlich soll der Vertrag jedoch einem anderen zugute kommen. Wichtiges Beispiel hierfür ist der **Kommissionär** (§§ 383 ff. HGB). Soweit hier vertragliche Ansprüche betroffen sind, fallen Anspruchsinhaber und Geschädigter stets auseinander. Denn Anspruchsinhaber wäre der mittelbare Stellvertreter als Vertragspartner, Geschädigter aber derjenige, für dessen Rechnung er handelt. Auch hier wäre eine Entlastung des Schädigers unbillig, da es sich rechtlich um einen gewöhnlichen Vertrag handelt und die wirtschaftlich verfolgten Zwecke allein das Verhältnis zwischen mittelbarem Stellvertreter und Hintermann betreffen.

18.3.4 Rechtsfolge

Bezüglich der Rechtsfolge **unterscheidet sich** die Drittschadensliquidation wesentlich **vom Vertrag mit Schutzwirkung zugunsten Dritter**. Anders als bei dieser wird nicht die Anspruchsgrundlage zum Schaden gezogen, sondern umgekehrt der **Schaden zur Anspruchsgrundlage**, so dass der nicht geschädigte Anspruchsinhaber den Schaden des geschädigten Dritten geltend machen – auch liquidieren genannt – kann bzw. muss (daher der Begriff Drittschadensliquidation). Der Geschädigte hat dann gegen den Anspruchsinhaber in **analoger Anwendung von § 285 Abs. 1** einen Anspruch, der vor Geltendmachung des Schadensersatzanspruchs auf dessen Abtretung gerichtet ist, so dass der Geschädigte selbst gegen den Schädiger vorgehen kann, und falls der Anspruchsinhaber den Anspruch bereits geltend gemacht hat, auf Herausgabe des erlangten Schadensersatzes (regelmäßig ein Geldbetrag).

18.4 Abtretung

Unter Abtretung versteht man die **rechtsgeschäftliche Übertragung einer Forderung** von einem Gläubiger auf einen anderen. Dabei wird der Gläubiger, der die Forderung überträgt, als Altgläubiger oder Zedent, derjenige, auf den sie übertragen wird, als Neugläubiger oder Zessionar bezeichnet. Die Abtretung selbst nennt man auch Zession.

Bei der Abtretung handelt es sich, da in Form der Übertragung unmittelbar auf ein bestehendes Recht eingewirkt wird, nicht um ein Verpflichtungs- sondern um ein **Verfügungsgeschäft**. Das entsprechende Verpflichtungsgeschäft könnte beispielsweise ein Kaufvertrag über eine Forderung sein oder ein Darlehensvertrag, in dem eine Sicherungsabtretung bestimmter Forderungen vereinbart wurde. Die Abtretung übernimmt also in Bezug auf Forderungen und sonstige Rechte die Funktion, die die Übereignung in Bezug auf Sachen hat.

Geregelt ist die Abtretung in den **§§ 398 bis 411**. Unmittelbar gelten diese Vorschriften nur für Forderungen, d. h. für schuldrechtliche Ansprüche, jedoch finden sie gemäß § 413 auf die Übertragung anderer Rechte entsprechende Anwendung, soweit keine Spezialvorschriften existieren. Zudem ist die Abtretung vom Forderungsübergang kraft Gesetzes (auch cessio legis genannt) zu unterscheiden, also dem Wechsel des Gläubigers kraft Gesetzes unabhängig vom Willen der Parteien. Auch auf diesen sind laut § 412 bestimmte Normen des Abtretungsrechts analog anwendbar und zwar konkret die §§ 399 bis 404 und §§ 406 bis 410.

Für eine wirksame Abtretung müssen folgende **Voraussetzungen** erfüllt sein:

- Abtretungsvertrag
- Bestand der Forderung
- Bestimmtheit der Forderung
- Übertragbarkeit der Forderung.

18.4.1 Abtretungsvertrag

Gemäß § 398 S. 1 erfolgt die Abtretung durch Abschluss eines Vertrages **zwischen** dem **Altgläubiger und** dem **Neugläubiger**. Gegenstand dieses Vertrages ist die Einigung über den Übergang der Gläubigerstellung. Der Abtretungsvertrag kann daher als Parallele zur Einigung bei der Übereignung von Sachen gesehen werden; **vom schuldrechtlichen Verpflichtungsgeschäft** ist er **unabhängig** (**Abstraktionsprinzip!**). Der **Schuldner** ist am Abtretungsvertrag **nicht beteiligt**, auch erfordert die Wirksamkeit der Abtretung nicht, dass er von dieser Kenntnis hat.

Auf den Abtretungsvertrag finden die für alle Rechtsgeschäfte geltenden Regelungen des Allgemeinen Teils des BGB Anwendung, also insbesondere die Vorschriften betreffend Willenserklärungen (§§ 145 ff.), Geschäftsfähigkeit (§§ 104 ff.), Stellvertretung (§§ 164 ff.). Dementsprechend bedarf der Abtretungsvertrag grundsätzlich keiner besonderen Form, es sei denn, im Einzelfall finden spezielle Formvorschriften Anwendung (z. B. § 1154 für die Übertragung einer hypothekarisch gesicherten Forderung oder § 15 GmbHG für die Übertragung von Geschäftsanteilen an einer GmbH).

18.4.2 Bestand der Forderung

Die abzutretende Forderung muss tatsächlich bestehen und zwar in der Person des Abtretenden. Ein **gutgläubiger Erwerb von Forderungen** ist mangels Rechtsscheins **grundsätzlich nicht möglich** (Ausnahmen hiervon gelten insbesondere gemäß § 405 bei Ausstellung einer Urkunde durch den Schuldner sowie für in Wertpapieren verkörperte Forderungen). Jedoch können auch **zukünftige oder aufschiebend bedingte Forderungen** abgetreten werden. Sofern die übrigen Voraussetzungen vorliegen, wird die Abtretung dann mit dem Entstehen der Forderung wirksam.

Wurde beispielsweise ein Zahlungsanspruch aus einem Kaufvertrag abgetreten, so ist an dieser Stelle zu erörtern, ob die Voraussetzungen des § 433 Abs. 2 vorliegen, also ob der Altgläubiger gegen den Schuldner einen Kaufpreiszahlungsanspruch hat.

18.4.3 Bestimmtheit der Forderung

Aus Gründen der Rechtssicherheit ist erforderlich, dass die abzutretende Forderung hinreichend bestimmt oder zumindest bestimmbar ist. Hierfür ist notwendig, dass bei Abschluss des Abtretungsvertrages bzw. bei zukünftigen Forderungen spätestens im Zeitpunkt ihrer Entstehung zum einen **Gegenstand, Höhe und Schuldner** der Forderung eindeutig feststehen und zum anderen, ob und in welchem **Umfang** die Forderung von **der Abtretung** umfasst ist, was insbesondere bei der Abtretung nur eines Teils einer Forderung problematisch sein kann.

Auch bei **Globalzession**en, also der Abtretung eines ganzen Forderungsbündels ohne Benennung der einzelnen Forderungen, häufig anzutreffen z. B. in Form der Abtretung aller gegenwärtigen und zukünftigen Forderungen einer Person, kann regelmäßig von einer hinreichenden Bestimmtheit ausgegangen werden, da bei klarer abstrakter Umschreibung trotz fehlender individueller Bezeichnung der Forderungen keine Zweifel bestehen, auf welche Forderungen sich die Abtretung erstrecken soll.

18.4.4 Übertragbarkeit der Forderung

Abgetreten werden können nur solche Forderungen und sonstigen Rechte, die übertragbar sind. Als generelle Regel gilt, dass **grundsätzlich alle Rechte übertragbar** sind, es sei denn, es greift ein gesetzliches Abtretungsverbot oder aus der Natur des Rechts ergibt sich etwas anderes. **Gesetzliche Abtretungsverbote** finden sich insbesondere in den §§ 399, 400.

Nach **§ 399 1. Alt.** kann eine Forderung nicht abgetreten werden, wenn die Leistung an einen anderen Gläubiger eine **Inhaltsänderung** bewirkt. Dies trifft auf personengebundene Rechte wie beispielsweise den Anspruch auf Erbringung einer Dienstleistung zu (es ist bspw. nicht dasselbe, ob eine Verkäuferin im Geschäft des A oder dem des B Waren verkauft), nicht jedoch auf Zahlungsansprüche.

§ 399 2. Alt. bestimmt, dass eine Abtretung nicht möglich ist, wenn diese **durch Vereinbarung** zwischen dem Schuldner und dem Gläubiger **ausgeschlossen** wurde. In Abweichung von § 137 hat eine solche Vereinbarung den Charakter einer absoluten Verfügungsbeschränkung (Ausnahme § 354 a HGB), d. h., sie bewirkt, dass eine dennoch erfolgte Abtretung nicht nur eine Vertragspflichtverletzung, sondern unwirksam ist.

Gemäß **§ 400** ist die Abtretung einer **gepfändeten Forderung** nicht möglich.

Auch an anderer Stelle im Gesetz finden sich Abtretungsverbote (so z. B. in § 717 hinsichtlich GbR-Anteilen). Teilweise ergibt sich die **fehlende Übertragbarkeit** bereits **aus** der **Natur oder** dem **Zweck des Rechts**, ohne dass explizite Regelungen existieren (bspw. bestimmte Familienrechte).

18.4.5 Rechtsfolgen der Abtretung

Übergang der Forderung
Die wichtigste Rechtsfolge der Abtretung ist gemäß § 398 S. 2, dass die Forderungsinhaberschaft vom Altgläubiger auf den **Neugläubiger** übergeht, d. h. letzterer ist nunmehr Gläubiger der Forderung bzw. Inhaber des Rechts und hat daher **gegen** den **Schuldner** einen **Leistungsanspruch**. Anspruchsgrundlage dafür ist die Norm, aus der sich der Anspruch des ursprünglichen Gläubigers herleitet (also z. B. § 433 Abs. 2) in Verbindung mit § 398. Zu beachten ist, dass die Abtretung nur einen Wechsel der Gläubigerstellung in Bezug auf die konkrete Forderung bewirkt, **nicht** dagegen einen **Wechsel des Vertragspartners**, so dass alle sonstigen durch das Vertragsverhältnis begründeten Rechte und Pflichten weiterhin zwischen Schuldner und Altgläubiger bestehen (bspw. stehen dem Schuldner bei Abtretung einer Kaufpreisforderung etwaige Gewährleistungsrechte weiterhin gegenüber dem Altgläubiger zu).

Besondere Probleme ergeben sich, wenn eine Globalzession, d. h. die Abtretung aller (gegenwärtigen und zukünftigen) Forderungen mit einem verlängerten Eigentumsvorbehalt zugunsten eines Dritten zusammentrifft.

Nebenfolgen (insbesondere Schuldnerschutz)
Weitere Wirkungen der Abtretung ergeben sich aus den §§ 401 ff.

So bestimmt § 401 Abs. 1, dass **bestimmte akzessorische** – also in Bestand und Umfang von der jeweiligen Forderung abhängige – **Sicherungsrechte**, zu denen vor allem Hypotheken, Pfandrechte sowie Rechte aus einer Bürgschaft gehören, automatisch **mit auf den Neugläubiger übergehen**.

Wichtig sind die in den §§ 404, 406 bis 410 enthaltenen **Schuldnerschutzvorschriften**. Denn der Schuldner, der an der Abtretung nicht mitgewirkt und von ihr nicht einmal notwendig Kenntnis hat, muss davor geschützt werden, dass sich seine Rechtsposition ohne sein Zutun verschlechtert. So kann der Schuldner laut **§ 404** alle **Einwendungen und Einreden** gegen die abgetretene Forderung, die ihm zum Zeitpunkt der Abtretung gegenüber dem ursprünglichen Gläubiger zustanden, auch gegenüber dem neuen Gläubiger geltend machen. Hat der Schuldner keine Kenntnis von der Abtretung, so schützt ihn **§ 407 Abs. 1** davor, zweimal leisten zu müssen. Denn eine **Leistung an den Altgläubiger** bewirkt, da dieser nicht mehr Gläubiger ist, kein Erlöschen der Leistungspflicht durch Erfüllung gemäß § 362 Abs. 1, so dass an sich der Neugläubiger nochmalige Leistung fordern könnte. Dies verhindert § 407 Abs. 1, indem er normiert, dass der Neugläubiger eine in Unkenntnis der Abtretung an den Altgläubiger bewirkte Leistung gegen sich gelten lassen muss. Da ihm das Geleistete aber letztlich zusteht, kann er vom Altgläubiger die Herausgabe nach § 816 Abs. 2 verlangen. Auch eine etwaige Aufrechnungsmöglichkeit bleibt dem Schuldner erhalten, und zwar bei Kenntnis von der Abtretung gemäß § 406 und bei Unkenntnis gemäß § 407. Damit nicht jede beliebige Person Erfüllung verlangen kann mit der Behauptung, die Forderung sei an sie abgetreten worden, muss der Schuldner nach § 410 an den Neugläubiger nur gegen Aushändigung einer Abtretungsurkunde leisten, es sei denn, die Abtretung ist ihm vom bisherigen Gläubiger schriftlich angezeigt worden.

19 Geschäftsführung ohne Auftrag

Die in den **§§ 677 bis 687** geregelte Geschäftsführung ohne Auftrag (kurz: **GoA**) umfasst Fälle, in denen jemand für einen anderen tätig wird, ohne dass es dafür eine rechtliche, d. h. vertragliche oder gesetzliche Grundlage gibt und begründet trotz Fehlens einer solchen unter bestimmten Voraussetzungen wechselseitige Ansprüche (z. B. Hilfeleisten bei einem Unfall, Löschen eines Feuers, Abschleppen eines im Halteverbot abgestellten PKW). Das Gesetz bezeichnet dabei denjenigen, der tätig wird, als Geschäftsführer und denjenigen, für den die Geschäftsführung erfolgt, als Geschäftsherrn. (Z. B. wäre im Falle des Hilfeleistens bei einem Unfall der Helfer der Geschäftsführer und der Verletzte der Geschäftsherr.) Sinn der Vorschriften ist es, einen Ausgleich zu schaffen zwischen dem Interesse des Geschäftsführers, der durch sein Handeln dem Geschäftsherrn einen Nutzen verschafft oder Schaden von ihm abwendet und zumindest die dabei entstandenen Kosten ersetzt bekommen möchte, und dem Interesse des Geschäftsherrn, vor ungebetenen Eingriffen in seine Dispositionsfreiheit geschützt zu werden. Dementsprechend werden **verschiedene Unterkategorien der GoA** mit jeweils spezifischen Voraussetzungen und Rechtsfolgen unterschieden, die dieser gegenläufigen Interessenlage Rechnung tragen. Da das Zusammenspiel der §§ 677 ff. recht schwierig nachzuvollziehen ist, kommt es umso mehr darauf an, die Systematik des Rechtsinstituts GoA zu verstehen und zu verinnerlichen.

Nach der im Gesetz vorgenommenen Einteilung gibt es **zwei Arten der GoA**, nämlich die **echte** (§§ 677 bis 686) und die **unechte** (§ 687), die sich dadurch unterscheiden, dass bei der ersten der Geschäftsführer willentlich ein fremdes Geschäft führt, wohingegen er bei der zweiten das Geschäft als sein eigenes führen will. Beide Arten haben **jeweils** wiederum **zwei Unterarten**, so dass es insgesamt vier verschiedene Typen der GoA gibt. Die **echte GoA** wird **unterteilt in** die **berechtigte und** die **unberechtigte GoA**. Erstere liegt insbesondere vor, wenn die Übernahme der Geschäftsführung dem Interesse und dem Willen des Geschäftsherrn entspricht (siehe § 683). Fehlt es an dieser Voraussetzung und liegt auch keine der anderen beiden Fallgruppen der berechtigten GoA vor (dazu mehr unten), handelt es sich um eine unberechtigte. Bei der **unechten GoA** werden die **irrtümliche** (§ 687 Abs. 1) **und** die **angemaßte** (§ 687 Abs. 2) **Eigengeschäftsführung** unterschieden, wobei das relevante Kriterium ist, ob der Geschäftsführer weiß, dass es sich um ein fremdes Geschäft handelt (dann angemaßte) oder ob ihm dieses Wissen fehlt und er das Geschäft für sein eigenes hält (dann irrtümliche).

Bei der **Prüfung der GoA** ist es wichtig, die einzelnen Typen sauber auseinander zu halten und getrennt voneinander zu prüfen. Dabei bietet sich in der Regel zweckmäßigerweise folgende **Reihenfolge** an:

1. berechtigte GoA,
2. unberechtigte GoA,
3. angemaßte Eigengeschäftsführung,
4. irrtümliche Eigengeschäftsführung,

wobei natürlich die nachfolgenden Typen nicht mehr zu erörtern sind, wenn ein vorhergehender bejaht worden ist.

Immer zu prüfen sind die Merkmale „Besorgung eines fremden Geschäfts" sowie „ohne Auftrag oder sonstige Berechtigung". Wenn es an einem von ihnen fehlt, liegt keine GoA vor.

In der Klausur ist in die Prüfung wie üblich über die jeweils einschlägige Anspruchsgrundlage (dazu unten jeweils unter Rechtsfolgen) einzusteigen, innerhalb derer dann die Anspruchsvoraussetzungen zu untersuchen sind.

19.1 Berechtigte GoA

19.1.1 Voraussetzungen

Die **Voraussetzungen** der berechtigten GoA sind folgende:

- Besorgung eines fremden Geschäfts
- Fremdgeschäftsführungswille
- ohne Auftrag oder sonstige Berechtigung
- Fallgruppe der berechtigten GoA

Besorgung eines fremden Geschäfts

a) Geschäftsbesorgung
Der Begriff der Geschäftsbesorgung in diesem Sinne entspricht dem beim Auftrag und umfasst **jedes wirtschaftlich erhebliche Handeln**, gleich ob rechtsgeschäftlicher, geschäftsähnlicher oder rein tatsächlicher Art. Ein bloßes Dulden oder Unterlassen einer Handlung genügt jedoch nicht.

b) Fremdheit des Geschäfts
Ein Geschäft ist fremd, wenn es **zumindest auch in den Rechts- und Interessenkreis eines anderen** fällt. Dabei wird danach unterschieden, ob es sich um ein objektiv fremdes Geschäft, ein auch fremdes Geschäft oder ein subjektiv fremdes Geschäft handelt. Die eigentli-

che Bedeutung dieser Unterscheidung kommt erst bei der Bestimmung des Fremdgeschäftsführungswillens zum Tragen (dazu siehe unten).

1. Objektiv fremdes Geschäft

Ein objektiv fremdes Geschäft (ungebräuchlich, aber genauer: objektiv nur fremdes Geschäft) ist ein solches, das schon nach seinem äußeren Erscheinungsbild ausschließlich in den Rechts- und Interessenkreis des Geschäftsherrn fällt (z. B. Verkauf einer im Eigentum des Geschäftsherrn stehenden Sache).

2. Auch fremdes Geschäft

Von einem auch fremden Geschäft (ungebräuchlich, aber genauer: objektiv auch fremdes Geschäft) spricht man, wenn es nach seinem äußeren Erscheinungsbild zugleich den Rechts- und Interessenkreis des Geschäftsführers und den des Geschäftsherrn betrifft (z. B. Verhinderung der Beschädigung einer Sache, die der Geschäftsführer vom Geschäftsherrn gemietet hat).

3. Subjektiv fremdes Geschäft

Unter einem subjektiv fremden Geschäft ist ein solches zu verstehen, das nach seinem Erscheinungsbild neutral ist, d. h. sowohl ein solches des Geschäftsführers als auch ein solches des Geschäftsherrn sein kann (z. B. Kauf einer Sache), das aber vom Geschäftsführer mit Fremdgeschäftsführungswillen vorgenommen wird (z. B. Kauf einer Sache für den Geschäftsherrn). Sprich, die Fremdheit des Geschäfts ergibt sich hier erst aufgrund des subjektiven Willenselements, so dass die Tatbestandsmerkmale Fremdheit des Geschäfts und Fremdgeschäftsführungswille zusammen geprüft werden müssen. Da eine unechte GoA gerade voraussetzt, dass es an einem Fremdgeschäftsführungswillen fehlt, kommt eine solche bei subjektiv fremden Geschäften nicht in Betracht.

Fremdgeschäftsführungswille

Fremdgeschäftsführungswille meint das Bewusstsein und den Willen, zumindest auch ein fremdes Geschäft zu führen. Er ist das Kriterium, anhand dessen die echte (berechtigte oder unberechtigte) GoA von der unechten unterschieden wird. Nur bei seinem Vorliegen handelt es sich um eine echte GoA. Über § 686 hinausgehend, wonach ein Irrtum des Geschäftsführers über die Person des Geschäftsherrn unerheblich ist, kommt es nicht darauf an, ob der Geschäftsführer die Person des Geschäftsherrn kennt. Es genügt, dass er das Geschäft für irgendeinen anderen führen will.

Welche Anforderungen an die Bejahung des Fremdgeschäftsführungswillens zu stellen sind, richtet sich danach, um welche Kategorie eines fremden Geschäftes es sich handelt.

a) Objektiv fremdes Geschäft

Beim objektiv fremden Geschäft wird der Fremdgeschäftsführungswille **vermutet**. Nur wenn besondere Anhaltspunkte vorliegen, kann diese Vermutung widerlegt werden.

b) Auch fremdes Geschäft

Nach herrschender Meinung wird der Fremdgeschäftsführungswille beim auch fremden Geschäft ebenfalls widerleglich **vermutet**.

In bestimmten Fallkonstellationen ist dies jedoch nicht unproblematisch. Dies betrifft insbesondere Situationen, in denen der Geschäftsführer selbst zur Führung des Geschäftes verpflichtet ist, beispielsweise aufgrund eines Vertrages mit einem Dritten oder einer öffentlich-rechtlichen Pflicht (z. B. der von Stadt beauftragte Abschleppunternehmer, der ein im Halteverbot stehendes Fahrzeug abschleppt), da dann sein Wille primär auf Erfüllung seiner eigenen Verpflichtungen gerichtet scheint.

c) Subjektiv fremdes Geschäft

Da, wie oben gezeigt, beim subjektiv fremden Geschäft das Geschäft erst aufgrund des Fremdgeschäftsführungswillens zum fremden wird, muss dieser hier **positiv festgestellt** werden und zwar schon bei der Prüfung der Fremdheit des Geschäfts.

Ohne Auftrag oder sonstige Berechtigung

Dieses Merkmal meint, dass **zwischen Geschäftsführer und Geschäftsherr kein vertragliches oder sonstwie geartetes Rechtsverhältnis** bestehen darf, aufgrund dessen der Geschäftsführer gerade dem Geschäftsherrn gegenüber zur Besorgung des Geschäfts legitimiert ist. Eine Legitimierung im Verhältnis zu einem Dritten ist unschädlich. Berechtigung in diesem Sinne darf nicht mit den Fallgruppen, die die GoA zur berechtigten machen, verwechselt werden.

Auftrag nach § 677 sind nicht nur Auftragsverhältnisse im technischen Sinne der §§ 662 ff., sondern **alle verpflichtenden Verträge**. Unter sonstige Berechtigung fällt jede **gesetzliche Befugnis** zur Besorgung des Geschäfts für den Geschäftsführer (z. B. gesetzliche Vertretung des Minderjährigen durch seine Eltern oder einer juristischen Person durch ihre Organe). Die allgemeine Hilfeleistungspflicht aus § 323 c StGB begründet jedoch keine solche Berechtigung.

Problematisch ist, ob die GoA auch dann zum Tragen kommt, wenn zwar ein **Vertrag** geschlossen wurde, dieser aber **nichtig** ist. Die Rechtsprechung bejaht dies, was jedoch in der Literatur überwiegend auf Ablehnung stößt, da es zum einen schon am Fremdgeschäftsführungswillen fehlt und zum anderen so Beschränkungen in den bereicherungsrechtlichen Regelungen, die gerade die Rückabwicklung nichtiger Verträge zum Gegenstand haben, umgangen würden.

Fallgruppe der berechtigten GoA

Die mit Bejahung der vorherigen drei Voraussetzungen vorliegende echte GoA ist nur dann auch eine berechtigte, wenn einer der drei folgenden Fälle gegeben ist:

- die Übernahme der Geschäftsführung entspricht dem Interesse und Willen des Geschäftsherrn, § 683 S. 1

- im öffentlichen Interesse liegende Erfüllung einer Pflicht oder einer gesetzlichen Unterhaltspflicht, §§ 683 S. 2, 679

- Genehmigung, § 684 S. 2

a) Übernahme entspricht dem Interesse und Willen des Geschäftsherrn

Nach § 683 S. 1 handelt es sich um eine berechtigte GoA, wenn die Übernahme der Geschäftsführung dem objektiven Interesse und dem wirklichen oder mutmaßlichen Willen des Geschäftsherrn entspricht. Entscheidender Zeitpunkt ist derjenige der Übernahme der Geschäftsführung.

Sie entspricht dem objektiven Interesse des Geschäftsherrn, wenn sie ihm **objektiv nützlich** ist. Dabei sind alle Umstände des Einzelfalls, insbesondere auch solche in der Person des Geschäftsherrn zu berücksichtigen.

Auf der subjektiven Seite ist **primär** auf den **wirklichen Willen** des Geschäftsherrn abzustellen, nur wenn dieser nicht ermittelt werden kann, ist der mutmaßliche Wille heranzuziehen. Der wirkliche Wille ist der vom Geschäftsherrn ausdrücklich oder konkludent geäußerte Wille, wobei es nicht darauf ankommt, ob der Geschäftsführer diese Äußerung kennt. Dem mutmaßlichen Willen entspricht die Geschäftsführung, wenn der Geschäftsherr ihr bei objektiver Beurteilung der Umstände im Zeitpunkt der Übernahme zugestimmt hätte. In der Regel kann aus dem objektiven Interesse auf den mutmaßlichen Willen geschlossen werden.

Fallen Interesse und Wille auseinander, ist die Geschäftsführung trotz des Gesetzeswortlautes („und") dennoch berechtigt, wenn sie dem wirklichen Willen des Geschäftsherrn entspricht. Entspricht sie umgekehrt zwar seinem Interesse, nicht aber seinem Willen, liegt außer in den Fällen des § 679 (dazu sogleich) dagegen eine unberechtigte GoA vor.

b) Im öffentlichen Interesse liegende Erfüllung einer Pflicht

§ 683 S. 2 i. V. m. § 679 bestimmt, dass trotz entgegenstehenden Willens des Geschäftsherrn die GoA eine berechtigte ist, wenn durch die Geschäftsführung gewährleistet wird, dass eine Pflicht, deren Erfüllung im öffentlichen Interesse liegt, oder eine gesetzliche Unterhaltspflicht rechtzeitig wahrgenommen wird.

Die Erfüllung einer Pflicht liegt im öffentlichen Interesse, wenn ohne das Eingreifen des Geschäftsführers konkrete Belange der Allgemeinheit zumindest gefährdet werden. Dies ist insbesondere dann der Fall, wenn eine Verletzung von Rechtsgütern wie Leben, Gesundheit oder Eigentum droht. Zu beachten ist, dass sich das öffentliche Interesse nur auf die Erfüllung der Pflicht bezieht, die **Pflicht selbst kann** auch eine **privatrechtliche sein** (z. B. eine Verkehrssicherungspflicht).

Gesetzliche Unterhaltspflichten sind insbesondere die des BGB (z. B. §§ 1360 ff., 1601 ff., 1969); rein vertragliche Pflichten zur Unterhaltszahlung genügen dagegen nicht.

Teilweise wird eine analoge Anwendung des § 679 befürwortet, wenn der der Übernahme der Geschäftsführung entgegenstehende Wille des Geschäftsherrn gegen ein gesetzliches Verbot (§ 134) oder gröblich gegen die guten Sitten (§ 138) verstößt.

c) Genehmigung

Schließlich handelt es sich nach § 684 S. 2 auch dann, und zwar von Anfang an, um eine berechtigte GoA, wenn der Geschäftsherr die Geschäftsführung genehmigt, d. h. ihr nachträglich zustimmt (§ 184 Abs. 1). Die Genehmigung kann **ausdrücklich oder konkludent** erteilt werden, letzteres ist insbesondere dann der Fall, wenn der Geschäftsherr das aus der Geschäftsführung Erlangte nach §§ 681 S. 2, 667 heraus verlangt. Ob sich die Genehmigung nur auf die Übernahme der Geschäftsführung oder auch auf die Art und Weise ihrer Durchführung erstreckt, ist im konkreten Fall durch Auslegung zu ermitteln. Relevant ist dies für eventuelle Schadensersatzansprüche des Geschäftsherrn wegen Schlechtleistung.

19.1.2 Rechtsfolgen

Im Falle der berechtigten GoA entsteht zwischen Geschäftsführer und Geschäftsherrn ein **gesetzliches Schuldverhältnis**, was insbesondere zur Folge hat, dass § 280 als Anspruchsgrundlage für eventuelle Schadensersatzansprüche in Betracht kommt.

Ansprüche des Geschäftsführers

Der wichtigste Anspruch des Geschäftsführers ist derjenige auf **Aufwendungsersatz gemäß §§ 683 S. 1, 670** („wie ein Beauftragter" in § 683 ist als Verweis auf § 670 zu verstehen). Danach kann der Geschäftsführer vom Geschäftsherrn Ersatz der zum Zwecke der Geschäftsführung gemachten Aufwendungen, die er den Umständen nach für erforderlich halten durfte, verlangen.

Aufwendungen sind freiwillige Vermögensopfer, wozu auch solche Ausgaben gehören, die notwendige Folge der Geschäftsführung sind. **Schäden** als unfreiwillige Vermögensopfer stellen zwar begrifflich gerade keine Aufwendungen dar, dennoch sind sie über §§ 683 S. 1, 670 ersatzfähig, wenn sich in ihnen das typische und erkennbare Risiko der übernommenen Geschäftsbesorgung realisiert hat (z. B. Blutflecken an der Kleidung bei Hilfeleisten nach einem Unfall).

Aus dem Verweis auf das Auftragsrecht, welches dadurch gekennzeichnet ist, dass eine unentgeltliche Geschäftsbesorgung geschuldet wird, folgt, dass der Geschäftsführer **grundsätzlich keine Vergütung** für seine Arbeitsleistung verlangen kann. Nur ausnahmsweise, wenn die Tätigkeit zu seinem Beruf oder Gewerbe gehört (z. B. Hilfeleisten durch einen zufällig am Unfallort anwesenden Arzt), stellt der Einsatz der Arbeitskraft nach § 1835 Abs. 3 analog eine Aufwendung im Sinne von § 683 S. 1 dar.

Ansprüche des Geschäftsherrn

Aus der Natur der GoA folgt, dass der **Geschäftsführer nicht zur Erledigung des Geschäfts verpflichtet** ist, also kein Erfüllungsanspruch besteht. Erledigt er es dennoch, so hat er es nach **§ 677** so zu führen, wie es dem Interesse und Willen des Geschäftsherrn entspricht. Beide Begriffe haben dieselbe Bedeutung wie in § 683, der Bezugspunkt ist jedoch ein anderer. Während **§ 683** das „**Ob**", also die Übernahme der Geschäftsführung betrifft, bezieht sich **§ 677** auf das „**Wie**", d. h. die Art und Weise ihrer Ausführung. Zudem ist hier bei Auseinanderfallen von Interesse und Wille primär das Interesse maßgeblich.

Weitere Pflichten des Geschäftsführers und damit umgekehrt Ansprüche des Geschäftsherrn ergeben sich aus **§ 681**. Außer der dort in Satz 1 genannten Pflicht, die Übernahme der Geschäftsführung sobald wie möglich anzuzeigen, enthält Satz 2 einen **Verweis auf** die auftragsrechtlichen Vorschriften der **§§ 666 bis 668**, woraus sich eine Auskunfts- und Rechenschaftspflicht, eine Herausgabepflicht sowie eine Verzinsungspflicht ergeben. Von Bedeutung ist insbesondere der **Herausgabeanspruch** des Geschäftsherrn nach §§ 681 S. 2, 667, der sich auf alles erstreckt, was der Geschäftsführer zur Ausführung der Geschäftsbesorgung erhält und was er aus ihr erlangt. Letzteres umfasst auch einen eventuell erzielten Gewinn.

Verletzt der Geschäftsführer die soeben genannten Pflichten, kommt ein **Schadensersatzanspruch des Geschäftsherrn nach § 280 Abs. 1** (bzw. generell nach den §§ 280 ff.) in Betracht, dessen Voraussetzungen nach den üblichen Grundsätzen zu prüfen sind. Dabei ist zu beachten, dass der Geschäftsführer bei einer Geschäftsführung, die die Abwendung einer dem Geschäftsherrn drohenden dringenden Gefahr bezweckt, gemäß § 680 nur für Vorsatz und grobe Fahrlässigkeit haftet.

Ist der Geschäftsführer geschäftsunfähig oder in seiner Geschäftsfähigkeit beschränkt, so haftet er gemäß § 682 nur nach Delikts- und Bereicherungsrecht.

Konkurrenzen

Das Konkurrenzverhältnis der berechtigten GoA zu anderen möglichen Anspruchsgrundlagen gestaltet sich wie folgt:

Ansprüche des Geschäftsherrn aus dem **Eigentümer-Besitzer-Verhältnis** (kurz: EBV, §§ 987 ff.) sind ausgeschlossen, wenn die Inbesitznahme der Sache mit der Geschäftsübernahme zusammenfällt, da die berechtigte GoA dann ein Recht zum Besitz im Sinne von § 986 darstellt.

Abgesehen von den strittigen Fällen nichtiger Verträge stellt die berechtigte GoA einen Rechtsgrund im Sinne von § 812 dar, so dass **bereicherungsrechtliche Ansprüche** nach den §§ 812 ff. ebenfalls nicht in Betracht kommen.

Die **§§ 823 ff.** sind anwendbar, wenn der Geschäftsführer bei der Ausführung des Geschäfts Rechtsgüter des Geschäftsherrn verletzt, wobei dann der mildere Haftungsmaßstab des § 680 gilt. Erfolgt die Rechtsgutverletzung dagegen allein durch die Übernahme der Geschäftsführung an sich, dann fehlt es an der Rechtswidrigkeit, so dass deliktische Ansprüche ausscheiden.

Aus dem Verhältnis der berechtigten GoA zu den genannten Vorschriften ergibt sich, dass sie in der Klausur zwingend vor diesen zu prüfen ist.

19.2 Unberechtigte GoA

19.2.1 Voraussetzungen

Eine unberechtigte GoA liegt praktisch „automatisch" dann vor, wenn die Voraussetzungen einer echten GoA erfüllt sind, aber keine der Fallgruppen einschlägig ist, die die GoA zu einer berechtigten macht. **Erforderlich sind** also:

- Besorgung eines fremden Geschäfts
- Fremdgeschäftsführungswille
- ohne Auftrag oder sonstige Berechtigung
- (keine Fallgruppe der berechtigten GoA)

Wurden diese Voraussetzungen schon bei der Prüfung der berechtigten GoA bejaht, erübrigt sich eine erneute Erörterung; vielmehr genügt dann ein kurzer Verweis.

19.2.2 Rechtsfolgen

Anders als bei der berechtigten GoA entsteht bei der unberechtigten **kein gesetzliches Schuldverhältnis** zwischen Geschäftsführer und Geschäftsherrn, da hier die Übernahme der Geschäftsführung als unerwünschte Einmischung in die Angelegenheiten des Geschäftsherrn angesehen wird. Ansprüche aus den **§§ 280 ff.** kommen **folglich nicht** in Betracht.

Ansprüche des Geschäftsführers

Insbesondere steht dem Geschäftsführer **nicht** der **Aufwendungsersatzanspruch** aus §§ 683 S. 1, 670 zu, sondern nur ein für ihn ungünstigerer **bereicherungsrechtlicher Anspruch auf Herausgabe des Erlangten nach § 684 S. 1**. Bei dieser Vorschrift handelt es sich nach herrschender Meinung um eine Rechtsfolgenverweisung, so dass die Voraussetzungen des § 812 nicht zu prüfen sind. Zu erörtern sind jedoch die den Anspruchsumfang betreffenden §§ 818 ff., wozu insbesondere der Entreicherungseinwand gemäß § 818 Abs. 3 gehört.

Ansprüche des Geschäftsherrn

Der Geschäftsherr hat nach **§ 678** einen **Schadensersatzanspruch**, wenn der Geschäftsführer wusste oder erkennen musste, dass die Übernahme der Geschäftsführung nicht dem Willen des Geschäftsherrn entspricht. Bezugspunkt des Verschuldens ist also die Übernahme der Geschäftsführung (so genanntes **Übernahmeverschulden**); darauf, ob den Geschäftsführer bei der Ausführung ein Verschulden trifft, kommt es nicht an. Erkennenmüssen heißt fahrlässig nicht erkennen, wobei auch hier § 680 gilt. Dabei kann der entgegenstehende Wille des Geschäftsherrn außer der Übernahme als solcher auch die Person des Geschäftsführers sowie den Zeitpunkt, den Umfang oder die Art und Weise der Geschäftsführung zum Gegenstand haben.

Ob dem Geschäftsherrn daneben die **Ansprüche aus § 681** zustehen, was vor allem im Hinblick auf den Herausgabeanspruch gemäß §§ 681 S. 2, 667 Bedeutung erlangt, ist **umstritten**. Dafür lässt sich anführen, dass es widersprüchlich wäre, wenn der Geschäftsherr bei der unberechtigten GoA schlechter stünde als bei der berechtigten. Andererseits ist es ihm unbenommen, die GoA durch Genehmigung zur berechtigten zu machen (§ 684 S. 2) und damit die Rechtsfolgen des § 681 herbeizuführen.

Konkurrenzen
Die unberechtigte GoA schließt die Anwendung anderer Vorschriften nicht aus, so dass insbesondere die §§ 987 ff., 812 ff., 823 ff. uneingeschränkt daneben in Betracht kommen.

19.3 Irrtümliche Eigengeschäftsführung

Bei der irrtümlichen Eigengeschäftsführung behandelt der Geschäftsführer ein **objektiv fremdes Geschäft** irrtümlich als eigenes, d. h. er handelt ohne Fremdgeschäftsführungswillen und hat keine Kenntnis von der Fremdheit des Geschäfts.

19.3.1 Voraussetzungen

Voraussetzungen der irrtümlichen Eigengeschäftsführung sind also:

- Besorgung eines (objektiv) fremden Geschäfts (s. o.)
- ohne Auftrag oder sonstige Berechtigung (s. o.)
- (Fehlen des Fremdgeschäftsführungswillens) (s. o.)
- keine Kenntnis von der Fremdheit des Geschäfts

Darauf, ob die Unkenntnis verschuldet ist, kommt es nicht an.

19.3.2 Rechtsfolgen

§ 687 Abs. 1 stellt klar, dass im Falle der irrtümlichen Eigengeschäftsführung die **Vorschriften über die GoA nicht anwendbar** sind. Auch eine Genehmigung nach § 684 S. 2 ist nicht möglich. Folglich sind die in Betracht kommenden Anspruchsgrundlagen der **§§ 987 ff., 812 ff., 823 ff. wie üblich** zu prüfen, wobei sowohl Geschäftsherr als auch Geschäftsführer Anspruchsteller sein können. Ansprüche aus den §§ 280 ff. scheiden mangels Schuldverhältnis aus.

19.4 Angemaßte Eigengeschäftsführung

Im Unterschied zur irrtümlichen Eigengeschäftsführung weiß der Geschäftsführer bei der angemaßten, dass es sich um ein (objektiv) fremdes Geschäft handelt, dennoch will er es als eigenes führen.

19.4.1 Voraussetzungen

Die **Voraussetzungen** der angemaßten Eigengeschäftsführung lassen sich dementsprechend wie folgt zusammenfassen:

- Besorgung eines fremden Geschäfts
- ohne Auftrag oder sonstige Berechtigung
- (Fehlen des Fremdgeschäftsführungswillens) (s. o.)
- Kenntnis von der Fremdheit des Geschäfts

Der Kenntnis von der Fremdheit des Geschäfts ist nach § 142 Abs. 2 die Kenntnis von der Anfechtbarkeit gleichgestellt.

19.4.2 Rechtsfolgen

Hinsichtlich der Rechtsfolgen der angemaßten Eigengeschäftsführung steht dem **Geschäftsherrn nach § 687 Abs. 2 S. 1** ein **Wahlrecht** zu. Er kann sich entweder damit begnügen, wie auch bei der irrtümlichen Eigengeschäftsführung auf außerhalb der GoA liegende Anspruchsgrundlagen zurückzugreifen, also vor allem auf die §§ 987 ff., 812 ff., 823 ff. Oder er kann alternativ die sich aus den §§ 677, 678, 681 ergebenden Ansprüche geltend machen, sprich insbesondere die Ansprüche auf ordnungsgemäße Ausführung des Geschäfts (§ 677), auf Schadensersatz wegen Übernahmeverschuldens (§ 678) und auf Herausgabe des aus der Geschäftsführung Erlangten (§§ 681 S. 2, 667). Entscheidet er sich für die zweite Alternative, muss er dann allerdings gemäß § 687 Abs. 2 S. 2 seinerseits dem Geschäftsführer das aus der Geschäftsführung Erlangte nach § 684 S. 1 herausgeben. Bei wörtlicher Interpretation würde das dazu führen, dass sich die wechselseitigen Herausgabeansprüche gegenseitig aufheben. Da dies wenig Sinn macht, wird § 684 S. 1 so ausgelegt, dass er dem Geschäftsführer einen Aufwendungsersatzanspruch (Wertersatz nach § 818 Abs. 2) bis zur Höhe, in der der Geschäftsherr bereichert ist, gewährt. Welche der beiden Varianten für den Geschäftsherrn günstiger ist, hängt von den Umständen des jeweiligen Einzelfalls ab. In der Klausur sind daher alle Möglichkeiten zu prüfen und zu vergleichen.

20 Dingliche Ansprüche

Dingliche Ansprüche unterscheiden sich von vertraglichen Ansprüchen vor allem dadurch, dass sie **nicht an das Bestehen eines Schuldverhältnisses zwischen den Beteiligten anknüpfen**, sondern an dingliche Rechte bzw. Sachenrechte. Dies sind die im dritten Buch des BGB (**Sachenrecht, §§ 854 bis 1296**) enthaltenen **absoluten Rechte**, welche sich im Gegensatz zu den nur relativen schuldrechtlichen Rechtspositionen dadurch auszeichnen, dass sie nicht nur im Verhältnis zu bestimmten Personen wirken (z. B. besteht ein Kaufpreisanspruch nur gegenüber dem Käufer, nicht aber gegenüber Dritten), sondern **gegenüber jedermann**. Absolute Rechtspositionen existieren in großer Zahl (z. B. das Namensrecht oder Patent-, Urheber- und Markenrechte), zum Sachenrecht gehören davon nur diejenigen, welche sich auf **Sachen**, also auf körperliche Gegenstände (§ 90) oder auf Tiere (§ 90 a) beziehen. Das wichtigste und umfassendste dingliche Recht ist das **Eigentum**. Daneben gibt es verschiedene **beschränkte dingliche Rechte**, wie z. B. das Pfandrecht oder die Hypothek. Der **Besitz** ist nicht eigentlich ein dingliches Recht, wird aber dennoch, da auch er sich auf Sachen bezieht, zusammen mit diesen behandelt. Abgesehen von wenigen allgemeinen Vorschriften zu Besitz und Eigentum folgt das Sachenrecht der **Zweiteilung in** auf **bewegliche Sachen** bezogene Vorschriften (Mobiliarsachenrecht) und solche, die auf **unbewegliche Sachen**, also vor allem Grundstücke, bezogen sind (Immobiliarsachenrecht).

Kennzeichnend für das Sachenrecht ist der so genannte **Typenzwang**. Während es im Schuldrecht auch atypische Verträge geben kann, die sich nicht einem der gesetzlich normierten Vertragstypen zuordnen lassen, sind die Arten von dinglichen Rechten auf die im Gesetz vorgegebenen beschränkt.

Bei der Fallbearbeitung ist zu beachten, dass die **Prüfungsreihenfolge** nicht der Gesetzessystematik entspricht. Obwohl im BGB das Sachenrecht dem Schuldrecht nachfolgt, sind dingliche Ansprüche nicht erst nach allen schuldrechtlichen Ansprüchen zu prüfen, sondern zwar nach den vertraglichen und quasivertraglichen, jedoch vor den bereicherungsrechtlichen und deliktischen. Dies hängt damit zusammen, dass dingliche Rechte teilweise nichtvertragliche schuldrechtliche Ansprüche ausschließen.

20.1 Besitz

20.1.1 Begriff

Der Besitz ist in den **§§ 854 bis 872** geregelt. Darunter versteht man die tatsächliche Herrschaftsgewalt einer Person über eine (bewegliche oder unbewegliche) Sache. Es handelt sich also um ein rein **faktisches** und nicht um ein rechtliches **Verhältnis**, welches (trotz umgangssprachlich oft synonymer Verwendung der Begriffe) **streng vom Eigentum zu unterscheiden** ist. (Z. B. kann der Dieb zwar Besitzer der gestohlenen Sache sein, nicht aber ihr Eigentümer. Bei der Vermietung von Sachen bleibt der Vermieter Eigentümer, der Mieter wird Besitzer.) Wann die erforderliche tatsächliche Herrschaftsgewalt vorliegt, bestimmt sich nach der Verkehrsanschauung. Entscheidende Kriterien sind eine enge räumliche Beziehung zur Sache (z. B. Gegenstände in der Wohnung, mitgeführte Handtasche), die Einwirkungs- und Ausschließungsmöglichkeit (z. B. angeschlossenes Fahrrad) sowie die erkennbare Beanspruchung der Sache, auch wenn es an der unmittelbaren Einwirkungsmöglichkeit fehlt (z. B. auf dem Flughafenparkplatz während des Urlaubs zurückgelassener PKW).

20.1.2 Arten des Besitzes

Das Gesetz kennt verschiedene Arten des Besitzes.

So wird nach der Nähe zur Sache unterschieden zwischen dem nach obigen Kriterien zu ermittelnden **unmittelbarem** Besitz und dem **mittelbaren** Besitz, welcher nach § 868 die Besitzposition desjenigen bezeichnet, der einem anderen den unmittelbaren Besitz aufgrund eines Rechtsverhältnisses wie Miete, Pacht oder Verwahrung auf Zeit überlässt.

Danach, ob der Besitzende über ein Recht zum Besitz verfügt, erfolgt eine Unterscheidung von **rechtmäßigem** und **unrechtmäßigem Besitz**.

Weiterhin kennt das Gesetz die Unterscheidung zwischen **Eigen- und Fremdbesitz** (§ 872), die daran anknüpft, ob der Besitzende die Sache als sich gehörend oder für jemand anderen besitzt.

Besitzen mehrere eine Sache, kommt **Teil- oder Mitbesitz** in Frage (§§ 865, 866).

Schließlich lässt sich nach der Art der Besitzerlangung zwischen dem **fehlerhaften** und dem **nicht fehlerhaften Besitz** differenzieren (§ 858).

Juristische Personen und Personengesellschaften üben den Besitz durch ihre Organe aus (**Organbesitz**), d. h. Besitzer ist nicht das Organ, sondern die juristische Person oder Personengesellschaft selbst.

Keinen Besitz stellt die **Besitzdienerschaft** dar. Besitzdiener ist nach § 855, wer zwar die tatsächliche Gewalt über eine Sache ausübt, dies jedoch für einen anderen aufgrund eines sozialen Abhängigkeitsverhältnisses, vermöge dessen er den Weisungen des anderen unterworfen ist (z. B. Arbeitnehmer, Beamte, Hauspersonal). Besitzer, d. h. unmittelbarer Besitzer, ist in solchen Konstellationen nur der andere (der Besitzherr).

20.1.3 Besitzerwerb und -verlust

Besitzerwerb und -verlust folgen unterschiedlichen Regeln je nachdem, ob es sich um unmittelbaren oder mittelbaren Besitz handelt.

Erwerb und Verlust des unmittelbaren Besitzes
Unmittelbarer Besitz wird gemäß § 854 Abs. 1 durch die **Erlangung der tatsächlichen Gewalt** über die Sache erworben, wobei es sich nicht um ein Rechtsgeschäft, sondern um einen **Realakt** handelt. Ist der Erwerber bereits in der Lage, die Gewalt auszuüben, genügt nach § 854 Abs. 2 eine Einigung über den Besitzübergang, welche den Charakter eines Rechtsgeschäfts hat. In beiden Fällen ist zusätzlich ein **Besitzerwerbswille**, d. h. ein natürlicher (also nicht notwendig rechtsgeschäftlicher) Wille zur zukünftigen Beherrschung der Sache erforderlich. Der Besitzerwerb nach § 854 Abs. 1 setzt folglich keine Geschäftsfähigkeit voraus.

Beendet wird der unmittelbare Besitz gemäß § 856 Abs. 1 entweder durch die (freiwillige) Aufgabe der tatsächlichen Gewalt über die Sache oder deren Verlust in anderer Weise. Der bloße Wille zur Besitzaufgabe genügt nicht.

Erwerb und Verlust des mittelbaren Besitzes
Beim Erwerb mittelbaren Besitzes ist zu unterscheiden zwischen dessen erstmaliger Begründung (Ersterwerb) und der Übertragung bereits bestehenden mittelbaren Besitzes (Zweiterwerb).

Der **Ersterwerb** erfordert die **Begründung eines Besitzmittlungsverhältnisses** im Sinne von § 868, also eines konkreten, zeitlich begrenzten Rechtsverhältnisses, aufgrund dessen jemand einem anderen gegenüber vorübergehend zum Besitz berechtigt oder verpflichtet ist (z. B. Mietvertrag, Verwahrung, berechtigte GoA, Sicherungsübereignung, Ehe, elterliche Sorge). Zudem muss der unmittelbare Besitzer (auch Besitzmittler) Fremdbesitzerwille haben, sprich die durch das Besitzmittlungsverhältnis gezogenen Grenzen seines Besitzrechtes anerkennen.

Der **Zweiterwerb** erfolgt nach § 870 dadurch, dass der mittelbare Besitzer seinen ihm gegen den Besitzmittler zustehenden **Herausgabeanspruch** an einen Dritten, den Erwerber, **abtritt** (§ 398). Herzuleiten ist der Herausgabeanspruch entweder aus dem Besitzmittlungsverhältnis selbst (z. B. §§ 546, 695) oder aus Gesetz (z. B. §§ 812, 985, 826). Die Kenntnis des Besitzmittlers von der Abtretung ist entsprechend den normalen Abtretungsregeln nicht notwendig.

Der mittelbare Besitz wird beendet, wenn entweder das Besitzmittlungsverhältnis aufgehoben wird oder der unmittelbare Besitzer erkennbar nicht mehr mit Fremdbesitzwillen besitzt oder wenn der Herausgabeanspruch untergeht oder übertragen wird.

20.1.4 Besitzschutzrechte

Das BGB kennt eine Reihe von Rechten, welche dem Besitzer im Falle der Beeinträchtigung seines Besitzes zustehen können.

Selbsthilferechte

Zu diesen Rechten gehören zunächst die in §§ 859, 860 normierten Selbsthilferechte. § 859 Abs. 1 gestattet dem Besitzer im Falle einer gegenwärtigen Besitzstörung, d. h. einer Besitzbeeinträchtigung auf andere Art und Weise als durch Entziehung, mittels verbotener Eigenmacht diese mit Gewalt zu beenden (**Besitzwehr**). Bei einer Entziehung des Besitzes mittels verbotener Eigenmacht darf der Besitzer einer beweglichen Sache sie dem auf frischer Tat betroffenen oder verfolgten Täter wieder abnehmen; der Besitzer eines Grundstücks darf sich dieses sofort nach der Entziehung wieder bemächtigen (**Besitzkehr**, § 859 Abs. 2 und 3). Unter **verbotener Eigenmacht** ist nach § 858 Abs. 1 jede vom Gesetz nicht gestattete Entziehung oder Störung des unmittelbaren Besitzes ohne den Willen des Besitzers zu verstehen, wobei es nicht darauf ankommt, ob es sich um einen rechtmäßigen Besitzer handelt. Das **Maß der** im Rahmen der Selbsthilfe **zulässigen Gewalt** muss sich im Rahmen dessen halten, was zur Abwehr der Beeinträchtigung geboten ist.

Die Rechte können nicht nur vom Besitzer selbst sondern auch vom Besitzdiener zu Gunsten des Besitzers geltend gemacht werden (§ 860).

Außer gegen den mit verbotener Eigenmacht Handelnden stehen die Selbsthilferechte dem Besitzer auch gegenüber den Besitznachfolgern des Handelnden zu, wenn diese beim Erwerb die Fehlerhaftigkeit des Besitzes kannten (§§ 859 Abs. 4, 858 Abs. 2).

Possessorische Besitzschutzansprüche

Eine zweite Gruppe bilden die in den §§ 861, 862, 867 normierten so genannten possessorischen Besitzschutzansprüche. Possessorisch heißen diese Rechte, weil sie **sich** im Gegensatz zu den petitorischen **nicht auf ein Recht zum Besitz stützen** (lat. petitio = Forderung), **sondern allein auf das tatsächliche Innehaben des Besitzes** (lat. possessio = Besitz) unabhängig von dessen Rechtmäßigkeit. Das bedeutet, eine Verteidigung gegen diese Ansprüche ist nicht mit der Behauptung möglich, dass der Anspruchsteller nicht über ein Recht zum Besitz verfüge.

§ 861 Abs. 1 gewährt demjenigen, dem der Besitz durch verbotene Eigenmacht entzogen wurde, einen **Herausgabeanspruch** gegen den fehlerhaften Besitzer (§ 858 Abs. 2). Bei einer gegenwärtigen Besitzstörung durch verbotene Eigenmacht kann der Besitzer nach § 862 Abs. 2 vom Störer die **Beseitigung** der Störung, bei einer drohenden Störung deren **Unterlassen** verlangen.

Die Ansprüche bestehen nicht, wenn der Anspruchsteller dem Anspruchsgegner gegenüber selbst fehlerhaft besitzt, also insbesondere, wenn er den Besitz durch verbotene Eigenmacht erlangt hat (§§ 861 Abs. 2, 862 Abs. 2). Zulässige Einwendungen gegen die Ansprüche sind nur solche, die die verbotene Eigenmacht des Anspruchsgegners ausschließen (§ 863). Das Erlöschen der Ansprüche richtet sich nach § 864.

Nach § 867 hat der Besitzer einer Sache, die auf ein im Besitz eines anderen befindliches Grundstücks gelangt ist, das **Recht**, das Grundstück aufzusuchen und **die Sache wegzuschaffen**.

Die Ansprüche können gemäß § 869 auch durch den mittelbaren Besitzer geltend gemacht werden, nicht dagegen aber durch den Besitzdiener.

Petitorische Besitzschutzansprüche
Schließlich enthält **§ 1007** zwei verschiedene petitorische Besitzherausgabeansprüche. Im Gegensatz zu den sonstigen Besitzschutzrechten bestehen diese Ansprüche **nur in Bezug auf bewegliche Sachen**. Zudem setzen sie voraus, dass der Anspruchsteller über ein Recht zum Besitz verfügt (daher petitorisch, s. o.).

§ 1007 Abs. 1 gewährt dem früheren rechtmäßigen Besitzer einer beweglichen Sache einen Herausgabeanspruch gegen den jetzigen unrechtmäßigen und diesbezüglich bösgläubigen Besitzer. Auch § 1007 Abs. 2 begründet einen Herausgabeanspruch des früheren rechtmäßigen Besitzers gegen den jetzigen unrechtmäßigen. Jedoch kommt es hier nicht darauf an, ob dieser bösgläubig ist, stattdessen ist zusätzlich erforderlich, dass die Sache dem früheren Besitzer gestohlen worden, verloren gegangen oder sonst abhanden gekommen ist.

Ausgeschlossen sind beide Ansprüche nach § 1007 Abs. 3, wenn der frühere Besitzer beim eigenen Besitzerwerb bösgläubig war, wenn er den Besitz aufgegeben hat oder wenn der jetzige Besitzer ihm gegenüber ein Recht zum Besitz hat (§ 986). Darüber hinaus ist ein Anspruch aus § 1007 Abs. 2 auch dann ausgeschlossen, wenn der jetzige Besitzer Eigentümer der Sache ist oder sie ihm selbst abhanden gekommen war.

Bösgläubigkeit in diesem Sinne heißt Kenntnis vom fehlenden Besitzrecht bzw. Kennenmüssen, also grob fahrlässige Unkenntnis.

Daneben ist zumindest der berechtigte Besitz ein sonstiges Recht im Sinne von § 823 Abs. 1, zudem kann die Herausgabe des Besitzes auch über Bereicherungsrecht verlangt werden.

20.2 Eigentumserwerb

Im Gegensatz zum Besitz handelt es sich beim Eigentum um ein Recht, und zwar um ein umfassendes Herrschaftsrecht, welches dem Eigentümer gestattet, mit der Sache nach Belieben zu verfahren und andere von jeder Einwirkung auszuschließen, sofern nicht das Gesetz oder Rechte Dritter entgegenstehen (**§ 903**). Zu beachten ist, dass sich dieser Eigentumsbegriff von demjenigen in Art. 14 GG unterscheidet, welcher sehr viel weitergehend alle vermögenswerten Rechtspositionen umfasst.

Der gesetzliche Normalfall des Eigentums ist das **Alleineigentum**. Sind mehrere Personen gemeinsam Eigentümer einer Sache, so handelt es sich zumeist um **Miteigentum**, d. h. jeder der (Mit-)Eigentümer ist nur zu einem rechnerischen Bruchteil an der Sache berechtigt, über den er jedoch unabhängig vom Willen der anderen Eigentümer verfügen kann (Bruchteilsgemeinschaft, §§ 741 bis 758, §§ 1008 bis 1011). Nur in wenigen vom Gesetz bestimmten Fällen (insbesondere bei der GbR, § 718, und der Erbengemeinschaft, § 2033 Abs. 2) liegt **Gesamthandseigentum** vor, bei welchem keine Bruchteile gebildet werden und die Eigentümer nur gemeinschaftlich über die Sache verfügen können.

Hinsichtlich des Erwerbs von Eigentum ist grundsätzlich **danach zu unterscheiden, ob** es sich um eine **bewegliche Sache oder** eine **unbewegliche Sache** handelt. Eine weitere Differenzierung knüpft daran an, ob es sich um einen **rechtsgeschäftlichen Eigentumserwerb oder** um einen **solchen kraft Gesetzes** handelt. Innerhalb des rechtsgeschäftlichen Erwerbs wiederum trifft das BGB die Unterscheidung zwischen **Erwerb vom Berechtigten und Erwerb vom Nichtberechtigten**. Hieran orientiert sich die folgende Gliederung.

Sind in der Fallbearbeitung mehrere zeitlich aufeinander folgende (potentielle) Eigentumsübergänge bezüglich ein und derselben Sache zu prüfen (z. B. um festzustellen, ob der Letzte in der Kette Eigentum erworben hat), empfiehlt es sich regelmäßig, chronologisch beginnend mit dem zeitlich ersten (potentiellen) Eigentumsübergang vorzugehen, da die umgekehrte Reihenfolge zu einem komplizierten Schachtelaufbau führt.

20.2.1 Erwerb von Mobiliareigentum

Der Erwerb des Eigentums an beweglichen Sachen ist geregelt in den **§§ 929 bis 984**, wobei sich die **§§ 929 bis 936** auf den **rechtsgeschäftlichen Erwerb** und die übrigen Paragraphen auf denjenigen kraft Gesetzes beziehen. Daneben existieren verschiedene Vorschriften zum gesetzlichen Eigentumserwerb.

Rechtsgeschäftlicher Eigentumserwerb vom Berechtigten
Die verschiedenen, an die Besitzposition von Veräußerer und Erwerber anknüpfenden Arten des rechtsgeschäftlichen Eigentumserwerbs vom Berechtigten haben ihre Grundlage in den **§§ 929 bis 931**.

Die **Voraussetzungen** für einen Eigentumserwerb sind grundsätzlich folgende:

- Einigung
- Übergabe oder Übergabesurrogat
- Einigsein im Übergabezeitpunkt
- Berechtigung des Veräußerers.

a) Einigung

Die Einigung ist ein **dinglicher Vertrag** zwischen Veräußerer und Erwerber mit dem Gegenstand, dass das Eigentum an der Sache übergehen soll. Da es sich hierbei um ein Rechtsgeschäft handelt, sind die entsprechenden Regelungen im Allgemeinen Teil des BGB grundsätzlich anwendbar, dagegen mangels schuldrechtlichen Charakters des Vertrages diejenigen des Schuldrechts jedoch nicht. Das bedeutet insbesondere, dass die Bestimmungen über Willenserklärungen in den §§ 145 ff. gelten und ebenso diejenigen in den §§ 104 ff. zur Geschäftsfähigkeit. Zudem ist eine Stellvertretung möglich, gleiches gilt für eine Bedingung (z. B. Bedingung der vollständigen Kaufpreiszahlung beim Eigentumsvorbehaltskauf, § 449) oder Befristung. Mangels abweichender Regelungen ist die Einigung nicht formbedürftig und kann also auch konkludent erfolgen. Der Inhalt der Erklärungen der Parteien ist im Zweifel durch Auslegung nach den §§ 133, 157 zu ermitteln. Es muss der Wille zum Ausdruck kommen, dass der Veräußerer das Eigentum an einer bestimmten Sache auf den Erwerber übertragen und dieser das Eigentum erwerben will.

Zu unterscheiden ist die Einigung vom schuldrechtlichen Verpflichtungsgeschäft (z. B. Kaufvertrag). Auch wenn dort ebenfalls von einer Einigung gesprochen wird, handelt es sich um selbständige Rechtsgeschäfte, die in ihrer Wirksamkeit grundsätzlich unabhängig voneinander sind (**Abstraktions- und Trennungsprinzip!**). Zu beachten ist außerdem, dass sich die Einigung über den Eigentumsübergang – wie alle dinglichen Rechtsgeschäfte – immer nur auf eine einzige Sache beziehen kann; sollen mehrere Sachen übereignet werden, ist für jede eine gesonderte Übereignung erforderlich (**Spezialitätsprinzip**).

b) Übergabe oder Übergabesurrogat

Die **Grundform** der rechtsgeschäftlichen Eigentumsübertragung bildet nach § 929 S. 1 diejenige durch **Einigung und Übergabe**. Unter **Übergabe** ist die **willentliche Übertragung des unmittelbaren Besitzes** vom Veräußerer auf den Erwerber zu verstehen. Dies erfordert einen vollständigen Besitzverlust des Veräußerers (d. h., er darf auch nicht mittelbarer Besitzer bleiben) und die Erlangung des unmittelbaren Besitzes durch den Erwerber auf Veranlassung des Veräußerers. Dabei können auf beiden Seiten Hilfspersonen (insbesondere Besitzdiener, Besitzmittler und unmittelbare Besitzer ohne Besitzmittlungsverhältnis – sog. Geheißpersonen) beteiligt sein. Der Wille zur Besitzübertragung hat – außer in den Fällen des § 854 Abs. 2 – nicht die Qualität eines rechtsgeschäftlichen Willens; ein natürlicher Wille genügt. Ist der Erwerber bereits im Besitz der Sache, d. h., hat die Übergabe bereits zu einem früheren Zeitpunkt stattgefunden, so erfolgt die Übereignung gemäß § 929 S. 2 allein durch die Einigung.

An die Stelle der Übergabe kann auch eines der beiden im Gesetz vorgesehenen **Übergabesurrogate** treten.

So ist es nach **§ 930** möglich, dass statt der Übergabe zwischen den Parteien ein Besitzmittlungsverhältnis (im Gesetz bezeichnet als **Besitzkonstitut**) in der Weise vereinbart wird, dass der Veräußerer unmittelbarer oder auch mittelbarer Besitzer bleibt und der Erwerber mittelbarer Besitzer der ersten oder einer höheren Stufe wird. Den Hauptanwendungsfall dieser Form des Eigentumserwerbs bildet die **Sicherungsübereignung**, d. h. die Übereignung z. B. von Produktionsmaschinen durch ein Unternehmen als Sicherheit für ein Bankdarlehen. In dieser Situation haben sowohl Bank als auch Unternehmen ein Interesse daran, dass letzteres die Maschinen weiterhin benutzen kann, so dass sie in dessen Besitz bleiben sollen. Das vom BGB eigentlich für bewegliche Sachen vorgesehene Sicherungsmittel des Pfandrechts (§§ 1024 ff.), ist hier ungeeignet, da es Besitz der Bank voraussetzen würde.

Die Begründung des Besitzmittlungsverhältnisses folgt den normalen Regeln Es kann bereits zu einem Zeitpunkt begründet werden, zu dem sich die Sache noch nicht im Besitz (und Eigentum) des Veräußerers befindet, sofern die Sache bereits eindeutig bestimmbar ist (sog. antizipiertes Besitzkonstitut). Der Eigentumserwerb des Erwerbers tritt dann mit der Eigentums- und Besitzerlangung des Veräußerers ein, wobei die Sache – anders als bei der Übertragung des Anwartschaftsrechts – für eine juristische Sekunde in das Vermögen des Veräußerers fällt (was im Falle dessen zwischenzeitlicher Insolvenz von Bedeutung ist).

Außerdem kann in Fällen, in denen sich die Sache im unmittelbaren oder mittelbaren Besitz eines Dritten befindet, gemäß **§ 931** die Übergabe dadurch ersetzt werden, dass der **Veräußerer einen gegen den Dritten bestehenden Herausgabeanspruch** nach § 398 **an den Erwerber abtritt** (zur Abtretung. Solche Ansprüche können z. B. in Form von Herausgabeansprüchen aus einem Besitzmittlungsverhältnis (z. B. einem Mietvertrag) bestehen oder auch in Form gesetzlicher Herausgabeansprüche, insbesondere auf Grundlage der §§ 812 ff., 823 ff. Besteht nur ein dinglicher Herausgabeanspruch nach § 985, so genügt nach überwiegender Auffassung allein die Einigung, da dieser Anspruch nicht selbständig abtretbar sei, sondern beim jeweiligen Eigentümer (automatisch) neu entstehe.

c) Einigsein im Übergabezeitpunkt

Da die Übergabe bzw. das Surrogat zeitlich nach der Einigung erfolgen kann, beide aber für eine wirksame Übereignung erforderlich sind, müssen sich die Parteien auch im Übergabezeitpunkt noch einig sein, sprich die Einigung als Rechtsgeschäft darf nicht unwirksam geworden sein. Zu einer Unwirksamkeit kommt es insbesondere dann, wenn einer der Beteiligten seine Einigungserklärung vor der Übergabe widerrufen hat. Dass ein solcher Widerruf grundsätzlich möglich ist, wird aus § 929 S. 1 hergeleitet, wonach sich die Parteien noch bei der Übergabe einig sein müssen.

d) Berechtigung des Veräußerers

Nach den allgemeinen sachenrechtlichen Regeln ist eine wirksame Übereignung, abgesehen von den Fällen des gutgläubigen Erwerbs vom Nichtberechtigten nur dann möglich, wenn der **Veräußerer zur Übertragung des Eigentums befugt** ist. Nach § 903 steht die umfassende Verfügungsbefugnis **grundsätzlich** dem **Eigentümer** zu.

Diese Befugnis kann jedoch insbesondere aufgrund eines gesetzlichen oder behördlichen Veräußerungsverbots nach § 135 bzw. § 136 eingeschränkt sein. Ein rechtsgeschäftlich vereinbartes Veräußerungsverbot lässt gemäß § 137 dagegen die Verfügungsbefugnis unberührt, so dass ein Verstoß nicht zur Unwirksamkeit der Übereignung führt.

Umgekehrt kann die Verfügungsbefugnis kraft Gesetzes (z. B. Verfügungsbefugnis des Insolvenzverwalters nach § 80 Abs. 1 InsO) oder aufgrund einer erteilten Zustimmung auch einem Dritten, also jemandem, der nicht Eigentümer der Sache ist, zustehen. § 185 Abs. 1 bestimmt, dass eine mit Einwilligung, d. h. vorheriger Zustimmung des Berechtigten erfolgte Verfügung wirksam ist. Nach §§ 185 Abs. 2, 184 Abs. 1 bewirkt eine Genehmigung, d. h. die nachträgliche Zustimmung des Berechtigten, dass die Verfügung rückwirkend wirksam wird, so dass es dann nicht mehr darauf ankommt, ob die Voraussetzungen für einen gutgläubigen Erwerb vom Nichtberechtigten vorliegen. Dagegen bleibt der Verfügende trotz Genehmigung Nichtberechtigter. Veranlassung, eine solche Genehmigung zu erteilen, hat der Berechtigte beispielsweise dann, wenn er nach § 816 Abs. 1 S. 1 den aus der Übereignung erlangten Erlös vom nichtberechtigten Veräußerer herausverlangen möchte.

Rechtsgeschäftlicher Eigentumserwerb vom Nichtberechtigten
Wie bereits erwähnt, ermöglicht das BGB gemäß seinen **§§ 932 bis 935**, auch wenn der Veräußerer nicht zur Eigentumsübertragung befugt ist, unter bestimmten Voraussetzungen dennoch eine wirksame Übereignung. Hierdurch soll der Erwerber, der aufgrund des durch den Besitz des Veräußerers erzeugten Rechtsscheins (Eigentumsvermutung zugunsten des Besitzers nach § 1006) von der Berechtigung des Veräußerers ausgehen durfte, bzw. der Rechtsverkehr insgesamt geschützt werden. Daraus folgt, dass ein gutgläubiger Erwerb dort nicht in Betracht kommt, wo Erwerber und Veräußerer wirtschaftlich identisch sind, sondern nur bei so genannten Verkehrsgeschäften.

Im Einzelnen sind die **Voraussetzungen** für einen gutgläubigen Eigentumserwerb vom Nichtberechtigten folgende:

- Einigung

- Übergabe oder Übergabesurrogat

- Einigsein im Übergabezeitpunkt

- Gutgläubigkeit des Erwerbers, § 932 Abs. 2

- kein Abhandenkommen der Sache, § 935.

a) Einigung
Bezüglich der Einigung ergeben sich gegenüber dem Erwerb vom Berechtigten keine Abweichungen.

b) Übergabe oder Übergabesurrogat
Auch der gutgläubige Erwerb kann entweder mittels Übergabe oder eines der beiden Übergabesurrogate erfolgen, wobei hier zum Teil einige **Besonderheiten** zu beachten sind.

Die Übereignung mittels **Übergabe** nach **§§ 932, 929** folgt grundsätzlich den Regeln zum Erwerb vom Berechtigten. Nur in dem Fall, dass der Erwerber bereits vor der Einigung im Besitz der Sache ist (§ 929 S. 2), verlangt § 932 Abs. 1 S. 2 zusätzlich, dass der Erwerber den Besitz vom Veräußerer erlangt hat, da bei Übergabe durch einen Dritten die Besitzverschaffung keinen Rechtsschein für das Eigentum des Veräußerers begründet.

Wird die Übergabe durch die **Vereinbarung eines Besitzkonstituts** nach § 930 ersetzt (Beibehaltung des Besitzes durch den Veräußerer und Einräumung mittelbaren Besitzes an den Erwerber, so ist nach § 933 auch hier zusätzlich erforderlich, dass der Veräußerer dem Erwerber die Sache übergibt; sprich der Eigentumserwerb findet erst dann statt, wenn der Veräußerer jegliche Besitzposition aufgibt und den unmittelbaren Besitz dem Erwerber verschafft.

Bei einem Eigentumserwerb durch **Abtretung des Herausgabeanspruchs** nach § 931 (Besitz eines Dritten und Herausgabeanspruch des Veräußerers gegen den Dritten, den er an den Erwerber abtritt, ist gemäß § 934 zu unterscheiden: Ist der Veräußerer mittelbarer Besitzer, so genügt wie beim entsprechenden Erwerb vom Berechtigten die Abtretung des Herausgabeanspruchs. Ist der Veräußerer dagegen nicht mittelbarer Besitzer, dann muss der Erwerber zusätzlich zur Abtretung vom Dritten den Besitz an der Sache erlangen.

c) Einigsein im Übergabezeitpunkt

Was das Einigsein im Übergabezeitpunkt anbelangt, gilt gleichfalls das zum Erwerb vom Berechtigten Gesagte.

d) Gutgläubigkeit des Erwerbers

Ein Eigentumserwerb nach den §§ 932 ff. ist nur dann möglich, wenn der Erwerber im guten Glauben ist. Nach der **Legaldefinition in § 932 Abs. 2** ist er dies nicht, d. h., er ist bösgläubig, wenn er wusste, dass die Sache nicht dem Veräußerer gehört, oder wenn ihm dies infolge grober Fahrlässigkeit unbekannt war. **Gegenstand des guten Glaubens** kann danach **nur das Eigentum** des Veräußerers bzw. bei § 185 desjenige des Zustimmenden sein, nicht dagegen jedoch sonstige Umstände wie die Verfügungsbefugnis (Ausnahme: § 366 HGB) oder die Vertretungsmacht. Von grob fahrlässiger Unkenntnis ist auszugehen, wenn der Erwerber trotz schwerwiegender Indizien (bspw. dubioser Ort, extrem günstiger Preis, Verweigerung einer Quittung) keine Zweifel am Eigentum des Veräußerers hat. Bei der Veräußerung von Kraftfahrzeugen liegt grobe Fahrlässigkeit z. B. immer dann vor, wenn der Erwerber sich nicht den Kfz-Brief zeigen lässt. Aus der Art, wie § 932 Abs. 2 formuliert ist, ergibt sich, dass die Beweislast umgekehrt, also der **gute Glaube vermutet** wird, solange das Gegenteil nicht bewiesen werden kann. Für das Vorliegen der Gutgläubigkeit ist auf den Zeitpunkt des Eigentumserwerbs abzustellen, d. h. bei zeitlichem Auseinanderfallen von Einigung und Übergabe darf der Erwerber zu keinem dieser Zeitpunkte bösgläubig sein.

e) Kein Abhandenkommen der Sache

Ein gutgläubiger Erwerb ist gemäß **§ 935 Abs. 1 S. 1** ausgeschlossen, wenn die Sache dem Eigentümer gestohlen worden, verloren gegangen oder sonst abhanden gekommen war. Unter **Abhandenkommen ist jeder unfreiwillige Verlust des unmittelbaren Besitzes** zu verstehen, wobei sich die Freiwilligkeit danach bestimmt, ob ein natürlicher Wille zur Besitzaufgabe bestand. Daher ist auch ein irrtums- oder täuschungsbedingter Verlust des Besitzes freiwillig. Wie Fälle einer Drohung zu behandeln sind, ist dagegen strittig. Das Abhandenkommen schließt nicht nur bei dem unmittelbar darauf folgenden Geschäft einen gutgläubigen Eigentumserwerb aus, sondern bei allen zeitlich späteren Veräußerungen.

Ist der Eigentümer nur mittelbarer Besitzer, so ist nach § 935 Abs. 1 S. 2 für das Abhandenkommen auf den unmittelbaren Besitzer abzustellen.

§ 935 Abs. 2 normiert, dass bei Geld, Inhaberpapieren und öffentlich versteigerten Sachen trotz Abhandenkommens ein gutgläubiger Erwerb möglich bleibt. Hiermit soll insbesondere die Verkehrsfähigkeit von Geld geschützt werden.

Eigentumserwerb kraft Gesetzes
Vom rechtsgeschäftlichen Eigentumserwerb ist der Eigentumserwerb kraft Gesetzes zu unterscheiden, der sich aufgrund bestimmter gesetzlicher Regelungen **unabhängig vom Willen der Beteiligten** vollzieht. Normiert ist er, soweit **bewegliche Sachen** in Rede stehen, in den **§§ 937 bis 984**. Daneben finden sich an verschiedenen Stellen Einzelvorschriften zum gesetzlichen Eigentumserwerb (z. B. der Übergang des Vermögens auf den Erben nach § 1922). Da Anknüpfungspunkt für den Eigentumserwerb gerade nicht der Wille der Beteiligten oder gar ein Rechtsgeschäft ist, spielen Faktoren wie Geschäftsfähigkeit oder Gutgläubigkeit hier keine Rolle.

In den §§ 937 ff. sind folgende **Arten** des Eigentumserwerbs kraft Gesetzes geregelt:

- Ersitzung (§§ 937 bis 945)
- Verbindung, Vermischung, Verarbeitung (§§ 946 bis 951)
- Erwerb des Eigentums an Schuldurkunden (§ 952)
- Erwerb von Erzeugnissen und sonstigen Bestandteilen (§§ 953 bis 957)
- Aneignung herrenloser Sachen (§§ 958 bis 964)
- Erwerb von Fundsachen (§§ 965 bis 984).

Hier sollen nur Verbindung, Vermischung, Verarbeitung, der Eigentumserwerb an Schuldurkunden sowie der Erwerb von Erzeugnissen und sonstigen Bestandteilen dargestellt werden, da die übrigen Arten des gesetzlichen Eigentumserwerbs an beweglichen Sachen von nur geringer praktischer Relevanz sind.

a) Verbindung, Vermischung, Verarbeitung
Werden bewegliche Sachen mit anderen Sachen verbunden oder vermischt, so dass sie ihre Selbständigkeit verlieren oder wird ihr Charakter durch Verarbeitung geändert, dann stellt sich die Frage, wie sich dies auf die Eigentumsverhältnisse auswirkt. Hierzu treffen die **§§ 946 bis 951** detaillierte Regelungen.

§ 946 bestimmt, dass bei der **Verbindung einer beweglichen Sache mit einem Grundstück** dergestalt, dass sie wesentlicher Bestandteil desselben wird, sich das Grundstückseigentum auch auf die verbundene Sache erstreckt. Diese Regelung knüpft an § 93 an, wonach wesentliche Bestandteile nicht Gegenstand besonderer Rechte sein können, also auch nicht gesondert eigentumsfähig sind. Nach der in § 93 enthaltenen Definition sind Bestandteile einer Sache wesentlich, wenn sie nicht voneinander getrennt werden können, ohne dass der eine oder der andere zerstört oder in seinem Wesen verändert wird. Nach den §§ 94, 95 gehören zu den wesentlichen Bestandteilen eines Grundstücks vor allem Gebäude und in Gebäude fest eingefügte Sachen (z. B. die Heizung oder ein fest verklebter Teppich), es sei denn, die Verbindung ist nur zu einem vorübergehenden Zweck erfolgt (so genannte Scheinbestandteile, § 95).

§ 947 trifft eine parallele Regelung für den Fall, dass **zwei oder mehr bewegliche Sachen** so **miteinander verbunden** werden, dass sie wesentliche Bestandteile (§ 93) einer einheitlichen Sache werden (z.B. Verschweißen von Komponenten bei der Montage einer Maschine). Nach § 947 Abs. 1 werden die Eigentümer der verbundenen Sachen grundsätzlich Miteigentümer (§§ 1008 ff., 741 ff.) der neuen Sache im Verhältnis des Wertes der Einzelsachen. Erfolgt die Verbindung allerdings so, dass eine der Sachen als Hauptsache anzusehen ist, dann wird gemäß § 947 Abs. 2 der Eigentümer der Hauptsache alleiniger Eigentümer der neuen Sache. Wann eine Sache als Hauptsache anzusehen ist, bestimmt sich nach der Verkehrsanschauung. Entscheidend ist, ob die übrigen Bestandteile fehlen können, ohne dass dadurch das Wesen der einheitlichen Sache beeinträchtigt wird.

Nach § 948 ist § 947 entsprechend anzuwenden, wenn **bewegliche Sachen untrennbar miteinander vermischt oder vermengt** werden bzw. wenn die Trennung zwar möglich, aber mit unverhältnismäßigen Kosten verbunden ist. D. h., auch in diesem Falle erwerben die Eigentümer der vermischten oder vermengten Sachen Miteigentum nach dem Verhältnis des Wertes der vermischten/vermengten Sachen, es sei denn, eine der Sachen ist als Hauptsache anzusehen; dann erwirbt der Eigentümer dieser Sache Alleineigentum. Die Eigenschaft als Hauptsache bestimmt sich hier primär nach dem zahlen- oder mengenmäßigen Übergewicht. Anwendung findet die Vorschrift vor allem auf Flüssigkeiten und feinkörnige Substanzen, nach h. M. zudem auch auf Münzen und Geldscheine.

Welche Folgen die **Herstellung einer neuen beweglichen Sache durch Verarbeitung oder Umbildung eines oder mehrerer Stoffe** (z. B. Stricken eines Pullovers aus Wolle) für die Eigentumslage hat, ist in § 950 geregelt. Danach erwirbt der Hersteller das Eigentum an der neuen Sache, sofern nicht der Wert der Verarbeitung oder Umbildung erheblich hinter dem Wert des Stoffes zurückbleibt. Wert der Verarbeitung ist der Wert der hergestellten Sache abzüglich des Wertes der verarbeiteten Stoffe. Der Begriff der Verarbeitung umfasst nach § 950 Abs. 1 S. 2 auch die Bearbeitung der Oberfläche beispielsweise durch Schreiben, Zeichnen, Malen, Drucken oder Gravieren. Um eine neu hergestellte Sache handelt es sich, wenn sie sich nach ihrem äußeren Erscheinungsbild und ihrer Zweckbestimmung von den verarbeiteten Stoffen unterscheidet. Hersteller ist nicht notwendig derjenige, der die Verarbeitung selbst durchführt, sondern der, der die Organisationshoheit über den Herstellungsprozess hat (bei der Herstellung von Produkten durch Arbeiter bspw. das Unternehmen). Probleme bereitet § 950, wenn an einen Produzenten für die Verarbeitung bestimmte Waren unter Eigentumsvorbehalt geliefert werden, da der gesetzliche Eigentumserwerb durch Verarbeitung unabhängig davon eintritt, ob der Kaufpreis vollständig gezahlt wurde. Um diese nicht gewollte Folge zu verhindern, werden zwei Lösungen vorgeschlagen: zum einen eine Vereinbarung, dass der Lieferant als Hersteller anzusehen sei (problematisch wegen des zwingenden Charakters von § 950, s. u.) und zum anderen die Übereignung der neu hergestellten Sache an den Lieferanten mittels vorweggenommener Einigung und antizipierten Besitzkonstituts.

Bei den **§§ 946 bis 948 und 950** handelt es sich um **zwingendes**, also nicht abdingbares **Recht**, wobei eine Meinung von § 950 abweichende Vereinbarungen zulassen will.

Ein Eigentumserwerb nach den genannten Vorschriften führt grundsätzlich zum Erlöschen etwaiger Rechte Dritter an den einzelnen Sachen, es sei denn, der Eigentümer der mit einem Recht belasteten Sache erwirbt Allein- oder Miteigentum (§§ 949, 950 Abs. 2), an dem sich die Rechte fortsetzen können.

Auch wenn jemand nach den §§ 946 ff. Eigentum erwirbt, bedeutet das noch nicht, dass dieser Person auch dessen wirtschaftlicher Wert zukommen soll. Vielmehr enthält § 951 gemeinsame **Entschädigungsregeln** zugunsten desjenigen, der durch einen Eigentumserwerb nach den §§ 946 ff. einen Rechtsverlust – in Form eines Eigentumsverlustes oder des Erlöschens sonstiger Rechte – erlitten hat. **§ 951 Abs. 1 S. 2** räumt dem Betroffenen gegen den von der Rechtsänderung Begünstigten, d. h. in aller Regel gegen den neuen Eigentümer, einen **Anspruch auf Vergütung in Geld nach den Vorschriften über die ungerechtfertigte Bereicherung** ein. Dabei handelt es sich um eine Rechtsgrundverweisung auf § 812 Abs. 1 S. 1 Alt. 2, so dass auch dessen Voraussetzungen erfüllt sein müssen. Das Verhältnis des Anspruchs aus § 951 Abs. 1 zu anderen Ansprüchen ist in § 951 Abs. 2 S. 1 geregelt. Bei einer Verbindung nach § 946 oder 947 besteht zudem gemäß § 951 Abs. 2 S. 2 ein Wegnahmerecht. Ein Anspruch auf Wiederherstellung des früheren Zustandes ist nach § 951 Abs. 1 S. 2 dagegen ausgeschlossen.

b) Erwerb des Eigentums an Schuldurkunden

Ist eine Forderung oder ein sonstiges Recht in einer Urkunde verbrieft, dann stellt sich die Frage, wie das Eigentum an dieser Urkunde übertragen wird.

Für bestimmte Arten von Schuldurkunden bestimmt **§ 952**, dass kraft Gesetzes der Inhaber des Rechts auch Eigentümer der Urkunde ist. D. h., wird das Recht übertragen, folgt das Eigentum an der Urkunde „automatisch" mit. Dieses Prinzip wird anschaulich umschrieben mit dem Satz: „**Das Recht am Papier folgt dem Recht aus dem Papier.**". Anwendbar ist § 952 auf Schuldscheine über Forderungen, zu denen beispielsweise Sparbücher (§ 808) zählen, sowie nach § 952 Abs. 2 auf Hypotheken-, Grund- und Rentenschuldbriefe. Zudem wird die Vorschrift nach überwiegender Ansicht analog auf den Kfz-Brief angewendet, der Auskunft über den Halter, zu dessen Gunsten regelmäßig eine Eigentumsvermutung greift, gibt.

Das **Gegenprinzip** zu § 952 wird mit dem Satz: „**Das Recht aus dem Papier folgt dem Recht am Papier.**" verdeutlicht. Damit ist gemeint, dass das Eigentum an der Urkunde nach sachenrechtlichen Vorschriften, also nach den §§ 929 ff. übertragen wird und die Inhaberschaft am verkörperten Recht „automatisch" dem Eigentum an der Urkunde folgt. Diese Regel gilt beispielsweise für Inhaberaktien, Schecks und Wechsel.

c) Erwerb von Erzeugnissen und sonstigen Bestandteilen

Während die §§ 946 ff. Bestimmungen zu den Auswirkungen der Verbindung usw. von Sachen auf die Eigentumslage enthalten, betreffen die **§§ 953 bis 957** praktisch den umgekehrten Fall, nämlich den der **Abtrennung von Teilen einer zuvor einheitlichen Sache**. Vor der Abtrennung handelt es sich um wesentliche Bestandteile, die nicht selbständig eigentumsfähig sind, sondern vom Eigentum an der Sache mitumfasst werden. Nach der Abtrennung dagegen werden sie zu selbständigen Sachen, so dass die Zuordnung des Eigentums nunmehr einer Klärung bedarf.

Die **Grundregel** ist hier gemäß § 953 die, dass **Erzeugnisse und sonstige Bestandteile einer Sache auch nach der Trennung dem Eigentümer der Sache gehören. Ausnahmen** davon enthalten die **§§ 954 bis 957**. Diese Ausnahmen stehen in einem Stufenverhältnis und sind **umgekehrt zur Reihenfolge der Paragraphen zu prüfen**. Primär wird Eigentümer des getrennten Bestandteils derjenige, dem der Eigentümer der Hauptsache (§ 956) bzw., sofern der potentielle Erwerber gutgläubig ist, auch ein Nichtberechtigter (§ 957) die Aneignung schuldrechtlich gestattet hat, und zwar mit dem Zeitpunkt der Besitzergreifung. Liegt keine solche Gestattung vor, erwirbt nach § 955 der gutgläubige Eigenbesitzer, also derjenige, der zwar nicht Eigentümer ist, aber die Sache als ihm gehörend besitzt und bezüglich seines Eigentums gutgläubig ist, das Eigentum an den getrennten Bestandteilen. Existiert auch ein solcher nicht, wird gemäß § 954 derjenige Eigentümer, der kraft dinglicher Berechtigung zur Aneignung der Bestandteile befugt ist. Greift auch diese Ausnahme nicht, dann gilt die Grundregel des § 953.

Erzeugnisse sind die auf natürlichem Wege aus einer Sache hervorgehenden Produkte (z. B. Früchte vom Baum, Milch oder Kalb der Kuh). Sonstige Bestandteile sind wesentliche Bestandteile (§§ 93, 94) und einfache Bestandteile, sofern sie vor der Trennung demselben Eigentümer gehörten wie die Hauptsache.

20.2.2 Erwerb von Immobiliareigentum

Der Erwerb des Eigentums an unbeweglichen Sachen folgt eigenen Regeln, die teilweise Parallelen zum Eigentumserwerb an beweglichen Sachen aufweisen, sich in verschiedenen Punkten aber auch von diesem unterscheiden und die im Gesetz an anderer Stelle geregelt sind. Bestimmungen über den **rechtsgeschäftlichen Erwerb vom Berechtigten oder Nichtberechtigten** finden sich in den **§§ 873 bis 902** (die für alle Arten von Rechten an Grundstücken gelten) und **925 bis 928** (die zusätzliche spezielle Regelungen für die Übereignung aufstellen). Eine nur untergeordnete Rolle spielt – abgesehen von demjenigen durch Erbfolge nach § 1922 – bei Immobilien der Eigentumserwerb kraft Gesetzes (z. B. durch Ersitzung nach § 900 oder § 927), weshalb hier auf eine Darstellung verzichtet werden soll.

Mit der Bezeichnung „unbewegliche Sache" sind **Grundstücke** gemeint, also Teile der Erdoberfläche, die durch Vermessung abgegrenzt und im Grundbuch als Grundstücke verzeichnet sind. An sich bewegliche Sachen, die mit einem Grundstück als **wesentliche Bestandteile** (§ 94) verbunden sind, folgen automatisch dem Eigentum am Grundstück. Sie können gemäß § 93 nicht selbständig nach den für bewegliche Sachen geltenden Vorschriften übereignet werden.

Rechtsgeschäftlicher Eigentumserwerb vom Berechtigten

Die rechtsgeschäftliche Übertragung des Eigentums an einem Grundstück hat folgende **Voraussetzungen**:

- Einigung (Auflassung), §§ 873, 925
- Eintragung in das Grundbuch, § 873
- Einigsein im Eintragungszeitpunkt, § 873 Abs. 2
- Berechtigung des Veräußerers.

Aus dieser Übersicht wird deutlich, dass die Voraussetzungen weitgehend parallel zu denen der Übereignung beweglicher Sachen strukturiert sind. Der wesentlichste Unterschied ist der, dass an die Stelle der Übergabe die Grundbucheintragung tritt.

a) Auflassung

Auch die Übereignung von Grundstücken erfordert gemäß §§ 873, 925 eine **Einigung zwischen Veräußerer und Erwerber darüber, dass das Eigentum übergehen soll**. Nach § 925 Abs. 1 S. 1 wird diese Einigung als Auflassung bezeichnet. Auch hier handelt es sich um ein **dingliches Rechtsgeschäft**, so dass das oben zur Einigung bei beweglichen Sachen Gesagte entsprechend gilt. Im Unterschied zu dort ist die Auflassung jedoch **nicht formfrei**, sondern muss gemäß § 925 Abs. 1 S. 1 bei gleichzeitiger Anwesenheit beider Teile vor einer zuständigen Stelle, wozu nach § 925 Abs. 1 S. 2 insbesondere Notare zählen, erklärt werden. Dies verlangt nicht notwendige die persönliche Anwesenheit der Parteien, eine Stellvertretung (§§ 164 ff.) ist zulässig. Eine notarielle Beurkundung (§ 128), ist an sich für die Wirksamkeit der Auflassung nicht zwingend, da jedoch zum einen das zugrunde liegende Verpflichtungsgeschäft (regelmäßig ein Kaufvertrag) nach § 311 b beurkundungsbedürftig ist und zum anderen die Grundbucheintragung die Beurkundung der Auflassung voraussetzt, wird diese üblicherweise sogleich in notariell beurkundeter Form vorgenommen.

b) Grundbucheintragung

Weiterhin ist nach § 873 für einen Eigentumserwerb grundsätzlich die Eintragung der Rechtsänderung in das Grundbuch erforderlich. Dabei muss die Eintragung inhaltlich mit der Auflassung übereinstimmen. Die Einzelheiten zu den Eintragungsvoraussetzungen und der Art und Weise der Eintragung sind in der Grundbuchordnung (GBO) geregelt. Insbesondere setzt die Eintragung voraus, dass einer der Beteiligten einen Antrag auf Eintragung stellt, dass eine notariell beurkundete Auflassung vorliegt, dass der Veräußerer die Eintragung bewilligt und dass der Veräußerer im Grundbuch als Eigentümer eingetragen ist.

Der **Wechsel des Eigentümers** tritt **erst mit** der tatsächlichen **Eintragung** ein, jedoch erlangt der Erwerber nach der h. M. bereits **mit der Antragstellung** ein **Anwartschaftsrecht** auf den Eigentumserwerb.

c) Einigsein im Eintragungszeitpunkt

Im Umkehrschluss aus § 873 Abs. 2 ergibt sich, dass die Einigung – wie auch bei beweglichen Sachen – grundsätzlich von jeder der Parteien frei widerrufen werden kann. Da eine widerrufene Einigung unwirksam ist, kann eine dennoch erfolgte Eintragung keine Rechtsänderung herbeiführen. Daher ist stets zu prüfen, ob die Auflassung zum Zeitpunkt der Eintragung noch Bestand hatte. Laut § 873 Abs. 2 ist ein Widerruf in folgenden Fällen nicht (mehr) möglich:

- notarielle Beurkundung der Auflassung

- Abgabe der Auflassungserklärungen vor dem Grundbuchamt

- Einreichung der Auflassung beim Grundbuchamt

- Aushändigung einer formell ordnungsgemäßen Eintragungsbewilligung vom Veräußerer an den Erwerber.

d) Berechtigung des Veräußerers

Nach den allgemeinen Grundsätzen muss schließlich der Veräußerer zur Übertragung des Eigentums berechtigt sein. Auch hier gelten die Ausführungen zur Übereignung beweglicher Sachen entsprechend. D. h., Berechtigter ist grundsätzlich der Eigentümer, es sei denn, dessen Verfügungsbefugnis ist nach den §§ 135, 136 beschränkt oder er hat der Verfügung durch einen Dritten gemäß § 185 zugestimmt oder die Verfügungsbefugnis ist kraft Gesetzes auf einen Dritten übergegangen.

Der Zeitpunkt, in dem die Berechtigung vorliegen muss, ist ebenfalls der der Vollendung des Rechtserwerbs, also der der Eintragung. Jedoch bestimmt § 878, dass Verfügungsbeschränkungen des Veräußerers, die nach dem Zeitpunkt der Stellung des Eintragungsantrags eingetreten sind, unbeachtlich sind. Hierdurch soll der Erwerber geschützt werden, der keinen Einfluss darauf hat, wie schnell das Grundbuchamt den Eintragungsantrag bearbeitet.

Rechtsgeschäftlicher Eigentumserwerb vom Nichtberechtigten

Unter folgenden **Voraussetzungen** kann Immobiliareigentum wirksam vom Nichtberechtigten erworben werden:

- Einigung (Auflassung)

- Eintragung in das Grundbuch

- Einigsein im Eintragungszeitpunkt

- Unrichtigkeit des Grundbuchs

- Legitimation des Veräußerers durch das Grundbuch

- Keine Eintragung eines Widerspruchs

- Gutgläubigkeit des Erwerbers.

Die ersten drei Voraussetzungen entsprechen denjenigen beim Erwerb vom Berechtigten, weshalb auf die dortigen Ausführungen verwiesen wird. Wie bei beweglichen Sachen ist auch beim Erwerb von Grundstückseigentum vom Nichtberechtigten erforderlich, dass es sich um ein Verkehrsgeschäft handelt, also dass Veräußerer und Erwerber nicht wirtschaftlich identisch sind. Die übrigen Voraussetzungen, die speziell den Erwerb vom Nichtberechtigten kennzeichnen, ergeben sich aus **§ 892**. Die Ermöglichung eines gutgläubigen Erwerbs dient dazu, das berechtigte Vertrauen in die Richtigkeit des Grundbuchs zu schützen.

a) Unrichtigkeit des Grundbuchs

Ein Erwerb vom Nichtberechtigten erfordert nach § 892 Abs. 1 S. 1 zunächst die Unrichtigkeit des Grundbuchs. D. h., dasjenige, was eingetragen ist, darf nicht mit der tatsächlichen Rechtslage übereinstimmen. Dies ist **insbesondere** dann der Fall, **wenn der Veräußerer als Eigentümer eingetragen ist, obwohl er nicht Eigentümer ist**. Die Unrichtigkeit kann aber auch darin bestehen, dass eine auf dem Eigentum liegende dingliche Belastung (z. B. eine Hypothek) oder eine (relative) Verfügungsbeschränkung (§ 892 Abs. 1 S. 2) nicht eingetragen ist. Unschädlich ist dagegen, wenn rein tatsächliche Angaben oder Angaben zu den persönlichen Verhältnissen des Veräußerers unrichtig sind.

Die Unrichtigkeit muss zu dem Zeitpunkt vorliegen, in dem der Erwerber als Eigentümer eingetragen wird.

b) Legitimation des Veräußerers durch das Grundbuch

Da der für einen gutgläubigen Erwerb erforderliche Rechtsschein nicht allein durch die Unrichtigkeit des Grundbuchs erzeugt wird, muss es sich um eine **Unrichtigkeit dergestalt** handeln, **dass der Veräußerer der Eintragung zufolge zur Übereignung legitimiert erscheint**. Dies ist insbesondere bei Eintragung des Veräußerers als Eigentümer gegeben, sofern nicht gleichzeitig Verfügungsbeschränkungen eingetragen sind.

c) Keine Eintragung eines Widerspruchs

Ist in das Grundbuch ein Widerspruch gegen dessen Richtigkeit eingetragen, so zerstört dies den Rechtsschein, dass die Eintragungen die tatsächliche Rechtslage abbilden. Daher schließt § 892 Abs. 1 S. 1 in diesem Fall einen gutgläubigen Erwerb aus und zwar unabhängig davon, ob der Erwerber Kenntnis von der Widerspruchseintragung hat.

d) Gutgläubigkeit des Erwerbers

Ein wirksamer Eigentumserwerb vom Nichtberechtigten kommt nur in Betracht, wenn der Erwerber gutgläubig ist. Nicht gutgläubig, also **bösgläubig** ist er nach **§ 892 Abs. 1 S. 1, wenn er die Unrichtigkeit des Grundbuchs kennt**. Grob fahrlässige Unkenntnis schadet also im Unterschied zum Erwerb beweglicher Sachen nicht. Darauf, ob der Erwerber das Grundbuch tatsächlich eingesehen hat, kommt es nicht an. **Bezugspunkt** der Gutgläubigkeit ist **primär** die **Eigentümerstellung** des Veräußerers, sie kann sich jedoch auch auf das Nichtbestehen dinglicher Belastungen oder relativer Verfügungsbeschränkungen beziehen. In zeitlicher Hinsicht ist grundsätzlich die Vollendung des Rechtserwerbs, also das Vorliegen aller Erwerbsvoraussetzungen maßgeblich. § 892 Abs. 2 verlagert diesen Zeitpunkt jedoch (parallel zu § 878) auf die Stellung des Eintragungsantrages vor, wenn zur Vollendung des Rechtserwerbs nur noch die Grundbucheintragung erforderlich ist.

20.3 Anwartschaftsrechte auf den Eigentumserwerb

Anwartschaftsrechte lassen sich charakterisieren als **Vorstufe oder Minus zum Vollrechtserwerb**. Man spricht von einem Anwartschaftsrecht, wenn von den Voraussetzungen, die zum Erwerb des Vollrechts erfüllt sein müssen, bereits so viele erfüllt sind, dass der Veräußerer den Rechtserwerb nicht mehr einseitig verhindern kann. Obwohl Anwartschaftsrechte auch in Bezug auf andere Rechte in Betracht kommen, soll hier aufgrund ihrer praktischen Bedeutung nur die auf den Eigentumserwerb gerichtete Anwartschaft betrachtet werden.

Eigentumsanwartschaftsrechte können in verschiedenen **Situationen** entstehen; in der geschäftlichen Praxis am wichtigsten sind folgende:

- Anwartschaftsrecht des Erwerbers beim Eigentumsvorbehaltskauf
- Anwartschaftsrecht des Sicherungsgebers bei der Sicherungsübereignung
- Anwartschaftsrecht des Erwerbers bei Eintragung einer Vormerkung in das Grundbuch

Gesetzliche Regelungen, die explizit Anwartschaftsrechte zum Gegenstand haben, existieren nicht, jedoch werden die **für das Eigentum geltenden Vorschriften entsprechend auf das Anwartschaftsrecht angewandt**. Das bedeutet insbesondere, dass der Inhaber des Anwartschaftsrechts über dieses prinzipiell genauso verfügen kann wie ein Eigentümer über sein Eigentum, es also beispielsweise rechtsgeschäftlich übertragen oder mit einem beschränkten dinglichen Recht belasten kann. Zu beachten ist, dass nach dem Gesagten die **Übertragung des Anwartschaftsrechts nicht gemäß §§ 398, 413 durch Abtretung erfolgt, sondern nach sachenrechtlichen Vorschriften**. Auch ein gutgläubiger Erwerb ist danach prinzipiell möglich. Zudem genießt das Eigentumsanwartschaftsrecht ähnlichen Schutz wie das Eigentum nach den §§ 812 ff., 823 ff., 985 ff. und 1004.

20.3.1 Eigentumsvorbehaltskauf

Grundlegendes
Der Eigentumsvorbehaltskauf beweglicher Sachen ist in **§ 449** geregelt. Er ist dadurch gekennzeichnet, dass die **Übereignung der Kaufsache** (nicht der Kaufvertrag; Abstraktionsprinzip!) **unter der aufschiebenden Bedingung der vollständigen Kaufpreiszahlung** steht, was gemäß § 449 Abs. 1 regelmäßig dann anzunehmen ist, wenn sich der Verkäufer das Eigentum bis zur vollständigen Kaufpreiszahlung vorbehalten hat. Nach § 158 Abs. 1 hat dies zur Folge, dass der Eigentumserwerb des Käufers nicht bereits mit der Einigung und Übergabe, sondern erst mit dem Eintritt der Bedingung, also der vollständigen Zahlung des

vereinbarten Kaufpreises, erfolgt. Hierdurch kann sich der Verkäufer, z. B. im Falle einer vereinbarten Ratenzahlung, davor schützen, sein Eigentum zu verlieren, ohne dass er die (volle) Gegenleistung erhält.

In dieser Konstellation erwirbt der Käufer **ab** dem Zeitpunkt der **Einigung und Übergabe** (sofern die übrigen Voraussetzungen für einen rechtsgeschäftlichen Eigentumserwerb vorliegen) ein **Anwartschaftsrecht** auf den Eigentumserwerb. Denn der Eigentumsübergang vollzieht sich dann automatisch mit dem Bedingungseintritt, dessen Herbeiführung allein in der Hand des Käufers liegt. D. h., der Verkäufer kann den Eigentumserwerb nicht mehr einseitig verhindern. Bis zur vollständigen Zahlung bleibt er Eigentümer und mittelbarer Besitzer. Als solcher könnte er prinzipiell die Sache einem Dritten übereignen, jedoch bestimmt § 161 Abs. 1 S. 1, dass eine solche Zwischenverfügung unwirksam wird, wenn die Bedingung eintritt.

Ein Eigentumsvorbehalt kann bei allen Arten des rechtsgeschäftlichen Eigentumserwerbs beweglicher Sachen nach den §§ 929 ff. einschließlich desjenigen vom Nichtberechtigten vereinbart werden. Erforderlich ist nur, dass der Bedingungseintritt möglich ist, woran es vor allem dann fehlt, wenn der zugrunde liegende Kaufvertrag unwirksam ist und damit gar keine durch Zahlung tilgbare Schuld besteht. Hat der Käufer ein Anwartschaftsrecht erworben, dann kann er es nach den §§ 929 ff. auf einen Dritten übertragen.

Ein **Eigentumsvorbehaltskauf unbeweglicher Sachen** kommt wegen der Bedingungsfeindlichkeit der Auflassung gemäß § 925 Abs. 2 **nicht** in Betracht.

Verlängerter Eigentumsvorbehalt
Eine im Handelsverkehr wichtige Sonderform des Eigentumsvorbehaltes stellt der so genannte **verlängerte Eigentumsvorbehalt** dar. Auch hier wird die Kaufsache unter der aufschiebenden Bedingung der vollständigen Kaufpreiszahlung übereignet. Ist nun jedoch der Verkäufer beispielsweise ein Großhändler und der Käufer ein Einzelhändler, ist den Interessen der Beteiligten damit allein noch nicht gedient, da der Einzelhändler seinen Kunden kein Eigentum, sondern nur ein Anwartschaftsrecht verschaffen könnte bzw. dürfte. Dies ist nicht praktikabel, da niemand bereit wäre, den Kaufpreis für eine bloße Anwartschaft zu zahlen. Da der Weiterverkauf durch den Einzelhändler aber auch im Interesse des Großhändlers ist, welcher aus den Erlösen seinerseits den Kaufpreis erhält, er aber andererseits die durch den Eigentumsvorbehalt gewährleistete Sicherheit nicht vollständig verlieren möchte, werden folgende zusätzliche Vereinbarungen getroffen: Zum einen erteilt der Verkäufer seine Einwilligung gemäß § 185 Abs. 1, dass der Käufer die unter Eigentumsvorbehalt stehenden Sachen im Rahmen des gewöhnlichen Geschäftsverkehrs an Dritte weiterveräußern darf, was eine Eigentumsübertragung durch den Käufer als Berechtigten ermöglicht. Zum anderen werden alle Kaufpreisforderungen, die der Käufer aus der Weiterveräußerung an Dritte erlangt, im Voraus nach § 398 an den Verkäufer abgetreten. D. h., der Eigentumsvorbehalt selbst erlischt zwar in dem Moment, in dem der Käufer die Sache an einen Dritten übereignet (insofern ist der Begriff verlängerter Eigentumsvorbehalt irreführend), jedoch erhält der Verkäufer mit der Inhaberschaft der Kaufpreisforderung des Käufers gegen den Dritten ein anderes Sicherungsmittel, welches funktionsmäßig an die Stelle des verlorenen Eigentums tritt.

Zusammentreffen von verlängertem Eigentumsvorbehalt und Globalzession
Probleme ergeben sich dann, wenn ein **verlängerter Eigentumsvorbehalt** zugunsten eines Warenlieferanten mit einer **Globalzession** zugunsten eines Darlehensgebers kollidiert, d. h. wenn der Eigentumsvorbehaltskäufer, also der Einzelhändler in obigem Beispiel, zugleich mit einem Darlehensgeber (regelmäßig einer Bank) als Sicherheit für ein Darlehen eine Globalzession, also die Abtretung aller seiner gegenwärtigen und zukünftigen Forderungen vereinbart hat. In dieser Situation fallen diejenigen Forderungen, die aus der Weiterveräußerung unter Eigentumsvorbehalt erworbener Waren resultieren, sowohl unter die Abtretungsvereinbarung mit dem Warenlieferanten im Rahmen des verlängerten Eigentumsvorbehalts als auch unter diejenige mit dem Darlehensgeber. Da der Käufer und Darlehensnehmer nur eine Forderung wirksam abtreten kann, deren Inhaber er ist, ist nach dem Prioritätsprinzip **nur die zeitlich erste Abtretung wirksam**, aufgrund längerfristiger Kreditlaufzeiten regelmäßig die an den Darlehensgeber.

Dies wird als **unbillig** angesehen, weil dadurch zum einen Warenlieferanten gegenüber Darlehensgebern in Bezug auf die nutzbaren Sicherheiten generell benachteiligt werden und zum anderen der Eigentumsvorbehaltskäufer dazu verleitet wird, die bereits erfolgte Abtretung gegenüber dem Lieferanten zu verschweigen und dadurch eine Vertragspflichtverletzung zu begehen. Um die widerstreitenden Interessen der Beteiligten zum Ausgleich zu bringen, hat die Rechtsprechung folgende **Lösung** entwickelt: In Geschäftsbereichen, in denen Warenlieferungen üblicherweise nur unter Eigentumsvorbehalt erfolgen, ist eine Globalzession an einen Darlehensgeber grundsätzlich wegen der Verleitung zum Vertragsbruch gegenüber dem Lieferanten sittenwidrig und damit nach § 138 nichtig. Diese Nichtigkeitsfolge kann nur dann vermieden werden, wenn die Vereinbarung der Globalzession eine so genannte **dingliche Teilverzichtsklausel** enthält, also eine Klausel, wonach unter einen verlängerten Eigentumsvorbehalt fallende Forderungen automatisch von der Globalzession ausgenommen sind.

20.3.2 Sicherungsübereignung

Eine Sicherungsübereignung ist **rechtlich betrachtet eine normale rechtsgeschäftliche Eigentumsübertragung. Wirtschaftlich** hat diese jedoch den **Zweck**, dem Erwerber das **Eigentum als Sicherheit** beispielsweise für ein von ihm an den Veräußerer gezahltes Darlehen zu verschaffen (z. B. Übereignung von Maschinen durch einen Unternehmer an eine Bank für ein gewährtes Darlehen). Dies schlägt sich rechtlich in einer die Übereignung begleitenden Sicherungsabrede und in entsprechenden Regelungen im zugehörigen schuldrechtlichen Vertrag nieder. Dieser spezielle Zweck hat zur Folge, dass die **Übereignung nicht als dauerhafte gedacht** ist, sondern dass das Eigentum mit dem Wegfall des Sicherungsbedarfs (z. B. durch die Rückzahlung des Darlehens) an den Veräußerer zurückgelangen soll. Dies kann entweder dadurch geschehen, dass sich der Erwerber zu einer Rückübereignung verpflichtet, sobald bestimmte Voraussetzungen erfüllt sind, oder aber dadurch, dass die Übereignung von Anfang an unter der auflösenden Bedingung des Fortfalls des Sicherungszwecks steht. In letzterem Fall wird gemäß § 158 Abs. 2 mit Bedingungseintritt automatisch die frühere Rechtslage wiederhergestellt, d. h., das Eigentum fällt ohne weiteres Zutun der Beteiligten und ohne Möglichkeit des Erwerbers und Sicherungsnehmers, dies zu verhindern, an den Veräußerer und Sicherungsgeber zurück, so dass dieser ab dem Zeitpunkt der Übereignung ein **Anwartschaftsrecht auf den Rückerwerb** des Eigentums besitzt. Da eine bedingte Auflassung nach § 925 Abs. 2 nicht möglich ist, kann auch dieses Anwartschaftsrecht nur in Bezug auf das Eigentum an beweglichen Sachen entstehen.

Die Sicherungsübereignung wird als Sicherungsmittel regelmäßig dann eingesetzt, wenn der Sicherungsgeber im Besitz der Sache bleiben soll (wie bei den für die Produktion benötigten Maschinen in obigem Beispiel), da in diesem Fall die Einräumung eines Pfandrechts, welches die Besitzerlangung durch den Pfandgläubiger voraussetzt, nicht in Betracht kommt. Die Übereignung erfolgt dann nach § 930 durch Vereinbarung eines Besitzkonstituts.

20.3.3 Eintragung einer Vormerkung

Wer – beispielsweise aus einem Kaufvertrag – einen schuldrechtlichen Anspruch auf Erwerb des Eigentums (bzw. Einräumung oder Aufhebung eines sonstigen dinglichen Rechts) an einem Grundstück hat, kann diesen gemäß § 883 Abs. 1 durch Eintragung einer Vormerkung, d. h. eines Hinweises, dass eine Rechtsänderung bevorsteht, in das Grundbuch sichern lassen. Dies bewirkt nach § 883 Abs. 2, dass alle Verfügungen, die nach der Eintragung der Vormerkung über das Grundstück getroffen werden, unwirksam sind, soweit sie den durch die Vormerkung angekündigten Rechtserwerb verhindern oder beeinträchtigen würden. Dies bedeutet, dass, **sobald eine Vormerkung eingetragen** ist, der Veräußerer den Eigentumserwerb nicht mehr einseitig verhindern kann, so dass auch hier ein **Anwartschaftsrecht des Erwerbers** entsteht.

20.4 Eigentümer-Besitzer-Verhältnis

Wie bereits der Begriff nahe legt, hat das Eigentümer-Besitzer-Verhältnis (kurz **EBV**) das **Rechtsverhältnis zwischen** dem **Eigentümer** einer Sache **und** einem mit diesem nicht identischen **Besitzer** zum Gegenstand. Geregelt ist es in den **§§ 985 bis 1004**, die gleichermaßen für bewegliche und unbewegliche Sachen gelten. In diesen Vorschriften sind **verschiedene dingliche Ansprüche** normiert, die **zwischen Eigentümer und Besitzer** bestehen können. Sie lassen sich wie folgt kategorisieren:

- Herausgabeanspruch des Eigentümers, §§ 985, 986
- Nebenansprüche, §§ 987 bis 1003, und zwar
    - Nutzungsersatzansprüche des Eigentümers
    - Schadensersatzansprüche des Eigentümers
    - Verwendungsersatzansprüche des Besitzers
- Beseitigungs- und Unterlassungsanspruch des Eigentümers, § 1004.

Alle diese Ansprüche **setzen voraus, dass** es sich um einen **unrechtmäßigen Besitzer** handelt. Dies resultiert daraus, dass im Falle des rechtmäßigen Besitzes das Rechtsverhältnis zwischen Eigentümer und Besitzer in aller Regel durch ein vertragliches oder sonstiges Rechtsverhältnis (z. B. einen Mietvertrag) gestaltet wird, so dass es keiner zusätzlichen sachenrechtlichen Regelungen bedarf.

20.4.1 Herausgabeanspruch

Nach § 985 kann der Eigentümer von dem Besitzer die Herausgabe der Sache verlangen. Gemäß § 986 gilt dies jedoch nur, wenn der Besitzer kein Recht zum Besitz hat. Daraus ergibt sich folgendes **Prüfungsschema** für den Herausgabeanspruch:

- Eigentum des Anspruchstellers
- Besitz des Anspruchsgegners
- kein Recht des Besitzers zum Besitz.

Bestehen Herausgabeansprüche auch aus anderen Normen (z. B. aus § 546 o. § 812), so kann der Anspruch aus § 985 neben diesen geltend gemacht werden.

Eigentum des Anspruchstellers
Der Anspruchsteller muss **im Zeitpunkt der Geltendmachung des Herausgabeanspruchs** Eigentümer der Sache sein, es genügt nicht, dass er dies zu einem früheren Zeitpunkt einmal war.

In Fällen, in denen das Eigentum des Anspruchstellers nicht offensichtlich ist, insbesondere, wenn die Sache mehrfach den Besitzer und möglicherweise auch den Eigentümer gewechselt hat, dann muss die Eigentumslage genau geprüft werden. Es empfiehlt sich, dabei chronologisch vorzugehen beginnend mit einem sicheren Ausgangspunkt (z. B. Angabe im Sachverhalt, dass ursprünglich A Eigentümer war) und jedes einzelne Ereignis daraufhin zu überprüfen, ob das Eigentum rechtsgeschäftlich übertragen wurde bzw. auf sonstige Weise übergegangen ist.

Lässt sich die Eigentumslage nicht aufklären, greift die in § 1006 normierte Eigentumsvermutung zugunsten des Besitzers.

Ergibt die Prüfung, dass der Anspruchsteller nicht (mehr) Eigentümer ist, so wird häufig ein bereicherungsrechtlicher Rückübereignungsanspruch in Betracht kommen.

Besitz des Anspruchsgegners
Der Anspruch richtet sich gegen denjenigen, der **im Zeitpunkt des Herausgabeverlangens** Besitzer der Sache ist. Dabei kommt sowohl der unmittelbare als auch der mittelbare Besitzer als Anspruchsgegner in Betracht, nicht dagegen der Besitzdiener, da dieser gerade keinen Besitz innehat. Wird der mittelbare Besitzer in Anspruch genommen, stellt sich die Frage, ob

von ihm nur der mittelbare Besitz herausverlangt werden kann oder ob zugleich ein Anspruch auf Verschaffung des unmittelbaren Besitzes besteht.

Kein Recht des Besitzers zum Besitz
Schließlich besteht ein Herausgabeanspruch nur dann, wenn der Besitzer über kein Recht zum Besitz i. S. d. § 986 verfügt.

Ein solches Besitzrecht ist aus den verschiedensten Gesichtspunkten herleitbar, von Bedeutung sind vor allem **vertragliche Besitzrechte** (z. B. aus einem Miet- oder Leihvertrag oder auch aus einem Kaufvertrag bei Eigentumsvorbehalt) und **dingliche Rechte** (z. B. das Besitzrecht des Pfandgläubigers).

Grundsätzlich muss das Besitzrecht **gerade gegenüber dem Eigentümer** bestehen und nicht bloß gegenüber einem Dritten, weshalb z. B. schuldrechtliche Rechtsbeziehungen, welche nur zwischen den Parteien wirken, zwischen Eigentümer und Besitzer zustande gekommen sein müssen.

In Fällen mittelbaren Besitzes kann der Eigentümer nach § 986 Abs. 1 S. 1 von dem unmittelbaren Besitzer die Herausgabe nur verlangen, wenn der mittelbare Besitzer dem Eigentümer gegenüber nicht zum Besitz berechtigt ist. Man spricht hier von einem **abgeleiteten Besitzrecht des unmittelbaren Besitzers** im Gegensatz zum Normalfall des direkt vom Eigentümer hergeleiteten Rechts zum Besitz. Verfügt der mittelbare Besitzer zwar über ein Besitzrecht, war er aber nicht zur Besitzüberlassung an einen Dritten befugt, so hat der Eigentümer gemäß § 986 Abs. 1 S. 2 gegen den unmittelbaren Besitzer einen Anspruch auf Herausgabe an den mittelbaren Besitzer bzw. falls dieser zur Besitzübernahme nicht bereit oder in der Lage ist, an sich selbst. Gleiches gilt nach h. M., wenn das Besitzmittlungsverhältnis unwirksam ist.

Eine Ausnahme davon, dass das Besitzrecht – sei es direkt oder abgeleitet – gerade gegenüber dem Eigentümer bestehen muss, normiert § 986 Abs. 2, wonach im Falle einer Übereignung durch Abtretung des Herausgabeanspruchs nach § 931 der Besitzer die ihm gegenüber dem alten Eigentümer zustehenden Einwendungen auch gegenüber dem neuen Eigentümer geltend machen kann.

Der Rechtsnatur nach handelt es sich bei dem Besitzrecht um eine rechtshindernde Einwendung und nicht um eine Einrede, d. h., für seine Berücksichtigung ist es nicht notwendig, dass sich der Besitzer ausdrücklich hierauf beruft.

Rechtsfolge
Der Anspruch nach § 985 richtet sich auf die **Herausgabe der Sache**, d. h. grundsätzlich auf die Verschaffung des unmittelbaren Besitzes. Ist Anspruchsgegner der mittelbare Besitzer, so kann von diesem der mittelbare und nach h. M. auch der unmittelbare Besitz herausverlangt werden.

Ist die Herausgabe der Sache selbst unmöglich, so erlischt der Anspruch. Jedoch greifen in diesem Fall nicht die für die Unmöglichkeit geltenden schuldrechtlichen Vorschriften der §§ 275 ff., sondern die sachenrechtlichen Regelungen in den §§ 987 ff.

Handelt es sich um ein Grundstück, besteht neben dem Herausgabeanspruch häufig auch ein Anspruch auf Grundbuchberichtigung nach § 894.

20.4.2 Nebenansprüche

Sind die Voraussetzungen für einen Herausgabeanspruch nach § 985 erfüllt oder waren sie es zumindest in der Vergangenheit, dann können auch die in den §§ 987 bis 1003 normierten Nebenansprüche bestehen. Hierbei ist zu beachten, dass die Ansprüche auf **Nutzungsherausgabe** und **Schadensersatz** solche des Eigentümers gegen den Besitzer sind, derjenige auf **Verwendungsersatz** aber umgekehrt ein solcher des Besitzers gegen den Eigentümer.

Da die genannten Ansprüche in der Praxis nicht allzu häufig zum Tragen kommen, eine Durchdringung ihrer Systematik jedoch eine tiefergehende Beschäftigung mit den einschlägigen Normen erfordert, soll hier auf eine Darstellung im Einzelnen verzichtet werden.

20.4.3 Beseitigungs- und Unterlassungsanspruch

§ 1004 begründet einen Beseitigungs- bzw. Unterlassungsanspruch des Eigentümers einer beweglichen Sache oder eines Grundstücks, dessen **Eigentum auf andere Weise als durch Entziehung oder Vorenthaltung des Besitzes beeinträchtigt** wird bzw. beeinträchtigt zu werden droht. Die Vorschrift ergänzt damit den Herausgabeanspruch aus § 985, der gerade nur für Fälle der Vorenthaltung und Entziehung des Besitzes gilt, nicht jedoch für sonstige Besitzbeeinträchtigungen.

Der Anspruch hat folgende **Voraussetzungen**:

- gegenwärtige oder drohende Eigentumsbeeinträchtigung, die keine Besitzentziehung ist
- Störereigenschaft des Anspruchsgegners
- Rechtswidrigkeit der Beeinträchtigung.

Eigentumsbeeinträchtigung
Als Eigentumsbeeinträchtigung kommen alle Arten von Störungen, die dem insbesondere in § 903 normierten Inhalt des Eigentumsrechts zuwiderlaufen, in Betracht, solange es sich nicht um eine Entziehung oder Vorenthaltung des Besitzes handelt. Erfasst werden vor allem **Einwirkungen auf den räumlich-gegenständlichen Bereich der Sache**, beispielsweise durch Substanzbeeinträchtigungen (also Beschädigung oder Zerstörung), Gebrauch, Zugangserschwerung oder Zuführung von Stoffen nach § 906. Erforderlich ist, dass die Beeinträchtigung zumindest mittelbar auf menschliches Verhalten zurückzuführen ist, sie also nicht allein auf einem Naturereignis beruht.

In zeitlicher Hinsicht muss die Beeinträchtigung entweder gerade andauern (dann Beseitigungsanspruch) oder es muss die konkrete Gefahr bestehen, dass eine Beeinträchtigung unmittelbar bevorsteht (dann Unterlassungsanspruch). Ist die Beeinträchtigung bereits vorüber, so kommen nur noch Schadensersatzansprüche in Betracht.

Unmittelbar gilt § 1004 nur für Eigentumsbeeinträchtigungen. Jedoch wird die Vorschrift **analog auch bei Beeinträchtigung anderer durch § 823 Abs. 1 geschützter Rechte und Rechtsgüter** angewandt.

Störereigenschaft des Anspruchsgegners

Der Anspruch richtet sich gegen den Störer, also denjenigen, auf dessen Willen die Eigentumsbeeinträchtigung zumindest mittelbar zurückzuführen ist, so dass sie ihm zugerechnet werden kann. Typischerweise ist dies der, der durch sein Handeln die Störung herbeiführt. Jedoch kann auch jemand, der nicht selbst handelt, Störer sein, wenn die Beeinträchtigung durch Sachen, über die er die Herrschaftsmacht ausübt, oder durch Personen, für die er verantwortlich ist, verursacht wird.

Rechtswidrigkeit der Beeinträchtigung

Ein Beseitigungs- oder Unterlassungsanspruch besteht nur, wenn die Beeinträchtigung rechtswidrig ist, d. h., wenn **keine Duldungspflicht** des Eigentümers **gemäß § 1004 Abs. 2** besteht. Solche Duldungspflichten können sich entweder aus rechtsgeschäftlichen Vereinbarungen oder aus Gesetz ergeben. Vereinbarungen sind vor allem schuldrechtliche Verträge (z. B. Miete oder Pacht) oder dingliche Rechte (z. B. dingliche Nutzungsrechte), die die Einwirkung auf die Sache gestatten. Zu den wichtigsten gesetzlichen Duldungspflichten gehören die zivilrechtlichen Rechtfertigungsgründe (z. B. §§ 227, 229, 904) sowie nachbarrechtliche Vorschriften (z. B. §§ 906, 912, 917).

Auf ein etwaiges **Verschulden** des Anspruchsgegners **kommt es nicht an**.

Rechtsfolge

Im Falle einer andauernden Beeinträchtigung begründet § 1004 Abs. 1 S. 1 einen Anspruch auf **Beseitigung der Beeinträchtigung**, d. h. auf ein Abstellen der Störung für die Zukunft. Die Beseitigung etwaiger Folgen der Beeinträchtigung oder Kostenersatz kann dagegen nicht hierüber verlangt werden, sondern muss ggf. auf eine Anspruchsgrundlage, die Schadensersatz gewährt (z. B. § 823 Abs. 1), gestützt werden.

Handelt es sich um eine drohende Beeinträchtigung, so hat der Eigentümer gemäß § 1004 Abs. 1 S. 2 einen **Unterlassungsanspruch**, er kann also verlangen, dass die drohende Störung unterbleibt. Entgegen dem Wortlaut der Vorschrift („Sind weitere Beeinträchtigungen zu besorgen,..."), kann ein solcher Anspruch bereits bei einer erstmalig drohenden Beeinträchtigung bestehen.

20.5 Beschränkte dingliche Rechte

Wie bereits erwähnt, kennt das Sachenrecht außer dem grundsätzlich unbeschränkten Eigentumsrecht auch verschiedene beschränkte dingliche Rechte, wobei es **für bewegliche und unbewegliche Sachen unterschiedliche Arten** solcher Rechte gibt. Ihrem Gegenstand nach lassen sie sich unterteilen in **Nutzungsrechte** (z. B. die Grunddienstbarkeit nach §§ 1018 ff.), **Sicherungs- und Verwertungsrechte** (dazu sogleich) sowie **Erwerbsrechte** (z. B. das dingliche Vorkaufsrecht gemäß §§ 1094 ff.).

Hier soll nur ein kurzer Blick auf die wichtigsten beschränkten dinglichen Rechte geworfen werden, nämlich das Pfandrecht (§§ 1204 bis 1296) und die beiden Grundpfandrechte Hypothek (§§ 1113 bis 1190) und Grundschuld (§§ 1191 bis 1198), welche alle in die Kategorie der Sicherungs- und Verwertungsrechte fallen, und zwar ersteres in Bezug auf bewegliche Sachen (oder Rechte) und die beiden letzteren in Bezug auf Grundstücke.

20.5.1 Pfandrecht

Zweck der Einräumung eines Pfandrechts ist es, dem Gläubiger einer Forderung die Befriedigung aus dem Pfandgegenstand zu ermöglichen (insbesondere durch Veräußerung), wenn der Schuldner die Forderung nicht erfüllt. Ein Pfandrecht kann **sowohl an beweglichen Sachen** (§§ 1204 ff.) **als auch an Rechten** (§§ 1273 ff.) bestehen. Nach der Art der Entstehung ist zwischen **vertraglichen und gesetzlichen Pfandrechten** zu unterscheiden, wobei auf letztere die in den §§ 1204 ff. enthaltenen Vorschriften für vertragliche Pfandrechte gemäß § 1257 entsprechend anzuwenden sind. Daneben existiert ein so genanntes Pfändungspfandrecht, welches durch Pfändung im Rahmen der Zwangsvollstreckung entsteht und hier nicht weiter behandelt werden soll.

Ein **vertragliches Pfandrecht an beweglichen Sachen** wird gemäß §§ 1205, 1206 ähnlich wie das Eigentum durch Einigung (bezüglich der Begründung eines Pfandrechts) und Übergabe bzw. Übergabesurrogat **begründet** (das Gesetz spricht von „bestellen"). Weitere Voraussetzung ist, dass die zu sichernde Forderung, also der schuldrechtliche Anspruch (z. B. eine Kaufpreisforderung oder ein Anspruch auf Darlehensrückzahlung) tatsächlich besteht (Akzessorietät des Pfandrechts). Auch ein gutgläubiger Erwerb vom Nichtberechtigten ist nach § 1207 möglich. **Übertragen** wird das Pfandrecht dadurch, dass die gesicherte Forderung nach § 398 abgetreten wird. Das Pfandrecht folgt dann gemäß §§ 401, 1250 automatisch nach, ohne dass es eines selbständigen sachenrechtlichen Übertragungsaktes bedarf. Nur der Besitz muss auf den neuen Pfandgläubiger übertragen werden; die Anspruchsgrundlage dafür liefert § 1251. Erlischt die Forderung, so erlischt auch das Pfandrecht, § 1252.

Da die Einräumung des Pfandrechts eine Übergabe voraussetzt, es also nicht möglich ist, dass der Eigentümer unmittelbarer Besitzer bleibt, wird in Konstellationen, in denen der Eigentümer die Sache als Sicherheit zur Verfügung stellen, sie aber dennoch weiter selbst nutzen möchte, statt einer Verpfändung von der Sicherungsübereignung Gebrauch gemacht.

Die Bestellung eines **Pfandrechts bewirkt**, dass der Pfandgläubiger sich, sobald die Forderung fällig ist (§ 1228 Abs. 2), aus dem Pfandgegenstand befriedigen darf, was dadurch geschieht, dass die Sache im Wege der öffentlichen Versteigerung (§ 1235) oder durch eine Pfandveräußerung nach den Regeln der Zivilprozessordnung (§ 1233 Abs. 2) verkauft und

Die Bestellung eines **Pfandrechts an einem Recht** richtet sich gemäß § 1273 primär nach den in den §§ 1274 bis 1296 enthaltenen Sonderregelungen und im Übrigen nach den §§ 1204 ff. analog. Laut § 1274 Abs. 2 ist **jedes Recht, das übertragbar ist, auch verpfändbar**. Da die Einräumung des Pfandrechts gemäß § 1280 eine Verpfändungsanzeige an den Schuldner der verpfändeten Forderung voraussetzt und es spezielle Regeln für die Verwertung des gepfändeten Rechts gibt (§§ 1277 ff.), wird in der Praxis statt der Verpfändung des als Sicherheit vorgesehenen Rechts häufig dessen Abtretung gewählt, die ohne Einbeziehung des Schuldners möglich ist und dem Sicherungsnehmer, der dadurch Inhaber des Rechts wird, die vollen Verwertungsrechte gewährt.

Gesetzliche Pfandrechte entstehen unabhängig vom Willen der Beteiligten in bestimmten im Gesetz vorgesehenen Situationen. Anders als bei den vertraglichen Pfandrechten, setzen nicht alle gesetzlichen Pfandrechte Besitz des Pfandgläubigers an der Pfandsache voraus, vielmehr entstehen bestimmte Pfandrechte, obwohl der unmittelbare Besitz beim Pfandschuldner verbleibt. Zu den wichtigsten gesetzlichen Besitzpfandrechten gehören das Pfandrecht des Werkunternehmers (§ 647; z. B. das am zu reparierenden Auto in der Werkstatt), das des Pächters (§ 583) sowie die Pfandrechte des Kommissionärs, des Spediteurs, des Frachtführers und des Lagerhalters nach dem Handelsgesetzbuch (HGB). Als besitzlose gesetzliche Pfandrechte sind zu nennen das Pfandrecht des Vermieters (§§ 562 ff.), das des Verpächters (§§ 581, 585, 562 ff.), dasjenige des Gastwirts (§ 704) sowie das Pfandrecht des Hinterlegenden (§ 233).

Die Verwertung gesetzlicher Pfandrechte folgt aufgrund des § 1257, der auf die für vertragliche Pfandrechte geltenden Vorschriften verweist, den gleichen Regeln wie die vertraglicher Pfandrechte.

20.5.2 Hypothek und Grundschuld

Soll ein **Grundstück als Sicherheit für eine Forderung** dienen, so geschieht dies zumeist in Form der Bestellung einer Hypothek (§§ 1113 bis 1190) oder einer Grundschuld (§§ 1191 bis 1198 und gemäß § 1192 Abs. 1, soweit Spezialregelungen fehlen, §§ 1113 ff. entsprechend). Hypothek und Grundschuld haben gemeinsam, dass sie dem Gläubiger ein **Verwertungsrecht an dem Grundstück in Höhe eines bestimmten Geldbetrages** einräumen, welches dadurch verwirklicht wird, dass der Grundstückseigentümer die Zwangsvollstreckung in das Grundstück dulden muss (§ 1147) und der Gläubiger aus dem erzielten Erlös befriedigt wird. Sowohl Hypothek als auch Grundschuld kommen nur als Sicherungsmittel für Geldforderungen in Betracht, nicht dagegen für andere Ansprüche. Der **wesentliche Unterschied zwischen Hypothek und Grundschuld** besteht darin, das **erstere** – wie auch das Pfandrecht – **akzessorisch**, also in ihrem Bestand und ihrem Umfang von der zu sichernden Forderung abhängig ist. D. h., die Hypothek kommt nur zur Entstehung, soweit die Forderung besteht, sie wird (automatisch) übertragen durch Abtretung der Forderung

(§§ 1153 Abs. 1, 1154, 398 ff.) und sie erlischt, wenn und soweit die Forderung erlischt. Der Grundschuld dagegen fehlt es an dieser Akzessorietät, was bedeutet, dass sie in ihrem Bestand und ihrem Umfang unabhängig von der zu sichernden Forderung ist. Da eine Grundschuld regelmäßig dennoch eine Forderung sichern soll, wird der Zusammenhang zwischen Forderung und Grundschuld durch Abschluss eines so genannten Sicherungsvertrags hergestellt, in welchem insbesondere geregelt ist, welchen Einfluss Einwendungen gegen die Forderung auf die Grundschuld haben sollen. Aufgrund der fehlenden Akzessorietät bietet eine Grundschuld dem Gläubiger im Vergleich zur Hypothek die größere Sicherheit, weshalb ihr in der Praxis der Vorzug gegeben wird.

Die Bestellung von Hypothek und Grundschuld folgt ähnlichen Regeln wie die Übereignung von Grundstücken, erforderlich sind also Einigung und Grundbucheintragung, § 873 gilt auch hier. Zusätzlich muss gemäß § 1117 im Normalfall ein Hypotheken- bzw. Grundschuldbrief übergeben werden, der dazu dient, die spätere Übertragung der Hypothek oder Grundschuld zu ermöglichen, ohne dass es einer Änderung des Grundbuchs bedarf. Möglich ist sowohl ein Erwerb vom Berechtigten als auch ein gutgläubiger Erwerb vom Nichtberechtigten. Für die Bestellung einer Hypothek ist aufgrund der Akzessorietät außerdem erforderlich, dass die zu sichernde Geldforderung tatsächlich besteht. Bei der Grundschuld kommt es darauf dagegen nicht an.

21 Bereicherungsrechtliche Ansprüche

Das Bereicherungsrecht, welches auch als Kondiktionsrecht (von lateinisch „condictio" = Klage auf Rückgewähr einer Sache oder Leistung, die der Beklagte ohne genügenden Rechtsgrund erlangt hat) bezeichnet wird, **bezweckt nicht den Ausgleich von Schäden, sondern die Rückabwicklung von ungerechtfertigten**, d. h. nicht mit der Rechtsordnung in Einklang stehenden **Vermögensverschiebungen**. Erleidet jemand eine Vermögenseinbuße, der eine Vermögensmehrung auf Seiten einer anderen Person gegenübersteht, so soll diese Verschiebung wieder beseitigt werden, wenn es für sie keinen genügenden rechtlichen Grund gibt (z. B. Austausch vertraglicher Leistungen in Unkenntnis der Unwirksamkeit des Vertrages, Abstraktionsprinzip!). Die entsprechenden Regelungen finden sich in den **§§ 812 bis 822**, welche neben verschiedenen Anspruchsgrundlagen nebst Ausschlussgründen auch Regelungen zu Art und Umfang bereicherungsrechtlicher Ansprüche enthalten.

21.1 Systematik der Bereicherungsansprüche

Die bereicherungsrechtlichen Anspruchsgrundlagen lassen sich in zwei grundsätzliche Arten einteilen: die Leistungskondiktion und die Nichtleistungskondiktion. Erstere erfasst alle diejenigen Tatbestände, die voraussetzen, dass die Vermögensverschiebung durch eine Leistung eingetreten ist, und letztere dementsprechend diejenigen, die eine Vermögensverschiebung, die in sonstiger Weise erfolgt ist, ausgleichen wollen.

Zu jeder der beiden Gruppen gehören jeweils ein bereicherungsrechtlicher Grundtatbestand sowie vier Sondertatbestände, so dass es insgesamt **zehn verschiedene bereicherungsrechtliche Anspruchsgrundlagen** gibt. Die folgende Übersicht fasst diese zusammen:

Leistungskondiktion

- Grundtatbestand: § 812 Abs. 1 S. 1 Alt. 1 (von Anfang an fehlender Rechtsgrund)
- Sondertatbestände:
    - § 812 Abs. 1 S. 2 Alt. 1 (späterer Wegfall des Rechtsgrunds)
    - § 812 Abs. 1 S. 2 Alt. 2 (Nichteintritt des bezweckten Erfolges)

- § 813 Abs. 1 S. 1 (dauernde Einrede)
- § 817 S. 1 (Verstoß der Annahme gegen ein Gesetz oder die guten Sitten)

Nichtleistungskondiktion

- Grundtatbestand: § 812 Abs. 1 S. 1 Alt. 2 (Bereicherung in sonstiger Weise)
- Sondertatbestände:
  - § 816 Abs. 1 S. 1 (entgeltliche Verfügung eines Nichtberechtigten)
  - § 816 Abs. 1 S. 2 (unentgeltliche Verfügung eines Nichtberechtigten)
  - § 816 Abs. 2 (Leistung an einen Nichtberechtigten)
  - § 822 (unentgeltliche Weitergabe durch Berechtigten an Dritten)

In der Klausurbearbeitung **von Bedeutung sind insbesondere § 812 Abs. 1 S. 1 Alt. 1 und Alt. 2 sowie § 816 Abs. 1 S. 1 und Abs. 2**. Grundsätzlich gilt, dass die verschiedenen Tatbestände der **Leistungskondiktion Vorrang vor dem Grundtatbestand der Nichtleistungskondiktion** haben. Dies spielt in Zwei-Personen-Verhältnissen keine Rolle, da dort schon tatbestandlich nur eine der Alternativen einschlägig sein kann (entweder es liegt eine Leistung vor oder nicht). Bedeutung erlangt das Rangverhältnis jedoch in Konstellationen, in denen in die Vermögensverschiebung mindestens drei Personen involviert sind, weil dann z. B. im Verhältnis B zu C eine Leistungskondiktion und im Verhältnis A zu C eine Nichtleistungskondiktion in Betracht kommen kann. Erstere hätte hier Vorrang.

21.2 Leistungskondiktion

21.2.1 § 812 Abs. 1 S. 1 Alt. 1 – Leistung ohne Rechtsgrund

§ 812 Abs. 1 S. 1 Alt. 1 bildet den Grundtatbestand der Leistungskondiktion. Ein Anspruch aus dieser Norm hat folgende **Voraussetzungen**:

- etwas erlangt (Anspruchsgegner)
- durch Leistung (des Anspruchstellers)
- ohne Rechtsgrund.

Etwas erlangt

Der Anspruchsgegner bzw. Bereicherungsschuldner muss etwas erlangt haben. Der Begriff des „etwas" ist in einem sehr weiten Sinne zu verstehen. Darunter fällt **jeder beliebige Vermögensvorteil**, welcher in verschiedenen Erscheinungsformen auftreten kann.

Zunächst kann er bestehen im positiven Erwerb eines Vermögenswertes, d. h. im Erwerb dinglicher oder schuldrechtlicher Rechte (z. B. Erwerb des Eigentums oder einer Forderung) sowie im Besitzererwerb.

Gleichermaßen einen Vermögensvorteil stellt die Befreiung von Verbindlichkeiten dar (z. B. Rückzahlung eines Darlehens, Erlass), da die Vermögenslage des Bereicherungsschuldners durch Verminderung der Passiva ebenso verbessert wird wie durch Vermehrung der Aktiva.

Schließlich kann ein Vermögensvorteil auch in der Inanspruchnahme von Diensten oder Gebrauchsvorteilen liegen (z. B. Nutzung eines PKW). Hierbei ist strittig, ob der Vermögensvorteil im Wert des Dienstes oder Gebrauchsvorteils selbst besteht (so die herrschende Lehre), oder ob ein solcher voraussetzt, dass Aufwendungen erspart wurden (so die Rechtsprechung). Da die Frage der Ersparnis von Aufwendungen systematisch zum Umfang des Bereicherungsanspruchs gehört, erscheint es richtiger, der ersten Ansicht zu folgen und die Ersparnis von Aufwendungen erst im Rahmen des § 818 Abs. 3 zu erörtern. Im Ergebnis wirkt sich der Streit regelmäßig nicht aus.

Darüber hinaus sind auch **sonstige Gegenstände und Rechte** erfasst, **denen kein materieller Wert zukommt**.

In der **Fallbearbeitung** ist es wichtig, dasjenige, was erlangt wurde, in exakte rechtliche Kategorien zu fassen (also z. B. nicht Erlangung des Autos, sondern Erlangung von Eigentum und/oder Besitz am Auto). Aus dem Abstraktionsprinzip folgt, dass die Unwirksamkeit des Verpflichtungsgeschäfts nicht zwingend auch die Unwirksamkeit des Erfüllungsgeschäfts nach sich zieht. So wird beispielsweise bei Nichtigkeit des Kaufvertrages infolge einer Anfechtung regelmäßig die Übereignung der Kaufsache dennoch wirksam sein. Sprich, **für die Bestimmung dessen, was erlangt wurde, kommt es nicht auf das Verpflichtungsgeschäft**, sondern ausschließlich auf das Erfüllungsgeschäft **an**. Nur dieses ist hier ggf. zu erörtern. Eine solche Erörterung ist beispielsweise dann notwendig, wenn nicht von vornherein klar ist, ob neben dem Besitz an einer Sache tatsächlich auch deren Eigentum erlangt wurde. Hier wären dann die Voraussetzungen für eine wirksame Übereignung zu untersuchen.

Durch Leistung
Der Anspruchsteller muss das „etwas" durch Leistung des Anspruchsgegners bzw. Bereicherungsgläubigers erlangt haben. Unter Leistung ist **jede bewusste und zweckgerichtete Mehrung fremden Vermögens** zu verstehen. Zu unterscheiden sind also zwei Elemente: die Bewusstheit und die Zweckgerichtetheit der Vermögensmehrung. Hingegen ist die Mehrung fremden Vermögens hier nicht erneut zu prüfen, da sie dem Tatbestandsmerkmal „etwas erlangt" entspricht.

Bewusste Vermögensmehrung heißt willentliche, also nicht unbewusste Zuwendung von Vermögen, wobei kein Vorsatz im Rechtssinne erforderlich ist, sondern ein natürlicher Wille genügt (z. B. nicht gegeben bei versehentlicher Verwendung eigenen Geldes durch eine Haushälterin, um Einkäufe für den Dienstherrn zu erledigen).

Das Merkmal der **Zweckgerichtetheit** ist im wörtlichen Sinne zu verstehen, d. h., der Leistende muss mit der Vermögensmehrung einen bestimmten Zweck verfolgen. Regelmäßig wird dieser Zweck in der Erfüllung einer Verbindlichkeit bestehen, da aufgrund des Abstraktionsprinzips die Begründung einer Verbindlichkeit (Verpflichtungsgeschäft, z. B. Abschluss eines Kaufvertrages) und deren Erfüllung (Erfüllungsgeschäfte, z. B. Übereignung der Kaufsache und Zahlung des Kaufpreises) rechtlich auseinander fallen.

Der Bestimmung des Zwecks der Vermögensmehrung kommt bei (mindestens) Drei-Personen-Verhältnissen erhebliche Bedeutung zu, da die Zweckrichtung darüber entscheidet, zwischen welchen der beteiligten Personen Leistungsbeziehungen bestehen und damit zugleich darüber, in welchen Beziehungen eine Leistungskondiktion in Betracht kommt.

Bei der Bestimmung dessen, wer an wen geleistet hat, kann das Ergebnis unterschiedlich sein, je nachdem, ob man auf die Sicht des Leistenden oder diejenige des Leistungsempfängers abstellt. Welches die entscheidende ist, ist umstritten. Überwiegend wird entsprechend den für Willenserklärungen geltenden Grundsätzen (§§ 133, 157 analog) der **objektive Empfängerhorizont** für **maßgeblich** gehalten, d. h. es kommt darauf an, wen ein objektiver Dritter in der Position des tatsächlichen Zuwendungsempfängers vernünftigerweise als Leistenden und wen als Leistungsempfänger ansehen durfte.

Ohne Rechtsgrund
Ohne Rechtsgrund erfolgt die Leistung, wenn der mit der Leistung verfolgte Zweck, eine Verbindlichkeit zu begleichen, verfehlt wird. Dies kann zum einen dann der Fall sein, wenn es von Anfang an einem Rechtsgrund, d. h. an einer Verbindlichkeit fehlt, oder zum anderen, wenn zwar eine Verbindlichkeit besteht, diese jedoch durch die Leistung nicht erfüllt wird. Auch hier kommt wieder das Abstraktionsprinzip zum Tragen: Rechtsgrund für die Leistung ist die Erfüllung einer Verbindlichkeit aus dem Verpflichtungsgeschäft. Schlägt die Erfüllung fehl, entweder weil das **Verpflichtungsgeschäft nichtig** ist **oder** weil die **beabsichtigte Erfüllungswirkung** nach § 362 Abs. 1 **nicht eintritt**, dann ist zwar das Erfüllungsgeschäft (z. B. eine Übereignung oder Abtretung) häufig dennoch wirksam, jedoch fehlt es an einem rechtlichen Grund für das Behaltendürfen des Erlangten.

Wird beispielsweise aus § 812 Abs. 1 S. 1 Alt. 1 ein Anspruch auf Kaufpreisrückzahlung geltend gemacht, wäre an dieser Stelle zu prüfen, ob der Kaufvertrag wirksam ist. Ist er das nicht, fehlt es an einem Rechtsgrund für die erfolgte Zahlung und Übereignung, so dass ein Rückzahlungsanspruch des Käufers und Rückübereignungsanspruch des Verkäufers besteht. **Gründe für die Nichtigkeit des Verpflichtungsgeschäftes** können insbesondere sein: fehlende Einigung, Mängel in der Geschäftsfähigkeit oder bei der Stellvertretung, Formmängel, Anfechtung. Auch diese Nichtigkeitsgründe müssen inzident hier unter dem Punkt „ohne Rechtsgrund" und dort wiederum innerhalb der Wirksamkeit des Verpflichtungsgeschäfts geprüft werden.

Bei der **Anfechtung** ist umstritten, ob sie unter § 812 Abs. 1 S. 1 Alt. 1 (ohne Rechtsgrund) oder unter § 812 Abs. 1 S. 2 Alt. 1 (Wegfall des Rechtsgrundes) fällt, da einerseits zunächst ein Rechtsgrund bestand, der erst später durch die Anfechtung wegfällt, andererseits aber der Wegfall gemäß § 142 Abs. 1 rückwirkend erfolgt, d. h. das Rechtsgeschäft also als von Anfang an nichtig gilt. Im Ergebnis wirkt sich die Einordnung regelmäßig nicht aus und muss daher nicht erörtert werden. (Nur wenn die Voraussetzungen des § 814 erfüllt sind – Kenntnis von der Anfechtbarkeit – hat der Streit Bedeutung, da dieser Ausschlussgrund nur auf § 812 Abs. 1 S. 1 Alt. 1 anwendbar ist.)

Zudem ist die Anfechtung **vom Rücktritt zu unterscheiden**. Zwar haben beide die gemeinsame Rechtsfolge, dass die ausgetauschten Leistungen zurückzugewähren sind, jedoch sind sowohl die Anspruchsgrundlagen verschieden (§ 812 bei der Anfechtung und § 346 Abs. 1 beim Rücktritt) als auch die Anspruchsvoraussetzungen.

Ausschlussgründe

Die § 812 ff. normieren verschiedene Gründe, bei deren Vorliegen bereicherungsrechtliche Ansprüche ausgeschlossen sind. Alle diese Gründe betreffen jedoch nur Leistungskondiktionen, wobei sich ihr Anwendungsbereich zumeist auf bestimmte Tatbestände beschränkt. Bei § 812 Abs. 1 S. 1 Alt. 1 kommen § 814 sowie § 817 S. 2 analog in Betracht.

a) § 814

§ 814 schließt einen Anspruch aus dem Grundtatbestand der Leistungskondiktion aus, **wenn der Leistende im Zeitpunkt der Leistung wusste, dass er nicht zur Leistung verpflichtet war** oder wenn die Erbringung der Leistung einer sittlichen Pflicht oder dem Anstand entsprach. Von Bedeutung ist insbesondere die Alternative der Kenntnis der fehlenden Leistungspflicht, welche eine Ausprägung des Grundsatzes des Verbots widersprüchlichen Verhaltens darstellt. Kenntnis erfordert positives Wissen um die Sach- und Rechtslage, (auch grob) fahrlässige Unkenntnis genügt nicht.

b) § 817 S. 2 analog

Gemäß § 817 S. 2, der eigentlich nur für bereicherungsrechtliche Ansprüche aus § 817 S. 1 gilt, nach ganz überwiegender Auffassung jedoch analog auf alle Tatbestände der Leistungskondiktion analoge Anwendung findet, ist der Anspruch ausgeschlossen, **wenn der Leistende durch die Erbringung der Leistung gegen ein gesetzliches Verbot oder gegen die guten Sitten verstößt**.

21.2.2 § 812 Abs. 1 S. 2 Alt. 1 – Wegfall des Rechtsgrundes

§ 812 Abs. 1 S. 2 Alt. 1 gewährt einen Herausgabeanspruch, wenn die Leistung zwar zunächst mit Rechtsgrund erfolgt ist (so dass § 812 Abs. 1 S. 1 Alt. 1 nicht greift), dieser aber später wegfällt. Die **Anspruchsvoraussetzungen** sind also folgende:

- etwas erlangt (Anspruchsgegner)
- durch Leistung (des Anspruchstellers)
- späterer Wegfall des Rechtsgrundes.

Die ersten beiden Voraussetzungen unterscheiden sich nicht von den entsprechenden Tatbestandsmerkmalen bei § 812 Abs. 1 S. 1 Alt. 1. Spezieller Erörterung bedarf daher nur das Merkmal des Wegfalls des rechtlichen Grundes.

Wegfall des Rechtsgrundes
Erforderlich ist, dass der **Rechtsgrund dauerhaft wegfällt**. Dies kann geschehen auf der Grundlage einer Vereinbarung der beteiligten Parteien (z. B. Vereinbarung einer Befristung in Form eines Endtermins oder einer auflösenden Bedingung) oder aber auch durch einseitige Erklärungen eines der Beteiligten (z. B. Kündigung, Schenkungswiderruf, strittig für die Anfechtung). Fällt der Rechtsgrund nur für die Zukunft (ex nunc) weg, bleiben bis zum Wegfall ausgetauschte Leistungen in aller Regel unberührt.

Auch ein Rücktritt ließe sich tatbestandlich unter die Vorschrift subsumieren, hier gehen jedoch die spezielleren §§ 346 ff. dem Bereicherungsrecht vor.

Ausschluss
Ein Anspruch aus § 812 Abs. 1 S. 2 Alt. 1 wird ebenfalls durch § 817 S. 2 analog (Gesetzes- oder Sittenverstoß des Leistenden) ausgeschlossen. Teilweise wird darüber hinaus die analoge Anwendung des § 815 befürwortet.

21.2.3 § 812 Abs. 1 S. 2 Alt. 2 – Zweckverfehlung

Nach § 812 Abs. 1 S. 2 Alt. 2 besteht ein Herausgabeanspruch, wenn der **mit der Leistung nach dem Inhalt des Rechtsgeschäfts bezweckte Erfolg nicht eintritt**. Der Anspruch hat folgende **Voraussetzungen**:

- etwas erlangt (Anspruchsgegner)
- durch Leistung (des Anspruchstellers)
- Nichteintritt des bezweckten Erfolges.

Auch hier stimmen die beiden erstgenannten Anspruchsvoraussetzungen mit denen des § 812 Abs. 1 S. 1 Alt. 1 überein.

Nichteintritt des bezweckten Erfolges
Welcher Erfolg mit der Leistung bezweckt wurde, ist nach dem Inhalt des Rechtsgeschäfts, also danach, was die Parteien ausdrücklich oder stillschweigend vereinbart oder zumindest vorausgesetzt haben, zu bestimmen. Eine **nur einseitige Motivation des Leistenden** ohne Kenntnis und Billigung der anderen Partei **genügt** daher **nicht**.

Beschränkt sich der Leistungszweck darauf, eine Verbindlichkeit aus dem Verpflichtungs- oder Kausalgeschäft zu erfüllen, liegt bereits ein Fall des § 812 Abs. 1 S. 1 Alt. 1 (rechtsgrundlose Leistung) vor, so dass sich ein Rückgriff auf § 812 Abs. 1 S. 2 Alt. 2 erübrigt.

Wurde der Zweck in Form einer auflösenden Bedingung vereinbart, gilt vorrangig § 812 Abs. 1 S. 2 Alt. 1 (Wegfall des Rechtsgrundes).

Als Anwendungsbereich für die Vorschrift verbleiben damit im Wesentlichen zwei Fallgruppen. Die erste betrifft die Erbringung einer Leistung, ohne dass eine Verpflichtung hierzu besteht, mit dem Zweck, von der anderen Partei eine freiwillige Gegenleistung (z. B. in Form eines bestimmten Verhaltens, der Verschaffung einer Sache oder der Begründung eines Rechtsgeschäfts) zu erhalten (z. B. Verschenken seltener Briefmarken in der Erwartung, dafür vom Beschenkten als Erbe eingesetzt zu werden). Die zweite Fallgruppe umfasst Konstellationen, in denen zwar eine Leistungspflicht besteht, jedoch mit der Leistung über die Erfüllung dieser Pflicht hinaus ein weiterer Zweck verfolgt wird. Erforderlich ist jeweils, dass die andere Partei diesen Zweck kennt und billigt. Bei der letztgenannten Fallgruppe wird teilweise statt der Anwendung des Bereicherungsrechts eine Lösung über Unmöglichkeit bzw. über das Rechtsinstitut der Störung der Geschäftsgrundlage (§ 313) befürwortet.

Ausschluss
Der Anspruch ist gemäß § 815 ausgeschlossen, wenn der Eintritt des bezweckten Erfolges von vornherein unmöglich war und der Leistende dies wusste oder wenn er den Erfolgseintritt entgegen Treu und Glauben verhindert hat. In beiden Fällen ist der Leistende nicht schutzwürdig.

Daneben greift auch hier der Ausschlussgrund des § 817 S. 2 analog (Gesetzes- oder Sittenverstoß des Leistenden).

21.2.4 § 813 Abs. 1 S. 1 – dauernde Einrede

In Erweiterung zu § 812 Abs. 1 S. 1 Alt. 1 (Leistung ohne Rechtsgrund) begründet § 813 Abs. 1 S. 1 auch dann einen bereicherungsrechtlichen Herausgabeanspruch, wenn die Verbindlichkeit, zwecks deren Erfüllung geleistet wurde, zwar besteht (also Leistung mit Rechtsgrund), der **Anspruch** jedoch **mit einer dauernden Einrede behaftet** ist, so dass die Leistung nicht hätte erbracht werden müssen. Die **Anspruchsvoraussetzungen** sind folgende:

- etwas erlangt (Anspruchsgegner)
- durch Leistung (des Anspruchstellers)
- mit Rechtsgrund, jedoch Bestehen einer dauernden Einrede.

Bezüglich der beiden erstgenannten Merkmale wird auf die entsprechenden Ausführungen zu § 812 Abs. 1 S. 2 Alt. 1 verwiesen. Auch der Begriff des Rechtsgrundes wurde dort bereits erörtert.

Dauernde Einrede
Dauernde Einreden bewirken zwar nicht, dass ein Anspruch nicht entsteht bzw. wegfällt, so dass weder eine Kondiktion aus § 812 Abs. 1 S. 1 Alt. 1 (Leistung ohne Rechtsgrund) noch

eine solche aus § 812 Abs. 1 S. 2 Alt. 1 (Wegfall des Rechtsgrundes) in Betracht kommt, jedoch verschaffen sie dem **Schuldner** ein **dauerhaftes Leistungsverweigerungsrecht**, dessen Ausübung praktisch denselben Effekt hat wie das Nichtbestehen des Anspruchs. Daher sollen beide Situationen auch bereicherungsrechtlich gleichbehandelt werden.

Die Einrede muss bereits im Zeitpunkt der Leistung bestanden haben, es genügt nicht, dass sie erst später entsteht.

Obwohl auch die Verjährung eine dauernde Einrede darstellt, kann das auf einen verjährten Anspruch Geleistete, unabhängig davon, ob der Leistende Kenntnis von der Verjährung hatte, nicht zurückgefordert werden. Dies ergibt sich aus § 214 Abs. 2, welcher nach § 813 Abs. 1 S. 2 unberührt bleibt.

Besteht die Verbindlichkeit, ist sie aber betagt, d. h. noch nicht fällig, kommt eine Rückforderung des vorzeitig Geleisteten gemäß § 813 Abs. 2 gleichfalls nicht in Betracht. Dies dient nur der Klarstellung, da die Betagung bereits begrifflich keine dauernde Einrede darstellt.

Da mit der Verjährung die wichtigste dauernde Einrede vom Anwendungsbereich des § 813 Abs. 1 S. 1 ausgenommen ist, kommt der Vorschrift nur geringe praktische Bedeutung zu.

Ausschluss
Der Anspruch aus § 813 Abs. 1 S. 1 ist (wie derjenige aus § 812 Abs. 1 S. 1 Alt. 1) nach § 814 ausgeschlossen, wenn der Leistende wusste, dass er zur Leistung nicht verpflichtet ist, d. h., dass eine Einrede besteht, oder wenn die Leistung einer sittlichen Pflicht oder einer auf den Anstand zu nehmenden Rücksicht entsprach.

Der Ausschlussgrund des § 817 S. 2 (Gesetzes- oder Sittenverstoß des Leistenden) kommt hier ebenfalls entsprechend zur Anwendung.

21.2.5 § 817 S. 1 – Gesetzes- oder Sittenverstoß der Annahme

Schließlich begründet § 817 S. 1 dann einen Herausgabeanspruch aus Leistungskondiktion, wenn nach dem Zweck der Leistung der **Empfänger durch die Annahme gegen ein gesetzliches Verbot oder gegen die guten Sitten verstoßen hat**. Der Anspruch hat folgende **Voraussetzungen**:

- etwas erlangt (Anspruchsgegner)
- durch Leistung (des Anspruchstellers)
- Verstoß der Annahme gegen ein gesetzliches Verbot oder die guten Sitten
- Kenntnis des Annehmenden (strittig).

Einer Erörterung bedürfen nur die beiden letzten Anspruchsvoraussetzungen. Die ersten zwei stimmen mit denjenigen der übrigen Leistungskondiktionen überein.

Verstoß der Annahme gegen ein gesetzliches Verbot oder die guten Sitten

Der Empfänger, also der Bereicherungsschuldner muss die Leistung angenommen und dadurch nach dem Zweck der Leistung gegen ein gesetzliches Verbot oder gegen die guten Sitten verstoßen haben. Dadurch soll gewährleistet werden, dass aufgrund solcher Verstöße erlangte Vorteile nicht dauerhaft behalten werden können. Zur Bestimmung dessen, wann ein solcher Verstoß vorliegt, kann auf die zu § 134 und § 138 entwickelten Grundsätze zurückgegriffen werden. Dabei ist jedoch zu beachten, dass bei gleichzeitigen Verstößen von Leistendem und Leistungsempfänger regelmäßig das Kausalgeschäft nach den genannten Vorschriften nichtig ist, so dass bereits § 812 Abs. 1 S. 1 Alt. 1 (Leistung ohne Rechtsgrund) einschlägig ist. Der Anwendungsbereich des § 817 S. 1 ist daher sehr begrenzt. Es verbleiben nur solche Fälle, in denen dem Empfänger ein einseitiger Verstoß zur Last fällt (z. B. Forderung und Annahme eines Geldbetrages durch B, damit er keine Strafanzeige gegen A erstattet), und solche, in denen § 812 Abs. 1 S. 1 Alt. 1 wegen Vorliegens eines Ausschlussgrundes nicht zur Anwendung kommt.

Kenntnis des Annehmenden vom Gesetzes-/Sittenverstoß

Ob der Empfänger positive Kenntnis vom Gesetzes- oder Sittenverstoß haben muss, ist strittig. Von der Rechtsprechung wird dies bejaht mit der Begründung, dass § 817 S. 1 ein gewisser Strafcharakter zukomme und Strafe ein Verschulden voraussetze. Die herrschende Lehre lehnt diese Sichtweise ab, da Zweck der Vorschrift einzig die Wiederherstellung der materiell richtigen Güterzuordnung sei, so dass es auf eine etwaige Kenntnis nicht ankomme.

Ausschluss

Der einzige für den Anspruch aus § 817 S. 1 geltende Ausschlussgrund ist der des § 817 S. 2, wonach eine Rückforderung ausgeschlossen ist, wenn dem Leistenden gleichfalls ein Verstoß gegen ein gesetzliches Verbot oder gegen die guten Sitten zur Last fällt.

Da in Fällen, in denen beide Parteien gegen ein Verbotsgesetz oder die guten Sitten verstoßen, das Rechtsgeschäft regelmäßig bereits nach § 134 bzw. § 138 nichtig ist, so dass sich ein Herausgabeanspruch nicht auf § 817 S. 1, sondern auf § 812 Abs. 1 S. 1 Alt. 1 (rechtsgrundlose Leistung) stützen würde, verbliebe für § 817 S. 2 kaum ein Anwendungsbereich. Aus diesem Grund wird der Ausschlussgrund unter Weglassung des Wortes „gleichfalls" analog auf alle Tatbestände der Leistungskondiktion angewendet. D. h., immer wenn dem Leistenden ein Verstoß gegen ein gesetzliches Verbot oder die gute Sitten vorzuwerfen ist, sind etwaige bereicherungsrechtliche Ansprüche ausgeschlossen (wobei parallel zu § 817 S. 1 auch hier strittig ist, ob der Leistende Kenntnis vom Gesetzes- bzw. Sittenverstoß haben musste). Damit wird der hinter § 817 S. 2 stehenden Wertung, dass die Rechtsordnung demjenigen, der sich gesetzes- oder sittenwidrig verhält, keine Mittel zur Rechtsdurchsetzung zur Verfügung stellen soll, zur Geltung verholfen. Teilweise wird auf der Grundlage dieser Wertung eine analoge Anwendung der Vorschrift auch auf andere Herausgabeansprüche (insbesondere § 985) befürwortet.

21.3 Nichtleistungskondiktion

21.3.1 § 812 Abs. 1 S. 1 Alt. 2 – Erlangung in sonstiger Weise

Den Grundtatbestand der Nichtleistungskondiktion bildet § 812 Abs. 1 S. 1 Alt. 2, wonach derjenige, der in sonstiger Weise (d. h. nicht durch Leistung) etwas ohne rechtlichen Grund erlangt hat, demjenigen gegenüber zur Herausgabe verpflichtet ist, auf dessen Kosten die Bereicherung erfolgte. Folgende **Tatbestandsmerkmale** sind also zu prüfen:

- etwas erlangt (Anspruchsgegner)
- in sonstiger Weise
- auf Kosten des Anspruchstellers
- ohne Rechtsgrund
- keine vorrangige Leistungskondiktion (Subsidiarität).

Etwas erlangt
Der Anspruchsgegner bzw. Bereicherungsschuldner muss etwas erlangt haben. Dieses Merkmal hat dieselbe Bedeutung wie bei den Tatbeständen der Leistungskondiktion und bedarf daher keiner erneuten Erörterung.

In sonstiger Weise
In sonstiger Weise heißt **nicht durch Leistung**. D. h., diese Voraussetzung ist immer dann erfüllt, wenn keine Leistung, also keine bewusste und zweckgerichtete Vermögensmehrung durch den Anspruchsteller vorliegt. Das ist dann der Fall, wenn dieser entweder gar kein Bewusstsein hatte, das Vermögen eines anderen zu mehren, oder wenn die Vermögensmehrung tatsächlich bei einer anderen Person eingetreten ist als beabsichtigt. Hat der Anspruchsgegner das Etwas durch die Leistung eines Dritten erlangt, kann im Verhältnis zum Anspruchsteller tatbestandlich dennoch eine Nichtleistungskondiktion gegeben sein, diese wäre dann jedoch subsidiär.

Insbesondere gehören zum Grundtatbestand der Nichtleistungskondiktion die folgenden **drei Fallgruppen**:

a) Eingriffskondiktion
Eine Eingriffskondiktion liegt vor, wenn durch den Bereicherungsschuldner (also den Anspruchsgegner), einen Dritten oder ohne menschliches Zutun in eine Rechtsposition des Bereicherungsgläubigers eingegriffen wurde und in Folge dessen beim Bereicherungsschuldner eine Vermögensmehrung eingetreten ist (z. B. Ge- oder Verbrauch fremder Sachen, Eingriffe in Persönlichkeits-, Nutzungs- oder Urheberrechte).

b) Verwendungskondiktion

Die Verwendungskondiktion betrifft Konstellationen, in denen der Bereicherungsschuldner Verwendungen auf Sachen des Bereicherungsgläubigers macht, d. h. freiwillig Vermögen aufwendet, das diesen Sachen zugute kommt. Dies kann insbesondere erfolgen durch die Verbindung oder Vermischung eigener mit fremden Sachen (§§ 946 ff.) oder durch die Erbringung von Werkleistungen (z. B. Anstrich des Gartenzauns des Nachbarn). Weiß derjenige, der die Verwendungen macht, dass es sich um eine fremde Sache handelt, wird regelmäßig eine Leistung vorliegen, so dass es bereits an einer Bereicherung in sonstiger Weise fehlt.

Einen Sonderfall der Verwendungskondiktion stellt § 951 dar, der demjenigen, der nach den §§ 946 bis 950 (also durch Verbindung, Vermischung etc.) einen Rechtsverlust erleidet, gegen den Begünstigten einen Anspruch auf Vergütung in Geld nach bereicherungsrechtlichen Vorschriften gewährt.

c) Rückgriffskondiktion

Die Rückgriffskondiktion bezieht sich auf Fälle, in denen der Bereicherungsgläubiger den Bereicherungsschuldner von einer Verbindlichkeit gegenüber einem Dritten befreit (regelmäßig durch Zahlung an den Dritten). Jedoch kommt eine Anwendung des § 812 Abs. 1 S. 1 Alt. 2 nur dann in Betracht, wenn dem Zahlenden nicht bereits aus anderen Vorschriften ein Anspruch zusteht. Vorrangig sind insbesondere ein gesetzlicher Forderungsübergang (z. B. nach § 268 Abs. 3 oder § 426), vertragliche oder vertragsähnliche Ansprüche gegen den Schuldner (z. B. Aufwendungsersatz aus Auftrag gemäß § 670 oder aus GoA gemäß §§ 683, 670) sowie, falls die Zahlung eine Leistung darstellt, die bereicherungsrechtlichen Tatbestände der Leistungskondiktion. Aufgrund der Fülle solcher speziellen Regelungen ist der Anwendungsbereich der Rückgriffskondiktion begrenzt.

Auf Kosten des Anspruchstellers
Dieses Merkmal dient der Bestimmung des Bereicherungsgläubigers. Das Etwas wurde auf Kosten des Anspruchstellers erlangt, wenn die **Bereicherung unmittelbar aus der Verwertung einer diesem zustehenden Rechtsposition** folgt. Nicht erforderlich ist, dass beim Anspruchsteller eine Vermögensminderung eingetreten ist.

Ohne Rechtsgrund
Da die Nichtleistungskondiktion nicht die Rückabwicklung unwirksamer Kausalgeschäfte zum Gegenstand hat, ist das Merkmal „ohne rechtlichen Grund" **nicht in demselben Sinne zu verstehen wie bei § 812 Abs. 1 S. 1 Alt. 1**; auf eine etwaige fehlgeschlagene Erfüllung einer Verbindlichkeit kommt es mithin nicht an. Vielmehr ist hier damit gemeint, dass **nach dem Zuweisungsgehalt der verwerteten Rechtsposition die Vermögensmehrung nicht beim Bereicherungsschuldner verbleiben soll**. Dies ist nach den für die fragliche Rechtsposition geltenden Vorschriften zu ermitteln. (Bspw. steht die Nutzung einer Sache in vollem Umfang dem Eigentümer zu, es sei denn, ein Dritter hat an dieser kraft Gesetzes oder aufgrund eines Rechtsgeschäfts – z. B. eines Mietvertrages – bestimmte Rechte.)

Subsidiarität

Wie bereits erwähnt, ist der **Grundtatbestand der Nichtleistungskondiktion** (also insbesondere nicht die Ansprüche aus § 816!) subsidiär, also nachrangig gegenüber allen Tatbeständen der Leistungskondiktion, d. h., er **kommt nur dort zur Anwendung, wo keine Leistungskondiktion greift**. Da sich Bereicherung durch Leistung und Bereicherung in sonstiger Weise schon begrifflich ausschließen, **spielt** die Subsidiarität **nur dort eine Rolle, wo** an den von der Rückabwicklung betroffenen Rechtsverhältnissen **mindestens drei Personen beteiligt** sind (da dann z. B. im Verhältnis B – C eine Leistung und im Verhältnis A – C eine Bereicherung in sonstiger Weise vorliegen kann).

Der Subsidiaritätsgrundsatz beruht auf Gesichtspunkten einer **gerechten Risikoverteilung**. Er soll sicherstellen, dass die **bereicherungsrechtliche Rückabwicklung von Leistungsbeziehungen in denselben Rechtsverhältnissen** erfolgt **wie der Leistungsaustausch**. Um es etwas plastischer zu machen: Wenn A dem B eine Sache verkauft und B diese anschließend an C weiterveräußert, sich dann aber herausstellt, dass beide Kaufverträge unwirksam waren, dann soll die Rückabwicklung (also insbesondere die Rückübereignung der Sache) nicht direkt im Verhältnis A – C (keine Leistung des A an C) stattfinden, zwischen denen nie irgendwelche Rechtsbeziehungen bestanden, sondern stufenweise im Verhältnis B – C (Leistung von B an C) und A – B (Leistung von A an B). Dies hat insbesondere damit zu tun, dass jeder Partei auch bei der Rückabwicklung von Rechtsgeschäften ihre Einwendungen gegenüber dem Vertragspartner erhalten bleiben sollen und umgekehrt jede Partei vor Einwendungen Dritter geschützt werden soll. Zudem soll jede Partei nur das Insolvenzrisiko des ausgewählten Vertragspartners und nicht das (ihr regelmäßig unbekannter) Dritter tragen.

Ob eine vorrangige Leistungskondiktion vorliegt, ist nach h. M. grundsätzlich **aus Sicht des Leistungsempfängers zu bestimmen**, d. h., wer etwas durch Leistung einer Person erlangt hat, soll nicht gleichzeitig der Nichtleistungskondiktion durch einen Dritten ausgesetzt sein.

Aus Billigkeitsgründen erfährt das Subsidiaritätsprinzip teilweise Durchbrechungen, wenn die aus seiner Anwendung resultierende Risikoverteilung im Einzelfall als nicht gerecht erscheint.

Es gibt eine Reihe spezieller Sachverhaltskonstellationen (insbesondere im Zusammenhang mit fehlerhaften Banküberweisungen und Kontogutschriften), die unter dem Stichwort **bereicherungsrechtliche Dreiecksverhältnisse** diskutiert werden und für deren Lösung der Grundsatz des Vorrangs der Leistungskondiktion (also der der Subsidiarität der Nichtleistungskondiktion) eine zentrale Rolle spielt. Deren Darstellung würde jedoch den Rahmen dieses einführenden Lehrbuchs sprengen.

Für die **Fallbearbeitung** hat die Subsidiarität des Grundtatbestandes der Nichtleistungskondiktion zur Folge, dass zweckmäßigerweise etwaige in Betracht komme **Leistungskondiktionen zuerst geprüft** werden sollten. Denn anderenfalls müssten solche Herausgabeansprüche Dritter innerhalb der Prüfung des § 812 Abs. 1 S. 1 Alt. 2 erörtert werden, was zu einem wenig übersichtlichen verschachtelten Aufbau führen würde.

21.3.2 § 816 Abs. 1 S. 1 – entgeltliche Verfügung eines Nichtberechtigten

Trifft ein **Nichtberechtigter eine entgeltliche Verfügung** über einen Gegenstand, **die dem Berechtigten gegenüber wirksam ist**, dann kann nach § 816 Abs. 1 S. 1 der Berechtigte vom Verfügenden **Herausgabe des durch die Verfügung Erlangten** verlangen. Die Herausgabe des Gegenstands selbst vom Verfügungsempfänger scheitert in diesen Situationen zumeist daran, dass dieser aufgrund der Wirksamkeit der Verfügung eine dauerhafte Rechtsposition am Gegenstand erworben hat (z. B. gutgläubiger Eigentumserwerb). Daher soll der ursprünglich Berechtigte zumindest das erhalten, was im Vermögen des Verfügenden an die Stelle des Gegenstandes getreten ist (also bspw. den Kaufpreis). Hierbei handelt es sich um einen Spezialfall der Eingriffskondiktion: Da die Verfügungsbefugnis dem Inhaber der Rechtsposition zusteht, greift die Verfügung durch einen Dritten in ein fremdes Recht ein.

Bei § 816 Abs. 1 S. 1 sind folgende **Tatbestandsmerkmale** zu prüfen:

- Verfügung
- eines Nichtberechtigten
- Wirksamkeit der Verfügung
- Entgeltlichkeit der Verfügung.

Verfügung
Unter einer Verfügung ist **jedes Rechtsgeschäft** zu verstehen, **durch das auf ein bestehendes Recht unmittelbar eingewirkt** wird. Die Einwirkung kann erfolgen durch Übertragung, Aufhebung, Änderung oder Belastung des Rechts (z. B. Eigentumsübertragung, Abtretung einer Forderung, Begründung eines Pfandrechts). Schuldrechtliche Verpflichtungsgeschäfte fallen also nicht hierunter (Abstraktionsprinzip!). Die Verfügung stellt einen Unterfall der Leistung dar.

Darauf, ob die Verfügung tatsächlich wirksam ist, kommt es an dieser Stelle noch nicht an.

Nichtberechtigter
Der Verfügende muss Nichtberechtigter sein. Nichtberechtigter ist, wer weder Inhaber des Rechts ist, über das verfügt wurde, noch zur Verfügung kraft Gesetzes oder Rechtsgeschäfts (Ermächtigung, § 185 Abs. 1) befugt war (z. B. Veräußerung einer gestohlenen Sache durch den Dieb).

Wirksamkeit der Verfügung
Die Verfügung ist dem Berechtigten gegenüber wirksam, wenn derjenige, an den verfügt worden ist, tatsächlich die entsprechende Rechtsposition erwirbt. Dies kann **insbesondere** geschehen aufgrund eines **gutgläubigen Rechtserwerb**s (z. B. nach den §§ 932 ff., welcher jedoch gerade in obigem Beispiel des Diebstahls wegen § 935 Abs. 1 nicht möglich ist) **oder**

infolge einer **Genehmigung** (d. h. nachträglichen Zustimmung) der Verfügung durch den Berechtigten (§ 185 Abs. 2 S. 1 Alt. 1). Letztere kann auch konkludent, beispielsweise durch Geltendmachung des Anspruchs aus § 816 Abs. 1 S. 1, erteilt werden.

Ist die Verfügung nicht wirksam, kann der Berechtigte in aller Regel vom Verfügungsempfänger Herausgabe des Gegenstands selbst verlangen (bei einer Sache z. B. aus § 985).

Entgeltlichkeit der Verfügung
Dass die Verfügung entgeltlich sein muss, ergibt sich aus § 816 Abs. 1 S. 2, der für unentgeltliche Verfügungen gilt. Auch würde der Nichtberechtigte bei einer unentgeltlichen Verfügung nichts erlangen, was er herausgeben könnte. Entgeltlichkeit liegt insbesondere bei gegenseitigen Verträgen (z. B. Kauf- oder Werkvertrag) vor, nicht dagegen bei einer Schenkung.

Anspruchsinhaber, -gegner und -gegenstand
Anspruchsinhaber ist der Berechtigte, also derjenige, der zur Verfügung befugt gewesen wäre und damit grundsätzlich der Inhaber des Rechts, über das verfügt wurde.

Der Anspruch richtet sich auf die Herausgabe desjenigen, was der Nichtberechtigte durch die Verfügung erlangt hat. Damit ist dasjenige gemeint, was er aufgrund des der Verfügung zugrunde liegenden Rechtsgeschäfts von dem Dritten, an den er verfügt hat, erhalten hat, also das Entgelt.

Beispiel: Verkauft und übereignet bspw. B ein von A geliehenes Fahrrad an den C, der denkt, B sei der Eigentümer, dann erwirbt C nach §§ 929, 932 gutgläubig Eigentum, so dass es sich um eine wirksame Verfügung handelt. A kann dann von B nach § 816 Abs. 1 S. 1 den von C gezahlten Kaufpreis herausverlangen. Hat B das Fahrrad von A gestohlen, scheidet nach § 935 Abs. 1 ein gutgläubiger Eigentumserwerb des C aus, so dass es an einer wirksamen Verfügung fehlt. A hat in diesem Fall gegen C einen Anspruch auf Herausgabe des Fahrrads aus § 985. Alternativ könnte er die Übereignung an C genehmigen und von B wiederum aus § 816 Abs. 1 S. 1 Herausgabe des Kaufpreises verlangen, was insbesondere dann Sinn macht, wenn C bzw. das Fahrrad unauffindbar oder der gezahlte Kaufpreis höher als der Wert des Fahrrades ist.

Ist das Entgelt geringer als der Wert des Gegenstandes, über den verfügt wurde, steht dem Berechtigten dennoch nur dieses zu. Ist es dagegen höher als der Wert des Gegenstandes, dann ist strittig, ob das gesamte Entgelt herausgegeben werden muss oder nur ein dem Wert entsprechender Teil.

21.3.3 § 816 Abs. 1 S. 2 – unentgeltliche Verfügung eines Nichtberechtigten

Auch § 816 Abs. 1 S. 2 betrifft den Fall der **Verfügung eines Nichtberechtigten**, die dem Berechtigten gegenüber wirksam ist. Nur handelt es sich hier um eine **unentgeltliche Verfü-**

gung, so dass der Nichtberechtigte aus der Verfügung nichts erlangt hat, was er herausgeben könnte. Aus diesem Grund richtet sich der **Anspruch** auch nicht **gegen** den Verfügenden, sondern gegen den **Verfügungsempfänger**. Dies erscheint angemessen, da der von einer unentgeltlichen Verfügung Begünstigte weniger schutzwürdig ist als derjenige, der für den Erwerb der Rechtsposition ein Entgelt gezahlt hat. Die Vorschrift des § 816 Abs. 1 S. 2 ist notwendig, da ein Anspruch des Berechtigten gegen den Empfänger aus § 812 Abs. 1 S. 1 Alt. 2 daran scheitert, dass eine Leistung des Verfügenden vorliegt und damit der Grundsatz der Subsidiarität der Nichtleistungskondiktion greift.

Die **Anspruchsvoraussetzungen** sind folgende:

- Verfügung
- eines Nichtberechtigten
- Wirksamkeit der Verfügung
- Unentgeltlichkeit der Verfügung.

Bis auf den letzten Punkt stimmen die Tatbestandsmerkmale mit denjenigen des § 816 Abs. 1 S. 1 überein, weshalb auf die dortigen Ausführungen verwiesen wird.

Unentgeltlichkeit der Verfügung
Unentgeltlich ist die Verfügung, wenn der Nichtberechtigte aufgrund des zugrunde liegenden Geschäfts keine Gegenleistung erlangt hat (z. B. bei einer Schenkung).

Anspruchsinhaber, -gegner und -gegenstand
Anspruchsinhaber ist auch hier der hinsichtlich des Verfügungsobjekts Berechtigte, also beispielsweise der ursprüngliche Eigentümer. Anspruchsgegner ist jedoch nicht der Nichtberechtigte, sondern derjenige, an den verfügt worden ist.

Der Anspruch richtet sich auf die Herausgabe der durch die Verfügung erlangten Rechtsposition.

Als **Beispiel** hier eine Abwandlung obigen Fahrradfalls: Wenn B das von A geliehene Fahrrad dem gutgläubigen C nicht verkauft, sondern ihm schenkt und übereignet, wäre zwar gleichfalls C nach §§ 929, 932 Eigentümer geworden, jedoch gibt es dann nichts, was A von B herausverlangen könnte. Stattdessen könnte er nun von C nach § 816 Abs. 1 S. 2 Herausgabe der durch die Verfügung erlangten Rechtsposition, also Rückübereignung des Fahrrades verlangen.

21.3.4 § 816 Abs. 2 – Leistung an einen Nichtberechtigten

Bei § 816 Abs. 2 geht es nicht darum, dass **durch** einen Nichtberechtigten verfügt wurde, sondern darum, dass **an** einen Nichtberechtigten eine Leistung bewirkt worden ist, und zwar so, dass sie dem Berechtigten gegenüber wirksam ist. In diesem Fall kann der Berechtigte, also derjenige, an den eigentlich hätte geleistet werden müssen, vom nichtberechtigten Leistungsempfänger Herausgabe des Geleisteten verlangen. Die Vorschrift kommt **vor allem dort** zur Anwendung, **wo ein Schuldner in Unkenntnis der Abtretung der Forderung an den alten Gläubiger leistet.**

Der Anspruch hat folgende **Voraussetzungen**:

- Leistung
- an einen Nichtberechtigten
- Wirksamkeit der Leistung gegenüber dem Berechtigten.

Leistung
Leistung ist hier die Vermögensmehrung zwecks Erfüllung einer Verbindlichkeit. Leistender ist nicht der Anspruchsteller selbst, sondern ein Dritter.

An einen Nichtberechtigten
Die Leistung muss an einen Nichtberechtigten erfolgen. Nichtberechtigter ist, wer weder Inhaber des Anspruchs, zwecks dessen Erfüllung geleistet wird, noch sonst zum Empfang der Leistung kraft Gesetzes oder aufgrund eines Rechtsgeschäftes befugt ist.

Wirksamkeit der Leistung
Schließlich muss die Leistung dem Berechtigten gegenüber wirksam sein. Berechtigter ist regelmäßig der Inhaber des Anspruchs. Wirksamkeit bedeutet, dass durch die Leistung der Schuldner von seiner Verbindlichkeit befreit worden sein muss, also der Anspruch erloschen ist, oder sich der Berechtigte zumindest so behandeln lassen muss, als sei der Anspruch erloschen.

Grundsätzlich gilt § 362 Abs. 1, wonach bei Leistung an einen Nichtberechtigten das Schuldverhältnis nicht durch Erfüllung erlischt, so dass die Leistung dem Berechtigten gegenüber nicht wirksam ist. Jedoch gibt es hiervon einige **Ausnahmen**. Eine der wichtigsten ist **§ 407**, der bestimmt, dass im Falle einer Abtretung der Neugläubiger (der nunmehr Forderungsinhaber und damit Berechtigter ist) eine Leistung des Schuldners an den Altgläubiger gegen sich gelten lassen muss, wenn der Schuldner keine Kenntnis von der Abtretung hatte. Im Zusammenhang mit Abtretungen sind außerdem § 408 sowie § 409 zu nennen. Zudem kann eine zunächst unwirksame Leistung durch Genehmigung des Berechtigten nachträglich (und mit Rückwirkung) wirksam werden (§§ 362 Abs. 2, 185, 184), welche auch hier konkludent durch Geltendmachung des Anspruchs aus § 816 Abs. 2 erteilt werden kann. Eine Genehmigung macht insbesondere dann Sinn, wenn es aussichtsreicher erscheint, gegen den nichtberechtigten Leistungsempfänger einen Herausgabeanspruch geltend zu machen als nochmalige Leistung vom Schuldner zu verlangen.

Anspruchsinhaber, -gegner und -gegenstand

Anspruchsinhaber ist der zum Leistungsempfang Berechtigte (also nicht der Leistende selbst; dieser könnte vom Nichtberechtigten Herausgabe nach § 812 Abs. 1 S. 1 Alt. 1 verlangen), Anspruchsgegner ist der Nichtberechtigte, an den die Leistung bewirkt wurde. Der Anspruch richtet sich auf Herausgabe des Geleisteten.

Beispiel: Hätte A z. B. eine Forderung gegen B und würde A diese Forderung in Unkenntnis des B an C abtreten, dann müsste der neue Gläubiger C die Leistung des B an den alten Gläubiger A nach § 407 gegen sich als Erfüllung gelten lassen, jedoch kann er als Berechtigter in diesem Fall von A als nichtberechtigtem Leistungsempfänger Herausgabe des von B gezahlten Betrages nach § 816 Abs. 2 verlangen.

21.3.5 § 822 – unentgeltliche Zuwendung an einen Dritten

Ähnlich wie § 816 Abs. 1 S. 2 gewährt auch § 822 einen **Herausgabeanspruch gegen einen Dritten, der etwas unentgeltlich erlangt hat**. Jedoch setzt § 822 keine Verfügung eines Nichtberechtigten voraus, sondern dass gegen eine Person zwar grundsätzlich (irgendein) bereicherungsrechtlicher Anspruch besteht, dieser jedoch aufgrund dessen, dass das Herauszugebende ohne Gegenleistung einem Dritten zugewendet wurde, wegen Entreicherung nach § 818 Abs. 3 ausgeschlossen ist. Da der Dritte, der kein Entgelt gezahlt hat, weniger schutzwürdig ist als der Bereicherungsgläubiger, soll er das Erlangte an ihn herausgeben. Da im Falle der Verfügung eines Nichtberechtigten bereits § 816 Abs. 1 S. 2 greift, verbleibt für § 822 nur dort Raum, wo ein Berechtigter an den Dritten verfügt hat.

Die **Anspruchsvoraussetzungen** lassen sich wie folgt zusammenfassen:

- Bereicherungsanspruch des Anspruchstellers gegen den „Empfänger"
- unentgeltliche Zuwendung des Erlangten durch den „Empfänger" an einen Dritten (den jetzigen Anspruchsgegner)
- dadurch Ausschluss des Bereicherungsanspruchs gegen den „Empfänger".

Als Bereicherungsanspruch kommen Ansprüche aus allen sonstigen bereicherungsrechtlichen Tatbeständen in Betracht.

Bei der Prüfung des Ausschlusses des Bereicherungsanspruchs nach § 818 Abs. 3 sind immer auch die §§ 818 Abs. 4 und 819 zu berücksichtigen, die den Entreicherungseinwand ausschließen können.

Liegen alle Voraussetzungen vor, besteht ein Anspruch des Bereicherungsgläubigers gegen den Dritten auf Herausgabe des Erlangten.

21.4 Art und Umfang des Bereicherungsanspruchs

Die **§§ 818 bis 820** enthalten ergänzende Regelungen zu Art und Umfang des Bereicherungsanspruchs. Diese Regelungen betreffen also die Rechtsfolgenseite und sind daher nur von Bedeutung, wenn die Voraussetzungen einer der bereicherungsrechtlichen Anspruchsgrundlagen erfüllt sind.

21.4.1 Herausgabe des Erlangten

Alle Bereicherungsansprüche sind **grundsätzlich auf Herausgabe des Erlangten in natura** gerichtet. So muss z. B. bei Erlangung des Eigentums an einer Sache das Eigentum zurückübertragen, bei Besitzerlangen dem Anspruchsteller der Besitz verschafft oder bei Erwerb einer Forderung ihm diese abgetreten werden.

21.4.2 Gezogene Nutzungen und Surrogate

§ 818 Abs. 1 bestimmt, dass sich der Herausgabeanspruch auch auf die gezogenen Nutzungen erstreckt. Nutzungen sind nach § 100 Sach- und Rechtsfrüchte (also dasjenige, was aus der bestimmungsgemäßen Verwendung der Sache oder des Rechts gewonnen wird, § 99, z. B. Zinsen) sowie Gebrauchsvorteile (z. B. Nutzung eines PKW). Dabei sind nur solche Nutzungen herauszugeben, die tatsächlich gezogen worden sind.

Zudem ist ebenfalls nach § 818 Abs. 1 auch dasjenige herauszugeben, was der Empfänger aufgrund eines erlangten Rechts oder als Ersatz für die Zerstörung, Beschädigung oder Entziehung des erlangten Gegenstandes erwirbt (z. B. Schadensersatzanspruch gegen einen Dritten oder Versicherungssumme). Nicht zu den herauszugebenden Surrogaten gehört nach überwiegender Ansicht das, was der Empfänger erst dadurch erwirbt, dass er ein auf das Erlangte bezogenes Rechtsgeschäft abschließt (z. B. der Kaufpreis bei Verkauf des Erlangten durch den Bereicherungsschuldner).

21.4.3 Wertersatz

Ist die **Herausgabe** des Erlangten in natura wegen seiner Beschaffenheit oder aus einem anderen Grunde **unmöglich** (z. B. erlangte Arbeitsleistung oder Zerstörung der erlangten Sache), so hat der Empfänger gemäß **§ 818 Abs. 2 Wertersatz in Geld** zu leisten. Wert ist der objektive Verkehrswert des Erlangten, welcher nicht mit einem etwaigen Veräußerungserlös oder dem vereinbarten Kaufpreis oder Arbeitslohn identisch zu sein braucht. Wertersatz ist auch dann zu leisten, wenn die Herausgabe von Nutzungen oder Surrogaten nach § 818 Abs. 1 in natura unmöglich ist (insbesondere Gebrauchsvorteile können nicht in natura herausgegeben werden).

21.4.4 Einwand der Entreicherung

Nach **§ 818 Abs. 3** besteht **kein Herausgabe- oder Wertersatzanspruch, wenn** der **Empfänger nicht mehr bereichert** ist. Diese Regelung ist vor dem Hintergrund zu sehen, dass durch das Bereicherungsrecht nicht Schäden ausgeglichen, sondern Vermögensverschiebungen, die nicht durch die Rechtsordnung gedeckt sind, rückgängig gemacht werden sollen. Ist beim Empfänger von dem erlangten Vermögen nichts mehr vorhanden und an seine Stelle auch kein Ersatz getreten, dann ist eine solche Rückgängigmachung unmöglich.

Bestimmung der Entreicherung
Das Vorliegen einer Entreicherung setzt voraus, dass

- das Erlangte selbst untergegangen ist (z. B. Zerstörung, Verbrauch, Diebstahl einer Sache),
- an seiner Stelle kein anderer Wert noch im Vermögen des Anspruchsgegners vorhanden ist (z. B. der Verkaufserlös oder eine mit erlangtem Geld erworbene Sache) und
- der Anspruchsgegner keine Aufwendungen erspart hat (z. B. wenn er, statt den PKW des Anspruchstellers zu nutzen, sonst ein Fahrzeug hätte mieten müssen; anders dagegen bei so genannten Luxusaufwendungen, die ohne die Bereicherung nicht gemacht worden wären).

Als Entreicherung in Abzug bringen darf der Bereicherungsschuldner zudem solche Vermögensnachteile, die in adäquat kausalem Zusammenhang mit der Bereicherung stehen (z. B. Reparaturkosten).

Berücksichtigung der Gegenleistung bei gegenseitigen Verträgen
Bei der bereicherungsrechtlichen Rückabwicklung unwirksamer gegenseitiger Verträge stellt sich das Problem, inwieweit bei der Ermittlung des Umfangs des Bereicherungsanspruchs die erbrachte Gegenleistung zu berücksichtigen ist. Wendet man das Bereicherungsrecht streng nach Gesetz an, sind die jeweiligen Bereicherungsansprüche der Vertragsparteien unabhängig voneinander, so dass z. B. der Käufer bei einem nichtigen Kaufvertrag den gezahlten Kaufpreis auch dann vollständig zurückverlangen könnte, wenn er selbst sich gegenüber dem Herausgabeanspruch des Verkäufers, beispielsweise weil ihm die Kaufsache gestohlen worden ist, auf Entreicherung beruft. Die Vertreter der **Zweikondiktionentheorie** befürworten eine solche am Gesetz orientierte Lösung. Überwiegend wird das dadurch erzielte Ergebnis jedoch als unbillig angesehen und deswegen die **Saldotheorie** angewendet, die eine rechtliche Verknüpfung der wechselseitigen Bereicherungsansprüche ermöglicht. Die Saldotheorie **besagt, dass jede Vertragspartei einen Bereicherungsanspruch nur in dem Umfang hat, wie sie selbst in der Lage ist, das Empfangene herauszugeben** (bzw. Wertsatz zu leisten). Bei gleichartigen Ansprüchen (also insbesondere bei wechselseitigen Geldzahlungsansprüchen) bedeutet das, dass die Ansprüche saldiert, d. h. miteinander verrechnet werden, so dass nur ein einziger Bereicherungsanspruch besteht, und zwar in Höhe des Saldos zugunsten der Partei, die den höheren Anspruch hat. Handelt es sich um un-

gleichartige Ansprüche, ist eine solche Saldierung nicht möglich, ein ähnliches Ergebnis wird jedoch dadurch erzielt, dass das Erlangte jeweils nur Zug um Zug gegen Herausgabe des von der anderen Partei Erlangten herauszugeben ist und dabei etwaige Entreicherungen einer Partei von ihrem Anspruch in Abzug zu bringen sind (Soll z. B. ein nichtiger Kaufvertrag rückabgewickelt werden und hat der Käufer die Kaufsache beschädigt, so ist sein Anspruch auf Rückzahlung des Kaufpreises um den Betrag reduziert, der der Wertminderung des Sache durch die Beschädigung entspricht).

In Fällen, in denen das durch die Saldotheorie erzielte Ergebnis nicht sachgerecht erscheint, wird auch von ihren Vertretern **ausnahmsweise** die **Zweikondiktionentheorie** angewendet. Dies betrifft vor allem Konstellationen, in denen der Bereicherungsgläubiger nicht voll geschäftsfähig ist oder durch arglistige Täuschung bzw. widerrechtliche Drohung zum Vertragsschluss bestimmt wurde. Bei einem nicht voll geschäftsfähigen Bereicherungsgläubiger würde die Anwendung der Saldotheorie dazu führen, dass er die negativen Konsequenzen aus einem (unwirksamen) Vertragsschluss zu tragen hätte, indem er das von ihm Geleistete unter Umständen nicht bzw. nicht in voller Höhe zurückerhält, weil er selbst das Empfangene nicht (vollständig) herausgeben kann. Gerade das soll aber durch die den Schutz des nicht voll Geschäftsfähigen bezweckenden §§ 104 ff. verhindert werden. Ähnliches gilt im Falle einer Täuschung oder Drohung, in welchem dem Betroffenen durch die Einräumung eines Anfechtungsrechts (§ 123) ermöglicht werden soll, die ursprüngliche Rechtslage wiederherzustellen, was bei Anwendung der Saldotheorie unter Privilegierung des nicht schutzwürdigen Vertragspartners nur eingeschränkt erreicht würde.

21.4.5 Verschärfte Haftung

Die **§§ 818 Abs. 4, 819, 820** bestimmen, dass sich der Bereicherungsschuldner **unter gewissen Umständen nicht** auf den **Wegfall der Bereicherung** berufen kann. Betroffen davon sind Sachverhalte, in denen der Schuldner damit zu rechnen hatte, dass er das Erlangte herausgeben muss. Konkret benennt das Gesetz folgende Situationen:

- Eintritt der **Rechtshängigkeit** (§ 818 Abs. 4; also insbesondere Klageerhebung, §§ 253, 261 ZPO),
- **Kenntnis** des Empfängers **vom Mangel des Rechtsgrundes** (§ 819 Abs. 1),
- Gesetzes- oder Sittenverstoß durch die Annahme der Leistung (§ 819 Abs. 2),
- der Eintritt des mit der Leistung bezweckten Erfolges wurde nach dem Inhalt des Rechtsgeschäftes als ungewiss angesehen (§ 820).

Rechtsfolge ist in allen Fällen, dass der Empfänger nach den allgemeinen Vorschriften haftet, also nicht nach § 818 Abs. 1 bis 3, sondern nach den Regelungen des allgemeinen Schuldrechts. Dies hat insbesondere folgende Konsequenzen:

- Schadensersatzpflicht bei Untergang oder Verschlechterung des herauszugebenden Gegenstandes (§§ 292, 989; bei Verzug auch ohne Verschulden, § 287 S. 2),

21.4 Art und Umfang des Bereicherungsanspruchs

- Ersatzpflicht für schuldhaft nicht gezogene Nutzungen (§§ 292, 987),
- nur notwendige Verwendungen sind abzugsfähig (§§ 292, 994 Abs. 2),
- keine Befreiung von Geldschulden bei Entreicherung,
- Verzinsungspflicht bei Geldschulden (§ 291).

22 Deliktische Ansprüche

Das **Deliktsrecht** oder auch das **Recht der unerlaubten Handlungen** ist geregelt in den **§§ 823 bis 853**. Daneben finden sich auch **an zahlreichen Stellen außerhalb des BGB** einschlägige Anspruchsgrundlagen (z. B. im Straßenverkehrsgesetz und im Produkthaftungsgesetz). **Zweck** des Deliktsrechts ist die **Wiedergutmachung von Schäden**, die durch einen Eingriff in einen fremden Rechtskreis entstanden sind. Deliktische Ansprüche **setzen keinen Vertrag** oder ein sonstiges Schuldverhältnis zwischen den Beteiligten **voraus** (z. B. Schädigung bei einem Verkehrsunfall), jedoch sind die §§ 823 ff. auch neben vertraglichen Anspruchsgrundlagen anwendbar, sollte ein Vertrag bestehen. Verschiedene deliktische Ansprüche stehen in aller Regel gleichberechtigt nebeneinander, es sei denn, das Konkurrenzverhältnis ist ausdrücklich anders geregelt.

Die **deliktischen Tatbestände** lassen sich, abhängig von der Relevanz des Verschuldens, in drei **Gruppen** einteilen:

- Haftung für **tatsächliches eigenes Verschulden**, d. h. das Verschulden des Anspruchsgegners ist Tatbestandsvoraussetzung und ist daher positiv festzustellen (z. B. §§ 823 Abs. 1, 823 Abs. 2, 824 bis 826)
- Haftung für **vermutetes eigenes Verschulden**, d. h. das Verschulden des Anspruchsgegners wird vermutet, solange er sich nicht exkulpieren (entlasten) kann (z. B. §§ 831, 832, 836 bis 838)
- **Gefährdungshaftung**, d. h. verschuldensunabhängige Haftung (z. B. § 1 Abs. 1 ProdHaftG, § 7 Abs. 1 StVG)

Die für die Fallbearbeitung **wichtigsten Anspruchsgrundlagen** sind **§ 823 Abs. 1** (eine weite, generalklauselartige Vorschrift), **§ 823 Abs. 2** (Schutzgesetzverletzung) sowie **§ 831** (Haftung für den Verrichtungsgehilfen).

22.1 Grundsätzliche Prüfung deliktischer Anspruchsgrundlagen

Die Prüfung aller deliktischen Anspruchsgrundlagen orientiert sich an einem einheitlichen **Schema**, welches folgende Punkte beinhaltet:

- Tatbestand

- Rechtswidrigkeit
- Verschulden (nicht bei Gefährdungshaftung)
- kausaler Schaden
- Mitverschulden des Geschädigten

Dieses Schema ist insbesondere dann von Nutzen, wenn unbekannte Anspruchsgrundlagen erörtert werden müssen, sollte aber auch sonst gedanklich immer präsent sein, um eine unvollständige Prüfung zu vermeiden. In der Darstellung selbst bedürfen im konkreten Fall unproblematische Punkte keiner umfangreichen Ausführungen.

Systematisch sind **deliktische Ansprüche nach etwaigen vertraglichen bzw. vertragsähnlichen und dinglichen Ansprüchen zu prüfen**, da letztere von Einfluss auf deliktsrechtliche Normen sein können, indem sie beispielsweise die Rechtswidrigkeit entfallen lassen oder die Anwendbarkeit der §§ 823 ff. von vornherein ausschließen. Zu den bereicherungsrechtlichen Ansprüchen aus §§ 812 ff. besteht dagegen in keiner Richtung ein zwingendes Vorrangverhältnis; regelmäßig ist es ohne Bedeutung, in welcher Reihenfolge diese Ansprüche geprüft werden.

22.1.1 Tatbestand

An dieser Stelle sind die **Tatbestandsmerkmale der jeweiligen Anspruchsnorm** zu prüfen. Auf die wichtigsten von ihnen wird unten noch näher eingegangen. Im Übrigen gilt, dass auch unbekannte deliktsrechtliche Vorschriften gemeistert werden können, wenn diese sauber in ihre einzelnen Tatbestandsmerkmale aufgegliedert und diese dann jeweils subsumiert werden.

22.1.2 Rechtswidrigkeit

Auch wenn dies nicht überall wie beispielsweise bei § 823 Abs. 1 ausdrücklich erwähnt wird, erfordern alle deliktischen Anspruchsgrundlagen ein rechtswidriges bzw. widerrechtliches Handeln. Die Rechtswidrigkeit meint die grundsätzliche Missbilligung des Verhaltens durch die Rechtsordnung und wird **regelmäßig durch die Erfüllung des Tatbestands indiziert**, d. h., sie wird ohne weiteres angenommen, solange kein Rechtfertigungsgrund eingreift. Typische Rechtfertigungsgründe sind Notwehr (§ 227), Defensivnotstand (§ 228), Offensivnotstand (§ 904), Selbsthilfe (§ 229), Einwilligung des Verletzten, berechtigte GoA, staatliche Eingriffsbefugnisse (z. B. Festnahme durch die Polizei).

Es gibt allerdings Fälle, in denen die Rechtswidrigkeit nicht indiziert wird, sondern positiv festzustellen ist. Dies betrifft zum einen die Verletzung des eingerichteten und ausgeübten Gewerbebetriebs sowie des allgemeinen Persönlichkeitsrechts bei § 823 Abs. 1, wo es zur Feststellung der Widerrechtlichkeit einer umfassenden Interessenabwägung bedarf. Zum anderen gehören hierher lediglich mittelbare oder durch Unterlassen begangene Rechtsverletzungen. Solche sind nur dann rechtswidrig, wenn eine Verkehrssicherungspflicht oder eine sonstige rechtliche Pflicht verletzt wurde.

22.1.3 Verschulden

Wie sich schon aus dem Begriff ergibt, spielt das Verschulden **nur bei** Tatbeständen der **Verschuldenshaftung** eine Rolle. Bei Gefährdungshaftungstatbeständen entfällt dieser Prüfungspunkt. Welcher Kategorie eine Anspruchsgrundlage zugehört, ergibt sich jeweils aus der gesetzlichen Formulierung.

Das Merkmal des Verschuldens setzt sich aus **zwei Komponenten** zusammen, nämlich der **Deliktsfähigkeit** sowie dem **eigentlichen Verschulden** in Form von Vorsatz oder Fahrlässigkeit.

Deliktsfähigkeit
Die Deliktsfähigkeit oder Verschuldensfähigkeit ist in den **§§ 827 und 828** geregelt. Sie befasst sich mit der Frage, ob eine Person unter Berücksichtigung ihres Alters und eventueller geistiger Defizite für ihr Verhalten generell deliktisch verantwortlich ist. Insofern ähnelt sie der Geschäftsfähigkeit, die an vergleichbare Punkte anknüpft, bei der es aber darum geht, ob jemand in der Lage ist, wirksam rechtsgeschäftlich zu handeln.

Ebenfalls parallel zur Geschäftsfähigkeit lassen sich bei der Bestimmung der Deliktsfähigkeit drei verschiedene Stufen unterscheiden. Den Normalfall bildet die **volle Deliktsfähigkeit**, welche, solange kein Anlass zu Zweifeln an dieser besteht, keiner Erörterung bedarf. Daneben gibt es die **beschränkte Deliktsfähigkeit** und die **Deliktsunfähigkeit**. Deliktsunfähig sind Minderjährige unter sieben Jahren (§ 828 Abs. 1) bzw. bei Unfällen mit Kraftfahrzeugen und ähnlichem Minderjährige unter zehn Jahren (§ 828 Abs. 2) sowie Personen, die in bewusstlosem oder einem die freie Willensbestimmung ausschließenden Zustand krankhafter Störung der Geistestätigkeit handeln (§ 827 S. 1). Solche Personen haften, abgesehen von der Ausnahme in § 827 S. 2 (schuldhafte Herbeiführung des Zustandes durch Alkohol u. ä.) und der Billigkeitshaftung nach § 829, nicht wegen von ihnen begangener unerlaubter Handlungen. Beschränkt deliktsfähig sind Personen zwischen sieben (bzw. bei Kfz-Unfällen zehn) und unter 18 Jahren. Diese sind nach § 828 Abs. 3 nur dann deliktisch verantwortlich, wenn sie bei Begehung der schädigenden Handlung über die zur Erkenntnis der Verantwortlichkeit erforderliche Einsicht verfügten, was nach dem individuellen Entwicklungsgrad zu bestimmen ist.

Vorsatz oder Fahrlässigkeit
Welches Maß von Verschulden notwendig ist, richtet sich nach der jeweiligen Anspruchsgrundlage. **Grundsätzlich genügt Fahrlässigkeit**, es gibt jedoch auch Normen, die vorsätzliches Handeln erfordern (z. B. die sittenwidrige vorsätzliche Schädigung gemäß § 826). Wann Vorsatz bzw. Fahrlässigkeit vorliegen, bestimmt sich nach den gleichen Kriterien wie im allgemeinen Schuldrecht, insbesondere gilt die **Fahrlässigkeitsdefinition aus § 276 Abs. 2**.

Bezugspunkt des Verschuldens sind der Tatbestand der jeweiligen Anspruchsgrundlage sowie die Rechtswidrigkeit, nicht dagegen der Schaden (soweit er nicht ausnahmsweise wie bei § 826 zum Tatbestand gehört) und die haftungsausfüllende Kausalität.

Wurde vertraglich eine mildere Haftung vereinbart (z. B. Haftung nur für Vorsatz und grobe Fahrlässigkeit), gilt dies für deliktische Ansprüche gleichermaßen, da anderenfalls die beabsichtigte Privilegierung unterlaufen würde. Darüber hinaus kann sich ein anderer Haftungsmaßstab auch aus gesetzlichen Regelungen ergeben (z. B. §§ 680, 708, 1359, 1664).

Billigkeitshaftung
Auch wenn es aufgrund der §§ 827, 828 im Einzelfall an der Verantwortlichkeit fehlt, kommt dennoch eine Ersatzpflicht aus Billigkeitsgründen gemäß **§ 829** in Betracht. Bei dieser Norm handelt es sich um eine **eigenständige Anspruchsgrundlage**, die dann zu erörtern ist, wenn jemand, der mangels Deliktsfähigkeit nicht verantwortlich ist, den Tatbestand einer deliktischen Norm widerrechtlich verwirklicht hat und es als unbillig erscheint, dass der Geschädigte weder von ihm noch von einer aufsichtspflichtigen Person (vgl. § 832) Ersatz seines Schadens zu erlangen vermag, wobei es insbesondere auf die finanziellen Verhältnisse von Schädiger und Geschädigtem ankommt. Problematisch ist dabei, ob etwaige für den Schaden aufkommende Versicherungen der Beteiligten bei der Beurteilung der Billigkeit zu berücksichtigen sind.

22.1.4 Schaden

Zudem erfordert die deliktische Haftung stets, dass beim Anspruchsteller aufgrund der Rechtsverletzung ein ersatzfähiger Schaden entstanden ist.

Ersatzfähiger Schaden
Welche Schäden ersatzfähig sind, bestimmt sich zunächst nach den Grundsätzen aus dem allgemeinen Schuldrecht (**§§ 249 ff.**). Schäden sind danach vor allem unfreiwillige Vermögensopfer und werden durch einen Vergleich der Lage nach dem schädigenden Ereignis mit derjenigen davor ermittelt. Neben dem Ersatz für Vermögensschäden kann unter den Voraussetzungen des § 253 Abs. 2 – der überwiegend als eigenständige Anspruchsgrundlage angesehen wird und dessen Tatbestandsmerkmale bei der Fallbearbeitung zu prüfen sind – bei Verletzung bestimmter Rechtsgüter auch für immaterielle Schäden Ersatz in Geld erlangt werden. Zu beachten ist, dass bei immateriellen Schäden unabhängig von § 253 Abs. 2 stets eine Wiedergutmachung in natura in Betracht kommt (z. B. Widerruf einer verleumdenden Tatsachenbehauptung).

Die allgemeinen Vorschriften werden in den **§§ 840 ff.** um besondere, nur für deliktische Ansprüche geltende, Rechtsfolgenregelungen ergänzt. Zu nennen sind hier insbesondere § 842 (Ersatzpflicht für Nachteile für Erwerb oder Fortkommen), § 843 (Geldrente oder Kapitalabfindung bei Minderung der Erwerbsfähigkeit oder Vermehrung der Bedürfnisse) und §§ 844, 845 (Ersatzansprüche Dritter bei Tötung einer Person).

Kausalität

Der Schaden muss außerdem kausal auf der Rechtsverletzung beziehungsweise der Tatbestandsverwirklichung beruhen (**haftungsausfüllende Kausalität**). Die im Zusammenhang mit der haftungsbegründenden Kausalität bei § 823 Abs. 1 gemachten Ausführungen gelten hier entsprechend. D. h. auch hier muss zweistufig vorgegangen und zunächst die rein naturgesetzliche Kausalität im Sinne der Äquivalenztheorie festgestellt werden, um anschließend auf der zweiten Stufe mittels einer wertenden Betrachtungsweise und unter Einbeziehung der Adäquanztheorie und des Schutzzwecks der Norm die objektive Zurechenbarkeit des Schadens zu untersuchen. Der einzige wesentliche Unterschied zur haftungsbegründenden Kausalität ist der, dass diese die ursächliche Verknüpfung von Verletzungshandlung und Rechtsgutverletzung zum Gegenstand hat, während die haftungsausfüllende Kausalität den Kausalzusammenhang von Rechtsgutverletzung und Schaden betrifft.

Grundsätzlich sind dem Schädiger auch mittelbare Schäden zurechenbar, die erst als weitere Folge des unmittelbar verursachten Schadens entstehen (so genannte Folgeschäden). Nur sehr entfernte oder unwahrscheinliche Schadensfolgen werden unter dem Gesichtspunkt der Verwirklichung des allgemeinen Lebensrisikos bzw. bereits mangels Adäquanz ausgeschieden.

22.1.5 Mitverschulden des Geschädigten

Schließlich ist immer an ein eventuelles Mitverschulden des Geschädigten zu denken, welches nach § 254 zur Minderung des Anspruchs führen kann. Erwähnt werden muss dieser Prüfungspunkt allerdings nur, sofern im konkreten Fall ein Mitverschulden ernsthaft in Betracht kommt.

22.2 § 823 Abs. 1 – deliktische Generalklausel

§ 823 Abs. 1 ist die mit Abstand **klausurrelevanteste Anspruchsgrundlage aus dem Deliktsrecht**, weshalb seine Prüfung sicher beherrscht werden sollte. Dabei wird üblicherweise folgendes, an Logik und Zweckmäßigkeit orientiertes **Prüfungsschema** zu Grunde gelegt:

- Rechtsgutverletzung (Verletzungserfolg)
- Verletzungshandlung
- haftungsbegründende Kausalität
- Rechtswidrigkeit
- Verschulden
- Schaden
- haftungsausfüllende Kausalität

- (Mitverschulden).

Vergleicht man dies mit dem oben zur grundsätzlichen Prüfung deliktischer Ansprüche Gesagten, wird deutlich, dass sich die genannten Punkte hier wieder finden. Die ersten drei Merkmale (Rechtsgutverletzung, Verletzungshandlung, haftungsausfüllende Kausalität) bilden den Tatbestand des § 823 Abs. 1.

22.2.1 Rechtsgutverletzung

§ 823 Abs. 1 setzt voraus, dass eines der dort genannten Rechtsgüter, also Leben, Körper, Gesundheit, Freiheit, Eigentum oder ein sonstiges Recht, verletzt wurde. Zu beachten ist, dass mit der Bezeichnung Rechtsgutverletzung der **Eintritt eines Verletzungserfolgs** und nicht die Verletzungshandlung gemeint ist, welche gesonderter Prüfung bedarf.

Leben
Verletzung des Lebens heißt Tötung eines Menschen.

Körper und Gesundheit
Unter Körperverletzung ist ein Eingriff in die körperliche Unversehrtheit zu verstehen (z. B. Zufügen einer Schnittwunde). Dagegen fordert eine Gesundheitsverletzung die Störung der inneren Lebensvorgänge, d. h. ein Krankmachen (z. B. Anstecken mit einer Krankheit, Erleiden eines Schocks). Da die Rechtsfolge in beiden Fällen dieselbe ist, kommt es auf die Abgrenzung von Körper- und Gesundheitsverletzung nicht entscheidend an, beide können auch gleichzeitig vorliegen. Bereits ein gezeugtes, aber noch ungeborenes Kind, ein so genannter nasciturus, wird von § 823 Abs. 1 geschützt.

Freiheit
Die Freiheit wird verletzt durch Beeinträchtigung der körperlichen Bewegungsfreiheit (z. B. Fesseln, Einsperren). Bloße Eingriffe in die Willensfreiheit (z. B. durch Täuschung oder Drohung) genügen dagegen nach überwiegender Ansicht nicht.

Eigentum
Der Eigentumsbegriff bestimmt sich nach den Regeln des Sachenrechts. Eine Verletzung des Eigentums liegt vor, wenn die dem Eigentümer in § 903 eingeräumte Befugnis, mit seiner Sache nach Belieben zu verfahren und andere von der Einwirkung auszuschließen, beeinträchtigt wird. Das ist insbesondere der Fall bei Einwirkung auf die Sachsubstanz durch **Beschädigung** oder **Zerstörung** oder unter Umständen auch bloßes Verunstalten, bei **Entziehung** oder sonstiger Störung der Nutzungsmöglichkeit sowie bei **Einwirkungen in rechtlicher Form** wie Veräußerung oder Belastung.

Abzugrenzen ist die Eigentumsverletzung **von** einer bloßen **Beeinträchtigung des** – kein Recht im Sinne des § 823 Abs. 1 darstellenden – **Vermögens**, was im Einzelfall schwierig sein kann. Klausurrelevant sind in dieser Hinsicht insbesondere **zwei Problemkreise**.

Der eine betrifft die Lieferung einer mangelhaften Sache aufgrund eines Kaufvertrages bzw. auch die Herstellung einer solchen im Rahmen eines Werkvertrages, wobei der Mangel dazu führt, dass nachfolgend auch ursprünglich mangelfreie Teile der Sache in Mitleidenschaft gezogen werden (so genannter **Weiterfresserschaden**; z. B. Kauf eines Fahrzeugs mit schadhafter Bremse, wodurch es später zu einem Unfall mit Totalschaden kommt). Da hier der Käufer bzw. Besteller von Anfang an nur Eigentum an einer mangelbehafteten Sache erwirbt, erscheint es problematisch, ob eine Eigentumsverletzung vorliegt. Der BGH hat eine solche teilweise mit der Begründung bejaht, dass der Defekt ursprünglich auf einen Teil der Sache begrenzt war und durch seine Ausweitung die Sachsubstanz darüber hinausgehend beeinträchtigt wird. In der Fachterminologie wird das so ausgedrückt, dass dann das Integritätsinteresse des Käufers/Bestellers als Eigentümer der Sache über das bloße Äquivalenzinteresse auf Erhalt der Leistung, für die er bezahlt hat, hinausgehend beeinträchtigt, also nicht mit diesem stoffgleich ist. Die Kritik an dieser Ansicht zielt darauf, dass die Ausweitung der Schadhaftigkeit eine bloße Realisierung des von Anfang an vorhandenen Mangels darstellt und damit gerade keine eigenständige Eigentumsverletzung. Aufgrund dessen, dass die Verjährungsfristen für Gewährleistungsrechte beim Kauf durch die Schuldrechtsreform 2002 von einem halben auf zwei Jahre verlängert wurden, dürfte sich die praktische Bedeutung dieser Frage stark verringert haben, da der Käufer sich regelmäßig auf vertragliche Ansprüche berufen kann.

Der zweite Problemkreis hat **Nutzungsbeeinträchtigungen** zum Gegenstand. Ausgangspunkt ist dabei, dass nicht jede Behinderung der Nutzbarkeit einer Sache, die nur mittelbar ohne Einwirkung auf die Sache selbst hervorgerufen wird, als Eigentumsverletzung qualifiziert werden kann, da dies praktisch einer vom Gesetzgeber im Rahmen des § 823 Abs. 1 gerade nicht gewollten Haftung für reine Vermögensschäden gleichkommen würde. Die Grenzziehung ist schwierig. Überwiegend wird darauf abgestellt, ob die Nutzbarkeit der Sache gänzlich aufgehoben ist – dann Eigentumsverletzung gegeben – oder ob nur eine ganz bestimmte Art der Nutzung verhindert wird – dann keine Eigentumsverletzung. Allerdings hat der BGH beispielsweise auch in einem Fall eine Verletzung des Eigentums verneint, in dem eine Maschine aufgrund einer Unterbrechung der Stromversorgung nicht betrieben werden konnte

Bei Vorliegen eines Eigentümer-Besitzer-Verhältnisses ist darauf zu achten, dass deliktische Ansprüche unter Umständen durch die spezielleren Regelungen der §§ 989 ff. verdrängt werden.

Sonstige Rechte
Sonstiges Recht im Sinne von § 823 Abs. 1 ist nicht jedes beliebige Recht, vielmehr sind **nur solche Rechte** erfasst, **die** wie das Eigentum **absoluten Charakter** haben, d. h. gegenüber jedermann und nicht nur im Verhältnis zwischen bestimmten Personen gelten. Forderungen fallen daher nicht unter den Begriff, ebenso wenig das Vermögen als solches, welches sich aus einer Vielzahl von Einzelrechten zusammensetzt, aber selbst kein Recht ist. Die wichtigsten sonstigen Rechte sind **beschränkte dingliche Rechte** (z. B. Pfandrechte, Dienstbarkeiten), der **berechtigte** unmittelbare und nach h. M. auch mittelbare **Besitz**, das **Recht am eingerichteten und ausgeübten Gewerbebetrieb**, das **allgemeine Persönlichkeitsrecht**

sowie den dinglichen Rechten ähnliche absolute Rechtspositionen wie Patent- und Urheberrechte und spezielle Persönlichkeitsrechte (z. B. Recht am eigenen Bild, Namensrecht).

a) Recht am eingerichteten und ausgeübten Gewerbebetrieb

Das Recht am eingerichteten und ausgeübten Gewerbebetrieb ist seit langem als sonstiges Recht im Sinne von § 823 Abs. 1 anerkannt. Es soll den **umfassenden Schutz der gewerblichen Tätigkeit** von Unternehmern gegen Störungen von außen gewährleisten, da existierende Spezialvorschriften (z. B. im UWG oder GWB) bzw. das Eigentum als ausdrücklich geschützte Rechtsposition jeweils nur einen bestimmten Ausschnitt unternehmerischer Tätigkeit erfassen. Zum Schutzumfang gehören neben Räumlichkeiten, Maschinen und Arbeitsabläufen vor allem auch dem „good will" zuzurechnende Bereiche wie das Unternehmenskonzept oder der Kundenstamm, nicht jedoch bloße Hoffnungen, Chancen oder Gewinnerwartungen.

Die Rechtsprechung hat folgende **Voraussetzungen für die Verletzung** dieses Rechts aufgestellt:

- Subsidiarität

  Davon ausgehend, dass das Recht am eingerichteten und ausgeübten Gewerbebetrieb entwickelt wurde, um Lücken beim Schutz von Unternehmen zu schließen, kommt eine Verletzung von vornherein nur dann in Betracht, wenn tatsächlich eine solche Lücke besteht, sprich wenn im Einzelfall Ersatz für den entstandenen Schaden nicht auf anderer Grundlage erlangt werden kann. Dabei sind auch andere Varianten des § 823 Abs. 1, wie z. B. die der Eigentumsverletzung, vorrangig.

- Eingerichteter und ausgeübter Gewerbebetrieb

  Weiterhin muss Objekt der Beeinträchtigung ein eingerichteter und ausgeübter Gewerbebetrieb sein, also ein auf Dauer angelegter und mit Gewinnerzielungsabsicht betriebener Betrieb. Obwohl Freiberufler (z. B. Ärzte, Rechtsanwälte) nicht dem Gewerbebegriff unterfallen, werden aufgrund der vergleichbaren Interessenlage nach h. M. auch sie geschützt.

- Unmittelbar betriebsbezogener Eingriff

  Schließlich muss ein unmittelbar betriebsbezogener Eingriff vorliegen. D. h., der Eingriff muss sich gegen den Betrieb als solchen richten und darf nicht lediglich vom Betrieb ohne weiteres ablösbare Rechte oder Rechtsgüter betreffen (z. B. Verletzung eines Arbeitnehmers), was primär nach der Willensrichtung des Schädigenden zu bestimmen ist. Anerkannte Fälle, in denen die Betriebsbezogenheit bejaht wird, sind beispielsweise Boykotte von Unternehmen, rechtswidrige Streiks oder die Verbreitung gewerbeschädigender Werturteile.

- Positive Feststellung der Rechtswidrigkeit

  Da das Recht am eingerichteten und ausgeübten Gewerbebetrieb sehr weit gefasst ist, kann aus der Erfüllung des Tatbestandes nicht ohne weiteres auf die Rechtswidrigkeit geschlossen werden. Vielmehr muss diese positiv festgestellt werden, was durch eine **umfassende Interessen- und Güterabwägung** geschieht. Zu berücksichtigen sind dabei insbesondere die Grundrechte der Beteiligten (z. B. Meinungs- und Kunstfreiheit) sowie Schwere und Zweck des Eingriffs.

b) Allgemeines Persönlichkeitsrecht

Ähnlich wie das Recht am eingerichteten und ausgeübten Gewerbebetrieb hat sich auch das allgemeine Persönlichkeitsrecht als sonstiges Recht im Sinne von § 823 Abs. 1 deshalb herausgebildet, weil spezialgesetzliche Vorschriften nur den Schutz bestimmter spezieller Persönlichkeitsrechte gewährleisten (z. B. § 12: Namensrecht, § 22 KunstUrhG: Recht am eigenen Bild), nicht aber den der Persönlichkeit in allen ihren Ausprägungen.

Dem Sammelbegriff des allgemeinen Persönlichkeitsrechts, welcher aus Art. 1, 2 GG hergeleitet wird, unterfallen eine Vielzahl von Einzelrechten wie z. B. die persönliche Ehre oder das Recht auf Achtung der Privatsphäre.

Bei der **Prüfung einer Verletzung** des allgemeinen Persönlichkeitsrechts sind folgende Punkte zu beachten:

- Subsidiarität

  Da das allgemeine Persönlichkeitsrecht den Charakter eines Auffangtatbestandes hat, ist es nur dort zu erörtern, wo es am Schutz durch eine spezielle Norm fehlt. So ist beispielsweise bei Ehrverletzungen vorrangig § 823 Abs. 2 i. V. m. §§ 185 ff. StGB zu untersuchen.

- Beeinträchtigung eines der vom allgemeinen Persönlichkeitsrecht umfassten Rechte

  Die von der Rechtsprechung anerkannten Fälle, in denen eine Verletzung des allgemeinen Persönlichkeitsrechts in Betracht kommt, lassen sich in drei Gruppen zusammenfassen. Die erste betrifft Fälle der **Verletzung der persönlichen Ehre** (z. B. Zeitungsartikel beleidigenden Inhalts, Darstellung eines verzerrten Bildes einer Person in den Medien), die zweite **Beeinträchtigungen des Rechts auf Privatsphäre** (z. B. durch heimliche Tonband- oder Bildaufnahmen), und die dritte **Eingriffe in das Recht auf informationelle Selbstbestimmung**, d. h. in das Interesse, dass personenbezogene Daten nicht ohne Kenntnis des Betroffenen gespeichert, benutzt oder weitergegeben werden (z. B. Veröffentlichung von Tagebuchaufzeichnungen, Weitergabe eines ärztlichen Attests an Dritte).

  Ob der Schutz von Persönlichkeitswerten, die zu Lebzeiten des Betroffenen unter das allgemeine Persönlichkeitsrecht fallen, nach seinem Tode fortwirkt, ist umstritten. Überwiegend wird dies jedenfalls insoweit anerkannt, als dass dem betreffenden Recht ein den Tod überdauernder vermögenswerter Charakter zukommt (z. B. Nutzung des Namens einer Person zu geschäftlichen Zwecken). Juristische Personen können einen Persönlichkeitsschutz genießen, soweit sie als Ganzes in ihrem sozialen Geltungsanspruch betroffen sind.

- Positive Feststellung der Rechtswidrigkeit

Auch beim allgemeinen Persönlichkeitsrecht kann aufgrund seiner Weite nicht allein aus dem Vorliegen des Tatbestands auf die Rechtswidrigkeit geschlossen werden. Diese muss hier gleichfalls im Wege einer **umfassenden Güter- und Interessenabwägung** ermittelt werden, in welche insbesondere das allgemeine Persönlichkeitsrecht des Geschädigten sowie die Grundrechte des Schädigers (z. B. die Meinungsfreiheit aus Art. 5 Abs. 1 GG) einzubeziehen sind.

Was die **Rechtsfolgen** der Verletzung des allgemeinen Persönlichkeitsrechts anbelangt, ist auf zwei Besonderheiten hinzuweisen. Erstens wird es oft an einem Vermögensschaden fehlen, so dass Schadensersatz primär in Form der Naturalrestitution gemäß § 249 Abs. 1, sprich der tatsächlichen Behebung des Schadens durch die Beseitigung der rechtswidrigen Situation bzw. durch ein zukünftiges Unterlassen wiederholter Verletzungen, in Betracht kommt. Zweitens wird überwiegend anerkannt, dass in schwerwiegenden Fällen entgegen § 253 (auch noch nach dessen Neufassung durch die Schuldrechtsreform 2002), ein Ausgleich für Nichtvermögensschäden in Geld verlangt werden kann. Voraussetzung dafür ist, dass es sich objektiv um eine erhebliche Beeinträchtigung des allgemeinen Persönlichkeitsrechts handelt und dass dem Schädiger ein gravierender Schuldvorwurf gemacht werden kann.

Der Ersatz für Vermögensschäden folgt den üblichen Grundsätzen.

22.2.2 Verletzungshandlung

Handlung ist jedes willentlich beherrschbare menschliche Verhalten. Dieses kann sowohl in einem positiven **Tun als auch** in einem **Unterlassen** bestehen, wobei im Falle des Unterlassens zusätzlich eine Garantenpflicht erforderlich ist, da bloßem Nichtstun grundsätzlich kein rechtlich erheblicher Gehalt zukommt. Unter Garantenpflicht ist eine Pflicht zum Handeln zu verstehen, welche sich aus Vertrag (z. B. Reparaturpflichten des Vermieters), aus Gesetz (z. B. elterliche Sorge), aus pflichtwidrigem Vorverhalten (Ingerenz) oder aus einer Verkehrssicherungspflicht ergeben kann.

Im Einzelfall kann die Abgrenzung von Tun und Unterlassen Schwierigkeiten bereiten. Entscheidend ist, wo der Schwerpunkt der Vorwerfbarkeit des Verhaltens liegt, d. h., ob dem Anspruchsgegner primär vorzuwerfen ist, dass er etwas Bestimmtes getan hat oder dass er etwas nicht getan hat (Bsp.: Beim Fahren ohne Licht handelt es sich um ein Tun, da der Schwerpunkt das Fahren ist und nicht das Nichteinschalten des Lichts).

22.2.3 Haftungsbegründende Kausalität

Der Begriff der haftungsbegründenden Kausalität bezeichnet die **ursächliche Verknüpfung von Verletzungshandlung und Verletzungserfolg**. Erforderlich ist, dass die Rechtsgutverletzung kausal auf der Verletzungshandlung beruht, wobei der Begriff der Kausalität in diesem Sinne über eine rein naturgesetzliche Ursache-Wirkung-Verknüpfung hinaus auch wertende Kriterien einbezieht. Die Prüfung erfolgt daher (sofern Anlass zu näherer Erörterung besteht) zweistufig.

Äquivalente Kausalität

Zunächst ist festzustellen, ob die Handlung für die Verletzung äquivalent kausal war (Äquivalenztheorie). Das ist bei einem positiven Tun dann der Fall, wenn die Handlung nicht hinweggedacht werden kann, ohne dass der Erfolg in seiner konkreten Gestalt entfiele (conditio sine qua non). Im Falle des Unterlassens ist danach zu fragen, ob die erforderliche Handlung hinzugedacht werden kann, ohne dass der Erfolg mit an Sicherheit grenzender Wahrscheinlichkeit entfiele.

Objektive Zurechnung

Liegt Kausalität im Sinne der Äquivalenztheorie vor, ist auf einer zweiten Stufe auf der Grundlage einer **wertenden Betrachtung** die objektive Zurechnung zu untersuchen. Dies ist deshalb notwendig, weil die äquivalente Kausalität sehr weit geht und nicht geeignet ist, völlig entfernte Handlungen und gänzlich unwahrscheinliche Geschehensabläufe aus dem Tatbestand „herauszufiltern". (so ist z. B. die Geburt eines Menschen äquivalent kausal für einen später von ihm begangenen Mord). Die beiden wesentlichen Elemente der objektiven Zurechnung sind adäquate Kausalität sowie Schutzzweck der Norm. Kausalität im Sinne der **Adäquanztheorie** ist gegeben, wenn die Verletzungshandlung nach dem gewöhnlichen Verlauf der Dinge zur Herbeiführung der Rechtsgutverletzung geeignet war, oder anders formuliert, wenn die Möglichkeit des Erfolgseintritts aufgrund der Handlung nicht außerhalb jeglicher Wahrscheinlichkeit lag. Da auch dieses Kriterium die Zurechnung noch nicht genügend einschränkt, ist außerdem auf den **Schutzzweck der Norm** abzustellen, wonach eine Rechtsgutverletzung dem Schädiger nur zugerechnet werden kann, wenn sich in ihr eine Gefahr verwirklicht hat, deren Verhinderung die verletzte Norm gerade bezweckt. Hierdurch sollen Fälle, in denen sich das von jedermann selbst zu tragende **allgemeine Lebensrisiko** in einer Verletzung niederschlägt und nicht ein gesetzlich missbilligtes Verhalten eines anderen, ausgeschieden werden. Bedeutung hat dies beispielsweise im Bereich der so genannten Schockfälle, wo es darum geht, ob ein Schock, den jemand dadurch erleidet, dass er mit ansehen muss, wie eine dritte Person (z. B. bei einem Unfall) verletzt wird, demjenigen, der die Verletzung zufügt, zugerechnet werden kann. Bejaht wird dies nur bei nahen Angehörigen des Verletzten, ansonsten handelt es sich um die Verwirklichung des allgemeinen Lebensrisikos, denn Zweck des § 823 Abs. 1 ist es nicht, den Schädiger für gesundheitliche Folgen jedes beliebigen Dritten haftbar zu machen.

22.2.4 Rechtswidrigkeit

Hinsichtlich der Rechtswidrigkeit gibt es bei § 823 Abs. 1 gegenüber den obigen allgemeinen Ausführungen keine Besonderheiten. D. h., grundsätzlich wird die Rechtswidrigkeit durch die Tatbestandserfüllung indiziert, es sei denn, es greift ein Rechtfertigungsgrund. Positiv festzustellen ist die Rechtswidrigkeit dagegen bei nur mittelbaren Verletzungen, bei einem Unterlassen, bei einem Eingriff in den eingerichteten und ausgeübten Gewerbebetrieb sowie bei der Verletzung des allgemeinen Persönlichkeitsrechts.

22.2.5 Verschulden

Auch was das Verschulden anbelangt, kann auf die oben erläuterten Grundsätze verwiesen werden. Eine Verletzung des § 823 Abs. 1 ist, wie der Gesetzeswortlaut explizit klarstellt, sowohl vorsätzlich als auch fahrlässig möglich.

22.2.6 Schaden

Was den Schaden betrifft, ergeben sich ebenfalls keine Abweichungen von den allgemeinen deliktsrechtlichen Prinzipien. Da der Tatbestand des § 823 Abs. 1 eine Rechtsgutverletzung voraussetzt, kommt ein Ersatz reiner Vermögensschäden, die nicht auf einer Rechtsgutverletzung beruhen, über diese Anspruchsgrundlage nicht in Betracht. Diese Problematik gehört jedoch systematisch in den Tatbestand, weshalb sie bereits dort genauer erörtert wurde.

22.2.7 Haftungsausfüllende Kausalität

Hier sei nochmals darauf hingewiesen, dass die haftungsausfüllende Kausalität streng **von der** oben behandelten **haftungsbegründenden Kausalität zu unterscheiden** ist. Während es dort um den **ursächlichen Zusammenhang** von Verletzungshandlung und Rechtsgutverletzung ging, ist hier derjenige **zwischen Rechtsgutverletzung und Schaden** zu untersuchen. Im Übrigen gelten die obigen Ausführungen auch hier.

22.2.8 Mitverschulden

Wie generell bei Schadensersatzansprüchen, kommt auch bei § 823 Abs. 1 stets eine Anspruchsminderung wegen Mitverschuldens des Geschädigten gemäß § 254 in Betracht.

22.3 § 823 Abs. 2 – Schutzgesetzverletzung

§ 823 Abs. 2 gewährt einen Ersatzanspruch, wenn durch **Verstoß gegen ein** Gesetz, das den Schutz eines anderen bezweckt (so genanntes **Schutzgesetz**) ein Schaden entstanden ist. Die Vorschrift ist insbesondere dort relevant, wo der Schaden nicht auf der Verletzung eines der von § 823 Abs. 1 umfassten Rechte oder Rechtsgüter beruht. Als Anspruchsgrundlage wird üblicherweise § 823 Abs. 2 in Verbindung mit dem jeweiligen Schutzgesetz zitiert.

Geprüft werden sollten die **Voraussetzungen** des § 823 Abs. 2 wie folgt:

- Schutzgesetz
- Verstoß
- Rechtswidrigkeit

- Verschulden
- Schaden
- haftungsausfüllende Kausalität (inkl. Schutzbereich des Schutzgesetzes)
- (Mitverschulden).

22.3.1 Schutzgesetz

Erste Voraussetzung des § 823 Abs. 2 ist, dass es sich bei der Norm, gegen die möglicherweise verstoßen worden ist, begrifflich um ein Schutzgesetz handelt.

Gesetz ist dabei jede Rechtsnorm im materiellen Sinne (Art. 2 EGBGB), d. h., nicht nur vom parlamentarischen Gesetzgeber im förmlichen Verfahren verabschiedete Gesetze, sondern auch von der Verwaltung erlassene Rechtsverordnungen oder Satzungen. Die Benutzung der Bezeichnung Gesetz erscheint insoweit etwas irreführend, da nur eine einzelne Norm und nicht etwa ein Gesetz insgesamt gemeint ist.

Als Schutzgesetz kann eine Norm qualifiziert werden, wenn sie nach ihrem Inhalt und Zweck **zumindest auch dem Schutz des Einzelnen oder eines individuell abgrenzbaren Personenkreises dient** und nicht nur im Interesse der Allgemeinheit erlassen wurde. Dies ist insbesondere der Fall bei allen strafrechtlichen Normen, welche Individualrechtsgüter schützen, wie beispielsweise § 223 StGB (vorsätzliche Körperverletzung), § 229 StGB (fahrlässige Körperverletzung), § 263 (Betrug) oder § 303 StGB (Sachbeschädigung). Grundrechte stellen ebenfalls Schutzgesetze dar, ebenso viele der Normen in StVO und StVZO.

22.3.2 Verstoß

Der Anspruchsgegner muss gegen das Schutzgesetz verstoßen, also dessen **Tatbestand verwirklicht** haben, wobei dies nach den für das jeweilige Schutzgesetz geltenden Regeln zu bestimmen ist. Im Falle einer strafrechtlichen Norm heißt das, dass ihr objektiver und subjektiver Tatbestand erfüllt sein müssen und der Täter rechtswidrig und schuldhaft gehandelt haben muss. So liegt zum Beispiel mangels Erfüllung des subjektiven Tatbestands kein Verstoß gegen § 303 StGB vor, wenn jemand eine Sache nur fahrlässig beschädigt, da eine Sachbeschädigung nur vorsätzlich möglich ist.

22.3.3 Rechtswidrigkeit

Sofern nicht schon der Verstoß gegen das Schutzgesetz rechtswidriges Handeln voraussetzt, ist hier nach den üblichen Regeln die Rechtswidrigkeit zu prüfen.

22.3.4 Verschulden

Auch das Verschulden ist oft schon Voraussetzung für einen Verstoß gegen das Schutzgesetz (so z. B. bei Straftatbeständen). Für Schutzgesetze, gegen die ein Verstoß ohne Verschulden möglich ist, bestimmt § 823 Abs. 2 S. 2, dass in diesen Fällen dennoch ein Verschulden vorliegen muss. Dieses ist dann nach den üblichen zivilrechtlichen Grundsätzen zu prüfen.

22.3.5 Kausaler Schaden

Bei der Bestimmung des Schadens gibt es keine Besonderheiten.

22.3.6 Haftungsausfüllende Kausalität

Was die haftungsausfüllende Kausalität, also die ursächliche Verknüpfung von Verstoß gegen das Schutzgesetz und Schaden anbelangt, ist im Rahmen der objektiven Zurechenbarkeit insbesondere zu untersuchen, ob der Schaden dem Schutzbereich der verletzten Norm unterfällt. Denn nur, wenn der eingetretene Schaden ein solcher ist, den die Vorschrift gerade verhindern will, erscheint ein Schadensersatzanspruch in Folge eines Verstoßes gerechtfertigt. Dabei muss der **Schaden sowohl im persönlichen als auch im sachlichen Schutzbereich des Gesetzes** liegen. Persönlicher Schutzbereich heißt, der Geschädigte muss zu demjenigen Kreis von Personen gehören, dessen Schutz die betreffende Norm gerade bezweckt. (So schützt beispielsweise § 303 StGB (Sachbeschädigung) den Eigentümer der Sache und möglicherweise auch Personen, denen bestimmte Rechte an der Sache zustehen, keinesfalls aber beliebige Dritte.) In den sachlichen Schutzbereich fällt der Schaden dann, wenn seine Entstehung der Schadensart sowie der Art und Weise der Herbeiführung nach durch das Schutzgesetz verhindert werden sollen. (§ 303 StGB soll zum Beispiel Schäden am Eigentum verhindern, nicht jedoch Schäden, die jemand dadurch erleidet, dass er sich durch Kontakt mit der schadhaften Sache verletzt.)

22.4 § 831 Abs. 1 – Haftung für den Verrichtungsgehilfen

Ebenfalls eine wichtige deliktische Anspruchsgrundlage ist § 831 Abs. 1, der die **Haftung für den Verrichtungsgehilfen** regelt. Diese Norm begründet eine Schadensersatzpflicht in Fällen, in denen jemand (der Geschäftsherr) eine Tätigkeit durch eine Hilfsperson (den Verrichtungsgehilfen) ausführen lässt, welche dabei einem Dritten einen Schaden zufügt. Der Anspruch des Geschädigten aus § 831 Abs. 1 gegen den Geschäftsherrn tritt in der Praxis häufig neben einen Anspruch gegen den Verrichtungsgehilfen selbst aus § 823 Abs. 1. Ansprüche gegen den Geschäftsherrn aus der letztgenannten Vorschrift scheitern dagegen häufig an dessen fehlendem eigenen Handeln. Der hinter § 831 Abs. 1 stehende Gedanke ist derjenige, dem Geschädigten das Vermögen des Geschäftsherrn als Haftungsmasse zugänglich zu machen, da es dem Verrichtungshilfen bei größeren Schäden oft an den für die Schadensbegleichung notwendigen finanziellen Mitteln fehlen wird. Systematisch gehört die Vorschrift zu den Tatbeständen der **Haftung für vermutetes eigenes Verschulden**, denn Anknüpfungspunkt für die Ersatzpflicht ist ein (widerlegbar) vermutetes Verschulden des Geschäftsherrn bei der Auswahl oder Überwachung des Verrichtungsgehilfen.

Für die **Prüfung** empfiehlt sich folgendes Schema:

- Verrichtungsgehilfe
- widerrechtliche Schadenszufügung
- in Ausführung der Verrichtung
- keine Exkulpation
- Schaden
- haftungsausfüllende Kausalität
- (Mitverschulden).

22.4.1 Verrichtungsgehilfe

Zunächst muss es sich bei der Person, die den Schaden zufügt, um einen Verrichtungsgehilfen bzw. in der Gesetzessprache um eine zu einer Verrichtung bestellte Person handeln. Verrichtungsgehilfe ist, wem eine Tätigkeit vom Geschäftsherrn übertragen worden ist und wer bei deren Erledigung von den Weisungen des Geschäftsherrn abhängig und in dessen Organisationssphäre eingebunden ist. Als Verrichtung kommen alle denkbaren Tätigkeiten in Betracht, egal ob sie rechtsgeschäftlicher oder tatsächlicher Natur sind. **Entscheidende Bedeutung** hat das Kriterium der **Weisungsgebundenheit**, welches erfordert, dass der Geschäftsherr über Zeit und Umfang der Ausführung bestimmen und sie jederzeit beschränken oder entziehen kann (typisches Beispiel ist der Arbeitnehmer). Die Weisungsgebundenheit dient der Abgrenzung zu Personen, die mit der selbständigen Wahrnehmung bestimmter Aufgaben betraut sind (z. B. Einsatz eines Subunternehmers auf Basis eines Werkvertrags).

22.4.2 Widerrechtliche Schadenszufügung

Weiterhin setzt § 831 Abs. 1 voraus, dass der Verrichtungsgehilfe jemandem widerrechtlich einen Schaden zugefügt hat. Damit ist gemeint, dass der Verrichtungsgehilfe selbst den Tatbestand einer deliktischen Anspruchsgrundlage in rechtswidriger Weise verwirklicht haben muss. Für den Prüfungsaufbau bedeutet das, dass **an dieser Stelle inzident die Tatbestandsvoraussetzungen einer gegen den Verrichtungsgehilfen gerichteten Anspruchsgrundlage nebst Rechtswidrigkeit zu prüfen** sind. Auf ein Verschulden des Verrichtungsgehilfen kommt es dagegen hierbei nicht an, da bei § 831 Abs. 1 der Geschäftsherr für sein eigenes (vermutetes) Verschulden und nicht für dasjenige seiner Hilfsperson haftet. Um die Inzidentprüfung auf ein Minimum beschränken und stattdessen einfach nach oben verweisen zu können, bietet es sich bei der Fallbearbeitung regelmäßig an, **Ansprüche gegen den Verrichtungsgehilfen vor denjenigen gegen den Geschäftsherrn zu prüfen**.

22.4.3 In Ausführung der Verrichtung

Die Schadenszufügung muss in Ausführung der Verrichtung erfolgt sein, d. h., es muss ein **innerer Zusammenhang zwischen der Verrichtung und der schädigenden Handlung bestehen**, wobei es genügt, dass die Handlung generell in den übertragenen Aufgabenkreis fällt. Anhand dieses Merkmals sollen solche Fälle ausgeschieden werden, in denen der Verrichtungsgehilfe nur bei Gelegenheit der Verrichtung handelt, womit gemeint ist, dass die schädigende Handlung zwar möglicherweise in einem zeitlichen und räumlichen Zusammenhang mit der Verrichtung steht, eine darüber hinausgehende Verbindung jedoch fehlt, da dann eine Haftung des Geschäftsherrn unbillig erscheint (z. B. Diebstahl bei Gästen durch einen angestellten Kellner; anders aber bei einem Diebstahl durch einen Wachmann, da die Verhinderung von Diebstählen gerade zu dessen Aufgabenkreis gehört). Teilweise wird ein innerer Zusammenhang bereits dann angenommen, wenn die Bestellung zur Verrichtung zumindest zu einer wesentlichen Erhöhung des Schädigungsrisikos geführt hat (z. B. Diebstahl in der Wohnung eines Kunden durch einen Malergehilfen, der ohne die Bestellung keinen Zugang zur Wohnung gehabt hätte).

22.4.4 Keine Exkulpation

Nach § 831 Abs. 1 S. 2 tritt keine Ersatzpflicht ein, wenn der Geschäftsherr nachweisen kann, dass der Schaden nicht auf seinem Verschulden beruht und damit die **Verschuldensvermutung widerlegt** (= Exkulpation oder Entlastung). Dieser Nachweis kann auf zweierlei Art und Weise erfolgen, nämlich indem der Geschäftsherr entweder zeigt, dass er **bei der Auswahl und Überwachung des Verrichtungsgehilfen** sowie der Beschaffung von Materialien die **im Verkehr erforderliche Sorgfalt beobachtet** hat, ihm also keine Fahrlässigkeit vorzuwerfen ist, oder dass der Schaden nicht auf der Nichtbeachtung der erforderlichen Sorgfalt beruht. Dies zeigt, dass Bezugspunkt des Verschuldens hier nicht die schädigende Handlung selbst ist, sondern die dieser vorgelagerte Auswahl und Anleitung der Hilfsperson.

Welche Sorgfaltsanforderungen an den Geschäftsherrn zu stellen sind, richtet sich nach den Umständen des Einzelfalls (insbesondere Art der Tätigkeit, Qualifikation/Erfahrung des Verrichtungsgehilfen), wobei ein umso strengerer Maßstab gilt, desto gefährlicher die übertragene Tätigkeit ist. Bei größeren Unternehmen genügt es, wenn der Geschäftsherr nachweisen kann, dass er die Arbeitsabläufe sowie die Anleitung und Kontrolle der Mitarbeiter ordnungsgemäß organisiert hat (dezentralisierter Entlastungsbeweis). Da dies jedoch zu einer nicht unbedingt gerechtfertigten Entlastung von Großunternehmen führt, sind an die Erfüllung der Organisationspflichten strenge Maßstäbe anzulegen. Zudem kommt zusätzlich eine auf die Verletzung von Verkehrspflichten gestützte Haftung des Geschäftsherrn aus § 823 Abs. 1 in Betracht.

22.4.5 Schaden und haftungsausfüllende Kausalität

Hinsichtlich des Schadens und der haftungsausfüllenden Kausalität ergeben sich keine Besonderheiten. Die Kausalität bezieht sich hier auf die ursächliche Verbindung zwischen der Verwirklichung eines Haftungstatbestandes durch den Verrichtungsgehilfen und dem Schaden.

22.4.6 Exkurs: Abgrenzung von § 831 Abs. 1 und § 278

Da sich § 831 Abs. 1 und § 278 in gewisser Weise ähneln und daher bei ihrer Anwendung **häufig Fehler gemacht** und beide Normen nicht sauber unterschieden werden, sollen hier kurz die wesentlichen Gemeinsamkeiten und Unterschiede dargestellt werden.

Die grundlegende **Gemeinsamkeit** beider Paragraphen besteht darin, dass sie die **Haftung des Geschäftsherrn für einen Schaden, den eine Hilfsperson einem Dritten zugefügt hat**, zum Gegenstand haben.

Im Übrigen unterscheiden sie sich jedoch an verschiedenen Punkten ganz erheblich.

So ist **§ 831 Abs. 1** eine **eigenständige Anspruchsgrundlage** für Ansprüche gegen den Geschäftsherrn, wohingegen **§ 278 nur** die **Zurechnung des Verschuldens** der Hilfsperson ermöglicht und daher innerhalb einer Anspruchsnorm (z. B. § 280 Abs. 1) bei der Prüfung des Vertretenmüssens zu erörtern ist.

Damit hängt bereits eine weitere Unterscheidung unmittelbar zusammen: § 278 begründet eine **Haftung** des Geschäftsherrn **für das Verschulden der Hilfsperson**, anders dagegen § **831 Abs. 1**, wonach der **Geschäftsherr für** sein **eigenes (vermutetes) Verschulden haftet**, so dass es hier auf ein etwaiges Verschulden der Hilfsperson nicht ankommt. Keinesfalls darf daher § 831 Abs. 1 herangezogen werden, wenn beispielsweise bei der Prüfung des § 280 Abs. 1 ein Verschulden der Hilfsperson zugerechnet werden soll.

Weiterhin ist der Begriff des **Erfüllungsgehilfen bei § 278** (wer mit Wissen und Wollen des Schuldners in dessen Pflichtenkreis tätig ist) nicht mit dem des **Verrichtungsgehilfen bei § 831 Abs. 1** (verkürzt: wer weisungsabhängig für einen anderen tätig wird) identisch, insbesondere da ersterer nicht die **Weisungsabhängigkeit** der Hilfsperson voraussetzt. Dies schließt jedoch nicht aus, dass eine Person sowohl Erfüllungs- als auch Verrichtungsgehilfe sein kann, nur muss dies jeweils gesondert festgestellt werden.

Schließlich kommt **§ 278 nur** dort zur Anwendung, **wo zwischen Geschäftsherrn und Drittem ein Schuldverhältnis** besteht und die betreffende Anspruchsgrundlage gerade ein solches Schuldverhältnis voraussetzt, während dies **bei § 831 Abs. 1** als einer deliktischen Anspruchsgrundlage **unerheblich** ist. Falsch wäre es daher zum Beispiel § 278 im Rahmen der Prüfung des § 823 Abs. 1 anzuwenden.

Hingewiesen sei noch darauf, dass sich **Verrichtungs- und Erfüllungsgehilfe vom Stellvertreter** (§§ 164 ff.) dadurch **unterscheiden**, dass letzterer rechtsgeschäftlich handelt in Form der Abgabe einer Willenserklärung, während bei ersterem jedes beliebige Handeln, insbesondere rein tatsächliches, in Betracht kommt. Dies schließt nicht aus, dass eine Person zugleich Vertreter und Gehilfe ist, jedoch kommt es, wenn die Wirksamkeit eines Vertragsschlusses durch einen Dritten in Frage steht, allein auf die Voraussetzungen der Stellvertretung an, wenn es um Schadensersatzansprüche wegen des Handelns eines Dritten geht, dagegen allein auf die Verrichtungs- oder Erfüllungsgehilfeneigenschaft.

22.5 § 826 – Vorsätzliche sittenwidrige Schädigung

§ 826 gewährt demjenigen einen Anspruch auf Schadensersatz, dem in einer gegen die guten Sitten verstoßenden Weise vorsätzlich ein Schaden zugefügt wurde. Gegenüber § 823 Abs. 1 ist § 826 einerseits weiter, da er nicht die Verletzung eines bestimmten Rechtsgutes voraussetzt, so dass auch reine Vermögensschäden ersatzfähig sind, und andererseits enger, da eine Haftung nicht schon bei Fahrlässigkeit des Schädigers, sondern nur bei Vorsatz eintritt. Ist die betreffende Handlung von spezialgesetzlichen Regelungen erfasst, kommt § 826 keine eigenständige Bedeutung zu.

Die **Anspruchsvoraussetzungen** sind wie folgt zu prüfen:

- Zufügung eines Schadens
- Sittenwidrigkeit
- Vorsatz.

22.5.1 Zufügung eines Schadens

Zunächst muss dem Anspruchsteller ein Schaden zugefügt worden sein. Dieser muss dabei nach den üblichen Grundsätzen kausal auf einer Handlung des Anspruchsgegners beruhen. In Betracht kommen alle Arten von Schäden wie Vermögensschäden, aber auch Ehrverletzungen. Eine Besonderheit des § 826 liegt darin, dass das Bestehen eines Schadens zum Tatbestand der Anspruchsgrundlage gehört.

22.5.2 Sittenwidrigkeit

Weiterhin ist erforderlich, dass die Schadenszufügung sittenwidrig ist, d. h., gegen das Anstandsgefühl aller billig und gerecht Denkenden verstößt. Ob das der Fall ist, muss durch eine wertende Betrachtung aller Umstände des konkreten Falles ermittelt werden. Der Begriff der Sittenwidrigkeit entspricht dabei dem des § 138. Um die Handhabung dieses sehr unbestimmten Merkmals zu erleichtern, werden typische Anwendungsfälle in Fallgruppen zusammengefasst. Dabei ist zu beachten, dass diese nicht statisch sind, sondern sich mit den vorherrschenden Wertvorstellungen ändern. Zu den **wichtigsten Fallgruppen** gehören:

- Verleiten eines anderen zum Vertragsbruch

- Ausnutzen einer Monopolstellung
- Missbrauch einer formal bestehenden Rechtsposition

Da für die Beurteilung der Sittenwidrigkeit einer Handlung auch deren **Rechtswidrigkeit** von Bedeutung ist und insbesondere das Vorliegen eines Rechtfertigungsgrundes die Sittenwidrigkeit regelmäßig ausschließt, müssen die entsprechenden Erwägungen **bereits hier** vorgenommen werden. Eine gesonderte Prüfung der Rechtswidrigkeit entfällt dadurch.

22.5.3 Vorsatz

Schließlich muss der Schädiger vorsätzlich gehandelt haben. Anders als bei anderen deliktischen Anspruchsgrundlagen **muss** der Vorsatz dabei **auch** den **Schaden**, der hier Teil des Tatbestandes ist, **umfassen**. Bezüglich der Sittenwidrigkeit erfordert Vorsatz die Kenntnis der tatsächlichen Umstände, aus denen sich die Sittenwidrigkeit ergibt.

22.5.4 Rechtsfolge

Rechtsfolge des § 826 ist ein Anspruch auf Schadensersatz nach den normalen deliktischen Prinzipien. Auch hier gilt, dass ein Ersatz für Nichtvermögensschäden in Geld nur nach § 253 in Betracht kommt.

22.6 Verkehrspflichtverletzung

Die Verletzung von Verkehrspflichten ist systematisch schwierig einzuordnen, da sie, wie bereits mehrfach angedeutet, **an verschiedenen Stellen im Prüfungsaufbau** eine Rolle spielen kann. Aus diesem Grund erfolgt hier eine eigenständige Darstellung, auf die an passender Stelle jeweils Bezug genommen wird.

Von **Bedeutung** sind Verkehrspflichten insbesondere in folgenden Bereichen:

- bei der objektiven Zurechnung bei nur mittelbarer Erfolgsverursachung,
- bei der Rechtswidrigkeit bei nur mittelbarer Erfolgsverursachung,
- bei der Garantenpflicht bei Unterlassen,
- bei der Produzentenhaftung außerhalb des ProdHaftG,
- bei der Bestimmung des Umfangs von Organisationspflichten in Unternehmen,

wobei Überschneidungen möglich sind, dann aber regelmäßig die Prüfung an einer Stelle die nochmalige Erörterung an einem nachfolgenden Punkt entbehrlich macht.

Das Institut der Verkehrspflichtverletzung wurde von Rechtsprechung und Lehre entwickelt, um vom Gesetzgeber nicht erkannte Lücken im deliktischen Haftungssystem zu schließen.

Ausgangspunkt ist dabei die Überlegung, dass grundsätzlich **jedermann, der eine Gefahrenquelle schafft oder unterhält, die Verpflichtung trifft, alle erforderlichen und (wirtschaftlich) zumutbaren Vorkehrungen zu treffen, um eine Schädigung anderer zu verhindern**. Diese Pflicht wird als Verkehrs- oder auch Verkehrssicherungspflicht bezeichnet.

Der Begriff der Gefahrenquelle ist in einem sehr weiten Sinne zu verstehen. Darunter fallen nicht nur Gegenstände, Anlagen u. ä., die wirklich gefährlich im Wortsinne sind (wie Waffen, Maschinen, giftige Stoffe), sondern z. B. auch das Unterhalten von Gebäuden, Straßen, Sportanlagen etc. oder das Veranstalten von Konzerten oder Jahrmärkten sowie das Inverkehrbringen von Produkten. In allen diesen Fällen leuchtet es ein, dass der jeweils Verantwortliche Vorkehrungen treffen muss, um Nutzer bzw. Besucher nicht zu gefährden, auch wenn sich dies nicht ausdrücklich aus dem Gesetz ergibt.

Die Verletzung einer Verkehrspflicht erfordert einen **objektiven Pflichtverstoß**, der je nach Art der Pflicht in einem **Tun oder Unterlassen** bestehen kann, sowie subjektiv **Verschulden**. Für das Verschulden gelten die üblichen Grundsätze, wobei der objektive Pflichtverstoß häufig einen Anschein oder gar eine Vermutung des Verschuldens begründen wird (insbesondere bei der Produzentenhaftung), so dass der Geschädigte keinen vollen Beweis des Verschuldens erbringen muss.

Im Deliktsrecht existieren in Bezug auf Verkehrssicherungspflichten einige punktuelle Regelungen (z. B. die Tierhalterhaftung nach § 833 oder die Haftung der Gebäudeverantwortlichen nach §§ 836 bis 838). Ist eine dieser Vorschriften einschlägig, erübrigt sich ein Rückgriff auf die soeben dargestellten ungeschriebenen Grundsätze.

22.7 Produkthaftung

Einen wichtigen Spezialbereich des Deliktrechts mit Bezug zum Wirtschaftsleben bildet die **Haftung des Produzenten für Schäden**, die **durch fehlerhafte oder gefährliche Produkte** verursacht wurden. Diese lässt sich in zwei grundlegende Gruppen von Tatbeständen aufteilen, nämlich einmal die **Produzentenhaftung nach den §§ 823 ff.** und zum anderen die **Produkthaftung nach dem Produkthaftungsgesetz** (ProdHaftG), wobei sich beide Gruppen nicht gegenseitig ausschließen, sondern eine gleichzeitige Haftung aus verschiedenen Gesichtspunkten möglich ist.

22.7.1 Produkthaftung nach ProdHaftG

Das auf europarechtlichen Vorgaben beruhende Produkthaftungsgesetz begründet eine **zwingende** (d. h. nicht abbedingbare), **verschuldensunabhängige Haftung des Herstellers für durch seine Produkte verursachte Schäden**. Da der nur wenige Paragraphen umfassende Gesetzestext selbst nahezu alle für die Feststellung eines Anspruchs notwendigen Information enthält, empfiehlt es sich, diesen genau zu lesen.

Anspruchsgrundlage ist § 1 ProdHaftG. Dieser setzt voraus, dass durch einen Produktfehler eine Person verletzt oder getötet oder eine Sache beschädigt worden ist. Bezüglich der Sache gilt die Einschränkung, dass es sich nicht um das fehlerhafte Produkt selbst handeln darf und dass sie ihrer Art nach gewöhnlich für den privaten Ge- oder Verbrauch bestimmt sein muss.

Produkte sind nach der Legaldefinition des § 2 ProdHaftG bewegliche Sachen und Elektrizität. Ein Produktfehler liegt nach § 3 ProdHaftG vor, wenn das Produkt nicht die Sicherheit bietet, die berechtigterweise erwartet werden kann, wobei als Fehlerkategorien **Konstruktionsfehler** (z. B. fehlende Schutzvorrichtungen), **Fabrikationsfehler** (z. B. Ausreißer) sowie **Instruktionsfehler** (z. B. unverständliche Bedienungsanleitung) in Betracht kommen. Nicht erfasst wird die Verletzung der Produktbeobachtungspflicht des Herstellers, d. h. die Pflicht, ein Produkt nach Markteinführung weiterhin auf seine Praxisbewährung hin zu beobachten.

Abweichend von der normalen Beweislastverteilung, wonach der Anspruchsteller die Beweislast für alle Anspruchsvoraussetzungen hat, muss der Geschädigte nur das Vorhandensein des Fehlers, den Schaden und die Kausalität beweisen (§ 1 Abs. 4 ProdHaftG); dass der Fehler bereits im Zeitpunkt des Inverkehrbringens des Produkts vorhanden war, wird dagegen widerleglich vermutet (§ 1 Abs. 2 Nr. 2 ProdHaftG). **Auf ein Verschulden** des Herstellers **kommt es**, wie bereits erwähnt, **nicht an**.

§ 1 Abs. 2 und 3 ProdHaftG zählen verschiedene – ggf. vom Hersteller zu beweisende – Gründe auf, bei deren Vorliegen die Haftung ausgeschlossen ist.

Anspruchsgegner ist der Hersteller, wobei § 4 ProdHaftG diesen Begriff über den Wortsinn hinaus auf den „Quasi-Hersteller" (also denjenigen, der durch Anbringen eines Kennzeichens den Eindruck erweckt, er sei der Hersteller), den Importeur und bei Nichtfeststellbarkeit des Herstellers auch auf die Lieferanten ausdehnt.

Was den Umfang des Schadensersatzanspruchs anbelangt, sind einige Einschränkungen zu beachten. Insbesondere legt § 10 ProdHaftG eine Haftungshöchstsumme von insgesamt 85 Mio. € für Personenschäden fest, und bei Sachschäden hat der Geschädigte nach § 11 ProdHaftG eine Selbstbeteiligung in Höhe von 500,- € zu tragen.

22.7.2 Produzentenhaftung nach BGB

Die Produzentenhaftung nach den §§ 823 ff. **folgt grundsätzlich den normalen Regeln der Anspruchsprüfung**. Besonderheiten ergeben sich daraus, dass das Inverkehrbringen eines fehlerhaften oder gefährlichen Produkts nur eine mittelbare Schadensursache setzt, so dass es für die Frage der Erfolgszurechnung (also der Kausalität) bzw. der Rechtswidrigkeit des Handelns darauf ankommt, ob eine Verkehrspflicht verletzt wurde. Die **Verkehrspflicht** besteht hier darin, **keine fehlerhaften Produkte**, also Produkte, die einen Konstruktions-, Fabrikations- oder Instruktionsfehler aufweisen, **in den Verkehr zu bringen**. Die objektive Verkehrspflichtverletzung liegt folglich im Inverkehrbringen eines fehlerhaften Produkts, wobei hier überwiegend eine Beweislastumkehr in dem Sinne befürwortet wird, dass, wenn der Geschädigte das Vorliegen eines Fehlers beweist, widerleglich vermutet wird, dass der

Fehler bereits zum Zeitpunkt des Inverkehrbringens vorhanden war. Zusätzlich hat der Produzent die Pflicht, Produkte, auch wenn sie bei Markteinführung als gefahrlos galten, weiterhin zu beobachten, um sicherzustellen, dass sie sich in der Praxis bewähren (Produktbeobachtungspflicht). Liegt eine objektive Verkehrspflichtverletzung vor, so wird ein **Verschulden des Produzenten** ebenfalls **widerleglich vermutet**. Um diese Vermutung zu widerlegen, muss ein voller Entlastungsbeweis erbracht werden. D. h., der Hersteller kann sich nicht darauf zurückziehen, dass er die Produktionsabläufe und die Überwachung sorgfältig organisiert hat, sondern er muss die sorgfältige Auswahl und Überwachung jedes einzelnen mit der Produktherstellung befassten Mitarbeiters darlegen (kein dezentralisierter Entlastungsbeweis).

Ein eigener **Anwendungsbereich** neben dem ProdHaftG kommt der Produzentenhaftung nach BGB trotz teilweise strengerer Voraussetzungen vor allem dort zu, wo das ProdHaftG keinen vollständigen Ersatz des Schadens ermöglicht (z. B. Schäden am Produkt selbst, Schäden an gewerblich genutzten Sachen, Personenschäden über die Haftungshöchstgrenze hinaus, Sachschäden bis zur Höhe der Selbstbeteiligung). Relevante Anspruchsgrundlagen sind vor allem die §§ 823 Abs. 1, 823 Abs. 2, 831 Abs. 1.

22.8 Deliktischer Beseitigungs- und Unterlassungsanspruch

Der deliktische Beseitigungs- und Unterlassungsanspruch ist ein von Rechtsprechung und Lehre entwickeltes Rechtsinstitut, welches **bei einer andauernden oder drohenden Beeinträchtigung eines der von § 823 Abs. 1 geschützten Rechtsgüter** dem Inhaber einen **Beseitigungs- bzw. Unterlassungsanspruch** gewährt, wenn es für einen solchen an einer spezialgesetzlichen Anspruchsgrundlage fehlt. Damit soll eine Regelungslücke geschlossen werden, die dadurch entsteht, dass einerseits das Gesetz selbst Beseitigungs- und Unterlassungsansprüche nur im Hinblick auf wenige Rechte bzw. Rechtsgüter kennt (insbesondere Eigentum, § 1004, und Besitz, § 862), es andererseits aber inkonsequent erscheint, dass § 823 Abs. 1 bei der Verletzung einer Vielzahl von Rechten und Rechtsgütern Schadensersatzansprüche gewährt, nicht aber als vorbeugendes „Minus" dazu einen Anspruch auf Unterlassen bzw. Beseitigung einer Beeinträchtigung.

Anspruchsgrundlage für einen deliktischen Beseitigungs- oder Unterlassungsanspruch ist **§ 1004 analog** bzw. **§ 1004 i. V. m. § 823 Abs. 1**. Die Prüfung der Anspruchsvoraussetzungen erfolgt wie bei unmittelbarer Anwendung des § 1004 mit dem Unterschied, dass hier statt einer Eigentumsbeeinträchtigung die Beeinträchtigung eines der anderen in § 823 Abs. 1 genannten Rechte oder Rechtsgüter einschließlich der unter die sonstigen Rechte fallenden (also z. B. der Gesundheit, der Freiheit, des Rechts am eingerichteten und ausgeübten Gewerbebetrieb) vorliegen bzw. drohen muss. Im Falle einer andauernden Rechtsbeeinträchtigung besteht ein Beseitigungs-, im Falle einer drohenden Beeinträchtigung ein Unterlassungsanspruch, jeweils vorausgesetzt, dass der Betroffene nicht entsprechend § 1004 Abs. 2 zur Duldung der Beeinträchtigung verpflichtet ist. Eine Duldungspflicht besteht, wenn die

Beeinträchtigung rechtmäßig ist, d. h. die Prüfung entspricht der der Rechtswidrigkeit bei § 823 Abs. 1. **Auf** ein **Verschulden** des Störers **kommt es** hingegen **nicht an**.

22.9 Übersicht über weitere deliktische Anspruchsgrundlagen

Wie schon erwähnt, existieren außer den bereits genannten zahlreiche weitere deliktische Anspruchsgrundlagen, die meisten davon außerhalb des BGB in verschiedenen Spezialgesetzen. Deren Darstellung würde den Rahmen dieses Buches sprengen, weshalb hier nur ein kurzer Überblick über die wichtigsten von ihnen gegeben werden soll.

Anspruchsgrundlagen im BGB:

- § 824: Kreditgefährdung
- § 825: Bestimmung zu sexuellen Handlungen
- § 832: Haftung des Aufsichtspflichtigen
- §§ 833, 834: Haftung des Tierhalters und des Tieraufsehers
- §§ 837, 838: Haftung des Gebäudebesitzers und des Gebäudeunterhaltungspflichtigen
- § 839: Amtspflichtverletzung

Anspruchsgrundlagen außerhalb des BGB:

- § 7 Abs. 1 StVG: Haftung des Kraftfahrzeughalters
- § 18 Abs. 1 StVG: Haftung des Kraftfahrzeugführers
- § 1 HaftpflG: Haftung des Bahnbetriebsunternehmers
- §§ 33 ff. LuftVG: Haftung des Luftfahrzeughalters und des Luftfrachtführers
- § 1 UmweltHG: Haftung für Schäden durch Umwelteinwirkungen von Anlagen
- § 22 WHG: Haftung für Schäden durch nachteilige Wasserveränderung
- § 32 Abs. 1 GenTG: Haftung für Schäden durch gentechnisch veränderte Organismen
- § 25 AtomG: Haftung des Inhabers einer Atomenergieanlage
- § 84 AMG: Haftung für Arzneimittelschäden

23 Methodik der Fallbearbeitung

In zivilrechtlichen Klausuren wird in aller Regel nicht abstraktes Wissen abgefragt, sondern die gutachterliche Lösung eines Falles verlangt. Um diese Aufgabe bewältigen zu können, genügt es nicht, die relevanten Bereiche des Privatrechts zu beherrschen. Vielmehr muss zusätzlich die spezielle Methodik, die einer solchen Falllösung zugrunde liegt, erlernt werden. Die in diesem Kapitel dazu gegebene Anleitung sollte anhand von Übungsfällen erprobt und verinnerlicht werden.

Ausgangspunkt jeder Klausur des Falllösungstyps ist die Schilderung eines (mehr oder weniger realistischen) **Lebenssachverhalts**, an die sich eine **Fragestellung** anschließt.

Ziel der Klausur ist die **Beantwortung dieser Frage in Form eines juristischen Gutachtens**. Um dieses Ziel zu erreichen, sind eine Reihe von Vorarbeiten nötig, bevor mit der eigentlichen Verfassung des Gutachtens begonnen werden kann. Wie dabei sinnvoll vorgegangen werden kann, wird im Folgenden dargestellt.

Zu beachten ist, dass die **Vorarbeiten**, also alle Schritte vor der Gutachtenerstellung **nicht unmittelbar in die Bewertung** der Klausur **einfließen** (teilweise wird allerdings die Lösungsskizze berücksichtigt, wenn das Gutachten aus Zeitmangel unvollendet geblieben ist). Sie sollten dennoch nicht vernachlässigt werden, da die **Qualität des anzufertigenden Gutachtens entscheidend davon abhängt**, wie gründlich es vorbereitet wurde.

23.1 Erfassen des Sachverhaltes

Am Anfang der Klausurbearbeitung sollte immer das **Erfassen des Sachverhaltes einschließlich der Fragestellung** stehen. Dies mag banal klingen, aber bereits hier werden nicht selten Fehler gemacht, indem zum Beispiel wichtige Informationen übersehen oder die Beziehungen der Beteiligten nicht richtig erkannt werden.

Erster Schritt ist dabei natürlich das ein- oder mehrmalige **Lesen** des Sachverhaltes. Dabei kann es sich anbieten, **wichtig erscheinende Stellen** zu unterstreichen oder farblich zu **markieren**. Handelt es sich nicht um einen sehr einfachen Fall, ist es auch ratsam, eine **Sachverhaltsskizze** anzufertigen. Im Falle der Beteiligung von mehr als zwei Personen können die Rechtsbeziehungen zwischen diesen beispielsweise mittels Pfeilen, Schlagwörtern, Paragraphenangaben und Symbolen dargestellt werden. Zählt der Sachverhalt eine Vielzahl von

Ereignissen auf, kann es sinnvoll sein, diese in chronologischer Reihenfolge zusammenzustellen.

Aus **taktischer** Sicht kann in Bezug auf den Sachverhalt der **Hinweis** gegeben werden, dass in diesem **selten überflüssige Informationen** enthalten sind, dass also alle dargestellten Fakten auch für die Lösung des Falles relevant sind.

23.2 Entwicklung der Falllösung

Besteht über den Sachverhalt Klarheit, kann mit der Entwicklung der Falllösung begonnen werden. Gegenstand der Fallbearbeitung ist die **Prüfung zwischen den Beteiligten in Betracht kommender Rechte** (Ansprüche) **auf der Basis der jeweils einschlägigen rechtlichen Grundlagen** (Anspruchsgrundlagen).

23.2.1 Auffinden der Ansprüche und Anspruchsgrundlagen

Im Auffinden der zu prüfenden Ansprüche und Anspruchsgrundlagen liegt **häufig das eigentliche Problem** einer Klausur. Hier werden die Weichen für die spätere Erstellung des Gutachtens gestellt. Denn die Ausführungen im Gutachten können noch so überzeugend sein; wenn viele der zu prüfenden Anspruchsgrundlagen fehlen, ist eine gute Note kaum mehr möglich. Daher ist es wichtig, hier sehr genau zu arbeiten und möglichst alle in Betracht kommenden Anspruchsgrundlagen zu finden. Als Hilfsmittel bewährt hat sich dabei die so genannte „4-W-Frage", welche lautet: **WER will WAS von WEM WORAUS?** Die enthaltenen vier Fragen sollten in folgender Reihenfolge beantwortet werden:

- WER?
- Von WEM?
- WAS?
- WORAUS?

Ausgangspunkt muss bei der Beantwortung **immer** die **Fragestellung der Klausur** sein. Diese ist einerseits vollständig zu behandeln, sollte aber andererseits auch als Grenze beachtet werden, da überflüssige Ausführungen Zeit kosten und keinen Punktgewinn oder gar Punktabzug bringen. Fallfragen kommen in der Klausurpraxis in unzähligen Varianten vor. Sie können sehr eng formuliert sein (bspw.: Kann A von B die Herausgabe des PKW verlangen? – Dann wäre es natürlich falsch, Ansprüche eines eventuell erwähnten C zu prüfen oder Ansprüche von B gegen A.). Die Frage kann aber auch sehr weit gefasst sein (insbesondere: Wie ist die Rechtslage?), so dass eine wesentliche Leistung schon darin besteht, herauszufinden, wer überhaupt gegen wen welche Ansprüche haben kann. Enthält der Fall mehrere Fragestellungen, so sollten diese getrennt untersucht werden.

23.2 Entwicklung der Falllösung

WER?
Die Frage nach dem Wer betrifft den **Anspruchsteller**, also diejenige Person bzw. diejenigen Personen, die nach der Aufgabenstellung eventuell Rechte geltend machen können, oder untechnisch gesprochen, diejenigen, die etwas wollen. Dies kann bereits durch die Fallfrage vorgegeben sein, ansonsten muss hier selbst auf der Grundlage des Sachverhaltes überlegt werden, welche der Beteiligten Ansprüche haben kann.

Von WEM?
In dem gefragt wird, von wem der Anspruchsteller etwas will, werden die möglichen **Anspruchsgegner** bestimmt, also diejenigen Personen, gegen die möglicherweise Ansprüche bestehen können. Auch hier ist zu beachten, inwieweit der Kreis der möglichen Anspruchsgegner bereits durch die Fallfrage eingegrenzt ist. Wichtig ist, dass potentielle Anspruchsgegner **für jeden Anspruchsteller gesondert ermittelt** werden müssen. Dabei ist es möglich, dass eine Person sowohl Anspruchsteller als auch Anspruchsgegner ist.

Beispiele:

- Werden im Sachverhalt Tatsachen geschildert, aus denen daraus geschlossen werden kann, dass A und B einen Kaufvertrag geschlossen haben, und ist nach Ansprüchen von A und B gefragt, dann sind sowohl mögliche Ansprüche des A gegen B als auch umgekehrt solche des B gegen A zu prüfen.

- Werden im Sachverhalt die Beziehungen zwischen den Personen A, B und C erläutert und ist dann allgemein nach der Rechtslage gefragt, dann gibt es drei potentielle Anspruchsteller mit jeweils zwei Anspruchsgegnern, also insgesamt sechs Rechtsverhältnisse, die auf mögliche Ansprüche untersucht werden müssen (A gegen B, A gegen C, B gegen A, B gegen C, C gegen A und C gegen B).

WAS?
Die Frage nach dem Was hat die **möglichen Ansprüche** zum Gegenstand, also dasjenige, was der Anspruchsteller vom Anspruchsgegner möglicherweise verlangen kann. Mit Anspruch ist dabei das Recht, von einem anderen ein **Tun oder Unterlassen** zu verlangen, gemeint (vgl. § 194 Abs. 1). Typische Fälle sind die Erfüllung vertraglicher Verpflichtungen (z. B. die Übereignung der Kaufsache oder die Zahlung des Kaufpreises), die Zahlung von Schadensersatz oder die Herausgabe einer Sache. Welche Ansprüche im konkreten Fall in Betracht kommen, hängt wiederum vom Sachverhalt und der Fallfrage ab. Die Ansprüche sind **für jedes Zwei-Personen-Verhältnis aus Anspruchsteller und Anspruchsgegner gesondert zu bestimmen**. In jedem dieser Verhältnisse können selbstverständlich mehrere Ansprüche bestehen.

Beispiel (Fortführung von obigem ersten Beispiel):

- Ist A Verkäufer und B Käufer, dann kann A gegen B einen Anspruch auf Kaufpreiszahlung und B gegen A einen Anspruch auf Übergabe und Übereignung der Kaufsache haben. Stellt sich später heraus, dass die Sache mangelhaft ist, kommt z. B. ein Anspruch des B gegen A auf Nacherfüllung oder auf Schadensersatz in Betracht.

WORAUS?

Schließlich werden mit Hilfe der Frage nach dem Woraus die **etwaigen Anspruchsgrundlagen** (häufig abgekürzt als **AGL**) ermittelt, also diejenigen **gesetzlichen Normen oder** auch **ungeschriebenen Rechtsinstitute, aus denen sich der** jeweilige **Anspruch ergeben kann.** Dies ist häufig die am schwierigsten zu beantwortende Frage, da hierbei – anders als bei den vorangegangenen drei Fragen – gewisse Rechtskenntnisse erforderlich sind. Denn die Anspruchsgrundlagen sind im BGB nicht konzentriert an einer Stelle versammelt, sondern im ganzen Gesetz verstreut, wobei von den über 2.300 Paragraphen nur ein sehr geringer Anteil überhaupt einen Charakter als Anspruchsgrundlage hat. Eine Norm ist nur dann eine Anspruchsgrundlage, wenn sie bei Vorliegen bestimmter Voraussetzungen (Tatbestand), einen bestimmten Anspruch (Rechtsfolge) gewährt. D. h., sie muss – nicht notwendig wörtlich, aber zumindest inhaltlich – nach dem **Muster „wenn …, dann …"** strukturiert sein. Damit sie im konkreten Fall einschlägig ist, muss das „dann" mit dem zu prüfenden Anspruch übereinstimmen (also wenn bspw. ein Anspruch auf Schadensersatz geprüft wird, muss die Norm als Rechtsfolge auch Schadensersatz anordnen).

Beispiele:

- § 433 Abs. 2 ordnet zwar die Kaufpreiszahlungspflicht des Käufers an, ist also Anspruchsgrundlage für den Zahlungsanspruch des Verkäufers; die Vorschrift sagt aber nichts darüber aus, ob der Käufer im Falle eines unwirksamen Vertrages das Geld zurückverlangen kann – Anspruchsgrundlage dafür wäre § 812 Abs. 1 S. 1 Alt. 1.

- Im Falle einer Anfechtung ist nach § 142 Abs. 1 das Rechtsgeschäft von Anfang an als nichtig anzusehen. Damit ist aber noch keine Aussage darüber getroffen, welche Konsequenzen dies für bereits erbrachte Leistungen hat. Hier muss ebenfalls § 812 Abs. 1 S. 1 Alt. 1 (bzw. § 812 Abs. 1 S. 2 Alt. 1) als Anspruchsgrundlage für die Rückgewähr der erbrachten Leistungen herangezogen werden.

Dabei gibt es für einen bestimmten Anspruch **nicht immer nur eine Anspruchsgrundlage**, sondern insbesondere bei Schadensersatzansprüchen häufig zwei oder mehr (z. B. § 280 Abs. 1 und § 823 Abs. 1). Oft setzt sich eine einzelne Anspruchsgrundlage aus verschiedenen Vorschriften zusammen (z. B. §§ 280 Abs. 1 und 3, 281). Wichtig ist es, die **betreffenden Normen genau** zu **zitieren**, da es sonst unklar bleibt, was konkret geprüft wird. Alle Normen, die die gewünschte Rechtsfolge gewähren und die von ihren Voraussetzungen her nicht von vornherein ausgeschlossen werden können, sollten hier notiert werden, da sonst die Gefahr besteht, dass die Falllösung unvollständig wird.

Sind **Ansprüche auf Erfüllung eines Vertrages** zu erörtern, finden sich die Anspruchsgrundlagen, also die Normen, die die Pflichten der Vertragsparteien definieren, regelmäßig am Anfang des Abschnitts (im BGB „Titel" genannt) zu dem betreffenden Vertragstyp (z. B. in § 433 Abs. 1 für die Übergabe und Übereignung der Kaufsache durch den Verkäufer, in § 433 Abs. 2 für die Zahlung des Kaufpreises; in § 631 Abs. 1 für die Herstellung des Werkes durch den Unternehmer und die Zahlung der Vergütung durch den Besteller). Bei einem nicht im Gesetz geregelten Vertragstyp kann der Vertrag selbst als Anspruchsgrundlage für die Erfüllung herangezogen werden.

Soll **etwas herausgegeben** werden, sind die wichtigsten Anspruchsgrundlagen die **§§ 812 ff.** (wobei jeweils die genaue Vorschrift zu benennen ist), **§ 346 Abs. 1** (Rückgewähr der erbrachten Leistungen nach Rücktritt) sowie **§ 985** (Herausgabeanspruch des Eigentümers gegen den Besitzer). Geht es um die Rückabwicklung von Verträgen, werden **häufig die §§ 812 ff. und § 346 Abs. 1 fehlerhaft angewendet**. Als Grundregel kann hier formuliert werden, dass in Fällen, in denen der Vertrag unwirksam ist (insbesondere wegen mangelnder Einigung, mangelnder Geschäftsfähigkeit, fehlender Vertretungsmacht, Formmängeln oder Anfechtung), regelmäßig § 812 Abs. 1 S. 1 Alt. 1 heranzuziehen ist, da es dann an einem Rechtsgrund dafür fehlt, dass der Anspruchsgegner etwas erlangt hat. Liegt das Problem dagegen nicht im Bereich der Wirksamkeit des Vertrages (so dass ein Rechtsgrund besteht), sondern im Bereich von dessen Durchführung in Form einer so genannten Leistungsstörung (z. B. Unmöglichkeit, Verzug), dann ist in aller Regel § 346 Abs. 1 einschlägig.

Anspruchsgrundlagen für **Schadensersatz** gibt es an diversen Stellen des BGB. Die wichtigsten sind die vertraglichen Anspruchsgrundlagen, also zumeist § 280 Abs. 1 – entweder allein oder häufiger in Kombination mit anderen Normen, sowie die deliktischen Anspruchsgrundlagen in den §§ 823 ff., die kein Schuldverhältnis zwischen Anspruchsteller und Anspruchsgegner voraussetzen.

23.2.2 Ordnen der Anspruchsgrundlagen

Nachdem alle in Betracht kommenden Ansprüche und Anspruchsgrundlagen gefunden wurden, müssen diese – bevor mit deren genauerer Prüfung begonnen werden kann – in eine sinnvolle Reihenfolge gebracht werden. Hierbei spielen Kriterien der **Logik und der Zweckmäßigkeit** die entscheidende Rolle. Nachfolgende Grundsätze sollten daher nicht als zwingend zu befolgendes „Gesetz" betrachtet werden, sondern als die in der Regel sinnvolle Vorgehensweise, von der bei besonderen Konstellationen im konkreten Fall Abweichungen zulässig oder gar notwendig sein können.

Reihenfolge der Prüfung der Rechtsverhältnisse
Wird bei der Bestimmung möglicher Anspruchsteller und Anspruchsgegner mehr als ein Rechtsverhältnis zwischen zwei Personen gefunden, in dem Ansprüche zu prüfen sind (also z. B. nicht nur A gegen B, sondern außerdem B gegen A und A gegen C), dann muss zunächst geklärt werden, in welcher Reihenfolge diese Rechtsverhältnisse zu prüfen sind. Hierzu generelle Regeln aufzustellen, ist schwierig, da die zweckmäßige Ordnung sehr stark von den Gegebenheiten des Einzelfalls abhängt.

Hier eine Reihe von **Regeln für typische Klausurkonstellationen**:

- Werden **wechselseitige Erfüllungsansprüche** aus einem Vertrag geprüft, so sollte mit dem Anspruch auf die Leistung (z. B. Übereignung der Kaufsache) begonnen und der Anspruch auf die Gegenleistung (z. B. Kaufpreiszahlung) erst anschließend geprüft werden.

- Sind **Ansprüche gegen einen Vertragspartner und gegen dessen Hilfsperson** zu prüfen, empfiehlt es sich, mit den Ansprüchen gegen die Hilfsperson anzufangen, da dann bei der Prüfung des § 831 Abs. 1 gegen den Geschäftsherrn ein verschachtelter Aufbau vermieden wird.
- Im Falle eines **möglicherweise ohne Vertretungsmacht handelnden Vertreter**s sollten zuerst Ansprüche gegen den angeblich Vertretenen geprüft werden.

Gibt es dagegen nur einen Anspruchsteller und einen Anspruchsgegner, kann sofort zum folgenden Punkt übergegangen werden.

Reihenfolge der Prüfung innerhalb eines konkreten Rechtsverhältnisses
Gibt es im Verhältnis eines konkreten Anspruchstellers zu einem konkreten Anspruchsgegner mehrere zu prüfende Ansprüche und/oder mehrere Anspruchsgrundlagen, aus denen sich diese Ansprüche ergeben, muss auch hier wiederum eine sinnvolle Prüfungsreihenfolge gefunden werden.

Üblicherweise wird folgendes **Schema** zugrunde gelegt:

1. **vertragliche Ansprüche**
    a) **Primäransprüche** (= Ansprüche auf Erfüllung, z. B. Übereignung gemäß § 433 Abs. 1, Kaufpreiszahlung gemäß § 433 Abs. 2)
    b) **Sekundäransprüche** (= Ansprüche anstelle oder neben der Erfüllung bei Leistungsstörungen, insbesondere Schadensersatz, z. B. § 280 Abs. 1)
2. **quasivertragliche (bzw. vertragsähnliche) Ansprüche**, insbesondere
    – culpa in contrahendo (c. i. c.)
    – Geschäftsführung ohne Auftrag (GoA, §§ 677 ff.)
3. **gesetzliche Ansprüche**
    a) **dingliche Ansprüche** (= Ansprüche aus Eigentum oder sonstigen dinglichen Rechten, z. B. §§ 985 ff.)
    b) **bereicherungsrechtliche Ansprüche** (§§ 812 ff.)
    c) **deliktische Ansprüche** (§§ 823 ff.)

Dass **vertragliche Ansprüche** zuerst zu prüfen sind, hängt damit zusammen, dass sie andere Ansprüche häufig ausschließen (z. B. kann ein Vertrag dem Besitzer ein Recht zum Besitz i. S. d. § 986 verschaffen oder einen Rechtsgrund i. S. d. § 812 Abs. 1 S. 1 Alt. 1 darstellen oder die Rechtswidrigkeit bei § 823 Abs. 1 ausschließen). Auch dass innerhalb der vertraglichen Ansprüche zunächst auf die **Primäransprüche**, also die Ansprüche auf Erfüllung der vertraglichen Pflichten, und erst dann auf etwaige **Sekundäransprüche**, also „hilfsweise" Ansprüche, eingegangen werden sollte, folgt einer gewissen Logik. Denn in erster Linie geht es dem Gesetz darum, dass die Beteiligten das erhalten, was ihnen im Vertrag versprochen wurde. Nur wenn dies nicht vollumfänglich der Fall ist oder es sonstige Unregelmäßigkeiten bei der Vertragsabwicklung gibt, ist es gerechtfertigt, dass der Anspruchsteller entweder zusätzlich zur vertraglichen Leistung oder statt dieser andere Ansprüche erhält.

Vertragsähnliche Ansprüche sind solche, denen zwar kein Vertrag im eigentlichen Sinne, aber eine Rechtsbeziehung, die einem solchen sehr nahe kommt, zugrunde liegt. Da es sich hierbei zumeist um Rechtsinstitute handelt, die einen fehlenden Vertrag ersetzen sollen und ähnliche Wirkungen wie ein solcher haben, erfolgt deren Prüfung nach den vertraglichen, aber vor den gesetzlichen Ansprüchen.

Alle Ansprüche, die weder einen Vertrag noch eine vertragsähnliche Rechtsbeziehung voraussetzen, werden als **gesetzliche Ansprüche** bezeichnet. Diese lassen sich in drei Untergruppen einteilen, nämlich die **dinglichen Ansprüche** also solche Ansprüche, die nicht aus vertraglichen Beziehungen, sondern aus einem gegenüber jedermann wirkenden (also absolutem) Recht (insb. Eigentum) folgen; weiterhin die **bereicherungsrechtlichen Ansprüche** aus den §§ 812 ff. sowie die **deliktischen Ansprüche** aus den §§ 823 ff. Von den gesetzlichen Ansprüchen sind zwingend die dinglichen zuerst zu prüfen, da sie bereicherungsrechtliche und deliktische Ansprüche ausschließen können. Zwischen den bereicherungsrechtlichen und den deliktischen Ansprüchen existiert kein Vorrangverhältnis. Diese können also entweder in der im Schema dargestellten oder in umgekehrter Reihenfolge geprüft werden.

Schmerzensgeldansprüche sollten zweckmäßigerweise immer am Ende geprüft werden, da ein solcher Anspruch nach § 253 Abs. 2 das Bestehen eines Schadensersatzanspruchs (wegen Körperverletzung etc.) voraussetzt und daher die Prüfung sehr vereinfacht wird, wenn insoweit nach oben verwiesen werden kann.

23.2.3 Anfertigung einer Lösungsskizze

Grundsätzliches

Im Rahmen der bisher dargestellten Vorarbeiten für das Verfassen der Falllösung wurden nur die zu prüfenden Ansprüche und Anspruchsgrundlagen zusammengetragen und geordnet. **Ob die jeweiligen Anspruchsgrundlagen tatsächlich zu einem Anspruch führen**, bedarf noch der **Klärung**. Diese sollte nicht erst während des Verfassens des eigentlichen Gutachtens erfolgen, sondern bereits zuvor **durch** die Erstellung einer **Lösungsskizze**. Ist diese fertiggestellt, muss für jede der oben mit der 4-W-Frage aufgefundenen Anspruchsgrundlagen feststehen, ob ein entsprechender Anspruch besteht oder nicht.

Dazu müssen die gefunden möglichen Anspruchsgrundlagen in der zuvor ermittelten Reihenfolge daraufhin untersucht werden, ob ihre jeweiligen **Voraussetzungen** – auch **Tatbestandsmerkmale** genannt – erfüllt sind und ob keine Gründe vorliegen, die einen Anspruch dennoch ausschließen. Dies sollte in knapper Form stichpunktartig notiert werden. Um Zeit zu sparen, empfiehlt sich die Benutzung von Abkürzungen (wie KV für Kaufvertrag oder WE für Willenserklärung) und Symbolen (wie bspw. „+" bei Erfüllung einer Voraussetzung oder „-" bei deren Fehlen oder „?" bei Zweifeln. Problematische Punkte sollten kenntlich gemacht werden, die eingehendere Darstellung aber erst im Gutachten erfolgen.

Alle nicht völlig abwegigen Ansprüche und Anspruchsgrundlagen sollten (soweit von der Fragestellung umfasst) in der Lösungsskizze – und auch später im Gutachten – dargestellt werden. Falsch wäre es, bei Bejahung der Voraussetzungen einer Anspruchsgrundlage die Prüfung abzubrechen und etwaige weitere Anspruchsgrundlagen, die zum selben Anspruch führen, nicht mehr zu erörtern.

Prüfung einer einzelnen Anspruchsgrundlage
Bei der Prüfung einer einzelnen Anspruchsgrundlage muss ebenfalls überlegt werden, wie diese strukturiert werden soll.

Dabei kann auf folgendes **Schema** zurückgegriffen werden:
1. **Anspruch entstanden**
   a) **Tatbestandsvoraussetzungen** der jeweiligen AGL (z. B. Vertragsschluss bei vertraglichen Ansprüchen)
   b) **Fehlen rechtshindernder Einwendungen** (z. B. Mängel hinsichtlich Geschäftsfähigkeit, Stellvertretung, Form)
2. **Anspruch untergegangen**
   = **rechtsvernichtende Einwendungen** (z. B. Anfechtung, Erfüllung, Unmöglichkeit, Aufrechnung)
3. **Anspruch durchsetzbar**
   = **rechtshemmende Einreden** (z. B. Verjährung)

Der **Anspruch** ist dann **entstanden**, wenn er zumindest in einem Zeitpunkt in der Vergangenheit einmal tatsächlich bestand. Dies erfordert zunächst, dass die **Tatbestandsvoraussetzungen** der betreffenden Anspruchsgrundlage erfüllt sind. Welches die Voraussetzungen sind, lässt sich häufig der Anspruchsgrundlage selbst entnehmen, teilweise gibt es aber auch zusätzliche Voraussetzungen, die an anderer Stelle oder gar nicht im Gesetz stehen. Bei ungeschriebenen Rechtsinstituten bietet das BGB keinerlei Anhaltspunkte. Was sich in keinem Fall unmittelbar aus dem Gesetz ergibt, ist die **Reihenfolge, in der die einzelnen Tatbestandsmerkmale** logischer- oder zumindest zweckmäßigerweise **zu prüfen sind**. All dies hängt von der jeweiligen Anspruchsgrundlage ab und wird daher bei deren inhaltlicher Darstellung näher erläutert. Generell lässt sich sagen, dass bei vertraglichen Ansprüchen das Zustandekommen eines Vertrages immer zuerst geprüft werden sollte, da nur auf dessen Grundlage festgestellt werden kann, welche Rechte und Pflichten bestehen und dementsprechend, ob diese Pflichten erfüllt worden sind. Erfordert ein Anspruch Verschulden, so müssen erst alle Merkmale, auf die sich das Verschulden bezieht, bestimmt werden. Daher ist beispielsweise bei § 280 Abs. 1 vor dem Verschulden die Pflichtverletzung zu prüfen und bei § 823 Abs. 1 der Tatbestand bestehend aus Rechtsgutverletzung, Verletzungshandlung und haftungsbegründender Kausalität.

Auch wenn der Tatbestand der Anspruchsgrundlage erfüllt ist, besteht noch nicht notwendig ein Anspruch, denn dessen Entstehung wird auch durch das Vorliegen so genannter **rechtshindernder Einwendungen** verhindert. Einwendungen sind rechtliche Umstände jenseits des Tatbestands der Anspruchsgrundlage, die einen Anspruch ausschließen. Rechtshindernd sind sie, wenn sie bewirken, dass von Anfang an kein Anspruch entsteht. Hierzu gehören vor allem Mängel der Geschäftsfähigkeit oder bei der Stellvertretung, Formmängel sowie ein Verstoß gegen § 134 oder § 138.

Ist ein Anspruch einmal entstanden, heißt das natürlich nicht notwendigerweise, dass er auch bestehen bleibt. Vielmehr können Ereignisse eintreten, die zum **Erlöschen des Anspruchs** führen, ihn also **untergehen** lassen. Solche Ereignisse nennt man **rechtsvernichtende Einwendungen**. Wichtige Fälle sind das Erlöschen des Anspruchs durch Erfüllung gemäß § 362 oder durch Aufrechnung nach § 389, das Unmöglichwerden der Leistung nach § 275 oder die Nichtigkeit eines Rechtsgeschäfts wegen Anfechtung nach § 142 Abs. 1. (Die Anfechtung wird teilweise wegen der rückwirkenden Nichtigkeit auch als rechtshindernde Einwendung gesehen.)

Selbst wenn der Anspruch entstanden und auch nicht wieder untergegangen ist, kann der Anspruchsgegner so genannte Einreden haben, die die **Durchsetzbarkeit des Anspruchs ausschließen**. **Einreden** verschaffen dem Schuldner das **Recht, die Leistung zu verweigern**. Das heißt, der Anspruch geht anders als bei Vorliegen einer Einwendung nicht unter, muss aber – entweder **dauerhaft oder** zumindest **vorübergehend** – dennoch nicht erfüllt werden. Die wichtigste dauerhafte Einrede ist die Einrede der Verjährung nach § 214 Abs. 1. Zu den vorübergehenden Einreden zählen insbesondere die Zurückbehaltungsrechte aus den §§ 273 und 320. Damit eine Einrede greift, muss sich der Schuldner auf diese berufen, also zum Beispiel deutlich machen, dass er wegen Verjährung nicht leisten möchte, da Einreden nicht von Amts wegen (also „automatisch") berücksichtigt werden. Dies ist ein bedeutender Unterschied zu den Einwendungen, bei deren Vorliegen unabhängig vom Willen und etwaigen Äußerungen des Schuldners der Anspruch ausgeschlossen ist.

Gedanklich sollte das **Schema bei jeder Anspruchsprüfung kurz abgearbeitet** werden, um auszuschließen, dass Prüfungspunkte vergessen werden. Es **in die Lösungsskizze und** vor allem später ins **Gutachten aufzunehmen**, erscheint dagegen **nicht immer sinnvoll**. Wenn zum Beispiel klar ist, dass sich die Probleme des Falles auf das Entstehen des Anspruchs konzentrieren, ist es überflüssige Schreibarbeit, jedes Mal der Form halber festzustellen, dass der Anspruch nicht untergegangen und dass er durchsetzbar ist. Der hauptsächliche Anwendungsbereich liegt dort, wo Primäransprüche zu prüfen sind und die Probleme im Bereich der rechtsvernichtenden Einwendungen oder der Einreden liegen.

Feststellung des Endergebnisses

Je nach Fall kann es sinnvoll sein, nicht nur die einzelnen Anspruchsgrundlagen zu prüfen und dort jeweils ein Ergebnis festzustellen, sondern die gefundenen Ergebnisse noch einmal in einem **Endergebnis** (bezogen auf einen einzelnen Anspruchsteller und/oder auf die Klausur insgesamt) zusammenzufassen. **Vor allem wenn mehrere Ansprüche einer Person bejaht wurden**, muss häufig noch geklärt werden, in welchem Verhältnis diese zueinander stehen, d. h., welche Ansprüche durch andere ausgeschlossen werden oder wo zumindest eine Anrechnung erfolgt und welche Ansprüche nebeneinander bestehen. Im BGB finden sich nur an wenigen Stellen (z. B. in § 325 für das Verhältnis von Rücktritt und Schadensersatz) ausdrückliche Bestimmungen zu dieser Frage, im Übrigen ergibt sich eine Antwort zumeist aus logischen Gesichtspunkten. (So können bei einem Schaden von 50,- € vom Geschädigten insgesamt nur 50,- € verlangt werden, auch wenn zwei unterschiedliche Anspruchsgrundlagen hierfür bestehen sollten.)

Oft hat der Anspruchsteller auch eine **Wahlmöglichkeit** zwischen verschiedenen Kombinationen. Dann bieten sich Überlegungen dazu an, für welche Variante er sich entscheiden sollte, also insbesondere welches die für ihn wirtschaftlich günstigste ist.

23.3 Formulierung des Gutachtens

Ist die Lösungsskizze erstellt, kann nun mit der Ausarbeitung des Gutachtens als der eigentlichen Klausurleistung begonnen werden. **Inhaltlich und der Struktur nach entspricht das Gutachten** weitgehend **der Lösungsskizze**. Der entscheidende Schritt, der jetzt noch bewältigt werden muss, ist die **sprachliche Formulierung der bereits gefundenen Lösung**.

23.3.1 Gutachtenstil

Die Klausurlösung ist in einem besonderen juristischen Stil, dem so genannten Gutachtenstil, abzufassen. Dessen **wesentliches Kennzeichen** ist es, dass zunächst eine (indirekte) Frage aufgeworfen, diese sodann erörtert und **am Ende** das **Ergebnis** formuliert wird. Erkennbar ist dies an Wendungen wie „also...", „folglich...", „somit..." und „daher...". Das Gegenstück zum Gutachtenstil ist der Urteilsstil (so genannt, weil er in Gerichtsurteilen verwendet wird), bei dem mit der Feststellung des Ergebnisses begonnen und dieses dann begründet wird. Typische Wörter sind hier „..., weil" und „..., denn". Der Urteilsstil darf in der Klausur nicht angewendet werden.

- **Richtig** wäre es also zum Beispiel zu formulieren: „A könnte gegen B einen Anspruch auf Kaufpreiszahlung aus § 433 Abs. 2 haben. Dazu müsste ein Kaufvertrag vorliegen. ...[Ausführungen zum Vertragsschluss]... **Also** hat A gegen B einen Anspruch auf Kaufpreiszahlung."

- **Falsch** ist dagegen folgende Formulierung: „A hat gegen B einen Anspruch auf Kaufpreiszahlung aus § 433 Abs. 2, weil sie einen Kaufvertrag geschlossen haben. **Denn** beide haben sich darüber geeinigt, dass..."

23.3.2 Subsumtionstechnik

Der Begriff der Subsumtion bezeichnet die Methode mit der festgestellt wird, ob die Voraussetzungen einer Rechtsnorm (insbesondere, aber nicht notwendig einer Anspruchsgrundlage) in einem konkreten Fall erfüllt sind.

Die **Subsumtion** erfolgt nach diesem **Schema**:

1. **Obersatz**
2. **Subsumtion im engeren Sinne**
   a) Nennung und Definition der Voraussetzungen der Norm
   b) Anwendung auf den Sachverhalt

3. Ergebnis

Dabei handelt es sich letztlich um nichts anderes als die **juristische Variante des** klassischen **Dreisatzes**, also eine logische Schlussfolgerung nach dem Muster: Alle Pflichtfächer sind schwierig. Privatrecht ist ein Pflichtfach. Also ist Privatrecht schwierig. **Bei jeder Anspruchsgrundlage** ist die Prüfung mit einem Obersatz zu beginnen und dann das **Subsumtionsschema abzuarbeiten**.

Obersatz
Der Obersatz dient der **Bestimmung dessen, was geprüft wird**. Dies muss genau definiert werden, da sonst nicht nachvollziehbar ist, ob die anschließenden Ausführungen zutreffend sind oder nicht. Daher sollte am Anfang der Prüfung einer Anspruchsgrundlage immer ein Obersatz stehen, der **alle vier Elemente der 4-W-Frage enthält**, also den Anspruchsteller, den Anspruchsgegner, den Anspruch sowie die Anspruchsgrundlage. Insbesondere der Anspruch sollte dabei so weit wie möglich präzisiert werden (z. B. Angabe von Höhe des Anspruchs und der Schadensposition bei einem Schadensersatzanspruch). Stilistisch wird der Obersatz in die Form einer **indirekten Frage** gekleidet. Typische Formulierungen sind „könnte", „müsste" oder „fraglich ist". Falsch wäre eine direkte Fragestellung mit Fragezeichen am Ende.

Ein Obersatz könnte zum **Beispiel** folgendermaßen lauten:

- „A könnte gegen B einen Anspruch auf Schadensersatz in Höhe von 100,- € aus §§ 280 Abs. 1, 241 Abs. 2 haben." oder
- „X könnte gegen Y einen Anspruch auf Kaufpreiszahlung aus § 433 Abs. 2 haben."

Subsumtion im engeren Sinne
Im Rahmen der eigentlichen Subsumtion müssen dann zunächst **die Voraussetzungen der zu prüfenden Norm genannt und** eventuell **definiert** werden. Hierbei empfiehlt es sich, Normen, die **mehrere Tatbestandsmerkmale** enthalten, in diese einzelnen Merkmale aufzuspalten und die Subsumtion im engeren Sinne **für jedes zu wiederholen**. Als einleitende Formulierungen kommen beispielsweise in Betracht: „Dies setzt voraus, dass…" oder „Hierzu ist erforderlich, dass…" oder „Dafür muss … vorliegen.". Die Definition oder genauere Erläuterung eines Merkmals ist nur dann erforderlich, wenn sich dessen Vorliegen nicht schon aus dem Sachverhalt unmittelbar ergibt. (Heißt es dort z. B.: „A kauft von B einen PKW…", erübrigt sich eine Erläuterung des Begriffs des Kaufvertrags.) Ansonsten muss ein Merkmal soweit konkretisiert werden, bis mittels der Angaben im Sachverhalt feststellbar ist, ob es zutrifft oder nicht.

In einem nächsten Schritt muss dann die entsprechende Information aus dem **Sachverhalt der Definition gegenübergestellt** und bestimmt werden, ob sich beides deckt. Die Bezugnahme auf den Sachverhalt lässt sich einleiten mit Formulierungen wie: „Hier…" oder „Im vorliegenden Fall…".

Ergebnis
Schließlich müssen die gewonnenen Ergebnisse formuliert werden. Dies gilt sowohl für die jeweiligen **Zwischenergebnisse** bezüglich des Vorliegens eines bestimmten Tatbestandsmerkmals als auch für das **Endergebnis** hinsichtlich des Bestehens oder Nichtbestehens des geprüften Anspruchs. Nach der Formulierung eines Zwischenergebnisses wird anschließend die Darstellung mit der Subsumtion im engeren Sinne für die nächste Tatbestandsvoraussetzung fortgesetzt und auch für diese wieder ein Zwischenergebnis formuliert. Dies wird so fortgeführt bis alle Tatbestandsmerkmale abgearbeitet sind und das Endergebnis dargestellt werden kann. Ergebnissätze werden regelmäßig mit Wörtern wie „somit…", „damit…", „folglich…", „also…", „daher…" usw. eingeleitet.

Beispiele:
- „Damit liegt eine Rechtsgutverletzung vor." (Zwischenergebnis bei § 823 Abs. 1)
- „Folglich hat A gegen B einen Anspruch auf Schadensersatz in Höhe von 300,- € aus § 823 Abs. 1." (Endergebnis)

23.3.3 Schwerpunktsetzung

Probleme bereitet beim Verfassen des Gutachtens häufig die richtige Schwerpunktsetzung. Denn selbstverständlich ist es aus Zeitgründen nicht möglich, den geschilderten Gutachtenstil und die Subsumtion auf jedes einzelne Tatbestandsmerkmal jeder zu prüfenden Anspruchsgrundlage vollständig anzuwenden. D. h., **an Punkten, die unproblematisch sind, können Gutachtenstil und Subsumtion verkürzt oder gar ganz weggelassen werden.** (Wenn z. B. aus dem Sachverhalt klar hervorgeht, dass ein Kaufvertrag geschlossen wurde, kann bei der Prüfung des Schuldverhältnisses im Rahmen von § 280 Abs. 1 einfach formuliert werden: „Ein Schuldverhältnis liegt in Form eines Kaufvertrages vor.", ohne dass irgendetwas zum Zustandekommen eines Vertrages durch Einigung gesagt werden muss.) Umgekehrt müssen Punkte, an denen die Probleme des Falles liegen, möglichst genau und detailliert dargestellt werden.

Herauszufinden, wo die Schwerpunkte einer Klausur liegen und welche Teile weniger wichtig sind, ist allerdings häufig nicht einfach. Leider ist es auch schwierig, dazu generelle Regeln aufzustellen, außer vielleicht derjenigen, dass es für gewöhnlich einen Zusammenhang zwischen der Menge und Detailliertheit der im Sachverhalt zu einem bestimmten Punkt enthaltenen Informationen und der Bedeutung dieses Punktes für die Klausurlösung gibt. Daher kann nur empfohlen werden, sich zum einen das materielle Recht gründlich anzueignen und zum anderen vor dem „Ernstfall" möglichst viele Übungsklausuren zu schreiben, um ein gewisses Gefühl für die richtige Schwerpunktsetzung zu entwickeln.

23.3.4 Sprachliche Gestaltung

Jenseits der Einhaltung des Gutachtenstils und der sich aus der Anwendung der Subsumtionstechnik ergebenden Anforderungen, gibt es sprachlich kaum Besonderheiten gegenüber anderen schriftlichen Arbeiten. Es sollte keinesfalls versucht werden, in einer vermeintlichen „Juristensprache" zu formulieren, sondern sich an den **normalen Regeln für Rechtschreibung, Grammatik, Stil und Sprachgebrauch** orientiert werden.

Selbstverständlich gibt es zahlreiche juristische **Fachbegriffe und Fremdwörter**, ohne die auch die Klausur nicht auskommen kann, jedoch existiert beispielsweise für jede lateinische Phrase eine deutsche Entsprechung, die ebenso gut verwendet werden kann. Ergeben sich bestimmte Ausdrucksweisen und Begriffe unmittelbar aus dem Gesetz, ist die Gefahr, Fehler zu machen, am geringsten, wenn diese zunächst einfach „eins zu eins" übernommen und dann ggf. erläutert werden. Fremdwörter sollten nur benutzt werden, wenn ihr Gebrauch sicher beherrscht wird, da deren falsche Anwendung einen negativen Eindruck hinterlässt. Bei Unsicherheiten ist es daher vorzuziehen, das, was gesagt werden soll, mittels bekannter Wörter auszudrücken.

Was die Darstellung der eigenen Meinung anbelangt, ist Zurückhaltung geboten. Insgesamt sollte das **Gutachten aus** möglichst **objektiver Sicht** geschrieben werden, d. h. verschiedene Sichtweisen zu einem Problem sollten einander gegenübergestellt und die für und gegen sie sprechenden Argumente gegeneinander abgewogen werden. Natürlich basiert die Entscheidung für die eine oder andere dieser Ansichten dann doch auf der eigenen Meinung, dennoch sollten subjektive Formulierungen wie „meiner Meinung nach" oder „ich bin der Auffassung, dass" vermieden und stattdessen Wendungen wie „dies ist zutreffend" oder „dem ist zu folgen" verwendet werden.

Index

4-W-Frage 320, 325, 329
Abgabe 14
Abhandenkommen 15, 253, 254, 255
Abhängigkeitsverhältnis 131
Ablaufhemmung 204
Ablaufsperre 204
Abschlussfreiheit 24
Absolute Rechte 245
Abstraktions- und Trennungsprinzip 4, 5, 6, 43, 62, 230, 251, 262, 273, 275, 276, 285
Abtretung 3, 62, 101, 161, 162, 169, 223, 230, 231, 232, 233, 247, 252, 254, 262, 264, 267, 271, 276, 285, 288
Abtretungsverbot 63, 232
Abwesenheit 16
Abwicklung von Verträgen 91
Adäquanztheorie 299, 305
AGB (Allgemeine Geschäftsbedingungen) 83, 84, 85, 86, 87, 92, 197, 202
Aktivvertretung 49
Alleineigentum 250, 256
Allgemeine Geschäftsbedingungen (AGB) 1, 25, 60, 83, 84, 85, 87, 91, 97, 98, 102, 116, 125, 130, 132, 144, 187, 196, 200, 202, 216
Allgemeiner Teil des BGB 3
Altgläubiger 230, 231, 232, 233, 288
Amtsträger 142
Änderungsvorbehalt 91
Anfechtbarkeit 69, 74, 78, 79, 80, 244, 277
Anfechtung 3, 5, 6, 12, 19, 45, 47, 48, 65, 67, 69, 70, 72, 75, 76, 77, 78, 79, 80, 81, 110, 135, 166, 190, 219, 220, 275, 276, 277, 278, 322, 323, 326, 327
Anfechtungserklärung 69, 76, 77
Anfechtungsfrist 69, 77, 81

Anfechtungsgegner 70, 76, 77
Anfechtungsgrund 69, 70, 77
Anfechtungsmöglichkeit 70, 75
Anfechtungsrecht 69, 70, 81, 190, 220
Anfechtungsrecht als Gestaltungsrecht 69, 77
Anfechtungsrecht zum Gewährleistungsrecht 80
Anfechtungswille 76
Angebot 5, 7, 12, 23, 24, 25, 26, 27, 64, 112, 170
Annahme 24
Annahme- und Leistungsfrist 91
Annahmeerklärung 26
Annahmefrist 25
Annahmeverweigerung 18
Annahmeverzug 108, 109, 111, 112, 113, 132, 133, 170, 181, 199
Anscheinsvollmacht 46, 47, 48
Anwartschaftsrecht 134, 259, 262, 263, 265
Äquivalenzinteresse 183, 190, 301
Äquivalenzstörungen 106, 114
Arbeitsrecht 2, 70, 75, 85, 145
Arbeitsvertrag 43, 62, 70, 155, 160
Arglist 75, 133, 174, 187, 215
Aufhebungsvertrag 35, 127, 167
Aufklärungs- und Beratungsfunktion 55
Aufklärungspflichten 59, 75, 140, 167, 171, 200
Auflassung 5, 55, 56, 58, 59, 165, 259, 260, 263, 265
Aufrechnung 101, 102, 116, 117, 130, 167, 326, 327
Aufrechnungslage 101, 116
Auftragsbestätigung 12
Aufwendungen 79, 89, 91, 120, 146, 148, 150, 155, 156, 160, 161, 169, 175, 176,

179, 183, 184, 186, 197, 201, 203, 206, 207, 208, 209, 212, 213, 214, 240, 275, 291
Aufwendungsersatz 108, 146, 151, 160, 163, 175, 179, 203, 206, 240, 283
Aufwendungsersatzanspruch 161, 184, 201, 204, 209, 242, 244
Auslegung 8, 12, 20, 21, 23, 27, 31, 61, 67, 69, 72, 76, 87, 224, 240, 251
Ausschlussfrist 69, 77, 78, 89, 135, 192, 193
Ausschlussklausel 23
Außenvollmacht 42, 45, 46
Ausübungsfrist 193
Ausübungshindernis 135
Beendigungsgründe 99, 115
Befreiungswirkung 117
Befristung 127, 251, 278
Beglaubigung 55, 56, 57, 58
Begleitschäden 120, 145, 153, 159, 163
Begründung eines Besitzmittlungsverhältnisses 247
Belastung 32, 37, 44, 118, 174, 261, 285, 300
Benachteiligung 92, 216
Bereicherungsanspruch 123, 162, 289, 291
Bereicherungsrecht 5
Berufung 26, 59, 134, 156, 196, 198
Beschaffenheitsgarantie 144, 185, 186, 188
Beschaffungsrisiko 105, 107, 144
Beschaffungsschuld 107
Beschränkte Geschäftsfähigkeit 31
Beseitigung 69, 78, 176, 179, 191, 197, 209, 248, 269, 304, 316
Besitzerwerbswille 247
Besitzkonstitut 251, 252, 254, 257, 265
Besitzwechsel 7
Besitzwehr 248
Betreuung 37
Beurkundung 55, 56, 57, 58, 60, 165, 259, 260
Bewegliche Sachen 217, 245, 258
Beweis- und Dokumentationsfunktion 55
Beweislast 12, 90, 94, 173, 198, 254, 315
Bewusstseinsstörung 30
Billigung 12, 191, 278
Bindungswirkung des Angebots 23
Botenirrung 40, 74

Botenmacht 40
Bringschuld 107
Culpa in contrahendo (c. i. c.) 51, 74, 81, 97, 98, 163, 219, 324
Dauerschuldverhältnis 78, 91, 121, 122
Deckungsgeschäft 145
Defensivnotstand 296
Deklaratorisches Bestätigungsschreiben 11
Delikts- und Bereicherungsrecht 241
Deliktsfähigkeit 29, 37, 140, 297, 298
Deliktshaftung 102
Deliktsrecht 140, 150, 190, 295, 299, 314
Dienst- und Arbeitsverträgen 106
Dienstvereinbarungen 85
Dienstverpflichteter 123, 141
Dienstvertrag 43
Differenzhypothese 146, 222
Differenztheorie 157, 159
Dingliche Rechte 166, 245, 267, 269, 270, 301
Dispositionsfreiheit 148, 235
Drittschadensliquidation 196, 223, 226, 227, 228, 229
Drohung 6, 13, 70, 71, 76, 77, 166, 254, 292, 300
Duldungspflicht 269, 316
Duldungsvollmacht 47
Durchsetzbarkeit der Gegenforderung 101, 102
Eheaufhebung 70
Ehemündigkeit 29
Eheschließung 40, 56
Eigengeschäft 41
Eigengeschäftsführung 235, 236, 243, 244
Eigenmacht 248
Eigenschaft 71, 72, 73, 74, 144, 171, 172, 174, 188, 190, 205, 206, 256
Eigenschaftsirrtum 70, 71, 72, 166
Eigentum 4, 5, 32, 73, 79, 100, 134, 135, 136, 153, 154, 165, 175, 221, 226, 229, 237, 239, 245, 246, 249, 250, 251, 252, 253, 254, 256, 257, 258, 259, 261, 262, 263, 264, 266, 268, 270, 275, 286, 290, 300, 301, 302, 308, 316, 324, 325
Eigentümerstellung 78, 261

Eigentumsübergang 4
Eigentumsvorbehalt 20, 64, 232, 256, 263, 264, 267
Eigentumsvorbehaltskauf 251, 262, 263
Eingriffskondiktion 36
Einigungsmangel 21
Einrede 37, 52, 64, 102, 105, 106, 107, 108, 109, 110, 129, 131, 133, 134, 157, 162, 168, 170, 175, 178, 207, 208, 215, 233, 267, 274, 279, 280, 326, 327
Einseitige Rechtsgeschäfte 33
Einsichtsfähigkeit 7, 29, 141
Einwendung 115, 134, 151, 207, 267, 327
Einwendungsdurchgriff 127
Einwilligung 31
Einwilligungsvorbehalt 38
Einzeleinwilligung 31
Empfangsbedürftige Willenserklärungen 15
Empfangsberechtigung 100
Empfangsbote 16
Empfangsvertreter 17
Empfangszuständigkeit 37, 100
Entbehrlichkeit 26
Entreicherung 36
Entschädigungsregeln 257
Erbschaftsannahme 70
Erfüllbarkeit 101, 102, 112
Erfüllung 35, 36, 37, 53, 57, 58, 59, 79, 91, 97, 98, 99, 100, 104, 132, 133, 140, 141, 143, 154, 163, 166, 167, 175, 180, 214, 233, 238, 239, 276, 279, 283, 288, 289, 296, 302, 307, 310, 321, 322, 324, 325, 326, 327
Erfüllungs- oder Verrichtungsgehilfe 223
Erfüllungsanspruch 59, 111, 150, 151, 156, 161, 205, 240
Erfüllungsgehilfe 50, 88, 141, 142, 143, 173, 311
Erfüllungsgeschäft 4, 5, 62, 65, 66, 275, 276
Erfüllungshandlungen 141
Erfüllungsinteresse 53, 150, 156, 157, 159, 160, 183
Erfüllungsort 165, 189
Erfüllungssurrogate 99, 100, 167
Erfüllungswirkung 32, 37, 100, 101, 276

Erhaltungsinteresse 150, 156
Erklärung 8, 13, 14, 15, 16, 17, 19, 20, 21, 23, 26, 31, 34, 40, 41, 42, 46, 52, 53, 56, 57, 58, 67, 68, 69, 70, 71, 72, 74, 75, 76, 79, 90, 91, 102, 117, 122, 124, 127, 180, 183, 191, 192, 200, 211
Erklärungsbewusstsein 13
Erklärungsbote 17
Erklärungsempfänger 8, 9, 10, 13, 15, 18, 19, 20, 29, 68, 71, 72, 80
Erklärungsgegner 10, 13, 14, 41, 71, 75, 79
Erklärungshandlung 10, 13, 72, 74
Erklärungsirrtum 70, 72
Erlangung der tatsächlichen Gewalt 247
Erlassvertrag 167
Erlöschen 3, 24, 43, 45, 46, 47, 100, 105, 109, 124, 125, 134, 158, 233, 249, 257, 327
Erlöschensgründe 45, 115
Ermächtigung 35, 36, 44, 45, 285
Ermessen 31
Ersatz des Mangelfolgeschadens 153, 185
Ersatzanspruch 108, 111, 156, 161, 162, 169, 306
Ersatzberechtigte 150
Ersatzzustellung 19
Ersetzungsbefugnis 147, 148
Ersterwerb 247
Erwerb 32, 79, 231, 247, 248, 250, 253, 254, 255, 257, 258, 261, 262, 265, 270, 272, 275, 287, 290, 298
Europarecht 1
Fabrikationsfehler 315
Fahrlässigkeit 9, 14, 19, 67, 80, 81, 107, 108, 111, 113, 119, 140, 141, 143, 144, 173, 185, 187, 188, 214, 241, 254, 297, 298, 310, 312
Fahrlässigkeitsdefinition 297
Fahrlässigkeitsmaßstab 119, 141
Fälligkeit 102, 109, 110, 120, 129, 130, 131, 132, 210
Familien- und Erbrecht 2, 4
Fehlende Empfangsvorrichtungen 18
Fehlender Handlungswille 30
Fehleridentität 5

Fernabsatzverträge 93, 94, 96, 97, 124, 125, 126
Fernunterrichtsverträgen 93
Fiktion des Zugangs 18, 77, 91
Finanzierungshilfen 93, 124
Fingierte Erklärungen 91
Fixgeschäft 104, 109, 181, 209
Formbedürftigkeit 16, 43, 117, 122, 251
Formularvertrag 84
Formverstoß 166
Formvorschriften 55, 56, 221, 222, 231
Fremdgeschäftsführungswille 236, 237, 238, 242, 243, 244
Frist 25, 77, 81, 88, 89, 91, 94, 110, 116, 123, 124, 125, 135, 140, 153, 158, 159, 179, 181, 182, 183, 185, 187, 191, 192, 193, 198, 199, 202, 209, 210, 211, 212, 215
Fristbeginn 81, 94, 125, 187, 215
Fristsetzung 8, 88, 111, 116, 122, 140, 152, 153, 158, 159, 169, 178, 179, 181, 182, 183, 201, 209, 210, 211, 212
Fristsetzungserfordernis 111, 158
Fristwahrung 93
Fürsorgeverhältnisse 225
Garantieerklärung 188, 199, 200
Garantiehaftung 53, 144
Gattung 107, 177
Gattungsschuld 101, 106, 107, 113, 144, 161
Gattungsvollmacht 43
Gebrauchsvorteile 118, 147, 275, 290
Gefährdungshaftung 146, 295, 296
Gefahrtragungsregeln 228
Gefahrübergang 81, 112, 153, 159, 163, 185, 189, 190, 195, 198, 199, 202, 203
Gefälligkeiten 9
Gefälligkeitsverhältnis 8
Gefälligkeitsverträge 8
Gegenleistung 8, 30, 32, 53, 106, 108, 109, 112, 113, 114, 119, 131, 132, 133, 136, 157, 158, 162, 208, 210, 263, 279, 287, 289, 291, 323
Gegenleistungsanspruch 108, 168, 178
Gegenleistungspflicht 104, 108, 145, 167, 180
Gegenseitigkeit der Forderungen 101

Geldanlageverträge 224
Geldentschädigung 147, 148, 149
Geldschulden 101, 111, 144, 152, 293
Geliebtentestament 65
Genehmigung 8, 31, 34, 35, 36, 37, 52, 53, 54, 86, 239, 240, 243, 253, 286, 288
Generalklausel 63, 87, 92, 133, 202, 299
Generalvollmacht 43, 45
Gesamthandseigentum 250
Gesamtvertretung 49
Geschäftsähnliche Handlung 8, 47, 48, 112
Geschäftsfähigkeit 3, 7, 19, 29, 30, 31, 35, 38, 54, 166, 231, 241, 247, 251, 255, 276, 297, 323, 326
Geschäftsgrundlage 72, 80, 105, 106, 113, 114, 115, 117, 122, 157, 167, 190, 279
Geschäftsmündigkeit 35
Geschäftsunfähigkeit 18, 27, 29, 30, 129, 166
Geschäftswille 14
Geschäftswillen 13
Gesellschaftsrecht 2
Gesetzliche Auslegungsregeln 20
Gesetzliche Vertretungsmacht 39
Gesetzlicher Vertreter 30
Gestaltungsrecht 19, 67, 77, 99, 110, 111, 113, 115, 117, 121, 122, 123, 135, 179, 181, 187, 210, 211, 214, 215
Gewährleistungsansprüche 53, 81, 170, 186, 187, 204, 214
Gewährleistungsfristen 187
Gewillkürte Vertretung 39
Gläubiger 37, 64, 65, 99, 100, 101, 104, 105, 107, 108, 109, 110, 111, 112, 113, 116, 117, 119, 120, 129, 130, 131, 132, 133, 136, 139, 140, 145, 150, 151, 152, 153, 154, 156, 157, 158, 159, 160, 161, 162, 163, 169, 170, 179, 181, 183, 187, 207, 208, 209, 210, 211, 212, 213, 214, 221, 223, 225, 226, 230, 232, 233, 270, 271, 288, 289
Gläubigerannahmeverzug 107, 108, 180, 189, 199
Gläubigergefährdung 64
Gläubigerinteressen 103, 139

Gläubigerverzug 111, 112, 113, 143
Gleichartigkeit der Forderungen 101
Globalzession 64, 232, 264
Grundgeschäft 6, 43, 65
Grundtatbestand 103, 139, 151, 153, 163, 273, 274, 277, 282, 284
Grundverhältnis 43
Haftung 27, 36, 37, 49, 51, 53, 74, 88, 90, 107, 110, 126, 139, 141, 143, 144, 146, 150, 173, 174, 186, 187, 188, 191, 197, 200, 206, 216, 226, 227, 292, 295, 298, 301, 308, 310, 311, 312, 314, 315, 317
Haftungsausschluss 88, 89, 174, 185, 186, 196, 197
Haftungsausschlussvereinbarung 185
Haftungsbedingungen 36
Haftungsbeschränkungen 88
Haftungserleichterung 111
Haftungsmaßstab 14
Haftungsmilderung 113, 145
Haftungsverschärfung 111
Handeln unter fremdem Namen 41
Handels- und Gesellschaftsrecht 2, 3
Händlerregress 200, 201, 202, 203
Handlungsvollmacht 44
Handlungswille 12, 13
Haustürgeschäfte 93, 95, 124, 126
Hemmung 136
Hemmungsgrund 136
Herausgabeanspruch 136, 241, 243, 244, 247, 248, 249, 252, 254, 265, 266, 267, 268, 277, 278, 279, 280, 281, 284, 288, 289, 290, 291, 323
Herausgabeverlangen 134
Hilfeleistungspflicht 238
Hilfsperson 40, 43, 141, 142, 143, 308, 309, 310, 311, 324
Hinterlegung 101, 113, 167
Holschuld 107, 112
Identitätsirrtum 71
Identitätstäuschung 42
Informationspflichten 57, 96, 97, 98
Ingebrauchnahme 118, 125, 126, 182, 208
Inhaltsänderung 232
Inhaltsirrtum 70, 71, 72

Innenvollmacht 42, 45
Instruktionsfehler 315
Integritätsinteresse 150, 155, 156, 183, 190, 301
Integritätszuschlag 148
Irrtum 6, 12, 69, 70, 71, 72, 74, 75, 80, 81, 114, 237
Irrtum über die Geschäftsart 71
Irrtumsanfechtung 8, 70, 71, 77, 80, 114, 190, 220
Juristische Personen 48, 49, 246, 303
Kalkulationsirrtum 72, 166
Kaufgegenstand 159, 166
Kaufgewährleistungsrecht 81, 170, 190, 211
Kaufmännisches Bestätigungsschreiben 10
Kaufpreis 4, 24, 120, 127, 165, 166, 175, 176, 177, 180, 182, 183, 192, 195, 201, 256, 263, 285, 286, 290, 291
Kaufvertrag 1, 4, 5, 24, 99, 103, 118, 127, 156, 165, 166, 167, 168, 169, 170, 173, 174, 175, 177, 179, 181, 182, 190, 191, 192, 193, 194, 196, 202, 205, 217, 225, 230, 231, 251, 259, 262, 263, 265, 267, 276, 291, 321, 325, 328, 330
Kaufvertragsrecht 136, 183, 193
Kausalität 76, 119, 222, 298, 299, 300, 304, 305, 306, 307, 308, 309, 311, 315, 326
Kausalitätserfordernis 47, 71
Kausalzusammenhang 75, 146, 152, 299
Kenntnis 11, 15, 16, 18, 33, 36, 40, 43, 47, 50, 61, 62, 65, 70, 71, 72, 75, 77, 79, 81, 85, 92, 94, 106, 114, 123, 126, 134, 135, 173, 177, 185, 187, 196, 202, 204, 212, 213, 214, 217, 230, 233, 243, 244, 247, 249, 261, 277, 278, 280, 281, 288, 292, 303, 313
Kenntnisnahme 16
Klauselverbote 87, 91, 197
Knebelungsvertrag 64
Kollusion 52
Kommerzialisierungsgedanke 147
Konkretisierung 107, 113, 151
Konkurrenzverhältnis 80, 190, 219, 241, 295
Konstitutive Wirkung 11
Konstruktionsfehler 315

Kontrollfunktion 56
Kredittäuschung 64
Kündigung 19, 33, 35, 43, 52, 70, 78, 110, 114, 121, 122, 123, 129, 155, 167, 168, 217, 278
Kündigungsfrist 90, 121, 123
Lebensversicherungsverträge 224
Legaldefinition 33, 42, 77, 80, 95, 98, 116, 141, 194, 203, 254, 315
Leihmuttervertrag 65
Leistungsaufforderung 110, 111
Leistungserbringung 103, 105, 106, 133, 139, 167, 181
Leistungserfolg 105
Leistungserschwerungen 114
Leistungsgegenstand 37, 100, 104, 113, 119, 120, 121
Leistungshandlung 100, 105, 107, 112, 158
Leistungshindernis 105, 109, 145, 168, 170, 207, 212
Leistungsinteresse 105, 106, 107, 156, 178, 207
Leistungskondiktion 5, 36, 277, 280, 284
Leistungsnähe 224, 225
Leistungspflicht 91, 102, 103, 104, 105, 106, 113, 139, 141, 144, 150, 153, 154, 157, 158, 170, 175, 212, 213, 215, 227, 233, 277, 279
Leistungsstörung 103, 109, 111, 139, 151, 323
Leistungsstörungsrecht 103, 139, 140, 153, 163, 170, 175, 176, 179, 180, 183, 205, 207, 210, 212
Leistungsunfähigkeit 144
Leistungsvermögen 112
Leistungsverpflichtung 8, 9, 106, 107, 123, 167, 168, 176
Leistungsverweigerung 110, 183
Leistungsverweigerungsrecht 88, 129, 132, 133, 134, 136, 178, 207, 210, 215, 280
Leistungszeit 104, 109, 110, 112
Lösungsskizze 319, 325, 327, 328
Mahnkosten 113
Mahnung 8, 33, 88, 109, 110, 111, 112, 151, 152, 158

Mangel 36, 41, 52, 53, 59, 60, 67, 68, 79, 81, 89, 119, 153, 173, 176, 177, 179, 180, 181, 182, 185, 186, 187, 188, 196, 198, 199, 201, 203, 206, 207, 208, 209, 211, 213, 214, 215, 216, 217, 220, 292, 301
Mängelansprüche 139, 186, 198, 203, 214
Mangelfolgeschäden 153, 159, 163, 175, 183, 184, 213, 216
Mängelgewährleistungsansprüche 163
Mängelgewährleistungsrecht 136, 175
Mängelhaftung 89, 139, 153, 159, 160, 175, 187
Mangelschaden 183, 213, 216
Markenrecht 3
Mehraufwendungen 111, 113
Merkantiler Minderwert 148
Mietvertragsgewährleistungsrecht 80
Minderjährigenschutz 32
Minderjährigkeit 31
Minderung 169, 175, 179, 180, 181, 182, 183, 191, 196, 198, 202, 207, 211, 213, 214, 215, 298, 299
Missbrauch der Vertretungsmacht 50
Missverhältnis 65, 105, 107, 114, 161, 178, 207
Miteigentum 250, 256, 257
Mitteilungspflicht 192
Mitverschulden 149, 226, 296, 299, 300, 306, 307, 309
Monopolstellung 1, 64, 313
Motivirrtum 72, 114
Mündliche (nicht verkörperte) **Erklärung** 17
Nachbesserung 153, 176, 177, 178, 180, 183, 197, 198
Nacherfüllung 89, 140, 153, 156, 159, 163, 169, 170, 175, 176, 177, 178, 179, 180, 181, 182, 183, 184, 186, 196, 201, 202, 206, 207, 208, 209, 210, 211, 212, 213, 214, 215, 220, 321
Nacherfüllungsanspruch 177, 178, 182, 183, 184, 187, 207, 208
Nachfrist 91, 120, 175, 209, 210
Nachfristsetzung 179, 180, 183, 201, 207, 210
Nachlieferungs- und Nachbesserungsanspruch 176

Nachvertragliche Informationspflichten 97
Namenstäuschung 42
Naturalrestitution 18, 24, 147, 148, 149, 152, 304
Natürliche Person 39, 93, 194
Nebenpflichten 32, 108, 139, 140, 145, 154, 156, 160, 165, 190, 216, 219, 221, 224, 225, 226
Nebenpflichtverletzung 18, 111, 151, 154, 160, 216, 219, 221, 225
Negatives Interesse 150, 155, 156
Neugläubiger 230, 232, 233, 288
Nichtannahme 112
Nichtempfangsbedürftige Willenserklärungen 15
Nichterfüllung 64, 88, 97, 116, 117, 139, 150, 163, 183
Nichtig 30, 34, 53, 58, 60, 61, 62, 63, 65, 67, 68, 69, 72, 76, 78, 79, 92, 130, 166, 238, 264, 276, 277, 281, 322
Nichtigkeit 52, 55, 58, 60, 61, 62, 67, 68, 76, 78, 79, 80, 81, 275, 276, 327
Nichtleistung 109, 110, 151, 156, 158, 159
Nichtverfügbarkeit der Leistung 91
Nichtvermögensopfer 146
Notwehr 296
Nutzungsbeeinträchtigungen 301
Nutzungsentschädigung 119, 176
Nutzungsersatz 119, 179
Nutzungsrechte 269, 270
Objektiver Pflichtverstoß 314
Objektiver Tatbestand 10, 13
Offenkundigkeitsprinzip 41, 50
Offensivnotstand 296
Öffentliche Bekanntmachung 42, 46
Öffentliches Recht 1
Passive Stellvertretung 39
Passivvertretung 49, 53
Patentrecht 3
Personengesellschaft 70, 93, 194, 246
Personengesellschaftsrecht 70
Pflichten 3, 29, 32, 48, 51, 90, 92, 97, 98, 99, 109, 110, 120, 133, 154, 170, 175, 196, 202, 221, 232, 239, 241, 322, 324, 326

Pflichtverletzung 50, 51, 88, 89, 103, 109, 120, 134, 139, 140, 141, 143, 145, 151, 153, 154, 155, 156, 157, 158, 160, 161, 163, 170, 175, 176, 180, 184, 185, 205, 210, 211, 212, 213, 215, 216, 219, 220, 221, 222, 225, 226, 326
Präklusionsfristen 135
Preis- bzw. Vergütungsgefahr 108, 113, 168, 171, 189, 195
Preisvereinbarung 119
Primäranspruch 99, 129, 139, 151, 156, 162, 163, 224, 324, 327
Primärleistungspflicht 104, 108
Privatautonome Vereinbarung 202
Privatautonomie 1, 55, 61, 127
Privatrecht 1
Produkthaftungsgesetz 295, 314
Prokura 44
Prostituierte 64
Prüfungsrecht 126
Prüfungsreihenfolge 87, 245, 324
Ratenlieferungsverträgen 93
Realakt 7, 37, 112, 247
Recht der Schuldverhältnisse 3
Recht des geistigen Eigentums 3
Rechtlich neutrale Geschäfte 33
Rechtsänderung 4, 5, 78, 257, 259, 260, 265
Rechtsausübung 52, 122, 133, 134, 135
Rechtsbindungswille 9
Rechtserwerb 5, 32, 41, 78, 133, 134, 262, 265
Rechtsfähigkeit 29
Rechtsfolgenirrtum 71
Rechtsfrüchte 118, 290
Rechtsgeschäft 4, 5, 7, 13, 21, 23, 31, 32, 33, 34, 37, 42, 43, 50, 52, 53, 58, 59, 60, 61, 63, 65, 68, 70, 77, 78, 92, 93, 95, 100, 111, 127, 150, 152, 162, 188, 194, 198, 247, 251, 252, 255, 259, 276, 281, 285, 290, 322
Rechtsgeschäftsähnliche Handlungen 8
Rechtsgrund 4, 5, 30, 78, 117, 123, 134, 241, 273, 274, 276, 277, 278, 279, 280, 281, 282, 283, 292, 323, 324
Rechtsgrundverweisungen 175

Rechtsgüter 149, 150, 154, 160, 219, 220, 221, 225, 226, 241, 269, 298, 300, 302, 306, 316
Rechtskauf 165, 190
Rechtsmangelhaftung 80
Rechtsschein 15, 47, 253, 261
Rechtsscheintatbestand 47
Rechtsscheinvollmacht 42, 46, 47
Rechtsstellungen 135
Rechtsverhältnis 1, 43, 44, 45, 99, 129, 225, 238, 265, 266, 323
Rechtswidrigkeit 76, 241, 268, 269, 296, 298, 299, 302, 303, 304, 305, 306, 307, 309, 313, 315, 317, 324
Reduktion 9, 43, 80, 92
Regelungslücke 114, 316
Regelverjährung 186
Regelverjährungsfrist 136, 168
Risikoverteilung 17, 115, 226, 284
Rückabtretung 78
Rückabwicklungsschuldverhältnis 117, 120, 123, 145, 151, 162
Rückauflassung 78
Rückgaberecht 93, 94, 95, 97, 123, 126, 127
Rückgewähransprüche 117, 118
Rückgewährschuldverhältnis 19, 94, 115, 121, 182
Rückgriffsansprüche 203
Rückgriffsgläubiger 202, 204
Rücknahmeverlangen 95, 127
Rücksichtnahmepflichtverletzungen 160
Rücktritt 3, 80, 111, 115, 116, 117, 118, 119, 120, 121, 129, 133, 140, 143, 145, 151, 159, 162, 167, 168, 169, 170, 175, 176, 179, 180, 181, 182, 184, 187, 192, 196, 202, 206, 208, 209, 210, 213, 214, 215, 277, 278, 323, 327
Rücktrittserklärung 115, 117, 122, 181, 211
Rücktrittsgläubiger 120, 162, 163
Rücktrittsgrund 116, 117, 120, 121, 162, 181
Rücktrittsgrund 116
Rücktrittsrecht 19, 94, 104, 105, 106, 108, 111, 115, 116, 120, 123, 145, 154, 160, 163, 169, 170, 175, 179, 180, 181, 182, 210, 215

Rücktrittsschuldner 120, 162, 163
Rücktrittsvorbehalt 91, 116
Rückübereignung 78, 264, 284, 287
Rückübereignungsverpflichtung 5
Sach- oder Rechtsmangels 139
Sachen 4, 5, 7, 32, 89, 90, 101, 165, 166, 168, 170, 172, 174, 176, 188, 190, 192, 194, 196, 197, 198, 199, 217, 229, 230, 245, 246, 249, 250, 251, 252, 255, 256, 257, 258, 259, 260, 261, 262, 263, 265, 269, 270, 282, 283, 315, 316
Sachenrecht 4
Sachfrüchte 117
Sachkauf 165, 177
Sachmangel 153, 159, 173, 175, 188, 190, 196, 198, 199, 202, 205, 206
Sachmängelhaftung 170, 195
Sachschäden 148, 315, 316
Sachverhaltsirrtum 80
Sachverhaltsskizze 319
Saldotheorie 291, 292
Schäden 88, 146, 148, 149, 152, 153, 161, 163, 171, 213, 216, 240, 273, 291, 295, 298, 299, 308, 309, 312, 314, 316, 317
Schadensabwicklung 134
Schadensausgleich 145
Schadensbegriff 146
Schadensermittlung 146, 162
Schadensersatz 3, 10, 14, 53, 79, 88, 109, 110, 111, 113, 116, 120, 133, 135, 140, 145, 146, 147, 149, 150, 151, 152, 154, 156, 157, 158, 159, 160, 169, 174, 175, 180, 181, 183, 184, 185, 186, 196, 198, 201, 202, 206, 212, 213, 214, 219, 244, 268, 269, 304, 312, 313, 321, 322, 323, 324, 327, 329, 330
Schadensersatzanspruch 2, 9, 80, 81, 98, 102, 103, 111, 116, 117, 120, 121, 140, 146, 147, 149, 150, 151, 153, 154, 156, 157, 158, 159, 160, 161, 162, 163, 168, 170, 175, 180, 183, 184, 197, 200, 202, 212, 213, 214, 216, 219, 220, 222, 224, 226, 227, 230, 240, 241, 242, 265, 269, 290, 308, 312, 315, 316, 325, 329
Schadensersatzanspruchsnorm 145

Schadensersatzpflicht 80, 81, 140, 150, 152, 153, 292, 308
Schadensverlagerung 227, 228
Schädigungsabsicht 75, 76
Scheingeschäft 67, 68
Schenkungsvertrag 32
Scherzgeschäft 68
Schickschuld 107, 228
Schlechterfüllung 139, 145, 153, 154, 163, 177
Schriftliche (verkörperte) **Erklärung** 17
Schuldner 65, 99, 100, 101, 103, 104, 105, 106, 107, 108, 109, 110, 111, 112, 113, 116, 117, 118, 119, 120, 129, 130, 131, 132, 133, 134, 135, 136, 137, 139, 140, 141, 142, 143, 144, 145, 149, 150, 151, 152, 153, 154, 156, 157, 158, 159, 160, 161, 162, 163, 168, 169, 178, 179, 181, 182, 183, 184, 187, 195, 202, 204, 207, 208, 209, 210, 211, 212, 213, 214, 215, 221, 223, 225, 226, 230, 231, 232, 233, 270, 271, 280, 283, 288, 292, 311, 327
Schuldnerschutzvorschriften 233
Schuldnerverzug 109, 110, 111, 112, 133, 151, 167, 169
Schuldrechtliches Verpflichtungsgeschäft 4
Schuldverhältnis 3, 37, 51, 53, 83, 99, 103, 109, 115, 139, 145, 154, 159, 161, 219, 220, 221, 223, 224, 225, 227, 229, 240, 242, 243, 288, 295, 311, 323, 330
Schutz des Verbrauchers 97
Schutzbedürftigkeit 77, 93
Schutzpflichtverletzungen 154, 156
Schutzwürdiges Eigeninteresse 134
Schutzwürdigkeit 14, 53, 67, 80, 95
Schwebend unwirksam 34
Schweigen 10, 24
Sekundäransprüche 104, 108, 111, 131, 139, 145, 146, 151, 162, 163, 224, 324
Selbsthilfe 101, 248, 296
Selbstmahnung 110
Sicherungs- und Verwertungsrechte 233, 270
Sicherungsabtretung 65, 230
Sicherungsübereignung 247, 251, 262, 264, 265, 270

Sittenwidrigkeit 64, 65, 129, 166, 264, 281, 312, 313
Sonderregelungen 58, 70, 92, 103, 108, 110, 122, 136, 139, 145, 153, 154, 158, 159, 160, 166, 168, 194, 271
Sonderverjährungsfrist 136
Sorgfalt 9, 13, 17, 47, 119, 141, 143, 208, 310
Spezialitätsprinzip 251
Spezialvollmacht 43
Speziesschuld 107
Stellvertreter 56, 75, 223, 229, 311
Stellvertretung 3, 39, 40, 50, 51, 74, 229, 231, 251, 259, 276, 312, 326
Störung der Geistestätigkeit 29, 30
Strafanzeige 76, 281
Subjektive Interpretation 20
Subjektiver Tatbestand 12
Subsumtionsschema 329
Surrogationstheorie 158, 159
Synallagma 108, 131
Tarifverträge 84
Tatbestand 9, 10, 12, 20, 23, 30, 47, 65, 68, 76, 80, 106, 157, 163, 295, 296, 298, 300, 305, 306, 307, 309, 312, 322, 326
Tatbestand der Willenserklärung 9
Tatbestandsmerkmale 237, 282, 285, 287, 296, 298, 325, 326, 329, 330
Tatsächliche Kenntnisnahme 16
Täuschung 6, 65, 70, 71, 75, 76, 77, 166, 190, 220, 292, 300
Teilgeschäftsfähigkeit 35
Teilzeit-Wohnrechteverträge 93, 124
Testamentserrichtung 40
Testierfähigkeit 29
Tilgungsakt 100
Totalschaden 148, 301
Transparenzgebot 86, 92, 197
Trennungsprinzip 4
Tun 75, 99, 135, 155, 187, 214, 304, 305, 314, 321
Typenzwang 245
Übergabesurrogate 251, 253
Überlegungsfrist 11, 77, 124
Übermittlungsirrtum 71, 74

Umgehungsgeschäfte 62
Umgestaltung 118, 119, 208
Umstandsmoment 135
Umwandlung 115
Unbewegliche Sachen 217, 245
Unkenntnis 18, 19, 47, 50, 52, 59, 67, 75, 77,
  79, 155, 185, 212, 214, 233, 243, 249, 254,
  261, 273, 277, 288, 289
Unmöglichkeit 103, 104, 105, 106, 107, 108,
  109, 110, 112, 113, 114, 116, 139, 144,
  145, 151, 156, 157, 158, 159, 161, 162,
  167, 168, 169, 176, 178, 180, 181, 184,
  191, 208, 210, 213, 215, 268, 279, 323, 326
Unsicherheitseinrede 132
Unterdrücken wahrer Tatsachen 75
Unterhaltspflichten 130, 146, 239
Unterlassen 75, 99, 100, 112, 135, 187, 214,
  236, 248, 296, 304, 305, 313, 314, 316,
  321
Unterlassungsanspruch 265, 268, 269, 316
Unternehmer 10, 19, 83, 84, 85, 87, 92, 93,
  94, 95, 96, 97, 98, 109, 124, 125, 126, 166,
  188, 189, 193, 194, 196, 198, 200, 201,
  202, 203, 204, 205, 206, 207, 208, 209,
  210, 211, 212, 213, 215, 216, 264, 322
Untervollmacht 44
Unübertragbarkeit 193
Unverhältnismäßigkeit 130, 132, 134, 148,
  176
Unzulässig 31, 52, 92, 134, 156, 197
Urteilsfähigkeit 29
Vaterschaftsanerkennung 70
Verarbeitung 7, 118, 119, 208, 255, 256
Veräußerer 5, 250, 251, 252, 253, 254, 259,
  260, 261, 262, 264, 265
Veräußerung 44, 55, 96, 118, 162, 254, 270,
  285, 300
Veräußerungsverbot 62, 63, 252
Verbotsgesetz 61, 62, 166, 281
Verbrauch 118, 282, 291, 315
Verbraucher 10, 19, 83, 84, 85, 92, 93, 94,
  95, 96, 97, 98, 110, 111, 123, 124, 125,
  126, 144, 152, 166, 168, 176, 189, 193,
  194, 196, 198, 199, 200, 201, 202, 203
Verbraucherdarlehensverträgen 93

Verbraucherverträge 19, 83, 84, 92, 94,
  118, 119, 123, 135
Verbrauchsgüterkauf 1, 108, 166, 168, 170,
  176, 179, 182, 186, 187, 188, 189, 193,
  194, 195, 196, 199, 200, 229
Verbrauchsgüterkaufrichtlinie 170, 172, 173,
  176, 177, 186, 189, 193, 200, 217
Verdecktes Geschäft 41
Verfügungsgeschäft 4, 5, 6, 37, 39, 62, 65,
  66, 78, 230
Verfügungsmacht 63, 100
Verfügungsverbote 63
Vergleich 55, 56, 58, 194, 197, 211, 272,
  298
Vergütung 91, 113, 123, 206, 211, 213, 215,
  216, 240, 257, 283, 322
Verhältnis 1, 36, 73, 80, 114, 122, 130, 180,
  183, 201, 203, 211, 219, 223, 225, 229,
  238, 241, 245, 246, 256, 257, 265, 274,
  282, 284, 298, 301, 321, 324, 327
Verhältnismäßigkeitsprüfung 105
Verhinderung des Zugangs 18
Verjährung 3, 64, 77, 89, 109, 129, 130,
  133, 134, 135, 136, 168, 178, 186, 187,
  197, 198, 201, 202, 203, 214, 215, 216,
  280, 326, 327
Verjährungsfrist 89, 136, 177, 186, 187, 196,
  198, 204, 213, 214, 215, 216
Verjährungsregelungen 136, 204
Verkäuferhaftung 203
Verkehrspflicht 314, 315
Verletzung der Leistungstreuepflicht 155
**Verletzung von Aufklärungs- und
  Auskunftspflichten** 154
**Verletzung von Aufklärungs- und
  Loyalitätspflichten** 221
Verletzung von Rechtsgütern 221, 239
Vermögensaufwendungen 120
Vermögenseinbuße 146, 150, 273
Vermögensfolgeschaden 150
Vermögensmehrung 273, 275, 276, 282, 283,
  288
Vermögensopfer 146, 161, 240, 298
Vermögensschaden 146, 150, 304
Vermögensvorteil 274, 275

Vermutung 184, 198, 199, 202, 237, 314, 316
Verpflichtungen 36, 108, 117, 182, 208, 238, 321
Verpflichtungsgeschäft 4, 5, 6, 35, 59, 62, 65, 78, 230, 251, 259, 275, 276
Verrichtungsgehilfen 142, 295, 308, 309, 310, 311
Verschärfung des Haftungsmaßstabes 144
Verschlechterung 118, 119, 125, 132, 143, 182, 189, 191, 208, 228, 292
Verschulden 15, 51, 74, 81, 88, 97, 98, 110, 112, 113, 116, 118, 133, 140, 141, 142, 143, 144, 145, 149, 150, 153, 154, 159, 188, 191, 201, 219, 221, 227, 242, 269, 281, 292, 295, 296, 297, 299, 306, 307, 308, 309, 310, 311, 314, 315, 316, 317, 326
Verschuldens- bzw. Zurechnungsfähigkeit 143
Verschuldensfähigkeit 140, 141, 297
Verschuldenshaftung 297
Verschuldensmaßstab 143
Verschuldensprinzip 140
Verschuldensvermutung 310
Versendungskauf 107, 108, 112, 189, 195, 228
Verspätete Annahme 25
Versteigerung 24
Verstoß 27, 55, 61, 62, 63, 65, 97, 108, 144, 166, 252, 274, 280, 281, 306, 307, 308, 326
Vertrag 1, 4, 10, 12, 19, 21, 24, 25, 26, 27, 30, 32, 33, 34, 35, 41, 42, 52, 53, 55, 56, 57, 59, 60, 64, 69, 75, 77, 81, 83, 84, 85, 86, 87, 88, 89, 90, 91, 92, 94, 95, 98, 104, 107, 109, 111, 113, 114, 115, 116, 117, 118, 119, 120, 123, 124, 126, 127, 130, 131, 132, 145, 146, 149, 150, 154, 155, 159, 160, 162, 165, 166, 167, 169, 172, 174, 175, 179, 180, 182, 187, 192, 194, 206, 208, 209, 210, 211, 213, 215, 216, 219, 220, 221, 223, 224, 226, 227, 228, 229, 238, 251, 264, 295, 304, 322, 323, 324, 325
Vertragsabschluss 33
Vertragsanbahnung 95, 155, 220

Vertragsanpassung 80, 105, 115, 117
Vertragsbedingungen 83, 84
Vertragsbestandteil 86, 92
Vertragsbestimmungen 85, 87, 97, 98
Vertragsbindung 105
Vertragsdauer 90
Vertragsparteien 23, 24, 41, 50, 51, 59, 61, 64, 80, 83, 84, 85, 86, 91, 92, 96, 108, 109, 114, 115, 117, 123, 132, 134, 154, 155, 160, 162, 166, 172, 197, 205, 216, 291, 322
Vertragspartner 4, 24, 46, 51, 52, 53, 64, 65, 83, 84, 86, 88, 91, 92, 104, 117, 122, 124, 125, 131, 134, 154, 155, 200, 221, 229, 284, 324
Vertragsschluss 9, 11, 12, 15, 21, 23, 26, 51, 52, 53, 56, 59, 65, 71, 74, 75, 81, 83, 85, 86, 87, 92, 94, 96, 97, 98, 103, 124, 125, 126, 132, 145, 168, 170, 184, 185, 212, 217, 219, 220, 221, 292, 326, 328
Vertragsstrafe 88
Vertragstreue 114, 131, 132
Vertragsverhältnis 88, 90, 117, 120, 123, 202, 232
Vertragsverhandlungen 11, 51, 155, 156, 173, 220, 221
Vertragsverletzung 126, 163, 190, 216
Vertragswidrigkeit 189, 196, 198, 199, 200
Vertrauensschaden 14, 15, 27, 46, 53, 67, 68, 69, 79, 150, 155, 156
Vertrauenstatbestand 13, 14, 134, 155
Vertretenmüssen 104, 106, 107, 110, 140, 151, 157, 158, 159, 161, 219, 221, 225
Vertreter 5, 11, 17, 18, 30, 31, 33, 34, 35, 36, 38, 39, 40, 41, 42, 43, 45, 46, 47, 48, 49, 50, 51, 52, 53, 54, 74, 77, 90, 112, 140, 141, 142, 143, 226, 291, 312
Vertreter ohne Vertretungsmacht 41, 42, 45, 52, 53, 54
Vertretergeschäft 43, 45, 52
Vertretung (s. auch Stellvertretung) 30, 33, 34, 40, 43, 44, 46, 48, 51, 52, 53, 238
Vertretungsmacht 37, 39, 40, 41, 42, 44, 46, 47, 48, 49, 50, 51, 52, 53, 54, 74, 142, 150, 254, 323, 324
Verwender 60, 84, 85, 88, 89, 90, 91, 92

Verwendungsersatz 120, 163, 268
Verwendungsrisiko 105
Verwertungsrecht 271
Verwirkung 134, 135
Verzicht auf den Zugang 26
Verzicht auf die Übermittlung 26
Verzögerungsschaden 121, 152, 159
Verzug 110, 113, 121, 133, 139, 140, 144, 151, 152, 176, 189, 210, 292, 323
Vollmacht 42, 43, 44, 45, 46, 47, 48, 50, 54
Vollmachtgeber 43, 46, 50
Vollmachtserteilung 42
Vollmachtsurkunde 46, 47, 130
Vollrechtserwerb 262
Vollstreckungshandlung 137
Vollzug 69, 70, 78
Vorbehalt 27, 67, 91
Vorkaufsrecht 192, 270
Vorleistungen 123
Vorleistungspflicht 132
Vorspiegeln falscher Tatsachen 75
Vorvertrag 24
Vorvertragliche Informationspflichten 97
Wahlrecht 81, 158, 176, 178, 197, 207, 244
Warnfunktion 55, 58
Wegfall der Bereicherung 292
Weisungsabhängigkeit 311
Weiterfresserschaden 190, 301
Werkverträgen 90, 106, 159
Werkvertragsgewährleistungsrecht 80, 205
Werkvertragsrecht 116, 136, 144, 145, 153, 163, 179, 187, 206, 207, 217
Wertersatz 36, 62, 117, 118, 119, 120, 125, 176, 177, 182, 208, 244, 290, 291
Wertersatzanspruch 182, 291
Wesentlichkeitserfordernis 71
Wettbewerbsrecht 3
Widerrechtlichkeit 76, 296
Widerruf 19, 31, 34, 43, 45, 46, 50, 52, 93, 94, 118, 119, 124, 125, 126, 127, 129, 143, 167, 252, 260, 298
Widerrufs- oder Rückgabefrist 91
Widerrufsfrist 95, 97, 98, 124, 125, 126

Widerrufsmöglichkeit 50
Widerrufsrecht 19, 34, 45, 54, 93, 94, 95, 96, 97, 98, 123, 124, 125, 126, 135
Widersprüchliches Verhalten 134
Wiederbeschaffungswert 148
Wiederkaufsrecht 191
Willensbestimmung 29, 38, 140, 297
Willenserklärung 5, 7, 8, 9, 10, 12, 13, 14, 15, 16, 17, 18, 19, 20, 23, 24, 26, 27, 30, 31, 33, 34, 36, 38, 39, 40, 41, 42, 44, 45, 47, 48, 50, 53, 67, 68, 69, 70, 71, 72, 74, 75, 76, 77, 78, 79, 93, 95, 102, 112, 117, 122, 125, 127, 190, 229, 311, 325
Willensmängel 15, 50, 67, 69, 74
Wirksame Abgabe 15
Wirksame Aufrechnungserklärung 101, 102
Wirksamer Zugang der Willenserklärung 16
Wirksamkeit 4, 5, 13, 15, 19, 27, 31, 33, 34, 52, 53, 61, 63, 66, 67, 79, 92, 103, 125, 126, 144, 150, 155, 200, 230, 251, 259, 276, 285, 287, 288, 312, 323
Wirksamkeitsdauer 47
Wirksamwerden 14
Wirkungsdauer 46
Wirtschaftsprivatrechts 2
Wissenserklärung 47
Wuchertatbestand 65, 66
Zeitpunkt 15
Zug um Zug 118, 131, 132, 133, 208, 292
Zugang 14, 16, 24
Zugangsfiktion 19
Zugangshindernisse 18
Zurückbehaltungsrecht 88, 109, 129, 130, 131, 133, 168
Zusenden unbestellter Waren 24
Zwangslage 65, 77, 106
Zwangsvollstreckung 63, 64, 191, 193, 196, 270, 271
Zweckerreichung 105
Zweckfortfall 105
Zweckstörung 105, 114
Zweikonditionentheorie 291, 292
Zweiterwerb 247

Das Produkt als Risiko

Claudius Eisenberg, Rainer Gildeggen
Andreas Reuter, Andreas Willburger
Produkthaftung
Kompaktwissen für Betriebswirte, Ingenieure und Juristen
2008 | 191 S. | gebunden
€29,80 | ISBN 978-3-486-58575-9

Die Produkthaftung ist nicht nur ein Thema für Unternehmensjuristen. In ihrem Arbeitsalltag sind auch in zunehmendem Maße Betriebswirte und Ingenieure mit Fragen rund um die Haftung für Produktfehler konfrontiert. In diese Welt führt das vorliegende Buch fachkundig ein.

Es beleuchtet die theoretische Grundlegung aus dem nationalen, europäischen und internationalen Blickwinkel und illustriert die unterschiedlichen Facetten der Produkthaftung anhand von weit über 100 Praxisbeispielen. Darüber hinaus geht es auf die straf- und arbeitsrechtlichen Aspekte ein, die in diesem Kontext keinesfalls vernachlässigt werden dürfen. Auch neuere gesetzliche Entwicklungen etwa im Bereich des internationalen Privatrechts, verschiedener Produkthaftungsregime in anderen Teilen der Welt sowie die Produkthaftungscompliance kommen nicht zu kurz. Zahlreiche Übungsfälle und Kurzzusammenfassungen zu jedem Kapitel runden das Buch ab.

Dem Leser wird genau das Wissen an die Hand gegeben, das ihn in die Lage versetzt, eigenständig Lösungen für Produkthaftungsprobleme zu entwickeln. Der Praktiker erhält außerdem handhabbare Vorgaben für die Produktherstellung und Vermarktung.

Dieses Buch eignet sich für Betriebswirte und Ingenieure in Studium und Beruf sowie für Juristen.

150 Jahre
Wissen für die Zukunft
Oldenbourg Verlag

Bestellen Sie in Ihrer Fachbuchhandlung oder
direkt bei uns: Tel: 089/45051-248, Fax: 089/45051-333
verkauf@oldenbourg.de

Die eigenen Möglichkeiten jetzt erkennen

Gerald Pilz
Vergütung von Führungskräften und Vermögensaufbau
2008 | 186 S. | gebunden | € 29,80
ISBN 978-3-486-58488-2

Führungs- oder Nachwuchskräfte sollten mit den Möglichkeiten der Vermögensplanung und -bildung besonders gut vertraut sein. Der finanzielle Erfolg hängt entscheidend davon ab, wie erfolgreich man sein Kapital anlegt und wie geschickt die Altersvorsorge geplant ist. Gerade Führungskräfte, die über ein überdurchschnittliches Einkommen verfügen, sollten selbst sachkundige Entscheidungen treffen können.

In diesem Sinne wird das vorliegende Werk einen umfassenden Einblick in die Komplexität moderner Entgeltsysteme vermitteln und zeigen, wie man die Vergütung optimieren und langfristig das Vermögen besser verwalten kann.

Dieses Buch richtet sich sowohl an Personalexperten, die ihre leistungsorientierten Entgeltmanagementsysteme weiterentwickeln möchten und sich mit der betrieblichen Altersversorgung befassen, als auch an Führungs- und Fachkräfte.

Dr. Dr. Gerald Pilz lehrt an der Berufsakademie Stuttgart und ist Autor zahlreicher Wirtschaftsfachbücher sowie Unternehmensberater.

150 Jahre
Wissen für die Zukunft
Oldenbourg Verlag

Bestellen Sie in Ihrer Fachbuchhandlung oder direkt bei uns: Tel: 089/45051-248, Fax: 089/45051-333
verkauf@oldenbourg.de